Dictionnaire des fantasmes, perversions et autres pratiques de l'amour

COLLECTION DIRIGÉE PAR FRANCK SPENGLER

ISBN 2-911621-22-0

ISBN 2-7028-5169-X

Imprimé en France

BIBLIOTHÈQUE ◆ BLANCHE

BRENDA B. LOVE

Dictionnaire des fantasmes, perversions et autres pratiques de l'amour

Préface du docteur PIERRE MARIE

Traduit de l'américain par Philippe Olivier
Adaptation française de Franck Spengler

LE GRAND LIVRE DU MOIS

Sur quelques idées reçues à propos de la sexualité

par le docteur Pierre MARIE
philosophe, psychanalyste

Préfacer un "dictionnaire des fantasmes, perversions et autres pratiques de l'amour" impose d'en situer le projet : il s'est agi, pour les auteurs, d'établir un tableau aussi exhaustif que possible des conduites sexuelles sans s'arrêter à une classification qui renverrait à un présupposé normatif.

Cette intention est louable et à plus d'un titre : si les auteurs avaient cédé à des préjugés moraux, ils se seraient écartés de la rigueur dont ils se réclament et auraient dressé un portrait faussé de la réalité.

Car il n'y a pas de règle en cette matière, tout simplement parce qu'il n'y a pas de nature humaine : ni essence commune susceptible de définir chacun comme l'un de ses exemplaires ou l'une de ses copies, ni conscience transparente à elle-même : le désir corrode irréductiblement le rêve d'une sexualité éducable, maîtrisable, adaptable à une finalité qui lui serait extérieure : la procréation n'est pas l'horizon obligé de la libido, mais seulement une de ses conséquences contingentes.

En d'autres termes, la sexualité est le symptôme du clivage qui constitue chacun ; et aucune thérapeutique ne pourra jamais la soumettre aux modèles véhiculés par les discours religieux et politiques (mais y a-t-il une différence à faire ici ?) d'une société quelle qu'elle soit : la sexualité en transgresse toujours les principes et, en cela, elle est fondamentalement perverse (*pervertere* : bouleverser, mettre sens dessus dessous).

Ni fonction biologique (Aristote), ni énergie propice à servir par sa sublimation les intérêts de l'art et de la civilisation (Platon), la sexualité est la marque indomptable de la singularité qui caractérise chacun à travers les pulsions partielles qui la manifestent.

Car le paradoxe de la sexualité est sa dimension protéiforme : elle ne s'égale nullement à une seule pulsion qui en tant que telle serait objectivable, fruit d'on ne sait quelle maturation ayant laissé en chemin les scories d'une sexualité traitée d'infantile et, à ce titre, vouées à disparaître : le bébé pervers polymorphe se retrouve à peine masqué chez l'adulte.

Pour le dire autrement, les pulsions partielles n'ont aucune inclination à s'effacer au profit de l'une d'entre elles, la génitale, comme elles n'ont aucune propension à taire leur satisfaction au bénéfice de l'accouplement hétérosexuel : cet idéal leur est absolument étranger.

Tout au plus peut-on approcher les diverses pulsions partielles (orale, anale, tactile, olfactive, gustative, auditive, scopique – le regard –, vocale, génitale) à partir des zones érogènes qui les voient apparaître. Et si on peut noter une poussée constante et un but commun à toutes : la satisfaction, on doit bien reconnaître la variabilité de leurs objets. Quoi de semblable entre le sein maternel, le biberon, la peluche et les autres substituts qui viendront occuper cette fonction? Même le partenaire génital ne prend cette place qu'au titre de support de marques évanescentes suscitant le désir : chatoiement d'une chevelure, d'un regard, galbe d'une hanche, d'une nuque, inflexion d'une voix, dessin d'une bouche, grain et odeur d'une peau...

D'où la limite que la satisfaction des pulsions partielles impose à la plénitude que serait la jouissance : le plaisir est l'obstacle le plus tenace à la félicité qui ne subsiste que comme fiction et horizon inaccessible – nous ne pouvons connaître que le bien-être et non le Bien... cette carotte que font miroiter toutes les religions comme toutes les morales en prix du renoncement de leurs adeptes aux plaisirs possibles... Reste que de leur sacrifice, ils obtiendront au moins le contentement d'avoir suivi les principes auxquels ils s'étaient assujettis...

Même la passion du pouvoir (si mal nommée *libido dominandi*) n'est pas un dérivé de la sexualité ; elle est seulement une revendication narcissique: aucun plaisir n'en est tiré, mais un simple contentement peut y être trouvé.

Le plaisir, je le rappelle, est une sensation corporelle directement issue de la satisfaction d'une pulsion partielle – quand le contentement est le produit d'une ambition narcissique : l'un se rapporte à une expérience réelle, l'autre à une situation imaginaire.

Mais si la sexualité est la mise en acte des pulsions partielles sans qu'un jugement de valeur ne puisse en être proposé pour préciser entre elles quelque hiérarchie qui les distinguerait, sa réalisation s'opère tout autant à l'abri d'une référence aux caractères biologiques déterminant l'opposition du masculin et du féminin.

Il n'y a pas plus de sexualité masculine que de sexualité féminine : la même sexualité convient aux deux sexes ; elle est pour l'un comme pour l'autre l'affaire de leurs pulsions partielles.

Les notions d'homme et de femme relèvent de la constitution de l'identité, c'est-à-dire de la structuration de la représentation à laquelle chacun se rapporte pour se situer et dont nous savons désormais qu'elle est le fruit d'une préhistoire nourrie par les discours de la constellation familiale au sein de laquelle nous avons vu le jour : chacun se modèle sur l'image qui lui est proposée. Comment pourrais-je m'appeler Pierre si on ne m'avait pas nommé ainsi ?

Et c'est à partir de cette image que l'on se pense homme ou femme, actif ou passif : chacun répond – car il ne peut faire autrement – à ce qui a été attendu de lui en un temps où il n'avait pas le choix.

D'où le conflit inévitable entre les aspirations des pulsions partielles et les prescriptions assignées par ces discours auxquels nous n'avons pu qu'adhérer.

Seulement, l'emploi ici des termes d'image et de représentation n'est guère approprié : on ne s'identifie pas à une image unique, sorte de bonne forme (qu'on se souvienne des errements de la Gestalt-théorie) à laquelle il aurait suffi de coïncider ; l'identification – on en fait chaque jour l'expérience – est une sédimentation de traits multiples dont aucune exhaustion n'est possible – ce qui rend vaine et futile toute quête des origines : nous n'en finissons pas, enfant, d'opérer des relations affectives (parents, fratrie, enseignants, camarades, voisins...) où nous nous positionnons selon les qualités qui nous sont prêtées et où nos pulsions partielles s'accomplissent avec les éléments fournis par nos interlocuteurs : composants de leur corps, objets qui leur sont liés.

L'identification est donc en quelque sorte double : il y a celle – imaginaire – confectionnée par le discours des divers personnages de mon histoire et celle – réelle – engendrée par la satisfaction de mes pulsions : je suis autant ce fils doux et travailleur qui plaisait tant à ma mère que celui qui salive devant ce plat de sardines fraîches ou qu'émoustille un certain sourire, au point que le choix de ma petite amie n'est sûrement pas étranger à cette particularité présentée par sa physionomie.

Mais suis-je plus là où je m'égale au “fils idéal” ou là où je me sens excité par des choses qui me conviennent et dont l'abord m'ouvrira au bien-être ?

Cette question n'est pas subsidiaire ; car selon le poids accordé à l'obligation de répondre au thème du “fils idéal”, je serai peu ou prou enclin à satisfaire mes pulsions ou du moins à leur imposer les modalités et les restrictions associées au thème “fils idéal”.

C'est cette intrication entre ces deux plans qui organise ce qu'on appelle désormais le fantasme dont la figuration apparaît dans nos rêveries éveillées ou hypnagogiques comme dans la construction de nos rêves et où se déterminent nos conduites – en particulier sexuelles.

Pour en comprendre la portée, il faut se rappeler que l'enfant – du fait même de sa naissance – suppose que le couple parental ne se suffit pas, qu'il souffre d'un certain manque, que lui, l'enfant, aura pour tâche de réparer comme prix de sa conception et de la reconnaissance qu'il escompte. Et c'est pour cela qu'il est prêt – et nous sommes tous passés par là – à se plier à ce qu'il croit être attendu de lui.

Le fantasme articule ainsi une prescription aux objets évanescents susceptibles de susciter le désir : si je ne peux faire autrement que d'être attiré par ce sourire sus-évoqué, il s'ensuit cependant que ma conduite envers cette jeune fille (porteuse de ce sourire) sera dictée par les impératifs agrégés au thème de mon identité auquel je me rapporte en ce moment, en l'occurrence celui du "fils idéal" ; et là toutes les attitudes sont envisageables, de l'inhibition la plus stricte à l'inclination obscène la plus franche, pour peu que les femmes porteuses de ce sourire m'aient été interdites ou, au contraire, qu'elles m'aient été désignées comme les plus disponibles.

Ce n'est donc pas la raison qui ordonne nos comportements ; si cela était, on le saurait depuis longtemps, et, somme toute, nous ne serions que des robots pour lesquels il resterait à s'interroger sur la cohérence et l'intérêt du programme qui les fait agir. La raison n'est jamais neutre ; elle prend ses références au sein de préjugés, comme le montrent toutes les philosophies politiques utopiques qui, en voulant le bien de tous, n'ont, quand elles ont été appliquées, engendré que le pire. C'est même là, comme nous le verrons plus loin, le problème central de la perversion.

Mais revenons au fantasme.

On sait que sa prescription ne se limite ni à la prohibition ni à la permission et que d'autres injonctions s'y mêlent : que le partenaire ne soit pas libre (femme ou homme marié), qu'il soit loin d'être chaste (femme ou homme lascif), qu'il ait "besoin d'être sauvé" ou, au contraire, qu'il puisse être rabaissé, etc... Quoi qu'il en soit, c'est la prescription qui induit le comportement : ainsi de ceux qui s'arrêtent au seul plan de la séduction, de ceux qui ne peuvent s'autoriser la moindre satisfaction (impuissance/frigidité), de ceux qui se plient sans réserve aux exigences de leur(s) partenaire(s)...

Quant aux objets susceptibles de susciter la libido, deux d'entre eux ont une fonction prégnante : le sein et le pénis. Si on peut convenir que le premier (par ailleurs attribut maternel par excellence) soit un substitut du second par déplacement de bas en haut – puisque ce dernier, par l'oscillation de sa détumescence et de son érection, serait le symbole même de l'expérience pulsionnelle et de sa satisfaction –, l'un et l'autre ont un rôle fondamental pour ceux qui les élisent comme l'index ultime de leur désir.

C'est cette élection qui motive leur vie sexuelle.

Quant au comment de cette élection où se partagent, selon le sexe biologique de chacun, homosexuel et hétérosexuels, il serait fastidieux de s'y plonger : aucune autre réponse que le constat de sa réalité n'est ici recevable.

Qu'un homme (sur le plan biologique) élise le pénis et le voilà homosexuel ; qu'il élise le sein et le voilà hétérosexuel. Qu'une femme (sur le plan biologique) élise le pénis et la voilà hétérosexuelle ; qu'elle élise le sein et la voilà homosexuelle.

Mais ce n'est pas parce qu'une mère aurait été trop prévenante avec son fils qu'elle lui aurait façonné un "destin" homosexuel. Combien d'hétérosexuels peuvent se prévaloir d'une telle attention de leur mère !

Et ce n'est pas parce qu'un père aurait attiré à lui les souhaits d'identification de sa fille qu'il l'aurait modelée en garçon "manqué" ne pouvant trouver d'agrément que dans la compagnie des femmes.

Cette psychologie naïve, en voulant expliquer une orientation subjective par le comportement supposé des parents, fait l'impasse sur les modalités d'élection des objets cause du désir dont la genèse se perd dans les méandres d'une mémoire toujours réorganisée après-coup par le fantasme : aucune archéologie autre qu'imaginaire n'en est concevable.

De plus, ne nous méprenons pas : ce partage des conduites selon le choix de l'objet ultime du désir n'est clairement délimité – sur le plan du fantasme – chez personne : nous avons tous, peu ou prou, des inclinations homo et hétérosexuelles, même si l'une des deux est prédominante.

Nous ne pouvons que nous limiter à distinguer le contenu prescriptif du fantasme (enjoignant, par exemple, d'être actif ou passif) de la constitution des objets cause du désir (sein/pénis) : l'un relève des fragments du discours familial, des enseignants, des voisins, des camarades et tisse l'identité de chacun, l'autre est le produit de l'expérience où se sélectionne ce qui convient à chacun.

Si sur le discours, une certaine prise est possible – on peut en repérer les thèmes, voire en suspendre les injonctions déplaisantes éventuelles (c'est la visée d'une psychanalyse) –, il n'en est pas de même pour l'élection des objets et une telle intention serait dans sa nature scabreuse : pourquoi se détourner de ce qui plaît ?

Il serait tout aussi insensé de demander à un homosexuel de s'adonner à l'hétérosexualité (ou l'inverse) que d'inviter un amateur exclusif de chablis à boire du sancerre.

Quant à l'universalité des penchants, on la retrouve pour toutes nos appétences, *a minima* ou plus prévalentes : l'attouchement, l'exhibitionnisme, la scopophilie – le plaisir de regarder – dont le caractère commun n'est plus à démontrer avec le succès des films X, etc. On aime toucher, voir, être vu, subir quelque violence ou l'administrer, avilir ou être ravalé, etc.

C'est aussi ainsi qu'il nous faut comprendre la dichotomie entre les femmes vaginales et les femmes clitoridiennes : les premières se suffisent de la pénétration et s'y abandonnent quand les secondes veulent conserver quelque maîtrise de leur plaisir et en refusent la gestion au seul pénis. Et on trouve la même différence chez les hommes entre ceux qui s'accommodent de la seule intromission et ceux qui l'associent à leur masturbation.

Ce serait donc être gonflé de fatuité que d'envisager le réel autrement qu'il n'est : ayons l'humilité de l'accepter. De tout temps, la sexualité a été ainsi et il en sera de même pour tous les temps à venir. Que nous le voulions ou non, chacun va là où l'appelle son bien-être !... car "si tu diffères de jouir, comme le soulignait déjà Épicure, tu ajournes la joie"...

Nonobstant, nous restons là dans le cadre d'une sexualité affriolante où chacun dans la quête de son plaisir envisage son partenaire pour une subjectivité à part entière, c'est-à-dire lui témoigne le plus grand respect de sa singularité, respect qui se manifeste par l'attention à son plaisir comme aux modalités de son accès. Dans la vie ordinaire, nous sommes soucieux du plaisir de l'autre et enclin à le lui assurer. Même dans les pratiques sadomasochistes, nous n'allons pas au-delà du cadre du contrat établi où nous avons pris soin de définir un signal d'arrêt afin d'éviter un excès inacceptable.

Le terme de perversion – s'il doit être conservé – ne peut plus aujourd'hui désigner une conduite sexuelle qui, par son choix d'objet ou par la modalité de son exécution, serait opposée au modèle véhiculé par la morale ou la biologie.

Bien plutôt, ce terme peut convenir pour caractériser un comportement qui excède la sphère sexuelle proprement dite et qui consiste pour celui qui en est l'acteur à "mettre à mal" ceux qui en sont les partenaires, les victimes plus précisément : il en veut à leur peau en quelque sorte.

Quand on lit certains rapports médico-légaux, on est frappé par le caractère obligé du scénario mis en scène – qu'il soit directement sexuel ou non – et dont la réalisation ne souffre d'aucune modification au cours de son déroulement.

On est ici à mille lieux de la fantaisie présidant à la sexualité ordinaire où chacun est sensible aux attentes de ses partenaires, c'est-à-dire, je le rappelle, n'est pas sans manifester un certain respect à l'égard de leur subjectivité, y compris dans les pratiques communes sadomasochistes.

La perversion, au contraire, définit une attitude niant l'autre au nom des principes dont le sujet se fait l'agent.

À ce titre, les ouvrages de Sade sont exemplaires. On y assiste à la répétition inlassable de la même scène où il s'agit de faire violence à des victimes qui ne sont pas consentantes. Le héros sadien exécute une loi à laquelle il assujettit ses partenaires sans tenir compte de leurs desiderata : il y a le sujet qui prescrit la loi (ainsi de Madame de Sainte-Ange dans *La Philosophie dans le boudoir*), celui qui la réalise (Dolmancé) et celui qui la subit (Eugénie).

En somme, la perversion est la mise en acte d'un devoir : Dolmancé se doit d'accomplir la loi qui s'impose à lui.

Sous ce rapport, il y a une grande proximité entre la perversion et le moralisme kantien.

Le lecteur se rappelle que pour Kant, le sujet, lors de l'accomplissement de la loi (dictée par la raison), afflige à son moi les sacrifices qu'impose la réalisation de la morale : le sujet est là tout à la fois l'auteur de la loi, son exécuteur et celui qui s'y soumet.

Dans la perversion, il y a un éclatement des trois rôles sur des entités différentes :

– celui qui prescrit la loi : cela peut-être une morale religieuse, un règlement administratif, une autorité (chef politique, gourou d'une secte...), une hallucination, un délire...

– celui qui l'exécute : le sujet pervers ;

– celui qui la subit : la victime.

Tripartition dont se sont réclamés les criminels nazis pour leur défense : ils n'avaient accompli que leur devoir, de sorte que leur action était complètement morale.

En somme, dans la perversion, la prescription du fantasme se présente comme une règle universelle d'action qui s'impose à tous les êtres humains : agis de telle sorte que la maxime de ta volonté puisse toujours valoir en même temps comme principe d'une législation universelle.

Or, toute règle universelle d'action se fonde sur la croyance en une nature humaine (opinion partagée par Kant et Sade) ; elle est la négation de la singularité de chaque subjectivité, c'est-à-dire la négation de tout désir, marque même de cette singularité.

Il y a là, comme dans le moralisme kantien, un effacement absolu du désir au profit du pur devoir ; avec pour conséquence une abrasion de la réalité du partenaire, car si la réalisation du désir suppose et nécessite toujours l'acceptation du désir de l'autre, la réalisation du devoir n'impose nullement son consentement.

Et si le devoir implique l'exclusion du désir et donc l'apathie la plus radicale – puisqu'il exclut toute autre motivation que sa propre injonction –, il s'ensuit que le pervers – comme le sujet kantien – accomplit son forfait dans l'ignorance de la pitié comme de la compassion et qu'il ne vise ni son plaisir ni son bien-être, mais la réalisation de l'impératif qui le régit dont il retire seulement un contentement de soi : la satisfaction du devoir accompli.

D'où il résulte qu'une sexualité conforme aux prescriptions d'une morale est sûrement perverse dans son essence puisqu'elle est la négation tant du désir de l'intéressé que de celui de son partenaire, le premier imposant au second une forme de relation sexuelle qui ne tient pas compte de leurs attentes.

La perversion n'est donc pas là où il est coutumier de la chercher, mais bien plutôt là où on se fait fort de régler les conduites humaines à l'aune des principes dont on est le prosélyte. Tout missionnaire d'une doctrine religieuse, politique ou philosophique est potentiellement un pervers, puisqu'il nie par son action la singularité et le désir irréductible de ceux auxquels il s'adresse.

De cette forme sociale de perversion dont l'histoire est riche à la forme individuelle, celle du psychopathe qui finit par occuper la rubrique des faits divers des journaux, il n'y a qu'une différence d'ampleur : le nombre des victimes de l'Inquisition, du goulag, de l'épuration (raciale, religieuse, politique) ou de la solution finale sera toujours supérieur à celui du pédophile pervers, du violeur d'occasion ou du père abusif. Mais les uns comme les autres agissent selon la même logique : ils considèrent leurs victimes comme une chose qu'ils peuvent maltraiter sans réserve, et pourquoi pas anéantir, et non comme une personne.

Aussi, si la seule loi qui tienne comme loi symbolique inconditionnée est le respect d'autrui, loi qui est aussi et nécessairement celle du désir, on peut convenir – comme je le laissais entendre plus haut – que celui désigné ici sous le terme de pervers répond au mieux à l'étymologie du mot qui le nomme : il met effectivement sens dessus dessous la loi.

D'où il résulte que la perversion guette chacun dès qu'il réprime son désir, n'étant pas prêt à en assumer l'accomplissement, préférant se soumettre à une autorité extérieure pour organiser ses conduites, autorité à laquelle il voudra aussi assujettir tous ses proches pour assurer à ses principes une (pseudo) validité universelle.

Dans une tout autre dimension, on peut rappeler que les philosophies politiques et religieuses totalitaires ont réalisé chacune à leur manière l'univers de la perversion, comme on peut ajouter que le propos de la science n'en est pas très éloigné. N'oublions pas que la science, en niant la singularité et le désir, nous promet un monde complètement ordonné, entièrement prévisible, délivré de toute émotion, un monde froid ; demain, dit-elle, la procréation se fera dans des éprouvettes et par clonage, elle produira des sujets tous semblables qui, par des techniques de conditionnement, seront déterminés à des comportements programmés. Mais ce monde nous le connaissons déjà, c'est celui vanté par les ouvrages de science-fiction dont le succès traduit bien cette aspiration secrète de beaucoup d'être dispensés enfin de la responsabilité de leur désir.

C'est en cela que la science est la religion de notre temps : nous lui confions, aveuglément, le soin de diriger notre existence comme nous nous plions sans retenue à ses préceptes, oubliant que comme tout discours elle repose sur des présupposés, des hypothèses, dont la légitimité est relative à la croyance de ceux qui la servent.

La question est bien celle-ci : jusqu'où sommes-nous prêts à sacrifier notre désir et notre plaisir pour obtenir le contentement d'être conforme aux attentes de la morale ?

En cela, les pratiques de l'amour sont sûrement le meilleur antidote à ce risque.

Tant que des hommes oseront assumer leur sexualité dans la diversité de sa manifestation, non seulement ils connaîtront la joie, comme le disait déjà Épicure, mais ils seront le ferment nécessaire au rappel de la loi : assumer la responsabilité de son désir, c'est accepter la loi qui régit notre condition : si le désir nous porte vers le bien-être, il échappe à toute prévision, à toute maîtrise et nous rappelle ainsi notre destin inéluctablement mortel.

Car la vie n'a pas un sens qui vaudrait pour tous ; elle n'a que le sens que le désir singulier de chacun lui imprime dans le moment où il apparaît.

Si les religions polythéistes ménageaient une certaine place aux pratiques de l'amour – leurs dieux eux-mêmes en donnaient l'exemple – et si leur codification de la sexualité avait à cœur d'ouvrir au plaisir (ainsi du célèbre Kama Sutra), les religions monothéistes, centrées sur un dieu sans affect autre que le courroux ou l'amour désincarné, asexuel, ont eu à cœur, au contraire, d'extirper le plaisir et d'imposer à la sexualité soit le renoncement – les fidèles doivent se plier au modèle divin – soit une pratique visant exclusivement la procréation.

À peu de choses près, les philosophies politiques utopiques (Platon, Augustin, Campanella, More, etc., sans oublier, bien sûr, les idéologies fascistes, le stalinisme, le maoïsme...) ont repris les attendus du monothéisme, à l'exception notoire de Fourier – et encore...

Comme, sous un certain rapport, les philosophies morales (Descartes, Kant, Schopenhauer, etc...) se sont coulées dans le même moule.

Et aujourd'hui la science...

C'est donc tout le mérite de ce *Dictionnaire des fantasmes, perversions et autres pratiques de l'amour* de rappeler le caractère incontournable de la sexualité et d'appeler à son respect ; il y va de la qualité de la vie de chacun...

Puisse-t-il être lu.

A

ABATTAGE
ACCROISSEMENT SENSORIEL
ACOUSTICOPHILIE
ACROPHILIE
ACROTOMOPHILIE
ACUPRESSION
ADOLESCENTILISME
ADULTÈRE
AGALMATOPHILIE
AGONOPHILIE
AGORAPHILIE
AGRAFES
AGREXOPHILIE
ALGOPHILIE
ALLORGASMIE
AMAUROPHILIE
AMPHÉTAMINE
AMPUTÉS
ANACLITISME
ANASTÉMAPHILIE
ANATOMIE
ANDROÏDISME
ANDROMIMÉTOPHILIE
ANDROZOONE
ANILINCTUS
ANISONOGAMIE
ANNEAUX
ANTHROPOPHAGIE
APHRODISIAQUES
APOTEMNOPHILIE
APPRENTISSAGE DES TOILETTES
ARACHNOPHILIE
ASPHYXIE ÉROTIQUE
ATTOUCHEMENTS D'AVEUGLES
AUTO-AGONISTOPHILIE
AUTO-ASSASSINOPHILIE
AUTOPHAGIE
AUTO-MASOCHISME
AVISODOMIE
AVOINE
AXILISME
AZOOSPERMIE

Abattage

À l'origine, l'abattage était une punition infligée par les souteneurs aux prostituées récalcitrantes. Elle consistait à placer la femme punie dans des hôtels sordides ou des baraquements de chantier et à la livrer à un grand nombre d'hommes moyennant une rétribution modique de leur part. L'abattage était également pratiqué par les prostituées en fin de carrière. Jusqu'à une époque récente, on trouvait des hôtels d'abattage dans le quartier de Barbès à Paris.

Dans les rapports de soumission-domination, l'abattage est une preuve que le soumis ou la soumise donne à son maître ou sa maîtresse de son obéissance en acceptant les partenaires qu'il lui propose, quel qu'en soit le nombre. Dans le récit *Le Lien*, Vanessa Duriès raconte sa pratique :

Le lendemain, je devais être mise à l'abattage. (...) On me banda les yeux avant de me lier à une table, jambes et bras écartés. Maître Patrick expliqua calmement aux hôtes invisibles que j'avais parcouru plus de six cents kilomètres pour me faire prendre comme une putain. Les hommes s'approchèrent de moi et je sentis brusquement des dizaines de doigts me palper, s'insinuer en moi, me fouiller, me dilater. Cela me parut absolument grisant. J'éprouvais un plaisir enivrant à être exhibée ainsi devant ces inconnus. Mon anxiété se dissipait complètement. Pour l'amour de mon maître, je pouvais devenir une parfaite putain, la putain absolue, sans volonté, sans condition, sans états d'âme. (Spengler, 1993).

VOIR *Gang bang*

Accroissement sensoriel

On trouvera, dans ce dictionnaire, la description de divers procédés destinés à accroître les sensations et la sensibilité du corps. Il vont des simples massages avec ou sans lubrifiants aux douloureuses mise à l'épreuve physique de certaines pratiques.

Le désir d'accroître l'intensité des stimulations sexuelles est spontané. On peut l'observer chez l'enfant, lorsqu'il commence à se masturber. Une jeune fille aime à s'allonger nue sous le soleil d'été, à même les dalles brûlantes d'une terrasse pour augmenter l'intensité de ses sensations. On trouve aussi des garçon enfermant des morceaux de tissu dans un congélateur pour les en retirer plus tard afin d'en couvrir leur pénis. Ces rituels intensifient leurs sensations, et sont importants pour les jeunes qui, le plus souvent, n'ont pas une expérience sexuelle suffisante pour s'exciter au moyen de fantasmes. Parmi ceux qui y parviennent, il s'agit le plus souvent de fantasmes ne concernant pas les activités sexuelles dites "normales". Une très jeune fille a décrit ses pensées quand elle était en proie à des pulsions sexuelles. Elle s'imaginait qu'un monstre qu'elle avait vu au cinéma urinait bizarrement par la bouche. On peut penser que cette jeune fille se servait de la peur comme stimulant, au lieu de la douleur, comme dans les autres cas cités.

L'accroissement sensoriel peut également être obtenu en recourant à des pommades de type baume du tigre ou a des produits irritant comme dans l'exemple suivant :

– *Je me suis préparée pour vous, dit-elle simplement. Pour que vous ne vous blessiez pas et que vous preniez beaucoup de plaisir. C'est de l'huile d'amande douce mêlée à du piment. Vous allez voir, c'est extraordinaire...*

(...) Prosternée, les mains accrochées au drap, la croupe haute, Saba-Afridi se laissait violer. Peu à peu, Malko eut l'impression que son sexe augmentait de volume, qu'il s'échauffait. Il éprouvait une sorte de démangeaison atroce et exquise en même temps, qui le poussait à la prendre de plus en plus vite. Saba s'anima sous les coups de boutoir furieux et commença à gémir. C'était démoniaque ! Le piment qui irritait sa muqueuse bloquait son plaisir, le prolongeant en même temps. Le pouls en folie, il se déchaînait, plongeant à la verticale son membre au plus profond des reins offerts, dans une étreinte qui ne semblait ne jamais devoir finir. (Gérard de Villiers, *S.A.S, Vengez le vol 800*, 1997.)

Quels que soient les moyens utilisés, il convient de se souvenir que la tolérance à la douleur diffère selon les individus. De ce fait, ce qui paraît insupportable à l'un peut se révéler fort agréable à l'autre. On pense qu'un état d'angoisse détermine un seuil de tolérance à la douleur supérieur à la normale.

ACOUSTICOPHILIE OU MÉLOLAGNIE (du grec *akoustikê* : son, et *philia* : amour de)

Un acousticophile est une personne excitée sexuellement par des sons, le plus souvent ceux émis lors de l'acte sexuel. Il peut s'agir de musique, de chansons, de poèmes d'amour, mais aussi de grossièretés, d'obscénités, voire de commentaires prononcés dans une langue étrangère ou encore de cris, de pleurs, de chuchotements, de soupirs, de halètements, etc.

Ceux qui n'expriment habituellement pas leur excitation par la voix mais qui aimeraient développer cette tendance se concentrent, en se masturbant, sur les sons qui expriment l'extase. Ils n'ont pas besoin d'être particulièrement forts : ils doivent être naturels et spontanés. Ces sons ne stimulent pas seulement celui qui les émet : c'est aussi le moyen de communiquer le plaisir ressenti lors d'une caresse, d'une position, ou d'un acte sexuel particulier. Ce qui permet aux partenaires de mieux connaître leurs préférences.

La variété des sons entendus lors d'une orgie peut être très excitante. Certains enregistrent ces sons, ou filment leurs actes sexuels afin de les revivre durant une pause. D'autres apprécient plus particulièrement d'entendre ou de prononcer des obscénités.

Un pianiste se targuait de pouvoir susciter des émotions variées en jouant telle ou telle note. Le “do majeur” étant le plus propice à l'excitation sexuelle.
Il est des nécrophiles qui préfèrent des chants guerriers ou des hymnes funèbres. Le rock, sous ses différentes formes, est aussi un puissant excitant sexuel.
Michael Koss, président de la *Koss Stereo Headphone Company*, déclare : *L'excitation qu'éprouvent les gens, spécialement les jeunes, lorsqu'ils écoutent une musique au niveau sonore maximal, provient d'une activation du système nerveux périphérique par les basses fréquences ébranlant le corps. Les auditeurs peuvent “décoller” parce que cette sensation correspond directement avec les mécanismes de défense du corps, produisant une montée d'adrénaline* (Cité par Jillyn Smith, *Senses and Sensibilities*, New York, 1989.)
Déjà, la tradition grecque considérait que le mode mixolydien (gamme majeure dont la quarte est bémolisée) avait été inventé par Sappho pour émouvoir les jeunes filles. Et de ce fait, la musique classique européenne réserve souvent le mode mineur pour l'expression des sentiments de douceur ou de tristesse. Enfin, jointes au mouvement, à la danse, les musiques répétitives, aux rythmes lourds du carnaval de Binche (Belgique), obsédantes des soufis ou de certaines discothèques provoquent des états de transes pouvant favoriser l'excitation sensorielle et le désir sexuel.
Une autre forme d'acousticophilie consiste en l'introduction dans l'anus ou dans le vagin d'un appareil musical ou transmettant la parole (récepteur radiophonique de petite taille, baladeur, combiné téléphonique, etc.) tandis qu'il fonctionne. Les vibrations de la musique procurent des sensations agréables.
VOIR AGREXOPHILIE, CONFESSIONS, ÉCOUTEURISME, ÉROTOGRAPHOMANIE, HOMILOPHILIE, HYPNOSE, JACTITATION, NARRATOPHILIE, PHILTRE D'AMOUR, SEXE AU TÉLÉPHONE, *TEASING*.

ACROPHILIE

(de *acro* : point culminant, et *philia* : amour de)
Se dit d'une personne excitée par l'altitude. Le parachutisme ou le saut à l'élastique sont des activités d'altitude susceptible d'induire un état d'excitation sexuelle : elles associent une forme de bondage, l'impression de vertige et la sensation de suspension.
Durant les jeux sadomasochistes, les partenaires soumis, connus pour souffrir du vertige (acrophobie) sont parfois contraints de gravir une échelle les yeux bandés.
Une trop fréquente répétition de ces pratiques émousse à la fois la sensation de vertige et l'excitation subséquente.
Une autre variété d'acrophilie consiste à faire l'amour en altitude,

dans un avion par exemple. Le fantasme de “l’ascenseur qui ne s’arrête jamais de monter” est du même ordre. Aux États-Unis, un groupe de pilotes d’avions de New York a créé le *Mile High Club*. Pour en devenir membre, il suffit de monter dans un biplace au cockpit ouvert et d’atteindre l’altitude de 6 500 pieds. Là, la passagère doit se dévêtir, rejoindre le pilote sur l’aile de l’avion pour faire l’amour avec lui, avant de revenir à sa place.

Les acrobaties aériennes sont réputées procurer des sensations diverses, dues aux forces contraignant le corps au fur et à mesure des évolutions. Il se produit alors une formidable “décharge” d’adrénaline. Le sang est repoussé aux extrémités du corps, à la tête, aux pieds. Il s’ensuit une impression de flottement, d’absence, ainsi qu’un sentiment mêlé de puissance et de soumission à l’avion. Le fait d’être maintenu par un harnais de sécurité est ressenti encore plus voluptueusement que lors d’un “bondage” ordinaire. Il y a très peu de sensations comparables à celle éprouvée lorsqu’on se trouve la tête en bas, tandis que le sol approche à grande vitesse, et qu’on est séparé du monde extérieur par la transparence du cockpit. Cette situation a fait éprouver un orgasme à de nombreuses femmes.

Le début du célèbre roman d’Emmanuelle Arsan, *Emmanuelle*, décrit l’héroïne faisant l’amour à bord d’un avion. C’est l’une des plus célèbres scènes d’acrophilie de la littérature érotique. Il s’y mêle, de plus, un soupçon d’agoraphilie.

VOIR AGORAPHILIE, CLAUSTROPHILIE, PHOBOPHILIE, SUSPENSION.

ACROTOMOPHILIE

(de *acro* : extrémité, membre ; de *tomo* : coupure et *philia* : attirance, amour de)

Un acrotomophile est excité par l’idée d’avoir des relations sexuelles avec une personne amputée. Les acrotomophiles parviennent parfois à persuader leur partenaire de porter un bandage autour d’un bras ou d’un pied. Le docteur Eustache Chesser rapporte qu’un homme atteint d’acrotomophilie demandait à sa femme de parcourir leur chambre en s’appuyant sur des béquilles. Elle claudiquait ainsi en préliminaire à leur étreinte (Strange Loves, *The Human Aspects of Sexual Deviations*, New York, 1971).

Les causes de l’acrotomophilie sont diverses : fétichisme, sadisme par procuration, estime de soi défaillante, prétexte pour masquer une défaillance sexuelle. Il peut s’y mêler l’envie de secourir un handicapé, parfois jointe à la peur de se retrouver soi-même dans cet état. Ce dernier point pouvant évoquer la crainte de la castration chez l’homme.

L’acrotomophilie est généralement liée à une attirance pour l’amputation relative à un souvenir d’enfance. Le sujet ayant échappé à un accident ou en en ayant été le témoin est mis en contact avec l'idée, voire la réalité d'une amputation. La peur, la compassion éprouvée s'accompagnent alors d'une forte impression, celle-ci pouvant s'érotiser à la vue d'une personne amputée. Ces acrotomophiles peuvent tout aussi bien être des femmes que des hommes, des hétérosexuels ou des homosexuels, l'attirance initiale envers les amputés devenant la clé de leur comportement sexuel d'adultes.

L'acrotomophilie peut aussi agir comme consolation, le sujet constatant que d'autres souffrent davantage que soi-même. Pour certains hommes, l'élection d'un objet sexuel inhabituel, de jeux érotiques sortant de l'ordinaire provient parfois d'une éducation trop rigide, d'un sentiment de culpabilité. Ils peuvent apprécier les prostituées parce qu'on ne peut les "souiller", une personne handicapée, parce que le désir est compensé par les soins qu'on doit lui prodiguer. Le sujet s'imagine aussi que, s'il avait été handicapé ou amputé, ses parents auraient été plus attentifs envers lui, qu'ils l'auraient moins houspillé ou critiqué.

D'autres, ayant une piètre estime d'eux-mêmes et souffrant de complexes d'infériorité, se rassurent en choisissant un conjoint ou un partenaire ayant subi une amputation. La relation leur semble plus solide, puisqu'ils pensent n'avoir aucun rival possible. De plus, un être ainsi diminué ne peut, de leur point de vue, se montrer trop exigeant. Évidemment, cette arrogance relationnelle peut induire des comportements autoritaires, voire abusifs.

Il existe quelques clubs de rencontre permettant d'entrer en relation avec des amputés. Il existe également une production de magazines pornographiques les représentant dans des situations érotiques. De nombreuses publications érotiques japonaises développent ce thème. Françoise Rey, dans le recueil *Passions de femmes* (Blanche, 1996), raconte l'histoire d'un handicapé qui retrouve l'usage de son sexe sous les manipulations de son infirmière. Luis Buñuel dans son film, *Tristana* (1970), a fortement suggéré ce thème.

VOIR APOTEMNOPHILIE, AUTO-MASOCHISME, COUVADE, DYSMORPHOPHILMIE, HARMATOPHILIE, MASOCHISME, PSYCHROCISME, SADISME.

ACUPRESSION

Issue des traditions orientales, l'acupression est une "médecine douce". Il s'agit de stimuler par pression directe des doigts certains centres nerveux correspondant généralement aux points définis par l'acupuncture. Quelques yogis seraient capables de transmettre, par acupression, leurs connaissances, leur énergie spirituelle à leurs disciples. L'acupression est une médecine "holistique", où l'être est considéré comme un tout : ce qui concerne ses applications dans le domaine sexuel n'en constitue qu'une petite partie.

Les zones corporelles les plus sensibles à l'acupression sont les mains et les pieds. Chaque centimètre carré de la main ou du pied doit être soigneusement traité par des pressions légères et des mouvements de rotation. La pression ne doit occasionner aucune gêne, ni douleur. Une séance d'une vingtaine de minutes peut accroître sensiblement l'énergie sexuelle.

Les orteils et les oreilles sont particulièrement réceptifs. Les lécher ou les sucer produit une grande stimulation érotique.

Les autres points excitables sont : les mamelons, les vertèbres du cou, le centre du torse, entre les seins, un point situé entre le nombril et le pubis, la bas de la colonne vertébrale et autour de l'anus. Leur localisation exacte varie selon les individus.

L'acupression peut aussi servir à retarder l'éjaculation. Un point situé sur le périnée, à mi-chemin du scrotum et de l'anus, doit alors être pressé fermement, à plusieurs reprises, au moment où l'éjaculation semble imminente. Quelques hommes sont capables de contracter les muscles pubococcydiens et anaux au point de refouler la semence par un effet de pompe vers la prostate. C'est une des techniques du tantrisme.

Une autre technique consiste à presser le plexus solaire, juste au-dessous du sternum, avec le bout des doigts de chaque main.

On peut agir de même sur le sacrum, à la pointe de la colonne vertébrale, l'endroit formant un triangle. On peut se servir des pouces au lieu des autres doigts ; la symphyse pubienne, juste au-dessus du pénis, constitue un autre point d'acupression permettant de retarder l'éjaculation, comme les testicules qu'il convient de tirer vers le bas, pour les éloigner du corps. L'acupression des organes génitaux, comme celle de la plante du pied ou de l'oreille, serait susceptible de soigner les troubles affectants diverses parties du corps. Ramsale et Dorman ont établi une liste de points d'acupression génitale correspondant aux divers organes (poumons, foie, cœur, reins, etc.).

La paroi interne du vagin présente des zones correspondant au cœur, lequel serait sensible aux pénétrations profondes. Les théories modernes d'acupression considèrent que des relations sexuelles régulières ou la masturbation présentent des effets bénéfiques pour la santé.

ADOLESCENTILISME

Se dit des personnes qui éprouvent un plaisir érotique en s'habillant comme des adolescents, ou en jouant le rôle d'adolescents.

ADULTÈRE

L'adultère est l'union sexuelle de personnes dont l'une au moins est mariée. On emploie rarement ce mot pour désigner un homme marié fréquentant les prostituées. De même, il est peu usité à propos du partenaire inconstant d'un couple homosexuel. Les causes de l'adultère sont multiples. Le “bovarysme”, le désir de vivre une passion débridée, en est une. Les frustrations d’une vie de couple décevante en sont une autre. L’incapacité de dire “non” en constitue une troisième...

Il ne faut pas confondre l’adultère avec la polygamie, ni avec des formes de sexualité non monogamiques. L’adultère est considéré comme une faute, légale, morale ou religieuse. Il ne peut se comparer aux pratiques supposées de quelques tribus amérindiennes ou de clans préhistoriques. Ces pratiques peuvent être rapprochées de certains comportements animaux. Les clans de singes langur, par exemple, sont régis par un mâle dominant. Des bandes de célibataires rôdent autour de cette communauté. Les jeunes mâles effectuent des raids, s’emparent des femelles isolées, les enlèvent, les violent et tuent les éventuels rejetons. Des femelles provoquent parfois cette situation en se tenant intentionnellement à l’écart du groupe afin de s’unir à l’un des mâles errants, voire à plusieurs mâles. En compensation, ni elle ni ses petits ne sont molestés. Au contraire, il arrive que les petits soient protégés par leurs partenaires, se considérant comme pères. D’autres primates utilisent ce genre de relations sexuelles à des fins de garde d’enfant. La mère demande à son partenaire de veiller sur la progéniture, tandis qu’elle s’octroie quelques heures de loisir. Chaque mâle concerné assumant les fonctions de père. Thomas Gregor, dans *Anxious Pleasures, The Sexual Lives of An Amazonian People* (New York, 1985), observe des comportements analogues parmi les membres de quelques tribus amazoniennes.

Dans la Chine impériale, l’adultère des concubines de l’empereur était puni de mort (voir le film *Maîtresses et concubines*). Le supplice consistait a verser du plomb fondu dans le vagin, l’anus et la bouche de l’adultère.

Les sociétés modernes condamnent les relations extra-conjugales. Elles les considèrent comme une rupture du pacte contracté lors du mariage. Elle répriment ou tolèrent la prostitution, parfois d’une manière ambiguë. La Bible nous montre les premières lois punissant l’adultère. Encore ne concernent-elles que les femmes.

L’adultère fut plus ou moins toléré par les sociétés pratiquant les mariages arrangés ou qui refusaient le divorce. Le catholicisme l’a toujours condamné. Saint Paul considérait que le simple fait de regarder une femme avec concupiscence équivalait à sa consommation. Il condamna également l’acte sexuel lui-même, y compris dans le mariage, à moins qu’il ne fût destiné à la procréation. Le plaisir lui semblait toujours suspect.

Le protestantisme lutta énergiquement contre l’infidélité conjugale. Il commença par lutter contre les mariages arrangés. Les réformés

pensaient alors que l'amour rendrait les couples plus solides. En même temps, il fut entrepris de décourager les relations sexuelles extra-conjugales. Les juges protestants recommandaient la chasteté avant le sacrement, la fidélité ensuite.
Les puritains anglais qui s'installèrent sur le Nouveau Monde abolirent les tribunaux ecclésiastiques et considérèrent les abus sexuels comme des crimes. Certains États américains conservent des lois sévères punissant l'adultère. Elles ne peuvent être appliquées : l'anonymat des villes rend difficile les constats, tandis que les voisins hésitent à dénoncer les cas dont ils peuvent avoir connaissance.
Le contact avec les civilisations amérindiennes modifia souvent le comportement des puritains. Les Indiens pratiquaient sans pudeur l'homosexualité, l'adultère, la polygamie, voire la zoophilie. Certains parmi les puritains installés du côté de Plymouth adoptèrent ouvertement ces coutumes locales, revivant ainsi les rituels de fertilité pré-chrétiens. Les autorités puritaines réagirent énergiquement pour restaurer l'ordre. Puis elles tentèrent d'imposer aux Indiens leur code moral.
L'adultère fut parfois toléré au sein de sociétés présentant un nombre disproportionné d'hommes et de femmes. De même, on ne le réprimait pas lorsqu'un homme fréquentait une femme de statut inférieur : servante, esclave ou prostituée.
En France, l'adultère n'est plus considéré comme un délit, ni même comme une cause suffisante pour obtenir le divorce. C'est une faute civile qui peut toutefois donner lieu à une réparation sous forme de dommages et intérêts (article 266 du Code Civil). Les enfants nés d'un adultère ont les mêmes droits qu'un enfant légitime.
VOIR JALOUSIE, INFIDÉLITÉ.

AGALMATOPHILIE OU GALATHÉISME, PYGMALIONISME
(du grec *agalma* : statue, et *philia* : amour de)
C'est le "complexe de Pygmalion", ce sculpteur grec amoureux d'une de ses œuvres. Il pria Aphrodite de donner la vie à la statue nommée Galatée. Il fut exaucé : la femme de marbre devint de chair.
Aujourd'hui, l'agalmatophilie désigne le fétichisme du mannequin, de la statue, voire de la poupée gonflable.
On connaît d'anciens cas d'agalmatophilie : Clisyphe viola la statue d'une déesse dans le temple de Samos après avoir placé un morceau de viande à un certain endroit. Richard von Krafft-Ebing, fondateur de la sexologie, rapporte qu'en 1877, un gardien de musée devint amoureux de la Vénus de Milo et qu'il fut surpris en train de se frotter à elle (in *Psychopathia Sexualis*, Paris, 1892).
Les adoratrices de Priape se faisaient pénétrer par la statue de ce dieu au sexe érigé. C'étaient de jeunes vierges qui se défloraient ainsi.

Aujourd'hui, certaines jeunes filles, en Inde, rompent ainsi leur hymen avant le mariage.

Certaines statues antiques présentent un pénis détachable que l'on peut utiliser comme un godemiché. La tradition catholique compte des saints invoqués pour favoriser la fécondité, tels saint Gilles et saint René. D'autres saints ayant les mêmes pouvoirs ont des noms plus euphoniques ou significatifs : saint Guerlichon, saint Foutin, saint Vit. Leurs statues présentent généralement une verge de belle taille. En 1562, les protestants mirent à sac et détruisirent une église, à Orange. Ils y découvrirent un phallus de bois, gainé de cuir. Vingt-trois ans plus tard, on honorait saint Foutin, dans la ville d'Embrun (Hautes-Alpes), en déversant du vin sur son sexe.

Un garçon de douze ans devint amoureux d'une statue, dans un musée, parce que sa mère la qualifia d'"obscène". Plus tard, il vit deux statuettes dans une vitrine et les acheta. Il s'en servit pour inspirer ses masturbations. À trente-quatre ans, quoique marié, il n'avait pas perdu cette habitude (Robert Tralins, *The Sexual Fetiches*, New York, 1969).

Voici un autre cas, provenant du même ouvrage : un étalagiste ne pouvait s'empêcher de se masturber lorsqu'il voyait un mannequin dévêtu. Il connut sa première expérience sexuelle à l'âge de quatorze ans, lorsqu'un chef de rayon le contraignit à une fellation, alors qu'ils étaient assis sur des mannequins. Depuis, cet étalagiste ne se contentait pas de se frotter aux mannequins : il désirait aussi qu'un autre homme le voie.

Certains groupes de sadomasochistes apprécient le jeu de la "statue vivante". Il s'agit de contraindre quelqu'un à l'immobilité, à l'impassibilité tandis qu'on le caresse. On trouve un joli texte consacré à l'agalmatophilie sous la plume du conteur napolitain (XVIe siècle) Girolamo Morlini dont les œuvres furent condamnées à l'autodafé en 1520 :

Un jour, m'étant éveillée d'un mauvais sommeil, à peu près au milieu de la nuit, je vis tout l'horizon éclairé par un superbe clair de Lune. Pensant le jour venu, je laissai maison, famille, domestiques et soins du ménage, et allai dire ma prière dans un temple éloigné. En traversant la place du Marché aux fruits, je vis, sur un piédestal en marbre de Paros, une statue représentant un homme nu, parfaitement fait et de qui l'arc était bandé. J'en demeurai frappée d'admiration. Après l'avoir examiné longtemps et m'en être délectée tout à l'aise, je voulus donner des caresses à cette statue. Là où manquent les forces, la ruse a suppléé.

À l'aide de quelques pierres superposées, je m'élevai jusqu'à elle, et nouant mes bras autour de son cou, je la couvris de baisers. Son raide priape me chatouillant à travers les vêtements, un tel feu s'empara de moi que, relevant mes jupes, j'aspirai avec conviction dans mon calice brûlant l'engin de marbre tout entier et, me démenant, je me saturai de volupté. Quand je voulus me retirer, il me fut impossible de retirer cet objet de marbre de ma fente. Que faire ? J'allai donc être exposée aux yeux de tous, ainsi accouplée à une statue, suspendue à son cou avec mes bras tremblants. (*Petits contes phalliques*, Mille et une nuits, 1996).

Pierre Louÿs était un grand amateur de statue. Yvette Guilbert rapporte dans ses souvenirs qu'elle vit, suspendus dans le cabinet de travail de Louÿs, d'énormes moulages en plâtre de fessiers de femmes. En 1904, il publia plusieurs articles au sujet des divers marbres, moulages et fontes de la célèbre Diane de Houdon, dont certains détails anatomiques avait effarouché des conservateurs de musée.

La mode des bateleurs, maquillés de blanc, montés sur un socle et feignant d'être une statue répond au succès des *horses guards* de Buckingham Palace à Londres : leur impassibilité fascine toujours autant les badauds. Il s'agit là d'une agalmatophilie non érotisée.

AGONOPHILIE

(du grec *agon* : combat, et *philia* : attirance)

Pseudo-viol. Certaines personnes aiment ainsi faire semblant de se défendre, de résister, pour enfin céder aux désirs de leurs partenaires. D'autres aiment jouer le rôle du violeur. La lutte est l'un des piments de l'homosexualité masculine. On en trouve une illustration dans *Women in Love* de D.H. Lawrence.

AGORAPHILIE

(de *agora* : place publique et *philia* : attirance)

Désigne le fait de vouloir faire l'amour dans des endroits publics. Ceux qui aiment avoir des relations sexuelles dans leur jardin, dans un parc ou dans un autre lieu extérieur éprouvent une excitation particulièrement vive.

Le bois de Boulogne fut un point de rencontre apprécié des agoraphiles homosexuels et hétérosexuels.

L'agoraphilie n'est pas tout à fait un exhibitionnisme : il peut y avoir le goût du risque d'être surpris, mais aussi celui de n'être pas tout à fait visible, de se montrer en se cachant.

Arthur Schnitzler évoque, dans *Une jeunesse viennoise* (1968), le souvenir d'une promenade dans Budapest :

Parmi les impressions de cette nuit, l'image que j'ai gardée le plus nettement en mémoire est celle d'un petit jardin sombre entouré de hauts murs sans fenêtres, où des odeurs de cuisine et toutes sortes de parfums douceâtres se mêlaient étrangement et où des filles à demi nues disparaissaient de temps en temps avec des messieurs dont les intentions étaient sans équivoque, dans des bosquets point tout à fait discrets.

La littérature érotique utilise fréquemment le thème de l'agoraphilie.

AGRAFES

Les agrafes sont utilisées au cours des rituels sadomasochistes. Leur usage constitue une forme de domination, de contrôle des parties génitales du partenaire soumis. Les agrafeuses chirurgicales sont à conseiller pour cet usage : celles que l'on emploient dans les bureaux sont plus longues, plus douloureuses lorsqu'elles pénètrent dans la peau, et surtout, ne sont pas stériles. Les pointes d'agrafes chirurgicales mesurent trois millimètres et sont recourbées de façon à tenir en place. Pour les ôter, il faut un appareil spécial.

Durant les jeux sadomasochistes, le dominateur agrafe, par exemple, le scrotum aux cuisses, il peut aussi joindre le prépuce à l'abdomen, clore le vagin en agrafant les grandes lèvres, réunir les fesses l'une à l'autre, etc.

Les agrafages sont considérées comme une forme particulière de bondage (par exemple, agrafer la bouche, les lèvres ensemble est un substitut du bâillon) et peuvent remplacer les ceintures de chasteté.

AGREXOPHILIE

L'agrexophilie est une forme particulière d'exhibitionnisme. Il s'agit d'une excitation ressentie en faisant l'amour de façon à ce que d'autres personnes le sachent et l'entendent. Ce qui peut arriver dans un hôtel, durant un spectacle, dans une salle de cinéma, etc.

ALGOPHILIE

(de *algos* : souffrance, et *philia* : amour de)

Néologisme créé par Schrenck-Notzing et désignant une excitation sexuelle produite par la douleur. Les algophiles ne sont pas forcément sadomasochistes. Le rapport Kinsey montre qu'en 1953, 50 % des personnes interrogées admettaient la possibilité d'être excitées par des morsures.

Les tribus primitives, avec leurs rituels de passage à l'âge adulte, considèrent la capacité à supporter la douleur du candidat au mariage. L'environnement hostile rendait cette aptitude nécessaire. Voici le témoignage d'un anthropologue à propos des Tiv, une tribu du Nigeria :

La beauté, même représentée par des scarifications, ou des dents volontairement ébréchées, est augmentée par la souffrance. Un jour, j'ai demandé à un groupe de Tiv, avec lesquels je discutais, si la scarification n'était point trop douloureuse. Ils me regardèrent, à juste titre, comme si je n'avais rien compris. "Bien sûr", déclara l'un d'entre eux, "bien sûr que c'est douloureux ! Quelle fille regarderait un homme dont les cicatrices ne lui auraient causé aucune douleur ?" L'effort pour "rayonner" doit être visible ; l'effort pour être élégant doit coûter cher, doit éprouver ; les scarifications, l'une des plus belles décorations, se payent avec de la souffrance. La souffrance est la preuve que la décoration n'est pas un acte égoïste, qu'elle doit procurer autant de plaisir aux autres qu'à soi-même. (Paul Bohanan, *Marks of Civilisation, Beauty and Scarifications Among the Tiv*, Los Angeles, 1988.)

D'autres tribus pensent que la souffrance due aux scarifications provoque des émotions violentes, un peu comme ceux qui apprécient les morsures, et qu'elle favorise la fécondité. La douleur s'accompagne de sécrétions organiques comme les prostaglandines, la bradykinine, la substance P.

Les introvertis ont besoin de plus fortes stimulations tactiles ou mentales que les extravertis, et ils ne ressentent pas la douleur aussi rapidement que ces derniers. Pour réagir à une douleur constante le corps peut se comporter de différentes façons. Une souffrance continue demande une réaction rapide du système nerveux, et le corps s'adapte à un stimulus constant par le ralentissement du processus, prévoyant que l'intensité de la douleur diminuera d'autant. Lorsque la souffrance a été ressentie durant plus de vingt minutes, l'organisme produira des substances chimiques analogues à l'opium ou à la morphine (endomorphines) pour amoindrir les sensations désagréables.

Les algophiles jouent avec la douleur, cherchant à produire cette sécrétion de substance analgésique qui provoque une sensation d'euphorie, voire mène à la transe. Ce jeu n'atteint pas toujours son but, car l'équilibre plaisir/douleur peut facilement être rompu. C'est alors la fin d'une euphorie sexuelle difficilement atteinte. Gene Bylinsky remarque :

À première vue, les effets du stress, de la peur, de la douleur semblent paradoxaux. Une anxiété modérée augmente la sensation de douleur. En revanche une plus grande intensité de l'anxiété, la terreur par exemple, la diminue. En termes de survie, c'est le bon sens même. La perception douloureuse dépend de l'environnement et de l'état d'excitation sexuelle à un moment donné. Comme l'explique un spécialiste : être frappé au visage par un agresseur peut n'occasionner qu'une légère souffrance, lorsqu'il s'agit d'une question de vie ou de mort. À moins que l'organisme n'en retarde la perception. Alors que le plus léger contact avec un instrument de chirurgie dentaire fait parfois frémir. (Gene Bylinsky, *Mood Control*, New York, 1966.)

La douleur détermine une réaction du système nerveux autonome, augmentant ainsi le rythme cardiaque, la pression sanguine, le rythme de la respiration et la sensibilité sexuelle.

Nos sociétés considèrent la douleur comme un dommage et tentent l'impossible pour amoindrir ses effets. Un jour, peut-être, aurons-nous une meilleure connaissance de ses propriétés biochimiques. Alors, la douleur pourra prouver qu'elle possède une plus grande valeur thérapeutique pour nous remettre de traumatismes émotionnels. Beaucoup de psychologues conseillent aux patients de prendre conscience de leurs douleur psychique, de la ressentir, de se débrouiller avec elle plutôt que de la supprimer au moyen de médicaments, avant qu'une guérison naturelle advienne.

Quelques personnes vivent consciemment leur douleur émotionnelle après la rupture d'une relation. Parfois durant de longues années. Cette douleur devient tout ce qu'il reste de leurs amours brisées. Ils sont incapables de s'en défaire, préférant devenir de romantiques masochistes.

VOIR MORSURE, SADISME, SADOMASOCHISME, SOUMISSION/DOMINATION.

ALLORGASMIE

Impossibilité d'atteindre l'orgasme avec quelqu'un sans fantasmer un partenaire plus désirable. À propos d'homosexuels mâles ou de femmes hétérosexuelles, on parlera d'alloandrisme. S'agissant de lesbiennes, on préférera le terme d'allogynie. Arthur Schnitzler semble avoir éprouvé une forme d'allorgasmie légère avec une partenaire décevante :

Mademoiselle Lizzi, la Susses Mädel berlinoise, n'avait pas été du tout la première ni la seule dans les bras de laquelle j'avais pensé à Janette. (A. Schnitzler, *Une jeunesse viennoise*, 1968.) Une *Susses Mädel* (littéralement : "jeune fille douce") est une midinette en dialecte viennois.

AMAUROPHILIE OU LYGERASTIE

(du grec *amaurosis* : noirceur, nuit, et *philia* : amour de)

Un amaurophile est excité lorsque son partenaire sexuel ne peut pas le voir. Ce terme ne s'applique pas à deux personnes aveugles. Il convient de distinguer l'amaurophilie active, celle du partenaire voyant, jouissant du handicap momentané de l'autre, de l'amaurophilie passive, celle de la personne aimant se voir privée de la vue. Dans le premier cas, on se rapproche de l'acrotomophilie, à ceci près qu'il n'y a pas de membre empêché, mais un sens. Dans le second, nous sommes en présence d'une domination.

L'amaurophilie se pratique soit en appliquant un bandeau sur les yeux, soit dans l'obscurité. Sans qu'il y ait matière à parler précisément d'amaurophilie, la séduction, le désir, le sexe, s'accommodent d'une certaine obscurité : les boîtes de nuits sont assombries par des lumières tamisées, comme les chambres à coucher.

L'amaurophilie de groupe peut devenir une variante du jeu de colin-maillard : une personne aux yeux bandés doit reconnaître ceux qui l'entourent en les touchant, soit manuellement, soit avec la bouche.

Une autre possibilité est qu'une personne attachée, aveuglée par un bandeau, soit soumise aux ardeurs d'un ou de plusieurs participants. Nous sommes alors en présence d'un mélange d'amaurophilie et de bondage, voire de nécrophilie. Car il est des amaurophiles qui apprécient l'immobilité absolue d'un partenaire aux yeux clos.

On peut aussi considérer que cette pratique est liée à une éducation désapprouvant la nudité, le sexe. Un manque d'estime de soi, un sentiment d'infériorité peuvent aussi en être la cause. Certains amaurophiles ne sont excités que par une relation sexuelle avec un dormeur ou une dormeuse. La sexualité comme réveil, voire renaissance ou triomphe sur la mort nous mène à des mythes fondamentaux qu'exprime un conte célèbre, *La Belle au bois dormant*. L'amaurophilie peut aussi provenir d'attouchements durant l'enfance, avec d'autres enfants endormis ou faisant semblant de dormir.

Il n'est pas rare que, le matin, un mari pénètre sa femme ensommeillée, encore endormie, ou prétendant l'être. Ce rituel d'"avant le départ" peut être considéré comme un "viol consenti".

La privation sensorielle, même momentanée, attise les autres sens. Le fait d'être privé de la vue nous porte à mieux percevoir les sensations tactiles, olfactives et gustatives. Dès lors, l'amaurophilie nous amène à mieux connaître notre corps.

VOIR
ACCROISSEMENT SENSORIEL,
GLORY HOLE.

AMPHÉTAMINE
VOIR APHRODISIAQUES.

AMPUTÉS
VOIR ACROMOTOPHILIE,
APOTEMNOPHILIE.

ANACLITISME

Excitation sexuelle procurée par des activités ou des objets généralement réservés aux enfants. Par exemple des jeux mettant en scène l'apprentissage de la propreté, la succion des seins simulant la tétée, la fessée, l'urophilie, la coprophilie, le bondage, les vêtements souillés, la circoncision, les bains, les lavements, etc. On peut y ajouter le port de vêtements d'enfants, le fait de jouer à la poupée dans un but érotique.

Ce genre d'activités existait dans la Grèce antique. C'était alors un rite : on croyait qu'il était nécessaire pour un malade condamné de retomber en enfance pour guérir. Le patient devait se blottir dans le giron d'une femme, être lavé comme un nouveau-né, se vêtir d'habits enfantins, etc.

Les jouets peuvent devenir fort excitants durant les jeux sexuels. Les poupées, les ours en peluche, par exemple, ont leurs amateurs. Il s'agit évidemment d'une forme de fétichisme.

Toutefois, ce retour à l'enfance peut faire remonter à la période durant laquelle l'enfant ne voit pas encore tout à fait clairement. Les sensations désirées sont donc tactiles. Une femme, par exemple, se sentait en sécurité, en état d'euphorie lorsqu'une infirmière ou un dentiste se penchait vers elle, à condition que la blouse de ces personnes effleure sa peau nue. Cette femme, née prématurément, avait passé les premiers mois de sa vie en couveuse, et n'avait eu de contact humain qu'avec des infirmières ou des puéricultrices. La vision d'une personne portant une blouse ne lui suffisait pas : il lui fallait un contact.

VOIR BONDAGE, CLYSTÉROPHILIE, EXHIBITIONNISME, FÉTICHISME, HUMILIATION, INFANTILISME, LACTAPHILIE, UROPHILIE.

ANASTÉMAPHILIE OU NANOPHILIE

(du grec *anastema* : hauteur, et *philia* : amour de)

Attirance pour les partenaires présentant une différence de taille avec le sujet. Généralement, nos sociétés considèrent qu'il est normal que les femmes choisissent des compagnons plus grands qu'elles. Cependant, certaines femmes préfèrent les hommes plus petits, certains hommes choisissent des femmes plus grandes.

Les hommes qui aiment les petites femmes déclarent qu'il se sentent ainsi renforcés dans leur rôle de protecteur et que les femmes de taille réduite sont plus féminines de ce fait. Lorsqu'une femme choisit un homme petit, il se peut qu'elle joue aussi un rôle protecteur, voire maternel.

Souvent, les hommes amateurs de grandes femmes sont eux-mêmes de petite taille. Certains précisent qu'une femme grande se remarque, que ceux qui la voient apprécient sa beauté, et qu'ils en tirent un certain orgueil. Il peut aussi s'agir d'un sentiment de compensation, de complémentarité, comme si la différence de taille corrigeait une erreur de la nature.

L'anastémaphilie est le thème d'une chanson populaire :

Mon père m'a donné un mari,
Mon Dieu quel homme, quel petit homme,
Mon père m'a donné un mari,
Mon Dieu quel homme, qu'il est petit.

Le mari en question sera mangé par une souris. Le "don" d'un mari peut faire penser à une domination paternelle continuant après le mariage, répondant à un état de dépendance et d'insécurité de l'homme ainsi offert.

La mode des mannequins, des "top models" de grande taille n'est pas sans évoquer une anastémaphilie collective, représentative de nos sociétés dans lesquelles le nouveau rôle social des femmes inquiète et fascine. Un film tel que *King Kong* joint le fantasme d'anastémaphilie à celui de la bestialité.

VOIR DYSMORPHOPHILIE.

ANATOMIE

Les embryons humains, mâles ou femelles, ont les mêmes organes sexuels. Ils présentent tous les caractères de la féminité. Ce n'est qu'après la production de la testostérone que le clitoris s'allonge pour, progressivement, devenir un pénis. Les testicules

ou les ovaires résident d'abord dans la paroi abdominale, le sexe ne se déterminant qu'après la production d'hormones mâles. Alors, s'il y a lieu, les testicules descendent dans le scrotum. Ce qui aurait dû devenir un utérus et un vagin se rétrécit pour former la prostate. Le scrotum est constitué par les lèvres qui se joignent pour entourer les testicules.
Le gland du pénis et le clitoris possèdent un nombre égal de terminaisons nerveuses et sont sujets à des sensations similaires.
Voici un tableau de correspondance des organes sexuels :

Homme	**Femme**
Gland du pénis	Clitoris
Canaux de Muller	Trompes, utérus
Prostate	Vagin
Hampe	Petites lèvres
Scrotum	Grandes lèvres

À la longueur moyenne du pénis correspond la profondeur moyenne du vagin : 15,24 cm. La taille du pénis peut toutefois varier considérablement, comme sa circonférence, de même que celle du vagin ou de l'urètre.
Le point G, qui doit son nom au gynécologue Ernst Graffenberg, se trouve approximativement à 2,5 cm de l'entrée du vagin, sur sa partie antérieure. Il a la taille d'une pièce de cinq centimes. Au toucher, il évoque un coussinet circulaire de tissu adipeux.
La taille, la forme des petites lèvres, comme la distance entre le clitoris, l'urètre et le vagin varient aussi, selon les femmes. La taille du vagin change avec l'excitation sexuelle. Il commence par se resserrer, puis se lubrifie, se relâche afin de favoriser la pénétration et le cheminement du sperme vers le col de l'utérus. Le vagin se rétracte après l'orgasme, retrouve son aspect originel : une sorte de poche en forme de cuillère à la base du col.
Les films érotiques ont induit beaucoup de spectateurs en erreur quant à la taille "normale" du pénis, ce qui peut donner des complexes à certains hommes. L'industrie pornographique emploie volontairement des acteurs aux organes sexuels impressionnants.
Le fait que tous les humains sont d'abord "filles" a servi d'argument à certains mouvements féministes pour prôner l'idée d'une supériorité de la femme.

ANDROÏDISME

(du grec *andro* : être humain mâle, homme et *eidos* : forme)
La science-fiction nous a habitué saux robots, et autres androïdes de la littérature (la femme d'acier de *Eau de jouvence* de Sacher-Masoch) et du cinéma comme cette femme mécanisée dans le film de Fritz Lang, *Métropolis* (1926).
On peut distinguer plusieurs sortes d'androïdes : ceux qui sont un mélange d'être humain et de machine, de métal et de circuits intégrés, ceux qui sont artificiellement

créés à partir d'organes humains. Nous rejoignons alors le mythe de la créature du docteur Frankenstein, le héros de Mary Shelley.

Barbarella, *Flesh Gordon*, *Alien*, parmi d'autres films, ont montré ou suggéré des activités sexuelles entre androïdes et humains, car la vision d'une sexualité élidée de toute affectivité, une sexualité mécanique est souvent présente dans les rêveries et les rêves de beaucoup d'hommes et de femmes.

Se déguiser en androïde ou contempler une personne ainsi costumée peut exciter sexuellement. Certains vêtements et accessoires de cuir ou de latex "déshumanisent" ceux qui les portent, tandis qu'il existe des costumes d'androïdes permettant d'incarner tel ou tel héros de série télévisée. Les carnavals, les clubs sont l'occasion de voir des "androïdes" aux mouvements saccadés, imitant ceux que l'on prête aux robots.

La rêverie érotique à propos des androïdes est fréquente. L'acteur jouant le rôle de l'androïde Data, dans *Star Trek la nouvelle génération*, reçoit plus de lettres d'admiratrices que les autres comédiens de cette série télévisée.

ANDROMIMÉTOPHILIE

(du grec *andro* : mâle humain, *mimesis* : imitation, et *philia* : amour de)

Attirance sexuelle pour les femmes vêtues en hommes, imitant des attitudes et des manières masculines. Les couples de lesbiennes instaurent parfois un rôle strictement respecté pour chaque amante, l'une jouant à l'homme, l'autre ne réfrénant pas sa féminité.

La mode "unisexe", le port universel de jeans ou de pantalons conduit à une moindre différenciation du sexe par l'habillement. Toutefois, les magazines masculins montrent souvent des modèles dénudés avec des accessoires militaires, des chemises ou chapeaux d'hommes. La légende de l'andromimétophilie a peut-être commencé avec les récits de marins, prétendant que l'un d'entre eux, proche du capitaine, était une femme déguisée. Ceci pour contourner l'interdiction d'emmener une femme à bord comme membre de l'équipage ou pour défier la superstition voulant que cette présence porte malheur. *L'Archipel des Illusions*, roman d'Olivier Ikor, dépeint cette situation. Le monde maritime semble privilégier l'andromimétophilie, puisque l'histoire de la flibuste compte maintes femmes pirates, dûment vêtues en hommes, fumant, buvant et chiquant de la même façon que leur compagnons. Jeanne d'Arc portait une cotte de mailles au combat, et des vêtements d'homme le reste du temps. Ces héroïnes ont été fréquemment ou sont encore inspiratrices de fantasmes érotiques. Le port de vêtements appartenant au partenaire mâle peut-être une andromimétophilie féminine, comme un désir de s'approprier l'autre, ou une sorte de fétichisme. Rappelons que certaines tenues de scènes de Marlene Dietrich comportaient un chapeau haut de forme, une veste d'habit ou de smoking, des guêtres : il y avait là un jeu subtil entre la féminité et la masculinité, renforcé par la voix rauque de la chanteuse et comédienne. Laquelle aimait aussi se vêtir en homme à la ville.

ANDROZOONE

VOIR ZOOPHILIE.

ANILINCTUS

(du latin *anus*, et *lingere* : lécher)
Caresse de l'anus avec la bouche et la langue. Cette caresse excite fortement le partenaire du fait que l'anus est une zone fortement innervée. L'anilinctus est souvent un préambule à la sodomie.

ANISONOGAMIE

(du grec *anisos* : inégal, et *gamos* : union)
Attirance pour un partenaire beaucoup plus âgé ou beaucoup plus jeune. Les différentes sortes d'anisonogamie sont la pédophilie, la nymphophilie, la gérontophilie (voir ces mots).

ANNEAUX

La langue américaine distingue le port permanent d'anneaux (*rings*), nommé *ringing*, du *piercing*, lequel est temporaire. L'un et l'autre seront définis à l'article *Piercing*, puisqu'en français, cette distinction n'existe pas. Le mot *ringing* ne désigne pas seulement les infibulations, les percements ayant pour but le port seul d'anneaux, mais aussi, par extension, celui de toutes sortes d'objets ou de bijoux : aiguilles (appelées *apadravya*), fibules, etc.
On appelle également anneaux, une couronne en caoutchouc, en cuir ou en métal que l'on place à la base de la verge et qui la comprime afin de retarder l'éjaculation. Certains anneaux, appelés "œil de biche", sont entourés de poils afin de stimuler le clitoris lors de la pénétration.
VOIR *PIERCING*.

ANTHROPOPHAGIE OU CANNIBALISME

(du grec *anthropos* : homme, et *phagien* : manger)
Le mot cannibale provient des indiens Caraïbes que l'on soupçonnait de se livrer à cette pratique.
Consommation de chair humaine par un être humain. L'anthropophagolanie est l'anthropophagie accompagnée de viol. La plus ancienne trace de cannibalisme date de 500 000 ans. Des restes d'homme de Pékin fossilisés furent découverts à Choukoutien, en Chine. L'examen des ossements des environs ont pu déterminer que deux groupes ennemis s'affrontèrent et que les vainqueurs consommèrent les cadavres des vaincus.
L'empereur Montezuma aimait manger les garçons qu'il choisissait comme partenaires sexuels. Les

Aztèques auraient sacrifié et dévoré 15 000 victimes chaque année. Il semblerait que cette pratique ait servi à réguler la croissance de la population, comme les sacrifices d'enfants dans l'Europe antique. Le cannibalisme servait à la fois à terroriser les ennemis, tout en en incorporant ses qualités. Au sein de certaines tribus, les hommes refusaient de manger des femmes par peur d'une éventuelle émasculation. Un virus affecta les Indiens de la Guyane française, du côté de Kourou. Il infestait le cerveau des parents décédés que l'on consommait rituellement. Les symptômes de l'infection consistaient en des frissons, des tremblements et menaient parfois à la mort.

Les Grecs sacrifiaient des prêtres symbolisant un Dieu. Ils les mangeaient ensuite pour ne faire plus qu'un avec leur divinité. Il s'agit d'une forme particulière de communion. Dans la religion chrétienne, les espèces de la communion représentant la chair et le sang, sont une forme d'anthropophagie symbolique.

Ceux qui consommaient la chair et le sang d'êtres humains éprouvaient une ivresse euphorique. Cette réaction ressemble à celle des gens qui satisfont un penchant sexuel considéré comme anormal (exhibitionnisme, nécrophilie, viol, etc.).

En plus de l'aspect religieux de l'anthropophagie, il existait un usage médical. Au Ier siècle, Gallien, le fondateur de la médecine, prescrivait des remèdes contenant des cerveaux humains, des foies, des os brûlés. Les bourreaux occidentaux vendaient de la graisse de pendu, onguent réputé efficace pour soigner diverses affections.

L'espèce humaine n'est pas la seule à parfois manger ses congénères. Le cannibalisme sexuel existe chez les araignées, les scorpions, les crickets, les mantes religieuses.

Au cours d'accidents d'avion, à notre époque, des survivants isolés n'ont pu se maintenir en vie qu'en mangeant les morts. Il en fut de même au cours de naufrages, comme celui de *La Méduse*. Le folklore des marins montre maintes traces de ce cannibalisme par nécessité.

Ces formes d'anthropophagie diffèrent du cannibalisme érotisé. Beaucoup de tueurs psychopathes, comme par exemple Jack l'éventreur, furent soupçonnés de cannibalisme. Ces meurtriers emportaient souvent des morceaux de leur victime pour les manger plus tard. Dans son premier roman, *Le Congélateur*, Pascal Béné raconte un cas d'antropophagie où un jeune homme tue et dévore son frère :

Voilà. Je t'ai bien rangé dans le congélateur et je t'ai emballé dans du papier d'aluminium afin que ta chair ne soit pas piquetée de glace. Lorsque je prends un morceau, je referme tout de suite derrière moi. Comme ça, les écarts de température ne favorisent pas le développement de bactéries et la viande reste bien fraîche. Mais il faut que je te prévienne. Ne crie pas. Ne te fâche pas : j'ai dû balancer deux ou trois trucs qui m'avaient l'air peu ragoûtant et dont j'ai senti intuitivement qu'ils ne seraient pas comestibles. J'ai fait comme j'ai pu, ce n'est pas tous les jours qu'on tue son frère et qu'on le transforme en repas. D'ailleurs je ne vais pas m'appesantir là-dessus car il serait trop long de t'expliquer comment je m'y suis pris pour découper ton corps, pour nettoyer le sang et pour que cela reste une opération propre et secrète. (Spengler, 1993.)

On peut distinguer trois formes principales d'anthropophagie sexuelle :

Autophagie (de *auto* : soi-même et *phagien* : manger)

Consommation par un être humain de sa propre chair. Krafft-Ebing raconte l'histoire d'un garçon de treize ans, amoureux d'une jeune fille. Au lieu de vouloir des rapports sexuels avec elle, il se sentait submergé par le désir de déchirer à belle dents un morceau de sa chair pour le manger. Il se mit à traquer des femmes et, durant des années, il emportait toujours une paire de ciseaux. Ne parvenant pas à ses fins, de guerre lasse, il coupa un morceau de sa propre peau et la dégusta. Ce qui lui procura un orgasme immédiat (in *Psychopathia Sexualis*, Paris, 1892). Il semble qu'il y ait eu des cas d'autophagie pour survivre. Des personnes se seraient amputées, durant les grandes famines, pour se nourrir.

Nécrophagie (de *necro* : cadavre et *phagien* : manger)

Acte de manger un cadavre. De nombreux cas de nécrophagie ont défrayé la chronique. Il semble que ce soit un fantasme courant. L'un des cas les plus curieux fut celui d'une femme du Sud des États-Unis : son mari, son fils et son frère étant décédés, elle s'introduisit dans le caveau de famille, ouvrit les cercueils et dévora leurs parties génitales. (Masters et Lea, *Perverse Crimes in History*, New York, 1963). La nécrophagie se distingue du cannibalisme par le fait que la victime n'est pas obligatoirement consommée par son assassin et qu'elle s'accompagne souvent de violation de sépulture et de nécrophilie.

Parthénophagie (de *parthenos* : vierge, et *phagien* : manger)

Plusieurs tueurs psychopathes mangèrent leurs victimes, comme Fritz Haarman et son complice qui dévorèrent la poitrine d'un grand nombre d'entre elles (entre vingt-quatre et cinquante) en Angleterre durant les années 20. Un peu plus tard, en Amérique, Albert Fish avoua avoir découpé des enfants âgés de huit à quinze ans pour les cuire à l'étouffée avant de les consommer. Il fut exécuté en 1935. Fish prétendait être le Christ revenu pour châtier une société dépravée. Il était fier d'être lui-même vierge. Un autre cannibale, Menesclou, tua, vers 1880, une fillette de quatre ans, et en découpa des morceaux qu'il emporta pour les manger plus tard.

Un film récent, *Le Silence des agneaux,* tiré du roman de Thomas Harris nous montre un curieux cas d'anthropophagie.
VOIR CRIMES SEXUELS, MUTILATION, NÉCROPHILIE, SEXUALITÉ RITUELLE.

APHRODISIAQUES
Un aphrodisiaque est une substance qui augmente le désir sexuel, la vigueur et l'endurance. On utilise les aphrodisiaques afin de compenser la peur de pas être "à la hauteur", pour créer une intensité plus grande, pour vaincre l'épuisement ou pour stimuler le désir envers une personne qu'on ne jugerait pas attirante autrement. Il existe deux catégories d'aphrodisiaques : naturels et chimiques. Mais, quoi qu'il en soit, aucun aphrodisiaque n'est complètement sûr et il présente des effets secondaires qui peuvent être dangereux.

Aphrodisiaques naturels ou à base de produits naturels :

Avoine : contient un alcaloïde, l'avéline qui agit sur le système nerveux et stimule la sexualité. Les chevaux sont excités par une forte consommation d'avoine. Chez l'homme, elle améliore la qualité et la durée des érections.
Bois bandé : dilution d'écorce et de bois d'un arbre d'Afrique équatoriale, le yohimbehe. On peut aussi mâcher ou sucer une brindille de ce végétal. A un effet réel sur l'érection.
Café : reconnue pour ses vertus toniques, la caféine a également un effet excitant.
Cantharide : produit élaboré à base d'un insecte appelé mouche cantharide. Il s'agit, en fait, d'un coléoptère. Ce produit, aussi appelé *Spanish Fly*, a un effet vasodilatateur favorisant l'érection. Il produit des démangeaisons fort désagréables lorsque, dilué dans l'urine, il passe dans l'urètre. À tel point que l'acte sexuel devient un remède pour calmer cette démangeaison. Un dose dépassant 0,6 grammes peut être mortelle. On a utilisé la cantharide pour favoriser la naissance d'animaux d'élevage. Des sondes électriques anales remplacent cette drogue dans toutes les fermes l'ayant utilisée.
Céleri : "du céleri pour les vieux maris", dit-on dans les campagnes. Le céleri, agissant sur la circulation, peut faciliter l'acte sexuel. On prépare aussi ses feuilles en infusion. Une cure de plusieurs semaines a des effets bénéfiques.
Champagne : le champagne, bu en quantité raisonnable, est un excellent stimulant. Comme toute boisson alcoolisée, son abus a un effet dépresseur allant à l'encontre du résultat escompté.
Chocolat : selon Casanova, le chocolat lui permettait de se revitaliser. Le chocolat contient de la phényléthylamine, appelée "molécule de l'amour", qui déclenche le désir sexuel.
Drop Sex : composé de produits énergétiques vendu dans les sex-

shops et augmentant l'appétence sexuelle. Il existe, sous d'autres marques, plusieurs produits analogues. Son efficacité est douteuse.

Gingembre : voir mandragore, ginseng.

Ginkgo : seul arbre qui aurait survécu à l'ère glaciaire, il est très utilisé dans la médecine chinoise. Régulateur du système vasculaire, le ginkgo est recommandé pour les troubles de l'érection.

Ginseng : rhizome ressemblant au gingembre, à la mandragore. Il existe différentes sortes de ginseng. Récolté au Népal, en Chine et au Japon, le ginseng réduit le stress. Ses vertus tonifiantes ont un effet positif sur la sexualité. Le ginseng se prend par cures de deux mois ou plus.

Huître : grâce à sa richesse en zinc, l'huître favorise la sécrétion de la testostérone et enrichit le sperme.

Kola : la noix de Kola, au goût amer, est un fortifiant. Elle défatigue, mais peut causer des insomnies.

Mandragore : rhizome ressemblant au gingembre, au ginseng. Ces trois racines ont des effets aphrodisiaques. Toutefois, celui de la mandragore est plus puissant. Une légende veut que la mandragore pousse au pied des potences et qu'elle naisse de la dernière éjaculation d'un pendu (voir *Asphyxie érotique*).

Marijuana, haschich : les études se suivent sans qu'on puisse se prononcer sur l'innocuité du chanvre indien. Il se pourrait que les dépendances présumées soient d'ordre psychologique. L'herbe et le haschisch peuvent être fumés, bus en infusion ou mêlés à une boisson, mangés dans un gâteau ou dans toute autre préparation culinaire. Cette drogue "douce" procure un accroissement des perceptions sensorielles. Elle est euphorisante et analgésique. Elle donne une impression de lucidité, des réflexes plus rapides et une aisance intellectuelle. À certaines doses, on observe des effets inverses. En cas d'abus, son effet hallucinogène, pourtant léger, peut devenir pénible. Elle peut affaiblir le système immunitaire. Psychologiquement, elle peut compromettre une victoire sur le stress et affaiblir l'ambition. Sur le sujet, on pourra lire l'ouvrage de Jean-Pierre Galland, *Fumée clandestine* (Ramsay, 1990).

Musc : parfum obtenu à partir des sécrétions de la civette. Son odeur a des effets excitants.

Peyotl : sorte de cactus (voir *mescaline*). Effets ressemblant à ceux de la marijuana, mais en conservant une plus grande acuité mentale.

Rhinocéros : la poudre de corne de rhinocéros, très prisée en Chine pour prolonger la virilité et augmenter les performances sexuelles des hommes, a une efficacité nulle. Il en est de même pour les dents de tigre.

Sang : un peu partout dans le monde, le sang a été considéré comme énergétique. Naguère, les enfants rachitiques parisiens consommaient du sang de cheval acheté aux abattoirs de Vaugirard. Les Romains entraient

dans l'arène après les combats pour boire le sang des gladiateurs tués. L'auto-transfusion, pratiquée par les sportifs, est considérée comme un dopage. Le sang menstruel ou le placenta serait encore plus efficace.
Sarriette : appelée autrefois "herbe aux satyres".
Sperme : le sperme contient des acides aminés, des substances nutritives. On utilise le sperme humain ou le sperme d'animaux réputés pour leur virilité (lapin, coq, taureau, etc.).
Testicules : de tous temps, on a consommé les testicules de divers animaux pour renforcer la virilité. Elles contiennent de la testostérone et, de ce fait, peuvent avoir un effet réel.
Thé Damnait concentré : une goutte dans une boisson prise une demi-heure avant l'action aurait des effets considérables.
Vaigre Forte : extrait d'avoine qui, d'après les études de l'*Institute for the Advanced Study of Human Sexuality*, améliore les capacités sexuelles de la majorité des hommes. Des analyses de sang ont montré une augmentation du taux de testostérone chez les sujets affichant un taux faible ou normal avant la prise du produit.
Vitamine B6 (Niacine) : une dose de 100 mg doit être prise une demi-heure avant l'acte sexuel.
Vitamine C : nombreux sont les effets de cette vitamine ; elle renforce les défenses immunitaires, embellit la peau, les cheveux, défatigue. En tant qu'aphrodisiaque, il faut commencer par une dose quotidienne d'un milligramme et augmenter progressivement jusqu'à la constatation d'un effet notable.
Vitamine E : on trouve principalement cette vitamine dans l'hypophyse, les testicules, les glandes surrénales. Il semble aussi qu'elle ait un effet sur la fertilité et la qualité du sperme. La dose quotidienne recommandée est de 25 mg. Mais on peut en consommer jusqu'à 1 gramme par jour sans danger.
Yohimbine : tiré d'une écorce d'arbre de la famille du poivrier, le yohimbehe, à partir duquel on fabrique le "bois bandé" (voir ce nom). Élève la pression sanguine et peut avoir les mêmes effets que la cantharide : irritation et démangeaisons de l'urètre. Ses effets sur l'impuissance sont assez efficaces. Toutefois, son injection à des rats mâles castrés les ont conduits à tenter de saillir des femelles. Effets secondaires graves, spécialement lors de mélange avec d'autres drogues ou médicaments.

Aphrodisiaques chimiques :

Il s'agit principalement de drogues, et souvent de drogues dures. À petites doses, elles ont un effet analgésique et lèvent les inhibitions. Elles permettent aux éjaculateurs précoces d'œuvrer plus longuement. Toutefois, beaucoup d'entre elles rendent l'orgasme impossible. Elles ne créent pas l'excitation, mais la renforcent. Nous en donnons la liste à titre documentaire : leurs effets sont toujours néfastes, parfois mortels.

Amphétamines : elles créent un jaillissement d'énergie, occasionnant une dépense importante que le corps devra équilibrer ensuite. Elles augmentent la rapidité du rythme cardiaque et présentent un effet similaire à celui de l'adrénaline. Pour certains, elles favorisent la sexualité, pour d'autres, elles l'inhibent. Il ne faut pas négliger un risque d'accoutumance psychologique.

Barbituriques : parfois utilisés pour contrecarrer l'effet des amphétamines ou comme somnifère. Ils produisent une accoutumance. Une surdose peut être fatale.

Cocaïne : dans certains cas, lève les inhibitions, accroît le désir. La cocaïne favorise la circulation et la pression sanguine. Elle donne parfois un sentiment de contentement. La cocaïne défatigue, mais peut avoir un effet local engourdissant. À long terme, l'effet s'inverse, la fatigue devient lourde, jointe à une irritabilité, une agitation fébrile. Prise par voie nasale, elle peut endommager la paroi du nez. Certains ont tenté d'injecter de la cocaïne directement dans le pénis. C'est une conduite témoignant d'un état psychologique altéré. Et surtout, cet usage peut devenir mortel.

Ecstasy : cette amphétamine a des effets similaires à ceux du M.D.A. (voir ce mot). Elle donne envie de caresser son partenaire, de donner et de recevoir de l'affection. L'usager récent peut ressentir une attirance durable pour un partenaire rencontré sous l'effet de cette drogue. C'est la drogue la plus utilisée dans les *raves*.

Ice : amphétamine que l'on fume. Les effets ressemblent à ceux de la cocaïne, mais sont plus durables.

Kétamine : injectée ou en prise nasale, la kétamine produit des effets durant une vingtaine de minutes. Son usage exacerbe la conscience de soi. Elle renforce l'impression d'avoir un corps, active la mémoire. On décrit cet état comme une "renaissance".

L.S.D. : le plus classique des hallucinogènes. Il rend plus intense n'importe quelle humeur, n'importe quel état d'esprit de l'usager. Son effet ressemble aux extases mystiques obtenues par l'ascèse, les privations, la flagellation. Il peut y avoir un transfert des sensations auditives aux sensations visuelles : on "voit" la musique et l'on "entend" le mouvement. Le L.S.D. peut aussi conduire à la perte d'identité, à la dépersonnalisation : on perd le sens de posséder un corps distinct, et l'on croit se dissoudre, devenir partie d'un liquide, d'un univers flottant.

Mescaline : dérivé du peyotl. Son effet ressemble à celui de la marijuana à haute dose. La mescaline semble ne pas créer d'accoutumance.

M.D.A. : amphétamine aux effets psychédéliques ; il accélère le rythme cardiaque, ralentit les réflexes. Son effet euphorique peut durer huit heures.

Nitrate d'amyle : aussi appelé *pop-*

pers. On l'utilise pour soigner l'asthme ou les affections cardiaques. Le nitrate d'amyle dilate les vaisseaux sanguins. De ce fait, il abaisse la pression sanguine, ralentit les mouvements, étourdit ou donne le vertige. Mais aussi il donne aussi à certains l'impression que l'orgasme dure plus longtemps.

Oxyde nitreux : c'est le "gaz hilarant" qui fut à l'origine de l'anesthésie. Son usage prolongé peut endommager le cerveau et le foie.

Quaaludes : favorisent un état d'euphorie, de confiance. Provoquent une accoutumance. Une surdose, même légère, peut être mortelle.

Trazondone : remède contre la dépression, la trazondone peut provoquer un priapisme, c'est-à-dire une érection, parfois douloureuse, et durant plusieurs heures. Il semble que la trazondone augmente le désir féminin. On a observé cet effet chez trois femmes. L'une d'entre elle commença par se masturber et entreprit une relation sexuelle avec trois hommes. Après le traitement, son appétit sexuel retomba. Les deux autres cas furent similaires. (Gartrell, N., "Increased Libido in Women Receiving Trazondone", *American Journal of Psychiatry*, 143 : 66, Juin 1986).

APOTEMNOPHILIE OU AMÉLOTATION

(du grec *apo* : loin de ou séparé de, de *temp* : tirer, ôter, enlever, et de *philia* : amour de)

Excitation sexuelle à l'idée d'être privé d'un membre, d'être amputé chirurgicalement. Il existe des apotemnophiles qui se blessent intentionnellement. Parfois au point de rendre inévitable l'intervention d'un chirurgien. Toutefois, la plupart se contentent de fantasmer, d'imaginer une amputation, tout en se masturbant.

En France, le cas célèbre d'Orlane est un peu différent. Décidée à devenir sa seule origine pour ne plus ressembler à ses parents, Orlane a recours à la chirurgie esthétique. Elle a fait changer son nom de famille, son prénom. Son apotemnophilie est plus tournée vers l'opération elle-même que vers la perte d'un morceau de son corps. Les interventions se pratiquent sous péridurale, la patiente voulant demeurer consciente. Elles sont filmées, tandis qu'Orlane lit à haute voix des poèmes ou des textes de Georges Bataille. Elle a voulu obtenir la poitrine de *La Vénus* de Botticelli, le menton de telle autre femme représentée par un peintre ou un sculpteur célèbre, le nez d'une troisième, etc. Les chirurgiens et les infirmiers sont habillés de blouses dessinées par Paco Rabane. Orlane conserve les morceaux d'elle-même qu'on a séparés de son corps, afin de les vendre comme "reliques".

Beaucoup de théories furent émises à propos de l'apotemnophilie. Une explication possible considère ce fantasme comme similaire au travestissement : l'homme se revêtant d'habits féminins pense que les femmes sont plus choyées que les hommes. Il en est de même pour les blessés, les amputés, les handicapés. Dans le cas d'Orlane, le rejet des parents expliquerait ainsi son étrange conduite.

À l'âge adulte – mais ne s'agit-il pas d'une régression ? – l'apotemnophile choisit un objet de désir inhabituel. Sans doute cela provient-il d'une fixation liée aux premières émotions génitales, censurées par l'entourage et procurant un sentiment de culpabilité, de honte.

VOIR ACROTOMOPHILIE, AUTO-MASOCHISME, CICATRISATION, DYSMORPHOPHILIE, MASOCHISME, MUTILATION, NÉCROPHILIE, RELIQUES.

APPRENTISSAGE DES TOILETTES

Terme employé pour désigner une forme particulière de soumission. Le dominant, lors de séances sadomasochistes, initie son esclave à la coprophagie et à l'urophilie en lui faisant nettoyer avec la langue une cuvette de W.-C. jusqu'à ce qu'elle soit propre. Certains emploient aussi les chaises percées qu'on peut louer ou acheter chez les fournisseurs de matériel médical. On en enlève le récipient. Le partenaire dominant s'assied alors sur le siège et s'exonère sur le visage du dominé. Ces fauteuils peuvent servir au cunnilinctus, comme à d'autre formes de rapports bucco-génitaux.

Une personne désirant s'initier à la consommation des déjections humaines, mais qui n'y est point encore accoutumée, peut s'entraîner avec du vin blanc ou de la bière chaude, du boudin noir, une pâte chocolatée à tartiner. On injecte ou on étale ces produits sur le vagin ou l'anus afin que le dominé puisse les consommer *in situ*.

Un certain nombre de dominatrices professionnelles pratiquent l'apprentissage des toilettes. Voici un extrait d'une lettre privée écrite par l'une d'entre elles à l'un de ses esclaves :

L'esclave John renvoya son sourire à sa maîtresse tandis qu'il se déshabillait prestement, avant de tomber à genoux devant elle. Il fut momentanément submergé par un sentiment de gratitude parce qu'il venait de la retrouver. Il n'avait pas servi de maîtresse depuis longtemps, mais les deux autres maîtresses qui l'éduquèrent quelques années auparavant et avec lesquelles il avait développé des relations quasiment amoureuses lui avaient appris qu'un esclave, pour accomplir exactement ses devoirs, doit tenir compte d'un "facteur X" qui lui permet non seulement d'adorer sa maîtresse, mais encore de vénérer, d'adorer sa merde. Il doit célébrer et faire l'amour à sa merde. Il doit désirer sa merde par-dessus tout, en sachant que manger cette merde est le point ultime de sa dégradation, et, de ce fait, devient le plus grand acte d'amour, donnant à sa maîtresse les plus extrêmes sentiments de plaisir et de pouvoir. (*Nugget*, mai 1995.)

Maîtresse Faty révèle, elle aussi, une lettre de l'un de ses soumis, Georges, qui souhaite devenir sa "toilette" : *Vous me dresserez à servir de W.-C., attaché de façon à être chevauché et j'avalerai alors les pisses les plus abondantes. Je recevrai aussi la merde, bouche bien ouverte, et devrai y être implacablement forcé. Je remplirai mon rôle jusqu'aux dernières limites et serai lentement rempli, gavé, du trop plein de votre ventre ou de celui de vos esclaves (ceci, aussi bien pour le plaisir que vous pourrez en tirer, que pour parvenir au plus parfait avilissement).*
Je serai votre esclave, une tinette ouverte. Ma complaisance à ces services sera la preuve que j'ai été suffisamment fouetté et que j'ai bien compris ma position.
J'apprendrai le silence, l'humilité et le "oui Maîtresse" automatique.
– As-tu envie que mon amie et moi, on te chie dans la bouche, l'une après l'autre ?
– Oui, Maîtresse !
(Faty, *Mémoires d'une fouetteuse*, Ramsay, 1991.)
Les pratiques de bizutage consistant à un nettoyage des toilettes à l'aide d'instruments inadéquats sont la marque d'un trouble mental collectif. Il ne s'agit plus de jeu de domination, mais d'un sadisme réel se dispensant de tout consentement. Dans l'armée, la "corvée de chiottes" montre une fois de plus la faiblesse mentale et psychologique de certains sous-officiers pour humilier le soldat.
VOIR COPROPHAGIE, UROPHILIE.

ARACHNOPHILIE

(de *arachnê* : araignée, et *philia* : attirance)
Se dit de pratiques sexuelles avec des araignées. Cette manie satisfait une fascination, un mélange d'attirance et de répulsion pour les arachnides et provoque une décharge d'adrénaline. Les araignées peuvent être placées sur les parties génitales. Durant les jeux de domination, l'être soumis est parfois lié, tandis que l'on pose des araignées sur son corps, afin qu'elles y cheminent. Le goût pour les arachnides, les insectes ou toutes sortes de petits animaux considérés comme répugnants peut avoir de nombreuses variantes.
VOIR ZOOPHILIE.

ASPHYXIE ÉROTIQUE

Pratique consistant à se priver d'air, par strangulation, durant la masturbation. Aux États-Unis, ce jeu tue, selon les années, de 250 à 1 000 hommes. On distingue l'asphyxie érotique de l'asphyxie auto-érotique. L'auto-strangulation est attestée depuis fort longtemps. Cette technique a été pratiquée par les Inuits et dans quelques régions d'Asie. Elle aurait été introduite en Europe par des légionnaires français au retour de la guerre d'Indochine. En effet, dans les bordels d'Asie du Sud-Est, les prostituées pratiquent la strangulation pour accroître l'intensité des sensations de leurs clients durant l'éjaculation. L'asphyxie sexuelle est le thème central du film japonais

L'Empire des sens, dont le scénario s'inspire d'une histoire vécue par un couple durant les années 30. Les rituels sadomasochistes peuvent inclure des strangulations.

L'asphyxie auto-érotique est peu connue des chercheurs : en général, ceux qui la pratiquent ne consultent pas les psychologues, d'une part, et d'autre part, beaucoup de cas ne parviennent à la connaissance du public qu'après la mort du pratiquant. Ce jeu dangereux s'accompagne souvent de bondage, de déguisements, de rituels divers.

La strangulation provoque un état d'euphorie par la sécrétion immédiate et importante d'adrénaline due au danger. Cette sensation s'accompagne d'un vertige tandis que les traces, les cicatrices sur le cou peuvent être comprises comme une forme d'auto-bondage. L'impression de contrôler cet acte, le défi à la mort sont autant de piments rendant l'asphyxie excitante. On sait que les pendus éprouvent un orgasme au moment de mourir (voir *Aphrodisiaques* : "mandragore").

Une variante de l'asphyxie érotique est une simulation de noyade.

Dans *Gamiani*, roman érotique attribué à Alfred de Musset, la strangulation se joint à la bestialité, puisqu'on y pend un âne à des fins sexuelles.

L'auto-strangulation comme la strangulation sont extrêmement dangereuses. L'asphyxie peut mener à la mort. Elle peut aussi causer de graves troubles cérébraux ou circulatoires.

VOIR BONDAGE,
RÉGULATION DE L'OXYGÈNE,
PHOBOPHILIE.

ATTOUCHEMENTS D'AVEUGLE

La privation d'un sens exacerbe la perception des autres. Ne pas voir peut mener à l'impression de se détacher de son propre corps. Le toucher devient plus sensible. On sait que, chez les véritables aveugles, ce sens est fort développé. C'est pourquoi Braille inventa un alphabet tactile.

L'aveuglement par un bandeau peut s'accomplir à des fins de domination. Il permet aussi de jouer le rôle de différents amants. On l'utilise au cours d'orgies ; il peut alors s'agir d'une variante du jeu de colin-maillard, la personne privée de la vue devant reconnaître celui ou celle qui la caresse ou la pénètre.

On peut aussi ne pas aveugler complètement la personne en se servant de bandeaux plus ou moins opaques, faits de plusieurs couches de voile ou de tulle et permettant une vision restreinte. On peut aussi se procurer des lunettes aux verres opaques, percées de fines ouvertures, telles que celles utilisées à des fins thérapeutiques, en tant que substitut de la "gymnastique des yeux". Leur port prolongé procure un vertige que l'on dit délicieux, tandis que la vision du ou des partenaires fait pen-

ser à celle d'un film pornographique non décrypté sur une chaîne codée.
VOIR AMAUROPHILIE, BONDAGE.

AUTO-AGONISTOPHILIE
(de *auto* : soi-même, *agoniste* : acteur et *philia* : amour de)
Forme d'exhibitionnisme concernant ceux qui aiment monter sur scène, être enregistrés ou filmés durant l'acte sexuel. Cette tendance est encouragée par des magazines spécialisés. En France, *Casting X* est une publication donnant des conseils à ceux et celles qui veulent devenir acteurs de spectacles et de films érotiques ou pornographiques.
VOIR EXHIBITIONNISME, HOMILOPHILIE.

AUTO-ASSASSINOPHILIE
Jeu érotique consistant à mette en scène sa propre mort. Il peut s'agir d'un monologue ou d'un dialogue en compagnie d'un complice. Ce dernier écoutera simplement l'auto-assassin ou jouera un rôle actif. Dans ce cas, il sera l'agent d'un meurtre simulé :
D'abord, il le couvrira de moutarde, de ketchup, ou déversera sur la victime une bombe de crème à raser, tandis qu'elle est en train de se masturber. Après quoi, il l'attachera, urinera sur elle, l'injuriera avant de la piétiner, de lui donner des coups de pieds de plus en plus forts jusqu'à l'éjaculation, sans qu'on puisse savoir si les coups portés à la tête deviendront dangereux au point de blesser ou de tuer. (John Money, Lovemaps, *Clinical Concepts of Sexual/Erotic Health and Pathology, Paraphilia, and Gender Transposition in Childhood, Adolescence and Maturity*, New York, 1986).
Ceux qui se livrent à ce jeu n'ont pas envie de mourir. La peur de la mort, cependant, les excite.
VOIR ASPHYXIE ÉROTIQUE, AUTO-MASOCHISME, HARPAXOPHILIE, HYBRISTOPHILIE, MASOCHISME.

AUTOPHAGIE
VOIR ANTHROPOPHAGIE.

AUTO-MASOCHISME
Douleur volontairement auto-infligée dans un but orgastique de libération émotionnelle, servant de substitut à l'orgasme.
L'auto-masochiste peut se coucher sur une planche à clous, se flageller, pratiquer le *piercing*, se tatouer, se brûler, etc. L'exemple de Vincent Van Gogh se tranchant l'oreille est une auto mutilation au caractère auto-masochiste évident.
Les conduites d'auto-mutilation et d'auto-masochisme sont identiques. Les auto-masochistes pensent se délivrer du stress par leur pratique. Beaucoup d'entre eux présentent un déficit de l'estime de soi, éprouvent un sentiment de culpabilité, d'auto-dénigrement. Souvent, ils ont de la peine à s'exprimer, à communiquer, à verbaliser leurs émotions. Parfois ils ont subi la sévérité de parents brutaux ou abusifs. Certains ont été

l'objet d'attouchements sexuels par des adultes durant leur enfance ou violés. Les cas les plus graves d'auto-mutilation, comme l'auto-ablation du pénis, relèvent de la névrose, voire de la psychose.
Les motivations menant à ces pratiques sont diverses. Elles peuvent servir à attirer l'attention des autres pour ceux qui se sentent délaissés ou constituer un dérivatif à une agressivité débordante. Elles peuvent atténuer momentanément un état de dépersonnalisation ou d'insensibilité émotionnelle souvent lié à des conflits familiaux ou encore à la rupture d'une relation amoureuse.
Certains auto-masochistes compromettent gravement leur santé : ce sont, par exemple, les acrotomophiles, désirant subir une opération chirurgicale dans le dessein qu'on s'occupe enfin d'eux. Parfois, ils rouvriront leurs cicatrices pour recommencer : c'est le syndrome de Munchausen. Le cinéma a, lui aussi, célébré l'auto-masochisme, à l'instar du film de Marco Ferreri, *La Dernière femme* (1976), où l'on assiste à une auto-castration alors que dans *Reflets dans un œil d'or* (John Huston, 1967), on apprend qu'une femme s'est coupé la pointe des seins avec un sécateur.
L'auto-mutilation est courante dans les hôpitaux, les prisons, les asiles et autres lieux d'enfermement. L'état d'isolement, de séparation du monde extérieur, de la famille et une discipline sévère créent une angoisse que cette pratique tente de résorber. L'auto-masochisme devient parfois pénitence et mortification religieuse dans les couvents. De nombreux saints furent sans doute des auto-masochistes : l'idée du péché, le désir de rédemption, le sens même de la religion catholique y prédisposent.
On a cherché des bases biologiques à cette tendance. On a observé les conduites de divers animaux : pratiquement toutes les auto-mutilations observées chez les macaques ont été constatées chez des sujets physiquement amoindris et généralement isolés. (I. Jones, "Self Injury : Towards a Biological Basis", *Perspective Biological Medecine*, 1982).
VOIR ACROTOMOPHILIE, ALGOPHILIE, CICATRISATION, MASOCHISME, MUTILATION, SADISME.

AVISODOMIE
VOIR ZOOPHILIE.

AVOINE
VOIR APHRODISIAQUES.

AXILISME OU HIRCUSOPHILIE
(de *axilia* : aisselles, et *philia* : amour de)
Utilisation des aisselles à des fins érotiques. Cette zone est particulièrement sensible : c'est l'une des préférées des chatouilleurs. La caresse d'une langue, la chaleur d'un pénis ou d'une vulve frottant sur la peau des aisselles procurent des sensations fort agréables.

Les poils axillaires retiennent une odeur aphrodisiaque, celle des phéromones, les “hormones du sexe”.
Les aisselles rasées ou épilées ont, comme les pubis glabres, leurs partisans, qui préfèrent le contact de la peau douce.
Les avantages de l’axilisme sont nombreux : le bras serré contre l’aisselle produit une constriction agréable, le voisinage des seins augmentant l’excitation.

VOIR COÏT INTERFÉMORAL,
COÏT MAMMAIRE,
GÉNUPHALATION.

AZOOSPERMIE
VOIR DYSFONCTIONNEMENTS.

B

Baal
Bâillon
Bains
Baiser
B.A.L.
Bal érotique
Balançoire
Ballet rose, ballet bleu
Barbiturique
Barrage
Barre
Bastonnade
Batte
Bestialité
Beurre
Biastophilie
Bisexualité
Blennorragie
Bois bandé
Bondage
Bordel
Bougre
Boules de geishas
Bracelet
Bradycubie
Broderie
Brûlure

BAAL
VOIR FÊTES VOTIVES.

BÂILLON
VOIR BONDAGE.

BAINS
L'hygiène, au sens strict, ne fut pas toujours la raison des ablutions, de l'immersion du corps dans l'eau. L'Antiquité grecque et romaine, la Chine ancienne, l'Afrique et l'Orient pré-islamique connaissaient les bains publics ou collectifs dans lesquels on ne faisait pas que se laver.
L'Europe du Moyen Âge les connut aussi : les étuves, chantées par François Villon ou représentées sur les enluminures, étaient souvent des lieux de débauche. Nombreux furent les sermons, les ordonnances et édits les condamnant. C'étaient, il est vrai, les lieux privilégiés de la prostitution.
Parallèlement à ces pratiques sexuelles sous prétexte de détente ou de propreté, un mouvement opposé se développa dans l'Occident chrétien. Dès la naissance de l'Église, les bains éveillèrent la méfiance des religieux et des fidèles. La tradition des agapes ayant fait naître maints soupçons, l'exemple des débauches romaines ou byzantines déterminèrent les prêtres à considérer la saleté corporelle comme plus propice à éviter certains débordements. L'"odeur de sainteté" n'était autre qu'une exhalaison putride de crasse.
Pourtant, un regain de popularité pour les bains, les étuves et les hammams suivit le retour des Croisés. Les chevaliers découvrirent en Orient le charme des bains maures, établissement ornés de céramiques superbes et peuplés de jeunes filles et de jeunes garçons affriolants. On y festoyait, on y buvait du vin (l'islam le permettait encore, ou parfois), on y entendait des concerts. L'Occident adopta les coutumes orientales et l'on ouvrit des établissements de bains similaires à ceux du Levant.
Une épidémie de peste bubonique au XVe siècle mit un terme à cet engouement. Toutefois, sans avoir la même vogue qu'auparavant, les étuves persistèrent. Les XVIe et XVIIe siècles furent pourtant indubitablement crasseux. Les odeurs corporelles y étaient atténuées par l'usage des parfums, à moins qu'on ne les aimât : de nombreuses lettres d'Henri IV à ses maîtresses leur demandent de ne point se laver, afin que le royal amant puisse les renifler selon son bon plaisir.
Il ne s'agissait donc plus d'odeur de sainteté ! La légende veut que Louis XIV n'ait pris qu'un seul bain dans sa vie, encore fut-ce pour des raisons médicales. Un siècle plus tard, les bains réapparurent, sans toutefois devenir d'usage courant. Il y eut certes des bains publics, des porteurs de bains livrant de l'eau chaude et apportant baignoires ou baquets dans les maisons de ville. Les bains publics du

XIXe siècle n'existèrent, dans la plupart des cas, que pour des raisons d'hygiène. Les bordels suffisaient aux autres demandes.
Aujourd'hui, il existe des saunas, hammams proposant toutes sortes de massages ou de rencontres. On y trouve des jacuzzis, des piscines, et quelques salles de relaxation permettant de s'isoler.

BAISER
Le mot latin *basiare* s'appliquait aux baisers respectueux donnés au père, à la mère, ou à des personnes de haut rang : il s'agissait d'un signe de respect. On distinguait ce baiser de saviari, réservé aux amoureux, ainsi que d'osculari. En français, le verbe, comme le nom, présentent trois sens. D'abord, baiser, verbe suivi d'un complément, ou donner un baiser, désignent le contact des lèvres sur les joues. Il n'est généralement qu'un rituel de politesse, sans caractère explicitement sexuel. À ceci près qu'en dehors de sa famille ou de ses proches, un homme n'embrasse que les femmes, la réciproque n'étant pas vraie. Puis vient le baiser d'amour, le *french kiss* qui est nettement érotique et qui n'est répertorié, selon les ethnologues Ford et Beach, que dans vingt et une cultures et n'accompagne les relations sexuelles que dans treize. Il n'est donc pas seulement sexuel : cette communion des lèvres et des langues, aussi ardente soit-elle, est une marque d'affection et n'a lieu qu'entre partenaires éprouvant l'un pour l'autre une certaine tendresse. Il peut être considéré comme plus intime que le coït ou que bien d'autres pratiques, fussent-elles bucco-génitales, anales, etc. En effet, moyennant finances, on peut obtenir presque tout d'une prostituée, toutefois, le "baiser profond" n'est jamais ou rarement consenti, quel que soit le prix proposé. Cet acte est réservé, par ces femmes, à leur amant, leur souteneur. Il en est tout autrement des *escort girls* et autres "horizontales de haut vol".
Enfin, le verbe "baiser" désigne l'intromission d'un pénis dans un vagin, et, par extension, l'ensemble des jeux concomitants, préparatoires ou consécutifs. On a donc préféré l'usage du verbe embrasser pour désigner les deux pratiques dont nous venons de faire état. L'ambiguïté du terme, notamment chez Molière, a permis maints jeux de mots, maintes situations théâtrales équivoques et autres quiproquos.
Le baiser d'amour peut devenir l'objet d'une fixation. Il existe des obsédés du baiser dont la manie se nomme "basoexie", ou "philémamanie" ; celui qui s'en trouve affligé est un "osculocentrique".

B.A.L.
Sigle signifiant "boîte aux lettres". Ces dernières permettent aux usagers du minitel, et plus précisément du minitel rose, de recevoir des messages personnels et secrets. Pour ouvrir une B.A.L., il faut choisir un

pseudonyme et se servir d'un code secret, ou d'un numéro parfois attribué par le serveur.

BAL ÉROTIQUE

Soirée dansante organisée par un club de rencontre, un groupement de personnes aux choix sexuels communs, etc. Plus particulièrement prisés des anglo-saxons, les bals érotiques ont souvent lieu à date fixe, à l'occasion de certaines fêtes. Ainsi le *San Francisco Erotic Exotic Ball* se déroule à l'occasion d'Halloween. Il existe un *Sex Maniac Ball* à Londres dont l'entrée, payante, sert à financer une œuvre de charité venant au secours des infirmes. En Australie, le *Hooker and Deviant Ball* réunit à Melbourne toute sorte de *sex maniacs*. Ces bals costumés attirent le public, comme les participants, par la variété des costumes et des tenues provocantes et suggestives. Certains sont réservés à des catégories particulières de danseurs : homosexuels, sadomasochistes, etc.

BALANÇOIRE

Grand classique de l'auto-érotisme féminin juvénile, la balançoire, par le vertige et le frottement des fesses, voire de la vulve sur le siège, produit des sensations agréables. L'escarpolette ou le "tapecul" ont le même effet. Un célèbre tableau de Watteau montre une dame se balançant, jupe envolée, tandis qu'un homme la regarde : le voyeurisme, la scoptophilie se joignent alors à l'auto-érotisme. Certains ont perfectionné leur balançoire en adjoignant un pénis artificiel, muni d'une ventouse à sa base qui permet une pénétration vaginale durant le balancement. Il s'agit d'un spectacle parfois présenté dans les théâtres érotiques. Il est à noter que le verbe "branler" signifie se balancer en québécois.

BALLET ROSE, BALLET BLEU

Nom donné aux réunions sexuelles où participent, moyennant finance ou avec leur consentement ou sous la contrainte, de jeunes adolescents. On parle de "ballet bleu" lorsqu'il s'agit de garçons et "ballet rose" lorsque ce sont des jeune filles qui participent aux ébats. Cette pratique a connu un grand retentissement dans les années 60-70, autant du fait de la libération des mœurs durant cette période où tout paraissait possible que d'un important scandale mêlant hommes politiques et personnalités du spectacle.

VOIR GÉRONTOPHILIE, ORGIE, PÉDOPHILIE.

BARBITURIQUE

VOIR APHRODISIAQUES.

BARRAGE

VOIR DYSFONCTIONNEMENTS.

BARRE

VOIR BONDAGE.

BASTONNADE

VOIR FLAGELLATION.

BATTE
VOIR FLAGELLATION.

BESTIALITÉ
VOIR ZOOPHILIE.

BEURRE
Dans *Le Dernier Tango à Paris*, le film de Bertolucci avec Maria Schneider et Marlon Brando, le beurre sert de lubrifiant pour une pénétration anale. Mais son usage à cette fin est bien antérieur à ce film. Les jeux érotiques consistant à enduire tout ou partie du corps de produits gras sont extrêmement anciens. Le roi de Perse, Cyrus, voyageait de palais en palais, comme le feront plus tard les Mérovingiens, comme le firent tous les souverains de vastes royaumes. Lorsqu'il arrivait dans l'un de ses palais, il voulait se distraire. Heureusement, tout était prévu : des jeunes femmes accortes l'attendaient. Pour lui être plus agréables, elles s'étaient plongées durant plusieurs jours dans des bains d'huile parfumée, aromatisée. Ce qui leur donnait la peau douce et imprégnée d'une senteur enivrante ou aphrodisiaque.
Le beurre parfumé servait aux femmes gauloises : elles en oignaient leurs chevelures. C'est l'ancêtre des brillantines et autres gels capillaires.

BIASTOPHILIE
(de *biasto* : viol et *philia* : attirance)
Manie du viol, fait de ne pouvoir être excité sexuellement qu'en agressant une personne non consentante. Les biastophiles perdent tout intérêt pour leur victime lorsqu'elle finit par consentir.
VOIR CRIME SEXUEL, DACRYPHILIE, SADISME, VIOL.

BISEXUALITÉ
Attirance sexuelle pour l'un et l'autre sexe. Les chercheurs ont essayé d'établir des prédispositions biologiques à cette conduite sexuelle. Ils n'ont rien trouvé de réellement convaincant.
La bisexualité est naturelle, en ce sens qu'elle s'observe chez de nombreux animaux. Pour la condamner chez l'humain, il faut considérer l'érotisme comme dépendant de la procréation.
On peut distinguer une bisexualité primaire, “instinctive”, pure recherche d'un partenaire sexuel quel qu'il soit, d'une bisexualité seconde, qui est un choix de vie.
Dans ce dernier cas, l'attirance pour la similitude est aussi narcissique : l'autre est le miroir, on est le miroir de l'autre. Il peut y avoir là une quête de l'absolu prométhéen, c'est-à-dire résolument humaine.

BLENNORRAGIE
VOIR M.S.T.
BOIS BANDÉ
VOIR APHRODISIAQUES.

BONDAGE (MOT ANGLAIS)
Le bondage consiste à empêcher un partenaire de se mouvoir, à l'entraver, l'attacher au moyen de chaînes,

de sangles ou de cordes dans des positions simples ou complexes.

De nombreuses sociétés tribales attachaient les femmes capturées afin qu'elles ne retournent pas dans leur clan d'origine. Lorsque ce danger n'existait plus, que les mariages inter-tribaux furent admis, ces liens devinrent symboliques : on entourait la poitrine de la femme en question d'une corde ne l'empêchant pas réellement de se mouvoir.

Au XVIIIe siècle, sous l'influence du Dr Tissot (*Dissertation sur les maladies produites par la masturbation*, 1760, réédité et traduit en diverses langues jusqu'en 1905), une vaste campagne de lutte contre l'onanisme mènera à l'invention, au siècle suivant, de différents moyens d'empêcher les jeunes garçons de se masturber. Toute une série de corsets, bandages et ceintures de contention fut inventée. Pour les filles, on pratiquait parfois la cautérisation du clitoris (Voir *Masturbation*).

Il semblerait que le fait d'être lié incite le cerveau à mieux se relaxer, à émettre des ondes alpha, le tout produisant un état hypnotique agréable. Jack London, dans *Le Vagabond des Limbes*, raconte l'histoire d'un prisonnier étroitement contraint dans une sorte de camisole qui divague loin de lui-même, revit des moments de l'histoire de l'humanité, au cours d'un "voyage astral"…

Certains pratiquent le bondage en solitaire. Ils y trouvent un bien-être proche de celui obtenu par la méditation. Ce bondage peut devenir un accompagnement à la masturbation. D'autres tirent sur leurs liens, se débattent, jusqu'à ce qu'une sécrétion d'adrénaline les mène à l'euphorie.

Le bondage avec un ou plusieurs partenaires, offre bien des avantages : la soumission réelle ou simulée au désir de l'autre lève les inhibitions, atténue le sentiment de culpabilité des individus à l'éducation trop stricte cultivant la honte sexuelle. On peut ainsi jouir sans se sentir responsable des sensations éprouvées : le bondage guérit impuissance et frigidité. Pour l'homme, cette soumission lui évite de se sentir obligé de prouver sa virilité. D'autre part, celui qui parvient à se défaire de ses liens peut retrouver une confiance en soi, une estime de soi. Il peut aussi être rassurant d'entraver un partenaire physiquement robuste : certaines femmes se sentent plus sereines avec un homme entravé.

Le matériel nécessaire au bondage va de la simple corde ou chaîne, aux diverses cages, colliers, menottes, bâillons, etc. Il existe des ensembles d'accessoires pour "salles de torture". Les séances de bondage peuvent durer fort longtemps, de quelques heures à plusieurs jours. Le "bondage d'une nuit", par exemple, est une situation consentie durant laquelle le partenaire attaché est à la disposition de l'autre durant toute une nuit, qu'il dorme ou non (voir *Amaurophilie*).

D'autres jeux de ce type se déroulent durant deux ou trois jours. C'est dire qu'il ne s'agit pas d'actes spontanés et que le bondage demande une certaine organisation. De plus, les pratiquants doivent posséder une endurance, une énergie physique et mentale permettant de préserver l'intensité du jeu au fil du temps. Ce besoin de durée, de lenteur est spécifique au bondage, comme son organisation et sa préméditation.

La pratique du bondage est fréquemment associée à une quête esthétique, perfectionniste de la part du dominateur qui recherche des positions du corps de plus en plus complexes, des nœuds sophistiqués, des entrelacements de cordes sur le corps qui créent des dessins augmentant son plaisir. Le photographe Man Ray *(La Vénus restaurée*, 1971), rend un vibrant hommage à cette pratique et à son caractère esthétique.

Au cinéma, le bondage est très rarement proposé comme jeu sexuel excepté dans *Le Corrupteur* (*The Nightcomers,* 1972) où une jeune gouvernante attend chaque nuit la venue du valet de chambre (Marlon Brando) pour se laisser ligoter, écarteler puis fouetter.

Un récent sondage publié par le magazine *Dépêche mode* révèle que 19 % des Françaises se sont déjà fait attacher durant un acte sexuel.

Voici quelques-unes des plus fréquentes variétés de bondage :

Autruche (jeu de l') : la personne soumise, attachée ou non, est dans la position dite de l'"autruche" : agenouillée, face contre le sol, yeux facultativement bandés, elle offre son postérieur à la vue du ou des dominateurs. Ce peut être une variante du jeu de "colin-maillard" lors d'une orgie. Le dominé doit reconnaître celui ou celle qui le pénètre ou se livre à des attouchements sur son corps.

Bâillon : il existe différents types de bâillons, du simple foulard, avec ou sans balle de ping-pong ou chiffon introduit dans la bouche, aux muselières les plus sophistiquées. Ils empêchent le soumis de faire entendre ses cris d'extase ou de souffrance. De plus, l'empêcher de s'exprimer renforce l'impression de soumission et d'humiliation.

Il existe des muselières munies d'une balle à introduire dans la cavité buccale ou d'un pénis artificiel interne que le patient suce durant la séance. On peut y adjoindre un second pénis factice, externe cette fois. L'effet est alors double : la vue d'un pénis sortant de la bouche d'un être attaché est troublante.

Barre : une barre ou une tringle rigide, généralement métallique, est munie de liens ou de menottes à chacune de ses extrémités. Reliée par ce moyen aux chevilles, cette barre empêche de serrer les jambes. Appliquée aux poignets, elle oblige à écarter les bras. Ainsi, le dominé demeure offert, ouvert, soumis.

Broderie : il s'agit, au moyen d'un fil et d'une aiguille, de broder un motif sur la peau d'un partenaire. On peut ainsi broder une initiale, un mot infamant, un motif obscène ou décoratif. La broderie peut laisser des traces et devenir similaire à un tatouage.

Sans attendre, Gaëtane prit son sac en alpaga qui pendait à son épaule, l'ouvrit et en tira tout un nécessaire de couture : des fils à broder de toutes les couleurs, des aiguilles de toutes tailles, un dé d'or, d'une forme particulière, une paire de ciseaux, façonnés et ciselés… I se retint de parler. (…) Gaëtane allait broder la poitrine d'I de ce gracieux dessin qu'on appelle point de bouclette. Le corps de son esclave allait lui servir d'ouvrage de dame. Tranquillement, elle choisit une longue aiguille, assez grosse, se pencha sur la boîte de cotons à broder multicolores, en tira une aiguillée rouge foncé, l'enfila et ajusta à son auriculaire le dé. I la regardait faire, ébahi. Elle le prit aux épaules et le fit s'étendre sur le sol. Puis elle l'enfourcha et s'assit sur son abdomen. Alors elle piqua la pointe de l'aiguille dans la poitrine d'I, d'un geste sûr et rapide, que n'arrêta ni le craquèlement de la peau ni la pression de la chair qu'elle fouillait. Le sang qui commença à s'égoutter ne la troubla pas davantage et elle maintint plus solidement I que la douleur avait fait sursauter. S'aidant de son dé, elle poussa l'aiguille pour que la pointe ressorte, y entortilla le fil comme l'exige le point de bouclette et tira. La longue aiguillée traversa la chair et ressortit, formant une petite boucle rouge, qui se dégageait mal encore du sang qui perlait. Puis Gaëtane recommença toujours et toujours ce même point. (Gaëtane, *Histoire d'I*, Filipacchi, 1974).

Cage : il existe différentes sortes de cages. Certaines sont grillagées, à l'instar des poulaillers. Elles permettent de considérer le partenaire comme un animal, de lui faire subir ainsi une dépersonnalisation.

Si le jeu comporte une idée d'incarcération, d'interrogatoire d'un prisonnier, les barreaux sont préférables. Les amateurs de jeux mortuaires, les nécrophiles préféreront les cercueils ou les boîtes en bois. Ceci permet d'exciter les sujets claustrophiles.

Les cages peuvent être de dimensions restreintes, empêchant le prisonnier de s'asseoir, de se lever, ou le condamnant à l'inconfort: c'est le principe des "fillettes" qu'affectionnait Louis XI.

Les dominateurs aiment parfois s'absenter durant plusieurs heures en laissant leur partenaire encagé.

Camisole de force : appareil de contention utilisé dans les prisons et les hôpitaux psychiatriques. L'immobilisation du patient le met dans un état de complète soumission, voire d'humiliation.

Cagoule : généralement, il s'agit de masques percés de trous pour permettre la respiration, mais pas forcément d'orifice pour autoriser à voir. Le patient au visage recouvert d'une telle cagoule est dépersonnalisé, il n'est plus qu'un corps, un objet. Ses sensation auditives sont modifiées. Parfois, une ouverture placée devant la bouche permet des rapports sexuels bucco-génitaux.

Les capuchons peuvent être faits de tissu, de cuir, ou être des boîtes en bois, en fer.

Le dominant peut aussi user de tels masques pour des raisons esthétiques : ils le rendent anonyme, inquiétant, voire effrayant.

Chaînes : on les utilise pour entraver le sujet, mais aussi pour l'attacher à un radiateur, à un anneau scellé dans une paroi, etc. Elles peuvent aussi servir à étirer ou à suspendre. La froideur du métal ajoute un certain piment aux sensations. Un mousqueton de sécurité peut se révéler nécessaire lorsque les chaînes blessent ou entravent le partenaire de façon dangereuse.

Chevalet ou **sellette** : siège servant à immobiliser une personne dans le but de la dominer. On peut utiliser n'importe quel chaise ou fauteuil afin d'y attacher le patient. L'effet est encore plus saisissant avec un fauteuil de dentiste. La "chaise à putain" (*whore stool*) fut une peine infligée aux prostituées durant le Moyen Âge : on y liait la condamnée, tandis qu'une corde élevait ce siège qu'on relâchait brusquement pour l'immerger dans une rivière, un fleuve, un lac ou la mer. On trempait ainsi la malheureuse à plusieurs reprises. On peut agir ainsi à des fins sexuelles de bondage. Une autre variante est la "chaise de viol" : il suffit d'attacher les chevilles et les genoux de telle sortes que les jambes soient écartées. Ainsi peut-on pénétrer la victime. Un cheval d'arçon, une poutre de gymnastique peuvent faire l'affaire. Plus raffinée est la table de gynécologue, mais nous sommes alors en présence d'un simulacre d'examen médical, plus que de torture.

Clou : on peut transpercer la partie palmée entre les doigts au moyen d'aiguilles ou de semences de tapissier durant une crucifixion. On peut clouer le bout d'un sein à une planche de bois, à un poteau. Certains enfoncent ou se font enfoncer une pointe dans le pénis pour le clouer à une table ou sur une chaussure, comme l'explique Maîtresse Faty dans *Mémoires d'une fouetteuse* (Ramsay, 1991).

Collier et bracelet : un collier de chien est le signe évident de la soumission. On peut alors tenir en laisse le partenaire. C'est aussi un ornement, comme les bracelets d'esclave ou les chaînettes diverses. Vanessa Duriès, dans *Le Lien* (Spengler, 1993) raconte avec quel plaisir elle aimait à se promener avec son collier de chien, symbole de sa soumission et de son amour pour son maître.

Combinaison à trous : vêtements de latex, de cuir, percés à l'entrejambe, à la poitrine, etc. Jointes à un capuchon ou à une cagoule, ces combinaisons dépersonnalisent la victime, la transforment en objet de consommation pour le dominateur.

Inversement, ce dernier, ainsi accoutré, devient inquiétant, voire effrayant pour la personne dominée devant s'agenouiller pour pratiquer une fellation, un cunnilinctus devant un maître ou une maîtresse dépersonnalisés. On utilise ces combinaisons lors des orgies, pour des parties de "colin-maillard" sexuel : la personne soumise doit tenter de reconnaître celui ou celle qui la possède malgré ce déguisement. La chemise chrétienne (voir ce mot) peut remplacer la combinaison à trous.

Cordes et liens divers : on peut se procurer des cordes de chanvre, de nylon, de coton, voire de soie dans les sex shops ou les magasins spécialisés. L'usage en est le même que pour les chaînes. On peut ligoter le partenaire de différentes manières en s'inspirant des techniques militaires. Le ligotage "en crapaud", mains et pieds liés ensemble dans le dos, tandis que la personne soumise gît sur le ventre, est fortement apprécié. La pose d'une corde autour du cou ajoute le plaisir de la strangulation, mais peut se révéler dangereuse.

On ligote le dominé soumis avec des liens de cuir ou de coton, avant de l'arroser. Les liens ainsi mouillés rétrécissent en séchant, pénètrent dans la chair et occasionnant des souffrances que d'aucuns jugent délicieuses. L'eau de mer peut ajouter une sensation de picotement due au sel. Certains dominateurs aiment ensuite lécher les sillons écorchés produits par ce rétrécissement.

Un nœud coulant permet d'enserrer le pénis, les testicules ou les seins : il se produit alors un gonflement, une hypersensibilité.

Crucifixion : il s'agit d'attacher l'adepte à un poteau, à une croix. Le supplice de la croix, dont on trouve la trace chez les Phéniciens, Assyriens, Égyptiens, Perses et Romains, ne nécessitait pas que l'on cloue le supplicié. Au contraire, l'hémorragie provoquée par le clouage risquait d'accélérer la mort. L'habileté des bourreaux consistait à éviter de léser une artère. Il fallait que le condamné meurt lentement de suffocation. On liait donc généralement les membres au bois de la croix avec des cordes. Suspendu, dans une position difficile, entraîné vers le bas par son propre poids, le crucifié mourait d'asphyxie progressive.

Les Romains usèrent de supports variés : croix en Y, en X, en T ou en H. L'écartement des bras, soutenant la plus grande partie du poids du corps oblige les poumons à produire un effort supplémentaire pour oxygéner le sang. La suffocation ainsi obtenue produit un vertige, une sorte d'ivresse. Dans le cas d'un soumis, il n'est pas rare qu'une érection survienne durant la suspension : le maître ou la maîtresse pourra le masturber ou s'agenouiller pour pratiquer une fellation. Dès lors, les rôles s'inversent tandis que la référence religieuse, la position d'adoration deviennent un facteur d'excitation supplémentaire.

Une croix en X, maintenant les jambes écartées, permet la pénétration vaginale ou anale du crucifié par celui qui le domine. L'un et l'autre peuvent éprouver un orgasme durant la crucifixion.

Enchâssement ou **"masque de fer"** : enfermer le visage dans un casque était un supplice pratiqué autrefois. La privation sensorielle occasionnait une sorte d'asphyxie de la peau, accompagnée d'enflure. Les sadhus en Inde enferment ainsi leur pénis pour supprimer leurs désirs sexuels. Les amateurs de bondage procèdent de la même façon : une boule de métal recouvre et enserre le pénis et les testicules. Une ouverture permet à l'urine de s'écouler. Au bout de quelques jours, les organes sexuels ont enflé. Une fois délivrés, ils présentent une sensibilité accrue, tandis que l'orgasme, longtemps impossible, est extrêmement intense. Des corsets et autres bandages furent employés pour empêcher les jeunes gens de se masturber. Ils ne restaient généralement en place que durant une nuit (voir *masturbation*). Les soutiens-gorge métalliques, à condition d'être ajustés, voire légèrement trop petits, font enfler les seins, les rendent hypersensibles, pourvu qu'on les laisse en place durant plusieurs jours.

Étau : un étau d'ajusteur ou de menuisier permet de pincer ou de comprimer une partie du corps : gland, téton, testicules, etc. Deux planches de bois munies de vis et d'écrous papillons permettent d'enserrer les seins d'une femme, de les comprimer, de les aplatir. L'effet de gonflement, de rougeur présente un potentiel d'excitation que certains apprécient d'autant plus que cette compression augmente la sensibilité aux effleurements, aux caresses, aux gifles. En complément, on peut chatouiller les mamelons au moyen d'un pinceau ou d'une plume.

Fléchettes : le dominé est lié à un poteau, ou crucifié. On utilise des fléchettes ordinaires. Il convient de se placer assez loin de la victime pour qu'elles ne pénètrent pas trop loin au dessous du derme. La référence religieuse au supplice de saint Sébastien peut augmenter le plaisir. Lécher le sang des minuscules plaies ainsi obtenues provoque un surcroît d'excitation chez certains partenaires dominants. On peut peindre une cible au moyen de produits cosmétiques sur le ventre du patient. On utilisait autrefois des plumes d'écolier métalliques "Sergent Major" dont on cassait une des pointes et dont on munissait l'embout, préalablement fendu par écrasement, d'un empennage de papier plié. Moins lourdes que le modèle habituel, ces fléchettes "bricolées" ne pendaient pas, restaient fichées en position horizontale. Il convient de protéger les yeux et les organes sexuels du patient (voir *Jeux sanglants*).

Hameçon : utilisé sur tout le corps, il peut servir à retenir des poids, augmentant ainsi la douleur du soumis ou de la soumise.

Harnais : différentes sortes de harnais sont utilisables, soit à des fins décoratives, soit pour attacher ou suspendre. On peut utiliser des harnais de parachutisme ou d'autres, similaires à ceux que l'on fait porter aux chiens puissants et dangereux. Dès lors, muni ou non d'une muselière, le dominé pourra être tenu en laisse. On peut aussi lier le corps de la personne soumise avec des cordes, des ficelles. On peut les disposer de façon décorative, à l'image d'une toile d'araignée. Dans ce cas, et s'il s'agit d'une femme, on aura soin de faire passer la ficelle entre les jambes, de telle façon qu'elle s'insère entre les grandes lèvres. Dès lors, chaque mouvement du corps produira un frottement ou une pression, tandis qu'une véritable masturbation pourra être pratiquée au moyen de trémoussements idoines, pour le plus grand plaisir visuel du dominateur (voir *Scoptophilie, Voyeurisme*).

Menottes : plaisent à ceux qu'excite l'idée d'être prisonniers, d'être interrogés par la police, d'être enfermés dans un camp. Les menottes sont l'accessoire privilégié des mises en scènes carcérales.

C'est par une scène où une femme est menottée aux barreaux de son lit que commence le roman *Jessie* de Stephen King (Albin Michel, 1985)

Pal : supplice consistant à asseoir le condamné sur un poteau dont la pointe effilée lui pénètre dans l'anus. Le poids du supplicié fera pénétrer progressivement cette pointe dans son corps. La mort est lente et douloureuse. Diverses variantes de ce supplice existent : on peut placer le condamner horizontalement de façon à ce que la pointe lui déchire lentement le ventre, on peut aussi l'introduire dans le vagin d'une femme ; il y eut aussi des empalements par la bouche. Vlas Tepes Dracula, voïvode roumain du XVe siècle était grand amateur de ce supplice : il faisait empaler des centaines de prisonniers et les regardait expirer, confortablement installé dans un fauteuil. Étrangement, ce souverain fut à l'origine du personnage de *Dracula*, le fameux vampire dont il faut transpercer le cadavre d'un pieu pour l'empêcher de ressusciter et de boire le sang de ses victimes.

Durant les pratiques de bondage, l'empalement est limité, quoique la pointe du poteau pénètre effectivement dans l'anus ou le vagin du dominé, mais en pénétrations peu profondes, un disque de bois est placé, de façon à former un siège empêchant de descendre trop bas.

Le fantasme central du célèbre patient de Freud, "L'Homme aux rats", est une variante de ce supplice où des rats remplacent la fonction du pal.

Pendaison (voir *Asphyxie érotique*).

Pommades hyperémiantes : produits pharmaceutiques servant à soulager les crampes, les courbatures, les douleurs musculaires. Ces produits, à base de soléanacées, de piments, provoquent un afflux de sang, joint à une sensation de chaleur ou de brûlure. Le dominateur les applique à l'aide d'un pinceau sur diverses parties du corps d'un partenaire ligoté. Les mamelons, les reins et les fesses sont les zones privilégiées pour cette pratique. On peut aussi les appliquer derrière l'oreille. Avec d'infinies précautions, il est possible d'en enduire la hampe de la verge, en évitant les testicules ou le gland. Ces pommades peuvent être remplacées par de la moutarde, des sinapismes ou du "baume du tigre". Une sensation inverse, c'est à dire de froid, est obtenu par l'étalement lent de produit tels que le "Synthol". On peut appliquer cette lotion sur les testicules. L'éther a ses partisans, mais il provoque des étourdissements.

Roue : équipement de bondage sophistiqué que l'on ne trouve que dans quelques donjons. La roue peut être placée horizontalement ou verticalement sur un axe. Le dominé est attaché par les poignets et les chevilles. Il peut ainsi être flagellé sur différentes parties du corps pendant que la roue tourne. Le bondage sur une roue est une scène forte du film de Jean Léon, *Aimez-vous les femmes ?*

Spéculum : instrument de gynécologie permettant l'ouverture du vagin à des fins d'examen médical. Le spéculum s'utilise dans les mises en scène imitant de tels examens. L'écartement ainsi obtenu permet au dominateur d'introduire de la nourriture, des objets divers dans l'orifice dilaté, voire d'y uriner. Certaines femmes éprouvent un sentiment d'humiliation lors de réels examens gynécologiques. Ils peuvent devenir agréables lors d'une parodie à des fins érotiques comme dans le roman de Nathalie Perreau, *L'Amour en soi* :

– Ouvrez les jambes, me dit-il doucement.

Je lui obéis et je le regardai prendre le spéculum qu'il leva bien haut pour que je le voie. Il tourna l'une des vis qui commandent le mécanisme et referma l'instrument qu'il glissa entre mes cuisses ouvertes. Le contact glacé du métal m'arracha un frisson. Le bout de l'instrument entra en moi. Les yeux de Jean ne me quittaient pas. Il manœuvra la petite vis et les mâchoires du spéculum s'entrouvrirent, m'écartant implacablement. Il me semblait que mon ventre se séparait en deux. (Ramsay, 1990)

Les variantes du bondage sont innombrables, tant il est vrai qu'on peut faire subir n'importe quel traitement à une personne ligotée.

VOIR DOMINATION/SOUMISSION, FLAGELLATION, MASOCHISME.

BORDEL

Maison de prostitution. Le mot bordel provient de l'italien *bordello*, lui-même emprunté à l'ancien français bordel, ou bordeau, désignant une cabane, une petite maison. Le terme dérive du francique *borda*, désignant une cabane de planches, un appentis (*cf.* l'anglais *board* : planche). Dans le sud-ouest de la France, le mot borde, de la même famille, désigne une grange, une ferme ou une métairie. C'est dire que la prostitution rurale s'effectuait dans les granges, les remises, les appentis où l'on pouvait s'ébattre à l'abri des regards indiscrets.

Les maisons de prostitution ont existé en tous temps et en tous lieux. Les mosaïques de Pompéi trouvées dans de tels établissements nous dépeignent la vie quotidienne de ces lieux et servaient à mettre le client en condition tout en lui présentant les spécialités qu'il pouvait demander. On trouvait, dans les bordels romains, des salles ornées de miroirs, des planchers de verre translucides pour le voyeurisme ou la coprophilie, des oies pour l'avisodomie (voir *Zoophilie*), des enfants pour les pédophiles, etc. (Reay Tannahill, *Le Sexe dans l'histoire*, Robert Laffont, 1982.)

En Chine, beaucoup de bordels furent flottants : c'étaient des bateaux aménagés pour le plaisir et que l'on amarrait au bord des fleuves. Il en exista dans d'autres régions : au temps de la prohibition aux États-Unis, des navires ancrés au-delà des eaux territoriales américaines servaient de l'alcool impunément. C'étaient aussi des casinos et des maisons de tolérance.

Une variante du bordel est la maison de rendez-vous. Il n'y a pas de pensionnaires : les clients des deux sexes y vont pour se rencontrer, pour y avoir des relations sexuelles.

La tradition de la lanterne rouge semble venir de Chine.

Les bordels pouvaient être misérables ou fort luxueux. Certains proposaient des chambres permettant diverses mises en scènes : compartiments de train, décors mauresques ou chinois, salles de torture, etc.

Les amateurs y trouvaient toutes sortes de filles : la "Négresse", la Mauresque, la Chinoise, etc. On pouvait y rencontrer diverses particularités anatomiques : poitrines abondantes, maigreur extrême, naines ou géantes, femmes obèses (voir *Obésophilie*).

Le bordel au XIXe siècle fut une institution. La littérature de l'époque en témoigne. On peut lire à ce propos *Monsieur Philibert*, de Jean Lorrain ou *La Maison Tellier* de Guy de Maupassant, sans compter une importante production pornographique ayant pour thème les maisons de passes.

Il y eut également des bordels pour homosexuels. On en dénombrait cinq à Londres à la fin du XIXe siècle.

Dans l'Allemagne nazie, le régime hitlérien, dans son délire racial, ouvrit des maisons, les *liebenborn*, destinée à engendrer la forme la plus pure de la race aryenne. Des femmes aux caractéristiques germaniques très prononcées devaient recevoir les assauts de soldats sélectionnés jusqu'à ce qu'elle soient enceintes.

L'histoire des bordels dépasserait les limites du présent ouvrage. On consultera ceux d'Alphonse Boudard :

La Fermeture (1978), *L'Âge d'or des maisons closes* (1990), décrivant ces lieux jusqu'à leur interdiction, le 13 avril 1946, à l'instigation de Marthe Richard, qui en fut l'une des pensionnaires ; *Madame de Saint-Sulpice* (1997), évoquant aussi les bordels pour ecclésiastiques ; Laure Adler, *La Vie quotidienne dans les maisons closes* (1990) ; *Madam*, de Xaviera Hollander (1976), raconte les souvenirs de l'auteur, tenancière de plusieurs bordels dans divers pays.
Parmi les bordels encore existants, on peut citer : le *Pink Panter* ou le *Chao Phya* à Bangkok (Thaïlande), le *Top Lady* à Osaka (Japon), le *Herbert-Strasse* à Hambourg (Allemagne), le *Big Ben* à Barcelone (Espagne), le *Red Rooster* à Manille (Philippines).

BOUGRE
Ancien nom donné aux homosexuels mâles. Emprunt du latin médiéval Bulgarus. Les Bulgares, membres de l'église orthodoxe, étaient considérés comme hérétiques par l'Église catholique, apostolique et romaine. Ils furent des ennemis redoutés des Croisés lors de la quatrième croisade. Comme les Vaudois, les Albigeois, les Cathares ou les Templiers, les Bulgares furent accusés de sodomie. Cette conduite, jugée infamante par la chrétienté d'Occident, ajoutait à l'indignité qu'on leur prêtait. Au XVIIIe siècle, particulièrement dans l'oeuvre du Marquis de Sade, "bougre" et "bougrerie" signifient donc homosexualité, pénétration anale. Étrangement, ce terme insultant est devenu affectueux, quoique condescendant : un "bon bougre" n'est plus, aujourd'hui, un homosexuel.

BOULES DE GEISHAS
Cet objet sexuel dont l'origine remonte au XVIe siècle aurait été conçu au Japon pour tenir les femmes, notamment les geishas des seigneurs, en perpétuelle excitation sexuelle. Il s'agit de deux boules lestées de plomb et reliées entre elles par un cordon. Les boules, pouvant atteindre le diamètre d'un œuf, produisent des vibrations à chaque mouvement du corps. La femme s'introduit une boule dans le vagin et laisse la seconde à l'extérieur ou peut s'introduire les deux ensemble. Il existe des variantes : chapelets de plusieurs boules, boules anales, etc. Dans les jeux sadomasochistes, certains dominateurs obligent leurs soumises à les porter en permanence dans leurs moindres activités journalières et notamment sur leur lieu de travail.

BRACELET
VOIR BONDAGE.

BRADYCUBIE
(du grec *brady* : lent, et du latin *cubare* : être couché, gésir.)
Désigne le fait de pénétrer le vagin ou l'anus d'un partenaire à plusieurs reprises. L'homme s'introduit et se retire tour à tour, et lentement. Cette

pratique a pour effet de prolonger l'acte sexuel et de prévenir l'éjaculation précoce. Elle permet aussi le coït réservé, l'émission de sperme en dehors du vagin à des fins contraceptives, ce qui est l'onanisme au sens propre, puisque le péché d'Onan est "d'avoir répandu sa semence à terre" pour éviter de féconder sa belle-soeur, et non de s'être masturbé. Dans le *Kama-sutra*, la bradycubie sert à satisfaire deux femmes enlacées : l'homme pénètre tour à tour l'une, puis l'autre. La sensation produite par la bradycubie consiste en un chaud et froid excitant : la verge humidifiée par la cyprine éprouve une sensation de fraîcheur en quittant le vagin, avant de se replonger dans sa chaleur. Certaines femmes apprécient particulièrement ces intromissions répétées.

BRODERIE
VOIR BONDAGE.

BRÛLURE
VOIR PYROPHILIE.

C

Café
Cage
Cagoule
Camisole
Candaulisme
Canne
Cannibalisme
Cantharide
Carnaval
Castration
Catamites
Catch, lutte
Cathétérophilie
Ceintures de chasteté
Champagne
Charmes
Chat à neuf queues
Chatouilles
Chaussure
Chemise chrétienne
Choréophilie
Chrématistophilie
Cicatrices
Cigare, capnolagnie
Chryptorchidisme
Cimetière
Circoncision
Cire chaude
Claustrophilie
Clitoridectomie
Clystérophilie
Cocktails
Cock ring
Code des mouchoirs
Coït à cheval
Coït aquatique
Coït intercrural
Coït intermammaire
Collier
Combinaison à trous
Compensation sensorielle
Confession
Constriction
Coprographie
Coprophagie
Coprophilie
Corset
Costumes
Couteaux
Couvade
Crachats
Cravache
Crimes sexuels
Croisements raciaux
Croix, crucifixion
Cryophilie
Culotte
Culte satanique
Cunnilinctus
Curiosa

CAFÉ
VOIR APHRODISIAQUES.

CAGE
VOIR BONDAGE.

CAGOULE
VOIR BONDAGE.

CAMISOLE
VOIR BONDAGE.

CANDAULISME
Terme désignant, pour un homme ou une femme, le fait de regarder son partenaire dans une relation sexuelle avec une ou plusieurs personnes. Ce scénario érotique est relativement fréquent lorsque l'un des partenaires est atteint d'une déficience sexuelle. Dans ce cas, le partenaire diminué préfère assister aux ébats amoureux de son compagnon plutôt que d'en être exclu.
Le candaulisme est également une pratique érotique destiné à exciter son partenaire habituel et le mettre en compétition avec l'amant ou la maîtresse choisis. Beaucoup d'hommes et de femmes confient avoir connu des orgasmes beaucoup plus violents en se livrant au candaulisme, leur plaisir étant amplifié par leur tendance exhibitionniste ou voyeuriste.
VOIR *GANG BANG*, ORGIE, TRIOLISME, ÉCHANGISME.

CANNE
VOIR FLAGELLATION.

CANNIBALISME
VOIR ANTHROPOPHAGIE.

CANTHARIDE
VOIR APHRODISIAQUES.

CAOUTCHOUC
VOIR FÉTICHISME.

CARNAVAL
VOIR FÊTES VOTIVES.

CASTRATION
VOIR EUNUQUE.

CATAMITES
Jeunes gens ou mignons, amants d'un homme plus âgé. L'exemple vient de haut, puisque Zeus lui-même s'accompagnait de Ganymède, nommé à dessein porteur d'eau de sa cour. Les anciens Grecs fortunés louaient ainsi des amants à gages, avec l'accord des parents du jeune homme. Ces derniers en tiraient souvent un profit pécunier. Les catamites recevaient une excellente éducation de la part de leur protecteur. Une pratique similaire existait chez les Mayas.
VOIR PÉDOPHILIE.

CATCH OU LUTTE
La lutte, le corps à corps peuvent devenir un jeu érotique entre parte-

naires homosexuels ou hétérosexuels. Le contact des corps échauffés provoque une sécrétion d'adrénaline, favorisant le désir.
Le catch féminin excite bien des hommes. Des variantes érotiques fort diverses en sont proposées aux amateurs : des cassettes vidéo proposent la vision de femmes ayant parfois pratiqué la musculation, luttant avec d'autres femmes ou avec des hommes.
Le *cat fighting* : littéralement "combat de chattes" est une lutte entre femmes sans règles particulières. Il est d'usage que les participantes tentent de s'arracher les yeux, se griffent, se mordent, se tirent les cheveux, pour le plus grand plaisir des spectateurs, masculins pour la plupart. Bien entendu, elles proféreront les injures les plus grossières, les plus vulgaires tandis que leurs vêtements déchirés laisseront voir leurs dessous, leurs chairs nues. Le combat se poursuivra, avec des coups de griffes sur les seins, des morsures aux fesses et l'arrachage des poils pubiens. L'esthétique de ces combats ne va pas jusqu'aux saignements de nez, ni aux blessures sérieuses. Dans certains bars ou autres établissements des États-Unis, ces combats semblent spontanés et opposent deux "clientes" et non des professionnelles. C'est évidemment un simulacre. Le tout commence par une altercation, à propos d'une rivalité amoureuse, voire de vêtements ou sous-vêtements empruntés. Voici la relation d'un de ces combats paru dans *Fetish* (n° 191), revue américaine pour adultes :
On dit que j'ai mauvais caractère. En vérité, je n'aime pas qu'on me marche sur les pieds. Elle m'avait pris mon plus beau soutien-gorge sans ma permission. Alors, je le lui ai arraché des nichons. Puis, je lui donnai une bonne gifle en plein visage. Elle m'attrapa par les cheveux, tira d'un coup sec. Après un croc-en-jambe, je lui plongeai dessus et l'immobilisai. Juste au moment de rendre grâce, cette petite pute réussit à se libérer. Elle me balança une claque sur les fesses. Roulant au sol pour me protéger, je baissai ma garde : j'étais bonne pour un œil au beurre-noir. Aveuglée, voyant des étoiles, je réussis tout de même à lui empoigner la chatte. Elle hurlait tandis que je lui tirais les poils…
Les artistes du *cat fighting* vont de ville en ville accompagnées de leurs impresario et entraîneurs. Ces combats sont interdits dans certains États, mais s'y déroulent parfois clandestinement.
En Europe, on préfère le spectacle délibéré du catch. Les catcheuses peuvent être plus ou moins dévêtues, voire complètement nues. Le catch peut se dérouler dans la boue : c'est un divertissement fort prisé dans les bars en Allemagne et les théâtres érotiques de Hambourg notamment.
Ensuite, les deux lutteuses peuvent brandir un pénis artificiel, un gode-

miché : la victoire échoit à celle qui parviendra à en pénétrer son adversaire. Il va de soi que, comme pour le catch ordinaire, ces rencontres sont arrangées.

CATHÉTÉROPHILIE

(du grec *katheter* : canule, et *philia* : amour de)

Excitation sexuelle obtenue au moyen de sondes urétrales. L'usage des cathéters existe depuis au moins quatre mille ans. On a retrouvé des cathéters d'ivoire ou de jade à l'intérieur d'anciennes sépultures chinoises, tandis que des scènes rituelles montrant leur utilisation décorent des poteries Maya.

On se sert des cathéters au cours de jeux sexuels de la même façon que lors des examens médicaux. La sonde stérilisée est introduite dans l'urètre jusqu'à la vessie. Il s'ensuit un écoulement d'urine. Dans une situation érotique, c'est le symbole d'une domination complète, le partenaire dominant contrôlant l'évacuation de l'urine.

Il existe différentes sortes de cathéters. Le modèle de Foley est muni d'un petit ballon gonflable l'empêchant de sortir de la vessie, évitant ainsi qu'on ait à le maintenir en place. Le Robinson n'a pas cet avantage. Une pince peut arrêter l'écoulement. Certains hommes parviennent à éjaculer tandis que l'urine passe par la sonde. Le sperme se répand entre le cathéter et la paroi de l'urètre. On ressent une sensation de brûlure de l'urètre durant un quart d'heure environ, après l'enlèvement de la sonde.

CEINTURE

VOIR FLAGELLATION.

CEINTURE DE CHASTETÉ

Dispositif empêchant les relations sexuelles ou la masturbation. La tradition en remonte à *L'Odyssée*, lorsque Héphaistos forgea une ceinture pour s'assurer de la fidélité de Vénus. Sainte Marina et Sainte Rose, en complément d'autres mortifications, portèrent des ceintures de chasteté. C'est au musée de Cluny, à Paris, que l'on peut admirer une des plus belles collections au monde.

La grande époque de telles contentions fut le XIXᵉ siècle où on les faisait porter aux jeunes filles pour prévenir une défaillance dans leur surveillance, tandis que des maris soupçonneux en munissaient leurs épouses lorsqu'il devaient s'absenter. De nombreuses farces, histoires drôles ou saynètes mettent en scène une épouse sagace s'assurant la complicité d'un habile serrurier capable d'ôter, mais aussi de remettre en place la ceinture. C'est une des scènes du film de Woody Allen : *Tout ce que vous avez toujours voulu savoir sur le sexe sans jamais oser le demander*.

Une frénésie anti-masturbatoire fit naître l'industrie de telles ceintures pour les garçons. Notons au passage qu'au XIXe siècle, les Européens et Américains usèrent parfois de la cautérisation du clitoris des fillettes trop ardentes. Ce furent souvent les mêmes qui vilipendaient les mœurs africaines concernant la circoncision, l'infibulation et l'excision. Voici un extrait d'une publicité vantant les mérites des ceintures en question :

Appareils chirurgicaux de miséricorde contre l'onanisme :

Ces appareils sans précédent ont un but moral et hygiénique ; ils sont une barrière infranchissable contre les habitudes solitaires flétries par la Religion et la Société. Il n'est aucun médecin qui ne sache, par expérience, que ces habitudes conduisent fatalement à l'idiotisme, au marasme et souvent à la mort. Ils auront donc un nouveau moyen d'être utiles à la société en les prescrivant quand il y a urgence.

Ces appareils se portent sans la moindre gêne, n'ayant pas de ferrures.

Ces appareils, bien compris, sont appelés à régénérer moralement et physiquement l'espèce humaine et à éviter bien des déceptions dans les familles…

Nos prix sont à la portée de toutes les bourses : fr. 25, 40, 60, 80 et 100 fr. (Prospectus de la Maison Martin et Gelbké, Bazar Chirurgical, 66, rue Neuve-des-Petits-Champs, Paris, 1866).

Dans quelques régions du globe, à Bornéo par exemple, les femmes liaient les hommes deux par deux par le pénis afin d'empêcher qu'ils puissent les tromper. Cet attachement pouvait se faire au moyen de *piercing*, à l'aide d'un anneau large s'enfonçant dans l'une et l'autre verge.

Aujourd'hui, les ceintures de chasteté deviennent l'accessoire de jeux érotiques, de bondage, etc. Elles existent aussi pour les hommes afin de contraindre leurs érections. Vanessa Duriès en donne une parfaite illustration :

La ceinture de chasteté était exactement à ma taille et son créateur, dans un souci bien compréhensible d'efficacité avait ménagé deux orifices qui pouvaient laisser pénétrer des objets cylindriques de moindre taille. Sur l'ordre de Pierre, je vaquai aux rituelles tâches ménagères ainsi équipée, sous son regard attentif et brûlant. Mon Maître observa avec une soudaine passion comment je passais l'aspirateur, en me penchant pour faciliter le passage du tuyaux sous les meubles rustiques qui décorent notre maison. (*Le Lien*, Spengler, 1993.)

Pour une histoire complète de la ceinture de chasteté, on consultera l'ouvrage de Piero Lorenzoni, *Histoire secrète de la ceinture de chasteté* (Zulma, 1995).

CÉLERI

VOIR APHRODISIAQUES.

CHAMPAGNE
VOIR APHRODISIAQUES.

CHARMES, TALISMANS, ENVOÛTEMENTS, SORTILÈGES, ETC.

Chants, objets, rituels supposés avoir un pouvoir magique et érotique. La croyance aux sortilèges est universelle.

Contrairement à ce que l'on a pu croire ou espérer, les progrès scientifiques et techniques n'ont pas aboli les superstitions et les croyances magiques.

Les charmes, les envoûtements servaient à favoriser la fécondité, à s'assurer l'amour, la fidélité d'un partenaire, à déterminer le sexe d'un enfant (aux temps où la naissance d'une fille était une calamité), à faciliter l'accouchement, à faire tomber la pluie ou à briser un sort.

Chez les Romains, la sécheresse ou les intempéries cessaient lorsqu'une femme exposait sa vulve. De cette tradition naquirent des amulettes, des colliers en forme de sexe féminin. La forme de ces bijoux évolua jusqu'à devenir un cercle allongé, brisé. Pour certains, ce serait l'origine du fer à cheval, talisman fort apprécié. Ce fer, ouverture en haut, est le signe de ralliement des lesbiennes américaines. Il est plus probable que le fer à cheval, animal lié à la mort, soit symboliquement exposé pour l'éloigner.

Les amulettes en forme de pénis ou de vulve servaient à éloigner le mauvais œil. Une représentation de verge en érection ornait le seuil des maisons romaines, entourée de la devise *Hic habitas felicitas* : le bonheur réside ici.

Un phallus en pierre, une statue de satyre ou de nain plus ou moins difforme ornait souvent les jardins. Le majeur dressé, les autres doigts pliés : voilà un signe à la signification évidente. Toujours à Rome, il servait d'invite sexuelle entre hommes ou d'exhortation à la reddition sur le champ de bataille. Il existe d'autres signes digitaux nuisibles ou bénéfiques. Ils varient certes selon les pays, mais on retrouve à peu près partout les mêmes usages. Porter un bracelet orné du testicule droit d'un âne combat la fatigue sexuelle, l'impuissance. Mais, on le sait, l'organe sexuel principal est le cerveau : voilà pourquoi les eunuques chinois mangeaient encore chaud celui des suppliciés qu'on venait de décapiter. Cette consommation, croyaient-ils, pouvait faire repousser leurs organes manquants.

Les talismans, les charmes sont nombreux. En France, les marabouts africains en préparent pour leurs clients. Voici un extrait de la carte de visite de l'un d'entre eux :

Voyez bien ce qu'il a en main, c'est une preuve fatale ! Si vous voulez vous faire aimer, ou si votre partenaire est parti(e)

avec quelqu'un, c'est son domaine. Vous serez aimé. VOTRE PARTENAIRE REVIENDRA *! Il courra derrière vous comme un chien derrière son maître ! Il créera entre vous une entente parfaite sur la base de l'amour. Protection contre les mauvais esprits. Succès aux examens. "C'est le fer qui coupe le fer". Résultats en une semaine.* (Publicité pour Monsieur S., Grand voyant, médium, 1997).
VOIR APHRODISIAQUES, PHILTRES D'AMOUR, RELIQUES, RITES DE FERTILITÉ.

CHAT À NEUF QUEUES
VOIR FLAGELLATION.

CHATOUILLES, KNISMOLAGNIE OU TITILAGNIE
Chatouiller une partie sensible d'un individu relève de la farce, du jeu, mais aussi de l'attouchement sexuel. C'est un jeu parfois excitant au point que les femmes Baganda (tribu d'Afrique) séduisent leurs mari en leur chatouillant les aisselles. Il y eut, au siècle dernier, une secte russe, les chatouilleurs. Durant leurs célébrations religieuses, les hommes chatouillaient les femmes jusqu'à l'évanouissement.
Les chatouilles peuvent devenir une torture. C'est l'une des pratiques des rituels sadomasochistes, du bondage : la victime, attachée, ligotée, est soumise à l'action d'une plume sur la plante des pieds, les aisselles, le sexe, etc.

CHAUSSURES
VOIR FÉTICHISME.

CHEMISE CHRÉTIENNE
La chemise chrétienne que les anglos-saxons nomment curieusement "chemise cagoule" (en français), est une chemise de nuit pour femme percée d'un trou à l'endroit du sexe. Souvent, cette ouverture s'ornait de broderies florales ou de devises moralisatrices telles que "Dieu le veut". Il s'agissait de permettre les relations sexuelles dans un but de procréation. Ainsi évitait-on que les corps se touchent. Il s'agissait de fuir le plaisir, considéré comme impie chez certains chrétiens.
L'appellation "chemise chrétienne" est un leurre : il en existe des équivalents parmi les pratiquants d'autres religions. Chez les juifs, elle peut être remplacée par un drap percé d'un trou. Le but en est le même. Toutefois, on peut user de l'un et de l'autre en tant qu'objet érotique, dans un but opposé à l'intention première, afin d'éprouver une excitation jouant avec l'interdit : *Il m'est arrivé aussi de fantasmer sur l'image de moi prise sans être touchée, avec un écran entre moi et mon partenaire, un drap, un linge. Ce qui est curieux, c'est que je ne savais pas qu'il existait chez les Juifs la coutume du drap percé d'un trou, j'ai donc vécu cela en fantasme, sans la connaissance.* (Évelyne, 46 ans, citée par M.F.

Hans et G. Lapouge, *Les femmes, la pornographie, l'érotisme*, Seuil, 1978).

CHEVALET
VOIR BONDAGE.

CHOCOLAT
VOIR APHRODISIAQUES.

CHORÉOPHILIE
(de *choréo* : danse et *philia* : attirance)
Excitation provoquée par la danse.
La danse a toujours été une activité susceptible d'exciter : l'Antiquité connut les danses rituelles en l'honneur des dieux favorables à la fertilité. Les rondes, les mouvements de groupe des danses folkloriques paysannes en sont le souvenir un peu pâli.
Les danses sacrées diffèrent souvent des danses religieuses. Celles des soufis, des derviches tourneurs provoquent une euphorie, un état hypnotique propre au mysticisme, à l'adoration. Voire à la haine qui en découle, puisque la danse pouvait préluder aux assassinats, aux meurtres de religionnaires adverses ou aux sacrifices les plus cruels. Les danses de guerre préparent au combat, provoquent parfois l'ivresse meurtrière.
Plus calmes sont les trémoussements des modernes Quakers et Shakers des États-Unis : ces hommes à chapeau noirs se trémoussent afin que tous sachent bien qu'ils tremblent par crainte de Dieu. Les rituels catholiques ont aussi leurs mouvements. La chorégraphie sommaire de la messe comprend trois positions principales : debout, à genoux, assis, tandis que les mains se joignent, font un signe de croix, etc. L'érotisme est ici évacué, ou tente de l'être.
Moins austères, les danses sacrées durant les bacchanales échevelées, voire frénétiques, conduisaient les bacchantes à l'extase. Diverses fêtes populaires, religieuses ou sociales sont l'occasion d'euphories chorégraphiques, telle les saturnales antiques et les carnavals modernes. Encore s'agit-il là d'événements datés, prévus, voire organisés. Ce sont les occasions de divers débordements presque programmés, ils servent d'exutoire et interrompent durant un moment les effets de la tension sociale, de la misère. Les "fêtes des fous", en inversant l'ordre du monde, en mettant l'esclave à la place du maître, etc., eurent un aspect érotique certain. Après la liesse, tout rentrait dans l'ordre, tant il est vrai que toute libération simultanée collective n'est que l'envers d'un emprisonnement socialisé des individus.
Condamnée par différentes églises la danse fut considérée comme païenne.
Autre type de danse, tout aussi rituelle, tout aussi sociale : la danse

par couple. Des figures compliquées des menuets ou des branles à l'envol aérien de la valse, du chaloupement de la java à l'invraisemblable communion du tango, il s'agit d'hommes et de femmes, même si, parfois, l'un prend le rôle de l'autre. Le mouvement fait battre les cœurs, les couples s'enlacent, se hument, se frôlent, se touchent… Alors, mimiques amoureuses, simulacres d'actes sexuels, parades et séduction, la danse est érotisée. Même dans le cas du rockn'roll, parfois acrobatique, avec chaussettes blanches et jupes courtes s'épanouissant en corolle, avec ses éloignements, ses rapprochements. Même le jerk (littéralement : "branle", *jerk off* signifiant "se masturber") dans lequel on fait mine de s'ignorer, même lorsqu'on y est seul, afin d'être vu. Nous approchons là du troisième type de danse : le spectacle chorégraphique.
Une lithographie coquine de Deveria montre un jeune homme se masturbant dans sa loge d'Opéra tandis qu'une danseuse en tutu évolue sur la scène. C'est montrer combien la danse la plus académique, la plus acceptée socialement demeure tout de même érotique, excitante. La danse classique vit le jour à une époque de morale austère, mais durant laquelle la représentation de la nudité devenait obsédante : l'art "pompier", hyperréalisme, étalait les charmes féminins tandis qu'"on ne parlait pas de ces choses-là". La danse, en tant que spectacle, connaissait évidemment d'autres formes : le cancan, avec ses jupons, ses porte-jarretelles, ses pantalons fendus à dentelle émoustillait les Montmartrois, tandis que sur les boulevards, d'autres scènes présentaient des quadrilles suggestifs. Le XIXe siècle, fort inventif, montrait les femmes en action, en mouvement, comme pour compenser l'immobilité des statues et peintures de l'art officiel : des écuyères habiles dansaient sur des chevaux, des femmes auliges disputaient des courses de char. Prétendument hindoue, la danse spectaculaire de Mata-Hari émoustillera messieurs les officiers jusqu'à ce qu'on découvre l'espionne : la belle danseuse sera fusillée. Isadora Duncan, le retour à l'antique, avec péplum et voiles, participera de cette double nature de la danse : érotisme avoué sous le prétexte de l'art ou de la tradition. Il ne s'agissait, en fait, que de voir de belles femmes exécutant de gracieux mouvements.

CHRÉMATISTOPHILIE

(du grec *khrêmatistos* : être volé, et *philia* : amour de)
Ce mot désigne le fait de payer pour avoir des relations sexuelles. C'est le principe même de la prostitution, vue du côté de l'homme. Ce dernier ressentirait un sentiment de pouvoir, la prostituée devant lui "en donner pour son argent". La réalité semble

plus complexe. Roger Vailland parle de rapport d'égalité lorsque l'on paye une femme (Roger Vailland, *Écrits intimes*, 1969). Pour lui, la prostitution ne semble pas plus avilissante qu'un autre travail. Paradoxalement, le fait d'être payé, selon lui, s'oppose à ce qu'une femme soit considérée comme un objet. Vaillant tirait du plaisir du statut d'égalité ainsi obtenu.

Peut-être y a-t-il une délivrance analogue dans le "fantasme de prostitution" féminin. Lorsqu'on a évacué l'idée stupide que tout fantasme ou presque est masculin, et que l'on a constaté que celui d'"être une putain" (voir la plupart des entretiens présentés par M.F. Hans et G. Lapouge, *Les femmes, la pornographie, l'érotisme*, Seuil, 1978, mais aussi dans tous les rapports et enquêtes présentant des témoignages de femmes), se retrouve d'une façon répétitive chez un grand nombre de femmes, on peut le croire. La "putain" n'est-elle pas plus "libre", du moins en apparence, que la bourgeoise ou l'ouvrière devant remplir son rôle de mère, d'épouse, obligée d'éprouver de l'amour maternel et de souffrir d'un manque réel d'autonomie ? Être payée peut devenir excitant au point que des couples mariés jouent à ce jeu.

CHRYPTORCHIDISME

VOIR DYSFONCTIONNEMENTS.

CICATRICES

VOIR SCARIFICATIONS.

CIGARE, CAPNOLAGNIE

Excitation à l'idée de fumer ou de voir fumer. Le cigare, symbole de puissance, de richesse, symbole phallique aussi, a de plus en plus d'adeptes, hommes ou femmes. Son utilisation pour les jeux sexuels est diverse. Un film, *Red Dog Saloon*, montre des hommes fumant le cigare et soufflant la fumée au visage de leurs victimes avant de leur frotter la figure dans un cendrier plein. D'autres films montre des femmes allongées sur lesquelles on déverse de la cendre. Une scène classique est celle de la femme voluptueusement allongée, se caressant et fumant langoureusement son cigare tandis qu'un homme la regarde.

Un cigare peut être introduit dans divers orifices et certaines femmes savent le "fumer" en le plaçant entre leurs lèvres vaginales. Certaines peuvent même former ainsi des ronds de fumée parfaits. C'est un spectacle très prisé dans les Go-go bars de Bangkok ou Pattaya.

CIMETIÈRE OU TAPHOPHILIE

(du grec *taphos* : tombeau, et *philia* : amour de)

Les cimetières, lieux de calme, de repos, sont aussi des endroits propice à la rêverie amoureuse ou érotique. Les fleurs, les arbres, le silence incitent l'esprit au recueillement et cette détente rend réceptif à bien des stimulations. De plus, et par compensation, l'idée de la mort donne envie de vivre : le sexe devient une revanche sur l'inerte environnant.

Avec ou sans rituels macabres, des orgies se déroulent parfois dans les cimetières. Le Père-Lachaise, à Paris (qui abrite le tombeau supposé d'Héloïse et d'Abélard), est renommé pour ces pratiques nocturnes. Il semble que certaines femmes aiment à s'allonger nues sur le marbre lisse des tombes modernes.

Guy de Maupassant, parmi d'autres, a évoqué les pleureuses ; fausses veuves, mais véritables prostituées, elles hantaient les cimetières, vêtues de noir, apitoyant le passant par leur mine éplorée, leurs sanglots réprimés sous la voilette. L'homme, déjà ému par un chagrin personnel, se montrera compatissant, raccompagnera la pleureuse chez elle, etc. Le thème de la "veuve joyeuse" se retrouve dans cette forme particulière de racolage. L'histoire antique de la Matrone d'Éphèse montre une veuve inconsolable finalement consolée par le gardien de la tombe du défunt époux : le thème est inépuisable, mais fort différent de la nécrophilie. Georges Bataille en donne une intéressante illustration dans *Le Bleu du ciel* :

Nous étions toujours au-dessus des tombes. Dorothea s'ouvrit, je la dénudai jusqu'au sexe. Elle-même me dénuda. Nous sommes tombés sur le sol meuble et je m'enfonçai dans son corps humide comme une charrue bien manœuvrée s'enfonce dans la terre. La terre, sous ce corps, était ouverte comme une tombe, son ventre nu s'ouvrit à moi comme une tombe fraîche. Nous étions frappés de stupeur, faisant l'amour au-dessus d'un cimetière étoilé. Chacune des lumières annonçait un squelette dans une tombe, elles formaient ainsi un ciel vacillant, aussi trouble que le mouvement de nos corps mêlés. (Pauvert, 1957.)

Régine Deforges, dans son roman *L'Orage*, a habilement utilisé Éros et Thanatos :

La chaleur avait craquelé la terre de ta tombe et desséché toutes les fleurs... Tu devais étouffer, là-dessous !...

J'ai couru chercher de l'eau à la fontaine. L'arrosoir était si pesant que j'ai dû le porter à deux mains. J'ai fait plusieurs voyages, tant la terre était assoiffée. J'avais mal aux reins et aux mains. Je me suis assise sur la pierre tombale voisine, tu sais, celle de ce poète dont nous n'avons jamais réussi à trouver le moindre recueil. Ma robe noire était si mouillée qu'elle me collait au corps. J'étais plus que nue, d'autant qu'avec cette chaleur je n'avais rien dessous. Je me suis tournée vers toi, j'ai remonté ma robe et ouvert mes cuisses pour que tu voies bien ma toison et ma fente. Je l'ai écartée comme tu aimes que je le fasse. C'était bon de sentir ton regard sur moi... La rugosité de la pierre me

meurtrissait les fesses. Je me suis trémoussée lentement, puis de plus en plus vite, sans oublier de m'ouvrir, jusqu'à ce que j'aie mal, puis... j'ai crié en refermant les cuisses sur le plaisir que tu m'avais donné. (Blanche, 1996.)
VOIR NÉCROPHILIE, TAPHÉPHILIE.

CIRCONCISION
Ablation chirurgicale ou religieuse du prépuce. Les partenaires sexuels excités par les hommes circoncis se nomment acuculophiles.
La circoncision pour des raisons religieuses est fort ancienne, puisqu'on en trouve des traces depuis la préhistoire. Les Égyptiens brûlaient le prépuce ôté en sacrifice au dieu de la fertilité.
Le rituel juif demande qu'on pratique la circoncision (*berith*) lorsque le garçon est âgé de huit jours. C'est une cérémonie dirigée par un professionnel, un *mohel*, qui coupe le prépuce en quelques secondes.
La tradition musulmane ne pratiquait la circoncision qu'à l'âge de treize ans. Aujourd'hui, on la pratique beaucoup plus tôt. Il existe des tribus de Bédouins dans lesquelles on ne circoncit les hommes qu'à la veille du mariage. Le patient doit chanter durant l'opération, afin de montrer sa résistance à la douleur.
Quelques tribus d'Afrique pratiquent la circombustion : le prépuce est alors brûlé au fer rougi et non simplement tranché. La cicatrisation se fait par onction avec de la graisse de pis de vache.
La circoncision eut un regain de vigueur en Europe au XIXe siècle pour des raisons "médicales" : on pensait qu'elle rendait la masturbation plus malaisée. Aux États-Unis, on pratique la circoncision pour des raisons d'hygiène.
La circoncision peut aussi faire partie des rituels sanglants dans les relations sadomasochistes comme le montre l'extrait suivant tiré de *Histoire d'I* :
I se laissait aller à un infini apaisement où s'éveillait le plaisir. De temps en temps, il regardait le visage de plâtre, contre le mur et il aurait juré que les cils battaient légèrement. Il pensait rêver et se laissait bercer par la douceur ambiante.
Tout d'un coup, I poussa un hurlement qui déchira l'espace silencieux. D'un geste plus brusque que le coup de fouet d'un cochet claquant en l'air, la petite qui branlottait son sexe, l'avait tiré d'un coup sec et violent vers le ventre, rompant le frein. Aussitôt, la petite Noire, armée d'une paire de ciseaux qu'elle avait dissimulés jusqu'ici, incisa et coupa la peau tout autour du gland. Le sang coula à flots épais et bientôt noirâtres. Le corps de I fut agité de terribles soubresauts de douleur. Il s'évanouit. (Gaëtane, *Histoire d'I*, Filipacchi, 1974).

L'étirage progressif du prépuce est le contraire de la circoncision. La peau ainsi distendue, souple et flasque, peut servir à envelopper le mamelon d'une femme, le pénis d'un partenaire, son nez, etc.
VOIR CLITORIDECTOMIE, *DOCKING*, EUNUQUES, NYMPHOTOMIE.

CIRE CHAUDE
La montée du taux d'adrénaline lors de l'utilisation de la cire chaude provoque l'excitation. La "sainte patronne" des amateurs de cire en train de fondre est sainte Pazzi, une nonne du XVIe siècle qui demandait qu'on laisse couler de la cire de cierge sur son corps tandis qu'elle était attachée à son lit. C'était une mortification.
Aujourd'hui, les amateurs de cire chaude laissent couler la stéarine d'une bougie sur leur pénis jusqu'à l'envelopper. D'autres préfèrent servir de chandelier, une bougie plantée dans l'anus, tandis que les coulées de cire viennent leur brûler la zone du périnée. Les seins, le nombril sont d'autres zones privilégiées pour ce jeu. L'épilation brutale du pubis au moyen de cire est suffisamment douloureuse pour que certains masochistes l'apprécient.
VOIR
ACCROISSEMENT SENSORIEL, ALGOPHILIE, CHOC ÉLECTRIQUE, CIGARE, MASOCHISME, PYROPHILIE.

CLAUSTROPHILIE
(du latin *claustrare* : enfermer, et du grec *philìa* : amour de)
Excitation sexuelle provoquée par l'enfermement, par le confinement dans de petits espaces clos. Les claustrophiles peuvent paradoxalement devenir des claustrophobes durant un jeu sadomasochiste : le dominant les enferme dans une caisse, un cercueil, une petite cage et se livre ensuite à des attouchements, des actes sexuels, profitant de leur émotion. La claustrophilie joue sur la peur d'être enfermé.
Les lieux choisis pour les jeux claustrophiles peuvent être des couchettes de chemin de fer, des placards à balais, des caisses de bois. Le "lit-clos" breton, comme le confessionnal, semblent avoir de nombreux adeptes ; on peut se les procurer chez les antiquaires ou brocanteurs. Certains préfèrent les tentes de camping du modèle "canadienne", les conduites d'égouts en béton ou les citernes préalablement vidées.
VOIR *GLORY HOLE*

CLITORIDECTOMIE
VOIR EXCISION.

CLOU
VOIR BONDAGE.

CLYSTÉROPHILIE, CLYSTHÈRE
VOIR LAVEMENT.

COCK RINGS
VOIR *PIERCING*.

COCKTAILS
Les cocktails en question participent de la coprophilie (excitation par les matières fécales), la mysophilie (excitation par des objets souillés) et l'urophilie (excitation par l'urine). On les fait absorber à la personne dominée lors de séances sadomasochistes ou de bondage. Voici quelques-uns des cocktails les plus classiques :

Sang et sperme : ce cocktail symbolise la vie, l'existence humaine. Il semble avoir été préparé lors de rituels consacrés à d'antiques déesses. On y trempait la pointe d'un poignard pour symboliser l'union sexuelle. Il est généralement servi dans un calice.

Cocktail lavement : récupération et consommation du liquide expulsé après un lavement à l'eau ou au vin.

La pluie d'or ou *Golden cocktail* est un cocktail à base d'urine. On le consomme directement à sa source, dans un calice ou encore dans une chaussure. On peut y ajouter du sang, des herbes, etc. Dans le langage sadomasochiste, l'urine est parfois appelée "champagne".

VOIR
APPRENTISSAGE DES TOILETTES, COPROPHAGIE, DOUCHES, HYGROPHILIE, KLISMAPHILIE, LACTAPHILIE, MUCOPHAGIE, MYSOPHILIE, ONDINISME, SALIROPHILIE, SITOPHILIE.

CODE DES MOUCHOIRS
De tous temps, des signes de reconnaissance ont permis à des personnes faisant partie des mêmes organisations ou partageant les mêmes goûts de se reconnaître. Les francs-maçons usent de différents signes, tandis que d'autres communautés ont des "mots de passe" ou des insignes. Les gens partageant des goûts sexuels particuliers ne sont pas en reste. Les lesbiennes, naguère, portaient une chaînette autour de la cheville.

Toutefois, aucun de ces signes de reconnaissance ne semble aussi élaboré que le "code des mouchoirs". Ce code est originaire des États-Unis, mais est utilisé en France depuis quelques années déjà. Il s'agit, pour les sadomasochistes ou les homosexuels, de se signaler spécifiquement les uns aux autres.

On laisse dépasser un mouchoir d'une poche, par exemple la poche arrière d'un jean. La règle générale de cette grammaire est qu'un mouchoir porté du côté gauche désigne un dominant, un "maître" (*top* en anglais), tandis que celui qui le porte du côté droit est un esclave, un soumis (*bottom* en anglais).

À cette règle de latéralité s'ajoutent des significations particulières pour chaque couleur :

Noir : sadomasochisme extrême.
Bleu foncé : sodomie, jeux anaux.
Bleu clair : fellation, rapports bucco-génitaux.
Bleu roi : sadomasochisme léger.
Bleu lavande : orgies, sexualité de groupe.
Brun : coprophilie.
Gris : bondage.
Vert : prostitution.
Jaune citron : cathéters.
Marron : vampirisme, hématophilie, hématophagie, goût du sang menstruel.
Moutarde : jeux sexuels avec de la nourriture.
Vert olive : costumes militaires. Notons qu'en anglais, *olive drab* est le nom de cette couleur. *Drab* présente plusieurs sens : "grosse toile" ou tissu dont on fait les treillis militaires, d'une part, mais aussi "souillon, prostituée, putain" etc.
Orange : toutes pratiques érotiques.
Rose : amateurs de poitrines opulentes, lactophilie.
Violet : *piercing.*
Rouge : *fist-fucking.*
Blanc : débutant.
Dentelle blanche : amateur de lingerie , corsets, bustiers etc.
Jaune : urophilie.
Comme tout code "secret", le code des mouchoirs est à la fois un signe de reconnaissance entre personnes concernées, et un signe d'appartenance à une communauté, une affirmation de soi par le port d'un emblème. Il joue sur le mystère et l'évidence, le caché et l'exhibé.
Comme tout code, aussi, il a ses variantes, un peu comme les dialectes d'une langue et de graves méprises peuvent avoir lieu, puisque sur la côte est des États-Unis, les dominants portent le mouchoir du côté droit du corps.
Comme tout code, encore, il a, de plus, ses variations : une couleur plus ou moins foncée peut signifier un écart par rapport à la pratique concernée.
Comme tout code, enfin, il présente une combinatoire : on peut porter plusieurs mouchoirs, ou des mouchoirs bicolores ou tricolores, si l'on est amateur de diverses sortes de jeux érotiques.

COCAÏNE

VOIR APHRODISIAQUES.

COCK RING

Littéralement "anneaux à bite", le cock ring est un ustensile en cuir comportant deux anneaux ; l'un se plaçant autour des testitules, le second à la base de la verge. Les anneaux de cuir en comprimant, augmente l'érection et retarde l'éjaculation.
VOIR ANNEAUX,
LIGATURE PÉNIENNE.

COÏT À CHEVAL

Faire l'amour à cheval est un exercice difficile qui nous ramène aux temps des invasions barbares ou dans les steppes où galopaient les Huns, les Cosaques, etc. Les Turcs, lors de leurs raids sur des villages, capturaient les femmes, les enfants et violaient leurs victimes sur le dos du cheval.

Les peintres du XIXe siècle ont souvent représenté des femmes nues à cheval, dans des poses plus ou moins lascives : c'était l'un des lieux communs de l'art "pompier".

Le plaisir (du peintre ou du spectateur) réside moins dans cette licence somme toute banale que dans la relation entre la femme, dominatrice ou dominée, et cet animal vigoureux que l'on nomme aussi, et non sans raison, étalon. (Cecil Volanges, *Fascination*, n° 18, 4e trimestre 1982).

En dehors de l'enlèvement équestre réel, le jeu sexuel du coït à cheval propose une sorte de transfert de virilité, celle du cavalier chevauchant la cavalière et l'animal. Le fantasme du rapt, de l'enlèvement se joint aux mouvements oscillants du pas de l'animal.

On a, selon les régions, utilisé des chameaux ou des éléphants à des fins de chevauchements sexuels. Lord George Herbert raconte l'épisode suivant :

Nous nous laissions mener par un infatigable galop. Hassan me tenait comme un bébé dans ses bras, m'embrassant, m'embrassant encore. Ses baisers devinrent de plus en plus ardents ; alors je ressentis son sexe raidi tout contre moi. Il proposa que je me place à califourchon face à lui durant un moment, afin de me reposer par ce changement de position. J'approuvai cette suggestion, nous nous retrouvâmes face à face, et les jambes grandes ouvertes, je l'entourai de mes bras. Il laissa retomber la bride sur l'encolure du cheval dont le galop effréné se mua en un balancement de berceau.

Hassan m'entoura la taille de ses bras, me souleva et je sentis l'extrémité de son sexe frapper à ma porte, entre mes hanches. Je lui aurais accordé n'importe quoi. Mais aussitôt qu'il pénétra entre les lèvres de mon fourreau, je me cramponnai involontairement à son cou de façon à l'empêcher de m'investir plus avant. Nous nous convenions parfaitement, tandis que l'excitation montait. Je lui offris ma bouche et lui rendis ses baisers avec une ardeur égale à la sienne. Un désir de mieux m'arrimer au délicieux envahisseur vainquit ma crainte de cet intrus. (George Herbert, *Une nuit dans un harem mauresque*, Londres, 1902).

Dans *L'Oiseau bariolé*, Jerzy Kosinski décrit l'horreur devant l'attaque sanguinaire d'un village polonais par les Kalmouks :

Au milieu de la place du village, certains cavaliers rivalisaient d'audace en violant les filles à dos de cheval. L'un d'eux avait ôté son uniforme, ne gardant que ses bottes sur ses jambes poilues, et faisait décrire des cercles à sa monture. Il enleva au vol une femme nue que lui amenaient ses complices, et la fit asseoir à califourchon en face de lui. Le cheval prit un trot plus rapide et, au rythme de sa bête, l'homme pénétra sa cavalière. Tous applaudissaient à l'exploit. Encouragé par les vivats, un deuxième Kalmouk sauta sur le cheval au galop, entre la femme et l'encolure de la bête. L'animal gémit sous le poids et ralentit l'allure, tandis que les deux hommes violaient en même temps leur victime évanouie. (Flammarion, 1965).

Il existe différents types de jeux sexuels évoquant le coït à cheval. Le plus simple consiste à ce que la personne dominée soit harnachée comme un cheval avec, si possible, des œillères, une selle et des plumes ornementales sur le front. Le partenaire dominant le chevauche alors, le domine en l'éperonnant, voire en cravachant les montures les plus rétives. Le cheval ne parle pas : toutefois, il faut se mettre d'accord sur un mot, un gémissement, un son particulier pour que le dominé exprime son désir de voir cesser ce jeu. Ensuite, le "cheval" est abreuvé, récompensé par des morceaux de sucre, bouchonné. Ces soins s'accompagnent de compliments, de flatteries louant la beauté de l'étalon, sa force, tandis que le maître caresse sa crinière en lui disant combien il est excité par le doux balancement entre ses cuisses et l'énormité du sexe de sa monture. Si le jeu continue lorsque le cavalier a mis pied-à-terre, le rapport sexuel ne doit pas s'accomplir en "position du missionnaire": il vaut mieux saillir son cheval "en levrette", c'est-à-dire en position ventro-dorsale.

VOIR
DOMINATION/SOUMISSION,
MISES EN SCÈNE, POSITIONS,
ZOOPHILIE.

COÏT AQUATIQUE OU COÏTOBALNÉISME

L'eau, c'est l'élément par excellence, l'origine, la vie. Pour ce qui est des jeux sexuels, l'eau enveloppe les corps, les pénètre, les envahit : il n'y a pas d'endroit qu'elle n'investisse. Liée à l'amour comme au sexe, elle en est partie prenante. Faire l'amour dans la mer, dans une rivière ou plus simplement sous la douche ou dans une baignoire plaît à tous. Subir une fellation ou un cunnilinctus lorsque le partenaire a de l'eau froide ou chaude dans la bouche provoque un plaisir accru.

L'empereur Tibère avait l'habitude de se baigner tandis qu'autour de lui nageaient de jeunes garçons. Ce "menu fretin" de sa piscine le caressait, l'embrassait, le mordillait ou le suçait, entre autres agaceries. (Suétone, C.S.T. *Vies des douze Césars*, "Tibère").

Le jet ascendant ou rotatif des anciens bidets agaçait délicieusement les femmes autrefois.

L'eau, élément féminin, exalte le corps. Dans certains bars ou clubs, des femmes nues nagent dans des aquariums. Elles se meuvent lentement pour le plus grand plaisir des spectateurs.

L'eau, toutefois, n'aide pas toujours la pénétration vaginale ou anale. Certaines eaux calcaires ont même un effet astringent. C'est pourquoi les produits d'hygiène comme le savon, le shampooing, etc. sont utilisés comme lubrifiants. Les massages à l'aide de gants de crin, de lanières de raphia, de "pouchi-poulis" (sorte de collier de cuir muni de perles en bois dur de différentes formes) permettent de varier les sensations tandis que certains aiment à lier leur partenaire, ou être lié par lui. Un bandeau sur les yeux ou toute autre forme de bondage peut agrémenter les jeux aquatiques.

La baignoire est le lieu privilégié de l'infantilisme : un canard en plastique jaune, un petit bateau de bois laqué sont alors des accessoires bienvenus.

L'orage est une situation météorologique privilégiée pour le sexe en plein air : les vêtements collent à la peau, les éclairs éblouissent, etc.

COÏT INTERCRURAL

Insertion du pénis entre les cuisses du partenaire, parfois un enfant ou un adolescent de l'un ou l'autre sexe. Le coïtus interfemoris est une alternative à la pénétration anale ou vaginale et fut longtemps utilisé à des fins de contrôle des naissances avant le mariage.

Cette pratique est très ancienne. À tel point que le Talmud fustige les tribus dont les fils "frottent leur sexe entre les jambes des enfants, c'est à dire qui se masturbent entre leurs membres inférieurs". L'inflammation du périnée chez la victime d'un tel usage en est une preuve ou un indice. (R.E.L Masters et E. LEA, *Perverse Crimes in History*, New York, 1963).

Il existe quatre façons de pratiquer le coït intercrural :

Les pédophiles de la Grèce antique pénétraient l'entrecuisse des jeunes garçons quand ces derniers se tenaient debout ou couchés. Les tribus du Moyen-Orient préféraient que leur partenaire s'asseoie sur leurs genoux. La troisième méthode est d'asseoir le partenaire sur un fauteuil, de le coucher sur un lit avant d'élever ses jambes et de les croiser, afin de former une petite cavité entre le haut des cuisses et le périnée, dans laquelle le pénis s'encastre. La quatrième façon est de placer le partenaire la tête en bas en le maintenant par les hanches ou par les genoux avant de pénétrer entre les jambes.

Cet usage procure des sensations d'abrasion et de pression plus intenses que la pénétration vaginale.

VOIR AXILISME,
COÏT INTERMAMMAIRE.

COÏT INTERMAMMAIRE
Appelé aussi "mammagymnophilie" (excitation due à la poitrine féminine) ou "mazophallation" (insertion du pénis entre les seins), le coït mammaire porte aussi les noms imagés de "cravate de notaire", "balcon fleuri" ou "Napoléon sur les remparts". En argot américain, on parle de *pearl necklace*, c'est à dire "collier de perles" à cause du chatoiement nacré du sperme sur la poitrine ou le cou du partenaire féminin. Il s'agit donc de placer le pénis dans le sillon intermammaire et de l'y mouvoir jusqu'à l'éjaculation. La femme peut contrôler la pression en serrant plus ou moins ses seins à l'aide de ses mains. Elle peut aussi "épicer l'action" à l'aide de ses lèvres ou de sa langue. Les lesbiennes peuvent se masturber sur les seins de leur partenaire, ou encore à l'aide des mamelons. Le coït intermammaire n'est pas toujours possible à cause de la conformation de certaines femmes :
J'ai expliqué à Nelly que les seins, quand il s'y prêtent, sont aussi un domaine possible pour Petit-Jean. Elle a voulu essayer sans plus tarder ; rien à faire ! Les siens sont bien trop fermes et trop écartés... Tant pis pour Petit-Jean, je les aime mieux comme ils sont, ingénus et lascifs, avec leur petite forme un peu en poire... (Nelly et Jean, *Nous deux, simples papiers du tiroir secret*, 1929, réédition Paris, 1985).
VOIR AXILISME, COÏT INTERCRURAL, FROTTAGE, GÉNUPHALLATION.

COITUS A TERGO
VOIR POSITIONS.

COITUS RESERVATUS
VOIR MARAÎCHINAGE.

COLLIER
VOIR BONDAGE.

COMBATS FÉMININS
VOIR CATCH.

COMBINAISON À TROUS
VOIR BONDAGE.

COMPENSATION SENSORIELLE
Lorsque l'on est affligé d'un trouble de l'un de ses organes perceptifs, les autres sens tendent à "prendre le relais". Les aveugles, par exemple, possèdent une ouïe et un toucher plus sensibles que les autres personnes. La compensation sensorielle est ce mécanisme qui permet de recevoir indirectement un stimulus s'adressant à un sens débile ou absent.
Le sens le plus développé est la vue. Viennent ensuite l'ouïe et l'odorat. La compensation sensorielle s'effectue rapidement : une privation momentanée de l'une de nos per-

ceptions peut être contrebalancée en quelques minutes.

Durant les jeux érotiques, on se prive d'un sens pour jouir mieux des autres. On peut, par exemple, installer un partenaire dans une pièce confortable, mais silencieuse ou peu colorée. On ne lui donne rien à manger ou à mettre en bouche. Ensuite on l'aveugle d'un bandeau, à moins qu'on éteigne les lampes, si le jeu peut se passer dans l'obscurité. Cette privation de tous les sens sauf un exacerbe le toucher. Une plume effleurant le corps produit une sensation plus intense que celle du contact direct avec les seins ou les organes sexuels. La sensibilité à la douleur augmente pareillement : il convient d'éviter les *stimuli* trop intenses.

La compensation sensorielle peut servir à augmenter la perception de n'importe lequel des cinq sens, ce qui produit des effets différents.

CONFESSION

La confession, pour l'église catholique, est obligatoire et permet l'absolution des péchés. Elle peut devenir une torture pour le prêtre confesseur. Pierre de Rosa, un ancien jésuite, explique dans son livre *Vicaire du Christ* que les jeunes prêtres étaient souvent tentés par la luxure après avoir passé des années au séminaire, loin de toute présence féminine. Entre 1215 et 1614, le confesseur et sa pénitente se trouvaient seuls dans une pièce. Il suffisait qu'une jolie pécheresse raconte ses “turpitudes”, accomplies ou fantasmées, avec un peu de fougue pour que le prêtre s'en trouve ému. À tel point que beaucoup succombèrent à la tentation. La tentation ne venait pas seulement des jeunes filles, mais de tout pénitent : femmes mariées, nonnes, hommes, enfants... Il arriva que des confesseurs exigent que des femmes se dévêtent afin de les fouetter. Cette pénitence pouvant devenir réciproque.

Le confessionnal fut inventé en 1614 pour éviter ce type de tentations. Un urologue affirma, en 1841, que les prêtres éprouvaient des orgasmes spontanés après la confession. Le confessionnal fut certes un progrès. Toutefois les jeunes prêtres voulant demeurer chastes n'en continuèrent pas moins à entendre des confessions excitantes. De plus, certains laïcs n'hésitèrent pas à se glisser dans les confessionnaux, se faisant passer pour des prêtres, afin d'ouïr ce type de propos émoustillants. C'était évidemment un sacrilège. Le sacrilège peut aussi exciter. Dans l'un des ouvrages classiques de l'érotisme, écrit par l'auteur de *Bambi*, la confession devient fort agréable :

Le prêtre décide de nettoyer avec sa langue le lieu même du péché de sa pénitente, laquelle, évidemment lui, rend la pareille. (Félix Salten,

Joséphine Mutzenbacher, *Mémoires d'une jeune fille de Vienne*, 1906).

Les manuels des confesseurs du XVIIIe et XIXe siècles constituent souvent un catalogue de pratiques sexuelles surprenantes. L'un d'entre eux conseille au prêtre de demander aux jeunes filles si elles ont déjà "introduit du pain ou de la nourriture dans leur vase, afin qu'un chien vienne la consommer" ou si elles y ont fait pénétrer le cou d'un poulet, d'un canard, à des fins masturbatoires (voir *Avisidomie*).

Dans le Nouveau-Monde, les confesseurs demandaient que les pénitents détaillent leurs pratiques sexuelles parce que l'Église soupçonnait certaines tribus de perversions. Voici un extrait des questionnaires alors en usage :

Êtes-vous une femme mariée, une veuve, une vierge ou avez-vous perdu votre virginité ?

Combien de fois ?

Désiriez-vous quelqu'un ?

Un de vos parents ?

À quel degré ?

Avez-vous péché avec une femme ?

Avez-vous péché avec une femme des deux côtés ?

L'avez-vous embrassée ?

Était-elle votre mère, la femme qui vous a donné le jour ?

Avez-vous pratiqué la sodomie ?

Avez-vous touché les parties basses d'un homme avec plaisir, en souhaitant commettre un péché ?

Avez-vous commis un péché avec un animal ?

Avez-vous commis le péché avec une femme se tenant à quatre pattes, ou l'avez-vous placée ainsi dans l'intention de pécher avec elle ?

Combien de personnes ont-elles péché avec vous ?

Parmi eux, y avait-il votre père, celui qui vous a engendré ?

L'un d'entre eux était-il votre frère aîné ?

Votre frère cadet ?

Avez-vous péché avec une autre femme comme si vous étiez un homme et une femme ? (Angel Serra, *Manual de administrar los Santos Sacramentos a los españoles y naturales de esta provincia de Michoacan*, 1697).

La confession possède un fort pouvoir aphrodisiaque pour le confesseur, comme pour le pénitent. Ce dernier détaille alors ses "exploits" érotiques, pleure parce qu'on l'abandonne, etc., le tout avec une émotion intense, un sentiment de culpabilité, de colère, ou de tristesse. Ces "confidences" peuvent devenir fort stimulantes pour l'auditeur, en faisant naître en lui le désir de protéger le pécheur ou la pécheresse. Des hommes et des femmes utilisent ce moyen indirect pour remplacer de vieux amants.

La confession simulée est aussi un jeu érotique : les partenaires peuvent même se costumer en prêtre ou en sœur. Ce jeu peut se pratiquer dans

une église réelle, avec un véritable confessionnal, ou encore être organisé à domicile. Il s'apparente aux jeux de soumission, tant il est vrai que : *la pénitence et la confession des chrétiens sont des rites foncièrement masochistes*. (Doris Kloster, *Doris Kloster Photographs*, Cologne, 1995).
VOIR AGREXOPHILIE, COPROLALIE, HIÉROPHILIE, NARRATOPHILIE.

CONSTRICTION OU *STRING BONDAGE*

Bondage avec des cordes, ligotage. Être ligoté peut mener à des états seconds, voir des transes. Mais la constriction peut tout simplement servir à éprouver des sensations neuves ou différentes. La constriction s'effectue en entourant le corps de liens plus ou moins serrés. Chaque corde passée trois fois autour du corps est terminée par un noeud coulant. Les mouvements de la personne ligotée ont pour effet de resserrer les liens. On peut laisser quelqu'un attaché durant plusieurs heures, toutefois, si la personne attachée ressent des picotements ou si l'on observe un bleuissement (cyanose) il faut enlever la corde immédiatement, voire la couper.

COPROGRAPHIE

(de *copro* : excrément, et *graphien* : écrire)
Littéralement, ce mot désigne le fait d'écrire au moyen d'excréments. Le sens s'en est étendu pour signifier toute écriture ou inscription sur les murs des toilettes publiques. L'histoire de la coprographie se confond avec l'histoire des toilettes publiques elles-mêmes.
À Rome, pour éviter que ces parois soient ainsi souillées, on y peignait l'effigie d'un dieu. Les Romains usaient d'une sorte d'écouvillon pour s'essuyer. Il servait à tous les usagers de l'endroit. Cet ustensile leur permettait aussi d'écrire sur les murs. Les Patriciens se servaient de plumes que l'on jetait après usage.
Les cabinets d'aisance publics incitent, plus que bien d'autres lieux, à l'écriture d'obscénités, de phrases ordurières à cause de l'anonymat qu'ils garantissent. Ce besoin d'écrire ainsi peut provenir du désir d'éduquer les usagers, de se vanter d'exploits sexuels, de se montrer plus drôle que le scripteur précédent ou parce qu'on est obsédé sexuel. L'auteur d'un tel graffiti se libère momentanément d'une tension par cette éjaculation écrite. (Georges Valensin, *Dictionnaire de la sexualité*, Paris, 1967.)
VOIR COPROPHILIE.

COPROLALIE

(de *copro* : excrément, et de *lallein* : parler)
Tendance à utiliser des mots scatologiques ou obscènes. La définition première est réductrice de la copro-

lalie puisqu'il n'est pas forcément question d'excréments dans ce type de discours. La coprolalie désigne également le fait d'exciter son ou ses partenaires, de s'exciter soi-même par l'usage de mots grossiers durant les relations sexuelles.

En général, ce discours est spontané. Toutefois, lorsque les mots employés sont particulièrement humiliants, il est d'usage de les négocier avec le ou les partenaires certaines expressions indécentes rarement employées peuvent exciter énormément quelqu'un ou au contraire, conduire d'autres à se désintéresser de l'acte en cours. La négociation doit être explicite : une personne peut déclarer aimer entendre des termes crus, ou en proférer en oubliant de préciser que le mot "coureuse" lui est indifférent, tandis que "salope" la conduit à l'orgasme.

Certains adorent entendre leur partenaire dire des mots crus sans vouloir en prononcer eux-mêmes. D'autres aiment les prononcer sans accepter la réciproque. Il existe aussi de véritables dialogues inconvenants au cours desquels l'excitation des partenaires atteint les plus hauts sommets.

Les fantasmes comprennent une gamme infinie d'exploits sexuels bien plus qu'il est humainement possible d'en accomplir. Dès lors, la coprolalie permet d'augmenter son champ d'expérimentations érotiques...

VOIR ACOUSTICOPHILIE, CONFESSIONS, JACTITATION, NARRATOPHILIE, TÉLÉPHONE ROSE, SEXE AU TÉLÉPHONE.

COPROPHAGIE

(de *copro* : excrément, et *phagein* : manger)

Acte de manger des excréments et d'en être sexuellement excité. Toutefois, les mères esquimaudes qui nettoient leurs enfants en leur léchant les fesses pratiquent une coprophagie moins directement érotique. Il en est de même chez les mères éthiopiennes qui se livrent à la même pratique (cet usage est aussi fréquent chez beaucoup d'animaux).

Les excréments d'animaux ont, de longue date, servi à des fins médicales. Par exemple, le mélange de fiente de faucon et de sperme était autrefois considéré comme aphrodisiaque. Le docteur Schurig évalua les différentes applications curatives des excréments dans l'histoire :

Excréments humains : *Brûlures, cancer du sein, inflammations.*

Bouse de vache : *Goutte, rhumatismes.*

Crotte de chien : *Dysenterie, épilepsie, coliques.*

Fiente de colombe : *Migraine, vertiges.*

Crotte de chèvre : *Jaunisse, dépression.*

Fiente de faucon : *Mal aux yeux.*

Lisier de porc séché et inhalé : *Épistaxis.*
Fiente de paon : *Convulsions.*
Fumier d'âne : *Insomnies, hémorragies nasales.*
Fumier de cheval : *Pleurésie, coliques.*
Crotte de crocodile : *Taches de rousseur, taches cutanées.*
Excréments de lion : *Épilepsie.*
Crotte de souris : *Constipation de l'enfant.*
(*Journal de Médecine*, Paris, 19 février 1905).

De plus, les excréments humains auraient un effet bénéfique sur la peau. Des femmes soucieuses de leur teint auraient autrefois nourri des esclaves d'une façon particulière en fonction du résultat escompté (Dominique Laporte, *Histoire de la merde*, Paris, 1978). Sœur Marguerite-Marie Alacoque, une religieuse qui déclarait : "La souffrance seule rend la vie supportable", consommait des excréments à des fins de mortification. Cette pratique rituelle existait déjà aux premiers temps du judaïsme :

Tu mangeras des gâteaux d'orge que tu feras cuire en leur présence avec des excréments humains. Et l'Éternel dit : c'est ainsi que les enfants d'Israël mangeront leur pain souillé, parmi les nations vers lesquelles je les chasse (*Ézéchiel* 4, 12).

Ce commandement du Seigneur à Ézéchiel demeure surprenant si l'on songe à la méticulosité des Juifs en matière d'hygiène, particulièrement en ce qui concerne les excréments. Le Code des lois juives de K.S. Alruch présente les lois et règlements hébraïques : il est interdit de penser à une chose sacrée dans les toilettes, tandis qu'on doit s'assurer de n'avoir plus la moindre particule de fèces sur l'anus dès qu'on entre à la synagogue. De plus, il ne faut pas prier près d'un enfant souillé. *A contrario* d'autres sociétés présentent des traditions scatologiques :

En Thuringe, une saucisse est introduite dans la dernière gerbe de blé et jetée à l'endroit du battage. Cette saucisse, appelée Barrenwurst, est mangée par tous les ouvriers agricoles. (Bourke, John, *Scatologic Rites of All Nations*, Washington, 1891).

Les fidèles de Belphégor mangeaient des excréments, alors que l'église chrétienne n'exigeait plus de pratiques coprophagiques depuis seulement deux siècles. C'était, pour les ascètes, une auto-mortification symbolique.

Madame Guyon, mystique célèbre, et Marguerite-Marie Alacoque ont raconté leur expérience coprophagique. Elles évoquent leur répugnance et la façon dont, contraintes et forcées, elles réussirent à surmonter leur dégoût. Brenier de Montmorand affirme que "les ascètes chrétiens sont tous mangeurs d'excréments", ce qu'Havelock Ellis trouve exagéré (Laporte et Brenier de Montmorand,

"Ascétisme et mysticisme", *Revue Philosophique*, Mars 1904, cité par Havelock Ellis, *Study on the Pychology of Sex*, New York, 1936).

Dans le film *Pink Flamingos* de John Waters (1972), on voit la comédienne Divine se régaler d'un étron de chien.

Georges Bataille, dans *La Vie de Laure*, raconte de celle qui fut sa compagne que lorsqu'elle vivait à Berlin chez un médecin allemand, Ludwig Wartberg, ce dernier *lui fit porter des colliers de chien. Il la mettait en laisse à quatre pattes et la battait à coups de fouet comme une chienne. Une fois, il lui donna un sandwich à l'intérieur bourré de sa merde.*

G. Rattray Taylor fait mention de nombreux ascètes se livrant à des activités du même ordre : Marguerite-Marie Alacoque (voir ci-dessus) s'y livrait d'une façon compulsive. Dans son journal intime, elle décrit comment, devant nettoyer les vomissures d'un malade, elle "ne put résister" à le faire avec sa langue, action qui lui procura un tel plaisir qu'elle souhaitait recommencer chaque jour. (*Sex in History*, New York, 1954).

Pierre Louÿs, dont l'œuvre érotique est très marquée par la scatologie, a aussi écrit sur la coprophagie :

Quand je baisse mes fesses vers le sol, que n'es-tu là, sous ma croupe tendue, regardant la raie écartée où l'anus contractile se creuse. Tu verras le trou s'élargir, rire comme une petite bouche d'enfant, se distendre, s'épanouir, vivre, et toute la merde passer lentement de mon intestin dans ta bouche... Mange, Démétrios, mes belles merdes lourdes. (Aphrodite, version libre in *Le Magasin érotique*, n° 8 septembre 1995).

Aujourd'hui, les explications des coprophages sont diverses. Premièrement, ce peut être une provocation envers leur mère qui leur interdisait de jouer avec leurs matières fécales lorsqu'ils étaient enfants. Deuxièmement, ils n'ont jamais eu le loisir d'examiner de façon approfondie cette étrange substance sortant de leur corps. Troisièmement, la coprophagie serait le signe d'une soumission totale au partenaire, exprimant l'amour de ce qui vient de lui. Quatrièmement, il peut s'agir d'une sorte de masochisme, d'auto-dénigrement datant d'une période de l'existence.

La coprophagie est parfois spontanée. Elle peut aussi être un effet secondaire de l'anolinctus ou d'une fellation suivant une sodomie. Être forcé à manger des matières fécales est une menace courante lors des jeux de domination : quelques "maîtresses", après avoir nettoyé le derrière d'un "esclave", entourent le papier souillé d'un préservatif et l'introduisent dans sa bouche, lui ordonnant de lécher ce qu'il croit être le produit de sa défécation.

Il existe des substituts alimentaires aux matières fécales : on peut introduire de la viande hachée dans l'anus avant de s'en exonérer sur un plateau. Un violeur, surnommé "*Peanut Butter Kid*", étalait du beurre de cacahuètes sur les parties sexuelles de ses victimes avant de les lécher.

Beaucoup de revues, de films et de vidéocassettes mettent en scène la coprophagie. On y voit généralement une femme accroupie se soulageant directement dans la bouche d'un homme. Ces publications traitent aussi des lavements et autres onctions de fèces sur le visage d'un partenaire.

Le marquis de Sade donné une place importante à la coprophagie dans son œuvre, notamment dans *Les Cent-vingt journées de Sodome* : *S'étant alors placé le plus à l'aise possible relativement à l'objet de son culte, il colle sa bouche, et je lui dépose presque tout de suite un morceau d'étron gros comme un petit œuf. Il le suce, il le tourne et retourne mille fois dans sa bouche, il le mâche, il le savoure, et, au bout de deux ou trois minutes, je le lui vois distinctement avaler. Je repousse : même cérémonie, et comme mon envie était prodigieuse, dix fois de suite sa bouche se remplit et se vide sans qu'il ait l'air jamais rassasié.*

VOIR

APPRENTISSAGE DES TOILETTES, COPROPHILIE, FLATULENCES, KLISMAPHILIE, MYSOPHILIE, *SAFE SEX*, SALIROPHILIE, SITOPHILIE.

COPROPHILIE, SCATOPHILIE, COPROSCOPIE

(du grec *copro* : excrèment, et *philia* : amour de)

Excitation sexuelle due aux excréments. Cette excitation n'est pas forcément associée à la mysophilie ou à la coprophagie. Cependant, les raisons de cet intérêt pour les matières fécales sont de même ordre.

Certains coprophiles aiment jouer avec les déjections comme un enfant à qui l'on dit : "C'est sale." Quelques psychologues considèrent qu'il est sain d'analyser sa propre enfance, puis de se permettre ce qui était interdit par des parents trop rigoureux. Avant l'expansion du sida, un club de San Francisco réunissait des amateurs de ces pratiques. Ces hommes se réunissaient, apportant leurs déjections dans des sacs. Ensuite, ils les déballaient, et jouaient avec, s'en servant comme d'une peinture à appliquer avec les doigts, ou comme terre à modeler. John Money a rencontré le cas d'un "plombier" qui récoltait les fèces dans les toilettes publiques, après avoir fermé le robinet d'arrivée de la chasse d'eau. Il rapportait sa collecte chez lui pour jouer avec, la manger, s'en couvrir le corps (Lovemaps, cf. biblio). Une femme enduisait un godemiché de ses excréments avant de s'en servir. Un homme de San Francisco, désespérant de trouver une femme acceptant les jeux coprophiles, prit l'habitude de se barbouiller le visage avec une culotte de femme souillée par une pâte chocolatée. D'autres amateurs reçoivent par courrier des culottes portées ou salies (voir *Culotte*).

Au XIXe siècle, un garçonnet était autorisé à se trouver dans une chambre lorsque les servantes s'y soulageaient, assises sur un W.-C. portatif. Progressivement, ses goûts érotiques se fixèrent sur le postérieur féminin et l'acte de la défécation. Plus tard, il prit l'habitude de se masturber devant une cuvette du même modèle contenant les excréments d'une femme désirée. Ses propres excréments ne l'excitaient guère, pas plus que ceux d'une personne ne l'excitant pas. C'est le cas de la plupart des fétichistes.

Au début du XXe siècle, Pierre Louÿs explora la plupart des pratiques sexuelles. Ses œuvres d'une obscénité délibérée, ne pouvaient pas ignorer les jeux coprophiles. Pour faire bonne mesure, il y ajoute l'inceste homosexuel :

Maman, me voyant affolée, prête à tout, cessa de retenir sa dernière envie : elle pissa violemment sur toute ma figure et vida sur ma poitrine haletante ses matières fécales comme une boue verte. (*Les mémoires de Joséphine*, inédit jusqu'en 1984, sans date, ni nom d'éditeur).

Les gargouillements abdominaux, les mouvements viscéraux excitent certains sujets. On explique cette tendance par le fait que la zone anale est fortement innervée. De ce fait, comme les mamelons, la bouche ou les parties sexuelles, c'est une fonction corporelle entraînant des sécrétions opiacées dans les "zones cérébrales du plaisir".

La consistance des excréments plaît à certains. Il existe des couples qui s'en enduisent durant l'acte sexuel afin de jouir de la sensation d'onctuosité produite. D'autres préfèrent le spectacle d'un partenaire en action. Toutefois, le fait de regarder quelqu'un déféquer ne leur donne pas toujours envie de consommer ou de toucher les matières ainsi produites. Pour satisfaire cette scoptophilie, on se couche sous une table à plateau de verre, tandis que le partenaire s'accroupit sur ce plateau transparent. Certains bordels romains étaient munis d'un plancher de verre opaque prévu pour le même usage. Toujours dans l'Empire romain, les charretiers s'enduisaient de déjections de sanglier. Ils pensaient que l'odeur dissuaderait les chevaux de les piétiner, en cas de chute sur la route (Mannix D., *Those About To Die*, New York, 1958). Il y a quelques décennies, les Sémihamites, tribu d'Afrique, se servaient de bouse de vache en guise de savon et de pâte à polir les métaux. Une revue californienne, *Religion of The Month Club*, publia un numéro spécial concernant la coprophilie. On y trouvait un dépliant central, des illustrations, des citations, mais aussi une bande à gratter *scratch n'sniff* comparable à celle des publicités pour les parfums. Son grattage délivrait une odeur fétide.

VOIR
APPRENTISSAGE DES TOILETTES, COCKTAILS, DOUCHES, FLATULENCE, KLISMAPHILIE, LAVEMENT.

CORDE
VOIR BONDAGE.

CORSET
Corseter le corps féminin est une pratique ancienne. Elle a pour effet d'empêcher la respiration profonde et de serrer la taille afin de la faire paraître plus fine qu'elle n'est en réalité. Ces laçages constricteurs dérivent probablement d'anciennes formes de bondage, de procédés pour empêcher les femmes capturées par une tribu de s'enfuir, tout en leur permettant de vaquer à leurs travaux. Les femmes crétoises portaient un anneau large autour de la taille, pour paraître plus minces.

Les Occidentales commencèrent à porter des corsets pour se mortifier, de la même façon que les ascètes portaient un cilice de crin. Les hommes comme les femmes se vêtirent de tissus rêches, puis s'entourèrent les bras de bandes de coton serrées, avant de porter des corsets. Ces derniers plurent aux femmes puisqu'ils montraient aux hommes qu'elles n'étaient pas enceintes et qu'on pouvait donc les courtiser.

Différents matériaux servirent à la confection des corsets : le fer, le tissu avec une armature de bois, l'osier, les os de baleine et les matières plastiques. Au milieu du XVIIIe siècle, des femmes portaient une dague accrochée au-devant de leurs corsets par un ruban. Elles offraient ces objets à leurs amants qui cousaient le ruban à leurs chapeaux. Ce serait l'origine des bandes chapelières. Les robes de cette époque étaient fort lourdes : les corsets devinrent nécessaires pour supporter cet harnachement ; l'habillement complet d'une femme pouvait alors peser près de seize kilos. Vers 1990, en France, on trouvait encore de vieilles femmes dont les fausses côtes se chevauchaient à cause du port d'un corset durant leur jeunesse. Celles-ci n'avaient pas subi l'ablation de ces os, comme certaines de leurs contemporaines : c'était un usage dangereux, mais admis à la fin du XIXe siècle. Cette opération permettait d'ajuster mieux le corset, de rendre la taille encore plus fine, d'acquérir la vertigineuse "ligne diabolo", fort prisée à l'époque. Les corsets ne restreignaient pas seulement le souffle : ils repoussaient ou écrasaient les organes internes et les remontaient pour permettre l'amincissement de la taille. Voici un portrait de l'actrice Polaire, créatrice du personnage de Claudine, inventée par Colette et Willy :

Son corps très mince comme musclé semblait agressivement se faire une gloire de n'avoir presque pas de seins pour présenter la rareté d'une taille de cinquante centimètres. (Maurice Chevalier, *Ma route et mes chansons*, Paris, 1946).

Cette mensuration n'était pourtant pas un record. La constriction au moyen d'un corset pouvait faire qu'une femme normale obtienne un tour de taille de 47 centimètres en six mois. Certaines allèrent jusqu'à trente-deux centimètres. Cette réduction devenait souvent dangereuse pour la santé. (Véronique Guérin, *100 ans de lingerie*, Paris, 1996).

Durant la première guerre mondiale, le corset devint moins en vogue. Les hommes se trouvant au front pour la plupart, la bonne marche des pays se trouvait assurée par les femmes. Elles se mirent à travailler en usine, dans les ateliers, certaines commencèrent à conduire des véhicules automobiles. Ces activités demandaient une liberté de mouvement incompatible avec le port du corset. Les grands couturiers français, tels Paul Poiret ou Coco Chanel, avaient déjà commencé à l'abandonner. La mode "garçonne" des années vingt lui donnèrent le coup de grâce. Toutefois, sous la forme de la guêpière, le corset demeura le sous-vêtement privilégié de l'érotisme plus ou moins vénal. Aujourd'hui, le corset refait surface de la même façon, pimentant les relations sexuelles. En France, le dernier ouvrage pédagogique encore disponible préparant de futures ouvrières au métier de corsetière date d'une petite trentaine d'années. (C.A.P., Paris, 1969).

Il existe à Bordeaux, une boutique de lingerie portant l'enseigne : *Au corset qui tue* (cette appellation est attribuée à Pierre Molinier qui la donna à une femme dont l'amant était mort en la voyant en corset).

L'impact érotique du corset a plusieurs raisons. Favorisant la respiration "de poitrine" au détriment de la respiration "ventrale", une légère asphyxie peut donner une agréable impression de vertige. Le serrement excite certaines femmes au point d'atteindre plus facilement l'orgasme. Les travestis se servent du corset pour mieux mouler leurs torses.

Durant les jeux de soumission, le corset est parfois imposé à des hommes homophobes ou à des lesbiennes à des fins d'humiliation. Un grand nombre d'amateurs apprécient le toucher comme la vue des seins, remontés et serrés.

VOIR BONDAGE, COSTUMES, CULOTTE,
RÉGULATION DE L'OXYGÈNE.

COSTUMES

Les costumes peuvent jouer un rôle important dans les théâtralisations sexuelles. Ils créent l'illusion d'une variété, une manière différente de se percevoir soi-même, tout en proposant un fort impact visuel.

Les amateurs de costumes s'en servent généralement pour renforcer ou amoindrir leur pouvoir durant les théâtralisations. Ils choisissent les vêtements correspondant à leurs rôles. Il en existe de trop simplets ou de trop agressifs, ou encore d'hermétiques au point de semer la confusion chez le partenaire. Les costumes ordinaires de ces jeux sont les vêtements de travail, les uniformes, les déguisements d'instituteur ou encore d'ouvrier. Plus recherchés, et fort répandus dans les jeux sexuels, les tenues de policiers, les blouses de médecin ou d'infirmière ont un fort potentiel érotique. Il en est de même pour les accoutrements d'odalisque, d'esclave, de danseuse du ventre, de sorcière, d'enfant ou de bébé, etc. N'oublions pas les tenues de nonnes, prêtres, moines, bien que ces vêtements religieux puissent choquer certains partenaires. Un effet supplémentaire d'étrangeté sera obtenu par les attirails d'extraterrestres. De même, on se transformera en animal grâce à des tenues vendues ou louées par les costumiers de théâtre.

Trouver ou fabriquer un costume authentique est long et coûteux. Les spécialistes sont capables de découvrir le moindre détail qui cloche : bouton d'uniforme anachronique par exemple.

Ces "jeux de rôles" ne doivent pas forcément demeurer dans la maison. Il existe des fêtes, des bals costumés, des clubs de travestis ou de sadomasochisme, des bar "cuir", des associations historiques permettant de satisfaire son goût du costume et du rôle correspondant.

COURROIES

VOIR LIENS

COUTEAUX

Les jeux sexuels avec des couteaux jouent sur la peur, l'anxiété, comme sur la confiance mutuelle. Cette pratique consiste généralement à lacérer les sous-vêtements du partenaire. D'autres menaces sont rarement nécessaires. Quelques sadomasochistes vont plus loin, maniant des couteaux au cours d'interrogatoires simulés ou de tortures feintes. L'effet peut en être renforcé par un substitut du sang : ketchup ou sauce tomate. Si l'on en enduit la lame, on pourra, en la faisant glisser sur la peau du partenaire, obtenir des traînées rouges ressemblant à des coupures.

Couper ou lacérer des vêtements s'effectue à l'aide de techniques adaptée à chaque partie du costume. Pour ceux qui couvrent la poitrine, il est d'usage de pincer le tissu recouvrant le mamelon, de le tirer loin du corps, de le tordre en vérifiant de n'avoir pas pincé la peau. Après quoi, il suffit de trancher le toron obtenu. Un rond sera ainsi ôté, dévoilant la chair et exposant le téton.

Les sous-vêtements se coupent d'une façon analogue, en éloignant le tissu de la peau, en tranchant lame vers l'extérieur. On peut agrémenter le jeu en aveuglant la victime au moyen d'un bandeau, ou encore en la ligotant. Dans la scène suivante, on voit que le fait de fendre ou de déchirer un vêtement fait aussi partie du fantasme :

Je fendis la chemise jusqu'à la taille, puis je déchirai à gauche et à droite pour découvrir entièrement le cul. Ce fut un ravissement. Car la forme, oui, je l'avais remarquée, mais rien dans la matière du visage, des épaules et des bras n'eût fait présumer l'éclat et la blancheur de ce cul. (André Pieyre de Mandiargues, *L'Anglais décrit dans le château fermé*, L'Or du temps, 1969)

Les poignards de théâtre dont la lame entre dans le manche produisent un effet saisissant que l'on peut aussi renforcer avec du ketchup ou de la sauce tomate. Le geste de l'assassin est très impressionnant et provoque une décharge d'adrénaline importante chez la victime, la préparant à toutes sortes d'émotions et de sensations.

Les pseudo-opérations chirurgicales avec bistouris, blouses, infirmières etc., ont leurs adeptes, comme les jeux mortuaires avec lames de faux, suaires, squelettes et autres accessoires. Il existe des hommes aimant se vêtir de dessous féminins, que l'on déchire ou lacère au cours d'un viol simulé.

Le spectacle d'un lanceur de couteaux, au cirque, au music-hall, procède lui aussi d'un érotisme certain : la cible autour de laquelle se ficheront les lames est généralement une belle jeune femme peu vêtue. La menace engendre une crainte chez le public et certains en éprouvent une vive excitation.

COUVADE

Coutume consistant pour un homme à éprouver symboliquement le travail d'une parturiente. Dans certains cas, le mari devait rester au lit durant une période de "convalescence" après l'accouchement de sa compagne.

Cette coutume, fort répandue, est ancienne. Les hommes des temps reculés ne connaissaient pas toujours leur rôle dans la fécondation. La couvade, partage symbolique du travail, leur permettait de s'attacher à leur progéniture. Ce rituel visait aussi à transférer la douleur sur l'homme pour atténuer celle de la femme, ou pour que les esprits malins n'importunent point cette dernière. Pour ces raisons, les hommes et les femmes s'échangeaient parfois leurs vêtements.

CRACHATS
Cracher sur son partenaire est à la fois une pratique d'humiliation et de fétichisme. Le crachat lui-même a été considéré comme porteur de pouvoirs magiques, comme la salive : on se souvient de la fameuse "bave de crapaud" des mixtures préparées par les sorcières. Chez les Kirghises, on fouettait certains malades jusqu'au sang avant de leur cracher au visage pour les guérir.
Les crachats peuvent servir à lubrifier le pénis avant la pénétration anale ou vaginale. Les fétichistes du crachat sont excités lorsque leur partenaire leur crache dans la bouche ou sur diverses parties du corps. Il existe des femmes attirées par la "manière virile" de cracher de certains hommes.
Dans le *Journal d'une femme de chambre*, d'Octave Mirbeau, l'héroïne boit les crachats d'un de ses amants. C'est un moment fort de cet ouvrage à l'érotisme puissant.
L'érotisme du crachat, comme ses vertus thérapeutiques, furent illustré par Jim Morrisson, chanteur des *Doors*. Ayant mimé une masturbation sur scène et tenu des propos obscènes, il fut jugé à Miami. Lors de son procès, on évoqua l'une de ses phrases provocatrices. Morisson prétendait guérir les aveugles avec un crachat de putain. Morisson fut condamné par un juge austère, lui même condamné dix ans plus tard pour outrage à la pudeur ! (Hervé Muller, *Jim Morrisson au-delà des Doors*, Paris, 1980). Plus tard, le chanteur Iggy Pop triomphera dans la provocation sexuelle, se livrant à d'intenses provocations scéniques, puis giflant les spectateurs avant de leur cracher au visage.
VOIR FÉTICHISME, HYGROPHILIE, HUMILIATION, DOUCHES.

CRAVACHE
VOIR FLAGELLATION.

CRIMES SEXUELS
(dacnolagnomanie, érotophonophilie, tueurs sadiques, *lagnolector* ; qui tue pour violer le cadavre)
La cause principale des meurtres est la colère qui se dirige vers la personne qui la provoque. Mais il existe des individus qui transfèrent leur agressivité vers d'autres personnes.
Gilles de Rais, né en 1404, demeure l'un des plus connus parmi ce type d'assassins. Maréchal de France sous Charles VII, il fut le compagnon d'armes et le lieutenant de Jeanne d'Arc. Il tenta de la sauver, sans succès. Cet échec le rendit amer et vindicatif envers Dieu qui avait permis l'exécution de Jeanne. Bientôt, il s'entoura de magiciens, d'alchimistes, d'astrologues et chercha le secret de la transmutation. Puis il se tourna vers la magie noire, afin de signer un pacte avec le

Diable pour recouvrer sa puissance. Alors commença un règne de terreur : il étrangla ou trancha la gorge de quelque huit cents jeunes gens et enfants, les tuant durant l'acte sexuel. Il pratiqua le nécrosadisme, le vampirisme, le coït intercrural, mutila ses victimes. Il fut arrêté et pendu en 1440. Il inspira à Charles Perrault le personnage de *Barbe bleue*.

À la même époque, Vlad Tepes Dracul, voïvode en Transylvanie, faisait empaler par centaines ses prisonniers de guerre dans les champs pour contempler leur agonie, confortablement installé dans un fauteuil. C'est le lointain modèle du Comte Dracula.

Deux siècles plus tard, en Hongrie, la "comtesse rouge" Élizabeth Bathory tua six cents filles. Elle les enfermait dans un donjon, les saignait et se baignait dans leur sang, croyant ainsi vaincre le vieillissement. Après ces bains, elle préférait que des esclaves lèchent le sang sur son corps plutôt que de se servir d'une serviette rugueuse.

Ce type de criminels sont des sadiques fétichistes. L'un d'entre eux fut arrêté dans l'Oregon. Il allait voir les prostituées, les tuait et leur tranchait les pieds, pour en emporter un chez lui. Ce rituel le perdit : les policier découvrirent une boucle de chaussure dans son poêle à bois. Elle était identique à celle qui demeurait sur la chaussure restante du cadavre mutilé. L'Angleterre victorienne a connu une véritable terreur suite aux crimes de Jack l'Éventreur sur des prostituées.

Beaucoup de ces criminels commencent, durant l'enfance, par torturer des animaux. Puis, l'intensité de l'émotion éprouvée ne leur suffit plus : ils se mettent à attaquer des êtres humains. Quelques-uns sont fiers d'étrangler "humainement" leurs proies avant de les mutiler. D'autres filment les séances de sadisme, enregistrent les cris de souffrance de leurs victimes afin de s'en délecter plus tard (voir *Snuff movie*).

Ces meurtriers éprouvent un plaisir sexuel en tuant, en torturant. Ils choisissent des victimes correspondant à leurs perversions : les homosexuels tuent des personnes de leur sexe, les pédophiles tuent des enfants, les hétérosexuels se tournent vers des proies du sexe opposé. Richard Rappaport, psychiatre américain, explique :

Les victimes sont généralement du même sexe, du même âge et présentent des caractères physiques communs. Theodore Bundy tuait des collégiennes brunes coiffées avec une raie au milieu. Les victimes de John Wayne Gacy étaient toutes de jeunes hommes ou des adolescents. Les "meurtriers d'Atlanta" tuaient de jeunes afro-américains. Le "Night Stalker" *de Los Angeles assassinait des personnes vivant dans des mai-*

son peintes en blanc ou en jaune situées non loin d'une autoroute. Le célèbre Jack l'Éventreur ne tuait et ne mutilait que des prostituées. Loin de sembler n'être qu'une rencontre fortuite, on a l'impression que la proie du meurtrier est l'objet de son désir compulsif. (R. Rappaport, "The Serial Mass Murderer, Patterns, Differenciation, Pathology", *American Journal of Forensic Psychiatry* ; vol. IX, n° 1).

Les meurtriers se masturbent, se frottent aux corps, ou encore éprouvent un orgasme spontané. Quelques-uns emportent un vêtement de la victime, d'autres reviennent se masturber sur le lieu du crime.

Le meurtre représente alors une tentative compulsive de résoudre un conflit intérieur. La répétition montre qu'il n'y a aucune chance pour qu'un meurtre résolve ce conflit. Quelques chercheurs pensent encore que le plaisir est le motif de la répétition de ces actes violents. L'auteur pense qu'il s'agit plutôt de faire cesser une souffrance (le profond, l'irrémissible tourment) et que c'est là la dynamique essentielle qui incite l'assassin à commettre de nouveau ces crimes étranges et violents. (Rappaport, id. ibid.)

Parmi les meurtriers, certains se sentent investis d'une "mission". Ils considèrent qu'ils sont soumis à l'obligation religieuse ou morale de délivrer le monde des homosexuels, des prostituées, des êtres impurs. C'était le cas de Jack l'Éventreur, comme de beaucoup de criminels "politiques". D'autres pensent que la destruction de leur partenaire permet leur rédemption, l'expiation de leur péché. De plus, choisir des victimes que l'on considère comme impures ou indignes, annihile le sentiment de culpabilité. C'est le cas dans le film *Seven*.

Les criminels sexuels mettent parfois en œuvre des tactiques raffinées : Ted Bundy se déguisait parfois. Muni d'un plâtre couvrant sa jambe, il demandait à des passantes de l'aider à ramasser les livres qu'il venait de faire tomber pour les apporter dans sa voiture. D'autres, déguisés en policiers, ont attiré des conductrices à l'écart de l'autoroute durant la nuit.

VOIR ANTHROPOPHAGIE, MASOCHISME, MUTILATION, NÉCROPHILIE, PARAPHILIES, SADISME.

CROISEMENTS RACIAUX OU ALLOTRIORASTIE OU MISCEGÉNATION

Une enquête a montré qu'un Français sur cinq avait fréquenté une personne d'un groupe ethnique différent du sien. La plupart des relations inter-raciales ne sont pas fondées sur la différence mais plutôt sur des intérêts ou des goûts communs, de la même façon que lors d'une rencontre entre deux personnes du même groupe. Le choix délibéré d'un partenaire d'une autre race peut provenir d'un goût pour le changement ou de la volonté de dominer une femme ou un homme d'une autre culture. Aux États-Unis, il est courant que des jeunes filles blanches recherchent un petit ami noir pour se démarquer des valeurs de leurs parents. Ce qui arrive souvent lorsque les parents sont trop rigoureux et affichent des préjugés raciaux. Les garçons ainsi choisis sont généralement pauvres et peu cultivés. La fréquentation d'une jeune Blanche est pour eux flatteuse et constitue un signe de progression sociale. Ces relations, fondées sur une opposition aux parents, conduisent souvent à des comportements négatifs : drogue, délinquance, prostitution, etc., afin d'affirmer la rébellion. Mais ces relations peuvent aussi demeurer harmonieuses.

Le poids social, la publicité peuvent influencer l'idéal érotique de certains immigrés. En Europe, aux États-Unis, les stars féminines de la chanson ou du cinéma sont souvent des blondes au teint clair. Même les magazines visant un public immigré participent de ce goût. Dès lors le standard est adopté et l'on rejette celles qui ne s'en approchent pas.

Certains membres d'une communauté rejetée ou réprimée développent une honte de leurs origines, une colère contre leurs semblables, comme si la dépréciation était due à ses victimes. Lorsque ces personnes se marient en dehors de leur communauté d'origine, c'est souvent pour la renier. Les mariages inter-culturels peuvent aussi servir à l'accession sociale par le biais du conjoint.

En Amérique, on désapprouva les mariages inter-raciaux dès la colonisation. Les mariages ou les relations sexuelles avec des Indiens, des catholiques, des Irlandais, des juifs ou des Chinois furent désapprouvés. Mais ce sont les relations sexuelles avec des Noirs qui soulevèrent une indignation maximale.

Lorsque la théorie de l'évolution se répandit Outre-Atlantique, elle contribua à maintenir les Noirs dans un statut d'infériorité. Ce qui n'empêcha pas les maîtres blancs d'être attiré par leurs belles esclaves noires. Les lois ne décourageaient pas le harcèlement sexuel des Noires, mêmes émancipées. Aux XVIIe et XVIIIe siècles, des lois promulguées par les colons britanniques, décidèrent que les enfants d'un esclave et d'un individu libre seraient esclaves. *A contrario*, les colonies hispaniques garantissaient la liberté à ces enfants. Winthrop Jordon déclare :

Si l'homme blanc ne pouvait réfréner ses pulsions sexuelles, il pouvait au moins rejeter leur fruit et se consoler ainsi, persuadé de n'avoir fait aucun mal ; en considérant les métis comme des Noirs : il niait que le mélange existât. (Winthrop Jordon, *White over Black*, New York, 1968.)

La réforme légale issue de la Proclamation d'Émancipation des Noirs ne dura pas longtemps. Le droit, pour une femme noire, d'ester en justice afin d'obtenir un soutien financier pour son enfant à moitié blanc fut aboli. Les lois déclarant le concubinage illégal et voulant obliger les Blancs à épouser leurs concubines noires ne furent jamais appliquées. Au XIXe siècle, les lynchages continuèrent. Le seul changement fut qu'au lieu d'accuser les Noirs de conspiration, d'insurrection, de préméditation de meurtre des maîtres, on les arrêtait pour viol. C'était pour nuire aux hommes de couleur ayant eu des relations sexuelles avec une Blanche consentante car "il était impossible qu'une femme blanche puisse librement céder à un Noir". L'accusation de viol fut favorable aux hommes blancs car même le plus tolérant des partisans de l'égalité des droits ne pouvait excuser un tel acte.

En Europe, c'est à l'époque de la première guerre mondiale que l'"amour domino" est devenu à la mode. Certes, il y avait toujours, dans les bordels, une "négresse" proposée aux amateurs. Toutefois, l'arrivée des tirailleurs sénégalais fit grande impression tandis que toute une iconographie humoristique, polissonne, salace ou pornographique vit le jour.

Pour ne rien dire du racisme explicite que véhiculent certaines œuvres (notamment celles qui illustrent le mythe du nègre bestial et fatalement violeur), il y a souvent un fâcheux racisme latent dans la manière dont l'art érotique présente la sexualité entre Noir(e) et Blanc(he).

Les coïts multiraciaux sont presque toujours montrés comme une incongruité qui, pour être excitante en raison même de leur perversité supposée n'en sont pas moins aberrantes, c'est-à-dire moralement condamnables. (Jérôme Fandor, "L'amour en noir et blanc", *Fascination n° 30*, deuxième trimestre 1986).

Ce folklore passa le Rhin : les illustrateurs allemands s'en servirent pour vilipender l'immoralité française et l'armée française dont les soldats noirs se conduisaient, d'après eux, comme des brutes. Ces dessins, lithographies et gravures fustigeaient aussi les Françaises que l'on supposait assez frivoles pour céder aux avances des tirailleurs sénégalais. Un dessin de K. Sohr montre même Marianne souriante et fort complaisante lorsqu'un soldat africain lui touche les seins : le racisme sert ici d'argument pour dénoncer l'immoralité prêtée à l'ennemi.

Ceux qui désirent varier leurs expériences sexuelles en rencontrant des personnes d'autres couleurs ne disposent pas, en France, de magazines d'annonces spécialisés. Aux États-Unis, il en existe plusieurs.

Le plus célèbre est le *Cocoa'n Creme, Your Guide To Interracial Swinging*. Toutefois, on trouve dans les publications non spécifiques quelques annonces proposant ce type de relations.

CROIX, CRUCIFIXION
VOIR BONDAGE.

CRYOPHILIE
(du grec *kruos* : froid, et *philia* : amour de)
Excitation sexuelle due au froid, à des objets froids. Marylin Monroe, dans *Sept ans de réflexion*, entrepose ses bas dans un réfrigérateur parce qu'il fait trop chaud. On cite le cas de personnes plaçant ainsi leurs dessous dans un congélateur avant de les porter (voir *accroissement sensoriel*). Jane Russel dut passer des glaçons sur le bout de ses seins afin que puisse être constatée, à l'écran, l'érection de ses mamelons. La cryophilie ne s'arrête pas là. Le contact avec le froid d'un glaçon peut se révéler fort excitant. La glace est utilisée comme moyen d'accroissement sensoriel, pour surprendre ou étonner le partenaire, comme une forme légère de torture. L'introduction d'un glaçon dans le vagin ou l'anus permet de retarder l'orgasme masculin tout en procurant des sensations inédites. L'attrait du froid se manifeste de différentes façon : caresses des seins, du dos, du clitoris ou de la verge à l'aide de glaçons, fellation ou cunnilinctus après la dégustation d'une crème glacée ou la bouche emplie de glace, introduction de bâtonnets ou de glaçons dans le vagin ou l'anus, etc. L'horripilation de la peau, dite "chair de poule", excite bon nombre de partenaires.
La fellation pratiquée tandis qu'un glaçon fond dans la bouche permet de retarder l'éjaculation. De petits copeaux de glace placés entre le prépuce et le gland titillent directement la couronne. Le contact de la glace peut aussi bien faire cesser ou amoindrir l'érection que la consolider.
On peut, à l'aide de plasticine, fabriquer un moule en creux de pénis. En y versant de l'eau avant de le placer au congélateur, on obtiendra un godemiché froid, ce que certains apprécient. André Pieyre de Mandiargues, dans *L'Anglais décrit dans le château fermé*, décrit une surprenante scène de cryophilie :
Je saisis la grande pine de glace, l'assurai bien dans ma poigne ; j'appuyai le bout au centre du troufignon. Il y eut un rétrécissement immédiat, et la rosette, qui s'était épanouie pour mes lèvres, se fronça comme si l'on avait tiré sur un fil (je pensai aussi à une anémone de mer qui se ferme). Puis les fesses commencèrent à trembler, les cuisses eurent cet aspect que l'on nomme "chair de poule". J'essayai de pénétrer en faisant tourner la pine comme un vilebrequin, mais la peau de l'anus, collée à

la glace, tournait avec elle, et cela ne faisait que rétrécir le trou. (...) J'enfonçai le gland brutalement dans le calice. La patiente hurla de nouveau, son corps se tordait sur la banquette, ses reins tremblaient, je crois qu'elle souffrait horriblement ; l'anus, en tout cas, était dilaté comme je suis sûr que rarement l'avait fait un vit de nègre, jamais le plus copieux étron, et le sphincter, follement se resserrait sur mon bélier de glace. (L'Or du temps, 1969).

La sensation de froid peut aussi être obtenue avec des produits pharmaceutiques tel le *Synthol* ou le *Vick*.

VOIR
ACCROISSEMENT SENSORIEL, CATHÉTERS, CIGARE, ÉLECTROPHILIE, MASOCHISME, PSYCHROCISME.

CUIR

VOIR FÉTICHISME.

CULOTTE

Cet accessoire vestimentaire fait encore rêver bien des érotomanes. Il convient ici d'en retracer brièvement l'historique : au Moyen Âge, les femmes allaient les fesses nues sous leurs jupes. La culotte remplaça progressivement, vers 1920, les pantalons de percale fendus ou non que portaient auparavant les femmes sous leurs robes. En 1930, les robes moulantes rendirent ces pantalons gênants : la culotte se répandit.

Six ans auparavant, Anatole France mourut. On l'enterra, selon ses dernières volontés, après avoir disposé un petit coffret scellé dans son cercueil. Ce coffret contenait une "relique sentimentale" : la culotte que portait la maîtresse de l'écrivain, Madame de Caillavet, avant que l'écrivain ne la lui ôte, la première fois qu'ils firent l'amour ensemble.

En 1947, l'administration militaire française fut confrontée à un très grave problème : quels dessous adopter pour le personnel féminin des armées ? Fallait-il un slip kaki, une culotte ornée d'une dentelle simple ? Un slip de jersey finit par être adopté. (Cecil Saint-Laurent, *Histoire imprévue des dessous féminins*, Paris, 1988).

Accessoire d'un fétichisme particulier, la "petite culotte" est l'objet d'un commerce florissant. Un grand nombre de petites annonces, dans les magazines spécialisés, proposent les photos d'un modèle nu, mais aussi, pour une centaine de francs, une culotte portée par ce modèle. La vente de leurs culottes peut apporter aux prostituées un complément de revenus non négligeable. De nombreuses revues françaises publient des annonces où des femmes proposent leurs culottes portées moyennant finance. Au Japon, les lycéennes se voient proposer le rachat de leur culotte à la sortie de leur école. Tout un commerce s'est ainsi développé depuis quelques années.

Une abondante littérature érotique a fait la part belle à la culotte et aux sous-vêtements féminins.

CULTE SATANIQUE

L'adoration du Diable remonte à la nuit des temps. Il se caractérise par une inversion des valeurs ordinaires : le bien devient le mal et vice-versa. Il peut coexister avec une pratique religieuse orthodoxe, ou avec une mentalité positive : l'irrationnel trouve sa place partout. Avant le Diable, des myriades de Dieux négatifs ont peuplé diverses religions : le culte de "Shiva" (vénéré sous la forme du Linga, emblème phallique) peut ressembler à telle ou telle église luciférienne tant cette inclination est universelle. De Belzébuth, le "seigneur des mouches" à Lucifer, l'ange déchu "porteur de lumière", la liste serait longue.

Le culte de Satan proprement dit se mêle, dans l'Occident chrétien, mais aussi dans l'Islam, à la sorcellerie, au paganisme, au sens étymologique (paganus : paysan). Il recouvre diverses pratiques, dont certaines cérémonies érotiques ou érotisées que l'église ne pouvait admettre. La paysannerie traditionnelle, hostile à la chrétienté, pouvait, par exemple, perpétrer les traditions incestueuses franques, pour des raisons à la fois économiques et sacrées :

À quelques variantes près, son déroulement était aussi codifié que celui de l'office catholique. Ayant aspergé l'assemblée de son urine, le Diable gravissait à reculons un tertre de gazon et il lisait, sur un missel en peau de loup, un texte amputé de l'Alléluia et du Confiteor. Après l'audition d'un sermon plein d'obscénités et d'appels à l'infamie, les sorciers récitaient des litanies à rebours et se jetaient sur des bouts de raves et de pain grillé qui tenaient lieu d'hosties. (*Dictionnaire de sexologie*, Verviers, 1972.)

Le nom de Satan apparaît dans la Bible, au *Livre de Job*. Satan veut perdre Job, fidèle serviteur de Dieu, soumis à la pauvreté. Satan, voyant Job fidèle à Dieu, défie l'Éternel :

Peau pour peau ! Tout ce que possède un homme, il le donne pour sa vie. Mais étends ta main, touche à ses os et je suis sûr qu'il te maudit en face. L'Éternel dit à Satan : Voici, je te le livre. Mais épargne sa vie. (*Job*, 2 ; 4, 6).

Le livre de Job occupe une place particulière dans l'Écriture. Job n'est pas un juif. Satan semble provenir d'une autre religion.

De toute façon, le Satan moderne, celui qui nous occupe ici, est fort différent des diables antiques. La tentation est grande de faire remonter certaines pratiques à la plus haute antiquité. Il est vrai que les diverses "fêtes des fous" médiévales, comme les lupercales ou les bacchanales antiques montrent aussi quelques inversions des valeurs. Cependant, ces manifestations rituelles ou presque étaient admises dans la cité. La messe noire n'est que transgression, comme le sabbat et ne peut être publique.

Les rituels sataniques ne semblent pourtant pas remonter au-delà du XVIIe siècle finissant. Le siècle suivant les vit s'épanouir : ils seraient le fruit de l'esprit libertin, parallèles à la philosophie des Lumières. Le tout épicé d'un goût nouveau pour les cérémonies mystérieuses remplaçant la messe que les athées, déistes, théistes agnostiques, francs-maçons, néo-rosicruciens, etc., regrettaient sans l'avouer. Un esprit blasphématoire et sacrilège présidait à ces rituels fortement teintés de sadomasochisme pendant et avant la lettre.

Petites marquises, abbés de cour, grimauds et princes découvraient les joies des sciences, de la physique et des langues anciennes durant le siècle de Voltaire. Aux délicieux frissons du savoir succédèrent ceux de la "messe noire", parodique et sulfureuse qu'on célébrait sur le ventre d'une femme nue :

Si la réalité de ces cérémonies paysannes demeure invérifiable, il existe en revanche des messes privées dites dans certains clubs d'initiés comme on en disait jadis à l'intention de Sir Francis Dashwood ou de Mme de Montespan, dont la croupe opulente servait d'autel au démon. (*Dictionnaire de sexologie*, op. cit.).

Bien évidemment, il fut dit qu'on y sacrifiait des nourrissons, comme on l'avait déjà mentionné pour les juifs, les cathares, les vaudois, etc. Savoir si ce culte reposait sur une croyance ou sur le simple jeu obscène anticlérical est une gageure : les deux coexistaient sans doute, selon les forces et les faiblesses des esprits en présence. C'étaient, en tout cas, des prétextes à orgies.

De grands personnages furent compromis dans ces ténébreuses affaires, telle la marquise de Montespan. Mais l'on mélange ces pratiques avec d'autres sorcelleries, d'autres complots comme la fameuse "affaire des poisons" sans qu'on puisse bien démêler l'écheveau du politique, du religieux, de l'érotomanie, de la magie.

Les messes noires connurent un grand succès auprès de jeunes gens élégants, fondateurs, en Angleterre, des "*Hellfire Clubs*". Il s'agissait de réunions d'érotomanes distingués rencontrant des dames ou des filles vêtues en religieuses qui s'allongeaient, dénudées, pour devenir l'autel de sacrifices parodiques. Les choses auraient pu en rester là. Mais d'autres mouvements se joignirent à ces aimables loisirs. Le spiritisme naissant, les déçus du puritanisme ou des autres sectes protestantes se greffèrent sur ces frénésies rejetant originellement l'église catholique. Divers groupements se formèrent, semant une confusion de doctrines, toutes contradictoires et mélangées de façon inextricable. Ces doctrines

essaimèrent çà et là dans le monde et traversèrent le XIXe siècle avec des succès divers, mêlant les orgies aux tables tournantes, le renouveau thomiste aux nostalgies templières.
Au début du XXe siècle le satanisme connut un nouvel essor sous la poussée d'un nouveau ferment : l'antisémitisme. L'adoration d'anciennes ou de supposées anciennes divinités du mal avec des cérémonies mystérieuses se joignit au goût forcené de l'uniforme, de l'ordre et de la mort. Aux États-Unis, le satanisme se "professionnalisa". On sait que les diverses sectes en font commerce et que tout y est possible de ce point de vue. Ce sont donc d'anciens acteurs, artistes de cirque et de music-hall qui créèrent la plupart des organisation sataniques avec une efficacité digne du pays de la publicité. Ces églises, associations, sociétés ou clubs présentent des aspects fort divers, mais parfois mêlés. Il peut s'agir, dans le cas du célèbre Jack Parsons, de la simple organisation d'orgies pour stars d'Hollywood, à des conjurations malsaines anti-juives, anti-catholiques, voulant tuer tous les irlandais, tous les italiens. À moins qu'il ne s'agisse de franges particulièrement curieuses du *Ku Klux Klan*.
Aujourd'hui, il existe deux "églises sataniques" en Amérique : *The Church of Satan* et *The Temple of Set*. La seconde dérivant d'une scission de la première et mélangeant l'ancienne religion égyptienne à d'autres cultes, le tout dans la plus grande confusion mentale mystico-politico-philosophico-religieuse, généralement accompagnée d'un solide sens des affaires et d'une paranoïa raciste répugnante. L'affaire du meurtre de Sharon Tate et des folies de Charles Manson durant les années soixante illustre assez bien les excès de ces groupements. Ils existent un peu partout dans le monde. On pourra lire sur ce sujet : Dominique Cellura, *Les Cultes de l'enfer*, Spengler, 1994.
Tout autres et moins inquiétants sont les jeux sexuels para-religieux qui parodient le diable. Ils nous ramènent à la tradition galante du XVIIIe siècle et à Sade, "botteur de culs", quoique vraiment brutal. On joue à l'idole vivante (voir *Amalgatophilie*) recouvert(e) d'une crème cosmétique dorée, on se fait adorer, on devient "la grande prostituée de Babylone" ou Lilith, ou Satan, ou Belphégor. On communie au moyen de fluides corporels, prémices à une orgie qui paraît bien innocente, presque enfantine comparée aux errements précédemment décrits.

CUNNILINCTUS

(du latin *cunnus* : con, et *lingere* : lécher).
L'emploi de "cunnilingus" est mal formé bien que fréquemment employé. On disait autrefois cunni-

linctus, la deuxième partie du mot désignant l'acte de lécher. La maniaquerie des sexologues en est venue à diverses variations taxinomiques pour décrire les actes les plus simples. Parmi ces variations linguistiques nous trouvons : clitorilingus ou -lictus. On peut user du terme plus général d'oragénitalisme (voir *Fellation*), mot forgé en 1940 par le sexologue G. Legman qui en fit le titre de son ouvrage *Oragenitalism* (New York, 1960). Ajoutons-y irrumation ou *coït ab ore* voire *in oscultatio*.

La pratique, en tout cas, est ancienne et n'est pas proprement humaine : les chiens, les chats, entre autres, se reniflent, se hument ou se lèchent. L'histoire, cependant, nous ramène aux mythes les plus anciens : c'est par une fellation qu'Isis ranima Osiris. Étrange fellation, il est vrai, puisqu'il s'agissait de recréer la vie par le souffle, et non par l'aspiration. Lilith, la première femme, fut d'abord inachevée : le Créateur n'ayant plus assez de limon pour finir sa tête prit l'argile entre ses jambes. Ce qui fait qu'elle montre un trou béant, une absence entre les cuisses et qu'elle porte un sexe féminin sur le front. Le baiser de Lilith est donc une sorte de cunnilinctus.

Durant l'ère des T'ang (618-907), l'impératrice Wu Hu obligeait les officiels et les dignitaires de son gouvernement à pratiquer sur elle le cunnilinctus. Elle les assujettissait ainsi mieux, du moins le pensait-elle. À Rome, comme dans la Grèce antique, on se moquait volontiers de celui qui s'adonnait à cette pratique. On la trouvait indigne d'un mâle :

Il n'est pas que dissolu ; il a imaginé mieux
Il souille sa langue de honteuses voluptés,
En léchant dans ses orgies cette rosée dégoûtante,
En salissant sa barbe, en tourmentant les vulves. (Aristophane, *Les Chevaliers*).

Aussi lorsqu'on lit, par exemple, que César était "efféminé" (Suétone déclare à propos de l'empereur : *il était le mari de toutes les femmes et la femme de tous les maris*), il ne s'agissait pas seulement d'une accusation d'homosexualité, mais bel et bien d'être "soumis" aux femmes dont il aurait aimé lécher le sexe.

Des poètes célébrèrent le cunnilinctus à travers les âges. Les lettres de Maupassant illustrent souvent cette pratique, puisque certaines se terminent par "je t'embrasse sur toutes tes lèvres". Le "Bel ami", cependant, sut être beaucoup plus lyrique à propos du cunnilinctus dans son poème *Ma Source* :

Je n'ai point assez du baiser
Dont se contente tout le monde
Et la source où je veux puiser
Est plus cachée et plus profonde !

De votre bouche elle est la sœur
Au pied d'une blanche colline
J'y parviendrai dans l'épaisseur
D'un buisson frisé qui s'incline.

Elle est fermée et l'on y boit
En écartant un peu la mousse
Avec la lèvre avec le doigt.
Nulle soif ne semble plus douce.

Près de l'entrée on trouvera
Ce rocher que frappait Moïse.
Et je veux que ma bouche épuise
Le flot d'amour qui jaillira!
(*Le Parnasse Satyrique du* XIXe *siècle,*
"Sous le Manteau", Bruxelles, 1881).

Paul Verlaine, dans ses *Œuvres libres*, est tout aussi lyrique mais, certes, plus obscène :
Ô ton con ! qu'il sent bon ! j'y fouille
Tant de la gueule que du blair
Et j'y fais le diable et j'y flaire
Et j'y farfouille et j'y bafouille
Et j'y renifle et oh ! j'y bave
Dans ton con à l'odeur cochonne
Que surmonte une motte flave
Et qu'un duvet doux environne
Qui mène au trou miraculeux
Où je farfouille où je bafouille
Où je renifle et où je bave
Avec le soin méticuleux
Et l'âpre ferveur d'un esclave
Affranchi de tout préjugé.
Le cunnilinctus peut n'être qu'une partie de la position dite auraristhaka ou "69" (voir ce mot) :
Ses lèvres cherchèrent leur place, s'écrasèrent sur mon clitoris et sa langue me lécha à petits coups rapides, profondément. Mes jambes se mirent à trembler. J'avais sa queue dans la main, je la sentais se tendre, se raidir, noueuse ; je l'attirais à moi et mes lèvres s'en emparèrent. (Anonyme, *Suzon en vacances*, Paris, 1935.)
Le cunnilinctus peut servir à pallier l'inconvénient de l'éjaculation précoce en retardant l'intromission.
La communication avec la femme est importante afin de déterminer la pression souhaitée : certaines préfèrent ne pas subir une pression directe de la langue avant d'avoir atteint le sommet de la phase d'excitation. D'autres pensent qu'il est plus facile d'agir lorsque la femme a montré de quelle façon elle se masturbe.
L'introduction d'objets dans le vagin ou dans l'anus n'est pas nécessaire, mais peut augmenter les sensations de certaines. L'orgasme n'est pas atteint par toutes les femmes durant le cunnilinctus, de même que la fellation ne permet pas à tous les hommes d'éjaculer.
Pour pratiquer le cunnilinctus, un homme doit d'abord convaincre sa partenaire qu'il aime l'arôme et le goût de sa vulve.
Le clitoris est facile à localiser : c'est une excroissance au-dessus de l'aire génitale. Beaucoup de femmes sauront y mener leur partenaire par leurs mouvements mêmes.

Toutefois, lorsqu'on ne sait pas où trouver le clitoris, on peut demander à sa partenaire qu'elle le désigne du doigt. Ensuite, il n'y a plus qu'à mouvoir sa langue autour du vagin, puis à l'intérieur. Après quoi, on peut continuer autour du clitoris avant de le lécher directement. Si l'on constate un mouvement de recul, il convient de ralentir. La réceptivité des femmes est variable : pour les plus sensibles, il suffira de presser doucement les côtés du clitoris. Il est fort bon d'alterner les succions et les coups de langue, pincer le clitoris entre les lèvres, varier au maximum les types de contacts.

Beaucoup de femmes aiment à être titillées tout autour du clitoris sans qu'on le touche directement. On peut désirer que l'orgasme advienne le plus tard possible. Les femmes éprouvent des montées d'excitation comme les hommes. Une femme bougera aussi longtemps qu'elle sera excitée. Si elle se lasse, on s'en apercevra vite : soit elle le dira, soit l'on sentira son clitoris se rétracter. Certaines préfèrent être pénétrées avant l'orgasme plutôt que d'être longuement léchées. Elles sauront agir en conséquence, soit en s'exprimant par la parole, soit en attirant l'homme de telle façon qu'il la pénètre. Autrement, l'on sentira que le clitoris se gonfle davantage au moment de l'orgasme et qu'il est temps de le sucer. Il convient de faire attention : le clitoris est sensible. Le contact direct de l'apex lingual peut être trop fort. Ceci avant, et parfois après l'orgasme.

Selon le *Rapport Spira* (1993), 79% des Français déclarent avoir pratiqué au moins une fois le cunnilinctus.

Le cunnilinctus est le jeu sexuel principal des lesbiennes. Il fut célébré par une poétesse en ces termes :

Je sais la source en la blessure
Chrysalide ambrée votre sexe
Ô coupe fraîche de la chair
Où boire jusqu'à déraison

(Annie Thomas, *Elle et Elles*, Paris, 1975)

VOIR FEMME-FONTAINE, FELLATION, SOIXANTE-NEUF.

CURIOSA

Mot latin générique désignant la littérature érotique, plus particulièrement les ouvrages anciens collectionnés par des amateurs, ou leur réédition. Autrefois, la loi interdisait ou limitait sensiblement la publication d'oeuvres légères ou obscènes, d'où la rareté, le luxe de certains livres à tirages limités, aujourd'hui fort recherchés.

L'amateur de *curiosa* est généralement un érudit qui, à l'instar des autres collectionneurs, consacre du temps et des moyens financiers importants à sa passion. Parfois, c'est une façon nostalgique de ne pas affronter la brutalité de l'époque actuelle. À moins que l'alibi culturel serve à justifier une érotomanie qu'on n'oserait avouer directement. L'art érotique compte ses maîtres dans le domaine du récit comme dans celui de l'illustration. Le collectionneur de ces ouvrages est un connaisseur doté d'un sens esthétique développé.

Un seul point semble certain, c'est que l'émotion esthétique dérive de la sphère des sensations sexuelles. (Sigmund Freud, *Malaise dans la civilisation.*)

Ce qui est vrai pour l'émotion esthétique, l'art en général, l'est évidemment plus pour l'art érotique. De grands peintres, graveurs et lithographes ont fréquemment laissé une œuvre parallèle, tandis que maints romanciers et poètes ont écrit des textes du "second rayon" fort recherchés. Il existe des librairies spécialisées dans le commerce des *curiosa,* notamment *Les Larmes d'Éros*, rue Amelot dans le XIe arron,dissement de Paris ou *Le Regard moderne*, rue Gît-le-Cœur dans le VIe.

CYNOPHILIE

VOIR ZOOPHILIE.

D

DACRYPHILIE
(du grec *dakru* : larme, et *philia* : amour de)
Excitation par les larmes. Certaines personnes sont sexuellement émues en voyant des larmes couler sur le visage de leur partenaire. On a des témoignages d'hommes décrivant le plaisir ressentit en pénétrant le vagin étroit d'une prostituée asiatique, ce qui la faisait pleurer.
VOIR SADISME.

DANSE DES CLOCHETTES
Produit du "mysticisme aberrant", la danse des clochettes est une sorte de *piercing* agrémenté de choréophilie. Le danseur ou la danseuse se perce la peau à l'aide de crochets auxquels il suspende toutes sortes d'objets. Il s'agit, comme dans certains rituels d'initiation des Indiens d'Amérique, d'atteindre un état second, un vertige, généralement mesurable par l'émission d'ondes A. La danse des clochettes combine ainsi le masochisme rituel et, parfois, la flagellation.
On suspend aux crochets divers objets pesants : cloches, fruits, etc. L'ensemble de ces objets peut être disposé d'une façon ornementale et s'apparenter extérieurement à un bijou, un collier par exemple. Le danseur ou la danseuse se meut au son d'instruments de percussions ou de flûtes. Les objets accrochés se heurtent, résonnent s'ils sont métalliques. L'expérience du danseur est à la fois physique et mentale, sensorielle et spirituelle. Comme dans d'autres types de masochismes, il peut atteindre un orgasme d'intensité accrue.
VOIR CHORÉOPHILIE.

DANSE DU VENTRE
Venue du fond des âges, la danse du ventre semble avoir été d'abord religieuse, participant d'un rituel propitiatoire de fécondité. On en retrouve la trace dans l'ancienne Phénicie, en Turquie, en Égypte, en Grèce, en Afrique. On la découvrit en Amérique en 1893 lors de l'Exposition Universelle de Chicago. L'une des plus anciennes formes de danse du ventre est nommée *awalen* et servait pour l'éducation des jeunes mariées ou des jeunes filles à marier. Il s'agissait d'imiter les mouvements d'une femme bien préparée au coït. La danse consistait en contorsions diverses dans un espace réduit. Les changements de positions servaient à donner un aperçu des capacités de la danseuse sous divers angles, selon la configuration des places de l'assistance.
Une deuxième forme de danse du ventre fut nommée *ghaziyeh*. Il s'agissait d'une sorte de masturbation publique à l'aide de foulards. La danseuse se frottait la vulve à l'aide d'un morceau de tissu, jusqu'à l'orgasme. Il s'agissait de femmes ou de jeunes filles excisées dont la montée du plaisir durait fort longtemps.

Contrairement aux danseuses silencieuses, il arrivait que l'exécutante pousse des cris, geigne, gémisse. La danse pouvait alors se terminer par une orgie.

Au Sénégal, la danse du ventre imite la copulation du grand Canard indien : ce dernier présente un pénis en spirale, en forme de tire-bouchon. Cette conformation détermine des mouvements coïtaux particuliers. La danseuse se déhanche d'avant en arrière, présentant tour à tour sa vulve et la cachant. (Jacobus X., *Untrodden Fields of Anthropology*, Paris, 1898).

Voici les instructions incantatoires que recevaient les danseuses dans un village d'Afrique vers 1930 :

1. Préparez votre peau (vibration), allez à votre place.

2. Marchez (en ondulant des hanches) comme si vous pensiez au Grand Phallus Sacré.

3. Vibrez ! Souhaitez ardemment que le Grand Phallus vous pénètre.

4. Regardez ! Il se dresse pour vous exaucer ! Il s'élève comme le Soleil matinal.

5. Ondulez, faites vibrer votre corps. La force de vos ancêtre réside en vous.

6. Merveille des merveilles ! Mes profondeurs sont envahies par le Phallus Royal.

7. Ah ! Voici venir cette merveilleuse union sexuelle !

8. Serrons-nous l'un contre l'autre. De plus en plus fort.

9. Penchez-vous à gauche.

10. Penchez-vous à droite.

11. Ah ! Quelle merveilleuse union sexuelle ! Ah ! (éjaculation).

12. Nos genoux tremblent.

13. Il devient comme de la sciure. Je suis essoufflée. Nous défaillons.

14. Déjà, il est fier, déjà, il va se redresser.

15. Nous nous rapprochons pour une nouvelle union.

16. Il me remplit, il me remplit d'une grande progéniture.

17. Ah, ah ! Regarde ! De grandes et royales générations vont naître de cette union !

18. Nos genoux tremblent à nouveau.

19. Nous saluons notre postérité (penchons-nous à gauche).

20. (Tournons-nous à droite) nos corps vont encore se joindre.

21. Hourra ! Il se dresse encore ! Il va parcourir mon sentier. Je danse de joie.

22. Il se meut, de plus en plus près, de plus en plus profond.

23. Encore plus profond, plus près.

24. Hourra ! Il parcourt mon sentier. Je danse de joie.

25. Je gémis tandis qu'il me serre, de plus en plus fort, qu'il me pénètre, de plus en plus profondément.

26. Il me fend royalement. Je suis excitée par sa pénétration radieuse !

27. Regarde, il (sa vie) jaillit encore !

28. Je me laisse envahir par sa semence.

29. Je n'en perds pas une goutte.

30. Je reviendrai à lui, rafraîchie, reposée.

31. Mon regard est rempli, ma gorge est gonflée.
32. Je m'agenouille, je défaille.
33. Mon nombril et mon torse s'enfoncent.
34. J'halète, j'ouvre et je ferme ma bouche, pantelante.
35. J'attends à nouveau le Phallus Sacré. Fort, dressé, radieux ! Ah! je défaille d'impatience. Je m'endors.
(V. Robinson, *Encyclopaedia Sexualis*, New York, 1936.)

Les colons et militaires français gardent un souvenir ému de la tribu des Ouled-Naïl. Les femmes de ce groupe du Sud algérien pratiquaient une danse du ventre fort suggestive attirant les touristes. Les musiciens se retournaient vers le public lorsque les danseuses dévoilaient leurs pubis épilés. Les femmes Ouled-Naïl se prostituent traditionnellement afin de se constituer une dot. Après le mariage, elles deviennent des épouses fidèles et de bonnes mères de famille. Les musiciens ne devaient donc pas assister à la danse qu'ils accompagnaient. Les Carnets de notes de Flaubert en témoignent. Voici ce qu'il dit en assistant à la danse torride de Kuchuk-Hanem durant son voyage en Orient :

C'est une impériale bougresse tétonneuse, viandée, avec des narines fendues, des yeux démesurés, des genoux magnifiques et qui avait, en dansant, de crânes plis de chair sur son ventre (…) la danse de Kuchuk est brutale comme coups de cul ; elle se serre la gorge dans sa veste de manière que ses deux seins découverts sont rapprochés et serrés l'un après l'autre.

Danse de l'abeille – *on a rabattu sur les yeux du musicien un bourrelet de son turban – Kuchuk s'est déshabillée en dansant. On fait mine de se cacher avec un fichu que l'on finit par jeter, voilà en quoi consiste l'abeille. Quand elle est revenue dans le coin du divan se coucher haletante et remuant en mesure, on lui a jeté son pantalon blanc rayé de rose dans lequel elle est entrée jusqu'au cou et on a dévoilé le musicien.*

Flaubert se souviendra de cette danse en rédigeant *Salammbô*. Les mouvements de hanches sont donc une invite fort claire. On la retrouvera dans le conte intitulé *Hérodias* : *Les paupières entre-closes, elle se tordait la taille, balançait son ventre avec des ondulations de houle, faisait trembler ses deux seins et son visage demeurait immobile et ses pieds n'arrêtaient pas.*

Rappelons que certaines frigidités viennent d'une éducation rigoriste dont les victimes n'ont pas l'idée qu'une femme puisse être “active”. Ce problème n'existait pas, ou peu, dans les civilisations pratiquant les danses dont nous traitons, lesquelles constituaient un bon remède à cette affection. On peut d'ailleurs en trouver une correspondance moderne dans la personne d'une célèbre prostituée américaine, qui d'ailleurs, fut décorée par l'armée de son pays :

allant d'île en île du Pacifique durant la Seconde Guerre mondiale, elle offrait ses services aux soldats. Elle savait, par la souplesse de son pelvis, satisfaire une vingtaine de fusiliers marins durant une heure.

Au fil du temps, la danse du ventre est devenue un art, une illusion prometteuse d'expériences exotiques dépassant les possibilités réelles. Aujourd'hui, elle a perdu de sa signification sexuelle. Les danseuses doivent exprimer des émotions telles que la joie, la peine, la colère, l'amour…

La danse du ventre obéit à une sorte de liturgie immuable. D'abord, la danseuse entre, ondulant, telle un serpent charmé par le son d'une flûte. La musique s'accélère et devient une sorte de danse folklorique. La danseuse roule ses épaules, secoue sa tête, agite ses hanches selon ce nouveau rythme. La musique devient ensuite plus intense et les émotions exprimées sont plus fortes. La danseuse tourne autour de la piste. Puis elle s'agenouille, se penche en arrière, se tend, se détend, enfin, la danse s'achève, la danseuse rejoint le harem d'où elle vient, ou la rue qu'elle n'a quittée que le temps de sa danse.

Il existe des cours, des traités de danse du ventre. Cet art se répand dans le monde, tandis que paradoxalement, il décline en Égypte. En 1989, il n'y restait plus que cinquante danseuses recensées. Toutefois, un regain s'observe en Europe. Dans quelques villes comme Paris ou Lyon, des cours s'ouvrent et proposent un apprentissage progressif. Toutefois l'aspect érotique de cette danse y est minimisé.

VOIR CHORÉOPHILIE, SPECTACLES ÉROTIQUES.

DÉCORATION PUBIENNE

Plusieurs types de décorations pubiennes coexistent. La première comprend la teinture des poils, leur coiffage selon diverses formes, le rasage partiel. Avant de teindre ces phanères, il convient de les préparer, de les décolorer à l'aide des produits généralement utilisés pour les poils disgracieux du visage. On teint ensuite avec une teinture ordinaire ou une pâte colorée. Pour cela, on peut utiliser une brosse à dents.

L'épilation à la cire, le rasage, la taille des poils pubiens sert aussi à ce qu'on ne les voie pas de part et d'autre de l'entrejambe d'un maillot de bain. Certaines femmes ourlent leurs poils à leurs lèvres pour harmoniser leur longueur avec celle des poils du mont de Vénus. L'épilation complète prépare parfois au body-painting ou à l'application de décalcomanies.

Il existe aussi une sorte d'épilation partielle dégageant un motif ornemental sur le pubis. Les triangles ou les figures de cartes à jouer sont les motifs les plus fréquents.

Trois méthodes d'épilation principales sont en usage : l'électrolyse, la thermolyse et des techniques mixtes. Il s'agit de détruire le follicule de chaque poil. Ces épilations durent en moyenne deux ans. Toutes les méthodes sont douloureuses et coûteuses.

VOIR ÉPILATION, RASAGE.

DENDROPHILIE

(du grec *dendron* : arbre, et *philia* : amour de)

Excitation sexuelle provoquée par les arbres. L'arbre, symbole à la fois de fécondité et de virilité, fut longtemps l'objet de rituels érotiques. Durant certaines fêtes, les hommes allaient dans les forêts pour éjaculer le long des troncs.

La mythologie gréco-latine fourmille d'histoires de métamorphoses végétales. Syrinx et Daphné furent toutes deux changées en plantes, l'une en roseau, l'autre en laurier, pour fuir le désir d'un dieu trop empressé.

Le pèlerinage de Charlemagne, chanson de geste médiévale, nous montre une "forêt aux pucelles" avec des arbres, des buissons feuillus dont chaque fleur est une accorte jeune fille. La dendrophilie se rencontre un peu partout, en Asie comme en Amérique du Sud :

J'ai seulement pu trouver deux autres histoires de masturbation et dans chacune, l'homme était le principal acteur. Dans le premier conte, nous apprenons qu'un homme découvrit un trou fort attrayant dans le tronc d'un arbre. Il s'en servit au détriment de son épouse. La seconde histoire est celle d'un homme s'étant fabriqué un vagin artificiel à l'aide de feuilles. Dans les deux cas, ces hommes furent découverts par les villageois. Ils firent disparaître le trou en abattant l'arbre et détruisirent le vagin végétal. Dans les deux cas, les masturbateurs se comportaient comme si leurs compagnons à feuilles avaient été de véritables femmes. Ils coupèrent leurs cheveux et ôtèrent leur ceinture en signe de deuil. (Gregor, T. Anxious *Pleasures, the Sexual Life of an Amazonian People*, Chicago, 1985).

On raconte qu'Emmanuel Kant avait l'habitude de se masturber auprès d'un arbre, toujours le même.

DÉPENDANCE AMOUREUSE

La dépendance amoureuse, ou, mieux, la compulsion amoureuse est la tendance irrépressible à fantasmer, à propos d'un être aimé, voire à propos de l'amour lui-même. Le rêve éveillé semble délivrer des endomorphines cérébrales et adoucir la souffrance, le mal de vivre. Le dépendant amoureux est quelqu'un qui tente de combler une solitude fondamentale ou constitutive par des rêveries amoureuses ou sexuelles.

Les conduites compulsives, c'est-à-dire résultant de la pulsion sont diverses : ce peut être l'alcool, la

drogue, la boulimie, le travail, le jeu… Toutes dénotent un manque d'estime de soi, d'amour propre.
L'obsession sexuelle peut être soignée. Les Américains ont forgé le terme de *sex addict* comme s'il s'agissait d'une drogue. Il y a là une conception légèrement mécaniste du problème, héritée du puritanisme. Les sexologues européens sont parfois moins systématiques ou caricaturaux.

DESSINS ANIMÉS ANTHROPOMORPHES

L'anthropomorphisme consiste à appliquer des caractères humains à des animaux ou à des objets. Les aspects sexuels de l'anthropomorphisme se trouvent dans certains dessins, films d'animation, etc. La mode de telles productions, aux États-Unis, vient peut-être du fait que les lois anti-pornographiques ont longtemps empêché la représentation d'actes sexuels entre êtres humains. Les *Dirty Comics* dans les années vingt, *Fritz the Cat* de Robert Crumb ou *Tarzoon, honte de la jungle* du Belge Picha en sont la parfaite illustration.
S'il est illégal de représenter l'homosexualité, le sadisme, la zoophilie, on peut tout à fait les attribuer à des créatures chimériques. De plus, on peut aussi donner à voir des choses impossibles à faire dans le réel.
La rêverie animalière, toutefois, est beaucoup plus profonde. Il ne s'agit pas de zoophilie, mais d'un phénomène de "totémisation", d'identification à un animal dont on aurait les qualités. Le sobriquet des scouts, comme les chimères, les sphinx, les sirènes et les dieux zoomorphes des mythologies égyptiennes, procèdent de ce phénomène et d'une mentalité magique. Les "hommes-loups", les "hommes léopards" des tribus germaniques ou africaines, les loups-garous et autres goules ne sont rien d'autre que des tentatives de dépasser ce qui est pesant dans l'humain.
VOIR ANDROÏDISME.

DÉVIANCE

VOIR PERVERSIONS.

DÉVIATION DU PÉNIS

VOIR DYSFONCTIONNEMENTS.

DILATATION

Une des pratiques des jeux sadomasochistes consistant à élargir ou maximum les orifices sexuels : vagin, anus, urètre.
La dilatation de l'anus doit être menée prudemment en utilisant des lubrifiants soluble dans l'eau. La dilatation peut se faire à l'aide d'un spéculum, d'un godemiché gonflable ou directement avec la main (voir *Fist fucking*). Pour le vagin, on pratique de la même façon mais avec des introductions moins profondes.

La répétition de cette pratique peut entraîner une dilatation permanente de l'anus ou causer des lésions aux orifices dilatés.
VOIR *FIST FUCKING*, GODEMICHÉ, SADISME, SOUMISSION.

DIONYSOS
VOIR FÊTES VOTIVES.

DIPPOLDISME
Excitation sexuelle éprouvée en maltraitant des enfants. Au début du XXe siècle, un enseignant nommé Andreas Dippold causa la mort d'un de ses élèves. Il avait attaché deux jeunes garçons âgés de dix et quatorze ans à leurs lits et les avait battus, les accusant de s'être masturbés. Il avait déjà saisi leurs testicules, les tirant et les pressant jusqu'au sang. Il obligeait ces garçons à rédiger la confession de leur conduite sexuelle et les contraignait parfois à se dénuder devant lui sous différents prétextes. L'un des garçons tomba malade. Dippold le fit lever tôt le matin, l'obligea à prendre une douche froide, puis à se livrer à des exercices pénibles, jusqu'à l'évanouissement. L'enfant mourut.
Les châtiments corporels ou "éducation anglaise" sont passés de mode dans la plupart des écoles et des pays. Ils révélaient, à un degré ou à un autre, un comportement sexuel et sadique de la part des autorités qui s'y livraient. Il s'agissait, dans les écoles anciennes, de véritables cérémonies expiatoires dont on retrouve les rituels chez les maîtresses appointées des clubs sadomasochistes. Parfois, les élèves punis devaient paraître nus, avant qu'on ne les ligote. Souvent, les mains des tuteurs se livraient à des attouchements sexuels. Parfois, les jeunes garçons pouvaient poser leurs mains ou leur visage contre la poitrine d'une tutrice tandis qu'on les flagellait. Magnus Hirschfeld rapporte qu'un banquier payait régulièrement une directrice afin qu'elle lui permette d'assister aux punitions infligées aux jeunes filles de son institution. Ces élèves étaient mises en rang, jupes relevées, avant d'être fustigées.
Aujourd'hui, les parents sont les principaux punisseurs. Quelques-uns battent leurs enfants pour le but d'être excités. D'autres le sont inconsciemment. Des couples ont reconnu se livrer à de fougueuses étreintes après avoir corrigé leurs enfants. Ils pensaient avoir une sexualité normale et n'imaginaient pas s'être livrés à des jeux érotiques sadomasochistes. (John Money, *Money and Werlwas Papers*, New York, 1982).
La punition violente, le fouet, la flagellation comme châtiments dans les écoles ont inspiré maintes imaginations. Toute une littérature l'illustre, à commencer par certains romans

des années 30 aux titres évocateurs : *Cinglants châtiments*, de Walter Flogg, *L'Infernale fouetteuse*, d'André Vergereau ou *Pantalons sans défense*, de Jean Claqueret.
VOIR FLAGELLATION, INCESTE, PÉDOPHILIE, PERVERSION, SADISME.

DISCIPLINE
Ce mot est usuel chez les sadomasochistes. Il désigne l'attitude à tenir durant les jeux de domination, d'obéissance et de punition. Une personne ne peut, même ludiquement, devenir un esclave sans restrictions, sans règles. Il faut donc convenir d'un accord préalable. Les règles peuvent ou non être appliquées, mais il faut qu'elles existent et que quelqu'un prenne en charge de les faire respecter.

Le type de punition est déterminé par la gravité de la désobéissance et par le type de jeu sexuel que la personne soumise – appelée *bottom* en américain – souhaite expérimenter. Tout est mis en œuvre pour procurer une anxiété, une peur, afin qu'elle se transforme en excitation érotique. Les punitions sont donc choisies en ce sens. Toutefois, certains amateurs de jeux sadomasochistes essaient d'éviter les jeux qui peuvent apeurer ou mettre en colère leur partenaire.

Le maître – ou *Top*, toujours en américain – peut feindre la colère en punissant son partenaire, mais il ne doit pas l'éprouver. Il s'agit toujours d'une simulation, d'un jeu destiné à procurer un plaisir sensuel. Le degré d'intensité des mauvais traitements physiques ou verbaux est ou doit être négocié avant le jeu. L'esclave doit, de plus, pouvoir prononcer un mot de passe ou émettre un signe ayant pour effet de faire cesser immédiatement l'action lorsqu'elle lui devient trop pénible (voir *Négociation*).

Beaucoup de "*bottom*s" jouent à ces jeux pour se rassurer : il s'agit de régression, de retrouver leur relation ancienne entre parents et enfants. De ce fait, ils ne décident pas, en dehors du thème initial de la séance, afin de savoir s'ils sont esclaves, animal de compagnie, serviteur, etc.

D'autres "*bottoms*" tâchent, par le moyen de ces séances, de reconquérir l'estime d'eux-mêmes, leur amour-propre. Ce qui s'accomplit dans l'exécution parfaite d'instructions complexes. Ils reçoivent des récompenses immédiates pour leurs tentatives. Ces personnes sont rarement punies et peuvent éprouver un orgasme de ce fait.

Si la personne soumise le désire, il peut y avoir de légères punitions corporelles, accompagnées d'une quantité illimitée de menaces. Ces menaces sont l'arme suprême du dominateur, à la condition que quelques-unes puissent être exécutées. Par exemple, on peut exiger

que le dominé éprouve un orgasme avant qu'on aie pu compter jusqu'à cinq, sinon le jeu s'arrête.
Il existe des clubs de domination et des écoles pour "domestiques". En Irlande, un club propose une discipline "victorienne" à des "servantes" et autres "écolières".
VOIR DOMINATION/SOUMISSION, ESCLAVAGE

DOCKING

Forme de masturbation masculine homosexuelle à deux. Les verges sont réunies, se touchant bout à bout. L'un des partenaires est décalotté le plus possible. L'autre tire son prépuce vers l'avant de façon à recouvrir le gland de son vis-à-vis. Le prépuce est ainsi manipulé d'avant en arrière sur les deux glands. Un simulacre de docking hétérosexuel peut se pratiquer à l'aide d'un godemiché à courroie remplaçant le deuxième pénis.

DOGGING

Le *dogging* est le fait de regarder des personnes se livrant à des pratiques sexuelles dans un véhicule en stationnement. Il s'agit d'une exhibition délibérée : certains endroits dans les grandes villes sont renommés pour proposer, à la nuit tombante ou plus tardivement, ce genre de spectacles. Souvent, les personnes désirant qu'on les regarde signalent leur présence par une lumière colorée, disposée à l'intérieur du véhicule. Il existe une réelle complicité, bien qu'aucune parole ne soit échangée, entre les couples exibitionnistes et les voyeurs qui viennent se masturber sur les vitres des voitures.
Le *dogging* possède ses règles. Ainsi, il est malvenu qu'un spectateur tente de toucher l'une des personnes en action. Les bruits intempestifs sont aussi prohibés. Certains couples pratiquent la fellation ou tout autre sorte d'exhibition sur le bord des routes pour attirer l'attention des chauffeurs.
On pourra lire à ce sujet, l'ouvrage photographique de Vincent Ravalec, *Portraits des hommes qui se branlent* (Maspéro, 1997) où il s'est intéressé à cet exhibitionnisme tel qu'il se pratique sur les boulevards des Maréchaux à Paris.

DOMINATION / SOUMISSION

Jeu de rôles érotique, la domination, et son corollaire, la soumission, augmentent l'intensité des émotions, des sensations et renforcent les liens unissant les partenaires. La domination s'exerce par la menace ou la douleur physique infligée au partenaire soumis.
La domination et la soumission confortent le besoin affectif de sécurité. Les hordes de primates sont généralement dominées par un mâle qui règne et ordonne les comportements des autres. La nature paraît

avoir conçu le cerveau de certaines espèces de telle sorte qu'un plaisir soit produit par l'attention d'un individu pour un autre. La soumission est produite au moyen de stimuli tels que la gêne, la restriction, l'humiliation. On a expérimenté les effets de la soumission chez les souris. Après un combat, l'animal vaincu, blessé, ne sécrète des endorphines (substance du plaisir) qu'une fois arrivé au stade de la soumission. De ce fait, la soumission, plus que la douleur, crée un état euphorique (voir *Algophilie*).

La domination produit cette euphorie parce qu'elle s'associe à l'atteinte d'un but. Une personne qui perd le contrôle d'une partie de sa vie compense en contrôlant mieux d'autres aspects de sa personnalité. Ce comportement peut s'observer chez les enfants maltraités qui s'acharnent à ranger compulsivement mais impeccablement des chaussures dans un placard. Chez l'adulte, cette compulsion se réalise souvent par la demande et la manipulation d'une autre personne. La domination permet donc de restaurer le sentiment de sécurité et l'estime de soi d'une personne angoissée.

L'abdication temporaire de toute responsabilité, de toute volonté, – et même de la maîtrise de ses propres fonctions naturelles – permet sans aucun doute d'accéder à un autre niveau de conscience. S'il est stimulé par les effets libérateurs de la pulsion sexuelle, ce renoncement absolu peut être un puissant instrument de réalisation de soi. (Doris Kloster, *Doris Kloster photographs*, Cologne, 1995.)

La domination et la soumission sexuelles renforcent l'impact des rôles durant les jeux théâtraux érotiques. Les costumes et autres déguisements précisent ces rôles tout en rendant facultatifs les injures et les mauvais traitements. Ces costumes et accessoires sont divers : couches de nourrisson, lingerie féminine, fouets, colliers de chien, chaînes d'esclave et matériel pour le bondage. Un dominateur qui n'a que l'expérience des sévices et châtiments corporels ne choisira pas un être soumis qui lui obéira parfaitement. De même, un être soumis qui apprécie les punitions pour mauvais comportement ou écarts de langage ne choisira pas un dominant incapable de supporter la compétition pour le contrôle.

Le soumis contrôle l'intensité et l'orientation du jeu. On choisit généralement un rôle parce qu'il change de l'ordinaire. Ceux qui éprouvent un sentiment de culpabilité associé à leur comportement sexuel se sentent délivrés par la soumission, puisqu'il ne sont plus responsables de leurs actes. La soumission sexuelle complète est, pour certains, le moyen d'exprimer leur amour. Quelqu'un qui laisse son partenaire lui ceindre le cou avec un

collier de chien pense qu'il déclare son amour mieux que par les mots.
Il arrive que le jeu soit aussi une extrapolation de la réalité. Celui qui se sent infériorisé dans son travail pourra soit rejouer cet état, soit le contredire en devenant dominant. Le jeu sexuel permet alors de pallier une souffrance quotidienne.
La sécurité produite par la soumission n'est pas seulement sexuelle. Le domaine politique en est un bon exemple et montre que les liens unissant les membre d'une Cité sont affectifs et parfois sadomasochistes par goût de la sécurité ou peur du changement. C'est ce qu'ont montré Étienne de la Boétie dans son *Discours sur la Servitude Volontaire*, Jean de La Fontaine dans sa fable *Les Grenouilles qui demandent un Roi* ou Georges Orwell dans *La Ferme des animaux*. Le cinéma s'est souvent penché sur les rapports de domination/soumission, et l'on peut citer, parmi les plus marquants : *The Servant* de Joseph Losey (1963), *Mademoiselle* de Tony Richardson (1966), *La Prisonnière* de Henri-Georges Clouzot (1968), *Portier de nuit* de Liliana Cavani (1973), *Maîtresse* de Barbet Schroeder (1976), *Neuf semaines et demie* de Adrian Lyne (1986).
VOIR ALGOPHILIE, BONDAGE, CEINTURE DE CHASTETÉ, COÏT À CHEVAL, HUMILIATION, MASOCHISME, TORTURE.

DONG
VOIR GODEMICHÉ.

DONJONS
Pièce ou local spécialement aménagé pour des activités érotiques à caractère sadomasochistes. Il s'agit soit d'endroits éloignés de toute agglomération, soit d'appartements ou de chambres isolés phoniquement. Les installations et accessoires peuvent être permanent ou y être amenés au début de chaque séance. Certains donjons sont aménagés en salle de torture médiévale, en chambre d'enfant, théâtres, églises, etc. D'autres sont nus et l'on accroche aux murs l'attirail et les panoplies souhaités.
Les donjons ne sont pas forcément utilisés par leurs propriétaires ou locataires. Certains les louent ou les sous-louent. D'autres sont le siège de clubs.
Le donjon "professionnel" fait pour être loué, est agrémenté de crochets fixés aux murs et aux plafonds à des fins de suspension de poteaux pour le bondage (généralement entourés de cordes pour le confort), d'un lit, d'une chaise et aussi d'une installation sanitaire.
Les accessoires peuvent comprendre des chaînes, une "chaise de viol", des harnais, des fouets, une table d'examen médical ou gynécologique, un fauteuil de dentiste, un confessionnal. Les clients achètent générale-

ment leurs costumes personnels et leur matériel de flagellation.
VOIR ALGOPHILIE, BONDAGE, FLAGELLATION, SADOMASOCHISME.

DORAPHILIE OU HYPHÉPHILIE
(du grec *dora* : peau, et *philia* : attirance)
Excitation sexuelle éprouvée en touchant la peau, les cheveux, le cuir, la fourrure.
La fourrure et le cuir ont de tout temps servi de vêtements. Leurs aspect, leur odeur, leur provenance animale en ont fait aussi un objet de fétichisme, ou plus simplement, le support de divers fantasmes. Faire l'amour devant une cheminée sur une peau d'ours en est l'un des plus courants.
La fixation sur la peau humaine peut devenir nettement plus inquiétante. Autour de 1950, un criminel nommé Edward Gein dépeçait des femmes récemment inhumées pour se vêtir de leurs peaux. Il était fasciné à l'idée de changer de sexe. C'était le précurseur d'Hannibal le Cannibale, héros du film *Le Silence des Agneaux*.
La peau humaine servit aussi à la confection de menus objets : bourses, portefeuilles, abat-jour, etc. La magie s'en mêla : on fabriqua des ceintures de peau humaine pour aider les femmes à accoucher. Plus barbares encore furent les nazis qui firent fabriquer de tels objets avec la peau de leurs victimes ou collectionnaient leurs tatouages.
Dans son roman, *L'Évangile d'Éros* (Blanche, 1997), Florence Dugas raconte comment son héroïne fait tanner la peau tatouée de son amie morte, pour en faire un sous-main sur lequel elle conçoit ses romans érotiques.
Le toucher comme l'odeur du cuir provoquent, chez certains, un sentiment de puissance. On l'explique encore par la pensée magique : celui qui se revêt de la peau d'une bête acquiert les qualités de cet animal. C'était une croyance répandue dans les anciennes religions. Suétone raconte que l'empereur Néron se déguisait en bête féroce pour meurtrir et violer les prisonniers qu'il faisait lier à des poteaux.
En Afrique, les "hommes-léopards" constituaient des sociétés secrètes et accomplissaient leurs forfaits revêtus d'une peau de leur animal totem. Il en fut de même chez les "hommes-loups" germains, assassins nocturnes et terrifiants.
Une autre explication de la doraphilie serait que l'on peut se sentir en sécurité dans la fourrure, dans le cuir, comme si l'on retrouvait la protection maternelle. En laboratoire, les singes rhésus, dont on remplaça la mère par des objets inanimés, allaient plus volontiers vers ceux qu'on recouvrait de fourrure.
La couleur noire est la plus fré-

quente, lorsque le cuir est utilisé à des fins érotiques. C'est une couleur symbolisant la mort et la puissance. Pour les Égyptiens, le noir évoquait la fertilité du limon nilotique. C'est peut-être aussi la raison pour laquelle les robes de sorcières étaient noires. Pour d'autres cultures : japonaise, hindoue, européenne, c'est simplement la couleur de la destruction et de la mort. La couleur noire du deuil proviendrait d'une peur : celle de n'être point reconnus comme humains par les fantômes, qui, dès lors, attaqueraient, blesseraient, tueraient. Les Africains s'endeuillent en blanc pour la même raison, mais inversée.
VOIR BONDAGE, FÉTICHISME, LIENS.

DOUBLE PÉNÉTRATION
VOIR ÉCHANGISME, *GANG BANG*.

DOUCHES
Pratique sexuelle qui consiste à asperger son partenaire de ses liquides corporels. On distingue :

Les douches dorées ou *golden showers* : font partie des jeux adolescents, lorsqu'on cherche à uriner sur un insecte ou que l'on écrit son nom sur la neige en urinant. À l'âge adulte, la miction sur un partenaire se nomme urophilie ou ondinisme.
Les douches brunes ou *brown showers* sont des pratiques coprophiliques : il s'agit de déféquer sur le partenaire.
La douche de sperme est, semble t-il, la plus courante et la plus fréquemment acceptée. Elle se pratique entre les seins, sur le ventre, les fesses ou le visage, ou par étalement sur le corps.
La douche de lait demande qu'une femme allaitante presse ses seins pour arroser son partenaire. Il existe aussi des substituts de lait que l'on peut répandre sur la poitrine ou toute autre partie du corps. (voir *Lactaphilie*).
Les crachats font partie des pratiques sadomasochistes tandis que la salive est ausi utilisée, comme les sécrétions nasales, en guise de lubrifiant (voir *Crachats, Nasophilie*).
La douche romaine est une forme de mysophilie assez rare. Il s'agit de vomir volontairement sur un partenaire. Certains mystiques chrétiens consommaient les vomissures de malades ou les desquamations des lépreux. Tels furent Madame Guyon, sœur Marie Alacoque ou saint Jean de la Croix. Ce dernier,comme d'autres, n'en fut pas moins canonisé.
VOIR CRACHATS, KLISMAPHILIE, LACTAPHILIE, LAVEMENT, NASOPHILIE, UROPHILIE.

DRAG QUEENS
Phénomène de société récent, les *drag queens* sont des hommes qui aiment se vêtir et se maquiller comme des

femmes, mais de manière accentuée, excessive comme dans le film de Stephen Elliot : *Priscilla, folle du désert*. Ce peuvent être des travestis, ou simplement des homosexuels mâles s'habillant en femme. Le but de ce déguisement peut être cathartique ou amusant. Il peut aussi s'agir d'une affirmation de soi, voire d'un défi.
Les *drag queens* aux comportements exubérants hantent les boîtes de nuit et autres lieux d'amusement. Les prostitués vêtus en femme sont fréquemment attirés par les hommes hétérosexuels. Ils tentent de cacher leurs parties génitales et ne se livrent qu'à la fellation, tâchant d'empêcher leur partenaire d'avoir la main baladeuse vers leur bas-ventre. Les *drag queens* font fureur en Italie où certains hommes apprécient leur excentricité, leurs tenues provoquantes et trouvent avec eux l'occasion d'avoir une relation érotique sans se sentir particulièrement homosexuels. D'autre part, certains pays attachent une grande importance à la virginité prénuptiale. La tolérance envers les *drag queens* s'en trouve accrue : un homme, dans ces contrées, n'est pas perçu comme homosexuel tant qu'il ne joue pas le rôle passif.
Voici peu, sont apparus les *Drag Kings*, femmes qui se déguisent en hommes (voir *Viragophilie*).
VOIR TRAVESTIS.

DROP SEX
VOIR APHRODISIAQUES.

DYSFONCTIONNEMENTS
Les dysfonctionnements sexuels peuvent provenir de malformations physiologiques ou de problèmes psychologiques. Voici une liste des plus courants :
Anomalies du sperme : le sperme peut être infécond pour différentes raisons. Les spermatozoïdes peuvent naître sans queue, avoir deux têtes, ou une tête trop large, ou trop petite. Ces conditions ne favorisent pas les mouvements nécessaires à la fécondation.
Azoospermie : littéralement “semence sans vie”. Absence de spermatozoïdes dans le liquide séminal. Ce peut être le résultat d'une constriction de la vésicule séminale par les organes urinaires, ou encore par des testicules inopérants. Certains cas d'azoospermie peuvent être guéris par la chirurgie.
Barrage : certaines femmes ont la symphyse pubienne formée de telle façon qu'elle obstrue ou réduit l'orifice vaginal, rendant la pénétration impossible. La chirurgie osseuse corrige cette malformation.
Chryptorchidisme : littéralement “testicule caché”. Se dit lorsqu'un testicule, voire les deux, ne sont pas descendus dans les bourses. Si les testicules restent ainsi dans l'abdomen après la puberté, il s'ensuit

généralement une atrophie conduisant à une stérilité. Pour des raisons esthétiques, on introduit parfois un testicule de matière plastique dans les bourses vides. Certains historiens pensèrent qu'Hitler souffrait de cryptorchidisme mono-testiculaire. Toutefois, son entourage prétendait qu'il s'agissait de propagande dénigrante.

Dédoublement d'organes : à la fin du XIXe siècle, Myrtle Corbin connut le succès comme phénomène de foire. Deux jambes supplémentaires, mais atrophiées, émergeaient de son ventre, au-dessus du pubis. Dotée de quatre jambes, elle possédait aussi deux vagins. Myrtle Corbin eut cinq enfants : trois naquirent par son propre vagin, les deux autres par celui qui se trouvait entre les jambes surnuméraires.

En revanche, Millie et Christine, sœur siamoises noires, nées esclaves dans un plantation américaine en 1850, étaient soudées par le dos et ne possédaient qu'un seul sexe, mais deux urètres. Affranchies, engagées ou achetées par Barnum, elles chantaient, dansaient, jouaient de la guitare. Elles furent même reçues en audience privée par la reine Victoria. Leurs tempéraments divergeaient : Millie devint mystique, tandis que Christine mena une vie dissolue. Christine mourut de tuberculose vers 1910. Millie la rejoignit dix-sept heures plus tard.

Né en 1889, Franck Lentini présentait deux sexes masculins complets. Il possédait aussi une jambe et deux pieds surnuméraires. Il fut lui aussi montré dans les foires. On ne sait si ses deux pénis fonctionnaient. Il se maria et engendra cinq enfants.

Déviation du pénis : il s'agit d'une courbure anormale (maladie du "clou tordu"), laquelle peut être congénitale ou provenir d'une blessure. Les déviations peuvent aussi provenir d'un durcissement des corps caverneux (maladie de Peyronie). Certaines positions érotiques peuvent aussi conduire à tordre la verge. Dans la plupart des cas, le pénis se courbe en direction du corps. Il existe cependant des torsions allant vers l'extérieur. Ces déformations rendent la pénétration et la poussée pénibles pour la partenaire. Dans certains cas, la courbure pénienne provient de positions particulières durant l'enfance. Par exemple, certains garçons essaient de cacher leur verge en la coinçant entre les cuisses. Il convient de consulter un urologue lorsque la déviation semble anormale.

Éjaculation inverse : le sperme, au lieu de s'écouler vers l'extérieur, est repoussé dans la vessie. C'est le cas lorsque le sphincter interne de la vessie est ouvert, tandis que le sphincter externe urétral se ferme. La cause en est généralement l'opération de la prostate. Des blessures, le diabète, voire l'abus de certains tranquillisants peuvent aussi déterminer une éjaculation inverse. Pour les couples désireux d'enfanter, il faut qu'un médecin recueille le sperme dans la vessie de l'homme pour, immédiatement, l'injecter dans le vagin de la femme.

Épispadias : l'urètre ne passe pas à travers le gland. Lorsqu'il s'ouvre sur la partie inférieure du pénis, on parle d'hypospadias. L'épispadias se corrige au moyen d'une opération chirurgicale.

Filariasis ou **éléphantiasis** : enflure d'un bras, d'une jambe causée par une obstruction de la circulation lymphatique. Cette affection se trouve généralement dans les pays tropicaux. Elle est transmise par certains moustiques. Lorsqu'elle atteint le scrotum, l'enflure peut devenir telle qu'on doit se servir d'une brouette pour contenir les testicules afin de pouvoir se déplacer.

Gynécomastie : amas de graisse augmentant le volume de la poitrine masculine. La cause peut en être l'obésité ou un dérèglement hormonal. Certains cas de gynécomastie furent observés chez les "forts des halles" ayant l'habitude de manger le cou des poulets traités aux hormones. Des traitements hormonaux contre le cancer peuvent aussi déterminer une gynécomastie. Elle apparaît souvent, chez les garçons, au moment de la puberté, mais disparaît ensuite dans la plupart des cas. D'autres traitements hormonaux peuvent la corriger.

Priapisme : érection constante. Cette tension du pénis est souvent douloureuse et résulte de maladies vénériennes telles que la gonorrhée. La cause peut aussi en être une leucémie, une lésion de la colonne vertébrale, une prostatite ou encore l'abus de remèdes contre l'impuissance. Autrefois, on se servait de sangsues pour décongestionner les corps caverneux. Aujourd'hui, les thérapies vont de la constriction au moyen de bandes de caoutchouc au bain froid, en passant par la chirurgie.

DYSMORPHOPHILIE

(du grec *duamorphos* : difforme, et *philia* : amour de)

Attirance pour les difformités. Le dysmorphophile aime les monstres, les bossus, les nains, les géants. On connaît la rêverie de Charles Baudelaire :

J'eusse aimé vivre auprès d'une jeune géante
Comme au pied d'un arbre un chat voluptueux. (*Les Fleurs du Mal,* 1857).

Ce choix peut dépasser le cadre de l'érotisme et constituer une sorte d'éthique :

Personnellement, mon choix est fait depuis longtemps, et je préfère mes chers monstres à la caricature de société que vous me proposez. Ces chers monstres, je les recherche avec amour et je me sens de leur famille, ils sont mes ancêtres, mes enfants et mes meilleurs amis. (Jean Boullet, “La Galerie des Monstres”, *Bizarre*, n° 17/18, Février 1961).

On a pu voir à l’article “Dédoublement d’organes” que certains êtres difformes ont eu une vie sexuelle parfois intense. C’est d’ailleurs ce que suggère le film *La monstrueuse parade* (*Freaks*) de Tod Browning. Il faut donc que leur partenaire ait aimé leur conformation. La dysmorphophilie peut amener des ruptures : dans *Les Poneys Sauvages*, de Michel Déon, la volage Sarah ne lasse son partenaire qu’au moment où elle choisit de le tromper avec un monstre à trois doigts, fort laid de surcroît.

D’autres difformités, parfois acquises, comme le manque d’un sein après une mastectomie, peuvent aussi déterminer une attirance sexuelle. Il existait autrefois, des bordels proposant des êtres difformes à leurs clients. Une presse spécialisée en publie des photographies pornographiques.

Il semble que cette attirance se mêle à un sentiment de compassion, mais aussi de peur. Ces deux sentiments peuvent se muer en désir sexuel. Il peut aussi s’agir d’un sentiment de sécurité, dû à la supériorité ressentie par l’être “normal” dominant celui qui ne l’est pas, ou plus. Cette sécurité se renforce parfois du fait qu’il est peu probable, du moins dans l’esprit du dysmorphophile, que leur partenaire les quitte pour une autre aventure.

VOIR ACROTOMOPHILIE, APOTEMNOPHILIE, EUNUQUE, HERMAPHRODISME, TRANSSEXUELS, PERVERSION.

E

Échange des femmes
Échangisme
Éclairage
Ecstasy
Écorchures, Griffures
Écouteurisme
Effeuillage, Strip-tease
Éjaculation inverse
Éjaculation précoce
Électrophilie
Émétophilie
Endytophilie
Enfer (l')
Épilation
Épispadias
Épingles
Érection contrôlée
Érotica
Érotographomanie
Érotomanie
Esclaves
Essayeurs
Étau
Étirement
Étranglement
Eugénisme
Eunuque
Évanouissement
Éventail
Excision
Exécutions
Exercices sexuels
Exhibitionnisme

ÉCHANGE DE FEMMES

Aussi appelé *swinging*. Il s'agit d'une coutume ancienne qu'on retrouve çà et là dans le monde. Les Esquimaux, partant pour des expéditions de chasse, confient leurs épouses à leurs voisins. Elles exécutent, pour ce dernier, tous les travaux d'une épouse. C'est une condition nécessaire pour la survie dans les grands froids. Les Chinois louaient leurs femmes pour les mêmes raisons. Lorsqu'elles se trouvaient enceintes, le locataire devenait le père légal de l'enfant. Chez les Chuckchee du Nord de l'Asie, on offre sa femme au voyageur solitaire, au même titre que l'hospitalité. Cet arrangement est réciproque et s'applique rarement à un visiteur célibataire. L'échange coutumier des femmes se retrouve à Hawaii, en Afrique, au Tibet. De nombreuses hérésies para-chrétiennes pratiquaient la mise en commun des femmes. C'est souvent la pratique de groupes restreints, coupés du monde extérieur ou placés dans une situation particulière d'éloignement. Ainsi, après la Seconde Guerre mondiale, les occupants américains de l'Allemagne jouaient à une sorte de "lits musicaux" avec les femmes du pays conquis qui se prostituaient pour se nourrir. Chaque soldat dansait ou flirtait avec l'une de ces femmes. Après quoi, on éteignait la lumière. De nouveaux couples se formaient dans l'obscurité, chacun cherchant à deviner qui se trouvait dans son lit. On rallumait la lumière pour avoir la réponse une fois l'acte sexuel consommé.

VOIR CANDAULISME, ÉCHANGISME.

ÉCHANGISME OU *SWINGING*,

Bigynisme : deux femmes pour un homme, bivirisme : deux hommes pour une femme, ochlophilie : excitation lorsqu'on est dans la foule, martyphilie : excitation exhibitionniste lorsqu'on est en train de faire l'amour, etc.

L'échangisme, ou sexualité de groupe, est différent de l'échange de femmes en ce sens qu'il n'est pas nécessaire que les partenaires soient mariés. Il s'agit de toutes pratiques sexuelles incluant plus de deux personnes et dans laquelle on passe d'un partenaire à l'autre. Soit plusieurs partenaires ont des relations sexuelles simultanées (voir *Gang bang*).

L'être humain, comme les animaux, est excité en entendant, voyant ou sentant d'autres individus en train de copuler. L'occasion d'avoir des activités sexuelles autrement que dans l'intimité habituelle renforce le désir chez beaucoup d'individus. Maintes religions pratiquaient les orgies en tant que rituel d'adoration des dieux de la fertilité. Ce qui donnait une chance aux personnes stériles d'enfanter. Les rejetons de ces unions

devenaient des personnages sacrés.
Cinq millions de personnes se livreraient à l'échangisme aux États-Unis. Certaines sont inscrites dans des clubs, d'autres préfèrent l'initiative individuelle. Il existe des associations, des hôtels, des clubs de rencontre, des croisières consacrées à cette pratique. Cependant, l'organisation la plus fréquente résulte de l'initiative d'un couple ouvrant son domicile à cet effet durant un week-end ou plusieurs jours. Ce couple fournit des repas, des boissons, des préservatifs en échange d'une cotisation. Cette dernière doit être considérée comme une participation aux frais et n'est pas destinée à payer l'acte sexuel : il ne s'agit pas de proxénétisme. La maison comprend généralement plusieurs chambres où l'on peut s'isoler, ainsi que des pièces où l'on peut, au contraire, se retrouver à plusieurs. Les bains et douches collectifs sont fréquents, tandis qu'on se réunit dans la cuisine au moment des repas.
Dans certains cas, le sol d'une grande pièce est entièrement recouvert de matelas. D'autres chambres demeurent disponibles pour ceux qui préfèrent s'isoler. Mais le règlement interdit qu'on rejoigne ces derniers sans leur invitation. Il y a une grande différence entre l'invitation et la permission. L'invitation est une demande expresse d'un couple qu'on le rejoigne. La permission est la possibilité d'interrompre les ébats pour s'y joindre. Chacun décide librement de dire oui ou non. Ceux qui ne considèrent pas un "non" explicite comme un refus définitif sont priés de s'en aller. Il en est de même pour ceux qui se montrent trop agressifs. Souvent, le sadomasochisme est prohibé et, généralement les hommes n'ont guère de relations sexuelles entre eux tandis que les femmes y sont encouragées.
Un témoin, dans une réunion d'échangistes, verrait des couples ou des groupes pratiquant toutes sortes de positions et d'actes sexuels, mais aussi quelques personnes se masturbant à l'écart. Les "essaims mongols" sont des groupes de plus de trois personnes. Il s'y trouve généralement plus d'hommes que de femmes, chaque femme subissant plusieurs pénétrations. Certaines femmes profitent des réunions échangistes pour éprouver des intimités successives avec un seul homme à la fois. Les groupes permettent à d'autres de laisser à une autre femme les actes qu'elles n'apprécient pas : pénétration anale, fellation, par exemple.
"L'arc-en-ciel" est un "essaim mongol" dont les partenaires sont de couleur différentes. La "barque" désigne la situation dans laquelle une femme est assise sur les genoux d'un homme qui la pénètre, tandis qu'elle pratique la fellation sur deux

autres mâles qui l'entourent. La "marguerite" est une ronde formée par un groupe pratiquant fellation et cunnilinctus. Personne n'est obligé de changer de partenaire : il existe des couples qui restent ensemble et viennent pour le seul plaisir d'avoir des relations sexuelles au milieu d'autres personnes se livrant aux mêmes activités.

Il existe des clubs échangistes fort bien équipés. On y trouve des miroirs, des caméras, des écrans vidéo, des glaces sans tain, voire des cours d'initiation à telle ou telle pratique, comme le massage, la décoration pubienne, ou des leçons de strip-tease. Un club, en Floride, n'autorise un couple à participer à ses séances qu'après un stage d'initiation.

La sexualité de groupe offre bien des avantages aux femmes. Elles peuvent vivre des relations sexuelles occasionnelles sans courir le risque d'être violées ou maltraitées. Elles ne dépendent pas d'un seul partenaire pour les satisfaire. Une relation sexuelle sans lendemain peut calmer la frustration de celles qui n'ont pas de partenaire régulier. C'est une façon d'assumer ses propres désirs et besoins sans dépendre d'un système socio-religieux ordonnant la privation. Contrôler ainsi ses désirs permet de se défouler, sans dériver son aigreur sur d'autres personnes, ni intérioriser douloureusement le manque.

Il existe aussi des établissements spécialisés dans la domination, le sadomasochisme de groupe, la coprophilie, le travestissement, le fétichisme etc.

ÉCLAIRAGE

La fertilité des femmes et la virilité des hommes sont influencés par les rythmes circadiens, c'est-à-dire par un cycle métabolique naturel. Le manque de lumière perturbe ces rythmes. Les femmes esquimaudes n'ont ni règles, ni ovulation durant les longs hivers boréaux, tandis que la spermatogenèse des hommes se ralentit considérablement. La lumière est un élément essentiel de la vie sexuelle comme de la vie tout court. En même temps, elle peut se révéler inconfortable. C'est pourquoi beaucoup préfèrent avoir des relations sexuelles dans l'obscurité, la pénombre, ou un éclairage tamisé.

Les lumières colorées ou teintées favorisent les bonnes dispositions et créent parfois de charmantes illusions. Le vert peut ralentir l'érection masculine, le rouge la favorise. La combinaison de bleu et de vert augmente les volumes créant l'illusion de poitrines plus abondantes et de pénis plus gros. Un feu de bois dans une cheminée, des bougies sont à peu près universellement reconnus comme favorisant le désir en créant une ambiance érotique.

Les variateurs électriques permettent de régler l'intensité de la lumière. Combinés à un programmateur, ils peuvent assombrir progressivement une pièce, créant petit à petit, et stratégiquement, l'environnement lumineux favorable à l'amour.

L'éclairage peut aussi déplaire à certaines femmes. Un homme tente d'en expliquer les raisons :

Au cinéma, ma femme est très choquée par les images de fellation, et pourtant, elle la pratique. Même chose pour les caresses dans la région de l'anus, pour toute "déviation", elle ne le supporte pas ; mais seulement au cinéma.

Je rapprocherais cela du fait que la plupart des filles ne veulent pas faire l'amour avec la lumière : se voir faire l'amour, savoir que l'autre les voit, non, elles ne veulent pas. (René, 28 ans, cité par M.F. Hans et G. Lapouge, *Les femmes, la pornographie, l'érotisme*, Seuil, 1978.)

ECSTASY

VOIR APHRODISIAQUES.

ÉCORCHURES OU GRIFFURES

Dermographie volontaire ou amychesis involontaire, c'est-à-dire lorsqu'une femme passionnée griffe son partenaire. Les écorchures sont fréquentes durant l'acte sexuel. Le fait de marquer ainsi son partenaire n'est pas obligatoirement du sadisme. Les suçons visibles, comme les morsures, procèdent plutôt d'une volonté de symboliser la liaison, un peu comme lorsqu'on grave des cœurs avec des initiales sur l'écorce d'un arbre. Ces marques sont à la fois visibles par un tiers et secrètes, puisqu'intimes et non explicites. C'est déclarer l'existence d'un couple, tout en ne la révélant pas tout à fait. Le *Kama-sutra* de Vatsayana donne différentes recettes pour marquer son partenaire d'une façon durable :

Les griffures seront imprimées sur les aisselles, la gorge, la poitrine, les lèvres, le jagdana ou ventre, et les cuisses. Les ongles peuvent laisser huit traces différentes en griffant ou en appuyant : le détroit, la demi-lune, le cercle, les lignes, la griffe du tigre, le pied du paon, le saut du lièvre, la feuille de lotus bleu. L'art d'imprimer les marques d'amour est familier à tous. Les griffures ne doivent pas marquer une femme mariée. Toutefois, il est permis de laisser des marques particulières sur les parties cachées de son corps afin de renforcer l'amour, et en guise de tendre souvenir. Même lorsqu'elles sont anciennes et à demi effacées, ces traces rappellent à une femme les doux moments passés, leur permettent de revivre leur passion qui, autrement, serait oubliée. Une jeune femme portant de telles marques sur la poitrine peut impressionner un passant qui les contemple à distance. Un homme qui porte des traces de griffures ou de morsures sur son corps a du succès auprès des femmes, y compris

auprès de celles qui se montrent généralement réticentes.
Aujourd'hui, il semble qu'on hésite davantage à laisser de telles traces sur le corps d'un partenaire sans son consentement.
VOIR CICATRICE, FLAGELLATION, MORSURE, PINÇON.

ÉCOUTEURISME
L'écouteurisme est à l'acousticophilie ce que le voyeurisme est à la scoptophilie. L'acousticophile et le scoptophile se satisfont avec des partenaires consentants. Pour le voyeur, comme pour "l'écouteur", il faut surprendre un secret, "violer".
C'est le fait même de violer l'intimité, plus que ce qu'on découvre, qui constitue le moteur d'une telle conduite. On peut la rapprocher de l'exhibitionnisme et des appels téléphoniques obscènes.
"L'écouteur" cherche à entendre les ébats sexuels d'autres personnes. Il peut, comme un voyeur qui plaque son œil au trou d'une serrure, coller son oreille sur le bois d'une porte. Certains sont plus organisés ; tels des espions, ils placent des micros dans une chambre ou utilisent des appareils d'écoute à distance. Ces derniers, relativement abordables, permettent d'entendre finement une conversation se déroulant à une distance de plus de deux cents mètres. "L'écouteur" peut se doubler d'un voyeur, mais ce n'est pas obligatoire.
Le fait d'être excité par l'audition fortuite d'ébats amoureux dans une chambre voisine est normal et ne constitue pas l'écouteurisme. Pour définir ce dernier, il faut une intention, la réitération de l'acte, la compulsion ou la fixation.
VOIR CANDAULISME, COPROLALIE, JACTITATION, TÉLÉPHONICOPHILIE, VOYEURISME.

EFFEUILLAGE OU STRIP-TEASE
On distingue l'édyose (l'excitation éprouvée en se dévêtant devant un public) de la gynonudomanie (compulsion menant à déchirer les vêtements de quelqu'un).
Il s'agit de se dénuder volontairement devant une assistance. Le strip-tease est un spectacle pratiqué par des hommes et des femmes, hétérosexuels ou non. Certains le font en privé : ils passent des annonces dans les journaux et se rendent au domicile de leurs clients pour exhiber leur show. Ils peuvent aussi louer des chambres d'hôtel à cet effet.
Le strip-tease dans les boîtes de nuit et autres cabarets est principalement féminin, quoiqu'il se répande dans les établissements fréquentés par des homosexuels masculins. Il existe aussi des spectacles consistant en l'effeuillage d'hommes pour un

public féminin, tels les *Chippendales*, mais c'est encore rare.

L'effeuillage s'accompagne d'une pantomime ou d'une danse aux gestes lascifs bien connus. L'artiste se dévêt peu à peu, lentement, au son d'une musique douce. Chaque partie dénudée du corps est montrée progressivement. Pour ôter sa jupe, sa culotte, la strip-teaseuse se penche et fait lentement glisser le vêtement de ses fesses jusqu'à ce qu'il tombe sur la scène ou le podium. Les mains soulignent les contours du corps.

Autrefois, les lumières s'éteignaient avant que la strip-teaseuse ne dévoile son pubis : la loi interdisait l'exposition de la vulve. Aujourd'hui, le spectacle peut la dévoiler sans risque d'amende.

VOIR CHORÉOPHILIE, EXHIBITIONNISME, SPECTACLES ÉROTIQUES.

ÉJACULATION INVERSE

Toutefois, le fait que le sperme s'écoule vers la vessie n'empêche pas le plaisir. Ce n'est pas tout à fait un dysfonctionnement tandis que c'est la règle pour les hommes ayant subi une opération de la prostate.

VOIR DYSFONCTIONNEMENTS.

ÉJACULATION PRÉCOCE

Dite aussi *preblysis* ou *tachorgasmia*, l'éjaculation précoce peut se définir de deux façons, au moins. Lorsque l'orgasme masculin advient avant même le déshabillage du couple, ou encore lorsqu'un homme n'est pas capable de contrôler son éjaculation assez longtemps pour satisfaire sa partenaire durant la moitié des rapports sexuels du couple (Masters et Johnson, *Human Sexual Unadequacy*). Cependant, la définition la plus facile à mémoriser est celle de D.W. Hastings qui "*propose de prendre en compte le jugement subjectif de l'homme et définit comme précoce toute éjaculation qu'il ne désire "pas encore*". ("Common Sexual Dysfonctions : I. Impotence, II. Ejaculatio Praecox, III. Lack of Female Response." *Psychiatric Annals* I (4) 10-31 cité par Arentewicxz et Schmidt, *The Treatment of Sexual Disorders, Concept and Technics of Couple Therapy*, New York, 1983.)

On suppose que l'homme primitif devait se dépêcher de saillir une femelle avant que le mâle dominant ne s'en empare. Alfred Kinsey constate que 75 % des hommes interrogés pour son rapport éjaculaient moins de trois minutes après la pénétration. Les autres primates éjaculent en quinze secondes. Ces faits existent pour les deux sexes, mais la société actuelle ne se préoccupe que des mâles.

L'éjaculation précoce est fréquente et se produit pour différentes raisons. La première résulte des conditions dans lesquelles un jeune garçon découvre la sexualité. La masturbation est souvent précipitée, de peur d'être surpris, ce qui oblige à se concentrer sur l'orgasme sans pouvoir se détendre émotionnellement, ni jouir de l'intimité d'un partenaire.

Parmi les autres causes de l'éjaculation précoce, on distingue : les problèmes physiologiques, relativement rares, occasionnant une douleur durant l'acte sexuel, la peur de l'intimité, la chasteté prolongée, ou encore un manque de maîtrise musculaire.

Il n'existe pas de traitement “miracle”. Toutefois si un urologue ou un psychologue ont été consultés sans résultat notable, on peut suivre les conseils suivants :

Parler du problème avec le partenaire.

Exercer les muscles durant la miction en l'arrêtant durant quelques secondes à plusieurs reprises.

Essayer de ne pas penser à l'orgasme comme but immédiat.

Se masturber avant d'avoir une relation sexuelle avec un partenaire.

Utiliser un préservatif pour diminuer l'intensité des sensations.

Préférer un verre de vin ou de bière à une boisson contenant de la caféine.

Arrêter, ou retirer le pénis durant l'acte lorsque la sensation devient trop intense.

Appuyer sur le périnée, à mi-chemin entre le scrotum et l'anus lorsqu'on pressent l'imminence de l'orgasme, pour réduire la pression subie par la prostate. On doit s'y exercer en dehors des relations sexuelles.

Presser ou pincer la plante des pieds peut retarder l'orgasme.

Tirer les testicules vers le bas peut arrêter l'orgasme.

Les exercices de yoga respiratoire sont parfois efficaces.

Poser le pouce sur le frein du prépuce, et les autres doigts du côté opposé. Presser doucement durant quinze secondes.

Les hommes qui, après maints efforts, ont vaincu l'éjaculation précoce et ont appris à se contrôler découvrent souvent que leur partenaire demeure frigide. Cette frigidité est souvent masquée par l'éjaculation précoce de l'homme, ou accentuée par les reproches, la rancœur éprouvée de ce fait par la femme. Il existe des femmes qui, sachant que les hommes éjaculent souvent en moins de trois minutes, se pressent d'éprouver l'orgasme. Ce qui montre qu'il ne s'agit pas seulement d'une question de temps.

Certaines femmes découvrent leur sexualité par une technique de masturbation qui ne les prépare pas bien à la pénétration, par exemple les manuélisations trop vives et l'usage d'un vibromasseur. Une personne ayant besoin d'être trop longuement stimulée est appelée dysorgasmique.

VOIR IMPUISSANCE.

ÉLECTROPHILIE

La stimulation par une décharge électrique a ses amateurs. Elle nécessite un équipement sûr. Il s'agit d'appareils munis de batteries de la taille d'un flash photographique. D'autres utilisent des générateurs, des "gégènes". Cet appareil, utilisé par les militaires à des fins de torture, produit un courant élevé difficile à supporter. Certains amateurs sont morts en se masturbant à l'aide d'électricité. Pour plus de renseignements, on pourra lire la revue américaine *Dungeon Masters*, n° 8, janvier 1981 : *The Shocking Art of Electrical Torments.*

Il existe des gens ayant survécu après voir été foudroyés : quelques-uns ont ressenti un agréable état de vertige. Il semble pourtant déraisonnable de se munir d'un paratonnerre pour se promener dehors un jour d'orage.

Il existe, ou il exista un voyeurisme, une scoptophilie électrophile : certains militaires étaient excités par les soubresauts de prisonniers torturés à l'électricité. Vers 1886, lorsqu'on fit connaître la chaise électrique aux États-Unis, de nombreuses démonstrations en furent présentées au public par des expérimentateurs itinérants : on électrocutait des animaux, afin de montrer l'efficacité du dispositif. Ce "spectacle" excitait parfois quelques personnes de l'assistance

VOIR EXÉCUTIONS CAPITALES.

ÉMÉTOPHILIE

(du grec *emein* : vomir, et *philia* : amour de)

Appelée aussi "douche romaine" par allusion à la pratique latine de se faire vomir durant un repas, afin de pouvoir continuer à s'empiffrer.

Forme de picazisme focalisée sur le vomissement. On distingue deux formes d'émétophilie, lorsque le sujet ingère du vin, de l'urine, ou n'importe quel aliment dans le but de vomir sur son partenaire. Il ne s'agit pas des vomissements solitaires provoqués durant les crises de boulimie.

L'autre forme consiste à demander au partenaire de se suralimenter. Puis de le faire vomir, par exemple en provoquant un haut-le-coeur par une introduction trop profonde du pénis durant la fellation.

La consommation de leurs propres vomissures ou autres déjections est fréquente chez les ascètes, comme celle des déjections d'autrui. L'exemple fameux de la religieuse Marie-Marguerite Alacoque, consommatrice des rejets émétiques des malades qu'elle soignait est développé à l'article coprophagie.

VOIR DOUCHE, LAVEMENT, PICAZISME.

ENDYTOPHILIE OU ENDYTOLAGNIE

L'endytophile préfère que son partenaire sexuel soit vêtu plutôt que nu. Le vêtement voile et dévoile et l'on sait quel effet érotique ce mélange provoque. À tel point qu'il peut même susciter une gêne, une réaction de rejet :

Ne sait-on pas que les statues et les tableaux m'offensent les yeux quand un mélange de vêtements rend les nudités obscènes ? (Jean-Jacques Rousseau, *Confessions*).

VOIR CHEMISE CHRÉTIENNE, FÉTICHISME, TRAVESTI, LINGERIE.

ENFER (L')

Ce lieu de supplice post-mortem des religions judéo-chrétiennes a donné son nom à une ancienne section de la Bibliothèque nationale. On y trouvait les ouvrages érotiques et pornographiques. Son accès était contrôlé. Au début du XXe siècle des écrivains érotomanes (Guillaume Apollinaire, Pierre Louÿs, André Salmon, etc.) fréquentèrent l'Enfer pour recopier des ouvrages rares et les publier ensuite, généralement en de très belles éditions illustrées. L'Enfer n'existe plus de nos jours et les ouvrages en question sont classés d'une autre manière. La cote Dewey comprend les ouvrages érotiques au même titre que les autres. Selon les cas on trouvera les *erotica* au classement "Moeurs et coutumes" (390) ou "Peinture – arts graphiques" (750) ou encore "Littérature française" (843). Les ouvrages scientifiques de sexologie ou de psychiatrie ont évidemment un code à part : (616.)

Néanmoins, la plus belle bibliothèque d'œuvres licencieuses est sans conteste celle du Vatican où l'on recense plus de vingt-cinq mille ouvrages.

ÉPILATION (ÉLECTROLYSE, RASAGE, CIRE)

La contemplation des statues antiques laisse parfois perplexe. Alors qu'il n'est pas rare de voir les nus masculins pourvus de poils pubiens, le mont de Vénus des femmes est généralement glabre. L'art est ici reflet de la réalité : les femmes grecques et romaines s'épilaient. Ensuite, pour adoucir la peau, elles usaient de pommades, de talc ou autres poudres parfumées aux multiples recettes. On appelle acomoclitisme le goût pour les pubis épilés.

Cette mode existait en Chine ancienne, et se perpétue en terre d'islam. Certains auteurs pensent que cet usage servait à éviter la pédiculose. Mais aucune explication hygiéniste n'est pertinente lorsque dans une même aire des usages divergents coexistent. Le rasage du pubis n'est donc pas le moyen d'éloigner les poux. Religieux ou érotique, le rasage ou l'épilation se pratiquent parfois dès les premiers poils, à la puberté. Là où ils sont pratiqués, les

hommes éprouvent généralement du dégoût pour les vulves poilues.
Le poil renvoie à l'animalité. Certaines femmes deviennent frigides en face d'un partenaire velu. Parfois, devant une poitrine mâle trop hirsute, elle demande le port d'un maillot ou d'un T-shirt.
L'arrachage violent de touffes de poils pubiens produit, chez certaines, l'orgasme. Dans les établissements de bains turcs ou maures, on trouve parfois des femmes exercées à cet art. Au XVIe siècle en France, quelques médecins utilisèrent cette épilation "sauvage" comme un remède à l'hystérie féminine. L'hystérie se dégageait alors de la notion de possession diabolique. On y voyait un dysfonctionnement sexuel et la douleur infligée avait pour but d'en calmer la frénésie. On peut se demander si les médecins ne s'impliquaient pas trop dans cette thérapie.
Le poil tranché, coupé, a toujours été associé au sexe, à la castration. Les rapports entre Samson et Dalila, dans la Genèse, montrent une prise de pouvoir féminine autant qu'une trahison. De plus, elle est associée à la cécité : Samson est rendu aveugle par les Philistins pour qu'il ne distingue plus les belles femmes des autres. On rejoint alors le mythe d'Œdipe, aveugle et rasé par pénitence, ou les divers rituels de purification.
Le rasage des cheveux fut aussi utilisé comme repoussoir. Dans certaines tribus, les hommes rendaient ainsi leurs épouses chauves pour décourager un rival potentiel. Les femmes juives devaient, et doivent encore chez les intégristes, se raser les cheveux et porter une perruque.
Une longue chevelure est un signe de pouvoir. Les Mérovingiens, fiers de leurs crinières, coupaient les cheveux de leurs ennemis. Sous les Mérovingiens, durant la rivalité terrible entre Frédégonde et Brunehaut, les héritiers rivaux se virent souvent rasés par leurs ennemis : ainsi ils ne pouvaient plus régner. Les nonnes catholiques se débarrassent de leurs cheveux pour symboliser leur mariage avec le Christ.
Il arrive que des hommes coupent subrepticement les cheveux de femmes dans la rue, dans les transports en commun. Après quoi, ils emportent leur butin chez eux pour se masturber. À la fin du XIXe siècle, à Chicago, un homme coupa les nattes d'au moins cinquante femmes avant d'être appréhendé par la police. Il existe des prostituées laissant les hommes leur caresser les cheveux moyennant finances. Toutefois, elles doivent se méfier pour qu'il n'y ait ni arrachement, ni coup de ciseaux intempestifs.
L'épilation, aujourd'hui, fait partie des jeux érotiques. Elle s'associe au bondage, au travestisme, aux peintures corporelles. L'épilation rend plus confortable le port de ceintures

de chasteté ou de vêtements de cuir ou de latex. Elle est souvent nécessaire pour le piercing ou l'application de fers rougis. Durant les séances de domination/soumission, elle peut faire partie des rituels d'humiliation et peut générer la peur lorsqu'un instrument tranchant approche des zones sensibles du corps humain.

La repousse du poil rend le derme rugueux. On utilise alors du talc, des crèmes adoucissantes ou des gommages exfoliants. Beaucoup de femmes épilées portent des sous-vêtements de coton pour éviter les irritations. Le contraste entre les sensations d'avant et d'après le rasage procure, pour beaucoup, un plaisir accru.

Trois méthodes principales permettent de rendre le corps glabre : l'électrolyse, la thermolyse et un mélange des deux. Elles sont douloureuses et les séances d'épilation ne doivent pas durer plus d'une heure. Ce sont des procédés coûteux.

Les scoptophiles aimant les femmes glabres ont a leur disposition un bon nombre de magazines en présentant des photographies, ainsi que des films. Il existe des clubs, des spectacles qui satisferont leur penchant.

ÉPISPADIAS

VOIR DYSFONCTIONNEMENTS.

ÉPINGLES

Les épingles sont utilisées dans les pratiques sadomasochistes. On utilise des épingles de 15 à 25 millimètres munies de têtes rondes qui doivent être soigneusement stérilisées avant emploi. Les épingles peuvent être enfoncées perpendiculairement dans les muscles (fesses, cuisse, mollet) ou parallèlement à la peau après l'avoir pincée. On peut aussi percer les joues, les lèvres, la langue ou le nez. On utilise généralement une centaine d'épingles réparties sur tout le corps, enfoncées de moitié et que l'on peut enfoncer totalement à l'aide d'un palette ou d'un paddle. Cette pratique s'avère, aux dire des pratiquants, assez peu douloureuse, mais provoque de puissantes montées d'adrénaline.

ÉRECTION CONTRÔLÉE OU ÉRECTION VOLONTAIRE

Certains hommes peuvent commander leur érection. C'est le cas de certains acteurs de films pornographiques. Encore que, dans la plupart des cas, leur érection soit préparée avant le tournage d'une séquence par une jeune femme experte en fellation. Les yogi de l'Inde parviennent à maîtriser ainsi leurs corps caverneux. Le plus célèbre cas d'érection "sur commande" est Guy de Maupassant :

Hennique parle de Maupassant et il s'étend sur le sadisme de l'être et sa puissance d'érection. Car il bandait à volonté et faisait le pari qu'au bout de quelques instants, le visage contre le mur, il se retournerait la verge en l'air, et il gagnait son pari. (Jules et Edmond de Goncourt, *Journal*, 9 avril 1893).

Ce fait est confirmé par le voyageur érotomane Franck Harris qui rencontra Maupassant vers 1880 :

(...) Peut-être suis-je quelque peu exceptionnel au point de vue sexuel, car je puis me mettre en érection à volonté ! Tenez, regardez, dit-il en souriant.

Il fit halte et là, en pleine route, l'étoffe tendue et sa braguette prouvait qu'il ne mentait pas.

– En effet, dis-je, ce n'est pas ordinaire ! J'imaginais que j'étais moi-même anormal parce que l'érection vient très vite chez moi, mais vraiment, vous avez là une faculté qui dépasse ce que j'ai jamais entendu dire. Vous avez toujours été comme ça ?

– Toujours et autrefois, au régiment, ça les épatait. (Franck Harris, *My Life and Loves*, 1923-1927, traduit en français dès 1934 mais interdit en Angleterre jusqu'en 1968.)

ÉROTICA

Ce mot désigne la littérature érotique, les ouvrages illustrés montrant des actes sexuels, etc. On distingue généralement les *erotica* de la pornographie à l'aide de notions telles qu'obscénité, vulgarité, etc. Il est aussi courant d'exprimer que l'érotisme est affaire de suggestion, ce qui l'oppose à la pornographie, laquelle montre, désigne, exhibe. Toutefois, ces distinctions semblent correspondre à des niveaux culturels ou sociaux, à tel point qu'on a pu dire que l'érotisme est la pornographie du riche. Inversement, la pornographie serait l'érotisme du pauvre. La notion même de pornographie demande à être explorée : elle est occidentale et se distingue des représentations d'actes sexuels des autres cultures par sa fonction, sa commercialisation, et l'environnement moral qu'elle suppose.

VOIR C*URIOSA*, PORNOGRAPHIE.

ÉROTOGRAPHOMANIE

(du grec *erôtikas* : qui concerne l'amour, de *graphein* : écrire, et *mania* : folie)

Manie consistant à écrire des lettres amoureuses ou érotiques. L'invention du téléphone a réduit la fréquence de cette pratique. Cependant, des personnalités célèbres, acteurs, chanteurs, reçoivent fréquemment des lettres "torrides" de la part de leurs fans (voir *Érotomanie*). L'érotographomanie est aussi le fait d'écrivains pornographiques. Parfois, cette pornographie est le fait d'auteurs professionnels ne pratiquant pas seulement ce genre. Le désir d'écrire des "cochonneries" n'est pas forcément malsain. On sent, toutefois, chez certains, une sorte de compulsion qui pourrait aller jusqu'à l'obsession. C'est le cas, lorsque n'importe quel objet décrit peut, par comparaison, métaphore ou application rhétorique, se charger de signification ou d'évocations sexuelles. Joris-Karl Huysmans, dans *Là-Bas*, évoque une promenade en forêt, prétexte à une rêverie érotique. Les arbres y sont comparés à des pénis en érection, tendus vers l'infini, tandis que les nuages représentent des fesses ou des poitrines féminines, mais aussi des jets de sperme. Les fourches des branches évoquent l'entrejambe féminin, tandis que partout, l'auteur voit des vagins, des anus béants ou investis. Ce bio-érotisme et cette dendrophilie littéraires n'empêchent pas un mécanoérotisme effréné :

Lorsque l'imagination humaine cherche à animer des créations artificielles, elle doit prendre modèle sur les mouvements des êtres humains dans l'acte de procréation. Regardez ces machines, le jeu des pistons dans les cylindres. Qu'est-ce sinon des Roméo d'acier dans des Juliette métalliques ? Les variétés de l'expression humaine ne diffèrent guère du mouvement de nos machines. C'est là une loi à laquelle il faut rendre hommage si on n'est ni impuissant, ni saint.

VOIR COPROGRAPHIE, JACTITATION, MÉCANOÉROTISME, SEXE AU TÉLÉPHONE.

ÉROTOMANIE

(du grec *erôtikas* : qui concerne l'amour, et *mania* : folie)

Obsession sexuelle ou attirance vers ce qui est en rapport avec la sexualité, l'érotisme. Les érotomanes sont affectivement similaires aux fétichistes. Ils ont souvent senti une trop grande distance affective entre eux et leurs parents durant leur enfance. L'obsession, du latin *obsessionem*, venant d'*obsessum*, supin d'*obsidere* signifiant “s'asseoir autour” dans le sens d'“assiéger” est l'action de celui qui obsède, d'une part, qui persécute l'objet désiré, mais aussi, celui qui se tourmente par des illusions. Il s'agit d'un trouble du caractère, de la volonté menant aux idées fixes accompagnées de crainte et de compulsions diverses. Dans le cas de névroses obsessionnelles, le patient reconnaît lui-même l'absurdité de ses fixations ou compulsions. Cependant, les images ou les peurs s'imposent à lui, provoquant une sensation d'angoisse.

Le mot érotomanie ne recouvre pas seulement ces troubles pénibles à vivre. C'est aussi la douce manie des collectionneurs de *curiosa* (voir ce mot), des amateurs de spectacles érotiques, des assidus des maisons de prostitution n'allant pas jusqu'à la compulsion ou l'angoisse.

Ce terme, en français, n'a pas le même sens qu'en anglais : dans cette langue, il recouvre l'érotographomanie, et toutes les conduites menant un individu à se fixer érotiquement sur une personne remarquable ou célèbre, par exemple un acteur, un chanteur, un homme politique. Il s'agit, dans ce cas, d'une dépendance amoureuse particulière jointe parfois à un comportement qu'on retrouvera à l'article "groupie". C'est le syndrome de Clerambault qui peut-être le signe d'une grave psychose.

Dans ce dernier cas, les problèmes ne proviennent pas seulement des efforts du sujet, du "fan" de telle ou telle célébrité pour rencontrer son "idole", mais du rejet ou de l'indifférence de cette dernière. Dès lors, l'attirance, l'amour peut se transformer en haine et mener à des actes violents ou meurtriers :

Madame B., retraitée âgée de soixante-cinq, ans fut internée en hôpital psychiatrique après avoir agressé son voisin, un directeur de banque. Elle prétendait que, bien qu'il ne lui eût jamais parlé, il lui adressait des messages télépathiques de caractère sexuel. Elle ajoutait qu'il la regardait d'une façon insistante, au point qu'elle protesta à plusieurs reprises. Le directeur de banque nia s'intéresser à elle et voulut garder ses distances. Furieuse, Madame B. le suivit à son travail, sauta par-dessus le bureau et tenta de l'étrangler. Plus tard, elle avoua simplement avoir touché sa cravate. (Jonathan Segal, "Erotomania Revisited : From Kraepelin to DSM-III-R", American *Journal of Psychatry* ; 146:10, Octobre 1989).

VOIR : DÉPENDANCE AMOUREUSE, ÉROTOGRAPHOMANIE, FÉTICHISME, PERVERSION.

ESCLAVE

(du latin : *famuli,* origine du mot français "famille")

L'esclave faisait partie de la "famille", un peu comme les domestiques d'autrefois en milieu rural. Il convient de distinguer cet esclave-là, proche, que le maître connaît personnellement et qui entre dans la maison, qui a un nom, de l'esclave inconnu qui trime dans les grandes propriétés ou dans les mines de sel, et qu'on ne connaît pas ou que l'on peut confondre avec un autre. L'ignorance de cette distinction nous fait conserver le terme d'esclave pour décrire à la fois le famulus, (familier) que l'on a le plus souvent acheté, choisi, et l'esclave (le "*slave*" en anglais) au sens d'abord géographique, prisonnier de guerre ou victime d'un rapt dont le nom vient des peuplades de l'Est que Rome ne put point soumettre.

Familier ou étranger, l'esclave fut utilisé de tous temps à des fins sexuelles. En Amérique, l'exemple vint de haut : Cortés s'enticha de Malinal, esclave indienne que les Espagnols nommèrent Doña Marina et sans laquelle le Mexique n'eût point été conquis aussi facilement (Todorov T., *La Découverte de l'Amérique*).

Le "père fondateur" de l'Amérique puritaine et de son idéologie : Thomas Jefferson, s'enticha de Sally Hemings, servante de sa fille. Il eut cinq enfants de cette jolie mulâtresse. Cette procréation était parfois acceptée, mais rarement souhaitée : il arrivait, durant l'Antiquité, que l'on noie les nouveau-nés provenant de ces unions. En d'autres circonstances, l'esclave pouvait être utilisé à des fins de régénération de l'espèce. C'est le cas de Samson que les Philistins utilisèrent comme étalon afin de créer une génération de surhommes. La tradition veut qu'on l'ait aveuglé afin qu'il puisse saillir aussi bien les belles philistines que les autres.

Les prisonniers de guerre, les hommes et femmes sans qualification ni spécialité, les esclaves interchangeables des mines ou des vastes exploitations ne comptaient pas, n'avaient pas une valeur suffisante pour qu'on se préoccupe de leur santé. Mal nourris, mal traités, ils ne vivaient pas longtemps.

En revanche, les *famuli*, les esclaves connaissant un métier, les pédagogues, les bons ouvriers, etc., subissaient rarement de mauvais traitements. Ces esclaves constituaient un bien, voire une marchandise. Les battre, les affamer, les blesser risquait de leur faire perdre de leur valeur. Il est rare qu'un éleveur maltraite le bétail : c'est son bien, son capital. L'esclave était propriété du maître : on le faisait travailler, parfois durement, mais on tenait à le conserver, puisqu'il rapportait. On pouvait même s'attacher à lui, voire l'aimer. C'est en ce sens que Karl Marx a pu dire que la condition prolétarienne est pire que l'esclavage, puisque le prolétaire n'a aucune valeur, demeure interchangeable, est "l'ennemi de classe" de son employeur. Il y eut aux États-Unis des Noirs libres, tombés dans la misère et qui vivaient avec la nostalgie de leur jeunesse d'esclaves.

Les esclaves domestiques n'étaient pas forcément asservis vingt-quatre heures par jour. Contrairement aux esclaves des plantations ou des ateliers, ils étaient souvent astreints à un service quotidien au même titre qu'un serviteur libre.

Les esclaves sexuels, on le conçoit, vivaient d'une façon privilégiée, que ce soit à Rome ou dans l'Amérique coloniale. Dès lors, tout devenait possible : le maître pouvait envoyer son "jouet" à un autre maître, enveloppé dans un drap. L'esclave pouvait dormir soit dans le même lit que son propriétaire, soit sur une couche plus sommaire, à côté du lit de son maître. Parfois, l'esclave était attaché durant la nuit. Il servait parfois de camériste et aidait au bain de son maître, le massait, le manucurait ou le rasait.

Il existe toute une fantasmatique du rasage par un serviteur captif. Le maître tendant sa gorge au rasoir se trouve dans une position dangereuse, mais qui peut devenir excitante. C'est de son barbier qu'un Chinois désespéré attend la mort dans *Les Tribulations d'un Chinois en Chine* de Jules Verne : le héros ordonne à son serviteur de le tuer, mais de ne le prévenir ni du jour, ni de l'heure et surtout de ne pas tenir compte d'un éventuel changement d'avis. Puis, devenant amoureux, il ne veut plus mourir. Le serviteur zélé ne connaît que la consigne et notre Chinois s'enfuira, parcourra toute la Chine pour échapper à son fidèle barbier.

L'esclavage légal est heureusement abrogé. L'esclavagisme a disparu dans la plupart des pays du monde. Il s'exerce, hélas ! clandestinement dans certaines régions du globe. Certaines formes de travail clandestin, en France ou dans d'autres nations développées se rapprochent cependant de l'esclavage. Cet aspect politique de l'exploitation de l'homme par l'homme n'est pas directement érotisé. Le fantasme s'accorde mal au réel. Le fantasme d'esclavage, de soumission et de domination est aujourd'hui un jeu sexuel, une mise en scène, une représentation plus qu'un passage à l'acte. En ce sens, il peut être enrichissant, épanouissant. Comme dans tous les jeux sexuels sadomasochistes, il est soumis à une "fonction d'arrêt" parfois explicité dans un rituel empêchant les débordements, et permettant que le jeu puisse recommencer. Une sexualité équilibrante sait distinguer le jeu, le fantasme, la rêverie du réel. L'esclavage sexuel, en tant que jeu, est aussi l'objet d'un commerce florissant dans la plupart des pays industriels. Le rêve d'être soumis est parfois un antidote à l'exercice trop pénible de la liberté ou de la responsabilité civile ou économique. C'est pourquoi les clients des "dominateurs" et "dominatrices" professionnels sont souvent des chefs d'entreprise dont l'aisance économique permet d'assouvir ce désir. Diverses enquêtes montrent que les femmes ayant acquis un statut social élevé, *executive women* ou cadres supérieurs sont parfois friandes de jeux sexuels dans lesquels elles se trouvent dominées, attachées, humiliées. Une dominatrice professionnelle explique :

Pour comprendre la nature de la relation entre maître et esclave, il faut considérer d'abord que cet esclavage n'est pas imposé par la loi ni par la coutume. Un esclave, même réticent, ne l'est que par choix personnel. Toutefois les modalités et les conséquences de ce choix varient : on peut déterminer ses raisons, et comprendre comment le sujet se considère lui-même par rapport à son maître.

On peut donc distinguer trois sortes de

couples présentant des personnalités différentes et caractéristiques : passive/agressive, dominante/dominée, sadique/masochiste.

Chacun de ces types est indépendant. Chaque individu peut-être classé selon ces critères sans exclusive : on peut être à la fois agressif, soumis, et masochiste. Le premier couple montre comment une personne se considère par rapport à son environnement : préfère-t-elle laisser les choses advenir plutôt que de les faire arriver ? Le deuxième exprime plus particulièrement la relation avec les autres : suis-je un chef ou un exécutant ? Le troisième cas concerne la souffrance : dois-je la subir ou l'infliger ? Dans ce cas, la souffrance peut aussi bien être physique que psychologique, tandis que beaucoup de gens demeurent neutres face à cette alternative.

La première catégorie d'esclaves est captive. Elle trouve excitant de déléguer sa volonté à quelqu'un d'autre. Si elle éprouve un sentiment de culpabilité sexuelle dû à une éducation trop stricte, cette perte de son "self-control" lui permettra de goûter à des "plaisirs défendus". Il faut évidemment parvenir à la convaincre que sa volonté a réellement été confisquée tandis qu'elle vérifiera souvent la capacité de domination de son partenaire, le mettra à l'épreuve. Elle veut être totalement dominée. Dans ce type de relation, les précautions et les négociations préalables sont importantes, indispensables.

La deuxième catégorie est celle des esclaves passifs. Il s'agit de personnes refusant la responsabilité de leurs actions et qui cherchent quelqu'un pour l'endosser. Ce genre d'esclaves recherchera la domination constante, plutôt qu'occasionnelle ou contractuelle. Il s'agit souvent de personnalités passives/agressives tâchant de forcer les autres à prendre des décisions afin de pouvoir leur en reprocher les conséquences si tout ne se passe pas exactement selon leurs désirs ("je ne sais pas exactement ce que je veux, mais je sais que ce n'est pas cela, et c'est de ta faute"). Cette attitude peut devenir pénible pour le dominant, parce que le prétendu esclave gâche le jeu en exerçant une pression abusive.

La troisième catégorie comprend ceux qui ont été persuadés, durant leur enfance, que la seule façon d'être considéré, de capter l'attention des autres est de faire des bêtises, d'agir mal et d'être puni. Autrement, ils pensent qu'ils seraient tout simplement ignorés. Souvent, leurs parents disaient en les punissant : "c'est pour ton bien… cela montre que je m'occupe de toi". Dès lors, ils confondent la punition et l'amour. Leur but, dans une relation maître/esclave est de désobéir et d'être châtié. Ils peuvent devenir abusifs envers un maître lorsque ce dernier n'est pas un véritable sadique désirant faire souffrir ou humilier l'autre.

Il existe une quatrième catégorie : l'apprenti. Il recherche un maître ou une maîtresse qu'il respecte ou admire. Il lui déléguera sa volonté en échange d'une direction, d'un apprentissage. Il se "mettra en quatre" pour obtenir l'approbation du maître, pour le convaincre qu'il vaut quelque chose. Lorsque le maître maltraite un tel esclave, c'est l'affirmation aimante de son autorité et l'acceptation, la reconnaissance de la valeur de la personne soumise. S'il le punit, le maître exprime simplement sa désapprobation. Ce genre d'esclave montre souvent une personnalité énergique, agressive, manquant de confiance en soi et désirant les encouragements et les permissions d'une personne respectée. Beaucoup sont intelligents, imaginatifs et ont plutôt besoin d'une approbation que d'un réel apprentissage. D'autres, durant cet apprentissage, développent l'estime d'eux même qui leur manquait pour devenir plus indépendants. Ce type d'esclave est très gratifiant pour le maître ou la maîtresse. (Déclaration de K.C. Rourke, dominatrice professionnelle.)

L'entraînement complet d'un esclave peut être précédé d'un engagement écrit, d'un contrat dans lequel l'esclave accepte de se livrer entièrement au maître, de lui donner ce qu'il possède, et de vivre avec lui, de le servir durant une période déterminée. Le contact de l'esclave avec le monde extérieur est alors restreint ou complètement interdit. L'esclave a besoin d'être persuadé qu'il dépend entièrement du maître et qu'il n'y a point d'échappatoire. Il doit se sentir entièrement dépendant de son maître, quel que soit son caractère. L'esclave n'a plus le droit de décider quoi que ce soit. Le maître fournit les vêtements, sauf dans les cas où l'esclave doit être constamment nu, la nourriture et la toilette de la personne soumise. Ces besoins sont parfois un enjeu et servent de récompense lorsque l'esclave s'est "bien conduit". L'être soumis éprouve généralement divers affects : irritation, méfiance, colère, révolte autant que soumission. Il finit par accepter les traitements qu'on lui inflige.

Ces réactions sont identiques à certaines situations de la vie, comme par exemple la soumission d'un conjoint ou le "Syndrome de Stockholm" : des prisonniers, parmi lesquels Patty Hearst, s'attachèrent à leurs ravisseurs. Les rituels, forme de bondage psychologique, font que l'esclave perd son identité pour devenir le réceptacle des désirs de l'autre. Un certain nombre d'appellations respectueuses deviennent obligatoires pour s'adresser au Maître : Seigneur, Déesse, Maîtresse, etc. L'esclave, en retour, est appelé ver de terre, Médor, esclave, putain ou bébé. Il doit parfois se conduire comme un chien bien dressé : faire le beau, s'asseoir, se coucher, etc. (voir Lady Tanith, *A Tangle Web : The Art of Slavery*, Berkeley, 1991).

Lady Tanith, dominatrice professionnelle, exerce aussi ses talents par correspondance. Voici une lettre provenant de l'un de ses esclaves ou "clients". Car il ne faut pas oublier qu'il s'agit aussi et, dans ce cas surtout, d'un commerce, voire d'une forme particulière de prostitution :

Vous êtes la reine Satanja, Reine de toutes les terres. J'ai été capturé par vos guerrières qui m'ont choisi pour le plaisir de vos nuits. Je me nomme Tarus, général des armées que vous venez de vaincre. Les survivants de mon armée ont été envoyés dans la Maison des Plaisirs pour satisfaire vos amazones... Il n'y a pas d'homme dans votre royaume... Il ne s'y trouve que les plus belles femmes et les mâles que vous avez capturés durant les batailles sont vos serviteurs... Vous possédez un harem d'hommes qui sont à votre entière disposition et qui participent à vos orgies sordides.

Vous allez m'apprendre comment vous plaire, à vous et à vos amazones favorites... Vous ferez de moi ce que vous voudrez. Vous allez :

– M'appeler des noms les plus infâmes, m'injurier.

– Me séduire, m'exciter, me faire subir le supplice de Tantale et faire de moi l'animal docile de votre Cour.

– Cracher sur moi.

– Me dire constamment comme il vous plaira de contempler, assise sur votre trône, vos esclaves femmes se prostituer lors des orgies.

– Me faire adorer votre corps royal et superbe... en respectant les limites royales que vous m'imposerez. J'adorerai n'importe quelle partie de votre corps, même vos pieds.

– Me mettre un bandeau sur les yeux tandis que j'entendrais les râles de plaisir de vos femmes-esclaves... Vous les injurierez et leur ordonnerez ce qu'elles devront faire.

– Votre séduction me vaincra.

Le malaise de l'esclave provient de son manque d'estime de soi, d'amour-propre. De ce fait, il ne peut s'assumer. La plupart se sentent délivrés lors d'une période d'esclavage, laquelle agit sur eux comme une catharsis, produisant un effet similaire à celui d'un retour à l'enfance, loin des pressions du monde adulte.

Après deux mois, voire une année de service, l'esclave devient capable d'affronter l'existence et d'en relever les défis. Certains pensent qu'il s'agit d'une méthode pour exprimer leur amour inconditionnel, leur dévotion envers un partenaire qui lui rendra la pareille, plutôt qu'une conséquence de leur statut social ou de leur richesse.

En américain, les esclaves sexuels sont nommés "bottoms", ce qui signifie à la fois "fond, bas et derrière". Ceux qui dirigent, les maîtres sont appelés "tops", c'est-à-dire "dessus" ou "supérieurs". Les "bottoms" ne sont pas forcément

des masochistes puisque les jeux sexuels ne comprennent pas obligatoirement de douleurs ou de blessures. Le terme "bottom" présente donc une signification plus étendue que celui d'"esclave" ou de "masochiste".
VOIR
DOMINATION/SOUMISSION, HUMILIATION, MASOCHISME, PERVERSION, RITUELS, SADISME.

ESSAYEURS
Les essayeurs étaient les hommes qui, dans les bordels parisiens, "éduquaient" les prostituées novices. Parfois ils aidaient les clients timides à passer à l'acte en leur montrant l'exemple. Il s'agit d'un encouragement analogue à celui qu'on voit dans les casinos où de prétendus joueurs se "lancent" pour encourager les timorés.
Josée Dayan, dans son téléfilm *Pierrot le Fou*, a montré un personnage d'essayeur cocasse, toujours interrompu dans son activité par une descente de police alors qu'il initie un "faux-poids", une prostituée mineure.
VOIR BORDEL, CANDAULISME, PROSTITUTION.

ÉTAU
VOIR BONDAGE.

ÉTIREMENT
(Catatase : élongation du pénis, kolpeuryntomania : élongation des lèvres).
Les élongations peuvent être permanentes ou temporaires. Il s'agit de modifier l'apparence des organes sexuels ou des tétons. Les élongations sont souvent gênantes, voire douloureuses.
Les testicules s'élèvent à l'approche de l'orgasme. Les forcer à demeurer au fond du scrotum retarde l'éjaculation (voir *éjaculation précoce*). L'orgasme peut être prolongé et intensifié de cette façon. C'est pourquoi certains accrochent des poids à leurs bourses afin d'obtenir un étirement temporaire. D'autres se servent d'anneaux métalliques ou de lanières placés au-dessus des testicules afin qu'ils ne puissent remonter.
Certaines personnes choisissent délibérément d'étirer leurs prépuces, tétons, pénis ou grandes lèvres. Cet étirement demande parfois plusieurs années d'efforts. La peau n'est pas étirée pour provoquer une douleur ou une déchirure laissant une cicatrice. Il convient de procéder à des élongations progressives : la peau, doucement étirée, subit de microscopiques déchirures dont les cicatrices demeurent invisibles, pour finalement modifier les dimensions de la partie du corps ainsi distendue. Ceux qui se servent d'instruments ou d'objets, tels des anneaux, les

introduisent ou les placent graduellement, augmentant leurs volumes petit à petit jusqu'au résultat désiré. Ceux qui veulent élargir un orifice placent des anneaux de plus en plus larges jusqu'au diamètre souhaité. Cette pratique ressemble à celle de certaines tribus africaines s'étirant le lobe des oreilles, le cou ou les lèvres. Les femmes Baganda, Bagishu et Swahélies étirent leurs petites lèvres jusqu'à ce qu'elles pendent, parvenant à augmenter leurs dimensions jusqu'à cinq centimètres. On appelle ceci le "tablier hottentot" ou *mfuli* et l'on croit que cette pratique a pour origine le souvenir de masturbations fréquentes. Les hommes de ces tribus préfèrent les femmes ayant un fort potentiel érotique et les autres femmes étirèrent ainsi leurs lèvres à des fins de séduction. Il est prétendu que la sensation de lèvres distendues enserrant le pénis intensifie le plaisir masculin. À tel point que les femmes n'ayant pas les lèvres ainsi distendues ne trouvent pas de mari.
Les jeunes filles hottentotes (tribu d'Amérique du Nord), étirent leurs lèvres de différentes façons. Quelques-unes se servent d'un brin d'herbe pour frotter et tirer les lèvres jusqu'à la dimension souhaitée. D'autres attachent un lien relié à un caillou, afin que le poids tire la chair vers le bas. L'effet est certainement obtenu pour des raisons esthétiques, le résultat présentant l'apparence d'une crête de paon. À l'aide de poids, certains hommes parviennent à allonger leur prépuce.
De petits anneaux, ou des élastiques enserrant les tétons peuvent, au fil du temps, les allonger sensiblement. Certains hommes ont un désir compulsif d'élargir, d'ouvrir le vagin de leur partenaire durant la pénétration. Ils utilisent alors des étuis péniens de fortes tailles. Il leur est nécessaire que cet étirement provoque une gêne ou une douleur pour être satisfait.

ÉTRANGLEMENT

VOIR RÉGULATION DE L'OXYGÈNE.

EUGÉNISME

(de *genos* : race)
Contrôle de la "pureté génétique". L'eugénisme est généralement voué à l'échec. Tout ce qui concerne la transmission des caractères génétiques relève d'une idéologie particulière frôlant souvent la perversité. L'eugénisme conduit parfois à la consanguinité, qui provoque des malformations, des troubles et des déficiences allant au rebours du résultat escompté. L'amélioration des espèces animales à des fins particulières est possible : on croise les chevaux pour obtenir les meilleurs coursiers possibles, quitte à les nommer "pur-sang", ce qui n'a aucun sens dans ce cas particulier, comme dans d'autres.

Samson fut capturé par les Philistins pour féconder leurs femmes afin de créer des hommes dotés d'une force supérieure. Lycurgue voulait que de jeunes hommes inséminent les épouses des vieillards afin d'améliorer la race.

John Noyles, fondateur au XIXe siècle de la communauté Oneida, préconisa la sélection artificielle : seuls quelques hommes bien-portants, voire bien-pensants pouvaient engendrer, les autres devant s'astreindre au *coïtus reservatus*. Il s'agissait de permettre à la femme d'éprouver l'orgasme alors que l'homme ne devait en aucun cas éjaculer, même après le retrait, tandis que la masturbation demeurait interdite.

Le nazisme se préoccupa d'eugénisme. D'une certaine façon le massacre des Juifs en faisait partie : il fallait éradiquer cette "race inférieure". Parallèlement, on essaya de produire des êtres "supérieurs" en sélectionnant des couples "idéaux". Il n'y eut aucun résultat notable. Aucun progrès médical n'a vu le jour durant la domination hitlérienne. La purification ethnique en ex-Yougoslavie tenta d'effacer progressivement tout ce qui n'était pas Serbe dans la région. Elle consista en viols réitérés de femmes bosniaques jusqu'à leur fécondation. À la longue, les criminels pensaient que le sang serbe deviendrait majoritaire. Cette violence, coupable et monstrueuse, n'était pas plus illusoire que la *Nobel Sperm Bank*, créée en 1980 par Robert Graham. Ce dernier trouvait dommage que les savants, titulaires du prix Nobel, et autres personnalités remarquables mourûssent avec un nombre limité de descendants. Il proposa de conserver le sperme de ces êtres hors du commun afin de pouvoir créer d'autres individus aussi géniaux ou remarquables.

L'eugénisme humain diffère de celui des éleveurs, puisqu'il est global : on recherche la complétude d'un individu parfait. Chez les animaux, on sélectionne un critère particulier : ainsi peut-on produire des vaches bonnes laitières d'une part, et des animaux dont la viande sera d'une qualité supérieure, de l'autre.

EUNUQUE

(du grec *eunouchos* : gardien du lit)

Un eunuque est une personne du sexe masculin à laquelle on a retranché les caractères sexuels primaires de ce sexe. Les castrations s'opéraient de différentes façons : section complète de la verge et des testicules (en ce cas un embout de plume ou d'une autre matière demeurait dans l'urètre afin d'en empêcher la fermeture pour que le patient puisse uriner), torsion ou écrasement du scrotum, ablation du pénis seul, laissant la faculté de produire du sperme, sans pouvoir procréer, et enfin, la plus fréquente, l'ablation des testicules. Il semble qu'un opéré sur quatre ait généralement survécu.

Un médecin décrit ce type de castration :

La victime est placée sur une table puis attachée. On entoure une cordelette autour du pénis et du scrotum que l'on serre jusqu'à ce que le sang ne circule plus. On coupe alors au rasoir pénis et testicules et l'on cautérise avec un tisonnier chauffé à blanc après avoir placé une tige dans l'urètre. La victime ne peut ni boire ni manger durant plusieurs jours. (Charles Panati, *Panati's Extra-ordinary Endings of Practically Everything and Everybody*, New York, 1989.)

Les effets de la castration sur les hommes pré-pubères sont une prise de poids importante, une augmentation du volume et de la longueur des membres, une disparition du système pileux et la conservation d'une voix juvénile. Sur les hommes adultes, la castration produit une baisse de l'acuité mentale, de la vitalité tout en développant des comportements agressifs liés à la non-satisfaction des pulsions sexuelles.

Le premier trait distinctif de l'eunuque est la mollesse, la pâleur, la flaccidité de ses chairs, le relâchement de son tissu cellulaire. (Virey).

Origène se rendit eunuque pour avoir la vertu de la chasteté. Les valésiens, secte chrétienne du IIIe siècle, firent de même.

Dans l'Antiquité, la castration fut très répandue et pratiquée sur les vaincus à l'issue des batailles. Les raisons en étaient diverses ; il s'agissait autant d'un trophée, que d'une volonté de rendre l'ennemi moins agressif tout en lui ôtant la possibilité de se reproduire. Les Romains mirent au point des pinces en bronze spécialement destinées à cet usage et qui s'utilisaient sur le champ de bataille :

Le pénis était inséré entre deux mâchoires de forme ovale qui le maintenait fermement à la base, tandis que le scrotum et les testicules étaient pris entre les branches de la tenaille jusqu'à ce qu'elles se rejoignent et se bloquent. Ensuite, d'un coup de couteau on tranchait les bourses. La plaie était cautérisée ou recousue. (Reay Tannahill, *Sex in History*, New York, 1980.)

Au Moyen Âge, la castration était un supplice souvent appliqué aux prisonniers de guerre. En Italie, l'ablation des testicules a été pratiquée jusqu'au XVIIe siècle sur les garçons que l'on destinait au chant et dont on voulait faire des soprani. C'est le pape Clément XIV qui abolit cet usage et défendit aux castrats de chanter dans les églises.

Plusieurs eunuques servaient le souverain, tandis que d'autres surveillaient le harem ou le sérail. Ils ne devaient pas parler aux épouses lorsqu'elles n'étaient pas suffisamment habillées, ni les approcher à moins de deux mètres : Cyrus devait savoir que certains eunuques sont souvent capables d'érection et d'acte sexuel. Au XIXe siècle l'explorateur et aventurier Richard Burton en témoigna : *la femme d'un castrat de l'Inde lui confia que son époux éprouvait du plaisir et qu'il éjaculait (sans doute du liquide prostatique) lorsqu'elle le stimulait longuement.* (R. Burton, *The Book of Thousand Nights and a Night*, "Supplemental Nights", I, 1885.)

Plus tard, les Perses n'utilisèrent plus seulement la castration comme punition, ils se mirent à la pratiquer systématiquement sur leurs prisonniers. Ces castrats n'étaient pas forcément destinés au harem : on choisissait souvent, d'après Hérodote (VI, 23), les jeunes gens les plus beaux.

La question n'est pas seulement physiologique. En effet, d'après Xénophon (*Cyropaedeia*, VII, 60-65), dès le VIe siècle av. J.-C. le grand Cyrus se rendit compte que les castrats, éloignés du monde de leur enfance, de leur famille, ne pouvant pas s'attacher à une épouse ou à des enfants, reportaient toute leur affection sur leur maître auxquels ils vouaient une fidélité absolue à condition d'être gratifiés en retour. Cyrus prit donc soin d'enrichir ses eunuques, de leur octroyer des prébendes, des fonctions honorifiques. Leur manque leur permettait d'"être de bon cavaliers, d'habiles piqueurs et de se montrer ambitieux".

En Chine, les peines judiciaires comprenaient le marquage au fer rouge, la castration et l'exécution. Les mutilés, parmi lesquels les eunuques, étaient ensuite contraints de servir dans la maison des seigneurs et princes. Ils surveillaient les harems et servaient étrangement de bourreaux, appliquant à d'autres le tourment qu'ils avaient eux-mêmes subi.

La Grèce antique eut aussi ses eunuques : les adorateurs de la déesse Aphrodite célébraient annuellement la déesse de l'amour. Durant cette cérémonie, on sacrifiait un jeune homme consacré ; ensuite, d'autres jeunes gens frénétiques coupaient leur pénis et répandaient leur sang sur la statue d'Aphrodite. De même, les jeunes gens consacrés à Cybèle se castraient eux-mêmes : ils se laissaient aller aux transes, à l'ivresse religieuse jusqu'au moment où, pantelants de ferveur, ils saisissaient un glaive consacré et s'émasculaient d'un seul coup.

Les eunuques consacrés à Cybèle offraient leur pénis tranché à leur déesse, s'habillaient en femmes et se livraient à la prostitution comme à l'entretien du temple. (*cf.* Lucien, *De Syria Dea*, 19).

À Rome, les castrats comptaient parmi les serviteurs. Mais certaines femmes semblaient les apprécier :

Il existe des filles qui raffolent des eunuques efféminés, si doux, si lisses, que l'on peut aimer sans risque de devoir avorter (...) Regarde celui-ci, on le voit venir ! Il est célèbre : il étale aux bains ses avantages. Priape pourrait le jalouser ; pourtant, c'est un eunuque ! Sa maîtresse l'a rendu ainsi : qu'ils couchent donc ensemble ! (Juvénal, *Satires* 365-77).

Dans le monde musulman, les nombreuses femmes de certains notables s'ennuyaient fort dans les harems. L'ennui les rendait difficiles à contrôler, à diriger, à surveiller. Le problème n'était pas seulement celui de la fidélité sexuelle, mais aussi l'éventualité de nombreux complots. On sait ce que les groupements de reclus, à fortiori monosexuels comme l'armée, la prison, les couvents, peuvent engendrer comme perversités. On eut donc recours à des eunuques pour régler le problème sans risque de contacts sexuels avec les femmes.

Dans le monde chrétien, un eunuque de Byzance, Jean l'Orphanothrope, fut suffisamment intrigant pour accéder au pouvoir en mettant son frère sur le trône sous le nom de Michel IV. Ensuite, il réussit à y installer son neveu. Mal lui en prit : l'empereur Michel V, ingrat, se retourna contre son bienfaiteur et fit castrer tous les mâles de sa famille.

L'histoire compte bien d'autres castrats ambitieux : le Kislar Agha, chef des eunuques noirs en Turquie, s'enrichit d'une façon surprenante en devenant le dignitaire le plus corrompu du royaume qui en comptait pourtant d'autres (Reay Tanahill, *Le Sexe dans l'Histoire*, Robert Laffont, 1982).

Les castrats, lorsqu'on les "opère" assez tôt, ne muent pas. Leurs voix demeure aiguë et en la travaillant, on peut obtenir une tessiture remarquable, ne ressemblant à rien de connu, sinon la haute-contre, plutôt rare. Les chœurs de la Chapelle Sixtine employèrent des eunuques. Pourtant, la Bible interdisait aux castrats l'entrée dans les lieux sacrés :

Celui dont les testicules ont été écrasés ou l'urètre coupé n'entrera pas dans l'assemblée de l'Éternel. (*Deutéronome*, 23, 1).

Cet usage n'en continua pas moins jusqu'en 1878, date à laquelle Léon X le fit interdire, mais on relève encore le cas d'un castrat en 1890. Dominique Fernandez, dans son roman, *Porporino ou les mystères de Naples*, évoque la vie des castrats destinés au chant, leur apprentissage, leur carrière. Au début du XXe siècle, la grande cantatrice Emma Calvé apprendra de l'un des derniers castrats, certes vieillissant, l'art des "petites notes" qui firent une bonne partie de sa renommée.

Aujourd'hui, l'emploi des eunuques semble avoir disparu. Cependant, une rumeur persistante continue de prétendre qu'en Arabie Saoudite et dans quelques émirats du Golfe Persique, cet usage persiste.

Évanouissement

L'hyperventilation est souvent la cause de malaises, de vertiges, de pertes de connaissance. Les gens sous l'emprise d'une intense excitation respirent rapidement, halètent, ce qui a pour effet d'abaisser le taux de dioxyde de carbone dans le sang, et de modifier son potentiel hydrogénique. Gonfler un sac de papier, un ballon de baudruche suffit à stopper l'hyperventilation. Lorsqu'une personne s'évanouit, elle reprendra connaissance sans intervention étrangère : ce n'est pas, comme la catalepsie, une urgence médicale.

L'évanouissement peut être la conséquence d'une suspension prolongée ou d'un jeu occasionnant des blessures, des saignements.

Éventail

Fort à la mode aux XVIIe et XVIIe siècles, les éventails permettaient aux femmes élégantes de jouer de la prunelle, de se livrer à d'exquis marivaudages. C'était l'accessoire obligé de toute coquette. L'éventail pouvait servir d'écran, afin de n'être point reconnue, pour terminer une conversation, pour cacher un rougissement subit, tout en servant de moyen de défense contre les mains trop empressées. Il pouvait aussi cacher momentanément un décolleté, avant de s'écarter pour le mieux offrir à la vue.

Devenus accessoires de danses érotiques, les larges éventails cachent puis révèlent tour à tour les corps dénudés de danseuses affriolantes.

Excision

Ablation chirurgicale ou rituelle du clitoris. En Occident, la clitoridectomie ou la cautérisation du clitoris servirent à combattre la masturbation féminine.

Ailleurs, l'excision du clitoris devait "favoriser" l'orgasme vaginal et combattre le lesbianisme dans les harems. L'opératrice, généralement une femme, saisissait le clitoris entre le pouce et l'index avant de le trancher d'un coup de rasoir.

Dans la tribu Nandi, on irritait d'abord l'excroissance à l'aide d'orties, avant de la brûler avec une braise de charbon disposé dans une sorte de cuiller en bois. On pensait que les enfants nés d'une mère n'ayant pas subi ce supplice devaient mourir. Aussi les étranglait-on.

Le rituel d'excision s'accompagnait de diverses vexations : des matrones revêtues d'une peau de lion venaient effrayer la nouvelle initiée. Puis elle devait boire l'urine de ce "lion" contrefait, manger ses poux, etc.

Il existe différentes façons de mutiler ainsi une femme. Le docteur Henriette Kouyate Carvalho d'Alvarengo milite, à Dakar et au

Mali, depuis de longues années pour l'intégrité physique des femmes. Voici son témoignage :

L'excision est l'ablation plus ou moins complète du clitoris. Il s'agit de retirer le capuchon et éventuellement les petites lèvres. On peut également recourir à une excision dite pharaonique qui consiste à couper clitoris, petites lèvres et grands lèvres à la suite de quoi une suture est faite. On l'appelle aussi infibulation.

L'introcision, quant à elle, se pratique sur des fillettes mariées précocement. Cette pratique est répandue surtout chez les Al Pulhars et les Malinkés. Lors des mariages précoces, la petite fille n'est pas encore complètement formée, ses voies génitales sont très étroites et ne permettent pas la pénétration ; par conséquent, pour que le mariage puisse être consommé, il faut élargir manuellement ou avec des instruments tranchants l'orifice vulvaire et le vagin, ce qui permettra la pénétration immédiate.

Enfin, il existe une autre mutilation dont on parle beaucoup moins et qui est pratiquée chez les femmes mariées dans certaines ethnies : "le balayage de la cavité vaginale". Il s'agit de taillader avec des lames de rasoir ou des instruments tranchants l'intérieur de la cavité vaginale pendant l'absence du mari. Ainsi les lésions se cicatrisant plus ou moins bien rendent le vagin plus étroit et lors des relations sexuelles, la femme réagit parce qu'elle a mal. L'époux a l'illusion que son épouse lui est restée fidèle parce qu'elle est étroite, d'une part, et qu'elle réagit pendant les relations sexuelles.

L'origine de l'excision est difficile à situer. C'est une pratique multimillénaire, païenne. On la retrouve chez les Égyptiens dès la préhistoire et ce sont eux qui l'auraient transmise aux Juifs et aux Arabes. Elle a existé avec certitude avant toute religion révélée, monothéiste, comme le Christianisme ou l'Islam. Dire que c'est une pratique religieuse musulmane est une erreur. Aucun verset du Coran n'oblige la femme à être excisée. (Interview par Véronique Ahyi, "Beaucoup de femmes excisées refusent que leur fille le soit", *Amina, n° 324, Avril 1997).*

Selon un rapport de l'O.M.S, il y aurait cent millions de femmes excisées dans le monde.

EXÉCUTIONS

Les exécutions capitales furent longtemps publiques un peu partout dans le monde. Elles le demeurent dans certains pays, généralement peu démocratiques.

En France, comme ailleurs, il a fallu cacher la guillotine à la fin des années trente : les exécutions capitales, près de la Petite-Roquette ou à La Santé attiraient trop de monde. Il existe des témoignages qui affirment que des chambres, donnant sur la guillotine, étaient louées fort chères à des couples qui faisaient l'amour en regardant l'exécution. Des hommes ivres de colère tendaient le poing vers l'accusé. Des femmes se pâmaient. On parlait de justice, de vertu. Il ne s'agissait que d'assouvir des pulsions morbides.

L'exécution devenait une sorte de foire, une fête, une mise à mort comme celle de la corrida. Non loin de l'échafaud, mais pas trop près tout de même, les marchands de frites prospéraient. L'agitation bruyante de la foule faisait un peu peur. Il fallut interdire ces spectacles.

Casanove et Magnus Hirschfeld, entre autres, ont décrit des cas de femmes excitées au point de se masturber en assistant à une exécution, voire en l'attendant. Une tactique de séduction, pratiquée dans l'Angleterre du XVIIIe siècle, consistait à emmener une femme se promener non loin des gibets ou de la faire assister à une exécution : quelques don Juan prétendaient que c'était encore plus efficace que le vin.La tragédienne française, Rachel, aurait voulu qu'on la possédât sur le corps d'un homme fraîchement guillotiné rapporte Horace de Viel-Castel.

Sexe et mort demeurent étroitement liés. L'orgasme est parfois joliment appelé “petite mort”, et il existe une composante érotique dans toute violence infligée ou théâtralisée. Les Romains étaient passés maîtres dans cette conjonction des affects. Leurs jeux du cirque ne consistaient pas seulement en combats de gladiateurs, ou en repas de fauves se repaissant de chrétiens. Les mises en scènes, de plus en plus grandioses, mettaient en valeur des viols d'enfants par des hommes ou par des bêtes dressées à cet effet. Après quoi, on mutilait ou l'on tuait les victimes ; Messaline et Théodora, impératrices sanguinaires, se masturbaient en assistant à ces scènes.

Côté public, de jeunes gens avisés rôdaient dans les gradins, se plaçaient non loin des hommes venus seuls et, lorsque leur excitation devenait visible, proposaient leurs services. Autour du cirque, dans les rues avoisinantes, les prostituées attendaient le chaland, sûres d'arrondir leurs escarcelles.

Il était fréquent de molester, d'injurier ou de cracher au visage des condamnés qu'on menait à l'échafaud. D'autres rêvaient de les posséder sexuellement. On cite le cas d'une femme d'officier nazi qui, à Buchenwald, aimait à caresser certains prisonniers qu'on menait à la chambre à gaz. (Mannix D., *Those about to Die*, New York, 1958).

Dans un roman pornographique anonyme du début du siècle, on peut lire cette scène :

À force d'agaceries bien féminines, Flora avait réussi à soudoyer Sanson. Le bourreau l'avait conduite, elle et son amant, aux petites heures, sous l'échafaud. La petitesse du lieu, l'odeur forte du sang bouleversaient les sens de la belle. Son amant du moment n'était pas en reste et passait ses mains friponnes sur son joli corps peu farouche. Flora tâta le vit sous le pantalon et ne put réprimer un gros soupir. Dehors, les préparatifs allaient bon train et déjà la foule affluait. À cinq heures du matin, les portes de la prison s'ouvrirent et Flora put voir le visage torturé du supplicié. L'homme devait avoir une trentaine d'années et l'on pouvait lire la terreur sur ses traits en contemplant la Veuve. Flora jubilait et se laissait emporter par la fougue de son amant. Quand la bascule amena la tête du supplicié sous le couperet, Flora sortit le vit de son fouteur et le plongea dans sa grotte brûlante. Puis la tête roula et un violent flot de sang éclaboussa le couple. Flora jouit tant qu'elle s'évanouit. (Flora, *anonyme*, vers 1920).

Au début du XXe siècle, les États-Unis furent pris d'une frénésie de lynchage, accompagnée d'explications pseudo-scientifiques sur l'infériorité des Noirs et sur leur prétendue prédétermination à devenir violeurs. Le racisme, comme le goût de la violence, a de fortes connotations sexuelles : les discours racistes en viennent toujours à ce sujet, et toujours de la même façon. La théorisation de l'inégalité des races utilise les oripeaux de la science comme les sadomasochistes se servent du cuir et du martinet : il s'agit de représentations mentales qu'on voudrait transcrire en actes, parce qu'elles ne suffisent pas à l'épanouissement. En 1922, la pendaison de l'assassin d'une vieille femme dans le Kentucky, devint l'occasion d'une belle échauffourée. On se battit pour saisir le capuchon recouvrant la tête du supplicié tandis que quelques-uns voulaient en retrancher des morceaux de peau et de chair.

Durant le conflit israélo-arabe de 1967, on vendit des photos de prisonniers égyptiens mutilés, castrés. Elles se vendirent, hélas, très bien.

L'armée, la guerre expriment bien la relation entre le désir de tuer et le sexe. On connaît les nombreuses vexations que subissent çà et là les "bleus", expression de la composante homosexuelle de tout regroupement monosexuel. On connaît les scènes de viols et de tortures qui accompagnent les conflits. *A contrario*, l'obsession sexuelle de certains "leaders" peut être négative, refoulée, et se traduire par l'interdiction forcenée de ces actes, par leur punition, généralement sous forme de rituel sadique, des contrevenants.

Dans tous les cas, il convient encore et toujours de distinguer le fantasme du réel. Les rêveries de viol, actif ou passif, les fantasmes incluant la mort ne sont pas malsains, tant qu'il n'y a pas fixation, obsession, tant que d'autres fantasmes peuvent coexister. La "fonction d'arrêt", présente chez tout individu équilibré, fera le nécessaire : ce ne sera qu'un flot d'images accompagnant la masturbation ou le thème d'une mise en scène avec un partenaire consentant. Il n'y a là rien de grave : le phénomène est le même que celui qui sous-tend toute fiction. On peut aimer voir un meurtre au cinéma, ou apprécier avoir peur durant un film d'horreur ! Cependant, le spectateur sait bien qu'il ne s'agit pas de la réalité. Il en est de même pour ce "spectacle intime" que représente le fantasme. À moins que le refoulement, la honte, fassent souffrir. Dans ce cas, le mieux est de consulter un psychanalyste. Il est d'ailleurs bon de savoir que certains d'entre eux ont éprouvé les mêmes fantasmes et les mêmes hontes en ayant le courage de le déclarer :

La première femme qui me fit bander, je l'ai trouvée dans un livre paru après la libération sur l'Occupation allemande et le rôle du général de Gaulle. À travers mille illustrations tristes et oppressantes, il y avait une photo prise dans un cabaret, montrant la soldatesque allemande sablant le champagne devant un défilé de femmes, poitrine nue, portant un monokini. Je me suis masturbé de nombreuses fois devant cette photo. J'en avais honte, je me sentais très coupable. J'étais fasciné par l'une d'entre elles, brune, qui avait le regard forcé qu'ont certaines prostituées quand elles jouent les chandelles à la porte des hôtels, rue Saint-Denis, à Paris. (Michel Meignant, *Nous sommes tous des pervers sexuels persécutés*, Paris, 1980.)

Plus loin, dans le même ouvrage, il est fait état d'autres excitations du même genre, devant d'autres photos représentant, par exemple, des femmes dévêtues se dirigeant vers la chambre à gaz.

Reconnaître et affronter ses fantasmes est un signe de santé. Le goût de la mort d'autrui est très répandu et constitue une réelle perversion, si ce mot à un sens, puisque c'est une excitation qui peut se renouveler, mais qui demeurera toujours anxiogène. Il s'agit de voir mourir son semblable. En général : celui qu'on aurait pu être. En ce sens, la sentence de mort est analogue au racisme : on redoute chez le criminel ce qui nous ressemble trop, on ne veut pas se voir dans le miroir tendu par l'existence de l'autre. Les partisans de la peine de mort ne sont pas tous, certes, des assassins potentiels. La fascination qu'exerçait la guillotine sur certains truands notoires allait de pair avec une "idéologie de la punition" qu'ils partageaient avec n'importe quel procureur. D'autre part, les lecteurs passionnés de journaux relatant les crimes les plus sanglants se livrent à leur "délectation morbide" de la même façon que ceux qui assistaient jadis aux exécutions capitales avec ferveur. Jouissaient-ils de voir l'ordre rétabli, la justice faite ? Rien n'est moins sûr. L'exécution n'aurait pas procuré d'excitation aussi intense s'il ne s'était agi que d'un rééquilibrage, que du paiement d'une faute ; il s'agit non pas de comptabilité, mais d'éternelle frustration. Le compte n'est jamais bon.

EXERCICES SEXUELS

Entraînement systématique des muscles nécessaires aux activités sexuelles. Des contractions rythmiques des muscles pubbo-coccygiens peuvent sensiblement renforcer l'endurance sexuelle des hommes et des femmes. Une succion puissante exercée de 30 à 40 fois durant une fellation peut augmenter la force des muscles faciaux tout en rendant la fellation plus agréable pour le partenaire. Contracter, puis relâcher les muscles fessiers durant le coït, serrer puis desserrer ceux du vagin autour du pénis sont autant d'exercices profitables. Ce dernier entraînement fait la renommée des prostituées orientales, celles-là mêmes qui peuvent “fumer” une cigarette introduite dans leur sexe. Le résultat d'un tel entraînement est de masser fort efficacement la verge, ce qui permet de favoriser une éjaculation rapide, ce que les prostituées recherchent particulièrement afin de pouvoir multiplier le nombre de leurs clients. Les hommes peuvent contracter les muscles de leur pubis pour relever et abaisser la verge : la tonicité ainsi obtenue permet de prolonger l'acte sexuel et d'intensifier les sensations féminines.
Ces exercices peuvent s'accompagner de musique afin d'induire un rythme propice au renforcement des muscles concernés.

EXHIBITIONNISME

Parfois appelé “podeiktophilie”, l'exhibitionnisme est l'excitation éprouvée en montrant ses parties génitales, ou toute autre partie du corps généralement cachée. Il ne s'agit pas seulement de se montrer : une femme qui se dévêt lentement pour exciter son partenaire n'est pas forcément exhibitionniste. Le véritable exhibitionnisme est une transgression et cherche à choquer. Il se produit sans l'accord de ceux qui vont assister à l'exhibition. D'autre part, les exhibitionnistes n'ont pas forcément l'intention de consommer l'acte sexuel.
Historiquement, l'exhibitionnisme fit partie des rituels d'adoration des anciens dieux de la fertilité. Les prêtres de l'Inde marchaient nus dans les villages en agitant des clochettes afin d'appeler les femmes dévotes pour qu'elles se rendent au temple. Ces dernières devaient témoigner de leur respect pour le sexe des prêtres en l'embrassant. Les femmes de certaines tribus du Dahomey, fidèles du culte du serpent, portaient de courtes chemises qu'elles relevaient à chaque fois

qu'elles rencontraient un homme. Une coutume similaire existait aux îles Salomon chez les Kurtatchi :

Une femme désirant un homme se montrant indifférent envers elle, s'allongeait devant lui, jambes écartées, position considérée comme indécente… Si une femme montre ses parties génitales, même involontairement, par exemple en dormant, cette situation peut être exploitée par n'importe quel homme que cela excite. (Blackwood B., *Both Sides of Buka Passage*, Oxford, 1935).

Il existe différentes sortes d'exhibitionnisme et différentes motivations et bénéfices afférents à ces conduites. L'acte peut être consensuel ou non. De toute façon, il produit une satisfaction de l'ego, un plaisir de la nouveauté, un embarras, une gêne, ce qui permet d'atteindre le haut degré d'excitation nécessaire pour atteindre l'orgasme. Si l'acte de s'exhiber n'est pas assez excitant pour parvenir à un orgasme physique ou psychique, s'il ne permet pas une sécrétion suffisante d'adrénaline, l'exhibitionniste se satisfera par la masturbation ou par un rapport sexuel avec un partenaire, à moins qu'il ne continue jusqu'au résultat souhaité.

Un certain degré d'excitation ou d'anxiété préliminaires existe dans la pratique exhibitionniste, comme dans les autres formes d'anticipation sexuelle. L'excitation peut advenir lors du projet même : l'exhibitionniste savourera par avance la scène en choisissant les vêtements qu'il portera, le lieu qu'il choisira, et la personne qu'il contraindra à le voir. La préméditation, la mise en scène peuvent exciter à l'avance. L'exhibitionniste peut même être excité par l'éventualité de ne pas trouver l'occasion de s'exhiber.

Certains hommes se promènent, le pénis émergeant de leur braguette, mais tout en restant couverts par leurs manteaux.

Pour certains, l'exhibitionnisme est réciproque. Ils imaginent une excitation mutuelle du type "je te montre le mien, montre-moi le tien". Le fait qu'ils choisissent d'être vus par des personnes jeunes indique qu'ils sont peut-être marqués par une expérience datant de leur enfance. Ce type de voyeurs/exhibitionnistes se rencontre autour des stades, des piscines et des toilettes pour femmes. Ils estiment parfois que l'exhibition est réciproque à cause de la tenue de sport ou du maillot de bain qui révèle les formes de leurs victimes, ou encore parce qu'elles viennent de se dévêtir dans les toilettes.

D'autres exhibitionnistes aiment se montrer à des personnes religieuses ou innocentes. Ils ne seraient pas excités à l'idée de se montrer à qui que ce soit dont la réaction ne serait point horrifiée.

On les rencontre dans les églises, les cours d'écoles, à moins qu'ils ne se montrent à des enfants, depuis l'intérieur de leur automobile.

Les exhibitionnistes "comédiens" aiment le choc, l'effet. C'est probablement le seul type d'exhibitionnistes dont on ne rit pas. Ils montrent brusquement leurs fesses à des personnes de leur âge et l'excitation provient du choc plus que du fantasme sexuel. Leurs victimes peuvent tout aussi bien être des hommes que des femmes.

L'exhibitionniste n'a pas forcément besoin d'être présent pour ressentir une excitation : certains hommes envoient des photos les représentant nus à des femmes susceptibles d'en être choquées. Cette pratique est fréquente chez ceux qui répondent aux petites annonces des magazines érotiques. Certaines de ces publications font paraître des photos osées de leurs lecteurs ou lectrices avec les annonces qu'ils envoient. Ainsi, les exhibitionnistes peuvent-ils se montrer à des centaines de lecteurs consentants. Parmi ces personnes, il existe des couples qui échangent régulièrement des photographies de ce type.

Le stéréotype de l'homme vêtu d'un grand imperméable n'est pas la seule forme d'exhibitionnisme. En effet, il existe des couples qui s'excitent en se dénudant ou en faisant l'amour là où existe un risque d'être découverts. Par exemple dans un camping, dans une chambre lors d'une réception, dans un ascenseur, au théâtre ou au cinéma, dans une voiture comme l'exhibitionnisme routier où des couples se dénudent et la femme fait une fellation à son partenaire, tout en roulant aux côtés des camions afin d'être vus des chauffeurs.

Certains achètent ostensiblement des magazines érotiques dans un kiosque ou une boutique lorsqu'il sont en présence d'une personne qui les attire sexuellement.

Il existe des exhibitionnistes par procuration : ils exhibent leur compagne ou leur compagnon plutôt qu'eux-mêmes. Ils demandent à leur femme de se promener sans dessous et de se déshabiller dans les lieux publics, là où existe un risque d'être vu.

Les femmes sont rarement accusées, au sens de la loi, d'exhibitionnisme, même lorsqu'elles portent des jupes courtes et rien en dessous. Un homme sera, en des circonstances analogues, sévèrement jugé. C'est une règle implicite due au fait que la société accepte plus volontiers la nudité féminine que celle des hommes. Les femmes pratiquent un exhibitionnisme partiel en se vêtant de tenues révélant ou accentuant plus ou moins leurs formes. En s'exhibant ainsi, elles cherchent à s'autosatisfaire en suscitant l'admiration ou le désir des autres. C'est le cas dans le film *Le Lauréat* où Dustin Hoffman subit l'exhibition de la mère de sa petite amie qui enfile ses

bas de manière suggestive devant lui. L'exhibitionnisme féminin, se manifeste lorsque la femme est en sécurité et que rien ne peut lui arriver :
Il y a déjà plusieurs années que j'aime me déshabiller juste devant ma fenêtre. En face, un homme emploie des garçons entre seize et vingt-huit ans à des petits boulots, ils ne cessent d'aller et venir, et donc je suis sûre qu'ils m'ont remarquée. En me déshabillant, j'enlève lentement ma jupe pour découvrir mes jambes et mes dessous en dentelle. Sans me presser, je déboutonne mon chemisier et laisse apparaître mes seins que je contemple dans le miroir. Mes mains caressent doucement mon ventre. Je joue avec mon nombril, puis mes mains remontent pour trouver mes seins. Je peux sentir la présence de l'homme en train de m'observer de l'autre côté de la fenêtre. (Nancy Friday, *L'Empire des femmes*, Albin Michel, 1993.)
Un récent sondage tend à prouver que l'exhibitionnisme est loin d'être un penchant exclusivement "masculin" puisque 43 % des Françaises se déclarent très tentées de faire l'amour dans un lieu public (*Depeche mode*, juillet-août 1997). Cette situation est parfois mal vécue par certains hommes.
VOIR CANDAULISME, EFFEUILLAGE, SCOPOPHILIE, SPECTACLES ÉROTIQUES.

F-G

Face-sitting
Fantasme
Fèces
Felching
Fellation
Femmes fontaines
Femmes et hommes poneys
Fessée
Fêtes votives
Fétichisme
Feu
Feuille de rose
Filiaris
Fist fucking
Flagellation
Flatulences
Fléchette
Formicophilie
Fornication
Fouet
Fouille à corps
Fourrure
Frottement
Furtling
Gang bang
Gay
Geishas
Génuphallation
Gérontophilie
Gifles
Gingembre
Gingko
Ginseng
Glory hole
Godemiché, godemichet
Gonorrhée
Griffures
Groupies
Guesquel
Gynécomastie
Gynémimétophilie

FACE-SITTING

VOIR SIÈGE HUMAIN

FANTASME

Le fantasme est une représentation mentale, une illusion, un rêve éveillé concernant une expérience spécifique imaginaire, souhaitée ou revécue. Le fantasme solitaire, ou autisme sexuel, accompagne généralement la masturbation. On distingue la "gendoloma", c'est-à-dire le fantasme durant l'acte sexuel pour hâter l'orgasme, de l'"hémérotisme", qui se nourrit d'idées concernant simplement le sexe ou la nudité, et de "l'onéiopornisme", se fixant sur les prostituées ou la notion de prostitution.

Certains fantasmes s'accompagnent d'un sentiment de culpabilité. Ce sentiment est parfois même nécessaire au plaisir.

Beaucoup de fantasmes viennent de l'enfance et demeurent une source de plaisir durant toute la vie. Cependant, certaines personnes changent régulièrement de fantasme favori. Il semble que les hommes ou les femmes aptes à fantasmer d'une façon imaginative et créatrice prennent du plaisir à toute nouvelle expérience sexuelle.

Les femmes comme les hommes savourent fréquemment le fantasme d'être dominé par leur partenaire. Il peut s'agir, pour les femmes, d'un fantasme de compensation. En effet, celles qui, depuis une vingtaine d'années, se sont mises à occuper des postes importants, à diriger des employés, etc., ne se sont pas forcément adaptées à la situation nouvelle. Comme leurs congénères mâles, elles aiment à se livrer à des mises en scène sadomasochistes, incluant le bondage et leur soumission. Ces dirigeantes équilibrent alors le poids de la situation trop nouvelle et trop éloignée du rôle que leur éducation et la tradition voulait leur réserver, par des rêveries dans lesquelles elles deviennent esclaves.

Quelques fantasmes sont délectables alors même qu'on ne pourrait supporter leur réalisation. Le processus est le même à propos de certaines fictions : on aime frissonner devant un film, on se passionne pour un roman racontant l'héroïsme de guerriers redoutables. Pourtant, la vraie terreur, la véritable guerre sont horribles, pénibles et font souffrir. Il en est de même pour la fantaisie imaginative érotique. La peur fait augmenter la sécrétion d'adrénaline et le degré d'excitation atteint agrémente la sexualité solitaire.

Beaucoup de fantasmes sont violents ou sadomasochistes. On les retrouve mis en images dans la littérature érotique, dans les magazines. Ils servent parfois plus à conjurer l'angoisse qu'à satisfaire un désir d'ordre sexuel.

Rêver de flagellation est agréable quand ce fantasme concerne l'intéressé. La véritable flagellation, telle qu'elle se pratique encore dans quelques pays, provoque des troubles cardiaques graves, déchire profondément la peau, et peut conduire à la mort. Un viol fantasmé est fort excitant. Un véritable viol est horrible, traumatisant, et peut détruire psychologiquement celle ou celui qui le subit, même dans le cas où son fantasme favori concerne précisément le viol.

Que tout homme ait un jour des fantasmes de viol inconscients ou préconscients est un fait que toute connaissance, même sommaire du psychisme humain, ne peut ignorer. De là à dire qu'il désire réellement commettre un viol serait confondre gravement psychisme sain et psychisme sérieusement malade.

La réalité diffère de l'imaginaire. Le problème majeur de nombreux délinquants sexuels est qu'ils n'ont pas la capacité mentale nécessaire permettant de distinguer l'une de l'autre :

... que toute petite fille (et ce qu'il reste de son vécu dans la femme actuelle) ait fantasmé son viol par l'homme, cela est psychologiquement banal. Mais c'est dans le fait de dire qu'elle a réellement désiré être violée que réside l'essence même du crime. En forçant la femme violée à faire coïncider fantasme et réalité par une violence qui lui est imposée extérieurement, le violeur écrase du même coup toute sa liberté. Il écrase jusqu'à son droit de fantasmer puisqu'elle va culpabiliser son fantasme qui perd, dans le viol réel, sa nature imaginaire pour être remplacé par une réalité qu'on la force à subir. (Sion-Richemond, Marie-France, psychothérapeute, lettre adressée au *Nouvel Observateur* et citée par Michel Meignant, *Nous sommes tous des pervers sexuels persécutés*, Paris, 1980).

Le passage à l'acte détruit le fantasme et annule son rôle équilibrant ; il menace l'équilibre psychologique : l'espèce humaine vit en fonction d'une tension psychologique due au délai entre le désir et sa réalisation. L'homme est le seul animal pouvant programmer son plaisir, le subordonner à une contrainte préétablie permettant d'en jouir mieux. Il sait qu'au lieu de s'amuser, il doit travailler, pour se nourrir, alors même qu'il n'éprouve aucune sensation de faim. L'animal, dans la plupart des cas, abandonnera toute activité pour suivre son instinct, sa pulsion du moment. Ce "retard de jouissance", cette frustration temporaire permet toutes les créations. Elle est l'essence de l'art, comme du travail ou de l'amour. Si l'on a besoin d'une "mise en acte" du fantasme, les jeux sexuels "entre adultes consentants" le permettent en transformant le simulacre d'un passage à l'acte en jeu. Il s'agit d'une catharsis qui joue

un rôle analogue à celui de la fiction théâtrale ou cinématographique. Le fantasme sadomasochiste, si fréquent dans les pays anglo-saxons, est à l'origine de la vogue des "maîtresses" et autres "dominatrices" rétribuées. Ces jeux délivrent de certaines tensions et le fait de payer, souvent fort cher, pour ces mises en scène peut déculpabiliser.
La "fonction d'arrêt" est le rappel du réel, de la morale, de la loi. C'est elle qui manque aux criminels et délinquants sexuels. Elle permet de "savoir jusqu'où l'on peut aller", tout en maintenant l'intégrité physique et psychique des individus en cause.
Il semble qu'il existe une infinité de fantasmes. Cependant, la lecture d'enquêtes les concernant montre que la banalité est souvent de règle en cette matière. La société, l'esprit humain, l'imaginaire sont souvent limités. Pourtant, la capacité à fantasmer est la source d'un imaginaire riche, fécond, permettant la sublimation, le détournement de l'énergie sur la création, l'invention ou l'organisation. En ce sens, le fantasme est équilibrant, autant que le rêve.
Beaucoup d'individus, principalement des femmes, déclarent n'avoir pas de fantasmes. C'est généralement une illusion (on pourra lire sur ce thème, l'ouvrage de Nancy Friday : *L'Empire des femmes*), le sujet ne reconnaît pas forcément que telle idée excitante est un fantasme. Toutefois, ce refoulement provient d'une idéologie, d'une norme sociale ne donnant pas son rôle nécessaire à l'imaginaire, à la pensée, à la rêverie. L'action est "la sœur du rêve" et les bâtisseurs d'empires, politiques ou industriels, les inventeurs comme les poètes sont avant tout des "rêveurs efficaces" aux fantasmes riches, voire cultivés…
La confusion entre réel et fantasme, tout manque dans l'exercice de la fonction d'arrêt pose problème et constitue un trouble grave. Le sujet devient dangereux pour lui-même et pour son entourage.

FÈCES

Matières fécales, excréments. Le mot date du XVIe siècle en français, comme dans la plupart des langues occidentales. Les traités de médecine de cette époque ont eu besoin de ce mot, qu'Ambroise Paré tira du mot latin *faeces*, pluriel de *fex*.
VOIR COCKTAILS, COPROPHILIE, COPROPHAGIE.

FELCHING

VOIR SOUPEURS, ZOOPHILIE.

FELLATION

(du latin *fellare* : sucer)
Succion du pénis, joliment désignée en argot par l'expression "tailler une plume", "tailler une pipe", "faire un pompier, une turlute", etc. Pour d'autres expressions aussi jolies, on pourra lire *Les Mots et la chose* de

Jean-Claude Carrière (Le Pré aux Clercs, 1981).

Cette pratique sexuelle est habituelle chez beaucoup d'espèces animales. C'est même l'inspiration d'un célèbre poème de Théophile Gautier :

Que les chiens sont heureux,
Dans leur humeur badine,
Ils se sucent la pine
Ils s'enculent entre eux,
Que les chiens sont heureux.

Fellation et cunnilinctus sont réunis sous l'appellation d'oragénitalisme. C'est le titre d'un ouvrage de Legman paru en 1949 et qui en explore toutes les possibilités.

Les pratiques sexuelles orales ont un caractère mythique ou sacré dans diverses religions. Il suffit de penser à Isis, ranimant Osiris "réparé" par ses soins par une fellation, ou à Lilith dont le sexe se trouvait "à la place du cerveau". *Les pulsions érotiques conduisant à la fellation sont dues probablement au fantasme mythique de Lilith et à son sexe confondu avec la bouche.* (*Sexologia Lexicon*, Verviers, 1974).

Lilith représente une sort d'"intelligence du sexe" à l'image de l'intelligence du ventre ou *majupperikos* des anciens Grecs.

Ce mythe vient de loin. Les prostituées phéniciennes et égyptiennes se bariolaient d'un rouge à lèvres explicite signalant leur talent fellatoire. Cléopâtre aurait été friande de ce jeu sexuel au point de soulager cent nobles romains durant une nuit, ce qui lui valut les surnoms de *Cheilon* (grosses lèvres) et *Meriochane* (bouche ouverte). (A. Edwardes et R.E.L. Masters, *The Craddle of Erotica*, New York, 1963.)

Il serait fastidieux de citer tous les écrivains qui ont mis en scène la fellation dans leurs romans tant la description de cette pratique est courante dans la littérature érotique. Nous citerons néanmoins Paul Verguin qui, dans *Un beau soir sans pudeur* (Spengler, 1994), écrit une des plus étonnantes fellations littéraires tant pour le nombre important de pages qui sont consacrées à une seule et même fellation que pour la qualité de sa prose.

Le groupe musical *Les Rita Mitsuko* a rendu hommage à cette pratique dans une chanson intitulée, *La Taille du bambou* :

C'est bon, c'est chaud, c'est beau
Cool et agréable
Cool et émouvant
La taille du bambou
Pour faire une flûte
Et bien qu'elle jute
Toujours au goût du jour
Eh bien oui, c'est oui.
C'est une des choses
Que la vie propose
Et qui vaut le coup
L'affaire est close
Une fois qu'on ose
On y prend goût

Accélère et stop
Accélère et stop
Décélère, décélérez
Pourvu que ça dure très longtemps
On fait chanter l'instrument
Passe et repasse tout autour
On presse on caresse
Refait le tour
Monte et compte
Redescendre
Plonge et remonte
De la langue profonde
Tendre, glisse
Délice de se rendre à la base
Écrase la phase
Serre la chair dans une absence
Tombe doucement
Exagère dans la douceur
Mets de la couleur
Agenouille et fouille
Un peu plus vite
Le flux monte au confluent des cuisses
Et ça glisse, c'est bon
Agréable et émouvant
Agréable et hypnotisant
Ce geste d'amour
A-t-il toujours cours ?
Eh bien oui !
C'est oui.

En matière de cinéma pornographique, la plus étonnante fellation restera sans doute celle pratiquée par Linda Lovelace dans *Deep Throat* (Gorge profonde) où l'actrice réussit la performance d'avaler jusqu'à la base un sexe de taille impressionnante.

La succion de son propre pénis par un homme est rare et se nomme "auto-fellation". D'après le *Rapport Kinsey* (1948), 1 à 2 °/°° des hommes peuvent la pratiquer. D'anciennes légendes et mythes montrent des dieux au pénis aussi long que leur torse, puisque c'est par auto-fellation qu'ils se reproduisaient. D'autres traditions évoquent des dieux hermaphrodites s'ensemençant eux-mêmes par l'intromission de leur propre verge dans leur propre vagin.

VOIR CUNNILINCTUS, SPERMOPHILIE.

FEMMES FONTAINES

Il existe des femmes présentant une sorte d'éjaculation provenant des glandes de Skene. Ces glandes sont situées de chaque côté de l'orifice de l'urètre. Cette sécrétion ressemble à l'urine, mais l'analyse montre qu'elle en est fort différente. Autrefois, les femmes "éjaculant" de la sorte étaient considérées comme incontinentes et bien des traitements ont été entrepris pour ce trouble inexistant. La quantité des sécrétions peut aller de quelques gouttes jusqu'à la contenance d'une grande tasse. Ces sécrétions peuvent s'écouler ou gicler d'une façon saccadée, de la même façon que le sperme masculin. Cette éjaculation peut être liée à la titillation du "point G". (Frédérique Gruyer, *Ce paradis trop violent*, Paris, 1984.)

FEMMES ET HOMMES PONEYS

Une des pratiques des rapports sadomasochistes qui consiste à monter ou atteler des femmes ou des hommes en guise de poneys. Le soumis est ainsi ramené au rang d'animal qui doit supporter ou tracter son maître. Les amateurs disposent de véritables harnachements de monte : selle, mors, étriers,etc., ou des sulky très sophistiqués et réalisés sur mesures.

Dans les années 30, en France, une littérature érotique se développa autour du thème de la femme-monture sous la plume de Alan Mac Clyde avec *Dressage* (1932), *Dolorès amazone* (1933) et *Attelages humains* (1934).

À la fin des années 40 et durant les années 50, il y eut un véritable engouement pour cette forme de domination dans la bande-dessinée érotique américaine sous l'impulsions des John Willie, Stanton et autres Eneg, précédés en cela par le dessinateur français Carlo.

En Angleterre, il existe un club : *The Poneys Academy Club* qui organise des courses ou des parades avec leurs montures humaines.

FESSÉE

VOIR FLAGELLATION.

FÊTES VOTIVES

Un grand nombre de nos jours fériés proviennent d'anciennes fêtes oubliées. D'anciennes fêtes païennes ont été "christianisées", comme Noël qui fut, bien avant l'ère chrétienne, lié à la mort et à la résurrection, au solstice d'hiver, à l'équilibre entre la durée du jour et de la nuit. Ces anciennes célébrations répondaient non seulement à un besoin de repos, mais aussi à celui d'adorer, de respecter, d'exprimer une ferveur, et d'alléger la pression sociale en en inversant parfois spectaculairement l'ordre. Ces fêtes avaient une fonction de catharsis, de purification, comme de propitiation. Elles représentaient collectivement ce que peuvent être aujourd'hui certaines "mises en scènes" ou certains rituels sexuels individuels (domination, séances de sadomasochisme, recours à une dominatrice professionnelle, etc.) qui les remplacent parfois de nos jours. Les carnavals débridés, comme celui de Binche (Belgique) ou de Rio de Janeiro (Brésil), évoquent ces anciennes festivités. Aujourd'hui, l'aspect sexuel, social ou politique des grands rassemblements festifs laisse la place à une violence déterminée. C'est le cas des exactions sciemment prévues lors des matchs de football. L'aspect sexuel de ces violences n'est pas explicitement revendiqué et elles ne remettent pas fondamentalement en cause l'ordre : elles enfreignent la loi sans désirer la subvertir ni la remettre en question, même momentanément. De plus, le caractère sacré manque à ces réunions, même si parfois, la ferveur ou l'hystérie de certains spectateurs évoquent l'ambiance d'un sacrifice. Voici la description de quelques-unes de ces fêtes disparues :

Aphrodite – jour du sang : Aphrodite était la déesse de la vie et de l'amour dans la Grèce antique. C'était, au départ, une vierge-mère qui porta son fils, Attis, entre ses seins sous la forme d'une grenade. Attis se castra, à l'ombre d'un palmier, symbole de virilité. Il en mourut. Depuis, la légende dit qu'il renaît au printemps et meurt à nouveau en hiver, suivant le cycle de la nature.

Les fidèles d'Aphrodite célébraient Attis en hiver, en jeûnant, en s'astreignant à l'abstinence sexuelle. Au début du printemps, le "jour du sang" commençait par l'abattage d'un palmier, décoré de fleur et enveloppé de tissu de façon à ressembler à un cadavre de corps humain. Un jeune prêtre était parfois attaché à l'arbre et mystérieusement éventré durant la nuit. Le lendemain, les autres prêtres se réunissaient près de l'arbre et partageaient symboliquement cette mort en se blessant, en se tailladant la peau pour répandre leur sang sur l'autel d'Aphrodite.

La fête se poursuivait avec musique et danse, jusqu'à ce que l'assistance devînt frénétique. À ce moment, quelques adorateurs, en proie à des transes, se castraient et frappaient la statue d'Aphrodite avec leurs pénis coupés. Peu survivaient à ce rituel sanglant. Ceux qui n'en mouraient pas devenaient prêtres, eunuques du temple de la déesse.

La fête continuait : on replantait un palmier, et l'on ouvrait une tombe pour symboliser la renaissance d'Attis. Un prêtre, vêtu comme celui qu'on avait immolé, ou lui ressemblant, surgissait alors de la sépulture et venait prier devant l'autel ensanglanté. Au lever du jour, les personnes de l'assistance se déguisaient et pouvaient agir à leur guise, faire ce que bon leur semblait. Le palmier coupé était lavé dans une rivière, décoré avec des roses et emporté vers le temple au cours d'une procession.

Baal : Baal est un dieu fort ancien. Il mourait durant l'hiver et renaissait au printemps. On attendait sa renaissance en jeûnant, les femmes dénudaient leurs poitrines, pratiquaient l'abstinence sexuelle et rasaient leurs cheveux. Celles qui ne se rasaient pas devaient s'offrir durant la fête votive. Le premier jour du printemps, les fidèles se rendaient à la colline sacrée, y apportant les prémices, les premiers fruits et les animaux nouvellement nés. On les immolait en vue d'un festin. Ensuite, on sacrifiait un agneau sur l'autel. La musique accompagnait ensuite la marche d'une prêtresse, s'avançant, les yeux clos, vers l'autel. Le célébrant, après avoir trempé son doigt dans le sang de l'agneau, l'introduisait dans la bouche de cette femme. Elle ouvrait alors les yeux et, plongeant ses mains dans la carcasse de l'agneau immolé, en arrachait le cœur que l'on plaçait ensuite sur un plateau. Arrivaient alors les danseuses. Chacun choisissait une prêtresse en lui touchant le nombril. Après quoi, les couples se retiraient sous une tente pour célébrer leur dieu par une prière d'amour…

Carnaval : survivance des saturnales et du culte de Dionysos, le carnaval est devenu une fête chrétienne marquant la fin du jeûne. Carnaval vient du latin *carnelevare* ("ôter la viande"), et ne s'est répandu qu'au XVIe siècle, époque de festins fastueux. Le mot n'apparaît qu'une fois dans le français du Moyen Âge : la fête n'a commencé son extension qu'au début de la Renaissance, contrairement aux idées reçues. Les carnavals sont liés à la découverte du Nouveau Monde, tandis que les "Gilles" de Binche représentent l'idée qu'on se faisait alors des Indiens d'Amérique. Les masques, la dissimulation de l'identité, voire la transformation symbolique d'une personne en une autre ou en animal au moyen du déguisement ne se réfèrent pas directement aux cultes antiques dont les carnavals sont pourtant les héritiers.

Dionysos : selon Plutarque (*De Cupidate divitarium*), les célébrations en l'honneur du dieu du vin, des femmes et des chansons commençaient au crépuscule par une procession autour d'un char éclairé par des torches et où tronaient une cuve de vin et un cep de vigne. Derrière venaient les adorateurs, portant des fruits, du vin. Les musiciens suivaient, précédant les porteurs de phallus.

Tout le monde était masqué et l'habillement était des plus succinct. Certains avançaient, costumés en nymphes, en satyres, etc.

Des représentations phalliques servaient de coiffure, d'autres accrochées aux vêtements des fidèles brillaient et tintinnabulaient. On chantait alors des chansons résolument obscènes.

La procession se dirigeait vers un bois, une forêt. Une fois arrivé, on sacrifiait un bouc que l'on faisait rôtir pour le festin.

À ce moment, on érigeait la statue du dieu, tandis qu'une orgie commençait à ses pieds ; mêlant hommes, femmes et enfants. Cette fête d'origine orientale passa en Grèce, puis à Rome. Elle y devint si licencieuse et violente qu'elle fut interdite en 186 av. J-C.

Fête des fous ou de l'âne : prolongement médiéval et christianisé des saturnales antiques. Un renversement des valeurs s'opérait lors de ces fêtes : on proclamait un âne souverain ou évêque, les humbles devenaient nobles, et inversement. On s'y livrait à toutes sortes de parodies et de dérisions. D'aucuns ont voulu y voir une critique sociale, un foisonnement d'idées pré-révolutionnaires. Il ne pouvait s'agir, en fait, comme pour toutes ces fêtes débridées, que d'une crise tolérée, voire organisée aidant, au contraire, l'ordre social à demeurer inchangé. Les conduites sexuelles les plus variées se mêlaient aux chants et aux danses.

Mai : planter "l'arbre de Mai" est une pratique fort ancienne. Ce peut être la représentation de l'acte sexuel. Il exista des civilisations dans lesquelles les cultivateurs, au début du mois de mai, vaquaient nus dans les champs pour fertiliser les semis à l'aide de leur sperme. L'arbre de mai symbolise le pénis. On le décorait, l'ornementait, comme le palmier du culte d'Aphrodite ou comme le sapin des anciens cultes scandinaves, devenu notre sapin de Noël.

Après une nuit d'orgie, on coupait l'arbre et la procession le ramenait au village en semant des pétales de rose sur son chemin. On l'érigeait alors sur une place et les danses commençaient.

D'autres cultures virent des jeunes filles offrir des fleurs aux hommes. Les fêtes de mai sont l'occasion de fiançailles et de manœuvres de séduction. Le 1er Mai est devenu une fête sociale, la "fête du travail" en l'honneur de grévistes tombés à Chicago. La rencontre entre le monde de l'industrie, de l'usine et la fête païenne a sans doute dénaturé l'esprit du mai antique. En attendant, le 1er mai 1893, à Fourmies, dans le Nord, la troupe tira sur des jeunes filles apportant des fleurs aux soldats réunis pour maintenir l'ordre au cours d'une grève bon enfant. Ce fut un massacre et la fin d'une tradition. Le sang du deuil effaça le rituel de célébration du printemps.

Moloch : dieu phénicien de la bonté, Moloch avait un corps d'homme surmonté d'une tête de taureau. Un feu rougeoyait en permanence au pied de sa statue. Dès l'aube, les fidèles de sexe masculin brûlaient les offrandes faites au dieu. Les femmes n'étaient alors pas admises autour de l'idole. Les hommes dansaient donc entre eux. Une orgie entièrement masculine s'ensuivait où les hommes s'accouplaient avec des eunuques ou des chiens sacrés dressés à cette fin.

Le grand prêtre pouvait ensuite autoriser les femmes à venir. Elles arrivaient avec leurs propres prêtresses prostituées et offraient des sacrifices. La ferveur montait et la valeur des sacrifices devenait de plus en plus élevée. Il arrivait que des femmes offrent leur enfant au feu sacré. L'excitation se muait en frénésie pour s'achever en orgie débridée.

Saturnales : les célébrations en l'honneur de Saturne duraient une semaine. Elles commençaient le 17 décembre. La statue du dieu, entourée de bois, était alors débarrassée de cette enveloppe et les festivités pouvaient commencer. Les saturnales, ancêtres de la fête des fous, voyaient une inversion des rôles sociaux : les maîtres devenaient esclaves à moins qu'ils n'offrent plus simplement un banquet à ces derniers, repas durant lequel tous étaient égaux. Un roi était alors désigné. À la fin de la célébration, on brûlait la statue, représentation de la mort de Saturne.

FÉTICHISME

Le mot provient de l'adjectif portugais *feitiço* qualifiant ce qui est artificiel. Cet adjectif devint substantif et prit le sens d'"objet enchanté" ou de "sortilège". Le terme de fétichisme est une création du Président de Brosses (1760) : *le culte de certains objets terrestres et matériels appelés fétiches… et que pour cette raison j'appellerai fétichisme.* Toutefois, il ne prit sa signification érotique et psychologique qu'au cours du XXe siècle. En ce sens, le fétichiste s'éprend d'un objet remplaçant l'être humain en tant qu'objet d'amour primaire. Le fétichisme peut être partiel : la fixation se porte alors sur une partie du corps : jambes, pieds, chevelure, fesses, poitrine, nombril. Il peut dériver sur la morphophilie : dans ce cas il s'agit d'un attachement à une particularité corporelle, telle que l'obésité, l'extrême maigreur ou la laideur. Le cas le plus fréquent est celui du fétichisme donnant une âme aux objets inanimés : chaussures, lingerie, préservatifs usagés, etc.

Le fétichiste renifle l'objet, le touche, le manipule, le goûte, essaie souvent d'en contenter ses cinq sens. Les fétiches sont, en général, des objets doux, soyeux, évoquant la tendresse, voire la petite enfance : il est rare de trouver des fétichistes du scorpion ou de l'araignée. Le fétichisme existe chez les femmes. Il demeure cependant plus répandu parmi les hommes.

Le choix du fétiche remonte à l'enfance. Il provient de l'éducation, de divers conditionnements. Le fétichisme apparaît dans les sociétés où la répression sexuelle est la plus forte, dans lesquelles le sexe est assimilé à une faute ou à un péché.

Il peut évoluer. Un individu excité par les cheveux commencera par fantasmer à propos de ce fétiche. Il se masturbera en y pensant, en s'inspirant d'images mentales. Plus tard, il voudra voir des cheveux, obtenir le peigne ou la brosse d'une femme au point de dérober ces accessoires pour, à loisir, les humer, les toucher, s'en servir à des fins d'auto-érotisme, etc. Ensuite, la fixation peut se déplacer. Le fétichiste, muni de ciseaux, coupera les cheveux de femmes nonconsentantes, par exemple dans le métro, dans l'autobus.

Le fétichiste est souvent collectionneur : s'il est attiré par les chaussures, il se constituera un "harem" de chaussures de femmes et cherchera continuellement à accroître le nombre d'objets possédés.

Le fétichisme peut avoir des conséquences néfastes. Un homme ayant été attiré par une femme aux cheveux longs ne pourra s'en détacher que si elle se fait coiffer d'une autre façon. Un mari aimant une épouse bien en chair la délaissera lorsqu'elle aura suivi un régime amaigrissant. Un fétichiste de la poitrine féminine deviendra parfois impuissant si sa partenaire subit une opération pour réduire le volume de ses seins, etc. Le pire advient lorsque l'objet fétiche d'un homme est rejeté par sa femme. Cette situation aliène l'homme davantage et le rend encore plus dépendant de son fétiche.

Il existe des revues et des clubs spécialisés. On y trouve des annonces proposant des objets ordinairement choisis par la plupart des fétichistes : cheveux, lingerie, chaussures, etc.

Le fétichiste peut s'attacher à n'importe quel objet. Le culte des reliques de la religion chrétienne s'apparente au fétichisme. Les "adorateurs" du bois de la Sainte Croix (fût-il faux, comme c'est toujours le cas) ou d'un fragment de tibia de saint Blaise (tout aussi illusoire) éprouvent parfois des transes et des extases que l'on pourrait assimiler à une ferveur érotique.

Il est impossible de recenser tous les types de fétichisme. Voici donc les plus courants :

Chaussures : ce fétichisme regroupe l'"altocalciphilie" : goût des talons hauts et le "rétifisme" : goût pour toutes sortes de chaussures. Cette attraction remonte à la petite enfance. Un bébé, jouant sur un tapis, remarque d'abord les chaussures des gens qui l'entourent, particulièrement celles de sa mère. Les chaussures deviennent le symbole de la présence qui nourrit, qui cajole, qui aime. Plus tard, l'individu s'attachera donc aux chaussures, parfois d'un type ou d'une couleur particuliers évoquant celles qu'il a vues durant son enfance.

Parfois, mais pas toujours, il est nécessaire qu'une personne porte les objets en question.

On peut trouver des cas de fétichisme chez les animaux : un chimpanzé en captivité peut prendre l'habitude de se frotter, de se masturber contre les bottes d'un gardien de zoo.

Magnus Hirschfeld rencontra un prêtre attiré par l'assemblage d'une paire de chaussure de femme et d'une paire de chaussures d'homme. Il errait dans les couloirs d'hôtels, contemplant les chaussures attendant d'être cirées, les caressait, les embrassait, les sentait. Il alla jusqu'à payer le cireur afin de prendre sa place et d'astiquer le cuir.

La mode des talons hauts fut sans doute inventée par Catherine de Médicis. De petite taille, cette reine fit fabriquer des chaussures propres à la faire paraître plus grande. Évidemment, l'exemple de la reine se répandit parmi les dames de la Cour. Les premières chaussures à talons hauts étaient très peu pratiques. À tel point que les hommes devaient porter leurs compagnes pour qu'elles gravissent ou descendent un escalier.

Cette mode demeura européenne jusqu'au milieu du XIXe siècle jusqu'à ce qu'une prostituée française s'installe à la Nouvelle-Orléans, en apportant avec elle plusieurs paires de chaussures à hauts talons.

La tenancière du bordel remarqua le succès de cette Française et pensa qu'il était dû à ses chaussures. Dès lors, elle commanda des chaussures en France. Après quoi, une manufacture américaine fut créée en 1880 dans le Massachusetts.

Le fétichisme des chaussures peut prendre de multiples formes. Le contact n'est pas forcément nécessaire. Un homme éprouvait un orgasme rien qu'en suivant une femme dont les chaussures craquaient. Sa manie commença à l'âge de dix-sept ans, lorsqu'il fit l'amour dans une cage d'escalier avec une femme portant des chaussures ayant cette particularité. (Moraglia, *Archivio di Psichiatria*, vol. XII).

Les chaussures sont prisées par les sadomasochistes. Quelques-uns sont excités par l'idée qu'un talon aiguille peut devenir une arme dangereuse. Il existait à Paris, voici deux décennies, plusieurs professeurs de sports de combat proposant un entraînement d'autodéfense féminine au moyen de chaussures. Dans les revues sadomasochistes, on voit souvent un talon aiguille posé sur les testicules d'un homme se pâmant. La plus grande hauteur de talon connue est de 22,5 cm. On ne peut marcher avec. Il s'agit d'un accessoire pour jeux érotiques.

Beaucoup d'hommes sont aussi attirés par la fragilité d'une femme se déplaçant difficilement à cause de ses talons. La fragilité féminine excite le désir, et certains apprécient la souffrance de l'autre. Il peut s'agir d'un désir de protéger, comme de l'instinct du prédateur s'attaquant à une proie blessée. De plus, le port de ce genre de chaussure augmente la cambrure des reins, attirant l'attention sur les fesses, le mouvement des hanches, tandis que cette courbure fait paraître la poitrine plus volumineuse qu'elle ne l'est vraiment.

Octave Mirbeau dans *Journal d'une femme de chambre* qu'adaptera Luis Buñuel au cinéma (1963), relate l'histoire d'un homme fétichiste du pied, ce que le réalisateur avait déjà exploré dans *Viridiana* (1963).(voir *Podophilie, Pieds bandés*).

Dieux : le fétichisme religieux peut prendre diverses formes. Il procède du sacrifice et de la soumission. Le monachisme, par le célibat imposé, produit une intimité plus grande avec le dieu vénéré que la pratique usuelle. Les nonnes, les religieuses, comme Thérèse d'Avila, parlent de leur rapport à Dieu, à Jésus en des termes très proches du vocabulaire érotique. Les hommes se vouant à la vie monastique ne sont pas en reste. Il existe, notamment chez Gautier de Coinci, auteur des *Miracles de Nostre Dame* (XIIIe siècle), un véritable fétichisme de la Vierge dont il admire les… *mameles, Qui tant etoient gentes et belles.*

À d'autres moments il célèbre le ventre de Marie, ses flancs, etc. Cette érotisation du rapport au sacré n'était pas considérée comme inconvenante ou hérétique. Gautier poursuivit une carrière ecclésiastique qui le porta jusqu'à la dignité de chanoine. Il est certain qu'un tel langage ne serait pas apprécié par le monde catholique contemporain.

Les religions anciennes et polythéistes connaissaient ce genre de relations entre le fidèle et son dieu d'élection. Il n'était pas rare de voir un homme se masturber contre la statue d'une déité, à moins qu'une relation sexuelle avec un prêtre ou une prêtresse ne fasse partie d'un rituel établi. Les agapes des premiers chrétiens, celles contres lesquelles saint Paul s'éleva avec véhémence, étaient censées représenter la Cène. Cependant, le rituel eucharistique ainsi représenté ressemblait un peu trop aux célébrations des dieux antiques de la fertilité et les agapes tournaient souvent à l'orgie.

L'hiérophilie (voir ce mot) peut être considérée comme un fétichisme lorsque le croyant se masturbe avec un objet religieux, comme on le voit dans le célèbre film, *L'Exorciste* où une scène montre la jeune fille "possédée" s'introduisant un crucifix dans le vagin.

Fourrure : ce fétichisme peut provenir des sensations de l'enfance, des caresses données à un animal familier ou du contact avec un ours en peluche. C'est un fétichisme tactile. La fourrure fait partie de l'attirail des mises en scène érotiques, particulièrement lors de séance de bondage (voir ce mot).

Latex, caoutchouc, cuir : ces matières sont fort prisées dans les rapports de domination. De nos jours, les enfants ont souvent un contact avec le caoutchouc et ses dérivés sous la forme d'alèses, de couches, de jouets. Ce fétichisme, proche de la doraphilie, est évidemment tactile, encore que la vision d'une combinaison de latex noir peut se révéler fort excitante. Le marché du latex est en pleine expansion, alors que la désastreuse épidémie du sida a créé un fétichisme du préservatif. À tel point qu'il existe des hommes qui deviennent impuissants s'ils ne recourent pas à cet accessoire. Le fétichisme du caoutchouc peut se porter sur des objets n'ayant a priori rien à voir avec la sexualité :

... il s'agit d'un homme d'une cinquantaine d'années qui déclare s'être toujours masturbé, dans son enfance et aussi loin que sa mémoire puisse remonter. Très rapidement il a associé la masturbation à certains fantasmes et il a remarqué qu'il était très excité par les petits bracelets de caoutchouc du type de ceux dont on se sert dans les bureaux. Il passa à l'acte tout de suite en s'en mettant un autour du poignet... mais, un peu comme avec la drogue, il lui fallut des excitants de plus en plus forts. C'est ainsi qu'il découpa des bandes de chambres à air de vélo, puis même des bandes dans des chambres à air d'auto. Il commença à se faire des ceintures et des sortes de slips. Puis il en vint à perfectionner le système jusqu'à utiliser de grandes feuilles de caoutchouc dans lesquelles il se roulait et se masturbait... Il se sent bien dans sa peau et dans son métier, bien dans sa famille et bien avec sa femme. Il pense avoir trouvé un équilibre, et pour lui son fétichisme du caoutchouc fait partie intégrante de cet équilibre. (Michel Meignant, *Nous sommes tous des pervers sexuels persécutés*, Paris, 1980).

Les jupes, caleçons, capuchons de cuir ou de latex font partie de l'attirail sadomasochiste. Les combinaisons sont parfois difficiles à enfiler : il est nécessaire d'utiliser du talc pour pouvoir les porter. Certaines culottes de latex comprennent un conduit qui, introduit dans l'anus, permet la pénétration sans contact direct. D'autres, dites "culottes de soirée", sont agrémentées d'un pénis en caoutchouc s'introduisant dans le vagin de celles qui les portent ou dans l'anus d'un soumis. Ainsi peuvent-ils ressentir des sensations troublantes en dansant.

Lingerie : les sous-vêtements excitent particulièrement les fétichistes. Ils offrent des stimuli à la fois tactiles, visuels et olfactifs. Il existe des collectionneurs de dessous féminins. On peut d'ailleurs distinguer au moins deux écoles : celle des amateurs de dentelle, de broderies, de matières nobles, lin, soie, etc., et celle, plus proche de la pédophilie, des fervents de culottes de coton, de sous-vêtements de fillettes qu'ils font porter à des femmes adultes.

Les travestis possèdent souvent une garde robe bien fournie en lingerie. Il n'est pas rare que des hommes devant voyager emportent avec eux la culotte portée par leur partenaire, ou son soutien-gorge. Parfois, il existe un véritable transfert sur ce type de vêtements, le fétichiste préférant se masturber avec plutôt que d'avoir une relation sexuelle véritable avec la personne qui l'a porté. VOIR ENDYTOPHILIE.

FEU
VOIR CIRE CHAUDE, ÉLECTROPHILIE, MARQUAGE AU FER ROUGE, PYROPHILIE.

FEUILLE DE ROSE
VOIR ANILINCTUS.

FILIARIS
VOIR DYSFONCTIONNEMENTS.

FIST FUCKING
(de l'anglais *fist* : poing, et *fuck* : baiser)
Insertion de la main ou du poing fermé dans le vagin ou l'anus. Le double *fist fucking* est l'insertion d'un poing dans chacun des orifices. Ce peut être aussi l'insertion de deux poings ou mains dans un seul. La profondeur de la pénétration anale peut aller jusqu'à 35 cm. Le *fist fucking* est une pratique que partagent homosexuels et hétérosexuels. On la trouve rarement mentionnée dans l'histoire. Si une scène du film *Caligula* la représente, ce n'est pas à partir d'un fait historiquement attesté.
Le plaisir subi par cette pénétration est de divers ordres. Les différences de profondeur, de largeur du poing, comme l'énergie des mouvements permettent de varier les sensations. La pénétration profonde s'accomplit en suivant la cavité vaginale jusqu'au bout, ou encore en dépassant l'ampoule rectale pour atteindre le colon, lequel semble être doublé de fourrure. Celui qui pénètre peut ainsi atteindre la rate et l'aorte descendante. On dit alors qu'il y a eu pénétration “jusqu'au cœur”, à cause des pulsations de cette artère. Le *punching* est le mouvement rythmique de va-et-vient durant cette pénétration. L'écartement des doigts, l'introduction d'une deuxième main, d'un godemiché ou d'un pénis sont des variations courantes du *fist fucking*.
Le poignet et la main sont ensuite soigneusement lubrifiés à l'aide d'huile d'amande douce ou de matière grasse végétale. Il en est de même pour l'anus du partenaire. Ensuite, on introduira d'abord un doigt, puis deux. Lorsque le sphincter sera relâché, la main sera introduite plus profondément, les doigts demeurant joints. Ensuite, des mouvements lents permettront la progression de la main.
Il convient de retirer le poing avec précaution, afin d'éviter la création d'un effet de pompe à vide.
***Fist fucking* anal** : cette pratique procure des sensations inhabituelles de pression et de remplissage. Sa pratique active les centres cérébraux du

plaisir associés à l'excrétion, la défécation et la digestion. De plus, elle crée des rapports plus intenses entre les partenaires, faits de confiance et de tendresse réciproques. Certains comparent le plaisir et la douleur éprouvés à un accouchement. Le *fist fucking* se combine parfois avec la fellation, le cunnilinctus et la titillation mammaire.

Auto *fist fucking* : pratique rare et demandant une certaine souplesse. L'angle du poignet et de la main par rapport à l'anus permet difficilement cette auto-pénétration. La profondeur en sera forcément moindre qu'avec un partenaire.

***Fist fucking* vaginal** : une douche préalable n'est pas nécessaire. La matière grasse végétale n'est pas souhaitable : elle adhère à la paroi vaginale et retient les bactéries. Il est préférable de se servir de lubrifiants à base d'eau. L'hygiène des mains doit être parfaite, les ongles limés de façon à éviter tout risque de griffure. Le vagin sera progressivement ouvert à l'aide de deux ou trois doigts qui s'écarteront progressivement à l'intérieur jusqu'à ce que tous les doigts puissent y pénétrer. Ensuite, il faut pousser doucement la main vers l'intérieur, jusqu'au moment où les doigts pourront entourer le col de l'utérus. La profondeur du vagin diffère d'une femme à l'autre. Certaines femmes peuvent être pénétrées par deux poings (double *fist fucking*), un dans le vagin, l'autre dans l'anus. Toutefois, un poing dans le vagin réduit l'espace disponible pour en introduire un second dans l'anus. Il convient alors de pénétrer d'abord le rectum, avant d'introduire une deuxième main dans le vagin.

VOIR COPROPHILIE, CLYSTÉROPHILIE.

FLAGELLATION

Pratique sexuelle fort ancienne, la flagellation est présente dans un grand nombre de textes érotiques. Le *Kama-sutra* ne pouvait donc l'ignorer :

Les parties du corps qui peuvent être frappées avec passion sont : les épaules, la tête, le torse, entre les seins, le dos, le sexe, les hanches et les flancs. On peut frapper avec le dos de la main, les doigts joints, avec la paume, ou avec le poing… Durant l'acte sexuel, il est habituel de tapoter l'espace compris entre les seins, de plus en plus vite tandis que l'excitation augmente, jusqu'à la fin du coït. À ce moment on doit articuler le son "hin" ou n'importe lequel de ses sons préférés. Lorsque l'homme frappe du bout des doigts la tête de la femme il doit émettre le son "fat" tandis que sa partenaire doit répondre en roucoulant.

La flagellation a aussi eu une grande importance pour la religion, comme pour la médecine. On flagellait les "fous" du XVIIe au XIXe siècle suivant ainsi l'avis des aliénistes et des médecins les plus réputés. La flagellation servait au chaman pour atteindre la transe, la "perte de soi", afin d'entrer en communion avec Dieu. Durant les rites de fertilité, les célébrations en l'honneur des dieux de l'amour et du sexe, la flagellation n'était pas rare. Les adorateurs de Diane chasseresse faisaient même des concours d'endurance et de résistance aux coups. Les lupercales et les saturnales voyaient aussi s'avancer des cortèges de flagellants. Le culte de Junon, à Rome, comprenait la flagellation de femmes nues pour guérir la stérilité. Dans *Le Satiricon*, de Pétrone, des verges sont utilisées pour combattre l'impuissance.

Les moines chrétiens prirent l'habitude de se flageller l'un l'autre ou de s'auto-flageller à des fins de pénitence, de mortification. La flagellation calmait les ardeurs de ces abstinents, à moins qu'elle n'éveillât les sens au point de leur faire connaître l'orgasme.

L'auto-flagellation ne satisfaisait pas toujours les moines. Des prêtres et des moines flagellèrent parfois des paroissiens, en guise de pénitence, ou des nonnes dévêtues. Le père Cornelieus Adriansen demandait à ses pénitents une nudité intégrale d'où le terme "discipline cornélienne".

Une secte de flagellants italiens vit le jour en 1210 :

Des nobles et des roturiers, affectés à divers degrés de la crainte de Dieu, allaient nus par les rues, perdant tout sens de la pudeur, marchant deux à deux, à la manière d'une procession solennelle. Chacun tenait en sa main un fouet constitué de lanières de cuir et, avec pleurs et grognements, ils se frappaient le dos jusqu'au sang. Ils pleuraient tous et montraient la même affliction que s'ils assistaient à la Passion de notre Sauveur. (Justin de Padoue, *Chronicon Ursitius Basiliensis,* XIIIe siècle).

Cette secte se répandit : on la retrouve en Allemagne et en Pologne vers 1261 et dans toute l'Europe en 1349. Les missionnaires et les jésuites fouettèrent souvent les femmes des tribus américaines afin de leur faire embrasser le catholicisme. Ces pratiques furent particulièrement en usage au Paraguay et au Mexique. Cependant, les missionnaires d'Afrique ne les ignorèrent point. *La Chronique scandaleuse* relate ce qui suit, à propos d'un jésuite découvrant en 1634 la Reine de Matamba et ses sujets transportant une idole :

... il compléta ses arguments contre l'idolâtrie en appliquant le fouet au corps de sa Majesté noire ! il est étonnant, déclara-t-il, de voir comment le processus de flagellation lui ouvrit progressivement l'esprit, jusqu'à ce qu'elle se déclarât incapable de résister à de telles preuves sensibles

de l'excellence de la doctrine. (Victor Robinson, *Encyclopedia Sexualis*, New York, 1936.)
Ce type de mauvais traitements avait évidemment cours chez les militaires ou comme mesure de police. Il arrivait en France qu'on punisse une prostituée en l'attachant à un âne, le postérieur dénudé tourné vers l'avant de l'animal. La foule pouvait alors la fouetter ou la battre durant tout le chemin à parcourir jusqu'à la prison. Il s'agissait peut-être d'une résurgence d'un ancien châtiment pour les femmes adultères que l'on forçait parfois à avoir des relations sexuelles avec l'animal.
Les psychanalystes citent assez souvent le *Flagellum salutis*, livre écrit en 1698 par un nommé Paullini. Il y est question d'une anesthésie, puis d'un plaisir éprouvé par les femmes à force de recevoir des coups :
Il y a quelques individus, surtout les Perses et les Russes, qui (particulièrement les femmes) acceptent les coups comme un témoignage d'amour. Un Allemand, ignorant la coutume, dut se servir d'un fouet pour rendre son épouse moscovite heureuse. Dès lors, cette femme commença à l'aimer de tout son cœur.
Benvenuto Cellini se serait ainsi attaché une maîtresse en la brutalisant, tandis que le masochisme supposé des femmes est encore affirmé dans la boutade célèbre de Nietzsche : *Si tu vas voir une femme, n'oublie pas le fouet !*
La flagellation se pratiquait aussi dans les bordels pour vaincre l'impuissance. En 1960, le tarif, en Angleterre, était d'une livre par coup.
Les châtiments corporels furent de tout temps appréciés des Anglais. Aujourd'hui encore, ils n'ont pas disparu de certaines écoles, parfois renommées et plutôt réservées à la noblesse. Le goût érotique de la flagellation semble, de ce fait, plus répandu en Angleterre qu'ailleurs. Les *whipping clubs* sont des endroits où l'on se réunit afin d'être flagellé ou d'assister à des flagellations. On y joue, par exemple, à une sorte de strip poker. Mais, avant de pouvoir se rhabiller, il faut "payer" en subissant un certain nombre de coups par vêtement récupéré. D'autres jeux consistent en des dîners durant lesquels de sévères, mais attirantes Maîtresses fouettent ceux qui ne finissent pas leur assiette.
En 1671 un fouetteur fugace, surnommé *Whipping Tom*, fut arrêté. Il entraînait de force des femmes dans des endroits isolés, les dévêtait et les fouettait jusqu'à ce que leurs appels à l'aide l'obligent à fuir.
La flagellation au cinéma a été largement utilisée notamment dans les films de flibuste comme *Les révoltés du Bounty* avec Marlon Brando que l'on retrouve fouetté dans le western,

La Vengeance aux deux visages. Ces scènes constituent des moments forts de ces films, pouvant aller jusqu'à provoquer l'excitation de certains spectateurs.

Aujourd'hui la flagellation, en tant que pratique sexuelle sert d'exutoire. La douleur ressentie éveille les sens de celui qui la subit, ou concentre son attention sur son corps. Ce qui a pour effet de ne plus focaliser toute sa pensée sur le stress produit par la pression de la vie moderne, par la routine du travail. La fin de la séance laisse le flagellé empli d'une gratitude intense envers celui ou celle qui vient de le corriger.

La douleur peut aussi réveiller les sens d'un corps engourdi ou insensible. Celui qui subit une telle douleur facilement semble sécréter des endorphines, des substances cérébrales anesthésiantes. Il lui faudra donc recevoir des coups plus nombreux et plus énergiques que les autres pour ressentir une quelconque excitation.

La flagellation érotique demande une période d'adaptation, d'échauffement. Il faut d'abord caresser, pincer l'endroit que l'on fouettera pour le préparer. L'intensité sera augmentée progressivement afin que le cerveau du fouetté ait le temps de s'adapter, de sécréter les neurotransmetteurs analgésiques ou euphorisants. La capacité de supporter la douleur est directement liée à la quantité de ces substances organiques chimiques. C'est pour cela que l'on supporte mieux la douleur à l'approche de l'orgasme. Beaucoup demandent donc que la flagellation cesse avec l'orgasme, puisque les substances en question se résorbent alors presque immédiatement.

Il existe des endroits du corps qui sont plus sensibles que d'autres à ce type de stimulations érotiques. La partie inférieure et interne des fesses semble être la plus érogène pour ces jeux. Une femme agenouillée peut écarter les jambes. Un homme doit les garder serrées pour protéger ses testicules.

La règle générale est que plus le fouet ou la canne sont fins, plus la douleur est grande. Une trop grande finesse occasionnera des coupures. Un instrument élargi au bout fait moins mal et offre un contact plus sensuel. Si l'instrument est large et lourd, l'impact sera ressenti profondément dans le tissu musculaire. Les préférences sont individuelles.

Le bondage accompagne souvent la flagellation : le fait d'être attaché empêche les mouvements intempestifs pouvant amener le fouet sur des zones sensibles et l'attention du patient est concentrée sur la douleur infligée, plutôt que sur le moyen de se protéger, de fuir.

Concernant les interrogations quant à la douleur et l'émotion ressenties durant une séance de flagellation,

Florence Dugas apporte une réponse dans son roman *L'Évangile d'Éros* :
À un certain moment, tu ne sens plus rien, rien qu'une chaleur, et une soumission totale à l'événement.
Et la tête vide, parce que plus rien n'existe que l'attente du prochain coup. Tu dépends complètement de l'autre, surtout s'il a pris la précaution de t'attacher. Tu ne sais pas jusqu'où il peut te faire aller. Tu ne sais pas toi-même jusqu'où tu peux aller. (Blanche, 1997.)
La littérature concernant la flagellation comprend des romans tels ceux de Pierre Mac Orlan signés sous pseudonymes, ou, plus récemment, *Exploits d'une fouetteuse britannique* (Anonyme, Paris, 1990), des essais (Dr Eynon, *Fouetteurs et fouettés*, Paris, 1989) ; des témoignages (Faty, *Mémoires d'une fouetteuse*, Ramsay, 1992) ; des méthodes (Wanda Webb, *Du bon usage des masochistes*, Paris, 1989 ; ou Sophie Dompierre, *Je dresse mon mari*, Paris, 1988).
La flagellation comprend de nombreuses variantes :
Bastonnade : coups de bâton souple portés sur la plante des pieds. Supplice pratiqué par les Turcs, entre autres. Il s'agit d'une des nombreuses tortures d'origine orientale affectant les pieds, comme les brodequins et leur ancêtre médiéval, les bernicles. On sait que le fétichisme sadique des tortionnaires s'abritait généralement à l'ombre de la justice. Le fait de défendre la loi, de punir un criminel permettait de ne pas assumer sa propre cruauté. C'est pourquoi l'Occident refuse la plupart des peines corporelles. C'est aussi la cause de l'établissement d'une procédure précise de la question judiciaire du Moyen Âge au XVIIIe siècle. Il s'agissait d'empêcher les bourreaux de se laisser aller à une cruauté non prévue, d'assurer la permanence du châtiment et sa similitude parfaite quel que soit le condamné. Beaucoup de bourreaux et d'aides-bourreaux furent châtiés pour avoir "improvisé" des tortures non réglementées en se laissant aller à leur fantaisie.
La bastonnade était tout aussi précisément réglée que la question occidentale, ou que la flagellation actuelle dans les pays musulmans. Il ne s'agissait pas forcément d'empêcher à jamais le criminel de marcher. Pour ce qui est du jeu sexuel, il convient de se souvenir que les pieds sont fort sensibles, qu'ils portent le poids du corps et que leur fragilité, due au grand nombre d'os imbriqués les composant, est grande. Les coups doivent être légers et peu nombreux.
Canne : Les cannes sont faites de rattan ou de bambou. La canne ordinaire est droite, avec une poignée. La canne d'école utilisée en Angleterre a une extrémité recourbée, tandis que celle dite Malacca possède un pommeau.

Les flagellateurs débutants commencent avec une canne légère et flexible, parce qu'elle est plus maniable. Chaque sorte de canne, selon sa section et son poids, produit des effets différents. De plus, il est possible de varier l'angle, la force et la direction des coups. Les experts sont capables d'utiliser ces caractéristiques de façon à procurer un plaisir maximal au flagellé. Au début, il convient de prendre conscience des effets de balancement. Il faut se tenir dans une pièce peu encombrée, et mouliner avec la canne à différentes vitesses, dans toutes les directions. Ensuite, une fois que l'on est familiarisé avec le poids, l'inertie de l'instrument, on recherche la précision. Les coups doivent être légers, donnés avec le maximum de contrôle et de précision. On variera l'angle, en frappant parallèlement au sol, puis perpendiculairement. Une punition ordinaire se limite à deux ou trois coups. Ils sont appliqués à un intervalle d'une dizaine de secondes. On trouve dans les librairies érotiques différents manuels et méthodes permettant de s'exercer, comme *The Fine Art of Caning* par Nan.

Ceinture : le ceinturon, la lanière de cuir sont les moyens traditionnels de punition d'un fils par son père, spécialement aux États-Unis. Comme pour les autres instruments servant à fouetter, il convient de faire très attention. Les lanières ou courroies courtes sont préférables puisqu'on les contrôle plus facilement. Le partenaire est debout, ou légèrement penché, parfois en appui contre un mur.

Chat à neuf queues : semblable au martinet mais avec neuf lanières de cuir beaucoup plus longues alourdies de pointes de métal. C'est un instrument très dangereux à proscrire. Le chat à neuf queues était utilisé en France pour punir les marins dans la marine royale.

Cravache : tige de bambou entourée d'une gaine de cuir et terminée par une boucle de cuir souple. La cravache peut être utilisée sur sa longueur, elle procure alors une vive sensation de brûlure, ou uniquement de la pointe avec de très rapides mouvements qui font ressentir de violents picotements allant croissants. La cravache est fréquemment utilisé par les sadomasochistes car elle permet d'allier précision et efficacité. Le dosage de l'intensité de la flagellation est plus aisé.

Fessée : la forme la plus intime de punition. La fessée a plusieurs conséquences psychologiques, selon le type de communication verbale l'accompagnant et l'attitude de la personne punie : sera-t-elle entièrement dévêtue ou baissera-t-on simplement sa culotte ou son pantalon ? On peut aussi porter des tenues de latex, ou encore une tenue généralement réservée au sexe opposé. Les hommes se rendent alors compte de l'effet produit par une jupe retroussée, une culotte abaissée. Parfois, l'introduction d'un godemiché accompagne la fessée pour provoquer l'orgasme. Les fessées peuvent aussi être infligées durant l'acte sexuel, par exemple dans la position dite du "missionnaire". La personne allongée sur le dos peut fesser l'autre. Il en est de même pour la position dorso-ventrale dite "en levrette". Il semble que dans ces circonstances, on échange moins de paroles qu'au cours d'une fessée de type traditionnel. Cependant, les tapes sont suivie de pressions, de caresses ou de massages des fesses. Encore et toujours, une douleur sporadique et vive n'est pas érotique : il convient de ménager le ou la partenaire.

Flagellation génitale : flageller les parties génitales est réservé aux personnes audacieuses. On fouette fort légèrement en se servant d'un fouet spécial, ou d'une cravache. Le mouvement doit être contrôlé par le poignet. Toute action de balancier, toute utilisation de la force d'inertie peut se révéler dangereuse. L'intensité s'obtient par un grand nombre de coups plutôt que par leur force. Les parties génitales présentent des zones plus sensibles que d'autres. Il convient de les protéger de la main ou de maîtriser le fouet afin de ne pas les frapper. Ces zones sont le clitoris, le gland, les testicules. La flagellation des organes génitaux est plus agréable lorsqu'elle est interrompue par des caresses au moyen des lanières du martinet. Le flagellateur peut vérifier l'intensité de ses coups en frappant la paume de la main opposée à celle qui tient le fouet. Il peut aussi placer cette paume à une vingtaine de centimètres de la partie fouettée afin d'éprouver la force du choc en retour.

Fouet : il existe différentes sortes de fouets. Ceux faits de cuir tressé, avec des boules de métal à leurs extrémités, sont extrêmement douloureux et doivent être réservés aux punitions. Les fouets utilisés pour les jeux érotiques sont moins nocifs et sont parfois constitués de plumes ou de velours de façon à adoucir l'impacts des coups. Ils sont en revanche fort différents du flagellum romain, du knout russe ou du chat à neuf queues, moyens de punir pouvant devenir mortels. Cependant, même les versions modernes et sûres, les fouets doivent être maniées avec précaution. L'une des méthodes est de flageller en un mouvement circulaire, perpendiculairement aux fesses du partenaire. Si le mouvement est correct, le fouet procurera une sensation acceptable et le jeu pourra durer longtemps. Beaucoup de débutants oublient que le fouet sert à exciter et non à infliger une véritable punition. L'acquisition d'un fouet demande de l'attention. Il faut un instrument que l'on tienne bien en main, et dont le manche soit équilibré, par rapport à la mèche. Il existe maintenant des artisans spécialisés dans la confection de fouets à l'usage des sadomasochistes.

Gifle : une gifle sert à humilier plutôt qu'à faire souffrir. Toutefois, les gifles appliquées sur les seins d'une femme sont douloureuses. La partenaire doit être légèrement penchée en avant pour que le choc induise un mouvement de balancement, de ballottage de sa poitrine.

Martinet : instrument à manche court terminé par une botte de lanières de cuir avec lequel on fouette généralement le dos et les fesses d'une personne en position debout. Si le partenaire est attaché, on veillera que la position choisie ne fasse pas saillir les omoplates ou la colonne vertébrale. Un martinet muni de lanières larges produit un effet comparable à celui d'un massage. Beaucoup aiment à être fouettés avec ce genre d'ustensiles pour cette raison. La position est aussi plus virile, évoquant les modes de punition des pirates, des militaires ou des forçats. Pour d'autres, le martinet peut rappeler l'enfance (voir *Infantilisme*).

Nerf de bœuf : assez proche de la canne mais plus souple, torsadé et beaucoup plus douloureux et pouvant occasionner de graves lésions.

Orties, chardons, épine, etc. : la flagellation avec des plantes urticantes ou épineuses a de nombreux adeptes. Elle permet d'obtenir de vives douleurs rapides et sans conséquence. Les orties sont également utilisées pour garnir les sous-vêtements des dominés.

Raquettes, battes, *paddle*, etc. : appliquées sur les fesses d'une personne penchée en avant ou allongée sur les genoux du partenaire, comme pour une fessée. Les écoles américaines préfèrent ce type d'instruments à la canne utilisée en Angleterre pour punir les écoliers rétifs. Il existe différentes sortes de battes, de raquettes. Celles faites de cuir produisent un bruit sourd en frappant et, comme le fouet destiné aux parties génitales, elles doivent être maniées par un mouvement du poignet. D'autres sont fabriquées pour produire un bruit particulier lors du choc. Beaucoup se servent de planchettes à découper ou de spatules culinaires en bois. Le *paddle* est une large et longue bande de cuir souple que l'on fait aller et venir rapidement sur les fesses du partenaire.

Verges : baguettes de bois souple, de bouleau ou d'une autre essence. Une baguette ou un faisceau de baguettes forment les instruments les plus habituels pour flageller. C'est une pratique fréquente dans les saunas, pour aider à la circulation du sang. La flagellation est alors fort légère.

Pour les jeux sexuels, les verges sont supérieures aux bâtons, cannes, et

fouets. On peut s'en servir pour toutes les parties du corps (sauf le visage et le cou) et il n'y a guère de risque de blessures graves. Il faut vraiment agir avec force pour que les verges rompent le tissu épithélial, ou fassent saigner. Et même dans ce cas, il ne s'agit que d'égratignures : un fois rincée, la blessure est peu importante. On peut juger l'intensité de la flagellation aux critères suivants :
Marque rose s'effaçant rapidement : douleur sensible.
Marque rouge persistant quelques heures : douleur légère.
Marque rouge avec hématome persistant quelques jours : douleur appuyée.
Marque rouge saignante, peau fendue : douleur violente.
VOIR
ACCROISSEMENT SENSORIEL, ALGOPHILIE, CHATOUILLES, DOMINATION/SOUMISSION, LIT À CLOUS, MORSURES, PINÇON, PIQÛRES D'ABEILLES, RHABDOPHILIE, URTICATION.

FLATULENCES
(flatuphilie, éproctolagnie, éproctophilie)
L'excitation sexuelle produite par l'audition du bruit des flatulences, comme par leur odeur est, pour les psychiatres, le symptôme d'une fixation érotique anale avec, parfois, une signification sadique agressive. (*Sexologia Lexicon*, Verviers, 1970.)
Il y eut aussi le fameux pétomane qui, au début du siècle, pouvait interpréter des airs de musique en modulant les sonorités de ses gaz intestinaux. Cette musique pouvait aussi évoquer la guerre, la gloire et la revanche : cor et trompette de guerre ont leur origine dans la flatulence, les cuivres expriment en musique l'agressivité du stade sado-anal (id.). Cet aspect des fermentations intestinales est présenté dans un article devenu classique de Paul Germain : "La musique et la psychanalyse", *Revue française de psychanalyse*, n°4, Paris, 1928. Un autre ouvrage de base, plus ancien, s'intitule *L'Art de péter* (anonyme, 1776) : il propose des transcriptions graphiques des sonorités de différents types de pets.
Pourtant, loin des violences martiales, loin de la mélomanie, loin de l'art, on trouve des témoignages plus tendre sur l'attirance pour les flatulences d'une personne aimée : l'acte le plus intime et le plus engageant qu'un homme puisse partager avec une femme – le geste qui prouve l'amour total, l'engagement et l'acceptation – n'est pas l'acte d'amour. Ce n'est pas confesser avec des larmes ses peurs et ses faiblesses. C'est de péter devant elle ! (Roberto Santiago, *Le Parfum de l'amour*, Hustler, édition française, n°4 avril 1997).
Dans le même article, André, l'une des personnes interrogées, déclare

combien l'amour, exprimé de cette façon, peut être exclusif :

Je n'ai jamais pété devant une femme que je n'aimais pas, mais je garde pour Christine, ma fiancée, mes pets les plus bruyants et les plus fétides.

Voici ce qu'en dit Christine :

Au départ, je me sentais mal à l'aise de péter devant lui, mais quand j'ai enfin osé, cela nous a rapprochés. Cela nous a montré combien on s'aimait et on était proches l'un de l'autre.

Il y a donc, pour certaines personnes, une fonction de communion dans les flatulences. L'intimité ainsi créée peut même, toujours pour Christine, exciter la jalousie :

Si André pète devant une autre femme, c'est comme s'il me trompait.

Cette flatuphilie implique une relation affective durable, un rapport de couple solide.

La flatuphilie ordinaire peut aussi n'être qu'une manie sans rapport avec un lien affectif. L'évocation cocasse du "pet-en-gueule" qu'on trouve chez Boccace ou dans les fabliaux semble fort différente. Les revues érotiques publiant des petites annonces en présentent certaines qui demandent un partenaire d'occasion pour ce genre de jeux. Parmi tant d'autres, voici un témoignage anonyme de flatuphile, mêlée d'audiophilie :

Mon magnétophone à cassette tournait pendant ce temps - il n'enregistra pas très clairement, mais on pouvait l'entendre dire qu'elle allait péter, et me demander si j'étais prêt. J'ai répondu "oui". Alors elle délivra un énorme pet droit sur mon visage. Ce pet s'entend clairement sur la cassette.

Je ne pouvais rien sentir puisque son cul appuyait sur mon nez. Nous avons essayé plusieurs fois de la faire péter à quatre pattes, de telle façon que je puisse mieux renifler ses pets, mais ça ne s'est jamais passé comme je le voulais.

Sur ce sujet, on pourra lire l'étonnante *Histoire anecdotique du pet* de Romi (Ramsay, 1991).

FLÉCHETTE

VOIR BONDAGE.

FORMICOPHILIE

VOIR ZOOPHILIE.

FORNICATION

Mot du vocabulaire chrétien désignant toute relation sexuelle illicite. Le mot vient du latin *fornix*, signifiant "voûte", parce que les prostituées romaines racolaient sous les arcades de certaines rues "chaudes" comme celles du quartier de Suburre. *Fornix* désigne aussi le fond du vagin et se rapproche étymologiquement de *fornax*, le four à pain, le geste de l'enfournement évoquant symboliquement l'acte sexuel.

Antonio Maria Claret, archevêque de Cuba et confesseur de la reine Isabelle II d'Espagne, exprime la théorie de l'Église catholique au

XIXe siècle dans son célèbre *Manuel des Confesseurs* :

La fornication est l'union intime et d'un consentement mutuel d'un homme libre et d'une femme libre ayant déjà perdu sa virginité. (...) Il y a trois sortes de fornications : la fornication simple, le concubinage et la prostitution.. (...)

La fornication simple est celle qui résulte d'un commerce passager avec une ou plusieurs femmes. La fornication simple est intrinsèquement une action mauvaise et constitue un péché mortel.

L'opinion officielle de l'Église est que l'acte sexuel ne peut exister que dans le but de la reproduction de l'espèce. Claret distingue la fornication du stupre, lequel est la "défloration illicite d'une vierge" et du rapt, mot désignant pour lui toute violence sexuelle.

La position de l'Église catholique n'a pas varié sur ce point. Tout au plus propose-t-elle de "venir en aide" à ceux qui sont troublés par leurs désirs ou qui se repentent de leurs actes. Nous sommes loin des pénitences anciennes, parfois très lourdes. *La Déclaration de la congrégation pour la doctrine de la foi* du 26 janvier 1975 condamne le "relâchement des moeurs", l'homosexualité et la masturbation. Elle pose comme principe que "l'usage des fonctions sexuelles est illicite en dehors du mariage". De ce principe découle sa nette prise de position contre les relations pré-conjugales et la masturbation, même si elle manifeste une grande compréhension humaine et chrétienne pour tous ceux qui connaissent de graves difficultés sur ce point. (*Avenire*, 16 janvier 1976.)

Ce texte parle en outre de l'"état de péché mortel".

L'Église, pourtant, ne fait plus du plaisir un péché, à partir du moment où il est conjugal. Cependant, la fonction, le but, la raison d'être de l'acte sexuel demeure pour elle la procréation.

FOUILLE À CORPS

Agrément des séances sadomasochistes, la fouille à corps est un jeu de domination/soumission. Il s'agit de simuler une arrestation, un passage frauduleux à la douane, la répression d'une révolte de prisonniers, d'une capture de guerre, etc.

En général le "prisonnier" doit vider ses poches pour une inspection de leur contenu. Ensuite, il est placé face à un mur, une cloison, les bras en l'air, appuyé en léger déséquilibre contre ce mur ou cette paroi. Il doit écarter les jambes. Le partenaire palpe d'abord tout le corps de sa victime au travers de ses vêtements : c'est la scène classique des films policiers. Après quoi, le "prisonnier" devra se déshabiller. Une fois nu, les mains derrière la tête, on le fera se pencher en avant

pour explorer l'anus, le vagin. Ensuite, selon le résultat de cette fouille, on statuera sur sa libération ou son retour en cellule.
VOIR HUMILIATION, INTERROGATOIRE.

FOUET
VOIR FLAGELLATION.

FOURRURE
VOIR FÉTICHISME.

FROTTEMENT
(toucheurisme, haptosis)
Acte de se frotter contre le corps de quelqu'un ou contre un objet à des fins érotiques. On appelle également cette pratique « pelotage ». Aujourd'hui, depuis l'épidémie du sida, ces frottements remplacent parfois les actes sexuels à risques. Cependant, le frottement est plus particulièrement une pratique furtive, sans l'accord de la personne qui s'y trouve soumise. On voit ainsi, par exemple dans les transports en commun, des "frotteurs" se presser contre d'autres voyageurs :
Frottage : quelle jouissance le métro à six heures du soir ! Se frotter fait partie de mes préliminaires amoureux. (Michel Meignant, *Nous sommes tous des pervers sexuels persécutés*, Paris, 1980.)
En cas de protestation, il leur suffit de s'excuser en prétendant que ce contact était fortuit.
Le frottement le plus fréquent semble difficile à excuser puisqu'il s'agit d'appliquer un pénis en érection ou en semi-érection contre les fesses de la victime au travers du tissu des vêtements.
Dans *The Sexual Fetish*, Robert Tralins expose différents exemples de cette habitude. Par exemple, un homme suivait les femmes aux fesses imposantes dans les escaliers roulants, et se frottait contre elles afin d'atteindre l'orgasme. Un autre suivait les femmes obèses dans une porte à tambour.
Les "frotteurs" ne sont pas forcément excités par les personnes qu'ils approchent ainsi. Certains fétichistes de la soie ou du cuir ne se frottent que contre des femmes portant des vêtements confectionnés dans ces matières. Les podophiles, fétichistes du pied, se livrent à un type particulier de frottage. Ils s'approchent de leurs victimes et leurs marchent sur les pieds. Ensuite, il se confondent en excuses
Les hommes ne sont pas les seuls "frotteurs". Il existe des femmes qui aiment se presser contre un homme dans le bus ou le métro, mais qui se montrent offensées si leur victime trouve la chose à son goût au point de le manifester. D'autres vont dans les bars pour homosexuels et se frottent au dos des consommateurs accoudés. Elles apprécient la surprise de leurs victimes lorsqu'ils

s'aperçoivent qu'une paire de seins leur parcourt le dos.
Le thème du frotteur et la jouissance qu'en retirait la "victime" féminine fut un thème très utilisé dans les romans érotiques d'Avant-guerre comme *Mémoires d'une fille facile* (Média 1000, 1994) :
La salle de cinéma était à peu près déserte. Pendant le documentaire, un garçon assez jeune vint s'asseoir à côté de moi. Les fauteuils de la rangées étant inoccupés, ses intentions étaient claires. Cependant, je fis semblant de rien. J'éprouvais un plaisir pervers à imaginer l'envie de me caresser de mon voisin et sa peur d'être rabroué. (...) Le jeune homme finit par se décider. Son genou frôla le mien. Enhardi sans doute par ma passivité, il toucha sa jambe avec ses doigts. Je résistai à la tentation d'écarter les cuisses. Si je bougeais, il retirerait aussitôt sa main. J'avais du mal à feindre l'indifférence pendant que, peu à peu, ses doigts s'insinuaient sous ma jupe. Les doigts atteignirent la lisière de mes bas. À cet instant, les lumières se rallumèrent pour l'entracte.
VOIR AMALGATOPHILIE, OCHLOPHILIE, TOUCHER.

FURTLING
(du latin *furtivus* : caché ou dérobé)
Amusement qui consiste à placer sa main derrière une photographie ou une image représentant une femme ou un homme, et comportant des ouvertures à l'endroit des jambes, du sexe ou de la poitrine. Un doigt émergeant entre les jambes d'un personnage dessiné figure, par exemple, un pénis.
La mode du *furtling* semble s'être particulièrement répandue en Angleterre. À tel point qu'un ouvrage est consacré à cette forme d'"art populaire" qui semble avoir fait fureur à l'époque victorienne. Il cite un texte écrit par un médecin de cette époque, lors d'une réunion de la *West London Scientific Association in Defence of Furtling* :
En tant que docteur, je ne puis parler en connaisseur dans cet ouvrage présentant des gravures originales, lesquelles, par la simple commodité de trous placés judicieusement, procurent un amusement réjouissant et vitalisant. Toutefois, qu'il me soit permis d'affirmer que l'effet de cet ouvrage n'est pas seulement d'amuser et de distraire, puisqu'il permet aussi d'adoucir la tristesse, d'éloigner la mélancolie, et de restaurer la vivacité d'esprits meurtris. En effet, ce fut pour moi un plaisir de montrer les images de ce livre à un certain nombre de mes patients et je peux vous assurer que, même lorsque leur pudibonderie était flagrante, je n'ai jamais échoué. La ferveur attendue s'est toujours promptement manifestée d'une façon profitable du point de vue thérapeutique. (B. Silver et J. Bennett, *The Naughty Victorian Hand Book Furtling: The*

Rediscovered Art of Erotic Hand Manipulation, New York, 1989).

GANG BANG

Actes sexuels répétés sur une même personne par plusieurs partenaires se succédant ou la possédant en même temps (double et triple pénétration).

Certains prétendent que notre organisme est physiologiquement fait pour ce type d'activités érotiques. Cette déclaration est justifiée par le fait que les hommes et les femmes ne mettent pas le même temps pour atteindre l'orgasme. Certains hommes éjaculent au bout de deux ou trois minutes, tandis que le plaisir féminin peut demander vingt minutes ou plus pour se manifester. Un groupe d'humains primitifs aurait donc tout avantage à ce qu'une femme soit ensemencée par plus d'un mâle. De ce fait, la paternité serait assurée par le groupe. C'est un type de sexualité que l'on observe fréquemment chez les primates, nos plus proches parents du règne animal.

Le *gang bang* diffère du ménage à trois (un couple plus un amant), du triolisme (trois amants), du candaulisme (une personne observant un couple) et du *mongolian cluster* (relation sexuelle simultanée avec plusieurs partenaires). Le terme est fréquemment employé pour un viol commis par plusieurs personnes. Toutefois, un *gang bang* est le plus souvent un acte consenti, voire organisé. Il existe une association, à San Francisco, dans laquelle des femmes choisissent leurs partenaires sur photographie. Le coordinateur appelle ensuite ces hommes et les invite à une rencontre. Ces derniers peuvent évidemment décider s'ils participeront ou non. Ceux qui demeurent se relayent alors jusqu'à ce que la femme soit satisfaite.

Attendre son tour peut se révéler fort stimulant. Certains hommes pensent que regarder les autres faire l'amour est excitant tout en leur donnant des informations à propos des désirs de la femme. La tension, l'anticipation sont certainement plus intenses que lors d'une orgie durant laquelle l'attention de chacun est occupée par son ou ses partenaires du moment. Quelques établissements de rencontres organisent des *gang bangs*.

Il existe des *gang bangs* impromptus durant des soirées privées : une personne se retire pour avoir des relations sexuelles avec plusieurs autres. Selon Nancy Friday (*L'Empire des femmes*, Albin Michel, 1993), le fantasme du *gang bang* est très répandu chez les femmes américaines. Elle cite à l'appui de nombreux témoignages dont celui de Hannah qui mêle *gang bang*, candaulisme et spermophilie :

Je suis entourée par plusieurs de tes amis, leur sexe pointant hors de leur pantalon pendant que je passe de l'un à l'autre en glissant sur mes genoux pour prendre leur mesure. Un de tes amis me dit de venir vers lui et de le prendre dans ma bouche sans me servir de mes mains (...) puis m'a prise par les cheveux et l'a enfournée dans ma bouche qu'il s'est mis à pistonner. Comme mes fesses étaient en l'air (...), un autre de tes amis est venu derrière moi et a précipité son pieu dans mon con. Celui que je suçais a éclaboussé mon visage, et l'autre m'a rempli le con. Tes autres amis appréciaient la scène, ils avaient commencé à se caresser et moi j'étais encore plus affamée. (...) chacun de tes amis, après s'être branlé avec énergie, est venu chacun son tour envoyer sa giclée sur tout mon corps, mon visage, jusqu'à je ne sois plus qu'une masse gluante, tout entière secouée par un orgasme brutal.

Une forme légèrement différente de *gang bang* est la *two minutes parking lot test* (littéralement : test de deux minutes dans le parking) : elle se pratique dans les bars et sert à sélectionner le partenaire le plus compétent ou le plus approprié pour la nuit. Voici un témoignage anonyme de cette situation :

D'*abord, on choisit un cavalier pour danser. Enlacer étroitement un homme en dansant me fait rapidement savoir si nos corps sont faits pour s'entendre. Il existe une alchimie sexuelle, des rythmes corporels compatibles ou en harmonie. Je sens comment il me caresse et tâtonne, et s'il sera facile ou non de l'exciter. La danse permet aussi de savoir combien de temps dure son érection tout en prenant connaissance des dimensions de son sexe. S'il me plaît et s'il exprime son désir de continuer, nous passons au* two minutes parking lot test. *Si, à ce moment, il se conduit bien et me prouve ses capacités, si nous sommes compatibles, alors il devient un candidat pour le reste de la soirée. L'avantage de cette méthode de sélection est que je ne finirai pas la nuit avec quelqu'un qui ne satisfera pas mes désirs. Il n'y a pas besoin d'accord préalable pour essayer un peu plus la marchandise et ma réputation demeure intacte : personne ne suspecte qu'un homme et une femme quittant le bar et y revenant au bout de deux ou trois minutes puissent avoir eu une activité sexuelle quelconque durant cette absence. Les hommes rejetés sont généralement satisfaits d'avoir reçu un prix de consolation consistant en deux ou trois minutes de sexe phénoménal tout en ayant une grande histoire à raconter. L'élu est fier d'avoir été choisi et je me retrouve avec le meilleur partenaire possible.*

Les *gang bangs* organisés peuvent l'être à partir d'un thème où les hommes se déguiseront selon les fantasmes de la femmes à satisfaire : policier, curé, ouvrier, etc.

C'est souvent au cours de *gang bangs* que les femmes découvre la pénétration simultanée de leur vagin et leur anus. Certaines se livrent également

à la double pénétration vaginale ou anale. D'autres encore expérimentent la triple pénétration (bouche, vagin, anus) en y rajoutant, parfois, la manuélisation de deux hommes.
Le *gang bang* se pratique également dans les milieux homosexuels.
VOIR CANDAULISME, MÉNAGE À TROIS, ORGIES, POLYITÉROPHILIE, SEXUALITÉ DE GROUPE.

GAY

Mot du dialecte américain désignant, certes, les homosexuels de sexe masculin, mais aussi, et surtout, les nouvelles formes d'affirmation, d'identification, de revendication de cette homosexualité depuis une vingtaine d'années. "Être gay", ce n'est pas seulement être un homme aimant les hommes, ce qui existe depuis la nuit des temps. C'est, plus précisément, une manière de vivre cette tendance, de l'affirmer, avec, plus ou moins, la conscience de faire partie d'une communauté, voire, aux États-Unis, d'un nouveau lobby. À la rigueur, on peut dire qu'il s'agit d'un art de vivre.

Les différents mouvements politiques, autour de 1970, se sont opposés au vieil ordre moral. Au conformisme anglo-saxon teinté de puritanisme de la société américaine se sont opposés des groupements, des idéologies combattant ce conformisme à partir de son contraire : l'affirmation des différences, des minorités, des marges. Ces remous profonds de la vie sociale sont dus, en grande partie, au mouvement d'émancipation puis de libération des afro-américains. Le combat pour l'égalité des droits pour les Noirs a inspiré d'autres communautés ou d'autres minorités non reconnues. Dès lors, les homosexuels n'ont plus voulu être rejetés, honteux et devant se cacher pour s'aimer. Ils ont relevé la tête et combattu l'image efféminée qu'on leur imposait. Le mouvement gay a généralement célébré tous les signes de la virilité. Les gays se sont mis à pratiquer des sports violents, la musculation et ont même étonné les cow-boys traditionalistes en participant avec succès à des rodéos. Depuis s'est répandue ce qu'on peut appeler une "culture gay", avec ses réseaux, ses relais, son marché. Des artistes ont créé des groupements de peintres, de sculpteurs, de poètes ayant en commun cette homosexualité proclamée. Le groupe *Village People* est l'illustration musicale célèbre de cette "culture gay". Il y eut jusqu'à un film, un peplum pornographique intitulé *Sebastiane* montrant des légionnaires romains en pleine activité sexuelle, et s'exprimant en latin !

Après les outrances, les provocations, les démesures des débuts, le mouvement gay a pris sa vitesse de croisière, avec ses manifestations régulières, ses lieux de rencontre, ses combats. Le sida ayant durement frappé les homosexuels, le mouvement gay a réagi, créant des associations, organisant des collectes pour aider la recherche médicale et créant des "lieux d'écoute" pour soutenir les malades et les assister dans leur lutte contre la mort.

L'homosexualité, auparavant cachée, est aujourd'hui une force avec laquelle il faut compter. Les hommes politiques américains le savent et peu d'entre eux se permettent, maintenant, la moindre plaisanterie à ce sujet : les gays sont des électeurs suffisamment solidaires pour organiser un boycott, voire même constituer une force politique prenant position sur tel ou tel enjeu de la vie sociale, ou défilant de façon unitaire lors de manifestations telle la *Gay Pride* à San Francisco.

VOIR HOMOSEXUALITÉ.

GEISHAS

Au Japon, le terme désigne une dame de compagnie spécialement éduquée pour plaire aux hommes. Autrefois, les geishas étaient des jeunes filles parfois achetées à leurs parents, comme les prostituées, appelées *yoshiwara*. La différence avec ces dernières réside à la fois dans l'éducation raffinée reçue par les geishas et le fait qu'elles choisissent leurs partenaires sexuels.

L'éducation d'une geisha commence à l'âge de douze ans. Durant six ans, on leur apprend les bonnes manières, le maintien, les danses et les chansons traditionnelles, l'arrangement floral ou *ikebana*, et les mouvements précis de la cérémonie du thé.

Une charmante hôtesse nous accueillit à la porte. Elle était vêtue d'un élégant costume japonais et se déplaçait sans être gênée par la luxueuse étoffe de son kimono. Elle nous conduisit à la salle de réception. Là, je vis plusieurs geishas aux kimonos chatoyants, les cheveux coiffés d'une façon élaborée et traditionnelle. Elle se regroupaient et parlaient de choses et d'autres... comme si parler gaiement de tout et de rien faisait partie de l'enseignement reçu à l'école.

La cérémonie du thé commença. C'était superbe et solennel. Les détails des mouvements précis de l'hôtesse provenaient d'un rituel établi depuis des siècles et cette tradition, encore enseignée, demeure une partie importante de l'éducation.

Les mouvements de l'officiante étaient fascinants. Elle se trouvait assise sur un tabouret laqué. Devant elle, on voyait une table richement décorée. Un réchaud de bronze y était posé, sur lequel on avait mis un récipient de laiton duquel s'envolait de la vapeur. Tandis que la maîtresse de cérémonie demeurait assise, ses deux assistantes, avec des mouvement gracieux et identiques de la tête et des mains, firent brûler de l'encens. Une troisième arrangeait des fleurs dans un beau vase de porcelaine.

Chacun des mouvements de ses doigts témoignait d'une longue pratique. C'était une poésie des mains. J'ai regardé longuement, tandis que les fleurs prenaient lentement leur place, dans la position précise qu'exige la coutume, l'une dressée vers le plafond de la pièce comme pour rejoindre le ciel, l'autre se penchant vers le bas, comme cherchant à toucher l'eau d'un bassin inexistant. Tous ces gestes, pour brûler l'encens, pour l'ordonnancement des fleurs, et la solennité de la maîtresse de cérémonie créaient une harmonie de gestes, de sons et de couleurs. Elle se déployait comme une fleur éclose au soleil du matin.

La geisha, à la table, rinça les tasses avec de l'eau bouillante, les essuya avec une serviette de soie rouge, mélangea les feuilles de thé vert et versa l'eau bouillante. Puis elle s'arrêta et épousseta la table brillante, y ôtant d'imperceptibles poussières de thé et de cendres que je ne pouvais pas même voir. Il y eut ensuite un nouveau moment de repos. Ensuite, elle versa la précieuse décoction d'une tasse à l'autre jusqu'à ce qu'une tasse de vrai thé fût prête. On me l'offrit puisque j'étais l'invité d'honneur. Je goûtai. Je dois avouer que je n'étais pas capable de discerner quelle délicatesse subtile le cérémonial ajoutait à la boisson, mais j'étais prêt à déguster longuement s'il s'agissait de la condition pour que durât ce joli tableau.

(Hendrik de Leeuw, *Cities of Sin*, New York, 1943.)

La culture japonaise, à cette époque, se préoccupait peu d'amours romantiques. Les femmes étaient des servantes et des mères, et non quelqu'un avec qui converser ou à qui témoigner une affection socialement déplacée. De ce fait, les *yoshiwara*, prostituées, répondaient aux besoins sexuels des hommes tandis que les geishas offraient une conversation féminine, une compagnie. Les hommes, quoique fort tentés d'avoir des relations sexuelles avec les geishas, reculaient à cause des responsabilités sociales et financières subséquentes. Les enfants mâles des geishas étaient élevés par leur père et sa femme alors que les filles demeuraient avec leur mère.

Aujourd'hui, les geishas choisissent elles-mêmes ce métier. Elles sont généralement issues des milieux ouvriers ou de la classe moyenne. Toutefois, la majorité d'entre elles sont filles de geisha ou de propriétaire d'une maison de thé. L'influence de l'Occident a amoindri le statut des geishas, commodes prostituées. De Leewe évaluait la polarité des valeurs morales dans ces deux cultures en disant : "si les Japonais peuvent être taxés d'immoralité et de cynisme dans leur attitude à vis-à-vis de la sexualité, l'Occident paraît sentimental et hypocrite".

VOIR BORDELS, HÉTAÏRES, PROSTITUTION.

GÉNUPHALLATION
Acte de frotter un pénis entre les genoux du partenaire. Le genou est relié étymologiquement à ce qui concerne la génération, en indo-européen. Un ancien rite de légitimation d'un enfant était de le placer sur le genou du père, près des organes sexuels. Le genou, dans diverses traditions, est associé à la sexualité, à la procréation, au désir.

GÉRONTOPHILIE
On distingue l'aphamégamie (attirance pour un homme plus âgé), l'anililagnie ou matrolagnie (attirance pour une femme plus âgée) et la chronophilie (excitation provoquée par une différence d'âge).

Certaines personnes éprouvent une attirance envers des partenaires beaucoup plus âgés qu'eux. Dans le cas de l'aphamégamie ou de la matrolagnie, on constate que l'aspect rassurant et initiateur de la personne âgée est déterminant. Beaucoup d'homosexuels masculins, mais aussi de jeunes femmes, recherchent une image du père. La gérontophilie peut provenir d'un attachement particulier à de vieux parents. Souvent, les grands-parents comblent un manque d'affection réel ou ressenti par les enfants. La gérontophilie peut aussi dériver de l'intelligence, de l'expérience, du calme tranquillisant de personnes ayant le temps de vivre, ayant accompli leur parcours et se trouvant disponibles et prêtes à écouter les autres.

L'espérance de vie ayant beaucoup augmenté dans les sociétés occidentales, de nouvelles couches de la population se trouvent disponibles, peu occupées, et en quête de loisirs. Le "troisième âge" est devenu un marché intéressant pour les agences de voyages, pour les organisateurs de vacances. Cette disponibilité donne la possibilité à des personnes naguère laissées pour compte d'être de nouveau des partenaires sexuels possibles. Il existe des violeurs qui s'en prennent uniquement aux vieilles femmes.

Le goût de certains hommes pour les formes plantureuses, joint au fétichisme du sein, voire à une fixation sur l'image de la mère explique, en partie, le succès des magazines tels que *Quarante et plus*, présentant des photographies de femmes mûres dénudées et dans des poses aguichantes. Beaucoup de films pornographiques concernent la gérontophilie, principalement celle des femmes âgées avec de jeunes partenaires. La littérature érotique a depuis longtemps utilisé cette perversion à l'instar de Bernard Montorgueil dans *Les Quatre jeudis* (1930) qui mêle gérontophilie et domination de jeunes gens par des femmes d'âge mûr :

– *Et maintenant, mon mignon, ta "tante" va prendre ce beau petit puce-*

lage. Regarde bien dans la glace, tu vas voir en même temps. Comme ça tu te rappelleras mieux.
L'enfourchant, elle saisit la verge, branla un instant et d'un seul coup se l'introduisit. Puis la chevauchée commença.
– Méfie-toi, dit Madame de Varennes. Je ne crois pas qu'il tienne longtemps.
– Ça ne fait rien. Ça m'a excitée de le fouetter. Je suis prête. J'aime bien aller fort. Je sentirai quand il y sera... Inutile de résister, mon mignon ! Je l'ai déjà, va, ton pucelage. Le reste, tu seras bien forcé de le donner aussi, quand je le voudrai. Allons... Laisse-toi prendre bien gentiment... Là... À la bonne heure... Je sens que tu durcis encore. Elle est longue, maintenant, ta queue, je la sens tout au fond... Bien sûr, c'est la grosseur qui manque pour ton âge, mais ne t'inquiète pas, je te la développerai.. Tu te crispes encore, mon mignon ? Pas la peine, va ! Ça n'empêchera rien... au contraire... Tiens, qu'est-ce que je disais ! Je vois venir dans tes yeux... ça monte... Oui, donne bien à ta tante... tout... Ah ! Que je jouis !... Tiens... Tiens !... Tiens !...
Il y eut encore deux ou trois spasmes nerveux, puis le corps du garçon se détendit. Sa première jouissance avait été terrible. Immobile maintenant, Frieda s'était assise sur lui tout à fait, de façon à rester bien embrochée. Les yeux brillants de plaisir, elle sourit à sa sœur et dit :
– Eh bien, tu sais, ça valait la peine. Ce qu'il a pu me faire jouir, ton galopin !
La sexualité des personnes âgées n'est pas limitée par l'angoisse d'enfanter, la ménopause permet d'être tranquille sur ce point ; de même, bien des vieux messieurs ayant subi une opération de la prostate, ont des éjaculations inversées rendant toute conception impossible.

GIFLES
VOIR FLAGELLATION.

GINGEMBRE
VOIR APHRODISIAQUES.

GINKGO
VOIR APHRODISIAQUES.

GINSENG
VOIR APHRODISIAQUES.

GLORY HOLE **OU**
GROPING APPARATUS
(de l'anglais *glory* : gloire, honneur, et *hole* : trou)
Littéralement "trous de gloire". Il s'agit de dispositif établissant une barrière entre deux partenaires, mais leur permettant une activité sexuelle. Certains costumes ou combinaisons de latex sont percés de façon à laisser à nu les seins ou les parties génitales des personnes qui les vêtent. Il peut s'agir de panneaux, de paravents percés de trous de façon à laisser

passer un pénis, etc. Ces panneaux peuvent être décorés. C'est une pratique courante au Japon :
Sortis du travail, les salarymen *à col blanc n'ont que l'embarras du choix. Ils rendent visite au* Lucky hall *où, pénétrant l'effigie de leurs vedettes préférées, ils se font masturber par une fille déguisée en lycéenne ou en infirmière de l'autre côté de la cloison. Elle n'aura de contact qu'avec le pénis de son client sans jamais le rencontrer.* (Roger Faligot et Rémi Kaufer, *Porno Business*, Fayard, 1987.)
Un tel appareillage permet aussi de conserver l'anonymat. C'est pourquoi les *glory hole* sont proposés dans certaines maisons de rendez-vous. Cet usage n'est pas récent, puisqu'on en trouve la trace au XVIIIe siècle dans ce poème de Mérard de Saint-Just (1749-1812) :
Manière d'aimer qui ne se trouve pas dans l'Arétin
À dom Jean le bénédictin
Un jeune élève de Guerchin
Se confessait qu'ayant peint une belle,
Il devint de son œuvre épris, amoureux fou.
– Pour contenter, dit-il ma passion charnelle,
À l'endroit que savez, je fis un petit trou
Par où
J'introduisis mon allumelle…
Mais, reprit le prêtre, comment ?
Vous trouviez là quelque contentement ?
– Oui, derrière la toile en commode posture,
Un tendre enfant d'une aimable figure
À la peau blanche et douce et longue chevelure,
Me présentait le cul le plus charmant ;
De sorte que, Dom Jean, j'en connais en peinture
Et j'enculais réellement.
À cette ancienneté se joint une extension géographique. En effet, loin d'être une pratique européenne ou japonaise l'usage des *glory hole* existe aussi en Afrique, chez les Swahilis :
Dans le champ, près de la barrière, se trouve une planche, une porte dans laquelle est pratiqué un trou à environ un yard du sol. Tôt le matin, la femme se tient, adossée à la planche, faisant face à son mari qui, quoique demeurant couché dans la hutte, peut l'observer de son lit. L'amant vient derrière la porte, tandis que la femme se penche en avant, agissant comme si elle lavait la vaiselle, parlant à son mari, qui ne suspecte rien tandis que l'amant la possède à travers le trou de la planche. (Felix Bryck, *Eros Vaudou*).
Actuellement, les *glory hole* sont utilisées dans différents jeux sexuels. C'est un caisson en bois ou en métal dans lequel prend place une personne et qui est percé de trous répartis à différentes hauteurs permettant le passage d'un bras. Les *glory hole* sont d'abord apparues dans les années soixante-dix dans les boîtes de nuit homosexuelles puis dans certains sex-shop, à l'usage

d'un public hétérosexuel. On trouve également ce type d'appareil dans les clubs échangistes. Le but consiste à être caressé, de manueliser, de faire une fellation ou de s'offrir aux mains, aux bouches et aux sexes qui se présentent dans les trous du caisson sans jamais savoir à qui ils appartiennent. Le trouble d'une sexualité de groupe est augmenté par l'aveuglement.

On pourra lire sur ce sujet l'étonnant témoignage d'une adepte inconditionnelle de cette pratique recueilli par Franck Spengler et paru dans le magazine *Union* du mois de mai 1998.

VOIR
ACCROISSEMENTSENSORIEL,
CHEMISE CHRÉTIENNE.

GODEMICHÉ, GODEMICHET
(olisbos, bienfaiteur, consolateur, parapilla)

Pénis artificiel. N'importe quel objet en forme de verge et susceptible d'être introduit dans le vagin ou l'anus peut être considéré comme un godemiché. Toutes sortes de matières peuvent servir à fabriquer un godemiché : cuir, bois, métal, ivoire, ébonite, bakélite, etc. Les métaux précieux peuvent aussi être façonnés en forme de sexe masculin, ce qu'on lit dans la Bible :

Tu as pris ta magnifique parure d'or et d'argent que je t'avais donnée et tu en as fait des simulacres d'hommes auxquels tu t'es prostituée. Tu as pris tes vêtements brodés, tu les en as couverts et tu as offert à ces simulacres mon huile et mon encens. (*Ézéchiel*, 16, 17). Cette "prostitution" aux olisbos est ici jointe à l'idolâtrie. L'Éternel, par le truchement d'Ezéchiel, s'adresse non seulement à une femme, mais à Jérusalem symbolisée par la prostituée. Les cultes anciens vénéraient des olisbos dont les femmes, prêtresses ou fidèles, se servaient lors de cérémonies. Les Grecques appréciaient particulièrement les olisbos fabriqués à Milet, en Asie Mineure. Ces ustensiles étaient taillés dans le bois, gainés de cuir, ou encore en cuir rembourré de laine. Le cuir, avant usage, était oint et frotté avec de l'huile d'olive afin de présenter une surface adoucie. Une pièce anonyme du IIIe siècle av. J.-C. nous montre une femme nommée Métro voulant emprunter le godemiché de son amie Coritto. Hélas! cette dernière l'a déjà prêté. Mais elle conseille à Métro d'aller se fournir chez un savetier nommé Cerdon. Métro trouve inconvenant de faire fabriquer un tel objet par un artisan. Mais à force de louer le travail de Cerdon, Coritto parvient à la convaincre.

L'étymologie du mot "godemiché" demeure confuse. On y voit généralement l'évolution d'une expression latine, *gaude mihi*, venant de gaudere : "jouir", ou plutôt, à la façon tardive, *gaude michi*, signifiant "réjouis-moi".

L'usage de tels instruments ne se limite pas à l'Europe. Dans les gynécées de la Chine ancienne, on faisait peu de cas de l'homosexualité féminine, jugée inévitable. Cependant, l'abus des godemichés risquait d'abîmer les muqueuses… Risque peut-être inhérent à celui muni de deux têtes, en bois ou en ivoire nervurés.

La partenaire "mâle" introduisait une extrémité du godemiché dans sa Fissure Cinabre, attachait la partie centrale à sa taille au moyen de rubans de soie et utilisait l'autre extrémité comme s'il s'agissait d'une Tige de Jade. Un conte médiéval mentionne une chose appelée "l'épi cantonais" qui était, semble-t-il, une plante bourgeonnante en forme de phallus qui, une fois trempée dans l'eau chaude, gonflait, durcissait et prenait la consistance d'un excellent godemiché. (Reay Tannahill, *Le Sexe dans l'histoire*, Robert Laffont, 1982.)

Aujourd'hui, les godemichés de tous genres se trouvent dans les magasins spécialisés. Certains sont moulés sur le sexe d'acteurs de films pornographiques. Ils peuvent, ou non, être munis d'un dispositif vibrant. D'autres ont des caractéristiques plus surprenantes :

Le récent catalogue d'un sex-shop propose par exemple un gode chien, destiné aux adeptes de la zoophilie et présenté comme la réplique exacte du sexe d'un chien testicules compris. Le catalogue précise fièrement que les poils qui entourent le sexe sont de vrais poils de chien importés pour vous d'Orient. (Jérôme Fandor, "Gode save the gouines", *Fascination*, n° 26, 1985.)

Dans le même article, l'auteur mentionne un godemiché dont le gland représente le visage du président des États-Unis de l'époque : Ronald Reagan.

Il existe également des modèles gonflables à l'aide d'une poire pour les amateurs de dilatation. D'autres sont munis d'un prépuce. Des godemichés prévus à cet effet peuvent être attachés à une ceinture, à un harnais, de telle sorte qu'une femme munie de cet attirail peut se conduire en homme. D'autres sont agrémentés d'une ventouse de caoutchouc à leur base et peuvent ainsi être fixés sur un siège, voire sur la glace sans tain d'une cabine de peep-show.

Certains olisbos sont munis d'un réservoir, d'une poire de caoutchouc que l'on emplit d'un liquide ressemblant au sperme pour simuler une éjaculation. À Pompéi, des fresques nous montrent des olisbos montés sur roues. Il existe différents arrangements d'olisbos munis de poids, contrepoids, poulies, constituant les appareils de ce qu'on a dû appeler, après Magnus Hirschffeld, "mécanoérotisme" (voir ce mot). Sylvia Bourdon, actrice de films pornographiques dans les années soixante-dix, avait ouvert une galerie d'art érotique à Paris où l'on pouvait admirer un tabouret percé en son centre et d'où

émergeait un impressionnant godemiché mû par un système de pédalier qu'actionnait la femme assise.
Il existe aussi des godemichés double, c'est-à-dire reproduisant aux deux extrémités le gland d'un homme et qui peuvent être utilisés en même temps par deux partenaires. D'autres sont spécialement conçus pour la double pénétration et présentent, sur le même support, deux reproductions de pénis de taille différente. Il existe enfin des modèles en latex plein, beaucoup plus rigides appellés *dong* ou *double-dong* ; certains sont en spirale pour pouvoir être "vissés".
Autre variante du godemiché, le *plug* ou *anus-picket* ou godemiché anal. Plus court que le godemiché, le *plug* a une forme conique accentuée, très large à sa base et terminé par une excroissance afin que le *plug* ne puisse disparaître dans l'anus. Dans les jeux sadomasochistes, le port du *plug* est imposé plusieurs heures en n'importe quelle circonstance au dominé dans un but d'humiliation, de soumission et de dilatation.
Toute une littérature érotique est consacrée au godemiché. On le trouve à titre d'accessoire dans certains romans, mais aussi comme thème principal de maints ouvrages, tels que *Histoire Merveilleuse et édifiante de godemiché* (1763) de l'abbé de Laurens, émule de l'Arétin, ou *Les Godemicheuses* de Saint-Evremond. *L'Académie des Dames* (1680) de Nicolas Chorier fait la part belle à cet instrument. Ce n'est, en fait que la traduction d'un ouvrage latin licencieux rédigé vers 1660 : *Aloisiae Siegae Toletanae Satyra Sotadica de Aracanis Amoris et Veneris*, dû à une mystérieuse Luisa Sigea. Le godemiché peut même avoir un usage politique puisque *Le Godemiché royal*, pièce en vers de l'Ancien Régime, vilipendait la reine Marie-Antoinette d'une façon fort peu élégante vers 1790. En 1891, un écrivain érotomane fameux pasticha Apollinaire et rendit hommage à Wagner de la façon suivante :

Ô le pur godemiché d'or phallique
Où leurs vulves ont tant navigué,
Vogué, vagué, walle zür Wiege,
Vagins de vierges mélancoliques.

(Pierre Louÿs, "Les filles du Rhin", *Trophée des vulves légendaires*, édité en 1948).
VOIR GUESQUEL.

GONORRHÉE
VOIR M.S.T.

GRIFFURES
VOIR ÉCORCHURES.

GROUPIE
Vers 1970, la mode des groupes de pop music fit naître le phénomène "groupie". Des jeune filles ou des femmes admirant une célébrité, un musicien, un artiste ne se contentèrent plus d'assister aux concerts et représentations. Lasses de n'exprimer leur admiration que par des cris et des

déhanchements, elles décidèrent de suivre la tournée des musiciens, de se trouver partout où ils allaient, d'être à leur service où et quand ils le voudraient. La groupie, béate, soumise, servait alors de "défouloir sexuel".

GUESQUEL

Sorte de godemiché très élaboré originaire de Patagonie. En voici une célèbre description :

Il se compose d'une touffe de crins de mulet soigneusement montée sur une mince ficelle tricolore. L'homme s'attache cette ficelle derrière le gland et durant le coït introduit l'instrument, les brosses en avant, dans le vagin de la femme. Ces crins sont raides et longs d'un bon doigt ; leur effet est si violent que la femme hurle, pleure, grince des dents, mord, éclate de rire, sanglote, s'agite, écume, bave, fait des soubresauts, se tortille (c'est pourquoi les Patagons appellent les femmes blanches, qui n'ont pas besoin du guesquel pour prendre une part aussi active à l'amour, mais se tortillent naturellement, ce dont ils raffolent, des corcoveadores) ; l'orgasme est si puissant qu'après la détumescence, la femme reste épuisée, râlante, rassasiée, satisfaite, comblée, étourdie de bonheur, bête à pleurer, n'en pouvant plus. (Blaise Cendrars, *Le Plan de l'aiguille*, 1927.)

Les guesquels sont des objets fort luxueux, souvent ornés de dessins, ou superbement décorés. Les artisans qui les fabriquent les vendent à des prix mirobolants, allant jusqu'à celui de trois à six chevaux. Les plus coûteux sont fabriqués avec les crins d'une mule blanche. Et, ajoute Cendrars, *certains se terminent par des petits paquets de coquillages qui tintinnabulent entre les testicules, ce qui, dit-on, stimule l'homme.*

GYNÉCOMASTIE

VOIR DYSFONCTIONNEMENT.

GYNÉMIMÉTOPHILIE

(du grec *gunê* : femme, *mimeisthai* : imiter, et *philia* : amour de)

Excitation sexuelle provoquée par un partenaire de sexe masculin déguisé en femme. Françoise Rey décrit une scène de gynémimétophilie dans *La Femme de papier* (Spengler, 1993).

C'est une grande mulâtresse très apprêtée qui ondule languissamment dans un fourreau de soie bleue, et caresse ses épaule nues à la blondeur artificielle. Je conçois qu'elle te plaise. Elle danse seule, visiblement satisfaite de son corps, de sa robe qui la révèle plus qu'elle ne la couvre, de ses seins si tendus sous l'étoffe qu'on en devine les bouts durs et agacés, de sa taille souple, de ses hanches rondes, de sa croupe avenante… « Tu la veux ? » j'ai chuchoté dans ton cou, et ton regard intéressé, presque incrédule, m'a déjà récompensée. (…) Je me faufile à travers les couples enlacés qui tanguent sur la piste. (…) Tout contre elle, à sentir son parfum et ses effets de reins. « Tu vois le type là-bas ? – C'est une affaire ? – Je te crois ! – Viens me le présenter aux toilettes !... »

D'un geste je te convie à me suivre, et tu m'obéis sans commentaire. Au sous-sol, elle est déjà là, à s'examiner dans la glace. (...) Elle nous aperçoit dans le miroir, se retourne. Son visage est absolument parfait, absolument stéréotypé : yeux en amandes, pommettes un peu kalmouks, petit nez droit, bouche charnue, boudeuse à souhait, menton ovale... (...) D'un index incarné, elle a pointé sans l'ombre d'une hésitation une petite pièce attenante, une sorte de réduit ouvert mais discret, assez sombre, intime, gardé par un semblant de rideau et étouffé d'épaisses fougères. Bref coup d'œil de connivence entre nous : chiche ! Et nous lui emboîtons le pas. (...) Cette atmosphère me grise. Notre compagne nous secoue, nous violente, nous dispose. « Toi, t'ordonne-t-elle sur un ton sans réplique, tu m'encules ! », et elle vire sur elle-même, te tourne le dos, remonte de la main l'étroit fourreau qui la moule, te tend les fesses. (...) « Toi, tu me suces ! » déclare-t-elle, et, de sa main sur mon épaule, elle m'incite à m'agenouiller devant elle. Que cette drôlesse est donc rapide ! Elle se tortille un peu suscitant ton désir de son cul qui se frotte à ta bite, et je présume que tu t'es déjà déboutonné dans son dos... Moi je suis à ses pieds, entre ses jambes délicieuses, royales, satinées, que je caresse avec des fourmillements de plaisir plein les phalanges. Du dessus de mes mains je remonte l'intérieur des cuisses, qu'elle ouvre pour mieux nous recevoir, toi et moi, et j'arrive à sa chatte encore recouverte par le bas de la robe. Je roule la soie sur son ventre, prête à découvrir son pelage et à y fourrager à pleine bouche, mais je trouve sous mes doigts, le contact d'un textile un peu rude. (...) Je commence à discerner dans l'ombre, un triangle blanc sur son pubis renflé. Je cherche l'élastique de cette culotte bizarre pour l'en débarrasser, mais elle se dérobe, recule du bassin pour m'échapper et en même temps s'offrir à toi, me tient d'une main posée sur ma tête, une main qui signifie « Attends ». (...) Alors, et ce slip ? Pas de cordon, pas d'élastique, pas de ficelle... Mes mains s'énervent dans leurs fouilles stériles. (...) Un énorme emplâtre de sparadrap, pour cacher quoi ? Une putain de bite qui se déploie à la vitesse de la lumière sous mes yeux incrédules. « Tiens ! C'est pour toi ! » précise-t-elle en m'attrapant par les cheveux et en m'attirant vers l'objet de mon ahurissement. Les mains en éclaireurs, tous les sens en alerte, je scrute, je hume, je palpe, je goûte la chose. Pas de doute, c'est un paf, un vrai, avec une paire de roubignolles, glabre comme le pubis mais en bon état de marche, qui me roulent dans les doigts, durcissent, s'arrondissent... Le manche aussi fonctionne, va, vient, coulisse, mouille...

Ah ! Mon chéri, c'est un feu d'artifices qui t'embrase, et tu l'ignores. Hormones et silicone, sorcellerie des temps modernes, alchimie encore balbutiante et déjà terrible d'un siècle en marche vers l'ambiguïté... Si tu savais qu'au bas de ce ventre que tu cherches à dompter vibre une trique semblable à la tienne, que cette créature dont tu mords la nuque, dont tu patines les seins à pleines paumes, dont tu farcis le cul avec maestria, bande à la rencontre de mes dents, de ma langue, de mes amygdales, me tire les cheveux pour que je lui taille la plume la plus ébouriffée de l'histoire, me lâche soudain la crinière pour guider mes mains sous ses couilles enflées et frémissantes, les y aplatir et réclamer, du geste et de la parole, la caresse cuisante, enfiévrée. (...) N'est-ce pas que je pipe bien ? Attends, attends, ce n'est pas fini. Je vais te tremper les couilles, te les rendre gluantes, visqueuses, te mouiller partout jusqu'à l'âme, te sucer à pleine bouche, à pleines joues, comme un gros bonbon fondant. Frotte ton bout entre mes lèvres, amuse-toi au petit bruit de bouchon humide qui quitte sa bouteille, frotte plus loin, le ventre de ton dard sur le bout de mes dents, plus court, la fente de ta bite à la pointe de ma langue, plus long, tout le manche enfoncé et la peau des couilles sous ma bouche...

VOIR TRANSSEXUEL, TRAVESTI.

H-I

HAMEÇON

Utilisés par les sadomasochistes, l'hameçon est utilisé sur tout le corps et peut servir à retenir des poids, augmentant ainsi la douleur du soumis ou de la soumise.

HANDICAP

Infirmité permanente, impotence. Nous y inclurons les troubles sexuels transmissibles et incurables. Il existe de nombreux handicaps dont nous ne citerons que quelques exemples.

Les paraplégiques sont insensibles à partir de la poitrine. Toutefois, ils éprouvent des orgasmes involontaires comparables à des pollutions nocturnes. Il est possible, pour le ou la partenaire d'un paraplégique, de caresser le pénis de manière à produire une érection permettant la pénétration. Cependant, le paraplégique ne ressentira que les attouchements pratiqués au-dessus de la poitrine. L'aide d'un conseiller en sexologie est parfois nécessaire, pour entraîner les couples comprenant un paraplégique à des relations sexuelles satisfaisantes. C'est souvent dans ces couples que l'on pratique le candaulisme (voir ce mot).

Beaucoup d'hommes dont les parties génitales ont été ôtées demeurent sensibles et susceptibles d'éprouver du plaisir en stimulant les nerfs prostatiques. Les anciens prêtres eunuques utilisaient ce moyen pour continuer leur vie sexuelle pédérastique. Les hommes dont les testicules ont été enlevés après la puberté peuvent souvent avoir une vie sexuelle active. Toutefois, l'orgasme leur sera souvent plus difficile à atteindre. La stimulation anale et prostatique est alors précieuse.

Un médecin peut soigner ces hommes de façon à leur assurer une sécrétion suffisante de testostérone en stimulant leurs glandes adrénales, pour remplacer la testostérone normalement produite par les testicules. Cette hormone est nécessaire ; son absence provoque des atrophies.

Les scléroses et la maladie de Lou Gehrig affectent le système nerveux central. Les sensations génitales sont alors diminuées et maintenir une érection prolongée devient aussi difficile qu'atteindre l'orgasme. L'utilisation d'anneaux péniens peut alors se révéler efficace. Consulter un urologue permet de nettes améliorations de l'état du patient.

Il existe des associations, des clubs regroupant les personnes affectées d'un handicap donné. Ils organisent des soirées, des spectacles et accueillent les conjoints non handicapés.

VOIR ACROTOMOPHILIE, DYSFONCTIONS, DYSMORPHOPHILIE.

HARCÈLEMENT SEXUEL

Calque français d'une expression légale américaine (*Civil Right Act, VII, 703*), ce terme concerne tout ce qui soumet l'obtention ou la conservation d'un emploi à l'acceptation d'avances, de demandes, de faveurs d'ordre sexuel, et autres "conduites physiques ou verbales".

La difficulté d'appréciation réside dans le fait que la même "communication" sexuelle adressée à des personnes différentes produira parfois des réactions différentes, allant du rejet à une réponse favorable. Discerner d'autre part l'invite un peu grasse ou vulgaire de la véritable agression humiliante n'est pas facile. Les sifflets, les compliments font partie de la tradition latine des hommes envers les femmes. En général, il n'y a là rien de grave. Toutefois, depuis deux décennies, les femmes n'acceptent plus d'être systématiquement considérées comme des "objets sexuels" et s'insurgent contre la "drague" ou le simple commentaire élogieux. Aux États-Unis, ce type de conduites ordinaires peut mener en prison. Il est vrai que là-bas, la tradition puritaine la plus sévère règne. Toujours est-il que le harcèlement a, la plupart du temps, lieu dans le même sens : un homme s'adresse à une femme excepté dans le film tiré du livre de Michael Crichton : *Harcèlement*.

Il existe plusieurs types de harcèlement sexuel des femmes par les hommes. Certains sont "égalitaristes" et discutent, plaisantent, à propos de sexe comme il le feraient avec d'autres hommes. Ils n'espèrent rien d'autre qu'une complicité et ne vont guère plus loin. D'autres ont besoin de flatterie et d'attention : ils cherchent l'amour et la sécurité que la sexualité implique et tentent constamment de créer des relations intimes. Lorsqu'ils sont rejetés ou, tout simplement, remis à leur place, ils se mettent en colère et peuvent se comporter durement pour atténuer leur dépit. S'ils manquent de scrupules, ils peuvent aller jusqu'à menacer la femme qui les a négligés, ou tenter de détruire leur réputation ou leur carrière. Quelques hommes n'agresseront les femmes qu'en groupe et pour se conformer à la conduite habituelle de ce groupe. Ils savent qu'ils sont insultants, inconvenants, etc. Mais ils font les bravaches afin de cacher une peur de la femme, ou des femmes, qui semble sous-jacente au harcèlement sexuel.

Le harcèlement sexuel implique un rapport de pouvoir entre hommes et femmes, le pouvoir se définissant ici comme le contrôle de quelque chose qu'un autre désire. De ce fait, une femme possède un pouvoir : celui de dire "non" aux invites sexuelles d'un homme. D'autre part un homme peut usurper un pouvoir, passer outre ce refus. Il peut aussi se montrer sans scrupules et proférer des menaces, etc.

Ce jeu subtil de pouvoir fait que le harcèlement sexuel constitue un enjeu pour les femmes désirant équilibrer le rapport homme/femme. La gravité du harcèlement sexuel entre hommes et femmes est minorée par ces dernières puisqu'en toute circonstance l'homme est jugé sur ses capacités conquérantes. Les femmes sont, de plus, en rivalité avec leurs pareilles et se préoccupent particulièrement de leur apparence, de leur attrait sexuel qu'elles peaufinent par le vêtement, le maquillage, etc. Il s'agit de techniques de séduction, destinées à attirer l'attention des hommes.

Les femmes diffèrent aussi des hommes en ce sens qu'elles ne sont pas attirées par eux en tant que groupe. Une femme, souvent, aime ou désire un homme, un seul. De ce fait, elle trouve déplacée ou offensante toute avance provenant d'un autre tandis qu'un homme, même profondément monogame et peu volage, ne verra aucun inconvénient à flirter, à marivauder avec une autre femme. Voire même à se livrer à des attouchements furtifs.

La réprobation sociale et la répression sexuelle sont profondément inscrites dans la plupart des cultures et des sociétés. Les pouvoirs et les groupes sont fort sévères à l'encontre de ceux qui outrepassent, même légèrement, les frontières du comportement sexuel "normal" considéré comme "légitime".

Le harcèlement sexuel, du moins certaines de ses formes peut-être considéré comme "normal", voire "non déviant". Qu'un homme courtise une femme semble légitime et ne prête pas à conséquence, du moins en Europe. Il faut vraiment un acte grave, et constaté pour que la justice s'en mêle.

Pour se défaire du harcèlement sexuel, il convient de savoir communiquer sa désapprobation au fautif. Ce dernier doit montrer qu'il a compris le message et ne pas insister. Ce n'est parfois pas si facile. D'autre part, celui qui harcèle ne peut pas être tenu pour responsable de sa conduite si la personne qui se refuse ne le déclare pas clairement. Un slogan féministe clamait "quand une femme dit non, c'est non". Voilà qui oublie toute la tradition, approuvée à la fois par les hommes et les femmes, des stratégies de séduction, du marivaudage, des conduites de conquête tendant à faire changer une femme d'avis, des conduites de résistances consistant à faire mine de se refuser pour attiser le désir, bref, des manières d'agir profondément humaines.

Le harcèlement doit être clairement attesté. Ceux qui souffrent dans leur travail de pressions intolérables doivent patiemment constater, noter, faire connaître chacune des actions ou des paroles incriminées, obtenir des témoignages etc. Ce n'est pas facile, mais c'est aussi une garantie

contre les accusations fallacieuses, malveillantes et abusives.
VOIR VIOL.

HAREM, GYNÉCÉE, SÉRAIL
Lieu où vivaient, voire où se trouvaient confinées, les épouses d'un homme. Au sens propre, appartement des femmes. On emploie abusivement le mot "sérail" comme synonyme de harem. Il désigne pourtant l'ensemble du palais d'un sultan. Les harems naquirent de la polygamie. Garder les femmes à l'abri était une façon de protéger les épouses et les concubines des escapades sexuelles des autres hommes de la communauté, comme de la réciproque. Le mot "harem" vient de la tradition musulmane, les femmes s'y trouvaient enfermées. Le véritable sens du mot harem, en arabe *haram*, est "ce qui est sacré, mis à part ou interdit aux étrangers". Ce qui renvoie aux temps préislamiques durant lesquels on gardait les prêtresses dans le temple à des fins érotiques. Le fait d'isoler les femmes mariées dans les harems était considéré comme une variante de la purdah (cacher le visage des femmes derrière un voile).

En Grèce, une épouse d'un certain rang se trouvait rarement dans la rue. C'était la place des esclaves, des serviteurs, des prostituées. Cet isolement condamnait les femmes à une vie sociale restreinte, à l'inculture, ce qui les rendait inaptes à l'éducation des enfants. Les harems furent prohibés au début du XXe siècle. Toutefois, il semble qu'il en existe encore dans la Péninsule arabique.

Dans l'ancienne Chine, les rois et les empereurs avaient jusqu'à cent vingt et une femmes dans leurs sérails. Des secrétaires particuliers géraient la situation, établissaient des tours de rôle pour le partage de la couche du maître.

La tradition islamique s'opposait elle aussi à ce qu'une femme se promenât dans les rues. Il n'était pas forcément besoin de les enfermer. Beaucoup de harems se constituaient d'une seule femme et de plusieurs concubines. Le Coran limite à quatre le nombre de femmes légitimes pour un homme. Toutefois, le nombre des concubines n'est pas limité. Seuls les personnages riches et puissants pouvaient avoir un grand nombre de femmes enfermées ainsi dans leurs harems. Ils devaient non seulement nourrir ces femmes, mais aussi une foule de serviteurs, d'esclaves, d'eunuques, de nourrices et de pédagogues pour les enfants.

La condition des femmes recluses dans le harem était l'oisiveté, voire l'ennui. Communauté monosexuelle, le harem comblait la monotonie des jours trop longs en pratiques homosexuelles et perverses, notamment la zoophilie. Ragots et intrigues, calomnies et mensonges rendaient souvent l'atmosphère irrespirable, aggravée par le regard malveillant des femmes entre elles, jalouses, promptes à la délation. L'opium ou le cannabis, parfois, adoucissait la réclusion.

Le harem appartenait complètement au maître. Les sultans avaient le droit de vie et de mort sur leur population. On raconte qu'un certain Ibrahim, lassé de ses deux cent quatre-vingts femmes et concubines, les fit ligoter dans des sacs lestés puis noyer dans le Bosphore.

Accéder à la couche du maître n'était pas une mince affaire. Celle dont le tour venait devait respecter une étiquette précise. Elle ne s'insinuait pas dans les draps où demeurait déjà son époux. Elle rampait d'abord humblement sous le couvre-pied, pour venir lentement jusqu'à la hauteur de son partenaire. Un cérémonial du même ordre existait en Chine.

Une légende du harem naquit avec les *Contes des mille et une nuits*. On voit, dans ce lieu, le temple de toutes les voluptés, agrémenté de l'exotisme, de toute la magie de l'Orient. Toutefois, dans la Chine ancienne, l'appartement des femmes pouvait devenir redoutable. À tel point que les dignitaires chinois fuyaient parfois leurs maisons pour aller au bordel. Non pas pour y accomplir l'acte sexuel, mais pour l'éviter. Une fois arrivés dans une maison accueillante, dans le "boudoir vert", ainsi nommé à cause de la couleur des luxueuses laques le décorant, l'homme pouvait se retrouver au calme, entouré de femmes charmantes. La table était exquise, il écoutait de la musique, des poèmes et se détendait, loin des incessantes récriminations et des ergotages de ses épouses acariâtres et de ses concubines vindicatives. On pourra lire à ce propos la bande dessinée de Magnus, *Les 110 pilules* (Albin Michel, 1989).

HARNAIS

VOIR BONDAGE.

HARPAXOPHILIE

(du grec *harpax* : voleur, et *philia* : amour de)

Excitation sexuelle à l'idée du vol. L'harpaxophilie peut aussi être une chresmatistophilie, excitation à l'idée d'être volé. L'expérience d'avoir été cambriolé est généralement pénible. Pourtant, la déclaration habituelle des victimes d'un tel acte est, en plus de la perte financière, l'impression d'indiscrétion, d'intimité rompue. Le mot "viol" est souvent prononcé, ce qui nous ramène à des connotations sexuelles. Le fait d'être dépossédé illégalement de son bien produit évidemment une sécrétion d'adrénaline que certains trouvent agréable, au point même de vouloir revivre cette expérience au cours de mises en scène érotiques.

En général, la victime supposée fait semblant de dormir dans son lit, tandis que le partenaire, déguisé en cambrioleur, pénètre dans la chambre par la fenêtre, ou par toute autre issue à pas de loup. La "victime" continue de "dormir" tandis que le voleur ou la voleuse fouille partout. Parfois, la victime s'éveille et une lutte s'ensuit : l'érotisme de cet affrontement s'ajoute à celui procuré par l'harpaxophilie satisfaite.

Parfois, le "voleur" ligote sa victime et la malmène pour lui faire révéler la cachette de ses économies, de ses bijoux.

Ces simulations sont généralement fort excitantes et comptent parmi les plus efficaces des mises en scène.

VOIR HYBRISTOPHILIE, KLEPTOPHILIE, PERVERSION, PHOBOPHILIE, SACRIFICE, SYMPHOROPHILIE.

HASCHICH

VOIR APHRODISIAQUES.

HÉBÉPHILIE

(du grec *hêbê* : jeunesse, et *philia* : amour de)

Attirance sexuelle pour les adolescents. On emploie plus particulièrement le mot "pédérastie" pour désigner cette attirance. C'était la norme dans la Grèce antique qu'un homme s'attachât un adolescent :

La fraîcheur d'un garçon de douze ans est désirable. Mais, à treize ans, il est alors plus délectable. Plus suave encore devient la fleur d'amour qui s'ouvre à quatorze ans pour s'épanouir à quinze. Seize ans est l'âge divin ! (Straton, *Anthologia Palatinus*, XII, 4).

L'homosexualité était rare en Grèce sous la forme d'union entre deux adultes. La pédérastie, l'hébéphilie étaient des modes d'éducation et n'avaient pas l'aspect louche de la pédophilie ou de la pédérastie moderne, réprouvée par nos mœurs. On surprendrait certainement les adeptes actuels des arts martiaux, du zen, en leur expliquant que ces philosophies furent éminemment hébéphiles. Dès le Xe siècle, les maîtres et moines bouddhistes s'attachaient un jeune homme dans une relation maître/disciple souvent ombrée de sadomasochisme pédagogique :

Un moine plus âgé faisait office de professeur et de tuteur, le jeune élève lui manifestant amour et dévotion. Un peu plus tard, la classe guerrière y fit écho, scellant cette union par un serment de fidélité à vie. Au XVIIe siècle toutefois, la forme classique de la pédérastie avait cédé le pas à l'homosexualité adulte qui devint pratique courante dans le théâtre japonais exclusivement masculin. (Reay Tannahill, *Le Sexe dans l'histoire*, op. cit.)

VOIR ANNEAUX PÉNIENS, CATAMITE, INCESTE, NÉPIOPHILIE, NYMPHOPHILIE, PÉDOPHILIE, PORNOGRAPHIE, SEXUALITÉ ILLÉGALE, VIERGE.

HÉDONISME
(du grec *hedonê* : plaisir)
Philosophie du plaisir. Lorsqu'on demande à *Emmanuelle*, dans le roman éponyme d'Emmanuelle Arsan quel est son but dans la vie, elle répond : "beaucoup jouir". C'est une forme d'hédonisme.
VOIR HODOPHILIE, PECATTIPHILIE, PHOBOPHILIE, ZÉLOPHILIE.

HERMAPHRODISME
(de *Hermaphrodite*, fils d'Hermès et fille d'Aphrodite)
Présence, chez le même individu, de caractères sexuels primaires mâles et femelles. Cependant, la présence simultanée d'ovaires et de testicules est rare (un cas sur 40 000 naissances). D'ailleurs, lorsqu'elle se présente, elle n'est pas fonctionnelle. Plutôt que d'hermaphrodisme, certains préfèrent parler de gynandromorphisme : il s'agit de caractères sexuels apparents, mais incapables de procréer par leurs propres moyens. On pourra lire à ce sujet, le témoignage étonnant de Claudia Tavares (*La Femme inachevée*, Régine Deforges, 1988)..
Il semble que le gynandromorphisme soit dû à une irrégularité dans la production d'hormones durant la période prénatale. Le résultat le plus fréquent est une vulve féminine généralement surmontée d'un pénis en lieu et place du clitoris. Ces organes sont souvent atrophiés. Il existe des hermaphrodites aux ovaires en état de marche ayant enfanté avec un partenaire de sexe masculin.
L'hermaphrodite tient son nom d'un épisode de la mythologie grecque. Dans la Théogonie d'Hésiode, il est raconté que Chronos, le Temps, fils du ciel et de la terre, émascula son père avec une faucille avant de lancer ses testicules dans la mer. La semence ainsi jetée s'unit à l'écume et cette fécondation donna naissance à Aphrodite, déesse de l'amour, laquelle s'unit à Dionysos pour engendrer Priape, le dieu de la fécondité, puis avec Hermès, pour engendrer Hermaphrodite, porteur des deux sexes.
Le mythe de "l'être complet", à la fois mâle et femelle, semble être universel. De multiples croyances se greffent sur ce mythe, comme sur la réalité qu'il sous-tend : au Moyen Âge, on pensait pouvoir "guérir" les gynandromorphes en les faisant s'accoupler avec une vierge récemment décédée. En Inde, ils deviennent souvent prostitués ou danseurs. Aux États-Unis, on les montre dans des cirques comme cet hermaphrodite étrange de *La Monstrueuse Parade* (*Freaks*) dont un côté est une femme et l'autre un homme, chacune de ces deux parties étant jalouse de l'autre.
Il existe des magazines, des films montrant des hermaphrodites en

train de se livrer à des actes sexuels. Ils diffèrent des transsexuels au type physique parfois trop prononcé.

Il existe un hermaphrodisme psychique dit aussi "éonisme" ou "travestisme". Il s'agit d'une obsession : le sujet pense avoir été victime d'une erreur. Il est, à son avis, une femme enfermée dans une anatomie d'homme. Le sujet tente de réparer "l'erreur" de la nature. Il va parfois même jusqu'à se castrer. Souvent, il se vêt en femme. Il ne recherche pas l'excitation sexuelle, ni la satisfaction dans cette conduite.

HERPÈS
VOIR M.S.T.

HÉTAÏRES

Plus que des prostituées, louées à des fins purement sexuelles, les hétaïres représentaient pour les Grecs le contraire d'une épouse. En effet, alors que les femmes mariées, confinées dans le gynécée, vivaient dans un isolement moral et culturel, les hétaïres, courtisanes de luxe, pratiquaient les arts, charmaient leurs clients par des poèmes, des chansons et des propos raffinés.

À l'origine, sans doute y eut-il les prostituées sacrées des temples. L'union sexuelle avec elles coûtait cher en offrandes aux dieux. De plus, il arrivait que les clients se pressent. Une de ces prostituées eut l'idée de mesurer le temps imparti à chacun. Elle se nommait Clepsydre et c'est devenu le nom d'une horloge hydraulique.

Fort âpres au gain, les hétaïres pouvaient ruiner un homme. Il existait plusieurs classes de prostituées grecques : d'abord les hétaïres proprement dites, que l'on payait très cher, ensuite les aulétrides, musiciennes complétant leur salaire par la prostitution. La plus basse classe, les dictériades, filles de port, filles de joie, pouvaient certes posséder quelques talents secondaires, mais vivaient principalement de "passes" ou de relations un peu plus prolongées avec des hommes qui les entretenaient. Comme aujourd'hui, il arrivait que le militaire ou le marin en permission laisse toute sa solde à l'une de ces filles de port. Ces dictériades savaient se défendre. Un marin, Dorion, fait donc le compte de ses dépenses :

Dorion : Je suis allé en Syrie, je t'ai rapporté un flacon de parfum en marbre, il m'a coûté deux drachmes !

Myrtale : Oui, mais avant que tu repartes en mer, je t'ai donné une belle chemise, celle du lieutenant qui l'avait laissée chez moi, après une nuit d'amour !

Dorion : D'accord ! Je t'ai rapporté des oignons de Chypre, cinq harengs, quatre perches ! Et huit paniers remplis de biscuits, des sandales brodées d'or ! Ingrate ! J'oublie : un gros fromage !

Myrtale : Ça fait... mettons cinq

drachmes en tout... (Lucien de Samosate, *Dialogue des Courtisanes*, I, 40).

S'ensuivent d'autres comptes, d'autres reproches. Hélas pour Dorion, un client bithynien a payé le loyer de Myrtale, lui a offert des perles, des boucles d'oreille, etc.

Certaines courtisanes sont encore célèbres, comme Aspasie, maîtresse de Périclès, Thaïs qui persuada Alexandre de brûler Persépolis, épousa Ptolémée puis devint reine d'Égypte. Beaucoup d'autres furent tout simplement des espionnes. Thagelia, dit-on, par ce qu'elle glana comme renseignements auprès de ses compagnons de nuit, officiers et dignitaires pour la plupart, offrit quasiment l'Ionie à Cyrus, roi de Perse.

Cette tradition de courtisanes-espionnes se poursuivit bien après l'Antiquité. Fouché créa un réseau de prostituées faisant office d'agents de renseignement, Metternich en fit autant. Cet espionnage pouvait coûter cher lorsqu'on se faisait prendre : c'est ainsi qu'au début du XXe siècle, le joli corps de la danseuse Mata-Hari s'écroula dans les fossés du Fort de Vincennes, percé des douze balles réglementaires du peloton d'exécution. Elle avait renseigné des officiers allemands sur l'oreiller.

VOIR CATAMITES, GEISHAS, HAREMS, HIÉRODULES, PROSTITUTION.

HÉTÉROSEXUALITÉ

Préférence sexuelle pour une personne de sexe opposé. Elle est, certes, déterminée par des facteurs biologiques, génétiques, hormonaux, etc., mais aussi par l'histoire et la culture.

La sexualité n'est pas toujours et partout liée à la reproduction. On cite diverses tribus "primitives" ne faisant aucun rapprochement entre l'acte sexuel et la procréation. L'enfantement y est déterminé par le passage d'une femme dans tel ou tel endroit sacré, ou par un rituel complexe, tandis que le coït n'existe que pour le plaisir.

L'hétérosexualité, dans nos contrées, n'est pas forcément déterminée par une expérience sexuelle de jeunesse. En effet, beaucoup de jeunes garçons ou de jeunes filles n'ont, comme premier contact avec la sexualité, qu'un rapport homosexuel, attouchements divers entre camarades de collège, de pension. Ces événements ne déterminent pas pour autant des préférences homosexuelles et n'existent qu'en raison du manque de partenaires de l'autre sexe. Cependant, l'homosexualité existe aussi dans nombreuses tribus, où elle est parfois socialement acceptée.

L'ordre social, les lois, ne parviennent pas toujours à orienter définitivement les préférences sexuelles des individus. Malgré les lourdes peines encourues, allant parfois jusqu'à la

torture ou au bûcher, il y eut des homosexuels à toutes les époques et dans toutes les civilisations. On pense parfois que l'hétérosexualité ne s'épanouit harmonieusement qu'à partir d'un modèle parental solide dans lequel les rôles sont parfaitement définis. Ce n'est pourtant pas toujours le cas. On dit aussi que dans les familles monoparentales, c'est à dire ; le plus souvent constituée d'une mère seule élevant ses enfants, l'homosexualité serait favorisée. Encore une fois, ce n'est qu'une opinion et il existe énormément d'hétérosexuels ayant grandi dans cette situation. En revanche, il semble moins improbable que des rôles parentaux mal assurés conduisent les enfants à un état de célibat plus ou moins volontaire.
VOIR BISSEXUALITÉ, GAYS, HOMOSEXUALITÉ, LESBIENNES.

HIÉRODULES
Serviteur, au départ, mais aussi et surtout prostitué ou prostituée sacrés durant l'Antiquité. On les appelait *qadishtu* à Babylone, ce qui signifiait "femme mise à part" ou "sainte", voire *harimtu* "femme du harem divin" et *naditu* "inféconde". Les hiérodules célébraient la déesse Ishtar qui aguichait en regardant au travers des fenêtres. L'épopée de Gilgamesh nous montre comment s'organisait cette prostitution dans les temps les plus reculés. Selon Jean-Jacques Pauvert, cette épopée peut être considérée comme une des premières lectures érotiques (*Anthologie des lectures érotiques*, Stock/Spengler, 1995).
Le monde hébraïque connut aussi les hiérodules. L'obsession de la prostitution chez Ézéchiel, qui assimile Jérusalem à une putain, en est un témoignage (voir *Godemiché*) puisque les objets du culte y sont, selon lui, utilisés à des fins érotiques. On disait *kadesh* pour le prostitué mâle et *kadeshal* lorsqu'il s'agissait d'une femme ; on retrouve dans ces termes l'étymon babylonien *qadishtu*.
La sainte, dans le monde chrétien, est parfois une ancienne prostituée. De sainte Marie-Madeleine à sainte Marie d'Égypte, l'identité entre la sainte et la putain se renforce encore du fait que beaucoup portent le nom de la vierge, mère de Jésus. L'hagiographie, le récit de la vie d'une sainte est un procès : elle est d'abord prostituée, avant de subir la "révélation", de se repentir et de vivre saintement dans le désert ou dans un cloître. C'est dire que le christianisme oppose une idée de devenir à l'état stable et immuable des anciennes prostitutions religieuses.
La prostitution sacrée, les hiérodules constituent une partie importante de l'ouvrage fameux de J.-G. Frazier, *Le Rameau d'or*.
VOIR HÉTAÏRE, PROSTITUTION.

HIÉROPHILIE
(du grec *hieros* : sacré, et *philia* : amour de)
Attirance érotique vers les choses sacrées. Le sexe et la religion entretiennent d'étroits rapports, ne serait-ce que par les positions sévères que certaines églises conservent face aux pratiques érotiques. Les conduites d'abstinence, d'ascèse, de mortification mènent souvent le religieux à une véritable obsession sexuelle négative. C'est souvent la cause d'un sadisme exacerbé, non ressenti comme pervers puisque justifié par la loi divine. C'est ainsi que de bons moines, fort charitables au demeurant, en vinrent à brûler des sorcières par haine de leur propres désirs, considérés comme impurs. D'autres moines sublimaient leur instinct et le tournaient vers les dieux et les saints. Au XIIe siècle, Gautier de Coinci célébra le corps de la vierge Marie d'une façon nettement érotisée, sexualisée. Plus tard, Thérèse d'Avila parla du Christ en des termes qui font fortement penser à un amant de chair et de sexe.

N'y a-t-il pas d'ailleurs dans ces célébrations poétiques effrénées l'idée d'une transgression. Cette dernière, toutefois, n'est qu'une reconnaissance a contrario de la divinité : sans dieu, l'athéisme n'a aucune possibilité d'exister. Le blasphème mêle souvent des termes vulgaires ou obscènes au nom de Dieu tandis que les pratiques sexuelles hiérophiles constituent un sacrilège, une profanation.

Elles sont diverses. La célèbre scène du film *L'Exorciste* qui nous montre une jeune fille possédée introduisant un crucifix dans son vagin représente l'une de ces pratiques hiérophiles. D'autres cas peuvent se présenter. Ainsi, certains adolescents aiment à insérer entre les pages des missels mis à disposition des fidèles dans les églises quelques photos obscènes en guise d'images pieuses. Le but est de s'étourdir, durant la messe, lorsqu'une digne dame patronnesse les découvre en cherchant la page de la prière du jour.

On connaît, dans les hôpitaux psychiatriques, quelques malades qui se masturbent en récitant des *Ave Maria* ou des *Pater Noster*. Moins douloureux est le goût de certains amants pour les cimetières, ou les églises : faire l'amour sur l'autel ou dans le confessionnal, jouer à la confession sont des pratiques sinon courantes, du moins attestées.

Se frotter à la statue d'un saint, lui toucher les parties sexuelles sont des pratiques assez courantes. La légende veut que dans certaines églises, des statues présentent un pénis en érection. Les fidèles de sexe féminin s'y accrochent afin d'en être pénétrées. La statue de saint Guignolé était renommée pour redonner courage aux maris paresseux. Il suffisait de gratter le pénis de cette représentation :

Car toute matrone indignée
Et voyant que dans son mari
Le ruisseau d'amour est tari
N'a qu'à racler d'une main sûre
Ce précieux échantillon
Et puis boire de la raclure.

(Alexis Piron (1690-1773), "Saint Guignolé", *Œuvres badines de Piron*, 1872).

Certaines religions pratiquent une hiérophilie institutionnelle, femmes et homme se servant d'une statue, ou du sexe sculpté de cette statue comme objet érotique.

VOIR AGALMATOPHILIE, PHALLOPHILIE.

HODOPHILIE

(du grec *hodos* : chemin, et *philia* : amour de)

Excitation par les voyages, les déplacements. Le voyage offre du plaisir, mais est aussi source d'inquiétude. En même temps, on y a souvent du temps libre que l'on peut occuper d'une façon érotique : les alentours des gares sont les lieux privilégiés de la prostitution et des spectacles érotiques. Loin du train-train quotidien, le voyageur est amené à expérimenter de nouveaux plaisirs. Et c'est ainsi que naît la légende du marin au long cours, ayant "une fille dans chaque port".

Les moyens de transport eux-mêmes peuvent exciter. On connaît la fameuse scène de l'avion, au début d'*Emmanuelle*. Le train est, dans la littérature comme dans la vie, l'un des endroits les plus propices au désir : une certaine promiscuité offre parfois des occasions tandis que dans les compartiments de luxe rôde parfois le spectre de la *Madone des sleepings*. Il est très souvent utilisé dans la littérature érotique car il permet de mettre rapidement en situation les personnages, comme c'est le cas dans le roman de Françoise Rey, *La Rencontre* (Spengler, 1993). L'exotisme peut avoir sa part dans l'hodophilie : le goût de la différence, la surprise, l'éloignement sont sans doute à l'origine du "tourisme sexuel" fort à la mode. Beaucoup d'homosexuels se rendent en Afrique du Nord afin d'y rencontrer de jeunes garçons, tandis que l'Asie du Sud-Est permet le contact avec de très jeunes filles. À l'hodophilie se mêlent, dans ces cas, la pédophilie, l'hébéphilie ou la pédérastie.

VOIR SIDÉRODROMOPHILIE, XÉNOPHILIE.

HOMILOPHILIE

(du latin *homilectus* : éloquence, et du grec *philia* : amour de)

Variante de l'autoagonistophilie : excitation lorsqu'on se trouve sur scène ou qu'on est filmé. Le fait de prononcer un discours, un sermon, d'occuper une chaire d'enseignant produit parfois une émotion d'ordre érotique. Les hommes publics sont dynamiques, énergiques et leurs fonctions ont souvent pour effet d'activer la sécrétion d'adrénaline. Pour certains, cette ferveur peut prendre un aspect sexuel.

Les agapes anciennes finissaient toujours en orgies, au grand dam de saint Paul. Durant ces repas, servant à se remémorer la Cène, on prononçait des sermons, on émettait des apophtegmes. Les célébrations vaudous amènent parfois l'un ou l'autre des participants à un état de transe, ou même à un délire érotomaniaque. Les convulsions ne sont pas rares lors de l'audition de sermons scandés.

Les avocats sont parfois soumis à de rudes tensions de cet ordre. Le fait de défendre une cause, de devoir se montrer éloquent, convaincant favorise aussi la sécrétion d'adrénaline. Certains juristes avouent avoir éprouvé des érections au tribunal, situation souvent gênante. Les professeurs de droit conseillent souvent de ne pas trop regarder les jurés de sexe féminin, les avocates de la partie adverse ou les femmes venant témoigner lorsqu'elles sont jolies : le désir, l'émotion peut alors nuire à la cause et faire perdre ses moyens à la défense.

Cependant, une certaine ferveur demeure nécessaire lorsqu'on parle en public. Il y a fort à parier que l'émotion des grands orateurs politiques frise parfois l'excitation sexuelle à l'instar des Hitler et autres Péron qui faisaient se pâmer certaines admiratrices au même titre que les chanteurs à la mode d'aujourd'hui.

La pédagogie comprend ses "risques du métier". C'est d'ailleurs le titre d'un film de René Clément dans lequel une jeune élève accuse un instituteur d'abus sexuel. En fait, cette accusation ne dévoile que le désir de la plaignante. Ces risques peuvent conduire à des situations dramatiques, comme dans l'affaire Gabrielle Russier qui, voici plus de vingt ans, se termina par un suicide. Il s'agissait tout simplement d'un professeur et d'un élève qui s'aimaient. De nos jours, l'homilophilie semble tristement à la mode sous la forme d'une pédophilie active de la part de quelques instituteurs. Une récente affaire nous présente un pédagogue à la retraite dont on découvre, des années après, les anciens forfaits. Le rapport de pouvoir dû à la différence d'âge, à la fonction est ici renforcé par le poids du discours pédagogique.

HOMOÉROTISME

VOIR HOMOSEXUALITÉ.

HOMOPHILIE

VOIR HOMOSEXUALITÉ.

HOMOPHOBIE
(du grec *homos* : semblable, et *phobos* : crainte)
Peur de l'homosexualité et de ses conséquences "dévirilisantes" pour les hommes. Il s'agit souvent d'une crainte d'être considéré comme le partenaire passif. Pour beaucoup d'hétérosexuels, le fait d'être homosexuel fait horreur et signifie faiblesse, impuissance.

Cela veut dire que lorsqu'un homosexuel se montre conquérant et approche un hétérosexuel, ce dernier croit perdre son statut masculin, sa puissance. Il se trouve dans l'obligation de repousser des avances, de dire non, ce que les hommes ne sont guère habitués à faire. La proposition érotique est alors ressentie comme une intolérable agression et la réponse, dans bien des cas, est violente.

Après la Seconde Guerre mondiale, le tabou de l'homosexualité, sans disparaître, sembla s'alléger. Les sociétés occidentales devinrent plus tolérantes. Pourtant, une réaction puritaine continua de penser que toute forme de sexualité autre que pénovaginale est perverse, condamnable et, surtout, incompatible avec la moindre morale ou responsabilité. Il semblait, pour certains, impensable qu'un homosexuel fût apte à exercer la profession de médecin, de policier, de juge. À tel point qu'un rapport d'un comité du Sénat américain déclara en septembre 1950 que : *La présence d'un pervers sexuel dans une agence de l'État tend à avoir une influence néfaste auprès de l'équipe. Ces pervers seront tentés de susciter des conduites anormales chez les individus normaux. C'est particulièrement vrai dans le cas de personnes jeunes et impressionnables qui peuvent subir l'influence des pervers. Un homosexuel peut polluer un service de l'administration...*

À la même époque, le FBI estimait que "les homosexuels, à cause du désaveu social, constituaient la cible privilégiée du chantage de la part des espions communistes". Ce qui ne fut pas toujours faux, spécialement en Angleterre où des affaires célèbres montrèrent des réseaux d'espions homosexuels procurant des documents secrets à l'U.R.S.S.

L'homophobie, cependant, peut avoir un effet négatif sur la capacité d'un homme à éprouver de l'amitié pour un autre. Pourtant, comme les femmes, les hommes ont aussi besoin de l'amitié de leurs semblables. Aux États-Unis, il existe des groupes d'hommes pour guérir cette tendance et pour favoriser les relations non sexuelles entre personnes du même sexe.

Dans les communautés monosexuelles et recluses (armée, cloîtres, etc.), l'homosexualité peut devenir une obsession, une honte. La tentation étant toujours présente, la possibilité permanente, le rejet ne s'en montre que plus fort. Les bizutages sont souvent la réalisation sadique des désirs inavoués, tant il est vrai que la tendresse ou le désir, lorsqu'ils ne trouvent pas d'exutoire, se transforment en violence, en sadisme persécuteur, voire en haine. VOIR GAYS, HOMOSEXUALITÉ, LESBIENNES.

HOMOSEXUALITÉ

Désir sexuel pour une personne de même sexe. Le psychanalyste Sandor Ferenczi préférait le mot "homoérotisme" afin d'en souligner l'aspect plus fortement physique. Les homosexuels ou homophiles, selon une autre terminologie, *sont excités d'une façon exclusive ou prédominante par les individus de leur sexe. On pourra appeler ceux qui sont également ou presque attirés par les deux sexes "bisexuels" ou, pour plus de précision "psychologiquement bisexuels"; mais ce terme n'est qu'une approximation, un compromis car, en réalité, il décrit un état physiologique, c'est-à-dire une forme d'hermaphrodisme. Ces définitions valent pour les homosexuels des deux sexes. Mais certains signes d'affection entre deux femmes étant socialement tolérés, le mot "homosexualité" finit par s'appliquer à l'homosexualité masculine et de nombreuses lois punissent l'une et jamais l'autre.* (*Sexologia Lexicon*, Verviers, 1970.)

La psychanalyse pense que l'homosexuel s'est orienté ainsi lors du conflit œdipien. Il n'a pas réussi à s'identifier à son père. Il a refusé, évité l'angoisse de castration et de mort. Il s'est vu régresser au stade de l'enfance pré-œdipienne pour "économiser" des souffrances. Ce mécanisme de défense se mêlant à une identification plus ou moins importante à sa mère.

De nombreuses théories ont cherché un substrat biologique à l'homosexualité. De récentes recherches menées au États-Unis viennent de conclure qu'il y aurait des raisons génétiques à l'homosexualité. Il semble qu'à cet effet, les conclusions des chercheurs manquent singulièrement de pertinence. Le vrai problème de l'homosexualité ne réside pas dans les causes, mais les effets. Le choix d'un partenaire du même sexe devrait être personnel. Toutefois, il est souvent considéré comme socialement inacceptable. L'homosexualité devrait donc se définir partiellement par les lois qui la répriment. Le mot n'aurait eu aucun sens dans la langue dont il est issu, c'est-à-dire dans la Grèce antique où, phénomène ordinaire sous la forme de pédérastie ou d'hébéphilie, l'homosexualité ne suscitait aucune animosité particulière.

Pourtant, on a torturé, mis à mort, mutilé des homosexuels. Certains prétendent que cette répression assimilerait inconsciemment l'homosexualité au "crime contre nature", au "crime des crimes" pour le christianisme : le contrôle des naissances. Après en avoir fait un crime, la société décida que l'homosexualité n'était qu'une maladie. L'homophobie utilisa toutes les armes possibles pour réprimer. Sous l'influence d'un psychologue américain nommé Skinner, dont l'incompétence est maintenant universellement reconnue, un grand programme de "guérison" fut mis en œuvre en Amérique autour de 1970, programme financé par le Ministère de la Justice, occupé alors par Robert Kennedy.

En leur promettant une remise de peine, on proposa à des homosexuels délinquants de participer à une "expérience". Il s'agissait de leur projeter des photographies. Une électrode, placée sur le tibia émettait, à la volonté de l'expérimentateur, une légère décharge. Lorsqu'une photographie d'homme nu était projetée sur un écran, la décharge électrique se produisait. Lorsqu'il s'agissait d'une femme, elle n'avait pas lieu.

Ce système simpliste fonctionna admirablement, comme on pouvait s'y attendre, vu la faiblesse des prérequis. D'autres tests montrèrent que les patients étaient "guéris" et les remises de peine furent accordées. Cependant, au bout d'un an, il y eut maintes récidives. Les patients n'étaient pas seulement des homosexuels mais aussi des violents, des agresseurs. De toute façon, cette "expérience" n'avait aucun sens et ne constituait qu'une répression de plus au sein de la répression. Dans une société qui le tolère, l'homosexuel peut être un individu équilibré. Un violeur, homosexuel ou non, demeure un violeur. Et cette fois, il s'agit vraiment d'une affaire de médecine ou de droit.

Quoi qu'il en soit, la haine, le désaveu sont, plus que la pratique ou le plaisir, l'aspect principal de l'existence d'un homosexuel.

C'est pourquoi la conduite individuelle de l'homosexuel prend une telle importance. L'hostilité qui se manifeste est très rarement dirigée contre un homosexuel d'apparence et de comportement virils. C'est l'efféminé, "l'onduleux" qui est réprouvé. (*Sexologia Lexicon*, Verviers, 1970.)

La réprobation prend donc encore la forme d'une homophobie exacerbée. Le phénomène gay a transformé cet état de fait. L'homosexuel, maintenant, pratique le culturisme et devient plus "viril" que la plupart des autres hommes. La réprobation existe toujours, évidemment. Mais il est plus difficile de persécuter quelqu'un présentant les signes d'une redoutable force physique. La répression individuelle est directement affaire de pouvoir. D'autre part, les groupements, les associations d'homosexuels leur ont donné un poids politique. Les candidats aux élections hésitent à perdre les voix représentées par ces groupes. La répression sociale est, elle aussi, question de pouvoir, d'équilibre ou de déséquilibre des forces en présence.

HÔTELS DU SEXE

Ces hôtels permettent l'échangisme même si la plupart ne l'organisent pas. Les clubs de nudistes proposent parfois des chambres ou des bungalows dans lesquels les couples peuvent s'isoler, rencontrer d'autres personnes. Les hôtels du sexe expliquent leurs règlements dans leurs brochures publicitaires.

Ces hôtels existent en Europe mais sont plus fréquents aux États-Unis. Au Japon, l'exiguïté des logements fait que certains couples ont du mal à s'isoler. Des chambres luxueuses leur sont proposées dans quelques établissements. Les décors en sont parfois la reconstitution d'intérieurs anciens, d'endroits mythiques ou historiques. Dans ces hôtels, plutôt fréquentés par les couples mariés, les époux peuvent réaliser leurs désirs loin des regards de leurs enfants. Ils peuvent même le faire dans un véritable lit "à l'européenne", ce qui constitue un véritable luxe dans une contrée où, pour se coucher, on déroule chaque soir les futons, aujourd'hui fort à la mode en Europe.

Le fait de louer une chambre d'hôtel en vue d'activités sexuelles est fort commun. Toutefois, ce ne fut pas toujours facile. Autrefois, en France, on devait présenter ses papiers d'identité pour occuper une chambre et remplir une fiche de renseignements. Les prostituées étaient locataires en titre. Le contrôle de la prostitution était rigoureux, bien qu'elle fût illégale, et l'on ne pouvait pas toujours trouver d'hôtelier compréhensif pour emmener une femme dans un lieu tranquille. Le délit de "proxénétisme hôtelier" était sévèrement réprimé et un hôtelier "normal" risquait une forte amende s'il oubliait, ne serait-ce qu'une seule fois, de contrôler l'état de couple marié des clients accueillis. La solution était alors coûteuse : il fallait que l'homme loue une chambre, la femme une autre. Il n'y avait plus qu'à se rejoindre discrètement dans l'une d'entre elles.

Heureusement, dans les "quartiers chauds", se trouvaient des "hôtels de passe", évidemment illégaux, mais pour lesquels la police fermait les yeux.

Aujourd'hui, un homme et une femme non mariés peuvent occuper la même chambre dans n'importe quel hôtel.

HUMILIATION OU ASTHÉNOLAGNIE

Les injures, les mauvais traitements, l'humiliation sont, pour certains, un puissant stimulant sexuel.

Ce qui fait partie de la relation sexuelle se retrouve d'une façon libidinale dans le rapport entre l'individu et la société dont il fait partie. Ainsi, le goût d'humilier est aussi une pratique de pouvoir pour les gouvernements, comme pour les religions. Le sadomasochisme monacal des nonnes, par exemple chez les visitandines de Françoise Frémoit de Chantal, faisait grand usage de châtiments corporels. Cependant, pour les demoiselles de bonne famille entrées dans les ordres, la douleur physique n'était rien, comparée à l'humiliation qui les faisait parfois plus cruellement souffrir à tel point qu'on oublia le fouet, les verges pour les remplacer par un capuchon grotesque, un bonnet à grelot de fou, d'immenses lunettes afin de constituer un costume risible.

Les novices pouvaient aussi devenir des bêtes de somme, être bâtées comme des ânes. Une sœur ayant tenté de faire la "grasse matinée" devait s'étendre sur le sol et implorer : "mes sœurs, ayez pitié de moi qui suis si paresseuse". Une autre punition consistait à traiter la délinquante comme un bébé, à la nourrir à la cuiller, voire au biberon. On retrouve toutes ces pratiques chez les dominatrices professionnelles qui les infligent à leurs clients.

Les puritains écossais attachaient par un collier de fer au pilori les pécheurs. Dès lors, les autres membres de la communauté venaient les haranguer, les accabler de reproches. Cette situation pouvait se répéter tous les dimanches durant un an ou plus.

L'humiliation est aujourd'hui l'un des jeux sexuels les plus en vogue. Elle est évidemment consensuelle dans le cas des dominatrices professionnelles et dans les rapports de couples la pratiquant. Il existe des gens qui ne peuvent s'en passer pour ressentir une excitation sexuelle.

L'humiliation verbale peut souvent rejoindre la coprolalie. Beaucoup de femmes aiment à être insultées durant l'acte sexuel ou les préliminaires. Le nouveau pouvoir de certaines "executive women" n'est pas forcément accepté par elles-mêmes. Comme compensation d'un statut social de cadre d'entreprise ou de chef, encore considéré comme l'usurpation d'un rôle masculin, l'humiliation tend à restaurer l'équilibre. Les fantasmes de prostitution, d'esclavage sont le lot de ces personnes qui n'aiment rien tant que de jouer la soumission. D'autres femmes, plus simplement, aiment être maltraitées, s'entendre injurier par des mots crus, vexants ou orduriers.

Les hommes, eux aussi aiment compenser leur statut social de mâles par l'humiliation, les jeux d'esclavage, les insultes :

– Madame, je suis un imbécile, vous me l'avez dit !

– Mettez-vous à genoux.

Il s'agenouilla, tête perdue.

– Louis Bartau, je vous le répète, vous êtes un imbécile ! fit-elle en éclatant de rire, et elle le souffleta avec un gant qui se trouvait là, oublié sur un fauteuil.
– Tiens, le gant de mon petit frère, Marcel Carini ! ajouta-t-elle d'un air sardonique, je ne me doutais pas que je vous frappais avec un gant d'homme ! (Rachilde, *Madame Adonis*, Paris, 1888.)

Parfois, comme pour les nonnes mentionnées ci-dessus, le jeu consiste à "redevenir un bébé", ce qui peut aller jusqu'au change complet, aux couches-culottes… l'humiliation peut donc prendre une forme physique ou physiologique mettant en jeu le contrôle des émonctoires, la rétention d'urine ou de fèces. Et la punition, lorsque ce contrôle n'est pas atteint.

Les jeux d'humiliation consensuels et contractuels, par exemple chez les dominatrices professionnelles, doivent faire l'objet de négociations préalables.

VOIR
APPRENTISSAGE DES TOILETTES, COPROPHILIE, DOMINATION/SOUMISSION, ÉPILATION, ESCLAVE, UROPHILIE.

HYBRISTOPHILIE

(du grec *hybridzein* : commettre un crime, un délit, un outrage, et *philia* : amour de)

Excitation ressentie avec un partenaire délinquant. Les hybristophiles peuvent former des couples, tels que Bonnie Parker et Clyde Barrow et devenir tous deux délinquants. Le groupe familial hybristophile existe aussi : la fameuse "Ma" Barker veillait à ce que ses fils n'oublient pas la prière du soir et dirigeait, le lendemain, le hold-up dont ils se rendaient coupables.

Le voleur, le criminel a, de tout temps, fasciné. L'assassin Vacher, qui tuait des jeunes bergers fut, en son temps, une sorte de vedette. Il eut droit à la couverture de plusieurs journaux pourtant bien-pensants, comme *La Semaine illustrée* (29 mai 1898), publication se proclamant "Journal de lectures pour le dimanche".

À son procès assistèrent des femmes, parfois du "meilleur monde", qui ne cachaient ni leur fascination, ni, parfois, leur excitation. Pourtant, Vacher était plutôt laid et n'offrait aucun attrait particulier. Ces femmes ne l'auraient même pas regardé en d'autres circonstances. Le signalement de cet assassin le décrit comme un homme au visage pâle et jaunâtre, affligé d'un bec-de-lièvre et bégayant. De plus, une tentative de suicide lui avait laissé un œil blessé suppurant constamment et la moitié du visage paralysée.

L'hybristophilie est parfois la providence des délinquants incarcérés. Leurs admiratrices leur écrivent, leur envoient des cigarettes, etc. Le cas récent du pédophile meurtrier

Marc Dutroux qui reçoit des jouets en peluche est édifiant.
L'hybristophilie est aussi un phénomène littéraire : *Arsène Lupin*, *Chéri-Bibi* et *Fantômas* en sont l'illustration.

HYGROPHILIE
(du grec *hygro* : humidité, et *philia* : amour de)
Attirance pour les sécrétions corporelles humides, gluantes ou visqueuses. L'hygrophilie comprend la nasomycinophilie, goût pour les sécrétions nasales, la dacryphilie, goût pour les larmes, la salirophilie qui concerne la sueur, l'urophilie pour l'urine, la coprophilie pour les fèces, ainsi que l'excitation au contact du sperme, des sécrétions vaginales, du sang des règles ou des blessures (voir *Vampirisme*).
Certains hygrophiles consomment ces sécrétions, d'autres les reniflent directement, à moins qu'ils préfèrent les trouver sur des vêtements souillés.
L'hygrophilie ne concerne pas forcément les seules sécrétions humaines : certains hygrophiles s'excitent au moyen de sang, de sperme, de salive animale. Le goût des fluides généralement considérés comme répugnants est illustré par Paul Verlaine dans le célèbre *Album Zutique* :
Nous reniflerons dans les pissotières
Nous gougnotterons loin des lavabos
Et nous lécherons les eaux ménagères
Au risque d'avoir des procès-verbaux.
VOIR
APPRENTISSAGE DES TOILETTES,
COCKTAILS, CLYSTÉROPHILIE,
FEMMES FONTAINES,
LACTIPHILIE, UROPHILIE,
SPERMOPHILIE.

HYPHÉPHILIE
(du grec *huphê* : tissu, et *philia* : amour de)
Excitation sexuelle par les tissus, les étoffes. Marylin Monroe déclarait qu'elle ne pouvait dormir que dans des draps de satin : c'est une forme d'hyphéphilie. Pour la styliste Chantal Thomass, la soie est la matière la plus agréable à porter et sans doute la plus érotique. Beaucoup d'homosexuels ne portent pas de sous-vêtement sous leur jean car ils apprécient le contact de leur sexe sur la toile un peu rude. Le lin, par sa texture souple et caressante a de nombreux adeptes alors que d'autres sont excités par le contact du coton à l'exclusion de tout autre tissu. Être seins nus sous un pull en shetland procure d'agréables sensations aux femmes qui le portent.
VOIR DORAPHILIE,
FÉTICHISME, FROTTAGE,
LINGERIE, OCHLOPHILIE,
TOUCHER.

HYPNOSE, HYPNOTISME

L'hypnose est un état proche de la transe et qui ressemble au sommeil. Toutefois, le sujet en état d'hypnose est réceptif à la suggestion. Il existe différents degrés d'hypnose.

Le stade léthargique est proche du coma. C'est une anesthésie complète accompagnée d'une hyperexcitabilité neuro-musculaire.

L'état cataleptique ou majeur permet au sujet de recevoir tous les stimulis ambiants (bruits et lumière, par exemple), d'en être surpris. La souplesse, la flexibilité musculaire accompagnant ce stade ont souvent été comparées à celle de la cire à modeler. Le sujet n'obéit pas aux suggestions du praticien.

Enfin, l'état somnambulique ou mineur, avec une contracture musculaire, dans lequel une personne peut obéir à des ordres.

Il existe des cas attestés de relations sexuelles facilitées par l'hypnose. Magnus Hirschfeld fut commis comme expert durant un procès où un homme atteint d'impuissance se plaignait d'avoir été assailli sexuellement par l'épouse de son médecin après que ce denier l'eut hypnotisé. Le médecin finit par avouer qu'il avait ordonné à son épouse de "relever sa jupe, d'écarter les jambes, de sortir le pénis du patient et de se l'introduire dans le vagin". (Hirschfeld M., *Sexual Anomalies and Perversions*, Londres, 1935.)

La suggestion hypnotique est aussi utilisée par les thérapeutes pour induire un rejet de certaines pratiques sexuelles. Un cas demeure célèbre : celui d'un jeune homme trop attiré par sa belle-mère. Une thérapie complexe comprenant l'hypnose fut alors entreprise. Le patient fut hypnotisé afin de pouvoir explorer son propre passé. Ensuite, sa mémoire fut modifiée par l'association de ses pensées érotiques à propos de sa belle-mère et le goût déplaisant de l'huile de castor, ainsi que l'odeur de l'ammoniaque. Le patient finit par "guérir". (Douglas Ringrose, *Case Report Quad "P" Therapy for Rapid Relief from Sexual Aberration*, British Journal of Sexual Medicine, mai 1989.)

La suggestion hypnotique, cependant, a ses limites et c'est pour cela que Freud, la jugeant insuffisante, inventa la psychanalyse. Il convenait de porter à la conscience ce qui était refoulé, et non pas de le faire dire en état d'inconscience. On ne peut cependant pas faire faire n'importe quoi à un sujet hypnotisé :

Par l'hypnose, il est possible d'assujettir le patient à la volonté de l'hypnotiseur, de lui déclencher une crise, de la modifier, de lui donner un terme, de lui donner des visions, d'enclencher des paralysies diverses. Le fantasme de possession de l'autre devient étonnement proche de celui qui pourrait accompagner la réalité d'un rapport sexuel. Au point que Babinski (illustre élève de Charcot qui, plus tard, détruira sa théorie) trouve nécessité d'écrire : "Selon moi, une femme qui se serait donnée à un homme pendant ou après hypnotisation se serait livrée à lui aussi bien en dehors des expériences de l'hypnotisme". (Jean Broustra, "Le cul et le Q.I.", *Fascination*, n° 27, 2e trimestre 1985.)

Les phobies sexuelles, l'impuissance, la frigidité peuvent parfois être atténuées grâce à l'hypnose : le sujet vainc provisoirement ses peurs et peut atteindre l'orgasme. On a aussi utilisé la suggestion hypnotique pour provoquer des orgasmes. On peut créer des hallucinations hypnotiques. Des visions d'une femme séduisante chantant une chanson, dansant puis caressant le sujet jusqu'à l'orgasme.

Cependant, il ne faut pas trop espérer de l'hypnose, abandonnée depuis le début du siècle par la plupart des praticiens. Elle peut, certes, aider une thérapie, mais en aucun cas la constituer à elle seule :

Ni l'hypnotisme ni la suggestion à l'état de veille ne se sont montrés capables de modifier la sexualité. Cependant, l'hypnotisme "met en activité ou exalte à des degrés divers la suggestibilité, c'est-à dire l'aptitude à être influencé par une idée acceptée par le cerveau et à la réaliser. (Bernheim in *Sexologia Lexicon*, Verviers, 1970.)

VOIR HYSTÉRIE.

HYSTÉRIE

Connue et décrite depuis l'Antiquité, l'hystérie était considérée comme une maladie spécifique aux femmes. L'hystérie, maladie des "vapeurs" (pertes de connaissance) et de la langueur se manifesta aussi par des crises impressionnantes. Les médecins antiques et médiévaux affirmèrent que ces états provenaient d'un problème d'ordre sexuel, particulièrement du manque, de l'insatisfaction des désirs féminins. Paracelse, au XVIe siècle, parlait de "danse lascive" (*corea lasciva*) et, comme les autres savants de son temps, pensait que les crises provenaient d'un déplacement de l'utérus dans le corps. Ambroise Paré utilisait des fulmigations vaginales, pensant qu'elles aideraient à remettre cet organe à sa place.

Les hystériques sont fort sensibles à la suggestion hypnotique. Jean Martin Charcot, professeur à la Salpêtrière où Freud suivit son enseignement, s'en servit donc à la fin du XIXe siècle. C'est ainsi que sous l'influence de Charcot, l'hystérie acquit le statut de maladie neurologique. Freud, qui assista à l'enseignement de Charcot, tentera d'abord de soigner l'hystérie par l'hypnose, et rappelant le rapport entre la névrose hystérique et les problèmes sexuels, inventa la psychanalyse.

En attendant, Charcot continuait. Ce fut "l'âge d'or de l'hystérie". Il influençait fortement ses malades, organisait de véritables spectacles que venaient voir les gens du meilleur monde. Les crises d'hystérie spectaculaires attiraient de nombreux spectateurs. Charcot, sous prétexte de documentation scientifique, fit photographier ces attaques.

Seulement, ces photographies sont obligatoirement truquées : à l'époque, les plaques n'étaient pas sensibles comme les pellicules modernes. Il fallait donc immobiliser les patients durant le temps nécessaire à la pose. Or, une transe hystérique est faite de mouvement, bien qu'il y ait parfois des immobilisations, comme celle de l'"arc-de-cercle".

La théâtralisation suivait son cours lorsqu'on en découvrit la "star". Augustine, une malade plutôt jolie, fut assez complaisante pour éprouver des transes esthétiques, mais pas trop indécentes pour que ses photographies puissent circuler. Âgée de quinze ans et demi, elle fut décrite de la façon suivante lors de son entrée dans le service du docteur Charcot :

Elle est grande, bien développée (cou un peu fort, seins volumineux, aisselles et pénil couverts de poils), décidée de ton et d'allure, bruyante. N'ayant plus rien des manières de l'enfant, elle a presque l'air d'une femme faite et pourtant elle n'a jamais été réglée. Elle a été admise pour une paralysie de la sensibilité du bras droit et des attaques d'hystérie graves précédées de douleurs dans le bas ventre à droite.

Troublante Augustine... Charcot savait "déclencher" ses crises, les diriger, les exploiter pour, encore et toujours, montrer des corps de femmes dans tous leurs états. (G. Didi-Huberman, *Invention de l'hystérie, ou Charcot et l'iconographie photographique de la Salpêtrière*, Paris, 1982).

Le même auteur ajoute que Freud, en 1902, percevait dans la "position en arc-de-cercle" un déni énergique par une innervation antagoniste, d'une posture corporelle appropriée au commerce sexuel.

En célébrant en 1928 le "cinquantenaire de l'hystérie", les surréalistes parlaient de la "plus grande découverte poétique du XIXe siècle". On peut aller plus loin et ajouter que l'hystérie, du moins sous cette forme-là, est une invention pure et simple de Charcot qui en modifia les symptômes et l'éthologie pour la rendre spectaculaire. Car il existe aussi d'autres formes d'hystéries inexploitables en terme de spectacle. Disons que des symptômes similaires à ceux d'Augustine sont fort rares aujourd'hui, et furent peu fréquents en dehors de la présence de Charcot, ou de l'un de ses émules. Trois albums de photographies d'hystériques parurent, ne montrant que des femmes. Il fallut attendre 1888 pour que soient livrées au public des représentations d'hommes hystériques. C'est dire que l'érotisation hystérique est aussi le fait des médecins.

Cette particularité n'échappa point au tonitruant Léon Daudet qui, révolté par le fait qu'un hôpital puisse être aussi fréquenté que le *Moulin rouge*, et pour les mêmes raisons, publia un roman, *Les Morticoles* (1894), dans lequel il vilipende les pratiques théâtrales de Charcot qui apparaît, dans cette semi-fiction, sous le nom de docteur Foutanges, tandis qu'Augustine y devient Rosalie, encore que chez Daudet, il s'agisse d'une prostituée simulatrice.

ICE

VOIR APHRODISIAQUES.

IMPLANTS

VOIR MODIFICATIONS PÉNIENNES.

IMPUISSANCE (ASTYPHIE, ASYNODIE, PAREUSTHÉNIE)

L'impuissance est l'impossibilité d'obtenir ou de maintenir une érection. Toutefois, l'éjaculation demeure possible dans un état de flaccidité.

L'érection dépend de plusieurs facteurs. Elle peut naître d'une augmentation soudaine des sécrétions d'adrénaline et de dopamine dans le cerveau, par un stimulus involontaire des parasympathiques du pénis. Ce qui produit un relâchement des muscles internes de la verge, permettant un afflux de sang dans les artères qu'il va dilater tout en remplissant aussi les veines sinusoïdes. Cette congestion empêche le sang de refluer. Après l'orgasme, les artères retrouvent leur état normal, les muscles internes se contractent, la pression diminue dans les veines et le pénis redevient flasque.

L'impuissance physiologique peut provenir d'un dysfonctionnement de ce mécanisme, mais aussi d'une lésion des centres nerveux. Ce sont les syndromes organiques ou les troubles fonctionnels.

Un déficit du désir, du besoin érotique est souvent d'origine physiologique. Il provient parfois de lésions de la mœlle épinière, d'une lésion des organes sexuels (testicules). D'autres impuissances sont dues à des problèmes circulatoires artériels. L'intoxication médicamenteuse, alcoolique ou tabagique conduisent aussi à l'impuissance, mais plus progressivement, comme la dégénérescence sénile. Cette impuissance peut être partielle ou complète ; un médecin, Forel, l'a nommée "daltonisme" ou " cécité" sexuelle, selon le cas.

Des troubles psychiques, un deuil, une dépression peuvent atteindre le processus d'érection, nuire à l'automatisme sexuel. En effet, l'érection est un phénomène à la fois physique et mental ou psychologique. Les psychotiques, les névropathes, très inhibés par leurs complexes, souffrent souvent d'impuissance.

La peur de la femme adulte peut aussi générer une défaillance de l'érection. L'acte sexuel ne peut alors avoir lieu qu'accompagné de fantasmes sadiques ou ramenant le sujet à des situations prégénitales, orales ou anales. Si ces fantasmes demeurent inconscients, il s'agit d'une névrose qu'il n'est pas forcément difficile de soigner. S'ils sont présents à l'esprit, ils peuvent obséder, et l'on entre dans le domaine de la perversion.

Une autre forme d'impuissance, la rétention, est l'impossibilité d'éjaculer, alors que l'érection se maintient. C'est un phénomène ramenant à l'énergie pulsionnelle anale, un déplacement de la libido.

Certaines impuissances ne concernent qu'un type de partenaires. Tel individu ne pourra avoir de rapports sexuels qu'avec son épouse ou, au contraire, avec n'importe quelle femme, sauf elle. D'autres sont fixés sur un type de femme et ne pourront se satisfaire qu'avec, par exemple, une partenaire de petite taille ou aux cheveux frisés. En fait, les partenaires d'élection sont ceux qui peuvent induire l'excitation par des associations d'idées, conscientes ou non, par des détails extérieurs à la personne (habillement, etc.) pouvant inspirer, par exemple, des tendances fétichistes. Il s'agit de névroses fréquentes dans les sociétés puritaines, particulièrement lorsqu'elles se "relâchent" : dans un pays comme les États-Unis où se côtoient les discours les plus réactionnaires et la pornographie la plus débridée (qui en est l'envers du miroir), ces troubles sont fréquents.

Il existe aussi des impuissances liées au temps, à la lumière : certains hommes ne peuvent pas avoir d'érection durant la nuit, à l'état de veille. D'autres, enfin, ne peuvent éjaculer que par la masturbation.

L'angoisse de la castration mythique, liée à une "punition" pour avoir osé posséder une femme, la peur du corps féminin sont encore des causes psychologiques possibles de l'impuissance.

Il existe un moyen simple pour savoir si l'impuissance a une cause psychologique. C'est une vieille méthode, mais toujours efficace : il suffit de coller une bande de timbres-poste sur le pénis avant d'aller dormir. Si, au réveil, les perforations sont déchirées, le sujet a, normalement, connu deux ou trois érections durant son sommeil. Son impuissance n'est donc pas organique, il n'a pas besoin de médicaments spécifiques de la circulation sanguine, ni d'opération chirurgicale.

Les traitements de l'impuissance sont divers, comme les causes de l'affection elle-même. La papavérine, qui dilate les vaisseaux sanguins, et la prostaglandine peuvent être injectées directement dans le pénis, à l'aide d'une aiguille extrêmement fine. Beaucoup de patients trouvent cette injection peu douloureuse. Cependant, l'effet de telles substances peut être un priapisme, une érection durant plusieurs heures pouvant devenir pénible. Si elle se prolonge durant plus de six heures, elle devient douloureuse. Au delà d'une journée, il faut consulter d'urgence, car une gangrène peut se déclarer.

Aujourd'hui, on utilise un mélange de papavérine, de prostaglandine et de phentolamine. Cette composition est peu coûteuse et semble n'avoir pas les inconvénients sus-mentionnés. De plus, on ne l'administre plus en injection, mais à l'aide d'un fin tube de matière plastique introduit dans l'urètre.

Diverses pompes à vide sont parfois utilisées. On introduit le pénis dans une sorte de tube en matière plastique et l'on fait le vide à l'aide d'une poire dans ce tube. La pression permet au pénis de se dresser. On place alors un anneau pénien à sa base pour empêcher le sang de refluer. Cette méthode s'apparente plus au bricolage qu'à un soin efficace. De plus, le vide peut endommager les tissus, créer des lésions.

Des systèmes complexes d'implants existent aussi. On introduit dans le scrotum des cylindres d'une matière que le corps n'est pas susceptible de rejeter. Une poire en caoutchouc extérieure permet de remplir ces cylindres d'un sérum physiologique ou d'un liquide compatible avec le corps humain. Les cylindres se dilatent et permettent d'atteindre une sorte d'érection.

Voici peu, les Américains se sont rués sur une nouvelle pharmacopée : le Viagra, appelé aussi "pilule de l'amour". Ce médicament est destiné à favoriser l'afflux de sang dans les corps caverneux de la verge. Selon les dernières études, l'efficacité de ce produit serait de 70 %. En revanche, il s'agit d'un médicament, et sa prise doit être effectuée sous contrôle médical. Aux États-Unis, on déplore plusieurs centaines de décès dus à l'absorption sans contrôle de cette substance. En France, où l'on pensait que ce médicament connaîtrait un immense succès, la consommation de Viagra est restée relativement modeste.

Il convient ici d'affirmer clairement que les cas d'impuissance physiologique sont rares et que ce genre de traitement n'est pas à envisager à la légère. La guérison de l'impuissance est l'une des grandes réussites de la psychanalyse. D'autre part, un changement d'emploi, d'habitation, de partenaire ou de style de vie suffisent souvent à régler le problème lorsqu'il est dû à l'inadaptation du sujet à des conditions d'existence.

Les civilisations anciennes, connaissaient des moyens moins dangereux de combattre l'impuissance. Dans *Le Satiricon*, Pétrone nous montre le remède classique : la flagellation. Par la modification du rythme de la circulation sanguine qu'elle produit, elle peut se révéler efficace. Certaines prostituées sont aujourd'hui expertes en flagellation. Elles peuvent contribuer à restaurer les fonctions viriles, d'autant plus que l'homme paye et se sent moins coupable devant ces femmes.

L'acupuncture est souvent efficace et offre l'avantage d'être sans danger.

La guérison de l'impuissance peut avoir un effet déplorable sur l'épouse ou la partenaire du patient. La renaissance de sa sexualité peut déterminer une jalousie nouvelle, une suspicion constante d'infidélité. Il peut s'y mêler le sentiment de n'avoir pas été "à la hauteur", de n'avoir pas su susciter le désir de son conjoint. Dès lors, une femme affligée de telles réactions devra consulter un psychanalyste ou un psychologue.

Le drame de l'impuissance fut évoqué par Stendhal dans *Armance*. La source de cet ouvrage est un roman licencieux, *Les Mémoires de La Duchesse de Brancas*, par Hyacinthe de la Touche. Dans une lettre à Prosper Mérimée, datée du 23 décembre 1826, Stendhal expose plaisamment la teneur d'*Armance* et parle ainsi de son héros, provisoirement nommé Olivier (qui deviendra Octave dans l'œuvre définitive) :

En 2826, si la civilisation continue et que je revienne rue Duphot, je raconterai qu'Olivier a acheté un beau godemiché (sic) portugais en gomme élastique, qu'il s'est proprement attaché à la ceinture, et qu'avec ledit, après avoir donné une extase à sa femme, et une extase presque complète, il a bravement consommé son mariage, rue du Paradis à Marseille. (Prosper Mérimée, *Lettres libres à Stendhal*, Paris, 1992.)

INCESTE

De *Œdipe-roi* de Sophocle au *Souffle au cœur*, le film de Louis Malle, en passant par les filles de Loth, l'inceste est considéré comme le tabou sexuel majeur de nos civilisations.

Dans l'inceste, on distingue la "fratilagnie" (inceste sororal ou fraternel), la "matrolagnie" (inceste avec la mère) et la "patrolagnie" (inceste avec le père).

Le tabou de l'inceste est le fondement de nos sociétés. On a prétendu que la raison en était les risques de dégénérescence dû à la consanguinité. L'hypothèse ne tient pas : il existe des tribus qui prohibent le mariage entre les parents, mais non la sexualité. Il n'y a là pas plus de malformations génétiques qu'ailleurs. De plus, certains systèmes sociaux promeuvent l'inceste dans certains cas : les Incas s'unissaient à leurs sœurs pour conserver le pouvoir et la puissance dans la même famille.

En Égypte, les pharaons épousaient leur sœur. Cléopâtre, âgée de quatorze ans, fut mariée à son jeune frère, vieux d'une dizaine d'années. Quand il eut dix-neuf ans, il semble qu'une rivalité pour le pouvoir se fit jour entre la sœur et le frère. Ce dernier mourut opportunément d'une mystérieuse noyade dans le Nil.

Plus tard, pour cacher ses amours avec César, Cléopâtre voulut se remarier avec un autre de ses frères. Mais après la mort de César et de nombreuses intrigues, le second frère mourut d'une façon aussi étrange que le premier.

En Europe, l'inceste est tabou depuis un bon millier d'années. L'idéologie chrétienne a gommé toute trace des incestes fréquents chez les Mérovingiens et les Carolingiens, comme dans les tribus franques des premiers siècles. Pourtant, une chercheuse de l'Université de Liège, Rita Lejeune, a su démontrer comment l'un des textes fondateurs de notre culture est une histoire d'inceste :

Roland était le fils de Charlemagne et de sa sœur Gisèle. Les historiens savaient depuis longtemps que ce frère et cette sœur avaient des relations sexuelles. On connaît même la jalousie de Charlemagne, contraignant Gisèle à cacher ses autres amants d'une façon parfois cocasse.

Le résultat de cette union, le preux Roland, est donc le beau-fils de Ganelon. Lorsqu'on connaît l'imbroglio des lois franques à propos des familles par alliance (le mot "bru", d'origine franque, est le seul terme familial ne venant pas du latin : c'est montrer l'importance économique et légale de ce membre de la famille dans les cultures germaniques), on se rend compte que cette situation initiale explique toute la chanson de Roland qui aurait pu devenir un mythe aussi important que celui d'Œdipe s'il n'avait autant été atténué par le christianisme.

De toute façon, la prohibition de l'inceste n'est pas fondée sur des questions purement physiologiques. Des peuplades ne faisant pas le rapport entre la sexualité et l'enfantement le prohibent aussi, de même qu'il existe des interdits visant des relations sexuelles entre des personnes non reliées entre elles par le sang qui "fonctionnent" comme la prohibition de l'inceste. Le problème est donc moral, culturel, c'est-à-dire économique et affectif.

On a voulu croire que l'inceste aurait détruit la famille : quelle autorité pouvait conserver une mère couchant avec son fils, un père possédant sa fille ? Encore une fois, l'explication semble un peu courte.

Claude Lévy-Strauss propose une raison plus pertinente dans *Les Structures élémentaires de la parenté*. La prohibition de l'inceste lui apparaît comme étant tournée vers l'extérieur et ne pas concerner seulement le monde clos de la famille. En effet, l'obligation de se trouver un conjoint en dehors de la fratrie, de la matrie, etc., oblige à une cohésion externe, à assurer la pérennité d'un clan, d'une tribu, voire d'une nation. Il ne s'agirait plus de "liens du sang", mais d'alliance. L'échange des femmes, comme celui des plantes et des animaux totémiques, permettrait la formation de groupes plus importants. Il faut noter ici un autre tabou : souvent, dans beaucoup de sociétés "primitives", ceux qui cultivent les plantes et élèvent les animaux totémiques ne les consomment pas.

Toute forme d'inceste est interdite en Occident. Il y a parfois quelques hésitations quant aux degrés de cousinage. Dans les campagnes, les consanguinités sont souvent oubliées ou diffuses et, à moins de consulter les états civils, des gens se ressemblant ignorent leur degré de parenté. La loi s'occupe principalement de l'inceste entre frère et sœur et de l'inceste entre ascendants et descendants.

La psychanalyse a été fondée à partir de l'inceste interdit, des grands mythes grecs, et, particulièrement, celui d'Œdipe. L'inceste, au sens propre, est pour elle celui d'un fils avec sa mère, le complexe d'Œdipe. On appelle "complexe d'Électre", la situation dans laquelle une fille désire son père. Toutefois, on dit souvent "complexe d'Œdipe" indifféremment pour l'un et l'autre cas.

À partir de l'interdit, on peut essayer de savoir quelles sont les raisons de son infraction. Pour les psychanalystes, l'inceste masque fréquemment le narcissisme : le sujet se retrouve dans le miroir de ses parents. La fixation peut devenir homosexuelle ou hétérosexuelle selon le choix du parent privilégié.

L'inceste entre frère et sœur est moins souvent étudié par les psychanalystes. Celui de Charlemagne, on l'a vu, n'a pas été connu durant longtemps, tandis que le tabou semble encore plus puissant que pour l'inceste parental. *Dans Hamlet*, Shakespeare présente un héros complexe amoureux et jaloux à la fois de sa mère et de sa sœur.

Plus tard, la tradition romantique, dans les œuvres et dans la vie même de certains poètes, écrivains, artistes, est saturée d'incestes fraternels et sororaux. Il suffit de penser au *René* de Chateaubriand (1802), à *L'Homme sans qualité de Musil* (1930), à Lord Byron, à Jacques Serguine (*Mano l'Archange*), ou dans l'œuvre romanesque et poétique de Pierre Louÿs qui mit l'inceste en avant (*Trois filles de leur mère* notamment). On a prétendu, d'ailleurs, que Pierre Louÿs serait le fils de son… frère :

Les mêmes cheveux bruns emmêlés et la même
Bouche, et les mêmes yeux châtains, ce sont deux sœurs.
Au fond des longs draps glacés, leurs ventres suceurs
Se cherchent, et les baisers chuchotent : Je t'aime.
Les mains suivent les flancs marqués par le corset,
Creusent les reins, se crispent aux fesses, reviennent
Aux épaules, dont les danseuses se souviennent,
Puis aux seins qu'un busc obscène et cruel corsait.
Le regard fureteur le long du corps s'occupe
À connaître la peau honteuse de la jupe
Cache le jour, comme un ciboire sous le lin,
Et ces deux corps, issus d'un même corps de mère,
S'unissent avec un enlacement câlin,
Par leurs sexes brûlants, frangés d'écume amère.

30 avril 1891

Il y aurait dans l'inceste fraternosororal une tentative de reconstituer le couple des origines, forcément incestueux, la dyade primordiale, voire l'androgyne. Car c'est bien ce que Dieu découvre avec Adam et Ève : leur union consciente, leur nudité révélée à eux-mêmes par eux-mêmes, l'accession au savoir, c'est-à-dire la complétude, sont dangereuses pour le Père éternel. Le serpent lui-même l'a dit : *eritis sicut dei…* (*Genèse III*, 4,6). Adam et Ève, premier frère et première sœur, seraient "comme des dieux" et sauraient donc distinguer le bien du mal. Et c'est intolérable pour le monothéisme.

L'inceste est illégal, mais pas antinaturel. Il s'agit d'une interdiction fondée sur une morale n'explicitant plus ses raisons : une tradition. C'est dire que l'inceste est difficile à vivre, même lorsque les partenaires sont consentants. Parfois, les attouchements et autres jeux érotiques entre frère et sœur ne sont pas perçus par eux comme de l'inceste. Ils sont, de ce fait, peu traumatisants.

En revanche, l'inceste avec les parents est, le plus souvent, désastreux. Il détruit toute l'organisation affective de sa victime, car victime il y a. Il est généralement le fait de l'adulte et se présente fréquemment sous la forme d'un viol. Le traumatisme est alors profond.

INCISION
VOIR MODIFICATIONS PÉNIENNES.

INFANTILISME
Excitation ressentie en jouant le rôle d'un enfant, d'un bébé. Cette ten-

dance s'accompagne parfois d'un refus, d'une aversion pour son propre corps d'adulte, pour la barbe et les poils axillaires ou pubiens. Il existe des infantilismes sexuels et non sexuels. On désigne l'infantilisme du terme de "masochisme puéril".

L'infantilisme diffère de l'anaclitisme. Le premier consiste à vouloir régresser et jouer le rôle d'un enfant, tandis que le second est une sorte de fétichisme concernant les objets ou les attitudes associés à l'enfance. C'est la cas de Jean-Jacques Rousseau qui confie, dans *Les Confessions* à propos d'une fessée reçue dans son enfance :

Qui croirait que ce châtiment d'enfant reçu à huit ans de la main d'une fille de trente a décidé de mes goûts, de mes désirs, de mes passions, de moi, pour le reste de ma vie, et cela précisément dans le sens contraire à ce qui devrait s'ensuivre habituellement... Je passai l'âge de puberté sans désirer, sans connaître d'autres plaisirs des sens que ceux dont Mlle Lambercier m'avait très innocemment donné l'idée ; mais quand enfin le progrès des ans m'eut fait homme, c'est encore ainsi que ce qui devait me perdre me conserva. Mon ancien goût d'enfant, au lieu de s'évanouir, s'associa tellement à l'autre que je ne pus jamais l'écarter de mes désirs allumés par mes sens ; et cette folie, jointe à ma timidité naturelle, m'a toujours rendu très peu entreprenant auprès des femmes, faute d'oser tout dire ou de pouvoir tout faire. Être aux genoux d'une maîtresse impérieuse, obéir à ses ordres, avoir des pardons à lui demander, étaient pour moi de très douces jouissances...

Les individus infantiles agissent parfois seuls. Ils s'habillent en garçonnet et passent des journées entières à se contempler ainsi vêtus dans un miroir. D'autres rasent tous les poils de leur corps, s'habillent en enfant et se photographient inlassablement. Dans certains cas, ces actes sont posés dans une chambre d'hôtel et les infantiles y passent la nuit, sans négliger d'uriner dans les draps.

D'autres adultes trouvent des partenaires consentants et jouent avec eux, suivant une multitude de *scenarii* possibles.Dans le film de Dusan Makavejev, *Sweet Movie* (1975), on assiste à une thérapie utilisant l'infantilisme pour se déculpabiliser et se libérer ; on voit ainsi une séance de groupe où l'un des patients urine et défèque sur un matelas puis se fait laver, talquer et langer par les autres membres de l'assistance. Une scène d'infantilisme peut durer plusieurs heures et c'est pourquoi il convient d'en négocier préalablement la durée. Le partenaire peut jouer le rôle d'un parent, d'un ou d'une baby-sitter, d'un instituteur, etc. On peut aussi "jouer au docteur", se faire langer et, bien entendu, lire à haute voix un conte de fées pour endormir le "bébé" récalcitrant qui pleure à en perdre le souffle…

L'infantilisme est aujourd'hui fréquent. La vie moderne pèse de plus en plus lourd sur les individus. Beaucoup d'adultes aiment "jouer à l'enfant", ce qui leur sert de "soupape de sécurité" allégeant les soucis, l'angoisse, le stress. Ils peuvent, durant un moment, se laisser aller émotionnellement, ce qui n'est pas ordinairement permis à un adulte.

Beaucoup de personnes atteintes d'infantilisme recherchent des partenaires beaucoup plus jeunes qu'eux, ce qui augmente leur excitation.

Les scènes d'infantilisme sont fréquentes chez les dominatrices professionnelles comme le montre François Reichenbach dans le film *Sex O'Clock U.S.A.* (1976). Rassurantes, lénifiantes, elles peuvent agir comme une thérapie sur une personne épuisée par ses responsabilités ou la pression familiale d'enfants exigeants, ingrats ou hostiles.

VOIR ANACLITISME, FÉTICHISME, LACTAPHILIE, PÉDOPHILIE, TRAVESTIS.

INFIBULATION

Fermeture du vagin au moyen de couture. On peut coudre les grandes lèvres entre elles, les coudre avec les petites lèvres, etc.

En Afrique, l'infibulation s'accompagne parfois de l'ablation des petites lèvres. Le mari a donc la responsabilité de l'ouverture de la cicatrice pour perforer l'hymen. On coud aussi l'utérus d'une femme enceinte pour défaire la couture au moment de l'accouchement.

L'infibulation peut aussi se pratiquer chez l'homme par couture du scrotum autour du pénis. On peut aussi utiliser un anneau dans le prépuce tiré en avant, après percement du repli tégumentaire. Les Romains semblent avoir pratiqué cette infibulation sur les eunuques, sachant qu'ils étaient souvent capables de relations sexuelles. Buffon décrit ce procédé dans *De la puberté* (1750). Il sert de moyen anti-masturbatoire. La façade de la Kaiserhaus d'Hidesheim est ornée d'une statue représentant un homme infibulé.

Déjà au XVIIIe siècle, on pratiquait l'infibulation dans les jeux sadomasochistes comme le relate le marquis de Sade dans *Justine, ou les Malheurs de la vertu* :

– Allons, La Rose, dit Saint-Florent, prends cette gueuse, et rétrécis-la-moi. Je n'entendais pas cette expression : une cruelle expérience m'en découvrit bientôt le sens. La Rose me saisit, il me place les reins sur une sellette qui n'a pas un pied de diamètre ; là, sans autre point d'appui, mes jambes tombent d'un côté, ma tête et mes bras de l'autre ; on fixe mes quatre membres à terre dans le plus grand écart possible ; le bourreau qui va rétrécir les voies s'arme d'une longue aiguille au bout

de laquelle est un fil ciré, et sans s'inquiéter ni du sang qu'il va répandre, ni des douleurs qu'il va m'occasionner, le monstre, en face des deux amis que ce spectacle amuse, ferme, au moyen d'une couture, l'entrée du temple de l'Amour ; il me retourne, dès qu'il a fini, mon ventre porte sur la sellette ; mes membres pendent, on les fixe de même, et l'autel indécent de Sodome se barricade de la même manière : je ne vous parle point de mes douleurs. Madame, vous devez vous les peindre, je fus prête à m'évanouir.

L'armée russe, au XIXe siècle, voulut contrôler les débordements de ses soldats en leur appliquant un fil sur le prépuce, fil muni d'un sceau, afin d'empêcher qu'on l'ôte.

L'infibulation temporaire est un jeu sexuel aujourd'hui apprécié. C'est un jeu psychologique puisqu'il s'agit d'imposer la chasteté à son partenaire. Il s'agit souvent de simulacres, mais parfois de coutures réelles.

VOIR AGRAFES, BONDAGE, HAMEÇON, JEUX SANGLANTS.

INFIDÉLITÉ

L'infidélité peut, pour certains couples, constituer une puissante stimulation amoureuse et sexuelle. Leopold von Sacher Masoch, dans *La Vénus à la fourrure*, écrit :

Pour moi, il y a un attrait singulier dans la souffrance, la tyrannie, la cruauté et, par-dessus tout, l'infidélité d'une belle femme stimule beaucoup ma passion.

Cette affirmation est toujours d'actualité :

Il existe des hommes et des femmes qui déclarent être excités par une femme infidèle ou un mari volage car, disent-ils, ils se sentent en compétition et, par là même, en danger.

(J. Smit, *Senses and sensibilities*, New York, 1989).

Le témoignage de Suzan, paru dans le magazinz *Skin two* (juin 1995), est assez explicite :

Mon mari aime que je sois infidèle depuis qu'il m'a surprise en train d'embrasser amoureusement un ami commun. Il m'a alors fait l'amour avec une fougue que je ne lui connaissais pas. Par la suite, il a insisté pour que j'aille travailler vêtue de manière très provocante afin que le soir je lui raconte les propos et attitudes qu'on avait eu avec moi. Son excitation grandissait plus mes détails se faisaient croustillants. Alors, je lui ai raconté que j'avais sucé un collègue de bureau aux toilettes et qu'il avait joui dans ma bouche. Cela le rendit fou de désir et il passa sa soirée à m'embrasser voracement. Depuis, il me demande d'aller toujours plus loin, à condition de n'ommettre aucun détails de mes aventures.

VOIR ÉCHANGISME, JALOUSIE, MÉNAGE À TROIS, ORGIE, TRIOLISME.

INFUSION SCROTALE

Procédé par lequel on injecte un fluide dans le scrotum. Le résultat ressemble à un ballon gonflé d'eau. Les hommes n'en éprouvent aucune douleur et sont satisfaits du résultat : le lendemain, la solution filtre dans le pénis, le faisant enfler jusqu'à ce qu'il atteigne la dimension d'une cannette de bière. C'est une pratique exclusivement masculine : il n'existe pas de partie du corps féminin susceptible d'une telle distension.

Le matériel utilisé pour l'infusion scrotale comprend une paire de ciseaux, du sparadrap, une aiguille hypodermique, un bocal ou un sac contenant un litre de sérum physiologique, un mince tuyau de plastique. Des gants chirurgicaux et un crochet fixé au mur, voire une potence à perfusion peuvent se révéler nécessaires.

Il faut d'abord élever la température de la solution, du sérum, pour la rapprocher de celle du corps. C'est à la fois pour le confort du patient et pour empêcher que le sac scrotal se rétracte, ce qui va à l'encontre du résultat escompté. Un léger bain-marie d'eau tiède peut suffire.

Ensuite, on accroche le sac en hauteur. Après quoi, on oint d'alcool ou d'une solution antiseptique la zone du scrotum que l'on va percer. L'aiguille sera ensuite plantée à une distance d'environ deux centimètres au-dessous de la base du pénis. Il faut alors attendre afin de savoir si l'on a atteint une veine. Un reflux de sang en est le signe.

Après quoi, on immobilisera l'aiguille avec le sparadrap, afin qu'elle demeure en place, avant d'y brancher le tuyau. On règlera le débit de façon à ce qu'il s'approche de soixante à quatre-vingt-dix centimètres cube à la minute. Il est bon de se tenir debout, puisque la pesanteur facilite l'enflure. Cependant, il existe un risque d'évanouissement.

L'infusion scrotale est une pratique difficile à comprendre, voire à admettre pour l'observateur. Pourtant, les hommes qui s'adonnent à ce type de modification temporaire de leur anatomie déclarent qu'ils apprécient ces sensations nouvelles et uniques, et, qu'en même temps, ils démontrent que leur corps, leurs parties génitales, leur appartiennent et qu'ils peuvent en faire ce qu'ils veulent. De plus, l'impact visuel d'un énorme scrotum, puis, le lendemain d'un pénis gonflé de liquide est, semble-t-il, fort excitant.

La solution est entièrement absorbée par le corps en moins de trois jours.

INSECTOPHILIE

VOIR ZOOPHILIE.

INSERTS

VOIR MODIFICATIONS PÉNIENNES.

INSUFFLATION
L'insufflation, introduction d'air sous une pression légère dans le corps d'une personne, s'est pratiquée à travers tous les orifices corporels ou presque. Au XIXe siècle, on essayait par ce moyen de réanimer les asphyxiés ou les noyés. En France, ce soin se pratiquait par voie rectale. On insufflait parfois de la fumée de tabac, considérée comme énergétique pour revigorer les patients atteint d'asthénie, de maladies ou de langueur. L'insufflation peut être un jeu sexuel, cependant, elle est très dangereuse.
VOIR CLYSTÉROPHILIE, INTRODUCTION D'OBJETS.

INTERROGATOIRE
Jeu de domination/soumission pouvant prendre diverses formes. Le "prisonnier", la "victime" d'un cambrioleur l'ayant ligoté (voir *harpaxophilie*) se trouve attaché, humilié, torturé, etc. Ensuite il sera "violé" par son persécuteur.
Les jeux d'interrogatoires peuvent se référer à des événements politiques ou historiques tels que l'Inquisition, l'Occupation allemande, les guerres coloniales, etc. Il peut aussi s'agir d'un thème évoquant la police judiciaire, le "prévenu" devant subir une "garde à vue" pénible.
Certaines de ces mises en scènes peuvent durer deux jours, voire plus, avant que le "prisonnier" n'avoue son "crime", dénonce ses "complices" ou révèle l'identité des membres de son "réseau" à la "Gestapo". C'est pourquoi il convient d'en négocier préalablement la longueur. D'autre part, il faut aussi convenir d'un "mot de passe" ou d'un signe pour s'arrêter immédiatement si le jeu devient par trop pénible pour la personne dominée.
Les jeux d'interrogatoire peuvent se pratiquer dans des locaux aménagés à cet effet, ou que l'on aménage provisoirement. Une chaise inconfortable, une lampe de bureau puissante peuvent suffire à créer le décor. L'interrogateur peut se costumer en bourreau, porter un uniforme.
VOIR DISCIPLINE, FOUILLE À CORPS, HUMILIATION, MISES EN SCÈNE ÉROTIQUES.

INTRODUCTIONS D'OBJETS
Une pratique courante est d'introduire toutes sortes d'objets dans l'anus ou le vagin. Les urgences des hôpitaux sont très couramment confrontées à cette pratique. Il peut s'agir de nourriture ou de boissons : champagne, tomate, œuf dur écalé, framboises, banane, concombre, saucisse, crème fouettée, ou n'importe quel autre aliment apprécié par le partenaire.
Godemichés, objets de forme phallique ou autres sont aussi fréquemment introduits dans les cavités du corps. En 1920, le

comédien comique Fatty Arbuckle fut condamné pour viol. Il avait introduit des glaçons, puis une bouteille de champagne dans le vagin d'une jeune comédienne. Cette dernière mourut, sans doute à cause de blessures, de coupures. Fatty Arbuckle fut relaxé après la troisième audience, mais sa carrière fut brisée.
Les criminels sexuels introduisent souvent des objets dans le corps de leurs victimes. L'un d'entre eux introduisit le dentier de la personne qu'il violait, dans son vagin. On ne le retrouva qu'un mois plus tard, lors d'un examen pour dépister une maladie vénérienne éventuellement due à ce viol. (P. Watson, "Unusual Vaginal Foreign Body", *British Journal of Sexual Medicine*, Septembre 1988.)
Ces introductions peuvent se pratiquer seul, à des fins masturbatoires. Une femme se retrouva coincée dans sa voiture après s'être assise sur le pommeau du levier de changement de vitesse. Il fallut l'intervention d'une équipe de secours pour la tirer de ce mauvais pas. Une autre, s'étant pénétrée d'une balle de caoutchouc durant une soirée, but beaucoup et oublia l'avoir fait. On ne découvrit la balle que vingt ans après. (B. Piura, "Vaginal Foreign Bodies of Long Duration", *British Journal of Sexual Medicine*, Novembre 1986.)
Il n'est pas rare que les objets introduits se coincent et ne puissent être retirés sans intervention médicale.

J K L

Jactitation
Jalousie
Jeux sanglants
Jeux sexuels
Joaillerie
Jouets érotiques
Juvénilisme
Kabazzah
Kabutodama
Karezza
Kétamine
Kleptophilie
Klismaphilie
Kokigami
Kola
Lactaphilie
Lap Dancing
Latex
Lavements
Lesbianisme
Liens
Ligature pénienne
Lingerie
Lit à clous
L.S.D.
Lubrifiants
Lupanar

JACTITATION

Vantardise sexuelle, hâblerie. Innombrables sont ceux qui racontent et répètent le récit fantasmé de leurs exploits sexuels.

VOIR AGREXOPHILIE, CONFESSION, COPROLALIE, ÉROTOGRAPHOMANIE, NARRATOPHILIE, OBSCÉNITÉ TÉLÉPHONIQUE, SEXE AU TÉLÉPHONE.

JALOUSIE

Ou syndrome d'Othello. La jalousie est un sentiment d'envie et de colère dirigé contre quelqu'un que l'on considère comme un rival. Aujourd'hui, la jalousie culturelle est devenue un fait de société, remplaçant la vieille jalousie économique, laquelle succéda à la jalousie de castes.

Dans le domaine amoureux, la jalousie est une peur de perdre l'objet aimé, ou du moins d'en perdre la possession, l'exclusivité. Une jalousie raisonnable pourrait devenir un stimulant. C'est parfois même une sorte d'aphrodisiaque, renforçant le désir sexuel. Hélas ! elle est trop souvent destructrice, annihilant celui qui la ressent, et pouvant aller jusqu'à constituer un danger pour celui qui en est l'objet.

La jalousie est directement proportionnelle à l'indépendance, l'autonomie psychique d'une personne. Souvent, les orphelins ou ceux qui ne se sont, à tort ou à raison, pas sentis assez aimés de leur parents, ou encore les enfants de divorcés sont extrêmement jaloux. À moins qu'au contraire, l'affection de l'un, l'autre ou des deux parents ait étouffé dès l'enfance toute velléité d'indépendance. Dans l'un et l'autre cas, le sujet adulte aura tendance à demander à son partenaire de combler le manque, ou de poursuivre la dépendance.

L'être jaloux a généralement une piètre estime de lui-même. L'un des moyens de corriger ce défaut est l'autosuggestion, la "méthode Coué" qui sous diverses formes est encore pratiquée. Le "training autogène" s'en inspire, comme la "prière" du Dr Murphy, parmi d'autres techniques. Il suffirait, à chaque fois qu'une idée négative se présente, de la contredire : au lieu de dire "je suis nul" ou "je ne peux faire ceci ou cela" ou encore "je n'y arriverai jamais", il convient d'affirmer : "même si c'est difficile, je peux y parvenir, je vais réussir".

Le gain d'estime de soi ainsi réalisé, après maints efforts il est vrai, fera disparaître la jalousie au fur et à mesure que l'on reprendra confiance. En fait, on n'est jaloux que de ses propres manques, réels ou supposés.

La jalousie peut devenir une véritable torture pour celui qui en est affligé. Elle peut devenir obsédante et empêcher toute action positive.

Le degré ultime est le délire de jalousie. Il n'est alors plus question de volonté ou d'effort personnel : il devient nécessaire de rechercher une aide professionnelle non impliquée, celle d'un thérapeute compétent. À ce stade, peu importent les raisons objectives ou non de la jalousie. Des infidélités imaginaires seront reprochées au partenaire, tandis qu'on jalousera parfois même les objets qui lui appartiennent. Le malade devient agressif ou brutal.

Il s'agirait, selon Freud, d'une tendance homosexuelle refoulée : "ce n'est pas moi qui aime cet homme, c'est elle". La "faute" est alors transférée (Maryse Choisy, *L'homosexualité latente grimace quelquefois derrière certains adultères,*. Psyché, n° 25, Paris, 1948.)

VOIR ADULTÈRE, INFIDÉLITÉ.

JEUX SANGLANTS

En anglais *blood sports*. Activités sexuelles durant lesquelles le tissu épithélial est lésé. Il s'agit de toutes sortes de blessures, coupures, phlébotomies, *piercing*, incisions, abrasions, rasages, vampirisme, flagellation, etc. Couper la peau, répandre le sang crée une sécrétion accrue d'adrénaline, demande la confiance du partenaire et accroit un sens de conquête personnelle. C'est aussi un moyen, pour certaines personnes d'alléger leurs angoisses.

Ceux qui apprécient les jeux sanglants n'infligent que des blessures légères à des endroits particuliers du corps, présentant du tissu adipeux : épaules, haut des bras, cuisses. Ce type de jeu doit être pratiqué par des gens ayant quelques connaissances médicales et une expérience du *piercing*, des coupures, etc.

JEUX SEXUELS

Nombreux sont les jeux sexuels : du strip-poker au colin-maillard au cours d'orgies, l'imagination humaine semble sans limite. Il existe même une variante du "Trivial pursuit" dans laquelle toutes les questions concernent la sexualité.

Aux États-Unis, l'*April's Fool Party* est, pour certains, une institution. Cette fête reprend le système des "gages". On sait que les perdants à la pétanque doivent "embrasser Fanny" c'est-à-dire l'image du postérieur d'une femme, ou encore un postérieur réel. Dans le cas de l'*April's Fool Party*, les gages sont fort divers. On doit, par exemple, se dévêtir en public, donner un coup de téléphone obscène, jouer à *Dracula* et, de ce fait mordre le cou de trois personnes, persuader quelqu'un de prendre une douche en compagnie d'une autre personne, demander à une personne du sexe opposé si l'on peut emprunter ses sous-vêtements et autres jeux, légèrement infantiles.

Beaucoup de jeux sexuels sont une modification des jeux les plus courants. Une partie de poker peut avoir pour enjeu un baiser, une fellation, une relation sexuelle. On peut jouer au Scrabble en décidant que l'on ne composera que des mots obscènes ou orduriers, etc.

Depuis plus d'un siècle, la maison Blond, à Saint-André dans le Nord, fabrique des "gaufrettes amusantes". Sur chacune est inscrite une phrase, un mot, une expression. Le jeu consiste à inventer une conversation à partir de ces inscriptions qui, en elles-mêmes n'ont rien d'inconvenant. Toutefois, l'expérience prouve que, tôt ou tard, le jeu "dégénère" et que les expressions les plus innocentes sont investies de sous-entendus grivois.

Le "jeu de la vérité" consiste à répondre sincèrement à toute question posée. Il est d'usage de poser celles qui semblent les plus personnelles et les plus gênantes.

Le défunt Roland Topor avait inventé le *Jeu des seins*. Il s'agissait de deux ensembles de photographies représentant un seul des seins de nombreuses femmes. Le jeu consistait à reconstituer les paires scindées à cet effet. On peut citer, parmi les jeux érotiques, ceux publiés par Régine Deforges à L'Or du temps : le *Libido* de Willem, le *Jeu de l'oie* de Wolinski, ainsi qu'un jeu de fléchettes.

JOAILLERIE

La très chère était nue, et, connaissant mon cœur,
Elle n'avait gardé que ses bijoux sonores,
Dont le riche attitail lui donnait l'air vainqueur
Qu'ont dans leurs jours heureux les esclaves des Mores.
Quand il jette en dansant son bruit vif et moqueur,
Ce monde rayonnant de métal et de pierre
Me ravit en extase, et j'aime à la fureur
Les choses où le son se mêle à la lumière.
(Charles Baudelaire, *Les Bijoux.*)

On trouve dans le commerce de nombreux bijoux conçus spécialement pour orner la poitrine féminine ou les parties génitales des hommes et des femmes. Le *piercing* en est une variante (voir ce mot).

Des anneaux peuvent être placés sur les tétons sans perçage préalable grâce à leur élasticité. Il en est de même pour des anneaux ombilicaux, ou d'autres, placés sur les grandes lèvres, le prépuce, le clitoris. D'autres entourent le mamelon comme une bague peut ceindre un doigt : ce sont les *sweater bumpers*.

Des pendentifs tintinnabulants, des anneaux péniens ouvragés, gravés, niellés, guillochés complètent cette panoplie.

De fausses pierres précieuses peuvent être collées au moyen d'une pâte sur tous les endroits du corps.

VOIR ANNEAUX PÉNIENS, *PIERCING*, TATOUAGES.

Jouets érotiques
voir Anneaux, Bondage, Clystérophilie, Électrophilie, Godemiché, Jeux sexuels, Joaillerie, Poupées gonflables.

Juvénilisme
voir Adolescentisme, Infantilisme.

Kabazzah
“Amour à l’orientale” ou pompoir. Technique orientale du *snapping pussy* : le partenaire masculin demeure immobile tandis que la femme contracte ses muscles abdominaux et vaginaux de façon à “traire” le pénis. Les deux partenaires doivent être détendus et savourer les sensations produites par ce mouvement musculaire. Un entraînement est nécessaire pour qu’une femme puisse maîtriser ainsi son ventre et son vagin. C’est la même maîtrise qui permet de “fumer” une cigarette par le vagin. Ces exercices de contraction peuvent aussi faciliter l’accouchement. Les prostituées de l’Asie du Sud-Est, ainsi que du Brésil, sont renommées pour leur virtuosité dans cette pratique :
Les séances de strip-tease auxquelles elles s’adonnent mettent à contribution leur extraordinaire souplesse, ainsi qu’une exceptionnelle maîtrise des muscles du vagin. Ces filles peuvent tout faire avec leurs chattes, depuis souffler des bougies jusqu’à envoyer des fléchettes. (Hazel Mauridis, *Thaï pipes*, Hustler, édition française, n° 4, avril 1997.)

Kabutodama
Nom japonais des objets destinés à augmenter le volume de la verge : anneaux, gaines striées, étuis péniens à la surface rugueuse afin d’accroître les sensations féminines.
VOIR Godemiché, Guesquel.

Karezza* ou *coitus reservatus
Il s’agit d’obtenir un acte sexuel prolongé sans éjaculation. L’homme doit amener la femme à éprouver plusieurs orgasmes. C’était une coutume dans l’ancien Japon où l’on considérait que le sperme, une fois dans le vagin, transmettait l’énergie de l’homme à la femme. Il s’agissait donc d’accumuler cette énergie plutôt que de la gaspiller. John Noyes, fondateur de la secte Oneida à la fin du XIXe siècle se préoccupait d’eugénisme. Il voulait que seuls les meilleurs, à son sens, parmi les hommes de sa communauté, puissent ensemencer les femmes. Dès lors, les autres pouvaient pénétrer leurs partenaires à condition de se retenir. Il découvrit que cette pratique ne servait pas seulement à des fins de contrôle des naissances, mais qu’elle avait augmenté l’affection, l’intimité existant entre sa femme et lui.

Le Dr Alice Bunker Stockham, dans son ouvrage *Tokology* (1883), recommandait cette pratique et conseillait que les rapports sexuels durent une heure et plus, tout en étant accompagnés de prières.
VOIR EUGÉNISME, EXERCICES SEXUELS, POSITIONS.

KÉTAMINE
VOIR APHRODISIAQUES.

KLEPTOPHILIE
(du grec *kleptes* : voler, et *philia* : amour de)
Excitation éprouvée par le vol ou la détention d'objets volés. Cette pratique est différente de la kleptomanie, qui est un désir irrépressible de dérober quelque chose dont on n'a pas besoin. L'un des plus célèbres kleptomanes fut saint Augustin lui-même qui déclare, dans ses *Confessions*, avoir volé sans être pauvre, ni avoir faim.
La kleptophilie peut atteindre aussi bien les hommes que les femmes. En voici deux cas :
Une femme s'adonnait au fétichisme de la poupée. Son mari, l'ayant découverte en train de jouer avec ses poupées, jeta toute sa collection. Après une longue période de dépression, cette femme se mit à voler des poupées pour remplacer celles qu'elle n'avait plus.
Un homme à la fin du XIXe siècle fut condamné pour avoir volé des mouchoirs de femme utilisés. Il passa plus de sept ans sous les verrous. Il achetait des mouchoirs et tentait de les échanger subrepticement avec ceux que ses victimes venaient d'utiliser. (William Steckel, *Sexual Aberrations*, New York, 1964.)
Les kleptophiles sont donc le plus souvent des fétichistes. Les amateurs de lingerie féminine volent des dessous pendus sur des cordes à linge dans les jardins, sinon dans les appartements de leurs victimes : l'une d'entre elles était la femme d'un commissaire de police, qui retrouva lui-même plus de deux cents dessous féminins pendus à une corde à linge dans l'appartement du kleptophile ! Les fétichistes kleptophiles des cheveux se promènent avec des ciseaux et coupent subrepticement des mèches aux femmes qu'ils peuvent approcher discrètement. Il existe même des voleurs de chaussures qui les saisissent sur leur propriétaire. Une femme volait des crayons pour se masturber avec en fantasmant à propos d'une *parva mentula*, un "pénis d'enfant". (Victor Robinson, *Encyclopaedia Sexualis*, New York, 1936.)
D'autres kleptophiles fétichistes volent des objets personnels ou intimes, tels que tampons ou serviettes périodiques, soutiens-gorge. Certains se contentent de les dérober dans les magasins, d'autres préfèrent qu'ils soient déjà utilisés ou portés.

Lors d'une enquête à ce propos, des patients parlèrent de troubles annexes comme le vaginisme, un manque d'excitation, de promiscuité alternant avec l'abstinence, une peur ou une obsession de la stérilité.
Le profil du kleptophile est celui d'une femme de trente-cinq ans, mariée, qui a été arrêtée pour le vol d'objets qu'elle aurait pu acheter facilement et dont elle n'avait pas besoin. Elle a commencé à voler à l'âge de vingt ans et a été prise plusieurs fois. Une visite chez elle nous montre des piles de paires de bas toujours empaquetés ainsi qu'un grand nombre de pots de confiture non entamés. L'acte de voler la guérit d'une forte tension nerveuse et il lui arrive de se forcer à ne pas sortir par peur de se remettre à dérober quelque chose. (...) Il semble qu'elle souffre de cet acte nécessaire pour elle, répétitif et autodestructeur. Son histoire personnelle révèle un mariage malheureux, elle peut avoir des problèmes sexuels ; elle est pessimiste et son humeur est chagrine. Elle semble avoir eu une enfance difficile. Elle peut présenter des troubles de la personnalité. (M. J. Goldman, "Kleptomania : Making Sense of the Nonsensical", *American Journal of Psychiatry*, août 1991.)
En dehors du risque d'être pris, l'acte de voler provoque une sécrétion d'adrénaline produisant des réactions analogues à celles qui se produisent durant l'acte sexuel. Il peut donc s'agir d'un déplacement du désir, de l'excitation.
Certains kleptophiles ne volent que des proches : parents, amis, relations. Il peut s'agir d'un message, demandant encore plus d'amitié, d'affection, d'amour.

KLISMAPHILIE
(du grec *klisma* : lavement, et *philia* : amour de)
Excitation par les lavements, les clystères. Les anciens Égyptiens employaient les lavements contre la constipation. Selon leurs croyances, l'ibis, oiseau sacré, utilisait son long bec comme canule. Ils pensaient que toutes les maladies provenaient de substances toxiques fabriquées par l'organisme et qu'il fallait éliminer. C'est pourquoi ils utilisaient, en plus des lavements, des laxatifs ainsi que divers moyens pour se faire vomir. En France, au XIXe siècle, la mode des lavements se développa : on en administrait parfois quatre par jour au même patient. On verra à l'article "Lavements" quelle fut la folie clystérophile des médecins des XVIIe et XVIIIe siècle et des pharmaciens surnommés "limonadiers des postérieurs". Le clystère servait aussi à réanimer une personne évanouie.
Les Américains s'en servent contre la constipation, et comme précaution avant un rendez-vous amoureux, spécialement en prévision de la sodomie. Les lavements au vin et au

café sont fort courus, à cause de l'intensité accrue des effets de l'alcool ou de la caféine administrés de cette façon. Le courant tiède et lent de l'eau envahissant le rectum produit des sensations voluptueuses pour beaucoup.

Le "lavement doré" utilise l'urine à la place de tout autre liquide. Un homme introduit son pénis dans l'anus ou dans le vagin de son partenaire et se met à uriner. Peu d'hommes sont capables de maintenir une semi érection durant la miction. D'autres personnes remplissent d'urine une poire à lavement.

VOIR
APPRENTISSAGE DES TOILETTES,
CATHÉTERS, COCKTAILS,
COPROPHILIE, DOUCHES,
LAVEMENTS,
INFUSION SCROTALE,
LACTAPHILIE, *SAFE SEX*,
UROPHILIE, VAMPIRISME.

KOKIGAMI

En japonais, *koki* désigne l'étoffe que les acteurs japonais portent autour de la poitrine et *gami* signifie : papier. Le *kokigami* est l'art d'envelopper le pénis d'ornements de papier. Au VIIIe siècle les aristocrates nippons pratiquaient le *tsutsumi,* art de l'emballage corporel. Ils enveloppaient leurs organes sexuels avec des étoffes précieuses, de la soie, des rubans, formant des arrangements décoratifs complexes. Ainsi s'offraient-ils comme cadeaux à leurs partenaires. Le déballage procurait d'excitantes sensations. Aujourd'hui, cet art renaît sous la forme de papier plié, froissé, arrangé en forme d'animal ou de visage humain. On trouve ainsi des pénis transformés en oie, en poisson, en dragon. On propose le dialogue suivant, avant l'acte sexuel :

– *Le dragon talentueux va maintenant cracher son feu dans la grotte sombre ornée de joyaux. Où sont mes précieux bijoux ? Mes trésors ? Mes trophées ? Seraient-ils cachés dans ta caverne sombre ?*

La réponse est la suivante :

– *Viens, mon feu ardent, et prends garde que les portes de fer ne se referment pas en claquant brusquement ! Elles pourraient blesser ta langue brûlante.* (H. Bush et B. Silver, *Kokigami, The Intimate Art of the Little Paper Costume*, Berkeley, 1990.)

Les Japonais aiment aussi les masques de samouraï dont le nez est remplacé par un godemiché. Ceux qu'un pénis artificiel n'intéressent pas, coupent le nez de ces masques et le remplacent par leur propre verge.

VOIR JEUX SEXUELS, MASQUE, MISES EN SCÈNE ÉROTIQUE.

KOLA

VOIR APHRODISIAQUES.

LACTAPHILIE
(du grec *lactis* : lait, et *philia* : amour de)

On distinge l'érétithie ou éromastie : masturbation en jouant avec ses propres seins, la tithiolagnie : orgasme en allaitant et la tithioscoptophilie : excitation en voyant quelqu'un allaiter, etc.

Le lait humain, l'allaitement excitent un certain nombre de personnes. Autrefois, le lait de femme était réputé comme un remède apte à soigner toutes sortes d'affections.

Le fait que les enfants mâles naissent avec des mamelons troubla certains peuples au point que quelques tribus, comme les anciens Gallas du Skri-Lanka, les amputaient : ils croyaient que ces signes de féminité rendraient les garçons couards et inaptes à la guerre (G. L. Simmons, *Sex and Superstition*, New York, 1973).

Le fait d'être excité par la lactation peut provenir d'avoir été nourri au sein durant la première enfance ou encore parce que l'on considère la sécrétion de lait comme une sorte d'éjaculation.

Beaucoup de magazines érotiques montrent des femmes tétant leurs propres seins, arrosant leur partenaire avec leur lait, jouant avec, le répandant, le faisant gicler, etc. Dans les films consacrés aux jeux lactés, le fin du fin est que des gouttes atteignent l'objectif de la caméra.

VOIR ANACLITISME, COÏT INTERMAMMAIRE, FÉTICHISME.

LAP DANCING
Attraction érotique sans doute inventée par les frères Mitchell, qui animent le *O' Farrel Theatre* de San Francisco. Le strip-tease est limité dans cette ville : une femme ne peut y montrer ses parties génitales, et tout contact physique public est interdit. De ce fait, une danseuse apparaît, vêtue d'une façon aguichante et, après avoir négocié un prix pour sa prestation, fait face à un spectateur, se penche vers lui de telle sorte que le nez du client se trouve presque entre ses seins. Pendant ce temps, elle continue à onduler des hanches et le consommateur n'est pas autorisé à la toucher.

VOIR CHORÉOPHILIE, DANSE DU VENTRE, POSITIONS, *PEEP-SHOWS*, STRIP-TEASE.

LATEX
VOIR FÉTICHISME.

LAVEMENTS
Jets de liquide pénétrant le vagin ou le rectum. On s'en sert à des fins hygiéniques, de contrôle des naissance, mais aussi comme jeux érotiques. On en distingue trois principales sortes :

Clystère ou lavement : *Le Dictionnaire national* de Bescherelle (1871) prétend que son invention est due aux Égyptiens. Il raconte aussi l'anecdote curieuse d'un lavement nutritif. Un médecin nourrit pendant six semaines une dame de qualité en lui faisant donner deux fois par jour un clystère composé d'un bouillon, de chair de chapon, de poule ou de quelque autre volaille dans lequel on faisait dissoudre des jaunes d'oeufs. Bescherelle ajoute que le mot clystère est démodé : *On dit aujourd'hui remède, qui est équivoque, et pour cela même, honnête.*

La mode du clystère apparut au XVIIIe siècle. Les dames de la cour de France en raffolaient et se le faisaient donner en public (Voir : J.- C. Bologne, *Histoire de la pudeur*, Paris, 1987). Pourtant, l'aspect érotique de la chose n'échappait à personne :

L'amant fut sage : il présenta pour elle
Ce que Brunel à Marquise montra
La gouvernante ayant mis ses lunettes
Sur le galant son adresse éprouva
Du bain interne elle le régala
Puis dit adieu et après s'en alla.

(Jean de la Fontaine, *Contes*, "Le Remède").

À la fin du XIXe siècle, une chanson surprenante, au titre plutôt curieux, déclarait ce qui suit :

Donne-moi, femme sans pareille,
Le coton que t'as dans ton oreille.
Je veux fumer, amoroso,
Mon maryland dans ton clyso.
Ô femme, ô fleur, blonde fauvette,
Je veux boire l'eau de ta cuvette.

(*Le Chanteur sexuel*, paroles et musique de Garnier, Jeunil et Lasaïgue, s.d. vers 1890).

Le mot "clyso" est la contraction de "clysopompe". Ce terme désigne un appareil qui consiste en un petit corps de pompe aspirante et foulante qui s'adapte à un vase dans lequel on verse le liquide à injecter. À ce corps de pompe, qui est habituellement en étain, est ajusté un tuyau de caoutchouc que termine une canule. (Dupiney de Vorepierre, *Dictionnaire français illustré*, 1876).

C'est donc dans cet appareil qu'il est question de fumer du tabac, tandis que le chanteur s'adonne au picazisme, besoin sexuel qui se manifeste sur le plan olfactif et gustatif basé sur l'attrait physiologique qu'exercent les exhalaisons, les sécrétions ou déjections du partenaire (Magnus Hirschfeld, *Anomalies et Perversions*, Londres, 1935).

Dans la littérature érotique, le lavement tient une place de choix comme l'atteste l'extrait de *Lourdes, Lentes...* de André Hardellet :

Elle est prête. Hypnotisée, elle n'a d'yeux que pour les gestes de Joyce qui, d'un placard, tire un bock en Plexiglas muni de son tuyau et de sa canule. Voici l'instrument de torture, chérie. Quelle adorable torture ! Yaël abaisse les panties. Une blonde cendrée ; comme beaucoup d'Anglaises, elle est presque entièrement rasée et je vois directement les bords de la crevasse secrète.

Joyce a rempli le bock d'eau chaude, deux litres au moins.
– Étendez-vous sur le divan. Décontractez-vous, ne vous opposez pas au lavement.
Ingrid se soumet ; Joyce s'approche tenant d'une main le bock haut levé, de l'autre la canule.
– Yaël, si elle n'est pas sage, tu la maintiens de force. Mais elle sera sage. Écarte bien ses fesses.
(…) La canule est en place ; le niveau de l'eau baisse lentement dans le bock transparent. La patiente est allongée sur le dos, pâle, les yeux fermés ; le bourreau tient le récipient qu'il élève progressivement à mesure qu'il se vide ; l'aide observe. (…) Ingrid en a déjà absorbé un litre. La voix du tortionnaire, sa voix de clinicienne rompt le silence.
– Vous devez commencer à le sentir, n'est-ce pas. C'est la fin qui est la meilleure, vous verrez, quand on ne peut plus se retenir…
(…) L'Anglaise ondule et gémit sous la poussée du liquide qui l'envahit.
– Je vais lever le bock encore plus haut, dit Joyce. Vous sentirez mieux le jet.
Ingrid garde les paupières baissées.
– Oui, plus haut, jusqu'à la dernière goutte.
(L'Or du temps, 1969.)
L'érotisme du clystère peut aussi se teinter de sadisme :
Si elle résiste, je (…) lui ferai administrer le remède par un nègre avec la seringue qui sert pour les chevaux.
(Sadie Blackeyes [pseudonyme de Pierre Mac Orlan], *Baby Douce Fille*, Paris, 1910).
Dix ans plus tard, l'évocation du "remède" se teintait nettement de masochisme, comme en témoigne cet étrange poème :
Car je suis le chien qui lèche tes engelures,
Et trouve à leur saveur un goût de confiture
(…) Mais c'est encore trop peu. Je voudrais être en plus
Le cancer orgueilleux qui te ronge l'anus,
Et la gaie roséole et la fistule anale,
La maladie de peau de tes fosses nasales,
Et sublime douceur, digne couronnement,
De ton gros intestin le subtil lavement.
(Les Frères Siamois, "Plus près de toi" in *Insolation*. "Les Frères Siamois" est un pseudonyme attribué à Joseph Hémard, humoriste des années 20.)
La pratique du lavement existe pour des raisons d'hygiène, chez les homosexuels mâles. C'est aussi un jeu érotique préliminaire qu'administre le partenaire.
Pluie dorée ou lavement doré : rendue célèbre par la Cicciolina, la pluie dorée n'est pas seulement une urophilie. Il s'agit d'uriner dans le vagin ou l'anus d'une ou d'un partenaire après l'éjaculation. Le partenaire se sent ainsi "rempli" et satisfait comme s'il

venait de recevoir une seconde éjaculation. C'est l'une des scènes du roman de Joël Hespey, *SM,* où un homme urine dans l'anus de son amant pour affirmer sa domination sur lui.

Injections vaginales :
Généralement, cette "toilette intime" a un but anticonceptionnel. On prétendait qu'en secouant une bouteille de Coca-Cola avant de l'introduire dans le vagin, le giclement ainsi produit aurait des vertus spermicides. Son efficacité n'a pas été prouvée. La "poire vaginale" en caoutchouc est encore vendue dans les pharmacies. Certaines proposent un "jet rotatif". Le but hygiénique ou anticonceptionnel de tels instruments fut maintes fois détourné par un usage plutôt masturbatoire.

Comme jeu sexuel, l'injection vaginale se joint aussi au picazisme : on introduit le goulot d'une bouteille de champagne. Il ne reste plus qu'à laper ou boire le vin effervescent s'écoulant des lèvres vaginales.

VOIR KLISMAPHILIE, *STUFFING*.

LESBIANISME

Le mot lesbienne vient de l'île de Lesbos où vivait, aux alentours de 600 avant notre ère, la poétesse Sappho qui y dirigeait une école de jeunes filles. Elle devint amoureuse de Phaon, l'une d'entre elles. Hélas ! cet amour fut malheureux, Phaon demeurant indifférente. Désespérée, Sappho alla se noyer dans la mer.

Sappho écrivit un grand nombre de poèmes dont certains n'arrivèrent pas jusqu'à nous. Elle demeure la figure emblématique de l'homosexualité féminine auquel elle a donné le nom de "saphisme". Cette tradition poétique lesbienne sera reprise à la fin du XIXe siècle par la poétesse française Renée Vivien (*Œuvres poétiques complètes*, Régine Deforges, 1986).

Les lesbiennes ont des goûts divers quant aux choix de leurs partenaires. Certaines préfèrent celles qui ont une allure masculine, "hommasse" et qui joue le "rôle de l'homme" dans le couple. D'autres choisissent une compagne, au contraire, très féminine. Enfin, l'attitude d'un bon nombre de lesbiennes est une apparence androgyne, parfois sévère (voir *Viragophilie*).

Ces "rôles" bien établis semblent souvent caricaturaux. Les choses évoluent et ne demeurent pas forcément intangibles :

Deux belles s'aiment tendrement
L'une pour l'autre s'intéresse
Et du même trait qui les blesse
Elles souffrent également.
Sans se plaindre de leur tourment
Toutes deux soupirent sans cesse
Tantôt l'amant est la maîtresse
Tantôt la maîtresse l'amant.

(Saint-Savin, *Épigramme pour Ninon de Lenclos et Françoise d'Aubigné.*)

Beaucoup de lesbiennes déclarent que le sexe n'a pas une importance capitale dans leur relation. Les actes sexuels lesbiens sont divers. Toutefois, il existe des femmes homosexuelles qui se refusent à tout type de pénétration. D'autres, au contraire, apprécient de multiples pénétrations, digitales, ou à l'aide d'un godemiché. La pratique la plus courante, cependant, semble être le cunnilinctus pratiqué par 77 % des lesbiennes interrogées pour le fameux *Rapport Kinsey* (*Sexologia lexicon*, Verviers, 1970).

Selon un récent sondage, il y aurait en France, seulement 10 % des femmes qui avouent avoir eu une expérience homosexuelle (*Dépêche mode*, juillet-août 1997).

Les couples lesbiens résistent assez bien aux années, même si la passion du début s'estompe comme dans n'importe quelle union.

Les lesbiennes désirent parfois un enfant. Souvent, elles font appel aux services d'un homme complaisant. En France, l'insémination artificielle pour les lesbiennes est interdite pour des raisons éthiques.

Le discours psychiatrique ou psychanalytique a longuement exploré cet aspect du "continent noir" de la sexualité féminine. Le phénomène homosexuel ne peut, dans cette optique, se définir qu'en tant qu'écart et non par lui-même et pour lui-même. Pour les psychiatres, le lesbianisme est donc une déviation érotique (et non une perversion), symptôme de névrose profondément ancré (...) Pour certains spécialistes, le lesbianisme est un phénomène où l'absence de maturité n'est qu'une partie de son étiologie complexe et multiple ; il s'agit d'un phénomène plutôt social que psychologique, qui reste toutefois indifférent aux interdits et à la tolérance. (id.).

Aujourd'hui, les lesbiennes, comme d'autres groupes sociaux, constituent un réseau comprenant des bars, des boîtes de nuits. Et même des cabarets dans lesquels on peut assister à des strip-tease.

VOIR BISEXUALITÉ, HOMOSEXUALITÉ.

LIENS

Le fait d'attacher, de ligoter un partenaire restreint ses mouvements et le met en état de soumission. Les liens peuvent se nouer autour des parties génitales, de la poitrine, aux pieds, aux mains, sur le visage ; sur toute ou partie du corps. Les liens produisent un plaisir physique dû à la compression et font partie des techniques du bondage. Ils produisent aussi un plaisir psychologique, celui de toutes les conduites de domination/soumission. Toutes les parties du corps peuvent être soumises aux liens. Nous ne traiterons ici que de la poitrine féminine, du visage, du pénis et de la momification.

Momification : il s'agit de recouvrir le corps entier de bandelettes, à la façon des anciens Égyptiens qui enveloppaient ainsi leurs morts. Il s'agit aujourd'hui d'une forme particulière de bondage. Il arrive qu'on laisse les parties sexuelles, les seins, l'anus à l'air libre pour pouvoir les utiliser.
Le matériel nécessaire à cette pratique comprend des bandes chirurgicales, des ciseaux, un crochet scellé au mur dans le cas ou ce jeu s'accompagnerait d'une suspension. On y ajoute des coussins ou des serviettes pour mettre entre les genoux ou aux coudes du partenaire pour éviter la gêne ou la douleur. Des capuchons ou des harnais pour le visage peuvent aussi être employés.
La scène typique de momification consiste à ce qu'une personne nue, parfois attachée à un crochet scellé au mur, soit d'abord munie de coussinets aux genoux et aux coudes. Certains enveloppent séparément les bras, pour éviter qu'ils soient en contact avec les côtés, ce qui peut provoquer des irritations dues à la transpiration. On continue le déroulement de bandes autour du corps, en évitant éventuellement les parties génitales, les seins, etc., si l'on désire les laisser exposés. Les bandes peuvent être plus ou moins serrées. Elles ne le seront jamais autour du cou. Après quoi, on peut suspendre, à l'aide d'un harnais la "momie" ainsi réalisée, en vue de jeux sexuels.
La momification de deux partenaires ensemble demande, évidemmernt, l'intervention d'une troisième personne. La "double momie" est bandée durant la pénétration et le coït se poursuit une fois l'entourage achevé. Le coït est rendu malaisé par le serrage des liens et suppose la pratique de la *kabazzah* (voir ce mot).
Une forme de momification était en usage dans les prisons américaines au XIXe siècle. C'était une punition : on enveloppait les prisonniers dans une couverture avant de les serrer au maximum avec des brides. On utilisait parfois une sorte de camisole conçue à cet effet. Les prisonniers pouvaient demeurer attachés ainsi durant plusieurs jours. La douleur était, paraît-il, insupportable. Jack London a fondé l'un de ses romans sur cette pratique. Dans *Le Vagabond des Limbes*, il montre comment les malheureux soumis à cette torture peuvent éprouver des perceptions extra-sensorielles, émettre des ondes alpha, se trouver en état hypnotique et expérimenter le "voyage astral" au point de revivre des événements historiques ou passés.
Une autre forme de momification s'effectue avec du papier hygiénique. On enveloppe le partenaire avant de l'arroser avec un pistolet à eau, un atomiseur à parfum. Après quoi, on peut lécher le papier et le corps ainsi entouré.
La momification dans du film plastique transparent est également pra-

tiquée. On pourra consulter, à ce sujet, le travail photographique de Claude Alexandre.

Pénis : différentes méthodes sont employées pour ligoter une verge. Il existe, dans le commerce, des harnais fabriqués à cet effet. Ils sont en cuir, munis d'anneaux, de pinces et, parfois, d'un système vibrant. D'autres sont reliés à une laisse que le partenaire dominant peut tenir pour contrôler les déplacements de la personne liée.

Le pénis peut être aussi ligoté avec un lacet, une corde, un ruban, ou encore une bande chirurgicale. On entoure généralement la base des testicules, avant d'entourer le pénis à plusieurs reprises avec le lien choisi. Les testicules peuvent être liés séparément, la cordelette passant au milieu du scrotum. On peut serrer à des degrés divers, mais tout excès de serrage peut devenir dangereux passé dix minutes. Une sensation pénible avertit qu'il faut arrêter ce jeu. (voir *Ligature pénienne*).

Pieds : la tradition chinoise des pieds bandés date du Xe siècle avant notre ère et concernait les danseuses de l'époque de la dynastie T'ang. Elle a continué jusqu'à la révolution de 1912. Diverses théories ont été émises quant aux raisons de cette pratique :

– *Restreignant la mobilité de la femme, elle en facilitait la surveillance et la rendait plus dépendante.*

– *L'effort nécessaire pour marcher avec des pieds ainsi atrophiés aurait pour conséquence de développer les muscles du vagin.*

Il semble, plus simplement, que ce bandage ait constitué une tradition parce qu'il excitait les hommes aimant qu'une femme soit fragile, dépendante. C'était aussi le signe d'un certain statut social, d'une position aristocratique ; une pratique du même ordre chez les mandarins, consistait à laisser croître leurs ongles pour montrer qu'ils n'étaient pas astreints au travail manuel.

Aujourd'hui, la mode des hauts talons semble proposer le même inconfort, tout en obligeant les femmes à marcher d'une certaine façon jugée érotique. Certaines femmes aiment porter de tels talons pour le plaisir d'exciter les hommes. Quoi qu'il en soit, le pied est l'organe sexuel le moins connu du monde occidental. Les Orientaux, les Perses et les Indiens le savent depuis des siècles – il suffit pour s'en rendre compte de regarder leur peinture – que le pied, et tout particulièrement le gros orteil, est un fantastique auxiliaire du pénis. C'est grâce à ce subterfuge qu'un empereur parvenait à satisfaire un harem bondé de femmes et de concubines. (Xaviera Hollander, *Supersex*, Lattès, 1977.)

Il semble toutefois que la pression d'une bande de tissu, d'une cordelette sur certains points d'acupuncture de la plante du pied peut exciter les zones corporelles correspondantes.

Plus simplement, elle peut, en restreignant les mouvements d'un partenaire, être l'adjuvant d'une scène de soumission. (voir *Acrotomophilie, Apotemnophilie, Dysmorphophilie, Masochisme, Podophilie, Sadisme*).

Seins : on les attache avec des cordes, des foulards, des chaînes, des bandes chirurgicales ou des longs lacets de cuir. Ils peuvent n'être attachés que partiellement, de façon à être comprimés à leur base, exposant ainsi les mamelons, et permettant diverses caresses ou coups. Ce type de ligotage est fréquent chez les travestis.

Un fin lacet peut entourer les mamelons afin de les maintenir en érection. On peut aussi se servir d'élastiques en les entourant plusieurs fois autour du mamelon érigé. *La trousse de secours de votre bureau contient aussi des ressources cachées. Prenez-y discrètement un peu de sparadrap ou une bande Velpeau que vous poserez sur vos seins. Lorsque vous serez excitée, vos pointes se durciront, et le petit tiraillement qui s'ensuivra ne vous rendra que plus consciente de l'existence de cette zone érogène. Les hommes aux pointes de seins sensibles peuvent agir de même.* (Xaviera Hollander, op.cit.)

Dans le cas de poitrines volumineuses, on peut lier les tétons l'un avec l'autre, ou lier deux femmes entre elles par les tétons, ou les relier au prépuce étiré d'un homme.

Visage : certaines personnes aiment sentir des liens sur leur visage. On se sert de foulards, de cordelettes, de lacets en cuir, ou de capuchons de latex permettant à l'air d'être respiré par le nez et la bouche.

LIGATURE PÉNIENNE

Il s'agit d'attacher le pénis. Les jeunes Athéniens avaient l'habitude d'enrouler un lien au bout de leurs prépuces pour protéger le gland durant les exercices de gymnastique. Dans *La Valse aux adieux*, Milan Kundera nous parle d'un jeune homme attachant son pénis au moyen d'un système compliqué de lacets. Il conservait ce lien durant toute la journée afin d'éviter une érection intempestive, visible sous ses vêtements.

Les homosexuels pratiquent parfois un jeu érotique consistant à attacher ensemble le bout du prépuce de leurs deux pénis (voir *Docking*).

Une femme peut apprécier la vision d'un pénis à l'extrémité ainsi attachée. On peut aussi relier le pénis à un anneau scellé au mur, pour empêcher l'homme de se déplacer, tandis qu'il peut aussi avoir les mains entravées par une corde ou des menottes. On peut aussi lier deux pénis ensemble :

L'Allemand et le Portugais, cuisses mêlées et contrariées comme des sardines en boîte, sont accolés fesses à fesses, couilles contre couilles. Ce qui

reste à faire est moins pénible et plus agréable. Mary, de son sein, tire le lacet.
Les deux bites mercenaires, proches par la base, se tiennent au contraire la tête opposée et distante par le seul effet de la tension qui les ramène l'une vers un ventre blanc, l'autre vers un ventre sombre, tous deux semblablement raboteux et sauvages. Mary, le lacet entre les dents, et les mains ainsi disponibles les saisit dans le même temps et les réunit. Puis, les tenant d'une seule poigne serrées l'une contre l'autre, les prend au lasso. Le ruban de cuir, de la base au frein, s'enroule et ne fait plus des jumelles ligotées qu'une seule poupée. Solide et verticale momie à deux têtes formidablement gonflées par les flatteries de la langue et l'action mesurée du garrot (...)
D'un geste affolé, elle relève les pans de sa robe et se met en selle. Elle s'y effondre pour mieux dire. Et, tandis que sur les cuisses des mercenaires retombent les plis de velours, elle est au ciel et râle comme bête à l'agonie. (Jean-Claude Forest, *La Courtillière du Zambèze*, inédit, *Fascination* n° 30, 2e.trimestre 1986).
VOIR ANNEAUX PÉNIENS, LIENS,MÉATOTOMIE, MODIFICATIONS PÉNIENNES.

LINGERIE
Dessous féminins sophistiqués en soie ou en matières rares et souvent ornée de dentelles. Beaucoup la trouvent plus excitante que les collants et les simples culottes.
Les femmes d'un certain niveau social portent fréquemment ces dessous luxueux et couteux tels body, guêpière, serre-taille, string, culotte brésilienne, etc. Il semble qu'il s'agisse d'une compensation au fait d'être obligée de se vêtir d'une façon austère ou classique. Le but est de se sentir attirante sexuellement et de rehausser la confiance en soi. Cette préférence n'est pas l'exclusivité des femmes : certains travestis aiment aussi ce genre de sous-vêtements.
La lingerie victorienne est souvent présente dans les jeux sadomasochistes pour provoquer une forte réaction chez les hommes et les lesbiennes. Ces personnes se sentent humiliées d'avoir à porter des dentelles. Pour certaines, c'est encore plus excitant qu'un collier de chien ou que de boire à quatre pattes dans une écuelle normalement réservée à un animal domestique.
VOIR FÉTICHISME.

LIT À CLOUS
Se coucher, tel un fakir, sur une planche munie de nombreux clous est une forme de masochisme passif. Un lit à clous se compose d'un panneau de bois aux dimensions d'un lit ordinaire dans lequel on a planté des pointes de charpente de façon à ce qu'elles dépassent sensiblement.

Ces lits furent inventés en Orient pour procurer des sensations intenses et pouvant transporter celui qui s'y couche dans un état second. C'est, dans l'Inde contemporaine, principalement une attraction pour touristes. Un lit à clous n'est pas forcément trop inconfortable : si l'écart entre les pointes n'est pas trop grand, la sensation sera équivalente à celle qu'on éprouverait en se couchant sur un paillasson. On ressent certes une gêne, mais pas une douleur insupportable. La répartition du poids sur les clous doit se faire précautionneusement : il faut se coucher avec une lenteur appliquée. On peut, progressivement, changer de planche pour se coucher successivement sur des lits aux clous de plus en plus épars.

Ces sensations permettent toutefois de mieux prendre conscience de son corps. Le contact est pénible durant les premières minutes pour s'adoucir et devenir diffus après moins d'une demi-heure. Une douleur, une gêne que l'on peut contrôler détend et renforce les défenses contre le stress, voire l'angoisse. Cette expérience restaure l'énergie et peut produire des effets comparables à ceux d'une partie de tennis ou d'une séance de jogging.

En cas de position ventrale, il vaut mieux protéger les parties génitales au moyen d'une culotte de cuir et la poitrine féminine par un soutien-gorge de même matière.

VOIR ALGOPHILIE,
AUTO-MASOCHISME,
DANSE DES CLOCHETTES.

L.S.D.

VOIR APHRODISIAQUES.

LUBRIFIANTS

Les femmes et les hommes sécrètent des lubrifiants naturels qui facilitent l'acte sexuel. Il s'agit du liquide pré-éjaculatoire chez les hommes et des sécrétions des glandes de Bartholin chez les femmes. Elles accompagnent la montée du désir et exsudent de la paroi vaginale pour favoriser la pénétration.

Cette lubrification naturelle n'est parfois pas suffisante. La salive peut y suppléer. Elle est aussi employée pour l'excitation du lobe des oreilles, des seins, des lèvres, du corps en général. Il faut savoir que le plus durable, le plus efficace des lubrifiants naturels est aussi le moins employé : il s'agit des mucosités nasales. On l'emploie plus souvent lors de la masturbation que lors des rapports avec un partenaire.

D'autres lubrifiants peuvent être acquis dans le commerce. On les trouve dans les sex-shops, les loueurs de vidéocassettes, les pharmacies. On peut aussi se les procurer par correspondance, en les choisissant sur catalogue. Certains utilisent encore des matières grasses végétales ou animales, telles que le beurre, comme dans une célèbre scène du *Dernier Tango à Paris*, du saindoux, de la margarine ou de l'huile. On s'en sert pour la masturbation, la sodomie (sans préservatif) et lorsqu'on utilise des gants de caoutchouc. Ces derniers sont plus épais que les condoms et supportent ce genre de substances. On les préfère aux lubrifiants à base d'eau parce qu'ils sèchent moins vite. Les gels à base de pétrole réduisent la formation de bactéries vaginales. La glycérine est un lubrifiant sûr. Ces produits n'ont aucun inconvénient et sont généralement bien supportés par l'épiderme ou les muqueuses. Cependant, ils sont à proscrire lorsqu'on utilise un préservatif ou tout autre accessoire en latex. Ces substances, comme les huiles, détériorent le latex, le caoutchouc et peuvent favoriser la rupture d'un préservatif durant le coït.

Les lubrifiants à base d'eau sont donc recommandés. Le plus courant fut inventé pour permettre aux adeptes de la plongée sous marine de revêtir leurs combinaisons. Il s'agit du polyéthylène. Lorsqu'on l'utilise sans préservatif, ce lubrifiant se montre fort mouillant et glissant au point de réduire la friction vaginale en permettant de maintenir l'érection plus longtemps qu'à l'ordinaire. Un autre lubrifiant à base d'eau qu'il est conseillé d'employer se nomme Astroglide. On le trouve dans les magasins déjà mentionnés. Il est incolore, sans odeur ni goût. Il a été spécialement élaboré pour ressembler aux fluides corporels.

Il existe aussi des lubrifiants parfumés : on peut les choisir aromatisés à la fraise, la framboise, l'orange, la myrtille. D'autres sont conçus pour anesthésier légèrement les sensations du pénis afin de prolonger l'acte. Cependant, cet effet peut, au contraire, faire cesser l'érection de certains hommes.

Quelques gels sont composés de glycérine, laquelle s'échauffe lorsqu'on l'expose au dioxyde de carbone exhalé par l'expiration du partenaire. L'hydroxyde de sodium est une lessive au goût désagréable : on l'ajoute parfois pour obtenir une acidité stable dans une lotion lubrifiante. Le glycopropylène a les mêmes effets sans en avoir le mauvais goût.

Il existe des agents mouillants spécialement formulés pour les femmes âgées ou pour celles dont les sécrétions vaginales sont insuffisantes.

Certains se servent de pommades hyperhémiantes comme le Vicks ou le baume du tigre afin d'éprouver des sensations intenses. On n'en applique qu'une petite quantité que l'on étale au maximum. Les sensations produites sont délectables pour quelques-uns, mais se révélent insupportables pour d'autres. Les utilisateurs réguliers de ces hyperhémiants les diluent généralement avec des lubrifiants courants, jusqu'à l'obtention d'un dosage correspondant à l'effet souhaité. Certains enduisent l'intérieur d'un préservatif de ces compositions. Le savon peut également servir de lubrifiant. Cependant, il peut irriter les muqueuses ou la peau.

LUPANAR

Nom latin des bordels. Les ruines de Pompéi nous montrent leur apparence. Souvent ornés de mosaïques suggestives, de miroirs, ils semblent avoir constitué une industrie florissante dans l'Antiquité.

Le mot lupanar dérive de *lupa*, qui signifie "louve" en latin. La légende de Romulus et Rémus élevés par une louve pourrait s'en trouver modifiée. Ce ne serait pas une louve, canidé du type canis lupus, mais une prostituée nommée Acca Laurentia qui les aurait recueillis. *Luparra*, en Sicile, désigne un fusil dont on se servait pour tuer les loups et dont la Mafia se servit contre ses ennemis. C'est aussi l'un des noms argotiques désignant le pénis.

VOIR BORDEL,
HÔTELS DU SEXE.

M

Magie sexuelle
Maïeusophilie
Maîtres
Maladies sexuellement transmissibles (M.S.T.)
Mandragore
Maraîchinage
Marijuana
Marquage
Martinet
Masochisme
Masques
Massage
Masturbation
Maturation
M.D.A.
Méatotomie
Mécanoérotisme
Membre du Diable
Ménage à trois
Ménophagie
Menottes
Messages subliminaux
Mescaline
Mises en scène de fantasmes sexuels
Misogynie
Mixoscopie
Modifications mammaires
Modifications péniennes
Moloch
Momification
Morsures
Mort
Mouvements coïtaux
Mucophagie
Musées du sexe
Musc
Mutilation
Mutitus tutunus
Mysophilie

MAGIE SEXUELLE

Les pratiques magiques concernant la sexualité combinent la sorcellerie, la visualisation, le contrôle du souffle, les mantras. Il existe des magiciens spécialisés, mais ils sont rares et il n'est pas facile de les rencontrer.

Les réunions magiques sont généralement spécialisées : on se retrouve entre homosexuels, bisexuels, ou amateurs de telle ou telle pratique. Les participants ont ensemble des rapports sexuels ou se masturbent. Les rituels, les invocations diffèrent selon les groupements. Ils procèdent tous des mêmes principes : la répétition scandée de formules, de mantras, de façon à créer un état hypnotique ou proche de la transe. Il s'agit d'un conditionnement délibéré. De plus, l'esprit anticipe ce qui va se produire, ce qui prépare le corps à réagir de la façon souhaitée. Il existe, dans certains sex-shops, mais aussi dans les librairies spiritualistes, des ouvrages concernant la magie érotique.

Cette magie demande une bonne acuité visuelle. On doit savoir discerner les couleurs, mais aussi créer des goûts, des odeurs par suggestion tout en sachant les modifier à volonté.

Lorsqu'on maîtrise cette auto-hypnose, on devient capable de sensations tactiles et olfactives, de visions. On peut alors vivre mentalement des scènes érotiques en imaginant son partenaire d'une façon intense. On peut aussi le modifier durant un acte réel.

L'entraînement du souffle se fait de deux façons. La respiration longue, lente, profonde a un effet calmant et prolonge l'excitation sexuelle. Elle permet d'emmagasiner l'énergie au lieu de la dépenser. Une respiration rapide ou haletante brûle l'énergie. Elle peut aussi créer une raréfaction de l'oxygène absorbé, propre à occasionner des vertiges, une sécrétion accrue d'adrénaline. Le tout conduisant à un état flottant, fort agréable et propice à l'accroissement des sensations. On pratique cette respiration rapide pour se préparer au coït (voir *Régulation d'oxygène*).

Les rituels sexuels peuvent ressembler à des messes, à des célébrations. On met alors en jeux des objets cultuels : calices, couteaux de sacrifice, encensoirs, chaudrons, emblèmes ou idoles, etc.

Il existe de nombreux rituels et liturgies magiques. En voici un exemple :

Cette cérémonie commence généralement par un "baptême" à l'eau tiède ou chaude. Cette pratique prépare physiquement à la tension, en relaxant préalablement le corps, en détendant les muscles ; en incitant à se concentrer sur les sensations agréables éprouvées par son propre corps. L'encens est alors brûlé. Le groupe s'assied en rond et commence une méditation accompagnée de respiration profonde. S'ensui-

vent des invocations scandées puis une deuxième séance de méditation purificatrice. Un fragment de cristal, un pentagramme, ou encore un peu de terre seront les objets de contemplation. Après quoi, chacun s'allongera sur le dos, les paumes des mains touchant le sol afin de capter l'énergie tellurique. Ce rituel achevé, les membres de la communauté seront à nouveau couchés sur le sol. Ensuite, des couples se formeront. Dans chacun d'eux, l'un des partenaires commencera par promener ses mains au dessus du corps de l'autre afin de transformer toute énergie négative en énergie positive. Chaque partenaire doit pouvoir respirer comme l'autre, sentir son souffle en lui. L'excitation sexuelle commencera alors à se manifester. À ce moment, les partenaires de chaque couple permuteront avec les autres. Ensuite, les énergies seront à nouveau échangées sous la forme d'un "baiser de vampire". On sucera le cou de l'autre d'une façon énergique en visualisant une blessure, en voyant le sang couler, en en ressentant le goût en esprit. Cette succion continuera sur divers endroits du corps avant de s'appliquer aux parties sexuelles.

On en arrivera alors à l'acte sexuel sacré. Il faut, en même temps, visualiser les cycles telluriques ainsi que leur consécration à telle ou telle divinité. On peut alors ressentir des picotements sur tout le corps : ils sont dus à une production excessive d'énergie.

(Adapté de *Sex Magick Lessons From Karaqua*, San Francisco, 1991) .

Ritualiser un acte crée un sentiment mystique et renforce l'intensité de l'excitation. La lenteur même de la cérémonie favorise la lente montée du désir. C'est aussi vrai pour le solitaire. Il existe des pratiques sexuelles magiques individuelles. Il s'agit de diriger ses fantasmes pour leur donner une aura religieuse ou sacrée.

Ces rituels solitaires peuvent aussi prendre place dans une relation spirituelle ou religieuse. Le fidèle, seul, tiendra un cierge, se concentrera sur son rapport sexuel avec la divinité, éjaculera sur une feuille de papier ou pratiquera un frottis vaginal avec cette même feuille. Ensuite, on ajoutera à ces sécrétions un peu de salive ou de sang, un poil du pubis. On enverra par la poste la feuille contenant ces éléments à l'église concernée qui la brûlera lors d'une séance rituelle. Ce genre d'églises existe aux États-Unis. Elles ne semblent pas avoir le même succès en Europe.

Il existe, un peu partout dans le monde, des pratiques magiques néfastes concernant la sexualité. Un certain nombre de sorts, aux rituels complexes, servent à "nouer les aiguillettes", c'est-à-dire provoquer l'impuissance masculine, l'insensibilité féminine, voire la stérilité. On en trouvera les recettes dans les manuels de magie noire, aujourd'hui nombreux sur le marché. On

se les procure dans les librairies spécialisées dans l'ésotérisme.
VOIR CULTE SATANIQUE, RITUELS ÉROTIQUES, VISUALISATION.

MAÏEUSOPHILIE

(du grec *maieutikê* : art de faire accoucher, et *philia* : amour de)
Attirance sexuelle pour les femmes enceintes. Les hommes préhistoriques ont sculpté de nombreuses images de déesses enceintes. La "Vénus de Brassempouy", parmi d'autres, demeure un témoignage de ces représentations. Plus tard, on fit des amulettes, des pendentifs que l'on brûlait ou enterrait à la mort de leurs porteurs. Il semble que les femmes enceintes aient eu un rôle à part dans les sociétés anciennes. Elles étaient honorées et occupaient une position élevée dans la tribu.
Aujourd'hui, beaucoup de femmes s'estiment peu attirantes durant la grossesse. Pourtant, de nombreux hommes déclarent les trouver excitantes, à tel point qu'il existe dans certains pays des magazines montrant des photos de femmes au ventre gonflé. Des films pornographiques les représentent durant l'acte sexuel ont beaucoup d'adeptes. Ce goût ne fut pas toujours aussi répandu qu'aujourd'hui, puisque les prostituées de Rome utilisaient une sorte de gaine pour dissimuler leur grossesse.
VOIR FÉTICHISME, LACTAPHILIE, RITUELS DE FERTILITÉ.

MAÎTRES

En anglais, *tops* : ce terme est employé dans la communauté sadomasochiste et désignent ceux qui dirigent ou règlent le déroulement des séances de domination/soumission. Ce mot présente une signification plus large que le mot "sadique" lequel désigne seulement celui que la souffrance d'un autre excite. Le maître peut demander simplement à son esclave de servir un dîner entièrement nu, et préférer lui infliger une humiliation plutôt qu'une douleur.
On remplace parfois le mot "maître" ou *top* par des appellations mieux adaptées au type de rituel envisagé. On dira alors : "Père", "Révérend", " Majesté", "Seigneur", à moins d'user d'un grade militaire, etc.
VOIR ESCLAVES, MASOCHISME, SADISME.

MALADIES SEXUELLEMENT TRANSMISSIBLES (M.S.T.)

Le vénérologue Jacques de Bethencourt désignait la syphilis sous le nom de *morbus veneris* (mal de Vénus), ce qu'on a traduit en français par "maladie vénérienne". Leur désignation traditionnelle est aujourd'hui remplacée par le calque d'une expression américaine S.T.D. (*Sexual Transmitted Diseases*). Les anglophones disaient autrefois V. D. (*Venerian Diseases*). Ces changements d'appellations ne sont pas gratuits : ils tentent d'exprimer la variété des maladies, dont certaines étaient autrefois inconnues. En même temps, elles dénotent l'influence américaine actuelle sur les pratiques sexuelles, et sur le marché de la recherche médicale les concernant.

Le sida, maladie intimement liée au sexe, lui a donné une publicité de mauvais aloi. S'il convient de la combattre, de la soigner, elle ne doit pas faire oublier que l'apocalypse annoncée il y a une dizaine d'années ne s'est pas produite, que l'épidémie régresse, et qu'elle tue moins que les maladies cardio-vasculaires ou la circulation routière. Les résultats encourageants de la trithérapie tendent à montrer que le fléau peut être vaincu. Pourtant, l'ordre moral, encore une fois, s'est manifesté : guérir le sida, ne serait-ce pas guérir aussi la "faute" qui en est la cause ? Les catholiques de la Renaissance bénirent, ou presque, la syphilis venant du Nouveau Monde : c'était le *flagellum Dei*, le châtiment des pécheurs par la Puissance Divine. Maintenant, on ne brûle plus le fornicateur lorsqu'il est malade, on le soigne, on le comprend, on en fait un marché, tandis que le discours prophylactique remplace le discours religieux dans la cérémonie permanente de la société du spectacle.

La gonorrhée, aujourd'hui appelée "blennorragie" ou plus trivialement "chaude-pisse", fut autrefois fort grave. On ne savait pas la soigner comme aujourd'hui. À tel point que *Les Dix livres de chirurgie* d'Ambroise Paré y consacrent de longs chapitres. En même temps, l'humour gardait ses droit : plus que jamais, il fut la "politesse du désespoir" de ceux qui risquaient de mourir d'un "coup de pied de Vénus". Tout un folklore drolatique naquit de ces maladies. Des chansons les évoquent, voire les célèbrent et elles sont célébrées dans de nombreux poèmes, comme *Stances sur la Chaude-Pisse* dû à l'alerte Mathurin Régnier :

Ma foi, je fus bien de la fête
Quand je fis chez vous ce repas ;
Je trouvais la poudre à la tête,
Mais le poivre était en bas.

Vous me montrez un dieu propice,
Portant avec l'arc un brandon.
Appelez-vous la chaude-pisse
Une flèche de Cupidon ?
Mon cas qui se lève et se hausse,
Bave d'une étrange façon ;
Belle vous fournîtes la sauce,
Lors que je fournis le poisson.
Las ! si ce membre eut l'arrogance
De fouiller trop les lieux sacrés,
Qu'on lui pardonne son offense,
Car il pleure assez ses péchés.

Sous la Révolution française, un texte attribué à Restif de la Bretonne, *Les*

Doléances du portier des chartreux, met en garde ses contemporains contre les méfaits de la chaude-pisse :
Branlez-vous, messieurs, branlez-vous trois fois par jour, plutôt que de venir tous les dimanches à Paris trouver les garces du Palais-Royal, dont le vagin meurtrier vous donnerait, pour un quart d'heure de plaisir, une semaine d'inquiétude. Dites-moi, peut-on travailler quand, de demi-heure en demi-heure, on est forcé de regarder à son vit s'il ne coule point, ou à son prépuce s'il ne se garnit pas de chancre. (Mille et une nuits, 1996).
Autrefois, la "chaude-pisse" était une sorte de rituel de passage. Un homme n'en devenait vraiment un que lorsqu'il l'avait contractée. Un maladie vénérienne, même grave, était le signe d'une masculinité triomphante, comme le témoigne cette lettre de Maupassant :
Mon cher La Toque,
J'ai la vérole ! Enfin ! La vraie ! Pas la méprisable chaude-pisse, pas l'ecclésiastique christaline, pas les bourgeoises crêtes-de-coq, ou les légumineux choux-fleurs, non, non, la grande vérole, celle dont est mort François Ier. Et j'en suis fier, morbleu ! et je méprise par-dessus tout les bourgeois. Alleluia ! J'ai la vérole, par conséquent, je n'ai plus peur de l'attraper. (Guy de Maupassant, Lettre à Robert Pinchon, du 2 mars 1877.)
Maupassant mourut d'une paralysie générale due à cette syphilis.
Les brûlures contractées sur l'autel de Vénus sont nombreuses. Certaines n'ont plus cours et les laboratoires s'en désintéressent car les cas sont trop rares. Par chance, on sait les soigner ; ce sont les complications ultimes de la syphilis : l'aortite vénérienne, le tabès, et, bien entendu la paralysie générale (voir ci-dessous).
Il ne saurait être question ici de mentionner toutes ces affections. Elles sont nombreuses et chacune présente un certain nombre de variantes. Des ouvrages spécifiques sont consacrés à chacune d'entre elles et comportent plusieurs centaines de pages. Il convient de prévenir le lecteur de ne pas se laisser tenter par un auto-diagnostic : certains troubles bénins peuvent ressembler à ceux d'une maladie grave et vice-versa. Il convient, au moindre doute, de consulter un médecin.
La contamination s'opère par le contact du sang, des sécrétions génitales et de la peau. Les agents pathogènes, tels les virus et les bactéries, ne pénètrent normalement pas au travers de la peau, mais peuvent s'infiltrer par les muqueuses. L'ardeur de l'érotisme peut aussi occasionner des écorchures, ce qui favorise une transmission par le sang. La moindre transformation de l'odeur, de la couleur, de la texture du sperme, des sécrétions vaginales ou de l'urine doit alarmer : il s'agit peut-être d'un

symptôme qu'un médecin saura reconnaître. Les boutons ou urtications des parties génitales peuvent présenter d'innombrables formes : c'est, encore une fois, l'affaire d'un spécialiste. Encore faut-il savoir que certaines maladies vénériennes sont asymptomatiques et qu'aucun signe extérieur ne permet de les distinguer. Heureusement, la plupart ne sont pas mortelles et la pharmacopée évolue.

La liste ci-dessous recense les troubles les plus fréquents :

Blennorragie (ou gonorrhée)

Temps d'incubation : de un à dix jours.

Symptômes : vives douleurs en urinant, anéjaculation.

Complications : Stérilité, infection des organes sexuels, arthrite, endocardite.

Chlamydiae

Temps d'incubation : mal connu.

Symptômes : douleurs pelviennes, douleur en urinant chez la femme, saignements après les rapports sexuels.

Complications : stérilité, infection des organes sexuels, mort.

Herpès

Temps d'incubation : de deux à vingt jours, mais peut durer des années.

Symptômes : irritation, boutons douloureux qui disparaissent en cinq ou vingt jours après avoir séché.

Complications : peut être transmis à un enfant lors de la grossesse. Réapparition des boutons.

Sida

Temps d'incubation : de deux semaines à dix ans.

Symptômes : test de dépistage positif, fatigue, disparition des défenses immunitaires, effondrement des lymphocytes T4, tuméfaction ganglionnaire, atteintes infectueuses viscérales.

Complications : destruction des défenses immunitaires pouvant causer la mort.

Syphilis

Temps d'incubation : de dix à quatre-vingts-dix jours

Symptômes : chancre à l'endroit du contact qui disparaît entre sept et vingt-et-un jours. Gonflement des ganglions. Après six à huit semaines, une fièvre légère apparaît. Migraines, perte de poids, de cheveux par touffes, boutons ressemblant à des verrues génitales. Symptômes pouvant réapparaître sporadiquement durant plusieurs années. Après deux ans, mais ces phénomènes peuvent apparaître au bout de quarante ans : ulcérations de la peau étendue, les os sont atteints, troubles cardio-vasculaires ou nerveux.

Complications : paralysie, cécité, troubles mentaux pouvant être transmis au fœtus si le traitement n'est pas intervenu avant deux ans.

Trichomonas

Temps d'incubation : mal connu.

Symptômes : démangeaisons, odeur désagréable.

Complications : épidymitisme, problèmes prostatiques, infection récurrente.

Vaginite

Temps d'incubation : mal connu.

Symptômes : changement d'aspect des sécrétions. Démangeaisons ou irritations. Douleur en urinant.

Complications : peut advenir spontanément.

Verrues génitales

Temps d'incubation : un à six mois.

Symptômes : boutons douloureux présentant l'aspect d'un chou-fleur près des parties sexuelles. Démangeaisons ou brûlures légères.

Complications : peut conduire à un cancer cervical chez la femme. Peut se répandre autour de l'anus. Traitement long.

Ajoutons à cette liste la maladie de Nicolas et Favre qui affecte les adeptes trop enthousiastes de la sodomie. Elle provoque un rétrécissement du rectum.

Un certain nombre de maladies peuvent occasionnellement se transmettre par voie génitale : la gale, certaines mycoses et la fameuse fièvre de Malte que les chèvres contaminées peuvent donner aux bergers trop entreprenants à leur égard.

Dans *Moravagine*, Blaise Cendrars parle d'une tréponématose dont la diffusion se restreint à l'Amérique du Sud (très probablement le pian). Elle a, entre autres, la particularité de colorer d'azur la peau de ceux qui en sont atteints : ce sont les fameux “indiens bleus” qu'on rencontre çà et là dans les récits de voyage.

MANDRAGORE

VOIR APHRODISIAQUES.

MARAÎCHINAGE

Mot dialectal français désignant ce que les anglais nomment *bundling* : le maraîchinage se pratiquait dans les provinces du centre-ouest de la France jusqu'au XIXe siècle. C'est un usage fort ancien. Il s'agit du partage rituel ou traditionnel d'un lit par un couple n'ayant pas, ou pas encore, de relations sexuelles. Les anciens peuples du Nord séparaient les deux personnes par une planche de bois. C'est l'origine de l'épée de Tristan, placée au milieu du lit, entre lui et Iseut. Le but de l'opération était d'empêcher que la femme fût enceinte avant le mariage, ce qui posait des problèmes de légitimité, d'héritage, de dot. Elle existait surtout chez les peuples d'agriculteurs ou de pêcheurs aux mœurs plus égalitaires que les autres.

Le maraîchinage n'impliquait pas la virginité de la fiancée. Ce n'est qu'avec le christianisme qu'elle devint nécessaire. Le maraîchinage pouvait inclure des caresses, des jeux érotiques, le seul interdit étant la pénétration. Les couples couchaient ensemble nus ou vêtus suivant les traditions particulières.

Cette pratique eut aussi des raisons médicales : le roi David et d'autres nobles âgés de sa cour dormaient auprès de jeunes vierges pour restaurer leurs forces. Ce fut aussi une épreuve pour de nombreux moines entre le Ve et le XVIe siècle.
VOIR : *KAREZZA*, TOUCHER.

MARIJUANA
VOIR APHRODISIAQUES.

MARQUAGE (AU FER ROUGE)
De la fleur de Lys sur l'épaule de Milady de Winter au "F" des forçats, le marquage au fer rouge est le signe d'infamie par excellence. C'est d'abord un supplice. Toutefois la douleur infligée par voie de justice n'est qu'une partie du châtiment. Le fait même d'avoir à subir cette douleur en est un autre élément : la marque montre l'indignité, et sert de signe de cette douleur. Enfin, la marque elle-même, non plus en tant que trace intime et personnelle, mais comme avertissement pour les autres, achève la peine en plaçant l'individu coupable en dehors du monde "normal".
Cette punition existe dans de nombreuses sociétés : les Égyptiens, les Grecs, les Romains de l'Antiquité l'infligèrent, comme les Français, les Anglais, les Américains du XIXe siècle. Il ne s'agit pas tout à fait de la même chose qu'une mutilation judiciaire. En effet, couper le nez ou les oreilles d'un coupable, voir lui couper la main lorsqu'il est voleur, désigne effectivement le supplicié aux autres. Mais c'est une ablation, un manque. L'ajout d'une marque distinctive est psychologiquement autre : d'abord, à part certaines marques sur le front, la trace du fer rouge ne se voit que sur un sujet déshabillé : la chose n'est pas publique, mais risque d'être découverte à un certain degré d'intimité avec qui la porte. Et c'est, en plus, un signe de possession, puisqu'on l'inflige au bétail : la justice possède le coupable au point de lui imprimer son sceau. Le marquage au fer rouge judiciaire est illégal, mais se pratique encore sur les prisonniers, dans certains pays.
La secte russe des *Colombes blanches* pratiquait le marquage au fer rouge afin de mutiler les parties génitales de ses adeptes. Il s'agissait d'un baptême par le feu, plus que d'un marquage. La cautérisation des organes sexuels est d'un autre ordre : elle se rapporte à l'ancienne habitude occidentale de cautériser le clitoris des fillettes pour empêcher l'onanisme.
Une tribu africaine n'utilise pas le fer pour son marquage rituel : on attache certaines plantes sèches sur la peau, avant ignition.
Le marquage volontaire au fer est aujourd'hui la pratique de certains groupe sadomasochistes se proclamant parfois "primitifs modernes".

Les endroits marqués sont, le plus souvent, la poitrine, le dos, les cuisses, le ventre, les fesses, les épaules. La marque infligée, mais voulue, est indélébile. En ce sens, elle a le même rôle qu'un tatouage. Comme ce dernier, il arrive qu'on puisse l'effacer par les nouvelles techniques d'abrasion de la chirurgie esthétique.

Sous l'Ancien Régime, une autre technique de marquage était la flétrissure qui consistait à frapper très fortement l'épaule de la personne mise au ban de la société au moyen d'une planche gravée aux armes de la maison de France.

MARTINET

VOIR FLAGELLATION.

MASOCHISME

Néologisme créé par le sexologue Krafft Ebing dans sa *Psychopathia Sexualis* à partir du nom de Leopold von Sacher Masoch, écrivain autrichien, auteur de *La Vénus à la fourrure* (voir *Sacher Masoch*).

Ce terme désigne un goût de la soumission, de l'état d'avilissement, d'infériorité envers le partenaire et un désir de souffrance infligée par lui. Le masochisme est l'une des composantes principales du sentiment religieux qui déclare que la vie ne peut être que souffrance. Freud a aussi souligné son importance cruciale dans l'organisation de la réalité psychique : c'est l'inclination la plus commune comme en témoignent autant la vie sexuelle que la vie politique ou économique. Les pratiques de flagellations dans le monde catholique sont spectaculaires à l'instar des flagellants lors des processions en Espagne. Elles sont aussi fort anciennes et reliées au sacrifice originel de la religion concernée :

Un moine du XIVe siècle s'enfermait dans sa cellule, et se dévêtait (...) Il prenait sa discipline aux pointes acérées et se frappait lui-même sur le corps, sur les bras, les jambes jusqu'à ce que le sang coule. L'une des pointes de son fouet était recourbée en crochet et déchirait la chair à quelque endroit que ce fût. Il se frappa avec une telle violence que la discipline se brisa en trois morceaux et qu'une des pointe vola, s'enfonça dans le mur. Il demeura là, debout, se contemplant. C'était une vision tellement pitoyable qui lui rappelait, par maints aspects, l'apparence du Christ. (Norman Cohn, *The Pursuit of the Millenium*).

Il convient de dire que tout masochisme est consensuel. Il peut, certes, se révéler par hasard : jouissance occasionnelle durant l'enfance au cours d'une fessée ou d'une punition, etc. Mais il est délibéré. Il s'agit d'un échange, au rebours de certaines formes de sadisme qui sont uniquement des agressions, telles que les crimes sexuels, viols, meurtres, etc.

Le véritable rapport sadomasochiste est tout autre. Pourtant, le masochisme est fortement réprouvé par ceux-là mêmes qui ont en charge de le soigner, de le guérir, ou de le faire accepter par celui qui en souffre, car on souffre parfois d'être masochiste, et ce n'est pas là une souffrance souhaitée :

Le masochiste s'avilit pour élargir la distance entre lui-même et son idéal. Cette exigence de la "grande distance" séparant l'individu de l'objet de son amour est très fréquent. Cependant, ces êtres sont incapables d'amour réel. Leur besoin d'idéal se concrétise dans un "fragment de réalité" qui devient le point de départ d'imaginations idéales sans fin. "Le lambeau de réalité" constitue le "coefficient de réalité" de l'imagination de l'individu. Ce coefficient de réalité est souvent égal à zéro.

(Steckel, cité dans *Sexologia Lexicon*, Verviers, 1970).

Le discours psychanalytique, psychiatrique ou psychologique se situe là sans autre autorité que l'expérience, tandis que le dialogue d'une masochiste et d'un sadique peut éclairer la situation :

– Accepterais-tu que je t'arrache ton slip en le déchirant avec violence ?

– Oui.

– Que je t'attache écartelée aux quatre coins du lit et que je te pénètre sans préparation, en te pressant la main sur la bouche pour étouffer tes cris ?

– Oui.

– Serais-tu excitée de te tenir à genoux dans un coin de la chambre, les yeux bandés et les fesses nues en sachant que je me tiendrai derrière toi, le fouet à la main ?

– Oui.

– As-tu envie que je te pose des pinces sur les seins et le clitoris ?

– Oui.

(Cité par Michel Meignant, *Nous sommes tous des pervers sexuels persécutés*, Paris, 1980).

La suite du dialogue continue sur ce ton : la femme, après avoir accepté d'être possédée par plusieurs personnes, d'être dominée devant témoins, etc., ajoute simplement "quelque chose de très révélateur" :

– Tu sais, il faut toujours qu'il y ait de la tendresse.

Le sadique interrogé conclut :

Et je crois que c'est le mot clé. Je crois que toutes les femmes que j'ai connues ont acceptée d'être dominées parce qu'il y avait dans nos échanges de la tendresse.

C'est dire que le désir de dominer ou d'être dominé ne se résume pas à un "coefficient de réalité égal à zéro", mais bel et bien à un rapport humain profond, complexe, ritualisé, mais évolutif au-delà du bien éprouvé par le mal infligé. Le masochisme va donc plus loin que le fait croire sa description clinique. La tendresse dirige l'être vers le sacré :

J'ai l'impression que les pratiques SM sont les sésames du moi transcendan-

tal. (Doris Kloster, *Doris Kloster Photographs*, Cologne, 1995.)

L'un des aspects du masochisme est de lever les inhibitions. On n'assume pas son désir sexuel, on le transfère. C'est "l'autre" qui veut ce qu'on désire, c'est lui qui ordonne qu'on le fasse. De ce fait, le sentiment de culpabilité se dissout dans ce déplacement de la responsabilité de son propre désir :

S'il m'arrive d'être battue pendant l'amour, c'est que je me sens en état de péché : il s'agit alors d'un rachat, c'est donc plus moral que physique. (Annie, 42 ans, citée par Hans, M.F. et Lapouge, G., *Les femmes, la pornographie, l'érotisme*, Seuil, 1978).

Le jeu peut devenir plus subtil, en ce sens qu'un maître peut ordonner à un esclave de le battre, et payer pour cela. Michel Breitman, dans *Le Témoin de Poussière*, raconte la vie du musicien Carlo Gesualdo, vue par son valet dont c'était l'un des rôles. Plus près de nous, le fait de se rendre chez des dominatrices professionnelles répond à ce besoin de compensation par rapport au réel. Ce besoin se manifeste souvent chez les femmes ayant acquis un haut niveau social ou culturel, particulièrement lorsqu'elles ont reçu une forte éducation religieuse :

Il est même une époque où je me disais: "Mon Dieu, qu'ils ont de la chance ceux qui ont un personnel à leur disposition, ils peuvent avoir un valet qui les batte quand ils en éprouvent le besoin." C'est vrai, il arrive qu'on se dégoûte soi-même et là, une bonne scène de fouet, ça ferait du bien. (Annie, citée par Hans et Lapouge, op. cit).

La tendresse érotisée sous cette forme est peu acceptable pour une société industrielle. En tant que telle, elle n'est pas productrice, sinon de plaisir. Il devient donc nécessaire de transformer ce plaisir en marchandise, service, ou spectacle. Dès lors, les clubs sadomasochistes ritualisent ces pratiques, transformant le cérémonial en scène à voir autant qu'à jouer, le tout équivalant à une somme d'argent versée pour rétribuer le professionnel qui se charge de l'organisation des séances.

Il existe un auto-masochisme qui est parfois vécu comme une "punition dans la punition". On le voit souvent dans les prisons : le condamné s'auto-mutile pour se punir lui-même, puisque la société l'a puni sans que ça lui semble suffisant. Les communautés fermées sont souvent le théâtre de tels actes : les couvents, lieux privilégiés des culpabilités ressassées, les hôpitaux psychiatriques, et l'armée le sont d'autant plus facilement qu'il s'agit de micro-sociétés hiérarchisées. Or, dès qu'il y a un grade, il y a domination.

Les pratiques sadomasochistes sont "à la mode". Les clubs s'ouvrent dans les villes, les revues, les films en traitant sont de plus en plus nombreux. En même temps, les pratiquants insistent sur l'action équilibrante de ces jeux, palliant le stress d'une société bien plus perverse qu'eux :

– *Quand je rentre chez moi, je suis plein de vie et de joie de vivre. Je ne sais si c'est une recette, mais c'est ma manière de vivre.* (in Meignant, op.cit.).

MASQUES

Les masques étaient fort à la mode au XVIIIe siècle. Les prostituées s'en servaient pour cacher leur identité et les femmes du monde s'en couvraient pour n'être pas reconnues. L'anonymat du carnaval favorise bien des débordements tandis que le mystère garde son pouvoir érotique. À la nécessité succéda bientôt l'excitation du masque en lui-même et pour lui-même :

Le masque, c'est la face trouble et troublante de l'inconnu, c'est le sourire du mensonge, c'est l'âme même de la perversité qui sait corrompre en terrifiant ; c'est la luxure pimentée de la peur, l'angoissant et délicieux aléa de ce défi jeté à la curiosité des sens : "Est-elle laide ? Est-il beau ? Est-il jeune ? Est-elle vieille ?" C'est la galanterie assaisonnée de macabre et relevé – qui sait ? – d'une pointe d'ignoble et d'un goût de sang; car où finira l'aventure ? (Jean Lorrain, "L'un d'eux", *Histoires de masques.*)

Porter un masque, c'est aussi devenir un autre, c'est s'évader de soi-même et s'offrir au regard des autres comme mystère.

MASSAGE

On appelle tripsolagnophilie le fait d'être excité sexuellement par les massages. Il existe une infinité de types de massages. Nous ne verrons ici que les principaux, parmi ceux qui concernent directement la sexualité. Cela dit, certains servent à créer une forme d'intimité avec un partenaire qui ne se résout pas forcément de façon érotique. Des massages de type médicaux peuvent servir à détendre ou à soigner un partenaire après une violente séance de sadomasochisme.

Visage : le visage est souvent ignoré durant les massages érotiques. C'est dommage, car ils ont fort souvent un effet excitant. En général, on se tient debout derrière un partenaire assis, fermant les yeux. Les pouces sont alors posés de part et d'autre du front et massent légèrement en direction des tempes. La pression s'accroît progressivement. Ensuite, on peut caresser les sourcils ou la partie glabre qui les sépare. Ce peut être une forme d'auto-érotisme :

Je connais une femme qui a de très épais sourcils qu'elle aime se caresser du doigt. Au lieu de se plonger dans les bouquins de psycho pour savoir si elle n'est pas une lesbienne refoulée qui éprouverait le besoin de caresser la toison pubienne d'une autre femme, elle se contente de prendre plaisir à son idiosyncrasie. (Xaviera Hollander, *Supersex,* Lattès, 1977.)

Ensuite, la partie entourant les narines peut être frottée par les pouces. On continuera par les joues, le philtron, qui sépare la cloison nasale des lèvres, et le menton.

Les oreilles, et particulièrement leurs lobes doivent être massés légèrement. On peut opérer de légers pincements. On massera plus énergiquement les condyles, les muscles des mâchoires, souvent contractés.

Massage gynécologique : on le pratiquait autrefois après les opérations réparant des lésions du vagin. C'était à peu près inutile. Cependant, on se rendit compte de son efficacité pour "éduquer" un vagin peu réceptif au plaisir. Il menait souvent les patientes, mêmes les plus "froides" à l'orgasme et servit à guérir maintes frigidités que l'on croyait définitives.

Il était évidemment fort recherché des abandonnées, des veuves, et surtout des névrosées à fixation paternelle ou masochiste sur le praticien. (*Sexologia Lexicon*, Verviers, 1970.)

En termes plus simples, cela revient à dire que certaines femmes aiment se faire masturber par un médecin, un kinésithérapeute qui leur plaît. Spécialement lorsqu'elles se sentent trop seules avec leurs désirs inassouvis.

Massage *Shiatsu* : massage oriental qui utilise les techniques de l'acupuncture. La pression des doigts le long des méridiens revitalise, détend et soulage la fatigue et les douleurs musculaires. Ce massage requiert une concentration et un potentiel magnétique certains.

Massage du corps (*sensual full body*) : se pratique dans une pièce calme, mais aussi au-dehors : l'important est d'être sûr qu'on ne sera pas dérangé. Celui ou celle qui massera l'autre n'a pas besoin de connaissances spéciales tant que le massage demeure léger. On peut, certes, s'aider d'un manuel, mais cela nuit à la spontanéité des gestes : il vaut mieux "sentir" l'autre, comprendre ses réactions, ses désirs, son plaisir.

Le contact ne doit jamais s'interrompre : une main, au moins, restera toujours en contact avec la peau du "patient".

On peut oindre le corps avec une huile spéciale, ou encore, comme en Grèce antique, avec de l'huile d'olive. L'huile de noisette est bénéfique à l'épiderme, la glycérine l'échauffe légèrement. L'huile d'amandes douces demeure un classique du massage, mais l'on peut tout aussi bien se servir d'une lotion pour bébés. Il convient que l'huile ou la lotion ne soit pas trop parfumée. Le parfum peut étourdir ou écœurer au bout d'un certain temps.

Le massage du corps par le corps de la masseuse se nomme "*body-body*" ; il est pratiqué intensivement dans les salons de massage en Thaïlande. Ces massages servent généralement de préludes à l'acte sexuel.

Massage californien, thaïlandais, espagnol, etc. : il s'agit de massage érotiques pratiqués par des "masseuses" tenant boutique. Le massage californien se pratique avec les seins : ils caressent successivement chaque partie du corps du patient. Le massage thaïlandais offre une stimulation érotique savante du corps et se termine par une masturbation ou une fellation. Le massage espagnol aboutit à un coït intermammaire.

Massage génital : sert à mieux connaître les parties sexuelles du partenaire. Il s'agit d'un prélude habituel, le sexe de l'autre devenant un jouet que l'on manipule à loisir.

Massage des pieds : on caresse les pieds manuellement, mais on peut aussi les lécher. On trouve des manuels indiquant les zones du corps auxquelles chaque aire de la plante du pied correspond. Un massage tenant compte de ces données peut amener le partenaire à une détente complète propice au coït.

VOIR
ACCROISSEMENT SENSORIEL, ACUPRESSION, CORSETS, GRIFFURES, LIENS, LUMIÈRE.

MASTURBATION

(du latin *manu stuprare* : polluer manuellement).

Aussi appelée : ipsisme, manuélisation ou, improprement, onanisme (voir ce mot). Elle comprend l'amatripsisme : frottement des lèvres génitales l'une contre l'autre, le manuxorat, lorsqu'un homme utilise sa main pour jouir, le maritat, lorsqu'il s'agit d'une femme ; le siphnianisme ou onanisme anal, le syntribat : frottement des cuisses l'une contre l'autre, la triborgasmie, lorsqu'une femme masturbe son époux, etc.

Le mot désigne généralement une forme d'auto-érotisme amenant ou voulant amener à l'orgasme. Il s'étend à toute pratique sexuelle sans pénétration.

Chez l'homme, la masturbation s'opère principalement par la friction du gland ou le frottement du pénis. Cette friction peut devenir une forme particulère d'érotisme et non une pratique due au manque de partenaire. L'art de jouir tout seul, comme tout art, demande un apprentissage. C'est le sujet d'un manuel fort détaillé, comprenant de nombreux exercices facilement réalisables. Présentés selon un ordre progressif de difficulté, ils permettent à tous les hommes d'aborder la "masturbation transcendentale", véritable extase érotique. (Mark Emme, *De la masturbation*, Ramsay, 1990.)

On peut aussi se frotter contre les draps d'un lit ou tout autre objet propice. Les variantes en sont nombreuses. La pression de la verge entre les cuisses croisées est une possibilité que l'on découvre parfois en grimpant à la corde. L'introduction du pénis dans un tuyau est fréquente. Il existe aujourd'hui des poupées gonflables et des "vaginettes de poche", appareils en forme de vulve faits pour y introduire un pénis. Certaines seraient le moulage du sexe d'actrices célèbres de films pornographiques. Enfin, la volaille fait parfois l'affaire : l'introduction du pénis dans un poulet plumé prêt à cuire est une pratique existante, sinon courante. La triperie a ses adeptes : dans *Portnoy et son complexe* (Gallimard, 1970), Philip Roth nous présente un héros se servant de foie cru, que d'ailleurs sa mère, ignorante du fait, fera cuire. (C'est suite au scandale que fit ce livre aux États-Unis que le président Johnson fit nommer une commission chargée d'enquêter sur les dangers que faisait courir la pornographie.)

Enfin, les prisonniers ont depuis longtemps expérimenté le paquet de pâtes cuites dans leur emballage de cellophane, amené à température du corps humain, et dans lequel ils pratiquent une incision pour permettre le passage de la verge.

La masturbation féminine est plus variée que celle des hommes. Elle peut être digitale, un ou deux doigts massant le clitoris ou s'introduisant dans le vagin, ou instrumentale à l'aide d'un godemiché (voir ce mot) ou de tout autre objet de forme s'y prêtant. L'ancienne machine à coudre mécanique a révélé à maintes femmes les possibilités de la friction des cuisses l'une contre l'autre, il en est de même pour la balançoire ou la bicyclette. Parfois, de simples contractions musculaires permettent d'atteindre l'orgasme. Certaines femmes l'ont découvert en se retenant d'uriner. S'il n'existe pas d'ouvrage complet concernant l'auto-érotisme féminin, de bons conseils, *a contrario*, sont donnés par les manuels destinés aux confesseurs :

Péchés que les jeunes filles commettent habituellement dans cette matière :

I.

1. En se livrant à la masturbation, regardant leurs parties sexuelles et faisant des attouchements sur elles-mêmes.

2. En caressant légèrement avec la paume la partie supérieure de la matrice.

3. En touchant du doigt le clitoris à l'intérieur du vase (sic).

4. En introduisant le doigt dans le vagin.

5. En appliquant les parties sexuelles contre les pieds d'une table ou sur l'arête d'un mur pour exciter la pollution ; ou en se frottant contre la chaise sur laquelle la jeune fille est assise ; ou en s'asseyant à terre en appliquant le bout du pied sur le vase ; ou encore en croisant les cuisses et exerçant une pression sur la matrice, et en faisant des mouvements sur elle-même pour produire des sensations vénériennes, etc.

Tous ces moyens de pollution sont de même nature. Il n'y a pas absolue nécessité de faire expliquer les pénitentes pour savoir si elles ont procédé d'une façon ou d'une autre car le confesseur n'obtiendrait pas la vérité, la honte pouvant arrêter leurs aveux. Alors, il résulterait de cette cause une mauvaise confession.

II.

En se faisant des attouchements, une jeune fille avec une autre ou plusieurs jeunes filles entre elles. En se livrant à la sodomie entre jeunes filles ; parfois les sœurs entre elles, surtout si elles couchent dans la même chambre, une appliquant le pied, la cuisse ou la jambe de l'autre sur les parties sexuelles, etc., et provoquant ainsi la pollution.

III.

En se faisant des attouchements de fille à garçon, aux parties sexuelles. Parfois en essayant de forniquer quoique d'une façon imparfaite.

IV.

1. Bestialité. En appliquant la matrice sur un animal quelconque et en se frottant contre lui pour amener la pollution.

2. En introduisant dans le vase le bec d'un poulet ou d'une poule. Ou bien en mettant de la salive ou du pain dans la matrice et en attirant un chien pour faire lécher les parties pudiques par l'animal. Ou encore en masturbant un chien pour faire raidir sa verge et l'introduire dans son vase.

(D. Ren. Nouvel, "Traité de Chasteté", cité dans *Les Mystères du confessionnal*, Filipacchi, 1974.)

La masturbation s'accompagne généralement de fantasmes ou s'aide par la contemplation de dessins, de photographies érotiques, ou encore de la lecture d'ouvrages érotiques, de magazines ou de vidéos pornographiques.

L'histoire de la masturbation se perd dans la nuit des temps. On sait, cependant, que Diogène et ses disciples s'y livraient en public dans Athènes.

Au Moyen Âge, les ouvrages pénitentiels consacraient vingt-deux chapitres à ce sujet, distinguant la masturbation chez les laïcs de celle des prêtres. Un moine se masturbant dans une église était puni de trente jours de jeûne, un évêque de cinquante. Peines légères, certes, mais parce que l'acte est solitaire. L'onanisme au sens propre, c'est-à-dire le *coitus interruptus*, méritait alors des sanctions beaucoup plus lourdes : *Le péché sexuel capital était la contraception (...) ces actes, presque aussi abominables que l'homicide méritaient de trois à quinze années de pénitence.* (Reay Tannahill, *Le sexe dans l'histoire*, Robert Laffont, 1982.)

Pourtant, Thomas d'Aquin y voyait un acte encore plus grave que la fornication.

La masturbation fut, durant les siècles suivants, considérée comme un palliatif au manque de rapports sexuels. C'est, en tout cas, l'opinion de Théophile de Viau qui la déconseille aux femmes dans un de ses sonnets :

Mesdames qui avez inventé cet usage
De vous jouer de vous-mêmes à des vits de velours
Si vous vouliez d'autrui rechercher le secours
Certes vous y auriez du plaisir davantage.

La prohibition maniaque de cette "mauvaise habitude" date cependant du début du XVIIIe siècle. On croyait alors qu'elle provoquait d'effroyables maladies. Voici ce que rapporte un médecin visitant un homme malade de s'être trop attendri sur lui-même, dans un ouvrage ayant connu soixante-trois éditions de 1760 à 1905 et ayant été traduit dans la plupart des langues européennes :

Ayant appris son état, je me rendis chez lui ; je trouvai moins un être vivant qu'un cadavre gisant sur la paille, maigre, pâle, sale, répandant une odeur infecte, presque incapable d'aucun mouvement. Il perdait souvent par le nez un sang pâle et aqueux, une bave lui sortait continuellement de la bouche ; attaqué de la diarrhée, il rendait ses excréments dans son lit sans s'en apercevoir ; le flux de la semence était continuel ; ses yeux chassieux, troubles, éteints n'avaient plus la faculté de se mouvoir ; le pouls était extrêmement petit et fréquent. La respiration très gênée ; la maigreur excessive exceptée aux pieds qui commençaient à être œdémateux. Le désordre de l'esprit n'était pas moindre ; sans idées, sans mémoire, incapable de lier deux phrases, sans réflexion, sans inquiétude sur son sort, sans autre sentiment que celui de la douleur qui revenait avec tous les accès au moins tous les trois jours. Être bien au-dessous de la brute, spectacle dont on ne peut concevoir l'horreur, l'on avait peine à reconnaître qu'il avait appartenu autrefois à l'espèce humaine (…) il mourut au bout de quelques semaines, en juin 1757, œdémateux de tout le corps. (Docteur Tissot, *L'Onanisme, dissertation sur les maladies produites par la masturbation*, 1760.)

De telles frénésies amenèrent à concevoir des corsets anti-masturbatoires, et à pratiquer la cautérisation du clitoris des jeunes filles par trop manuelles au gré des médecins. Pourtant, cette masturbation féminine peut être célébrée d'une façon cocasse, mais touchante :

D'un air gamin, frottant à chaque fois sa bouche sur ma bouche, elle me répéta tout bas :
– Oui, je me branle, je me branle, je me branle, je me branle, je me branle, je me branle, je me branle, je me branle.
Plus elle le disait, plus elle était gaie.

(Pierre Louÿs, *Trois filles de leur mère*, L'Or du temps, 1971.)

Heureusement, l'obsession anti-masturbatoire finit par cesser. Dès le XIXe siècle, Mark Twain prononça une conférence intitulée *Quelques remarques sur la science de l'onanisme* tandis que le médecin Brown-Séquard le conseillait à ses collègues de l'Académie Française. Gustave Moreau le prescrivait à ses élèves, prétendant que les relations sexuelles risquaient de troubler les artistes dans leur passion exclusive pour l'art. Quant aux poètes, ils la célébraient, qu'elle soit solitaire ou mutuelle, comme dans ces vers de Paul Verlaine :

La galopine
À pleine main
Branle la pine
Au beau gamin
L'heureux potache
Décalotté
Jouit et crache
De tous côtés

Aujourd'hui, la masturbation n'est plus un tabou, sinon dans certains milieux. Encore faut-il ne pas la pratiquer n'importe où :

Je n'aime pas à voir qu'en l'église Saint-Lupe
Une pucelle ardente aux yeux évanouis
Confessant des horreurs, se branle sous sa jupe
Et murmure: "Oh ! pardon… mon père… je jouis."

(Pierre Louÿs, *Pybrac*, Climat, 1994.)

Car la masturbation devant témoins non consentants peut coûter cher. Comme à ce manœuvre se manuélisant derrière une palissade. D'après le journal *Le Monde* du 13 décembre 1975, un gendarme le surprit. La troisième chambre correctionnelle de Paris le condamna à trois mois de prison.

Il existe des clubs de masturbateurs, comme le fameux *Jack and Jill* de San Francisco, dont les membres se réunissent pour une gigantesque masturbation collective.

VOIR AGALMATOPHILIE, GODEMICHÉ, GUESQUEL, JOUETS SEXUELS, MÉCANOÉROTISME, ONANISME.

MATURATION

La maturation ou vieillissement transforme sensiblement la sexualité des personnes. Beaucoup craignent les effets de ce processus. D'autres savent en profiter : la sexualité devient plus tranquille, les rapports se prolongent et les inhibitions ont tendance à disparaître.

L'expérience fait que les difficultés ne semblent plus insurmontables, tandis qu'on avoue, voire revendique des fantasmes qu'on aurait tenus honteusement secrets quelques décennies plus tôt.

Les hommes, après cinquante ans, s'excitent plus lentement : l'érection n'est pas immédiate. Ils ont besoin de stimulations tactiles du pénis, car l'érection se relâche parfois durant l'acte sexuel. L'orgasme est plus long à venir. Ces phénomènes rendent les hommes plus sensuels et plus attentifs à leur partenaire s'ils n'en souffrent pas psychologiquement .

Les femmes, au même âge, se sentent fréquemment vieilles et peuvent connaître la dépression. Celles qui, malgré tout, décident de demeurer actives sexuellement voient leur sensualité s'accroître. Comme les hommes, elles sont à la fois plus tendres et plus ardentes. Ce peut être "l'âge de la splendeur" et de l'épanouissement.

M.D.A.

VOIR APHRODISIAQUES.

MÉATOTOMIE

VOIR MODIFICATIONS PÉNIENNES.

MÉCANOÉROTISME

Le sexologue Magnus Hirschfeld possédait une collection, hélas détruite, d'objets mécaniques servant aux activités sexuelles. Mais déjà, certaines œuvres d'art romaines nous montrent des olisbos montés sur roues, des systèmes de cordages destinés à la suspension, etc.

Le marquis de Sade recensa divers arrangements de cables, poulies et cabestans utilisés à des fins érotiques, tandis que le musée de Scotland Yard, à Londres, présente entre autres une "machine pour célibataire", un appareillage complexe ayant servi à l'auto-érotisme. Un réseau de câbles fixés au plafond d'une pièce permettait à un homme de se déplacer, d'aller de l'un à l'autre de ces accessoires mécaniques. Hélas, le jeu fut fatal, puisque l'utilisateur mourut d'empalement.

Sylvia Bourdon a organisé dans sa galerie de la rue des Grands-Augustins, à Paris, une exposition consacrée au mécanoérotisme avec notamment un vélo muni d'un godemiché mobile qui sortait de la selle et était actionné par le pédalier.

André Hardellet dans *Lourdes, Lentes…* (L'Or du temps, 1969) fait vivre à son personnage une scène étrange de mécanoérotisme :

Elle m'entraîne dans le labo, et me montre un appareil, une sorte de mitrailleuse montée sur trépied.

– C'est ça.

– Ça quoi ?

– Votre femme.

J'examine l'étrange machine. Elle présente à son extrémité la reproduction diaboliquement exacte d'une vulve en matière plastique.

– Touchez, me dit Joyce.

J'écarte les lèvres ; c'est, sous les doigts, d'un velouté angélique, avec les plis, les froissements, la béance de la rose féminine. Vrai à faire peur, comme un organe qui viendrait d'être prélevé. Derrière ce sexe artificiel, un tube transparent destiné à recevoir le sperme ; des bielles, des rouages reliés à des fils électriques. (…)

– Je vais vous préparer tous les deux.
– Tous les deux ?
– Oui : vous et Madame.
Elle s'occupe d'abord de mon épouse. Elle prend un tube dans la poche de sa blouse, presse un peu de crème sur ses doigts, en enduit soigneusement la vulve postiche. Puis elle s'attaque à mon engin, mais, vous savez, juste du médius, avec une légèreté, une délicatesse de manucure – suprêmement distante.
– Là, c'est parfait. Mettez votre… chose à l'entrée. Guidez-la.
– Joyce !
– Oui.
– Vous allez m'aider…
– Un peu.
Elle se dirige vers le mur du labo, où sont installés des cadrans, des manettes, des appareils enregistreurs. Elle abaisse une poignée ; le sexe artificiel se met lentement en marche, apprivoise mon membre, se moule sur lui. À chaque tour de bielle, il gagne un peu un peu plus en profondeur, me happe mieux. Joyce surveille ses cadrans.
– Je contrôle votre jouissance. Aussi bien que si c'était la mienne.
– Vous aviez promis que vous m'aideriez, Joyce.
Elle ne répond pas, et continue à diriger sa mécanique onctueuse avec l'indifférence d'une interne assistant à une radioscopie. Puis :
– Bien sûr. J'aime ça, moi aussi. Je suis déjà trempée sous mon slip.
Elle quitte le tableau de bord, se plante à deux mètres de moi, déboutonne sa blouse.
– Ça me plaît quand je vous vois… cracher, les hommes. Ça se sépare de vous…
(…) Je supplie Joyce :
– Venez plus près.
– Nous avons tout notre temps.
Elle retourne à son poste de commande, consulte ses cadrans, modifie la position d'un levier ; docile, Madame tempère aussitôt sa cadence.
Joyce revient devant moi, ôte son slip. Elle explose. Orange. Orientale. Tendue à craquer. Son regard vert est braqué sur le tube transparent où l'extrémité de mon gland violet, tuméfié on dirait, émerge à chaque tour de bielle.
– Vous êtes un vaillant garçon. Retenez-vous encore. Vous m'en donnerez plus.
Elle ploie sur les jarrets, se cambre, des deux mains écarte ses grandes lèvres ; elle ruisselle, ça lui coule sur les cuisses. Un con de Messidor.
– Regardez comme je suis large, chéri ! Regardez-le bien, je m'ouvre toute. C'est pour lui que vous allez jouir.(…)
Je gueule comme un âne triomphant, au milieu de charbons ardents. Je me lâche. Une giclée laiteuse éclabousse le tube transparent, puis une autre. Joyce halète, se branle furieusement.
– Encore ! Donnez encore !
Le mécanoérotisme peut être plus simple que ces étranges arrangements : les vibromasseurs sont bien moins dangereux, de même que les

vibrations des anciennes machines à laver permettaient aux femmes qui s'asseyaient dessus, d'éprouver d'agréables sensations. La chaleur d'un sèche-cheveux sur les seins ou le pénis est aussi l'un des moyens de se faire plaisir ou de faire plaisir.
VOIR GODEMICHÉ, MASTURBATION.

MEMBRE DU DIABLE

La verge diabolique était supposée énorme, présentait des ressources inépuisables tout en étant parfois fourchue (voir *splitting* à l'article "Modifications péniennes"). Elle ne fécondait pas et cette stérilité ajoutait, pour l'Église, à son caractère "immonde" puisque l'acte sexuel devait toujours servir à la procréation. *Le Diable était supposé pénétrer les sorcières au cours du sabbat. C'était, pour ces dernières, une véritable épreuve : recouvert d'écailles qui se redressaient à l'intérieur du vagin, le membre diabolique les déchirait en se retirant. Pour la sorcière Marie Marigrane, la mentule satanique est à moitié constituée de chair et à moitié de fer* (voir Androïdisme). *Elle pouvait geler de l'intérieur le ventre d'une femme, tandis que celles qui la recevaient hurlaient "comme des femmes en mal d'enfant".* (R. Villeneuve, L'Érotisme diabolique, Paris, 1971.)
Il est probable qu'au cours des réunions de sorcières, le *membrum diaboli* fut une sorte de godemiché censé représenter la mentule de Satan. Saint Augustin y voyait le souvenir du *fascinum* des fêtes païennes et le condamnait évidemment. On peut le rapprocher des phallus à usage liturgique des cultes d'Osiris, de Priape ou de Çiva. Aujourd'hui, pour les cultes sataniques, on utilise généralement un godemiché énorme, rugueux, orné de symboles ésotériques et que certains apprécient justement parce qu'il procure une douleur ou une gêne.
VOIR CULTE SATANIQUE, GODEMICHÉ, GUESQUEL, MASTURBATION, MÉCANOÉROTISME.

MÉNAGE À TROIS

Un ménage à trois n'est pas seulement la pratique du triolisme, simple expérience sexuelle dans laquelle un troisième partenaire occasionnel intervient. Le ménage à trois s'inscrit dans la durée et ressemble en ce sens à une vie de couple. C'est le cas dans le film de François Truffaut, *Jules et Jim*.
VOIR CANDAULISME, *GANG BANG*, ORGIES, POLYITÉROPHILIE, TRIOLISME.

MÉNOPHAGIE

(du grec *mênos* : couler, et *philia* : amour de)
Consommation *in situ* du sang des règles. Variante du cunnilinctus. Pour Magnus Hirschfeld, c'est une

déviation masochiste qui fait partie du picazisme : *besoin basé sur l'attrait physiologique qu'exercent les exhalaisons "sui generis" du partenaire d'une part, et sur l'impulsion d'embrasser, de se fondre dans l'être aimé d'autre part.* (Magnus Hirschfeld, *Anomalies et perversions sexuelles*, Londres, 1935).
Certains appellent improprement cette pratique sexuelle "vampirisme" (voir ce mot).

MENOTTES

VOIR BONDAGE.

MESSAGES SUBLIMINAUX

Stimuli pouvant atteindre le préconscient, voire l'inconscient. Ces messages ne sont pas perceptibles, mais imprègnent le cerveau, souvent à l'insu du sujet.
Ils peuvent être tendancieux et dangereux : un message publicitaire écrit sur un film et passant trop rapidement pour que l'œil l'enregistre peut déterminer l'achat du produit ainsi vanté. On pourrait imaginer le pouvoir de telles annonces dans le domaine politique.
On peut s'en servir à des fins thérapeutiques : des cassettes contiennent des messages suggestifs susceptibles d'aider à arrêter de fumer, de conquérir l'estime de soi, de vaincre la boulimie. Toutefois l'auto-suggestion est parfois la cause de guérisons : le Dr Greenwald, de l'Université de Washington, après avoir changé les étiquettes de ces cassettes s'aperçut que l'effet était souvent produit par ce qui était inscrit sur ces étiquettes, plutôt que par le contenu de l'enregistrement. En attendant, rien ne prouve que l'on pourrait, par ce moyen, amener quelqu'un à commettre un crime ou un délit.
Les cassettes contenant des messages subliminaux érotiques seraient bénéfiques pour exciter une personne un peu "froide". Certaines thérapies de la frigidité s'en servent.
Les groupes sadomasochistes écoutent parfois des enregistrements encourageant à davantage de soumission, ou de domination.
La suggestion subliminale semblerait influencer plus particulièrement les personnes dépressives ou présentant des tendances hystériques.
VOIR HYPNOSE, HYSTÉRIE, VISUALISATION.

MESCALINE

VOIR APHRODISIAQUES.

MISES EN SCÈNE DE FANTASMES SEXUELS

Il s'agit de vivre symboliquement ses représentations mentales érotiques. Jouer ses fantasmes élargit l'expérience sexuelle et ajoute une dimension affective et intellectuelle enrichissante.
Bien sûr, il est des fantasmes difficiles à mettre en scène : un partenaire n'appréciera pas forcément

une scène de meurtre, dont la simulation peut se révéler impressionnante, éprouvante émotionnellement. Si l'on décide de les jouer, on se munira de poignards à lames rentrantes ou d'autres accessoires de théâtre. Le sang sera une sauce tomate diluée ou du sang artificiel que l'on trouve dans les magasins spécialisés dans les accessoires de spectacle. Les étranglements et autres asphyxies demandent un maximum de précautions. Les pendaisons s'effectuent avec un harnais spécial qu'on trouvera dans les magasins précités.

Le changement de sexe est plus facile à réaliser : la lingerie féminine vêtira l'homme tandis que la femme se servira d'une ceinture munie d'un olisbos.

Les scènes d'infantilisme sont courantes : un partenaire est nourri au biberon ou au sein, talqué, changé, baigné, fessé, etc.

Les scènes scolaires sont une variante des scènes infantiles. Elles demandent un tableau noir, un bureau, un pupitre, un martinet ou des verges. Elles peuvent commencer par une dictée de "l'instituteur" en blouse que "l'élève" écrira à la plume sur un cahier réglé. Chaque faute d'orthographe sera punie et le tout sera noté à l'encre rouge sur un carnet scolaire. Ce jeu peut évoluer en jeu d'interrogatoire lorsque "l'élève" devra réciter une leçon, une table de multiplications, une poésie. Les viols représentés ainsi sont particulièrement appréciés, pour peu que le rituel soit efficace. Les fantasmes les plus courants mis en jeu sont : le viol, le vol, l'esclavage, la capture ou le rapt par des pirates, l'emprisonnement, la vie d'internat, les scènes médicales ou religieuses, la confession.

Les rituels sadomasochistes incluent souvent le fétichisme. C'était l'un des lieux communs d'une certaine littérature érotique qu'on vendait "sous le manteau" durant les années 30. Voici un exemple d'un dialogue entre une maîtresse vêtue de noir et son "esclave" qu'elle piétine :

Esclave immolé pour le plaisir de l'Idole Noire, tu as le bonheur de pouvoir adorer la plus divine partie de la femme, son pied dominateur, à la fois objet de ton culte et instrument de ton martyre. Profites-en ! (Bernard Montorgueil, *Barbara*, 1930.)

Les scènes de confession peuvent utiliser les manuels des confesseurs aujourd'hui réédités :

Avez-vous eu des pensées impures et déshonnêtes ? Depuis combien de temps ? En quoi consistaient-elles ? D'où vous étaient-elles venues ? Est-ce de l'aspect de votre corps ou de celui des autres ? Sont-ce des propos obscènes qui les ont fait naître ? Ces pensées ont-elles excité en vous des mouvements impurs ? Avez-vous décidé de faire ce à quoi vous pensiez ? L'avez-vous essayé ? Vous êtes-vous masturbée ; y a-t-il eu des attou-

chements impurs ? Depuis combien de temps et dans quelle intention l'avez-vous fait ? Les sensations voluptueuses que vous avez éprouvées étaient-elles bien plus fortes à la fin qu'au commencement ? Avez-vous continué ces attouchements jusqu'à l'entière cessation du plaisir et des mouvements de la chair ? (cité dans *Les Mystères du Confessionnal*, Filipacchi, 1974 ; voir aussi à l'article "Masturbation").

Les scènes religieuses se jouent en costumes ecclésiastiques : sœurs, prêtres, moines. Pour les religions exotiques ou inventées, on pourra déguiser l'un des partenaires en idole, en statue d'or, grâce à certains cosmétiques dorés ou argentés qu'on se procure dans les magasins spécialisés. On peut aussi trouver des bras surnuméraires en plastique que l'on peindra et que l'on fixera au corps à l'aide d'un harnais pour contrefaire une divinité orientale. On pourra reconstituer un temple et brûler de l'encens. Différents ouvrages, dans les librairies spiritualistes, fourniront des prières et des incantations en diverses langues et transcrites phonétiquement en caractères latins.

Les scènes d'interrogatoire peuvent s'inspirer de romans policiers ou autres. Il en est de même des scènes de torture, médiévales ou modernes, avec chaînes et bourreau en cagoule ou uniformes inquiétants. Des miroirs peuvent ajouter un certain piment à ces représentations qui peuvent aussi être enregistrées à l'aide d'un caméscope.

La prostitution peut se jouer en décor naturel. La prostituée imaginaire, vêtue selon les habitudes des véritables "fleurs de bitume" se postera dans la rue, fera le "pied de grue" devant un immeuble, marchera, etc. Son partenaire l'abordera, négociera le prix, etc. La scène pourra être filmée par un troisième complice.

La scène d'adultère du théâtre de boulevard demande trois partenaires. "L'amant" peut se cacher dans une armoire et assister au "coït conjugal" après avoir dû interrompre sa propre relation sexuelle.

Les scènes de bestialité se jouent avec des costumes en fourrure ou en peluche. On les trouve chez les fabriquants de déguisement. On pourra se travestir en ours, en chien, en cheval, en porc, etc., ou en une bête inventée de toutes pièces.

Les mises en scène médicales sont l'équivalent adulte du fait de "jouer au docteur" durant l'enfance. Le patient se dénude devant son partenaire vêtu d'une blouse blanche, muni d'un stéthoscope. Des soins divers peuvent être administrés : prise de la températures, toucher rectal, vaginal, cathéters, examens prostatiques, etc. Ce jeu provoque une situation de domination/soumission et demande un certain matériel.

Contrairement à l'idée commune, il

n'est pas forcément avisé de mettre en scène son fantasme masturbatoire favori. La réalité impose des limites que l'imaginaire ignore.

Il faut aussi se montrer disponible envers les fantasmes de son partenaire, accepter, à charge de revanche, de les jouer, même s'ils n'excitent pas particulièrement celui qui veut bien s'y adonner.

MISOGYNIE

(du grec *misein* : haïr, et *gunê* : femme)

Fait de haïr les femmes. La misogynie est plus fréquemment masculine, quoique certaines femmes haïssent leur propre sexe. Ce fut le cas de certaines tortionnaires nazies aimant à torturer les seins ou les parties génitales des prisonnières. L'un des cas les plus curieux de misogynie féminine fut celui de Violette Morris. Jeune fille et déplorant l'être, elle pratiqua tous les sports, même les plus violents, comme la boxe où elle excella, remportant des tournois contre des boxeurs de sexe masculin. Lesbienne, probablement à tendance dominatrice, elle épousa un boxeur. Puis, pour différentes raisons, tout bascula. Celle qui aurait pu être une sportive excentrique devint “la diablesse”. Antisémite, fascinée par le nazisme, elle servit la Gestapo et n'aimait rien tant que de brûler à l'aide d'une cigarette la pointe des seins des femmes qu'on lui confiait pour les interroger. C'était le prélude à d'autres sévices. Son aversion pour la poitrine féminine la mena à se faire faire une mastectomie, sous prétexte que ses seins la gênaient pour conduire lors de courses automobiles. Coupable de nombreuses exactions, elle fut abattue par la Résistance en 1944, lors d'une fusillade. (Raymond Ruffin, *La Diablesse, la véritable histoire de Violette Morris*, Paris, 1988.)

La misogynie provient souvent d'un manque d'estime de soi et d'une peur du sexe féminin. Elle sert aussi à supporter une obsession d'abandon et peut avoir pour cause un traumatisme subi durant l'enfance.

La mère est la nourrice et la source principale de confort du petit garçon, tandis que le père tend à l'aider à prendre ses distances vis-à-vis de sa mère, de telle façon qu'il n'en devienne pas trop dépendant. Toutefois, dans le milieu familial des misogynes, le contraire se produit de telle façon que le garçon n'a d'autre choix que de faire de sa mère le centre de son univers. (Susan Forward et J. Torres, *Men Who Hate Women and Women Who Love Them*, New York, 1986.)

La misogynie voue la vie affective du sujet à l'échec. Le misogyne voudra attribuer aux autres femmes le statut de sa mère. Les hommes détestent souvent les femmes parce qu'ils se sont sentis trop dominés, “castrés” par leur mère. Les mères faibles peu-

vent voir leurs fils devenir misogynes parce qu'elles n'ont pas su leur donner un sentiment de sécurité, de confiance ou qu'elles ne semblaient pas assumer leurs responsabilités.
La misogynie est parfois appréciée par certaines femmes aux tendances masochistes. Insulter ou maltraiter une femme est le jeu favori d'un certain nombre d'hommes exigeant la soumission du sexe féminin. Dans ses *Souvenirs d'une paria*, Flora Tristan raconte avoir vu, dans quelques bars anglais, des femmes que l'on payait pour qu'elles s'allongent à terre pour être arrosées de bière ou d'autres liquides.

MISOPÉDIE OU MISOPAÉDIE

(du grec *misein* : haïr, et *paidos* : enfant)
Antipathie ou haine à l'égard des enfants. Les causes en sont diverses : haine du père, ou névroses. Les victimes peuvent en être des enfants non désirés ou illégitimes. La misopédie peut s'accompagner de misogynie. Elle peut aussi procéder d'une pédophilie avoué ou inavouée, refoulée, combattue.

MIXOSCOPIE

(du grec *mixo* : mélange, et *scopein* : voir)
Synonyme à la fois de scoptophilie et de voyeurisme ou encore de pornophilie (plaisir éprouvé à la vision d'actes sexuels). C'est un néologisme créé par Krafft-Ebing pour lequel il s'agit d'une forme de masochisme. (Krafft-Ebing, *Psychopathia Sexualis*, Paris, 1892)

MODIFICATIONS MAMMAIRES

Depuis des siècles, les femmes ont tenté de modifier l'aspect de leur poitrine. Chez les Nandi, en Afrique, on aplatit les seins à l'aide de disques pesants accrochés au cou. Les seins plats sont, pour cette tribu, le symbole de la maternité et sont plus appréciés que les poitrines rondes.
Le refus de posséder ces caractères sexuels secondaires amène certaines femmes à pratiquer la mastectomie complète. Ce fut le cas pour Violette Morris (voir *Misogynie*). Toutefois, cette opération est considérée comme une mutilation et demeure interdite, même avec l'accord de la patiente, sans raison médicale.
La modification mammaire la plus courante est l'augmentation du volume des seins. L'attrait pour les grosses poitrines n'a pourtant pas été ressenti à toutes les époques :

Tétin refait, plus blanc qu'un œuf,
Tétin de satin blanc tout neuf,
Tétin qui fait honte à la rose,
Tétin plus beau que mille choses,
Tétin dur, non pas tétin, voire,
Mais petite boule d'ivoire,
Au milieu duquel est assise
Une fraise ou une cerise.

(Clément Marot, *Au beau tétin*).

Pourtant, les prêtresses d'Aphrodite portaient des soutiens-gorge de bois incrustés de pierres précieuses pour augmenter le volume de leurs seins. De nos jours, comme autrefois, des rembourrages sont utilisés pour produire le même effet.

C'est qu'il y a monsieur, tant de tétons différents. Il y a le téton pomme, le téton poire, le téton lubrique, le téton pudique, que sais-je encore ? Il y a celui qui est créé pour les conducteurs de diligence, le gros et franc téton que l'on retire de dedans un tricot gris (...) Il y a encore le téton mamelle, pointu, orgiaque, canaille, fait comme une gourde de jardinier à mettre des graines, mince de base, allongé, gros du bout (...) Il y a enfin le téton citrouille, le téton formidable et salopier. C'est celui que désire l'homme qui dit à la maquerelle "donnez-moi une femme qui a de gros tétons". C'est celui-là qui plaît à un cochon comme moi, et j'ose dire, comme nous. (Gustave Flaubert, *Lettre à Louis Bouilhet*, 10 février 1851.)

Du soutien-gorge "pigeonnant" ou balconnet au Wonderbra, la tendance se poursuit.

La chirurgie esthétique permet maintenant d'introduire dans le sein un coussinet rempli d'un liquide neutre, normalement acceptable par l'organisme. Cependant, des réactions de rejet, des complications font que cette opération n'est pas recommandée, sinon comme chirurgie réparatrice après une mastectomie médicale et nécessaire.

Pourtant, certaines femmes dotée d'une petite poitrine se sentent dévalorisées. Elles ont une piètre estime d'elles-mêmes et la chirurgie peut, parfois, soulager leurs complexes. Les danseuses nues ont recours à ce genre d'opération qui peut endommager les nerfs et parfois annihiler toute sensibilité du sein, comme du mamelon. Certains transsexuels se font ainsi fabriquer de faux seins à l'aide de ces mêmes coussinets de silicone. Lolo Ferrari, actrice de films pornographiques, revendique la plus grosse poitrine du monde, entièrement refaite avec l'aide d'ingénieurs de chez Boeing.

La réduction du volume mammaire ne se pratique pas seulement pour des raisons esthétiques. Une grosse poitrine peut créer des distensions des tissus, des douleurs, voire des déformations dorsales. Elle est parfois la cause de mauvaises positions à l'école ou au bureau provoquant des scolioses. Elle peut interdire à sa porteuse l'exercice de diverses professions, comme la pratique de certains sports.

MODIFICATIONS PÉNIENNES

Transformation permanente de l'aspect du pénis. C'est une série de pratiques dont certaines sont fort anciennes. La circoncision est la plus fréquente et se trouve déjà représentée sur une pierre gravée de l'ère préhistorique. On a découvert une épingle destinée à percer le pénis datant du IVe siècle et l'insertion d'ornements tels que des clochettes date au moins du XIVe siècle.

Implants : il existe des tribus du Sud-Est asiatique dont la coutume est d'implanter des clochettes, des pierres, des ornements d'ivoire, d'or, de perles sur le pénis.

Les clochettes peuvent avoir la taille d'un petit oeuf de pigeon et sont apparemment faites de métal (...) Les plus beaux ornements étaient dorés et fabriqués avec art. Une douzaine pouvaient être insérés. Les rois retiraient parfois les leurs pour les offrir, signe d'un grand honneur. (Donald E. Brown, James W. Edwards et Ruth P. Moore, *The Penis Inserts of Southern Asia*, Berkeley, 1988.)

Ces implants ont pour but d'augmenter la grosseur de la verge et de provoquer des sensations agréables aux femmes. C'est le cas en Inde :

Un peu partout dans le pays, on trouve de vieilles prostituées qui vendent de petites clochettes d'or, d'argent ou de bronze. Les femmes y attachent beaucoup de prix lorsqu'elles sont cousues dans la peau du membre d'un homme parce qu'elle provoquent un gonflement, un allongement extraordinaire des parties génitales. De ce fait, elles prétendent que leurs mâles ont plus d'endurance et leur donnent beaucoup plus de plaisir que nous autres, pauvres européens. (P. Mantegazza, *Sexual Relations of Mankind*, New York, 1935.)

Ailleurs, les *Yakusas* de la mafia japonaise insèrent des perles sous la peau du pénis : il faut percer un petit trou avant l'insertion et appliquer un bandage jusqu'à la cicatrisation. La tradition veut que l'on ajoute une perle pour chaque année passée en prison. La taille du pénis augmente par cette opération, comme l'intensité des sensations. Les femmes ont à ce propos des opinions divergentes : certaines trouvent cette transformation agréable pour elles, d'autres non (voir *Hybristophilie*). On trouve des pratiques analogues en Corée et aux Philippines.

Aujourd'hui, la chirurgie propose deux types d'implants thérapeutiques : pour des raisons esthétiques, on insère un faux testicule inerte dans le scrotum de ceux qui en ont perdu un accidentellement. Un tube de silicone peut pallier les défaillances d'érection. Il existe aussi une opération dont le but est d'augmenter la grosseur du pénis : on prélève de la graisse sur le ventre du patient pour la greffer sous la peau de la hampe. Cette opération ne réussit pas toujours et la graisse retombe parfois sans adhérer au pénis et pend, retenue par la peau distendue par le poids.

Incisions : il s'agit de fendre la peau de la hampe, parfois sur toute la longueur du membre. C'est une pratique observée dans certaines îles du Pacifique. On opère ainsi les très jeunes garçons.

Inserts : pratique faisant partie du piercing et de l'installation d'anneaux péniens. Des anneaux, des bijoux sont insérés dans le gland ou le scrotum. (Voir *Anneaux péniens, Piercing*). Albert Fish (1870-1936), un meurtrier américain, avait tant d'aiguilles plantées dans les parties génitales que la chaise électrique destinée à l'exécuter ne put fonctionner à cause d'un court-circuit provoué par ces ornements. Il était condamné pour avoir tué et mangé quinze enfants.

Méatotomie : incisions progressives destinées à élargir le diamètre de l'urètre. Cette pratique provient souvent de la masturbation avec insertion d'un objet dans le méat. Les adeptes de la méatotomie se servent d'objets de plus en plus gros afin de distendre les tissus. D'autres coupent un côté ou les deux côtés du méat et séparent les lèvres de cette plaie afin qu'elle ne se referme pas en cicatrisant. Un petit nombre d'hommes parviennent à obtenir une ouverture suffisamment large pour y recevoir le gland d'un autre homme.

Négation : la négation est le fait de rendre le pénis inutilisable. C'est une pratique d'origine religieuse remplaçant la castration. De jeunes gens de la classe des *Sadhu* en Inde sont astreints à supporter des poids accrochés à leurs verges. Au bout de quelques années, le pénis se distend, pend pour ne peut plus être opérationnel. D'autres repoussent leur pénis vers l'intérieur du corps et enroulent leur scrotum autour d'un bâton. Au bout d'un certain temps, le pénis ne peut plus sortir de l'abdomen. Ces deux techniques rendent l'orgasme impossible.

Opération de Bihari : cette ancienne coutume chinoise consiste à couper les ligaments qui font que le pénis, au repos, pend. L'effet produit est un allongement apparent de cet organe. Elle doit son nom actuel au Dr. Bihari qui opérait jadis au Caire.

Restauration du prépuce : pour des raisons esthétiques, beaucoup d'hommes circoncis ont eu recours à cette opération. Les Juifs, sous l'empereur Hadrien, au Ier siècle devaient payer une lourde taxe pour chaque mâle circoncis. Craignant, de plus, une nouvelle persécution, certains d'entre eux firent ainsi "réparer" leur verge. On utilisa une sorte de fourreau en bronze enveloppant le pénis et, en étirant la peau de ce qui pouvait rester du prépuce, en l'enroulant autour des bords du fourreau, on pouvait parfois parvenir à un étirement de la peau. À cette époque, il semble que la circoncision était partielle. Plus tard, beaucoup s'opposèrent à cette pratique : *Les autorités religieuses juives ont pro-*

mulgué une nouvelle méthode de circoncision pour s'assurer qu'il serait plus difficile de restaurer le prépuce. Les Anciens de cette religion étaient contrariés de voir beaucoup de juifs se détourner de leur foi et se faire refaire un prépuce. Ils ont décidé qu'une forme de circoncision plus radicale devenait nécessaire. (Mark Waring, *Foreskin Restauration*, Louisiane, 1988.)

Hélas, cette nouvelle technique précéda de peu l'arrivée au pouvoir d'Adolf Hitler.

Dans le film *Europa, Europa* (Agnieszka Holland, 1990), on voit un jeune Juif enrôlé de force dans les jeunesses hitlériennes, se blesser la verge pour tenter d'obtenir un prépuce.

Aujourd'hui, la restauration du prépuce est encore pratiquée. La technique en est fort ancienne : il s'agit d'étirer la peau progressivement. Une autre méthode est une sorte d'écorchement : une incision circulaire est pratiquée à environ un centimètre en arrière du gland. On décolle la peau que l'on applique sur ce dernier jusqu'à le recouvrir, et l'on attend la cicatrisation. Un espace est laissé pour permettre d'uriner. Une deuxième opération, environ un an plus tard, permet d'éliminer les adhérences possibles de cet phimosis artificiel. C'est une opération délicate qui peut laisser des cicatrices et des poils se mettre à pousser sur le nouveau prépuce.

Splitting : opération consistant à fendre le pénis du gland à la base. C'était une pratique rituelle de certaines tribus aborigènes d'Australie adorant un dieu-lézard au pénis double. Le résultat est un pénis double. Un anglais anonyme pratiqua sur lui-même cette opération avec succès :

Ma décision de remodeler chirurgicalement mes parties génitales fut délibérées. Elle m'a donné entière satisfaction, fut très excitante et érotiquement joyeuse (...) Les érections complètes sont maintenues comme autrefois mais désormais en deux parties distinctes. Les zones érotiques de mon pénis demeurent les mêmes, tandis que les orgasmes et les éjaculations se produisent parfaitement. Entrer dans un vagin demande, certes, un effort supplémentaire, mais une fois que ma verge s'y trouve, les sensations sont accrues et cela donne à ma partenaire de meilleurs orgasmes. (Carl Caroll, *Piercing Fans International Quaterly*, n°15, San Francisco, 1989.)

Ce témoignage, dans la revue citée, est accompagnée d'une photographie. Cette modification pénienne a certainement demandé des années pour être accomplie.

Subincision : il s'agit de couper un morceau du gland vers sa base. La longueur de l'incision dépend de la tradition observée dans la tribu concernée. Celles de Nouvelle Guinée incisent le gland sur une longueur d'un centimètre tandis que

certains hommes portent deux incisions perpendiculaires à la hampe. La cérémonie se déroule ainsi :
Il est placé sur un bouclier, les pieds de part et d'autre. L'assistant du circonciseur saisit le prépuce, le tire le plus possible et l'opérateur le tranche (...) L'un des hommes est couché, face contre terre, un autre se trouve au-dessus de lui. L'initié est placé, le visage vers le haut, sur cet autel humain. Et, tandis que l'assistance pousse un grand cri, un troisième homme monte sur l'adolescent, saisit son pénis pour le présenter au couteau. Un quatrième arrive alors et en incise le dessous. Dans le camp des femmes, au moment où les hommes poussent leur cri, les parents de l'initié sont fouettés sur le ventre et les épaules par sa mère. Il est enlevé de l'autel et s'accroupit sur le bouclier tandis que son sang coule. Deux autres initiés qui viennent de subir la même opération se tiennent près de lui et veulent subir une seconde blessure pour augmenter la longueur de leurs incisions. Ils se tiennent près du mât sacré, mains derrière le dos, jambes largement écartées et crient : "fends-le jusqu'à la racine." On leur lie les bras et le travail s'accomplit. (Joseph Campbell, *The Ways of Animal Powers*, New York, 1988.)
VOIR ANNEAUX,
CIRCONCISION, LIENS,
CEINTURE DE CHASTETÉ,
EUNUQUE,
LIGATURES PÉNIENNES,
PHALLOPHILIE, SACOFRICOSE,
TESTICULES.

MOLOCH
VOIR FÊTES VOTIVES.

MOMIFICATION
VOIR LIENS.

MORSURES OU ODAXELAGNIE
Excitation par les morsures infligées ou subies. Les zones concernées sont le cou, les oreilles, les lèvres, les mamelons, le dos, les fesses, le mont de Vénus, l'intérieur des cuisses, l'arcade sourcilière. L'intensité de la morsure dépend de la sensibilité du partenaire, mais aussi de l'ardeur de celui qui mord. On peut mordre légèrement ou jusqu'au sang.
C'est l'une des pratiques sadomasochistes les plus facilement acceptées. Les morsures laissent des marques qui peuvent devenir de fugaces et tendres souvenirs d'amour. Elles sont recommandées dans le *Kama-sutra* :
Les morsures cachées laissent seulement une légère trace rouge sur la peau. La morsure enflée apparaît quand la peau a été pincée, étirée comme par des tenailles. La ligne de joyaux est formée par la marque de toutes les dents. Le nuage brisé est une ligne discontinue de points ondulants autour d'une courbe due à l'espacement des dents. La morsure du sanglier est imprimée sur la poitrine et sur les épaules ; elle consiste en deux

lignes d'empreintes des dents séparées par une marque rouge.
Lorsqu'un homme mord sa maîtresse d'une façon trop forte, elle doit feindre la colère et le mordre en retour deux fois plus fort (...) si elle est vraiment excitée, une sorte de combat commencera. Elle le prendra par les cheveux et lui mordra la lèvre inférieure. Puis, en proie au délire érotique, elle le mordra, les yeux fermés, sur tout le corps.
Kinsey a constaté que 50 % des personnes interrogées pour son rapport sont excitées par le fait d'être mordues durant les relations sexuelles.
Des scènes de morsures plus sadiques peuvent être proposées : dans le film *Barbarella* (Roger Vadim, 1967), l'héroïne, ligotée à un poteau, est attaquée par des dents métalliques déchaînées. Marilyn Monroe était connue pour mordre jusqu'au sang la lèvre inférieure de ses amants.
Des animaux comme les chevaux, les chats, les tortues pratiquent les morsures comme préliminaires amoureux.
VOIR
ACCROISSEMENT SENSORIEL, ÉCORCHURES, GRIFFURES, PINÇONS.

MORT

Il n'existe probablement pas d'angoisse plus forte que celle de la mort. Pourtant, la vision de personnes mutilées ou mortes excite certains. Beaucoup de gens conduisant une voiture ralentissent pour mieux contempler un éventuel accident. Des patients ont avoué à leur psychanalyste qu'ils éprouvaient parfois des orgasmes en contemplant des blessés ou des morts. Il existe des couples qu'un grave danger vécu ensemble lie profondément. Des témoignages attestent de réactions sexuelles intenses après la mort d'un ami proche et l'on connaît au moins deux cas de femmes devenues nymphomanes après la mort d'un de leurs enfants (Magnus Hirschfeld). Les exécutions capitales (voir ce mot), les supplices attiraient beaucoup de spectateurs. Il n'était pas rare de voir des couples faire l'amour d'une façon frénétique aux alentours des échafauds. Beaucoup de militaires entrent en érection durant une bataille ou lors d'une mission à hauts risques. C'est sans doute lié à une réaction de survie.
VOIR ACROTOMOPHILIE, EXÉCUTIONS, CIMETIÈRE, MUTILATION, NÉCROPHILIE, SADISME, TAUROMACHIE.

MOUVEMENTS COÏTAUX

Les mouvements nécessaires au coït font intervenir tout le corps. Chez les hommes, ils consistent en un va et vient, des mouvements circulaires ou des combinaisons de tangage et de roulis. L'habitude de la masturbation prédispose les hommes à connaître quels types de friction du gland amènent à l'orgasme. Les femmes doivent apprendre en situation ces gestes du corps car leur masturbation ne les implique pas dans la plupart des cas. L'éducation, en Orient, les y conduisait : la danse du ventre en est un exemple (voir à cet article). Les prostituées expertes connaissent les mouvements pelviens les plus efficaces : elles ont intérêt à ne pas prolonger l'acte sexuel afin d'aller trouver d'autres clients.

Généralement, l'intensité comme l'amplitude de ces mouvements augmentent à l'approche de l'orgasme.

MUCOPHAGIE

(du latin *mucus* : morve, et du grec *phagein* : manger)

Ingestion des sécrétions nasales. Le nasolingus est une pratique sexuelle dans laquelle la consommation des mucosités du partenaire est généralement un acte de soumission, d'auto-dégradation.

VOIR COCKTAILS, COPROPHAGIE, DOUCHES, LAVEMENT, NASOPHILIE, SALIROPHILIE, SPERMOPHILIE, UROPHILIE.

MUSÉES DU SEXE

Magnus Hirschfeld fonda le premier *Musée du sexe* comprenant une bibliothèque de vingt mille volumes que les nazis détruisirent dès leur arrivée au pouvoir en 1933, la jugeant immorale et dégradante.

Il existe plusieurs musées consacrés à l'érotisme et à la sexualité dans le monde. *Le Temple de Vénus* d'Amsterdam possède un mannequin représentant Marilyn Monroe jupe au vent dans la fameuse scène de *Sept ans de réflexion* (Billy Wilder, 1955.) Il suffit de pousser un bouton pour que l'air souffle par dessous. Il s'y trouve aussi une collection d'anciennes photographies pornographiques et des enregistrements téléphoniques de conversations obscènes.

Certains musées du Pérou ont une section réservées aux adultes où se trouvent des poteries représentant toutes sortes d'actes sexuels.

Plus cocasse, on signalera l'existence du *Musée du slip belge* à Bruxelles.

Des collectionneurs privés exposent parfois leurs trésors. Il en est ainsi de Robert Mapplethorpe et de ses innombrables photographies troublantes comme des lingeries portées par des stars de cinéma que propose *Frederick's of Hollywood*. L'acteur Michel Simon possédait une des plus belles collections de photos, livres, films et objets en rapport avec l'érotisme, la sexualité, dont une pendule ancienne ornée d'un berger et d'une bergère en ivoire, qui, par le biais d'un mécanisme, faisaient l'amour toutes les heures.

Enfin, il existe depuis peu à Paris, *Le Musée de l'érotisme*, boulevard de

Clichy où sont présenté sur six niveaux divers objets, totems, peintures, sculptures, gravures et dessins de toutes les époques. Des expositions régulières présentent les travaux d'artistes contemporain.

MUSC

VOIR APHRODISIAQUES.

MUTILATION

Les mutilations sexuelles sont diverses : il y a les circoncisions rituelles, les excisions, mais aussi la castration ou colobose, la mazopérose, ou mastectomie, ablation des seins, et la pérogynie, castration d'une femme.

Les mutilations délibérées s'appliquaient aux ennemis durant les guerres (voir *Eunuque*). Elles renforçaient le pouvoir des chefs et terrorisaient la partie adverse. Elles excitaient évidemment la volonté de revanche des vaincus qui la pratiquaient en retour à la première occasion.

Ces mutilations démontraient que le prisonnier était au pouvoir du vainqueur, qu'il lui appartenait. Il pouvait en faire un esclave ou le blesser. Cette possession, comme tout acte de guerre, est la métaphore de la possession érotique. Les femmes, dans les sociétés guerrières, sont elles aussi la possession d'un "maître" qui décide de les mutiler pour mieux marquer son pouvoir. Le Juif circoncis est "racheté" à Dieu. À chaque fois, la modification sanglante du corps est un acte de propriété, un contrat. C'est aussi une facture : elle atteste d'une transaction.

Le sang, la blessure infligée excitent bon nombre de personnes. Telle paysanne avoue se sentir érotiquement "secouée" lorsqu'elle égorge un canard. Un chirurgien militaire français, Jacobus X, a observé, à la fin du XIXe siècle d'étranges cas.

Celui, par exemple, d'un jeune cuisinier de la marine qui éprouvait d'intenses érections en tuant les lapins avant de les dépouiller. Il leur "coupait les testicules, les mangeait et se masturbait". Il aimait aussi violer les prisonniers de guerre, les castrer.

Un autre cas fut celui d'un médecin légiste pratiquant des autopsies. Il détestait s'occuper des cadavres de femmes et se concentrait sur les corps masculins. Il était bisexuel et s'amusait à glisser subrepticement des pénis et des testicules tranchés sur les morts dans le lit des prostituées qu'il fréquentait. Lorsque, horrifiées, elles découvraient ces lambeaux sanglants, le médecin les menaçait.

Contrairement à ce que certaines craintes masculines évoquent, les femmes mutilent rarement bien que la scène de la castration de l'épicier dans *Germinal* d'Émile Zola prouve que la colère peut leur faire commettre de terribles mutilations :

Tout de suite, les huées recommencèrent. C'étaient les femmes qui se précipitaient, prises de l'ivresse du sang.
– Il y a donc un bon Dieu ! Ah ! cochon, c'est fini !
Elles entouraient le cadavre encore chaud, elles l'insultaient avec des rire, traitant de sale gueule sa tête fracassée, hurlant à la face de la mort la longue rancune de leur vie sans pain.
– Je te devais soixante francs, te voilà payé, voleur, dit la Maheuse, enragée parmi les autres. Tu ne me refuseras plus crédit... Attends ! Attends ! il faut que je t'engraisse encore...
De ses dix doigts, elle grattait la terre, elle en prit deux poignées, dont elle lui emplit la bouche, violemment.
– Tiens ! mange donc !... Tiens ! mange, mange, toi qui nous mangeais !
(...) Mais les femmes avaient à tirer de lui d'autres vengeances. Elles tournaient en le flairant, pareilles à des louves. Toutes cherchaient un outrage, une sauvagerie qui les soulageât.
On entendit la voix aigre de la Brûlée.
– Faut le couper comme un matou !
– Oui, oui ! au chat ! au chat !... Il en a trop fait le salaud.
Déjà, la Mouquette le déculottait, tirait le pantalon, tandis que la Levaque soulevait les jambes. Et la Brûlée, de ses mains sèches et vieilles, écarta les cuisses nues, empoigna cette virilité morte. Elle tenait tout, arrachant, dans un effort qui tendait sa maigre échine et faisait craquer ses grands bras. Les peaux molles résistaient, elle dut s'y reprendre, elle finit par emporter le lambeau, un paquet de chair velue et sanglante, qu'elle agita, avec un rire de triomphe :
– Je l'ai ! je l'ai !

En revanche, il en est beaucoup qui apprécient la vue du sang, des blessures. Magnus Hirschfeld a pu voir, au moment de la répression du groupe spartakiste (1919), des femmes excitées par ce spectacle. Il se trouvait à la morgue lorsque :

Un employé attira mon attention sur quelques jeunes filles qui, depuis des jours, se mêlaient à la file des visiteurs, parce qu'elles ne pouvaient se détacher de la vision de tous ces corps masculins qui gisaient, nus, devant elles (...) l'expression de leurs visages était la même que celle des femmes que j'ai pu observer à Madrid ou à Séville et qui assistaient à des corridas. (Magnus Hirshfeld, *Sexual Anomalies and Perversions*, Londres, 1935.)

Dans le même ouvrage, Hirschfeld évoque une scène d'exécution :

Près de moi se trouvait la femme du juge de l'état, qui assistait à l'horrible scène – le condamné criait, se débattait, se battait avec les bourreaux qui le tiraient vers l'échafaud – elle respirait lourdement et émettait des grognements extatiques qui semblaient luxurieux. Au moment où la hache s'abattit, cette femme se conduisit comme si elle traversait le moment de l'orgasme.

Les mutilateurs commencent souvent avec les animaux. C'était plus facile autrefois, lorsqu'on devait soi-même tuer les volailles, saigner les porcs. Quelques mutilateurs pratiquent aussi la zoophilie, mais c'est moins fréquent qu'on ne le pense. En général, la masturbation suit la mise à mort et cet acte ne correspond pas à la définition de la zoophilie : il s'agit d'un goût pour le sang plus que d'un désir de l'animal.

Les homosexuels ont tendance à torturer et mutiler des animaux de leur sexe. Les hétérosexuels préfèrent évidemment le sexe opposé. Ces pratiques proviennent souvent de chocs émotionnels, comme une rupture amoureuse ou des problèmes familiaux. Le sentiment d'abandon, l'intense désir de compassion, de compréhension se muent en violence. La plupart des êtres pris d'un accès de violence s'arrêtent lorsque leur victime montre sa peine, ses larmes ou sa soumission. Quelques-uns sont, au contraire, excités par ces réactions et se déchaînent lorsqu'elles se produisent.

Le sentiment de puissance, le sadisme sont les moteurs psychologiques de beaucoup de tortionnaires, tandis que les périodes troublées leur révèlent parfois leur désir de faire souffrir. On est souvent surpris de découvrir que d'anciens bourreaux furent, avant que les événements ne leur donnent la possibilité d'exprimer leur sadisme, de braves gens, des employés effacés, d'honnêtes pères de famille, de bons fonctionnaires.

MUTITUS TUTUNUS

Le rituel du mariage, à Rome, comportait un acte symbolisant la défloration, la prise de possession de l'épouse par l'époux. Elle devait se pénétrer d'un objet de forme phallique, une sorte de statue. Les pères de l'église et les théologiens comme saint Augustin et Lactance ont évidemment condamné ce rituel. Le nom de cet objet provient de racines indo-européennes qui sont à l'origine du verbe "titiller" et de l'adjectif "mutin" (G. Dumézil, *L'héritage indo-européen à Rome*).

MYSOPHILIE

Excitation en sentant, reniflant, mâchant ou se frottant contre quelque chose de sale : serviettes périodiques utilisées, sous-vêtements portés ou souillés, etc. Les sécrétions les plus appréciées des mysophiles sont : le sperme, le sang menstruel, les fèces, l'urine et le lait de femme.

Les nécrophiles appréciant les cadavres en putréfaction plutôt que les corps récemment défunts sont aussi des mysophiles. Il existe un certain nombre de mysophiles aveugles de naissance qui compensent ainsi la perte d'un sens en en favorisant un autre. R.E.L. Masters et E. Lea citent le cas d'un homme, aveugle de naissance qui avait compensé son handicap par un développement de l'odorat et du toucher. Il avoua qu'il voulait mutiler puis se vautrer dans le sang de sa victime avant de la dévorer (voir *Anthropophagie*). Il tenta, en vain, de convaincre sa grand-mère de lui livrer son corps. Son comportement le plus commun consistait à rechercher des immondices et de manger des excréments. (*Perverse Crimes in History*, New York, 1963.)

Il semble que, dans certains cas, la mysophilie soit due à une sensibilité particulière aux phéromones que l'on trouve dans les fluides corporels.

Un exemple classique de mysophilie est donné par Maîtresse Faty dans une lettre de l'un de ses soumis, Benoît, quarante-deux ans :

Maîtresse,

Je vous implore de me faire passer un long week-end (Pentecôte par exemple) dans une boîte à ordure que vous remplirez sur moi à ras bord de détritus et de déjections et cadenasserez pour que je macère.

Vous m'aurez mis, au préalable, la ceinture de chasteté à clous et votre slip arrosé de nectar en guise de bâillon.

Je vous offrirai mon humiliation d'être découvert par des boueux arabes et, en attendant, je m'agenouille front contre terre en signe de bonne soumission.

Esclavement vôtre. (Faty, *Mémoires d'une fouetteuse*, Ramsay, 1991.)

Pour des raisons de prophylaxie, certains mysophiles craignant les maladies infectieuses se servent d'ersatz de sécrétions corporelles : pâte chocolatée en guise de fèces, eau de riz pour imiter le sperme, tomate ou ketchup pour le sang.

VOIR : COCKTAILS, COPROPHAGIE, DOUCHES, PHÉROMONES, SALIROPHILIE, UROPHILIE.

N-O

Narcissisme
Narratophilie
Nasophilie
Nécrobestialité
Nécrochlèse
Nécrophagie
Nécrophilie
Négation
Népiophilie
Nerf de bœuf
Niddah
Normophilie
Nosophilie
Nourriture
Nudité
Nymphomanie
Nymphophilie
Nymphotomie
Obésophilie
Obscénité au téléphone
Ochlophilie
Oculolinctus
Oculophilie
Odontophilie
Olfaction
Olisbos
Onanisme
Ondinisme
Ophidicisme
Oragénitalisme
Orgasme
Orgie
Orties
Outillage électrique

NARCISSISME OU AUTOPHILIE, IPSÉROTISME)
Amour de soi-même. Le terme provient de la mythologie grecque. Narcisse étant très beau, une nymphe, Écho, en devint amoureuse. Mais Narcisse passait son temps à se contempler dans l'eau d'une rivière. La pauvre Écho fut contrainte de répéter tout ce qu'elle entendait, tandis que Narcisse se noya dans sa propre image par l'action de Némésis, déesse de l'équité, mais aussi de la vengeance. Enfin, Narcisse fut transformé en la fleur qui porte son nom. Depuis, Narcisse est le symbole de tout auto-érotisme. Le narcissisme est nécessaire au début de la vie pour construire la personnalité. L'évolution individuelle le voit normalement s'effacer progressivement. Chez certaines personnes, le narcissisme demeure. Il se manifeste par de longues stations devant un miroir, sur lequel on baise parfois sa propre image, ou devant lequel on se masturbe. C'est l'attitude de la marâtre de *Blanche-Neige* dont l'amour-propre devint féroce.
Des narcissiques photographient parfois leurs parties génitales, deviennent exhibitionnistes et leur fréquente homosexualité peut provenir du désir de reconnaître son propre corps dans celui d'une personne du même sexe. Le peintre et photographe Pierre Molinier a beaucoup travaillé sur l'image de son corps travesti en femme.
Des cas plus rares prennent plaisir à enregistrer pour les écouter, les bruits de leur digestion, leurs flatulences.

NARRATOPHILIE
(du latin *narratio* : raconter, et *philia* : amour de)
Aussi appelée selgolalie, lagnolalie. Elle se décline en cunnilalie : discours concernant les parties génitales féminines, gymnocryptose : femmes parlant de leur sexualité avec leur maris, médolalie ou phallolalie : discours à propos du pénis, moriaphilie : goût des plaisanteries obscènes.
La narratophilie, comme on le voit, est diverse. Le mot désigne le goût de raconter ou d'entendre des histoires, des relations concernant la sexualité. C'est aussi la passion de ceux qui aiment la littérature érotique. Le "téléphone rose", le minitel puis Internet ont montré que la narratophilie est très répandue. Elle est peut-être un palliatif à la solitude trop souvent ressentie dans la vie contemporaine ou une crainte des relations sexuelles.
VOIR AGREXOPHILIE, CONFESSION, COPROLALIE, ÉCOUTEURISME, JACTITATION.

NASOPHILIE
(du latin *nasus* : nez, et du grec *philia* : amour de)
Excitation en touchant, en léchant, en suçant, en regardant le nez d'un ou d'une partenaire. Les raisons pour lesquelles on ressent cette exci-

tation varient. Les Inuits se frottent le nez lorsqu'ils formulent des souhaits ou se saluent. Les Sioux en font traditionnellement autant pour exprimer leur affection : c'est en quelque sorte l'équivalent du baiser sur la bouche des Russes.

Magnus Hirschfeld rapporte le cas d'un jeune écrivain qui fabriquait de faux nez en cire, les manipulait, les posait sur son corps, s'admirait dans un miroir ainsi paré et après "une légère manipulation arrivait à l'éjaculation". Un autre amenait un prostitué chez lui et, après avoir placé une pince à linge sur son nez, l'attachait à une corde, le tirait en disant : "J'espère que ce nez va devenir si long qu'il étonnera tout le monde." Ce jeu était absolument nécessaire pour que l'homme en question éprouve un orgasme.

Un troisième personnage était fasciné par la largeur des narines féminines. Il espérait en trouver d'assez larges pour être pénétrées. Il dessinait et conservait des esquisses représentant son idéal féminin aux larges narines. Un jour, il rencontra dans l'autobus une femme qui représentait cet idéal. Il la suivit jusqu'à chez elle et lui proposa le mariage. Elle refusa. Il insista jusqu'à ce qu'elle appelle la police. L'homme fut arrêté. (Hirschfeld, *Anomalies et perversions sexuelles*, Londres, 1935.)

Les nasophiles pratiquent parfois le nasolingus (ou nasolinctus), suçant le nez de leur partenaire comme s'il s'agissait d'un pénis. Ils demandent parfois que ces derniers se mouchent dans leur bouche, pour imiter une éjaculation.

VOIR MUCOPHILIE, MYSOPHILIE.

NÉCROBESTIALITÉ

VOIR ZOOPHILIE.

NÉCROCHLÈSE

Rapports sexuels avec un cadavre de sexe féminin.

VOIR NÉCROPHILIE.

NÉCROPHAGIE

VOIR ANTHROPOPHAGIE, NÉCROPHILIE.

NÉCROPHILIE

(du grec *nekros* : mort, et *philia* : amour de)

Coït avec les cadavres. Attraction érotique pour les cadavres. Le mot "nécrophilie" fut créé vers 1850 par un aliéniste belge nommé Guislain. Il désignait alors des malades destructeurs ou autodestructeurs et s'appliqua ensuite à ceux qui apprécient les rapports sexuels avec des cadavres.

Les nécrophiles considèrent souvent que les morts ont une personnalité pure, incapable de méchanceté. Ils choisissent souvent des professions leur permettant d'approcher des corps qu'ils convoitent.

Hérodote, durant ses pérégrinations, explique que les anciens égyptiens ne remettaient pas tout de suite aux embaumeurs les corps des nobles dames défuntes. Spécialement celles d'une grande beauté. On les conservait durant deux ou trois jours. Ceci afin que les embaumeurs ne violent pas leurs dépouilles.
Durant les guerres, des soldats se livraient parfois à la sodomie sur leurs victimes mortes ou mourantes, afin de jouir du spasme anal qui se produit au moment de la mort.
Une recrudescence de la nécrophilie eut lieu au début du XXe siècle à l'époque de Sarah Bernhardt, la grande actrice qui aimait à dormir dans un cercueil. On appelait alors la nécrophilie : vampirisme qui en est le contraire puisque, *Dracula rencontre le nécrophile à la porte du cimetière : l'un sort, l'autre rentre.* (*La Grande Encyclopédie de la Sexualité*, Paris, 1979.)
Toute maison de prostitution, à cette époque, comprenait une chambre funéraire. Certaines prostituées étaient célèbre pour leur aptitude à imitater la rigidité cadavérique. Rachilde publia un roman nécrophile, *La Tour d'Amour*, en 1899. Deux ans après, on arrêtait Victor Ardisson, le "vampire du Muy", un aide fossoyeur qui violait tous les cadavres qu'il devait inhumer. Ayant coupé la tête d'une fillette, il la dorlotait tranquillement chez lui.
C'était moins un pervers sexuel qu'un minus habens (...) il avait d'ailleurs avec ses partenaires trop soumises un comportement normal. (Dr Hesnard, *Traité de sexologie normale et pathologique*, 1933.)
La morgue était un lieu de promenade. Toutes sortes de gens venaient regarder les cadavres exposés pour qu'on les reconnaisse. On voyait alors souvent des femmes fort émues ou en proie à des extases érotiques. Les "morgueurs", employés du lieu, vendaient les dents et les cheveux récupérés sur les morts aux dentistes et aux coiffeurs.
Livré à lui-même, le garçon morgueur donnait asile la nuit à des prostituées, dans la chambre de garde. Les cadavres étaient souvent témoins muets des plus viriles débauches. Moyennant une rétribution de deux à trois francs, certains individus aux passions étranges, doués d'appétits malsains, toujours à la recherche d'émotions dépravées, pouvaient assister à la mise à nu et au nettoyage des cadavres. Aucune précaution n'était prise pour ces opérations et c'est à grands coups d'un balai de bouleau que l'on débarbouillait les corps.
Le morgueur donnait aussi des soirées à spectacle. On remplaçait le thé par un saladier de vin chaud sucré flanqué de deux "petites filles" (demi-bouteilles) remplie d'eau-de-vie baptisée "eau des morts", le tout fourni par un cabaretier voisin, ami intéressé du morgueur. Lorsque chacun avait bu sa

rasade, on se dirigeait vers la salle des morts où le garçon, expert en cette matière, faisait le choix d'un cadavre fortement ballonné et avec la précision d'un chirurgien pratiquant les autopsies judiciaires, il enfonçait une grosse épingle dans l'abdomen. Par le trou de la piqûre s'échappait un gaz auquel on mettait le feu et l'extinction des autres lumières faisait ressortir l'éclairage par le gaz méphitique. (G. Macé, *La Lecture*, n° 74, 25 juillet 1890.)

Nous sommes ici en présence de nécrosadisme, étrange pratique consistant à mutiler les cadavres, voire même à vouloir les faire souffrir alors même que, par définition, ils sont au-delà de la douleur. Ce nécrosadisme est celui de Jack l'Éventreur qui mutilait ses victimes après les avoir tuées. Le sergent Bertrand, célèbre nécrophile arrêté en 1840, déclara : *Je ne me serais jamais exposé à violer un cadavre, si je n'eusse pu le détruire après.*

Une forme particulière de la nécrophilie est la nécrophagie. Ce mot, forgé par le médecin Browne en 1875 n'avait pour son créateur aucune implication sexuelle. Pourtant, il s'agit souvent d'une forme de sadisme. Cette pratique peut provenir de la haine : lorsque Concino Concini fut tué pour que Louis XIII puisse accéder au trône, son cadavre fut mutilé par la populace, et quelqu'un fit cuire et dégusta un morceau de son cœur. Verzeni, un meurtrier sadique mangeait des lambeaux de la chair de ses victimes et Vacher, l'éventreur, les cuisinait.

Les actes nécrophiles les plus courants sont le baiser, le cunnilinctus, la fellation, la pénétration anale ou vaginale.

Dans le roman *Le Nécrophile* (Régine Deforges, 1972), Gabriel Wittkop raconte l'itinéraire et les passions morbides d'un jeune nécrophile :

Je fête le Nouvel An en bonne compagnie : celle d'une concierge de la rue de Vaugirard, morte d'une embolie. (J'apprends souvent ce genre de détail au cours de l'enterrement.) Cette petite vieille n'est sûrement pas une beauté mais elle est extrêmement plaisante, légère à porter, silencieuse et souple, agréable malgré ces yeux qui sont tombés à l'intérieur de la tête, comme ceux d'une poupée. On lui a retiré son dentier, ce qui lui creuse les joues, mais quand je l'ai dépouillée de son affreuse chemise de nylon, elle m'a fait la surprise de deux seins de jeune femme, durs, soyeux, absolument intact : son cadeau de Nouvel An.

Avec elle, l'amour est empreint d'un certain calme. Elle n'incendie pas ma chair, elle la rafraîchit. Moi d'habitude si avare du temps que je passe avec les morts – un temps très vite écoulé – et qui tente d'exploiter chaque seconde de sa compagnie, je me suis couché cette nuit à côté d'elle, pour dormir quelques heures, comme l'époux près de l'épouse, un bras passé sous la nuque mince, une main posée sur le ventre où j'avais trouvé quelque joie.

Certains nécrophiles sont aussi fétichistes : il s'emparent des vêtements des cadavres, spécialement ceux qui couvrent la poitrine. Ils apprécient les cheveux, les poils et aiment parfois ronger les ongles des morts. D'autres se masturbent durant les sermons funéraires. La nécrophilie peut se joindre à la mysophilie : le sujet ingère l'urine s'écoulant du corps ou se roule dans ses déjections. La véritable nécrophilie diffère évidemment des fantasmes, des jeux sexuels funéraires. Les mises en scène de fantasmes nécrophiles sont, heureusement, beaucoup moins inquiétantes, beaucoup moins graves que la véritable nécrophilie, laquelle est le fait d'individus malheureux. La pseudonécrophilie est donc une simulation de la mort et des pratiques nécrophiles.

La nécrophilie peut aussi être l'objet d'un cauchemar :

J'arrive devant sa tombe. Je soulève la lourde pierre qui la couvre aussi facilement qu'on soulève le couvercle d'une boîte de cigares… Elle m'apparaît. Elle n'est pas seule. Ils sont encore ensemble, enlacés dans le cercueil pourri, comme dans un lit.

Je me précipite sur son corps pour le reprendre. Je l'embrasse… Horreur ! Un ver me rampe à la lèvre ! Je me réveille en hurlant. (Georges de la Fouchardière, *La Chienne*, 1930.)

NÉGATION

VOIR MODIFICATIONS PÉNIENNES.

NÉPIOPHILIE

(du grec *népios* : enfant et *philia* : amour de)

La népiophilie est l'attirance sexuelle d'un adulte pour un enfant du même sexe. C'était plus courant autrefois lorsque la garde des enfants était confiée aux serviteurs. On trouve d'innombrables témoignages de personnes racontant comment un ou une domestique leur avait fait découvrir la masturbation. Tissot, toujours lyrique, invite à la méfiance, en commençant par vilipender la masturbation d'une femme :

Une femme avoue, dans la collection du Docteur Bekkers, que cette manœuvre a pris tant d'emprise sur ses sens, qu'elle déteste les moyens légitimes d'amortir l'aiguillon de la chair. Je connais un homme qui, instruit à ces abominations par son précepteur, éprouva le même dégoût dans les commencements de son mariage et l'angoisse de cette situation jointe à l'épuisement dû à ses manœuvres le jeta dans une profonde mélancolie, qui céda pourtant à l'usage des remèdes nervins et fortifiants.

Avant que d'aller plus loin, qu'on me permette d'inviter les pères et les mères à réfléchir sur l'occasion du malheur de ce dernier malade, et il en est plus d'un dans le même cas. Si l'on peut être trompé à ce point dans le choix de ceux à qui l'on confie le soin important de former l'esprit et le cœur des jeunes gens, que ne doit-on pas craindre, et de ceux qui n'étant destinés qu'à développer leurs talents corporels sont examinés moins rigoureusement sur les moeurs et des domestiques qu'on engage souvent sans s'informer s'ils en ont ? (Dr. Tissot, *L'Onanisme, dissertation sur les maladies produites par la masturbation.* 1760.)

Les pratiques masturbatoires étaient parfois pratiquées dès le plus jeune âge par les nourrices : en caressant le sexe d'un nourrisson, on arrêtait facilement ses cris. Une fois l'habitude prise, la pratique continuait.

À Rome, la népiophilie était habituelle. Elle aurait été favorisée par l'autorisation qu'accordaient certains bordels à leurs pensionnaires : celles-ci pouvaient garder leurs enfants près d'elles durant leur travail.

Vers 1960, l'Asie du Sud-Est proposait des photographies pornographiques, des films montrant, par exemple, des femmes âgées en train de pratiquer la fellation sur un garçonnet, etc.

VOIR INCESTE,
COÏT INTERCRURAL, PÉDOPHILIE.

NERF DE BŒUF

VOIR FLAGELLATION.

NIDDAH

Nom juif du tabou concernant le sang menstruel. La femme ayant ses règles est considérée comme impure dans les premiers livres bibliques :

La femme qui aura un flux de sang dans sa chair, restera sept jours dans son impureté. Quiconque la touchera sera impur jusqu'au soir. Tout lit dans lequel elle couchera pendant son impureté sera impur et tout objet sur lequel elle s'assiéra sera impur. Quiconque touchera son lit lavera ses vêtements, se lavera dans l'eau et sera impur jusqu'au soir. Quiconque touchera un objet sur lequel elle s'est assise lavera ses vêtements, se lavera dans l'eau et sera impur jusqu'au soir. S'il y a quelque chose sur le lit ou sur l'objet sur lequel elle s'est assise, celui qui le touchera sera impur jusqu'au soir. Si un homme couche avec elle et que l'impureté de cette femme vienne sur lui, il sera impur pendant sept jours et le lit sur lequel il couchera sera impur. (*Lévitique XV*, 19-25.)

Aux sept jours réglementaires, la *Niddah* en ajoute encore sept. Cette tradition recommande donc aux couples de ne pas avoir d'activités sexuelles durant la moitié du mois. Pour beaucoup, cette séparation est un bien : le fait d'attendre rend plus intenses leurs relations durant les périodes “autorisées”. L'usage fut donc que les femmes se séparaient des hommes durant ce temps : elles habitaient à part tant qu'elles étaient considérées comme impures. Ces usages s'adoucirent au fil des siècles, sauf chez les intégristes. Les femmes ne quittèrent plus leur demeure à ces moments. Récemment, en Israël, cette tradition posa problème lorsque les émigrés *Falachas* arrivèrent. Ces "juifs-noirs" d'Éthiopie observaient la loi à la lettre. Or, les appartements modernes de Tel Aviv dans lesquels on les logea manquaient d'espace. Pour ne pas contrevenir au Lévitique, certaines femmes s'enfermaient dans un placard durant le temps prescrit.

La *Niddah* semble être une adaptation du sentiment primitif envers les menstrues. Ce tabou était fréquent dans les tribus anciennes qui craignaient qu'une sorte de mutilation surnaturelle n'ait atteint le vagin des femmes. Avoir une relation sexuelle à ce moment, pensait-on, faisait courir aux hommes le risque d'être eux aussi blessés.

Ce tabou existe partout dans le monde. Sur un ensemble de soixante et onze tribus amazoniennes observées, seulement quatorze n'ont pas de tabou de ce type. Dans 25 % de ces tribus, les femmes habitent ailleurs que dans leur foyer habituel durant leurs règles. (T. Gregor., *Anxious Pleasures, The Sexual Life of an Amazonian People*, op. cit.).

Cet usage existe chez les Nandi, mais seulement pour les maris ordinaires. Les sorciers ou médecins peuvent satisfaire leur désir sexuel sur beaucoup de femmes de la tribu au moment où elles sont indisposées. Le tabou n'est pas forcément imposé par des règles religieuses. On peut y voir une prophylaxie. Voici les curieux conseils d'un manuel d'érotologie arabe du XVIe siècle :

Faire l'amour avec une femme qui a des règles abondantes est aussi pernicieux pour l'homme que pour elle-même car, dans cet état, son sang est vicié et, si la moindre quantité de sang s'insinue dans le canal de l'urètre, il peut survenir de nombreuses maladies. Quant à la femme, elle prend l'accouplement en aversion car elle n'éprouve pas la jouissance pendant ses règles. (Cheikh Nefzaoui, *Le Jardin Parfumé*, traduction de Liane Méry, L'Or du temps, Paris, 1971)

NORMOPHILIE

(du latin *norma* : équerre, et *philia* : amour de)

Goût exagéré de la normalité. Angoisse à l'idée de ne pas se conformer aux règles en vigueur. Conformisme abusif. C'est l'application obsessionnelle d'une idée manichéiste ancienne considérant qu'il y a d'un côté l'anormal, et de l'autre le normal :

L'homme normal seul est capable de jouir de toute la richesse de la sexualité. La névrose et la paraphilie sont des restrictions de certaines conditions spécifiques de l'amour. Le désir du normal est le désir de la morale. C'est sa tragédie de chercher le normal dans l'immoral. (*Sexologia Lexicon*, Verviers, 1970.)

C'est oublier que la normalité est une convention sociale, religieuse, juridique, etc. Il était "normal" pour un homme d'aimer les jeunes gens dans la Grèce antique. En revanche, il est légitime de ne pas vouloir se conformer à tous les tabous en vigueur, d'aller contre les usages et les idées reçues : c'est même la condition nécessaire à tout progrès, comme à la conquête d'une liberté individuelle, d'une autonomie. Un conformisme exagéré conduit à une "normalité pathologique" parfois fort déséquilibrante pour l'individu, tout en devenant insupportable à son entourage. Cette normalité peut amener les personnes à de fort étranges satisfactions. Voici, parmi d'autres, trois attitudes surprenantes de normophilie :

Impophilie : je jouis de payer mes impôts (...) Ordophilie : je jouis que tout soit en ordre (...) Réglophilie : je jouis d'être en règle. (Michel Meignant, *Nous sommes tous des pervers sexuels persécutés*, 1980.)

VOIR HIÉROPHILIE, PHOBOPHILIE, POSITIONS.

NOSOPHILIE

(du grec *nosos* : maladie, et *philia* : amour de)

Goût pour les partenaires sexuels atteints d'une maladie mortelle. L'exemple le plus célèbre est Heinrich von Kleist, écrivain et dramaturge (1777-1811). Il chercha longtemps quelqu'un avec qui mourir. Il rêvait d'une compagne acceptant de se tuer avec lui. Il finit par la trouver : c'était une cancéreuse condamnée. Ils se suicidèrent ensemble.

NOURRITURE

VOIR ANTHROPOPHAGIE, COCKTAIL, COPROPHAGIE, LACTAPHILIE, SITOPHILIE, *STUFFING*, UROPHILIE, VAMPIRISME.

NUDITÉ

Le tabou de la nudité semble provenir principalement du judaïsme ; bien qu'il existe dans d'autres cultures. Il n'est toutefois jamais aussi prononcé que dans la sphère d'influence judéo-chrétienne.

À l'origine, Adam et Ève n'avaient point conscience de leur nudité :

Ils n'avaient point honte d'être nus l'un devant l'autre. (*Genèse*, II, 25.)

Mais, la faute, la chute leur fera connaître cette honte et les incitera à se couvrir de peaux de bêtes.

Dans le monde antique, la nudité allait de soi : les athlètes couraient nus et la beauté du corps humain était exaltée par les statues.

Le monde chrétien s'opposa au monde romain et proscrivit la nudité durant un millénaire, avec quelques tolérances : certains festins, certaines célébrations montraient de jeunes

filles nues ou "seulement vêtues de leurs cheveux", qui servaient à table ou personnifiaient une allégorie.
Au XIIIe siècle, des hérésies nudistes sont durement réprimées. Adamites, Bégarts et Turlupins sont rapidement excommuniés ; le pape Grégoire XI encourage à les brûler vifs. Plus tard, au XVe siècle, les Frères du *Libre Esprit* proclameront que "quiconque possède des vêtements ne possède pas la Liberté". Ils seront, eux aussi, impitoyablement réprimés.
À l'époque de Napoléon III, la nudité redevint taboue durant un moment et les sculpteurs animaliers eurent beaucoup de succès en reproduisant avec précision les parties sexuelles des animaux, échappant au tabou. C'est ainsi que les jardins publics se remplirent de sangliers, d'ours, de tigres et de lions exhibant leurs pénis tandis qu'on recouvrait le sexe des statues anthropomorphes d'une feuille de vigne de laiton.
Comment être nu sans être nu ? La difficulté fut résolue vers 1820, par l'emploi de vêtements collants d'une couleur évoquant celle de la peau. L'inventeur de ce vêtement se nommait Maillot. Curieusement ce mot existait déjà en français, mais désignait, au XIIIe siècle, un vêtement moins suggestif, puisqu'il s'agissait d'une cotte de mailles !
Une réaction à cette pruderie excessive se fit rapidement jour. Émile Bayard fondera une revue, *Le Nu artistique*, où le prétexte de l'art permettra de contempler d'appétissantes jeunes filles prenant les poses de la statuaire grecque, revues par la Belle Époque. En 1913, cependant, la police intervint pour décrocher un nu de Van Dongen d'une exposition.
La nudité humaine continua d'être prohibée. Elle apparaissait évidemment dans les revues vendues "sous le manteau" et autres photographies pornographiques illégales et clandestines, mais aussi dans les reportages consacrées aux colonies. Là, les nudités indigènes s'étalaient à loisir. On présentait les seins opulents de la Sénégalaise ou de la Somalienne au moment où l'on prohibait toute nudité de femme blanche. Il s'agissait d'une sorte de ségrégation qui, sous couvert d'exactitude ethnographique, dénotait un certain racisme : la femme noire peut être nue, comme sont nus les animaux, parce qu'elle n'est, selon la mentalité de l'époque, pas tout à fait aussi "humaine" que la blanche.
La loi, pendant ce temps, autorisa progressivement la présentation de la nudité. On interdisait pourtant de montrer les poils pubiens. Dès lors, les danseuses nues, les strip-teaseuses conservaient une "pointe" et des ateliers de retoucheurs gommaient à la peinture couleur chair les pilosités indésirables. Ce fut la fameuse époque de la revue *Paris-*

Hollywood aujourd'hui recherchée par de nombreux collectionneurs : *Certaines de ces créatures, cependant, dédaignaient les artifices de la soie et du satin, préférant s'exhiber dans ce qu'il est convenu d'appeler le plus simple appareil. Elles montraient alors une surprenante infirmité qui les faisait s'apparenter aux anges ou aux baigneurs en celluloïd. Là où l'imagination s'attendait à trouver une contrée luxuriante, l'œil ne découvrait qu'un désert. Certes, mes connaissances en géographie féminine étaient fort limitées. Pourtant, un instinct sûr, bien que diffus, me faisait soupçonner une duperie que je ne m'expliquais pas...* (Lob, « Les Magazines "ollé-ollé" », in *Nostalgies Polissonnes*, supplément au n° 3 de *L'Écho des Savanes*, 1983.)

L'article 330 du code pénal s'est depuis assoupli et les touffeurs photographiques sont maintenant licites, pour peu qu'on ne les propose pas aux mineurs.

En 1898, Mrs. Johnson annonça "l'Évangile naturiste". Mais la vraie naissance du nudisme se produisit en 1906. Le naturisme, fondé par John Sharp, est alors prêt à se répandre lentement dans le monde. Ce mouvement naturiste promut une nouvelle idée de la nudité : elle devint "saine" et "chaste".

Le nudisme, d'origine protestante, gagna la France. *Vivre*, la première revue naturiste française naquit peu après, dirigé par M. Kienné de Mongeot. Aujourd'hui, il existe des fédérations naturistes dans presque tous les pays.

Le goût d'être nu a différents aspects : "l'actirastie" est celui du bronzage intégral... et peut-être dangereux ! "L'alloéroastie" est l'utilisation de la nudité d'un tiers pour exciter son partenaire. L'excitation par la nudité est aussi bien appelée "gymnophilie", que "nudomanie" ou "omolagnie".

VOIR EXHIBITIONNISME, *PEEP SHOWS*, STRIP-TEASE.

NYMPHOMANIE

(du grec *nymphœa* : nymphe, et *mania* : folie)

La nymphomanie est un appétit sexuel féminin insatiable. On la nommait aussi "andromanie", "arrhénothigmophilie", "clitoromanie", *coïtomimia*, "fureur utérine", *libido insatiata*, "lagnopérissie", "paeunomanie", "hyperphilie".

La nymphomanie a ses mythes : nombreuses sont les sirènes, les nixes, les lorelei qui attirent le malheureux navigateur pour le faire disparaître. Ces nymphes fluviales ou marines émergent de l'eau, symbole d'amour et chantent, assises sur un rocher, à moins qu'elles ne nagent autour d'un navire bientôt perdu.

Dans l'histoire, on a souvent présenté les grandes souveraines comme de redoutables nymphomanes telles Cléopâtre, Messaline, Catherine II de Russie ou la reine Victoria. Mais n'était-ce pas là un moyen de les déconsidérer politiquement ?

En dehors de ces créatures fantasmatiques ou fantasmées, beaucoup d'hommes rêvent de rencontrer une nymphomane. Hélas ! la réalité n'est pas aussi plaisante que le fantasme. La nymphomanie peut détruire un mariage en six semaines :

Durant les six semaines de mariage, le mari n'a pas pu dormir plus d'une heure par nuit parce que la femme l'empêchait de s'endormir par des manipulations sexuelles variées (...) Elle le sommait de pratiquer l'acte sexuel durant des heures et lorsque cela devint impossible à cause d'éjaculations répétées, elle exigeait qu'il la manipule avec ses doigts, à tel point, déclara-t-il, que son bras lui faisait mal. (Magnus Hirschfeld, *Sexual Anomalies and Perversions*, op. cit.)

Les conséquences de la nymphomanie peuvent être fort destructrices :

Malheur à l'homme qui tombe dans les rets d'une insatiable nymphomane, dont l'appétit sexuel n'est jamais satisfait. La neurasthénie profonde et l'impuissance en sont les conséquences inévitables. Ces malheureuses femmes disséminent un sentiment d'obscénité, démoralisent leur entourage, deviennent un danger pour les hommes et peuvent aussi corrompre les filles, puisqu'il existe des nymphomanes homosexuelles. (Krafft-Ebing, *Psychopathia Sexualis*, Paris, 1892.)

Les cas aigus de nymphomanie pourraient, selon maints auteurs, devenir mortels :

Une jeune fille devint soudainement nymphomane après avoir été délaissée par son fiancé : elle se mit à chanter des chansons obscènes, montrait des attitudes lascives. Des hommes solides devaient la maintenir au lit tandis qu'elle exigeait le coït. Insomnie, congestion des nerfs faciaux, langue sèche et pouls rapide. Elle mourut en quelques jours. (Moreau, cité par Krafft-Ebing, op. cit.)

Cependant, ces conséquences directement mortelles sont fort controversées. La nymphomanie n'en reste pas moins grave. Elle devient obsessionnelle : les femmes qui en sont atteintes ne peuvent se détacher de cette idée, devenant esclaves de leur désir. Hélas, ce désir est condamné à demeurer inassouvi : les nymphomanes sont souvent frigides. La volupté, l'orgasme est toujours en attente et les coïts répétés avec plusieurs partenaires, la masturbation frénétique n'y peuvent rien. L'exemple suivant est, de ce fait, édifiant :

Chaque fois que je vois un homme qui me désire, qu'il soit laid ou beau, Noir ou Blanc, jeune ou vieux, je ne peux plus me maîtriser et je suis prête à tout pour qu'il m'aborde. Cela m'arrive n'importe où et avec n'importe qui. Si je suis, par exemple avec un homme qui vient de me faire l'amour et qu'un autre homme me regarde, je ne peux m'empêcher d'avoir envie de lui.

Aucune de mes relations n'a pu durer à cause de ces pulsions. (Cité par Lantéri-Laura, *Lecture des perversions*, Masson, 1979.)
La pulsion, elle, subsiste et les nymphomanes sont alors prêtes à tout : scandale sur la voie publique, déchéances diverses.

NYMPHOPHILIE
(du grec *nymphœa* : nymphe, et *philia* : amour de)
Jusqu'au XIXe siècle, l'âge minimal du mariage pouvait être, selon les pays, de dix à treize ans. Ces mariages ne sont aujourd'hui plus autorisés. De plus, les lois condamnent sévèrement les relations sexuelles d'un homme avec une jeune fille mineure. Les psychologues pensent que la préférence sexuelle pour un âge donné s'élabore durant la puberté. Le nymphophile, souvent, demeure à un certain stade et n'évolue plus. Ce phénomène est souvent dû au fait que le sujet a été, dans beaucoup de cas, soumis à des abus physiques, sexuels ou émotionnels, durant son enfance. L'âge adulte n'est pas assumé tandis qu'une peur des femmes persiste. Une jeune fille offre donc plus de sécurité émotionnelle, et le nymphophile la domine et contrôle la situation.
Les nymphophiles arrêtés par la police pour abus sexuel déclarent souvent que la jeune fille les a provoqués. C'est parfois vrai. Il en va ainsi dans le roman de Nabokov, *Lolita* (Olympia Press, 1955.)Toutefois, la séduction ainsi déployée n'est pas une circonstance atténuante. Le goût pour les jeunes filles vierges se nomme "parthénophilie".
VOIR INCESTE, NÉPIOPHILIE, PÉDOPHILIE.

NYMPHOTOMIE
(du grec *nymphœa* : nymphe, et *temnein* : couper)
Ablation rituelle ou chirurgicale des petites lèvres de la vulve. La cicatrice tend la peau et diminue la largeur du vagin, ce qui est apprécié par certains hommes. On pratique cette mutilation en Afrique sur les fillettes âgées de quatre mois à quatre ans.
VOIR EXCISION, INFIBULATION.

OBÉSOPHILIE
(du latin *obesus* : gros, et *philia* : amour de)
Excitation à la vision et à l'acte sexuel avec des personnes obèses. Ford et Beach, quand ils étudièrent les préférences et manies sexuelles de leurs contemporains, découvrirent qu'une majorité d'hommes préféraient les femmes bien en chair, voire fortes. Holmbert, dans son étude sur les Sironios de l'Est Bolivien, rapporte le témoignage suivant :
En plus d'être jeune, désirable sexuellement, une femme doit aussi être grosse. Elle doit avoir les hanches

larges, une grosse mais ferme poitrine et de la graisse sur ses organes sexuels. Une femme grosse, appelée ere' N ekida (vulve grasse), apporte un orgueil évident à son mari et l'on pense que les femmes grosses sont plus faciles à satisfaire sexuellement que les femmes maigres. (Cellan Ford et Frank Beach, *Patterns of Sexual Behavior*, New York, 1986.)

En Afrique, l'obésité a toujours été considérée comme un signe d'influence, de richesse. Aussi "engraisse"-t-on parfois les jeunes filles dans des "fermes" spécialisées afin de les rendre dodues. Ces établissements leur apprennent aussi à tenir la maison, à faire la cuisine, etc. Au Japon, les sumos sont considérés comme des *sex-symbols* et la fascination qu'ils exercent sur les femmes peut être apparentée à une forme de fétichisme.

Plusieurs théories ont été émises concernant l'obésophilie. Pourtant, aucune ne semble convenir à tous les cas. Il semblerait, toutefois, que le fait d'avoir un parent obèse constitue une prédisposition. Un certain nombre d'obésophiles ont eu au moins un de leur proche atteint d'obésité. D'autres ont un membre de leur famille amputé (voir *Acrotomophilie*). D'aucuns pensent que cette préférence se développe durant l'enfance et qu'elle serait due à un mélange complexe de causes génétiques, hormonales et/ou environnementales. Enfin, l'obésophile se sentirait rassuré par la différence d'embonpoint, retrouverait un sentiment de sécurité, d'amour maternel. Cette préférence se manifeste très jeune, dans les premiers temps de la sexualité et l'obésophile est attiré par la différence de poids. L'obésophile compare souvent la sensation de se trouver avec un partenaire gros à celle qu'on éprouve au contact d'oreillers ou de coussins moelleux. Un obésophile anonyme décrit ainsi ce qu'il ressent :

L'obésophile recherche des sensations physiques corporelles avec un corps obèse qu'il utilise comme un oreiller et qu'il compare à une montagne de chair qui l'enveloppe comme s'il était allongés dans un gigantesque pudding de chairs glissant entre ses doigts, giclant sous ses bras, ses jambes et où il serait aspiré vivant dans des profondeurs soyeuses. (B.U.F., Février 1990.)

Il existe de nombreuses revues et films pornographiques montrant des femmes (*chubby chasers, fat mamas, milky maid*) ou des hommes obèses se livrer à différents actes sexuels entre eux ou avec des partenaires non obèses.

Le cinéaste Federico Fellini qui a mis en avant des femmes obèses dans ses films (*Huit et demi*, 1963 ; *Le Satyricon*, 1969 ; *Les Clowns*, 1970 ; *Amarcord*, 1973) avoue :

J'ai découvert la femme en tant que telle vers l'âge de huit ans, sous les traits d'une plantureuse péripatéti-

cienne de province. C'était un monstre fabuleux et inquiétant, une sorte de Moby Dick.

VOIR ACROTOMOPHILIE, AGALMATOPHILIE, AMAUROPHILIE, ANASTÉMAPHILIE, DYSMORPHOPHILIE, GÉRONTOPHILIE, INFANTILISME.

OBSCÉNITÉS AU TÉLÉPHONE OU **TÉLÉPHONICOPHILIE**

Forme de coprolalie et de narratophilie pratiquée par des hommes qui appellent au téléphone des correspondants inconnus. Ils cherchent à entrer en contact avec une femme pour lui raconter des obscénités, généralement en se masturbant. Parfois, ils forment les numéros au hasard, mais il arrive qu'ils les choisissent sur l'annuaire. Les femmes se livrent parfois à cette activité. Mais c'est le plus souvent par désir de vengeance plutôt qu'une aide à la masturbation.

Le déroulement de tels appels peut prendre différentes formes : certains raccrochent presque tout de suite. D'autres font simplement entendre leur respiration. D'autres encore prétendent faire une enquête et commencent à poser des questions anodines avant de tenir des propos plus obscènes. Il arrive aussi que la correspondante soit abreuvée d'injures ou que celui qui l'appelle prétende la connaître.

Certains téléphonicophiles satisfont leur manie confortablement installés chez eux, allongés sur un lit ou assis dans un fauteuil. Souvent, ils regardent un film pornographique dont ils ont baissé le son en appelant.

On pense que les téléphonicophiles sont agressifs, veulent dominer leur victime. Mais ces tendances ne leur sont pas exclusives. Le téléphonicophile présente, de plus, une peur et un désir de l'intimité. Se masturber en téléphonant permet de résoudre ce dilemme.

Les femmes qui reçoivent ce type d'appel sont le plus souvent indignées, voire terrorisées. Elles se sentent atteintes par une sorte de viol symbolique oral ; ne pouvant mesurer la distance qui les séparent de leurs persécuteurs, ne sachant pas s'il s'agit d'un voisin, d'une connaissance, ou d'un inconnu appelant à quelques centaines de kilomètres. Cette voix est très proche de son oreille mais totalement incontrôlable. Surtout dans le cas de femmes seules qu'un maniaque persécute. La meilleure conduite à tenir, si les appels persistent, c'est de faire un transfert d'appel chez un ami prévenu : l'audition d'une voix mâle fait souvent cesser le correspondant. On peut aussi utiliser un répondeur ou décrocher le combiné. Si la persécution devient trop pénible, on peut porter plainte. Le Procureur de la République fera alors mettre la ligne sur écoute judiciaire afin d'arrêter le téléphonicophile.

De toute façon, il faut se défendre de l'impression d'avilissement, de l'inquiétude ressentie à l'audition de ces appels. Ils sont, certes, angoissants, mais ne présentent que fort rarement un danger. Le mieux serait de parvenir à n'y point attacher d'importance. Aux États-Unis, ce type de manies est fort répandue. À tel point qu'il existe des groupes d'anciens téléphonicophiles qui s'unissent pour venir en aide à ceux qui ne parviennent pas à se défaire de cette manie. Ces groupes, à l'image des Alcooliques Anonymes, proposent des programmes de rééducation, des thérapies, etc.

OCHLOPHILIE
(du grec *ochlos* : foule, et *philia* : amour de)
L'ochlophile est sexuellement excité par la foule. Il peut rechercher les orgies, mais il appréciera tout autant les manifestations, les regroupements. Ses possibilités d'excitation se développèrent par le réseau de transports en commun des villes. En effet, au moment de la création du métro londonien, des prêtres exprimèrent leur gêne. Peu habitués à sentir des corps chauds autour d'eux, ils ne pouvaient retenir leur éjaculation. (Magnus Hirschfeld, *Sexual Anomalies and Perversions*, op. cit.)
VOIR ORGIES, FROTTAGE, HOMILOPHILIE, POLIYTÉROPHILIE.

OCULOLINCTUS
(du latin *oculus* : œil, et *lingere* : lécher)
Acte de lécher le globe oculaire d'un partenaire. Ce goût est assez rare, mais on connaît différents cas d'excitation sexuelle par l'oculolinctus. Certaines femmes ont déclaré ne pouvoir atteindre l'orgasme qu'après l'avoir pratiqué.
VOIR ANILINCTUS, CUNNILINCTUS, FELLATION, LACTAPHILIE, NASOPHILIE, OCULOPHILIE.

OCULOPHILIE
(du latin *oculus* : œil, et du grec *philia* : amour de)
René Descartes était fort attiré par les yeux des femmes. L'oculophilie est le fait de ceux qu'excitent les regards. On sait que les pupilles s'élargissent lorsqu'on regarde quelque chose qui nous plaît. Réciproquement, un regard ainsi ému est fort attirant. C'est pourquoi de nombreux produits ont été inventés au cours des âges pour embellir ainsi le regard. On utilisait autrefois la dangereuse belladone, dont le nom signifie "belle femme". Il existe aujourd'hui des produits moins nocifs qu'utilisent les photographes de mode pour embellir le regard de leurs modèles.
L'oculophilie est fort répandue. Toutefois, il semble qu'on ne connaisse qu'un seul cas de pénétration orbitale : une prostituée borgne

des Philippines s'est rendue célèbre en ôtant son œil de verre pour accueillir le pénis de ses clients dans la cavité ainsi dégagée.
L'Histoire de l'œil de Georges Bataille a pour héroïne une femme excitée par l'œil qu'elle assimile à l'œuf. Elle les réunit symboliquement en s'excitant avec des testicules de taureau. Une série d'explications psychanalytiques, à la fin du livre, tente d'élucider les raison de cet attachement.
VOIR LACTAPHILIE, NASOPHILIE, OCULOLINCTUS, ODONTOPHILIE.

ODONTOPHILIE

(du grec *ondos* : dent, et *philia* : amour de)
L'odontophilie est une excitation sexuelle mettant en jeu les dents. Le marquis de Sade a raconté la passion d'un nommé Boniface qui arrachait les dents de sa bien-aimée à une époque durant laquelle l'oxyde nitreux n'était pas encore employé, pas plus que d'autres anesthésiques.
Léon Bloy, dans *La Femme pauvre*, évoque la misère d'une femme qui se fait arracher les dents. Cette mortification est décrite d'une façon quelque peu frénétique, voire érotisée.
L'extraction dentaire peut avoir une effet érotique même lorsque les anesthésiques sont en jeu. Dans *Greed*, film d'Eric von Stroheim, une belle patiente est embrassée avec ardeur par son dentiste, juste après l'extraction d'une dent, alors que le sang coule encore de sa bouche.
VOIR LACTAPHILIE, NASOPHILIE, OCULOLINCTUS, PHALLOPHILIE, TESTICULES.

OLFACTION

Les odeurs ont une grande importance dans la vie sexuelle. "L'onatholagnie" est le goût pour les odeurs florales. La "barosmie", l'"olfactophilie", "l'osmolagnie", l'"ospresiolagnie" et l'"ozolagnie" sont des termes désignant l'excitation ressentie en respirant des odeurs fortes.
La vie est difficile sans les odeurs. Les astronautes, dans l'espace, étaient fort perturbés du manque d'odeur environnant. À tel point qu'il fallut les munir d'essences chimiques. Les odeurs, même celles que nous n'avons pas conscience de sentir, nous permettent de nous orienter et sont des adjuvants de la mémoire.
Les odeurs sont liées à nos sentiments et sont parfois l'une de leur cause. Le sexologue Ivan Block déclare :
L'odeur forte de la race noire est la raison principale de l'antipathie entre les Blancs et les Noirs (…) D'autre part, la même antipathie est ressentie par les Noirs et les Métis contre les Blancs. Il a été constaté que, chez les Massaï (une tribu africaine), chaque étranger est haï dès le début, et cette haine va si loin que, lorsqu'il sentent un étranger s'approcher, les Massaï éprouvent une

telle répugnance qu'ils doivent renifler des herbes aromatiques qu'ils placent près de leurs nez. (J. A. Rogers, *Sex and Race*, New York, 1967.)

Dans le même ouvrage, un médecin français vivant à Haïti déclare, à propos de son épouse noire, qu'il est "ivre de son parfum" et qu'il ne peut comprendre l'amour avec une femme blanche, qui est "insipide et sans odeur". L'odeur féminine, *odor di femina*, est un puissant stimulus sexuel. Les parfums la masquent parfois. Les meilleurs d'entre eux, cependant, ne font que l'accompagner, la renforcer et lui laissent la place lors de l'excitation sexuelle :

Mulier recte olet ubi nihil olet (une femme ne sent bon que si elle sent son odeur à elle), écrivait Martial. Tandis que :

En ce qui concerne tout particulièrement la fragrance génitale féminine, son efficacité sur l'homme tient à ce qu'elle fut la première odeur que nous ayons jamais ressentie, celle de notre mère – et aussi celle de la Mère matricielle. (*Sexologia Lexicon*, Verviers, 1970.)

Notons qu'en français, comme dans d'autres langues, le verbe "sentir" désigne à la fois la perception d'une odeur et le fait d'en émettre une : l'odeur pénètre les sens et s'incorpore à l'être. C'est le fondement du sensualisme de Condillac : *en respirant une odeur de rose, je deviens odeur de rose, l'imprégnation est telle qu'on s'y identifie. L'effet des odeurs peut être renforcé de différentes façons.*

La combinaison de parfum et de massage est une expérience grisante. La stimulation des centres olfactifs jointe à celle de l'érotisme du corps par le toucher provoque une réponse émotionnelle, lève les inhibitions et permet l'élaboration d'une chimie naturelle (...). Les kinésithérapeutes connaissent cet effet hédonique et évitent l'utilisation d'huile parfumée. "Les huiles parfumées excitent mes patients, hommes et femmes, déclare un masseur, je ne peux rien y faire. J'utilise une huile minérale très légère, et je n'accepte aucun parfum dans mon cabinet !" (Fast et Bernheim, *Sexual Chemistry*, New York, 1983.)

Les amateurs de bondage préfèrent parfois bâillonner leurs partenaires en leur enfonçant un sous-vêtement sale dans la bouche plutôt que d'utiliser les traditionnels instruments de cuir ou de plastique. Une privation sensorielle comme le port d'un bandeau sur les yeux ou le silence complet intensifie les sensations olfactives.

VOIR : PHÉROMONES.

OLISBOS

VOIR GODEMICHÉ.

ONANISME

Aujourd'hui synonyme de masturbation. C'est un abus de langage.

Judas prit pour Er, son premier-né, une femme nommée Tamar. Er, premier-

né de Judas, était méchant aux yeux de l'Éternel ; et l'Éternel le fit mourir. Alors Judas dit à Onan : va vers la femme de ton frère, prends-la comme beau-frère et suscite une postérité à ton frère. Onan, sachant que cette postérité ne serait pas à lui, se souillait à terre lorsqu'il allait vers la femme de son frère pour ne pas donner de postérité à son frère. Ce qu'il faisait déplut à l'Éternel, qui le fit aussi mourir. (*Genèse XXXVIII*, 6, 10.)

Il était d'usage qu'une veuve soit reprise par son beau-frère dans la société hébraïque primitive. Le péché d'Onan n'est donc pas la masturbation, mais le contrôle des naissances, qui devint, et demeure pour beaucoup de catholiques, le plus grand péché que réprouve l'Église.

VOIR *COÏTUS INTERRUPTUS*.

ONDINISME

VOIR UROPHILIE.

OPHIDICISME

VOIR ZOOPHILIE.

ORAGÉNITALISME

Mot d'abord apparu en anglais en 1940, créé par le sexologue Legman et désignant toute excitation orale des parties génitales, tout acte sexuel buccal. Ce mot remplaça donc les anciennes expressions latines des sexologues telles que *coït ab ore* ou *coït in oscultatio*. On dit aussi "irrumation". (G. Legman, *Oragenitalsim*, New York, 1960.)

VOIR CUNNILINCTUS, FELLATION.

ORGASME (ACMÉGÉNÈSE)

Stade suivant l'intumescence et point culminant du plaisir sexuel. Chez l'homme, après un stade "en plateau" pouvant durer fort longtemps, le plaisir devient irréversible et culmine en quelques secondes. Généralement, la sensation voluptueuse s'accompagne d'une éjaculation, d'une émission de sperme. Mais l'orgasme peut avoir lieu sans cette émission. Chez les hommes ayant subi une opération de la prostate, l'éjaculation est inversée : le sperme ne s'écoule pas au dehors, mais se perd dans la vessie sans passer par l'urètre. Avant la puberté, les jeunes garçons peuvent éprouver des orgasmes "à sec", sans éjaculation. Durant l'orgasme, les muscles du périnée, le releveur de l'anus, et le sphincter anal sont contractés.

On distingue généralement deux formes d'orgasmes féminins, lesquels peuvent aussi avoir lieu ensemble. Le plaisir est souvent diffus et semble se répandre dans tout le corps. Le muscle constricteur de la vulve se contracte, comme le releveur de l'anus et le sphincter. Les sécrétions vaginales augmentent. Une femme peut éprouver des orgasmes "en série" au cours du même coït.

Les orgasmes éprouvés dans certains "états seconds" sont recherchés par les mystiques. De nombreuses techniques sont enseignées pour y parvenir. Aux phénomènes généraux de l'orgasme s'ajoute une sécrétion accrue de sérotonine dans le cerveau. Il ne s'agit plus de "petite mort", selon l'appellation populaire du plaisir, mais d'une expérience que les initiées appellent "proche de la mort". On voit sa vie défiler à toute vitesse, le temps se distend, on éprouve une impression d'extrême lucidité. Un sentiment de plénitude envahit à la fois le corps et l'esprit, on éprouve des perceptions extrasensorielles. Ces phénomènes sont décrits dans : B. Gryson, "A typology of Neardeath Experiences", *American Journal of Psychiatry*, 142:8, Août 1985.

Ces expériences se préparent par des techniques telles que le jeûne, la méditation, la privation d'eau. On peut aussi user de privations sensorielles : on se couvre les yeux d'un bandeau, ou encore on se bouche le nez pour ne plus sentir aucune odeur. Ces pratiques augmentent la production de sérotonine et le cerveau émet des ondes A.

L'auto-sadisme et l'auto-flagellation des mystiques sont une autre voie pour atteindre ces états de conscience et permettent, eux aussi, de provoquer l'orgasme :

Le mysticisme chrétien excite et sublime l'énergie érotique. (...) Le mâle célibataire tourne son affection vers la personne de la Vierge Marie, sa "dame", pour réprimer sa sexualité réelle. L'érotisme spirituel doit être dirigé vers le plus grand esprit féminin et transformer l'âme, plus qu'avec une femme de chair. (Peter de Rosa, o.p. *Vicars of Christ.*)

Sainte Thérèse d'Avila décrivit ainsi ce qu'elle éprouvait :

Un ange se tenait près de moi (...). Il tenait dans sa main une longue lance d'or à la pointe de laquelle il semblait y avoir un petit feu. Il m'apparaissait ainsi pour m'en percer le cœur et mes entrailles. Lorsqu'il la retirait, il semblait les emporter, en me laissant toute en feu, pleine d'un grand amour pour Dieu. La douleur était si grande qu'elle me faisait gémir. Mais la douceur de cette douleur excessive la surpassait et je ne voulais point qu'elle cessât. L'âme est satisfaite, maintenant, avec rien de moins que Dieu.

L'extase mystique est au sens propre le fait de "sortir de soi-même" et beaucoup de religieux ont ressenti une sorte d'absence du corps, alors qu'il se sentaient flotter en dehors de leur enveloppe charnelle. Les états de conscience altérée peuvent aussi s'obtenir au moyen de stupéfiants. Timothy Leary, "l'inventeur" du L.S.D., déclara maintes fois que sous l'influence de ce produit, une femme peut éprouver plusieurs dizaines d'orgasmes à la suite.

L'orgasme prolongé est accessible après l'apprentissage de certaines techniques. Ce qu'on appelle phase 2 est, pour une femme, le remplacement des contractions habituelles par un déferlement continu de contractions du muscle pelvien profond. Ces contractions sont "comme des vagues", durent trente secondes et il n'y a pas d'interruption entre elles.

L'homme peut connaître un état continuel d'émissions orgasmiques durant trente minutes ou plus. Un sperme clair s'écoule goutte à goutte durant ce temps. Le sphincter anal est relâché. L'éjaculation finale peut durer plus de trente secondes durant lesquelles le sujet éprouvera une vingtaine d'intenses contractions. (A. et J. Brauer, *ESO-Extended Sexual Orgasm*, New York, 1983.)

L'orgasme de "fusion" est atteint en stimulant deux ou plusieurs zones érogènes à la fois. Lorsqu'on découvre l'une de ces zones, on la caressera en se masturbant. Puis on tâchera, petit à petit, d'atteindre l'orgasme par la seule stimulation de la zone en question. Ensuite, on stimulera d'autres zones de la même façon pour parvenir à des caresses combinées en prenant garde à ne pas exciter une zone plus qu'une autre.

Le but est d'obtenir un orgasme provenant de ces zones en même temps. Par exemple, si quelqu'un stimule à la fois son pénis et un mamelon et qu'il sent que l'orgasme du pénis approche, il ralentira les mouvements de sa main sur sa verge et se concentrera sur son mamelon afin que ses caresses aient une intensité égale. (Dr Herbert Otto, *Living Up to Your Orgasmic Potential, Sex over Forty*, IX, juillet 1990.)

Les zones qui répondent le mieux à ces stimulations combinées sont la prostate, l'anus, le point G, le scrotum, les aisselles, les orteils et les mamelons. On renforce les sensations en utilisant des lotions, des pommades hyperhémiantes. La prostate peut être manipulée de deux façon : soit par l'extérieur en pressant rythmiquement le périnée entre l'anus et le scrotum, soit par l'introduction d'un doigt ou d'un godemiché à une profondeur de cinq à dix centimètres dans l'anus.

La psycholagnie ou masturbation psychique obtient l'orgasme sans manipulations. L'orgasme peut se produire spontanément, à la suite d'un fantasme ou à l'occasion de punitions, de choc électrique fortuit, de l'élévation rapide d'un ascenseur, en conduisant une voiture, en pratiquant le ski, le vol à voile, la boxe, la lutte, en urinant, en ayant peur ou en éprouvant le trac avant un examen, en voyant un policier, en trouvant de l'argent dans la rue, etc. (A. C. Kinsey, W. B. Pomeroy et C. E. Martin, *Sexual Behavior in the Human Male*, Philadelphie, 1948.)

L'orgasme chez les sadomasochistes peut se classer en deux types. Celui de l'esclave, éprouvant une douleur ou en état de privation sensorielle, peut ressembler aux plaisirs éprouvés en état de conscience altérée. Il peut aussi se produire des émotions exagérées, intenses, et, particulièrement au cours du bondage, un état de transes menant à l'extase.

Le maître ou la maîtresse éprouve un orgasme plus psychique en contrôlant la réponse érotique de l'esclave. Beaucoup ont besoin de stimulation génitale pour y parvenir. Parfois, le plaisir advient par un simple effleurement des zones voisines des organes sexuels. Certains préfèrent ne pas jouir, mais se trouvent dans un état d'euphorie qu'ils décrivent comme une sorte de chaleur au ventre qui irradie vers les extrémités. C'est un phénomène comparable à l'orgasme tantrique et l'on sent son estomac un peu comme lorsqu'on se trouve dans un ascenseur rapide.

Les orgasmes tantriques sont le résultat d'un long entraînement au yoga sexuel. Ce yoga, comme les autres, donne de l'énergie grâce au contrôle du souffle, à des positions particulières, un contrôle mental. Les effets physiques de l'orgasme tantrique dépendent du type de respiration en cours. Le but est d'entrer dans un état de conscience altéré, non seulement avec son partenaire, mais en fusion avec le cosmos. On décrit cet orgasme comme la sensation d'être empli de lumière blanche tandis que l'énergie grimpe et descend le long de la colonne vertébrale. (Arvind et Shanta Kale, *Tantra, The Secret Power of Sex*, Bombay, 1975.)

ORGIE

Rapports sexuels entre plusieurs personnes. Pour qu'il y ait orgie, il faut que les partenaires soient plus de trois (triolisme) ou de quatre ("partie carrée"). Dans l'Antiquité, diverses religions pratiquaient des orgies sacrées ou rituelles.

Vers 1900, Paul Wirz fut témoin d'une orgie religieuse en Nouvelle-Guinée, dans la société secrète des Ezam.

D'abord les hommes et les femmes étaient séparés tandis que les hommes chantaient et jouaient de la musique sur des tambours ou des instruments de percussion. Ces chants s'interrompaient parfois. Alors, les initiés allaient dans les bois avec une femme de leur choix. Lorsqu'il revenait, l'initié rapportait une branche brisée, signe de son succès. Ce rituel durait plusieurs jours. Ensuite, une jeune fille entrait dans une hutte afin d'avoir des relations sexuelles avec plusieurs hommes. L'un de ces hommes était, à son insu, désigné pour le sacrifice. Les autres faisaient s'écrouler la hutte tandis qu'il était en train de faire l'amour avec la jeune fille. On les dégageait ensuite des décombres, on les équarrissait avant de les rôtir en vue d'un festin. (Joseph

Campbell, *Historical Atlas of World Mythology*, New York, 1988.)

L'orgie est un thème très utilisé en littérature érotique car elle permet tous les excès, toutes les impudeurs comme l'écrivit le poète Baffo vers 1730 :

On a conté bien des choses en fait de sensualité, et selon Pétrone, nul ne l'a poussée aussi loin que Néron.

Écoutez, et vous verrez s'il était possible de faire plus qu'il ne fit pour assouvir sa luxure.

Il fit le tour du délicieux lac d'Agrippa, monté sur un navire d'or et d'ivoire. Tous les rameurs avaient été choisis parmi les jeunes gens les plus débauchés.

Sur le vaisseau était préparé le banquet le plus beau qu'il fût possible de voir. Tout le long d'un lac, il avait fait construire des portiques somptueux et des casinos délicieux. Dans tous ces endroits, se trouvaient un nombre infini de femmes de toutes sortes. Ici étaient des belles dames d'une haute naissance, destinées aux vits les plus nobles. Elles devaient se tenir prêtes à accueillir gracieusement le premier qui leur présenterait son vit ; car il avait du plaisir à voir de grandes dames agir comme des prostituées.

Là se tenaient des putains toutes nues dans les attitudes les plus étranges.

Je m'imagine ce que faisaient là toutes ces femmes pour faire bander les hommes : l'une ayant les jambes écartées et appuyées à une colonne, devait se branler le con. L'autre, debout sur une jambe comme une grue, attendait qu'on vînt la foutre. Celle-ci tendait son con, attendant qu'on l'enfilât comme dans une joute. Celle-là, ayant les mains à terre, marchait à quatre pattes, ainsi qu'on le voit dans une figure de l'Arétin. Les hommes les plus robustes les prenaient dans leurs bras, et, les tenant en l'air, les enfilaient avec leurs vits. Des vieillards s'agenouillaient devant quelques-unes, et leur léchaient le con, en leur fourrant un doigt dans le cul. D'autres leur mettaient leur vit dans la main, en les engageant à le branler entre leurs tétons. D'autres leur promettaient toutes sortes de plaisirs pour qu'elles consentissent à prendre leur oiseau dans la bouche.

Enfin, chose étonnante, il y en avait qui aimaient par-dessus tout à décharger dans les cheveux d'une femme.

Néron, entouré d'un brillant cortège, parcourut pendant le jour les différents endroits où se passaient ces scènes lubriques.

Quand parurent les ombres de la nuit, il fit illuminer les maisons et les portiques, afin de continuer à les voir. De toutes parts, on entendait le son des instruments et des chansons lascives, si bien que, dans les palais et les bosquets, voisins, l'écho répétait sans cesse : Vivent les cons et les vits.

Pour couronner cette fameuse orgie, Néron prit le vêtement d'une fiancée. Il se fit mettre un grand voile sur la tête, et se fit même donner une dot, pour que rien ne manquât à la fête. Puis, pour accomplir son mariage avec son amant, il voulut qu'il lui enfonçât publiquement son vit dans le cul.

Aujourd'hui, on nomme l'orgie, "sexualité de groupe" ou, plus trivialement, "partouze". Il existe en France plusieurs "boîtes à partouze" – bien que leur grande vogue fût les années avant l'apparition du virus du sida –, où se retouvent des couples pour s'adonner à leur goût pour l'exhibitionnisme, le voyeurisme, l'échangisme ou le candaulisme. Ces boîtes, appelées également "club de rencontres", sont généralement réservées exclusivement aux couples.

VOIR ÉCHANGE DE FEMMES, ÉCHANGISME, CANDAULISME, FÊTES VOTIVES, *GANG BANG*.

ORTIE

VOIR FLAGELLATION.

OUTILLAGE ÉLECTRIQUE

Les outils dont on se sert durant les jeux sexuels sont les perceuses, les agrafeuses, les tours à bois, les trayeuses et les tronçonneuses modifiées. Ces machines sont dangereuses et le risque de blessures graves est réel.

On adapte les perceuses électriques aux jeux sexuels en remplaçant la mèche par un coton-tige qu'on lubrifiera largement. Ensuite on introduira l'extrémité du coton tige dans l'urètre. Certains utilisent un compresseur d'air pour chatouiller un clitoris. D'autres peuvent éprouver des orgasmes en appuyant leurs parties génitales sur la poignée d'une tondeuse à gazon en fonctionnement, etc. Les perceuses électriques peuvent aussi recevoir un godemiché adapté. On le lubrifie avant de l'introduire dans le vagin ou l'anus, puis on appuie sur l'interrupteur.

Les ponceuses doivent être débarrassées de leurs abrasifs que l'on remplacera par un tissu doux et l'on pourra s'en servir pour caresser un pénis, un sein, etc. Les trayeuses peuvent s'utiliser de deux façons : pour masturber un pénis ou titiller les seins, mais on peut les laisser au pis de la vache, pratiquer une dérivation afin de recevoir le lait chaud sur la verge, la vulve, le ventre, les seins.

Les tronçonneuses servent lors de mises en scène incluant un simulacre de castration. On enlèvera la chaîne. Le déroulement de ce jeu est le suivant : on couche la victime sur un lit, ou on l'appuie, debout contre un mur. On lui a bandé les yeux pour qu'elle ne découvre pas tout de suite que la tronçonneuse a été modifiée. On la ligote solidement. Les parties génitales sont alors garrottées (mais pas trop serrées). Le patient est alors averti que "c'est l'heure". Il a droit à une dernière volonté. On met en route. On enlève le bandeau qui aveugle le patient. La scie est abaissée lentement jusqu'à être posée au-dessus des parties génitales de la victime. Le danger ne vient pas de la machine, neutralisée puisqu'on lui a ôté sa chaîne, mais de la peur éprouvée par la victime : un malaise cardiaque, un choc émotionnel profond peuvent se produire. En dehors des outils, d'autres appareils électriques peuvent procurer d'agréables sensations : une brosse à dents électrique est tout indiquée pour frotter un clitoris ou une verge.

VOIR JOUETS SEXUELS, MÉCANOÉROTISME, *SYBIAN*.

P-Q

Paddle
Paraphilies
Parthénophagie
Parthénophilie
Pecattiphilie
Péché
Pédérastie
Pédiophilie
Pédophilie
Peep show
Perversions
Petites annonces
Petticoat discipline
Phallophilie
Phéromones
Philtres d'amour
Phlébotomie
Phobies
Phobophilie
Photographie
Phygéphilie
Picazisme
Pieds liés
Piercing
Pinces
Pinçons
Piqûres d'abeilles
Piqueurs
Plantes
Plug
Pluie dorée
Podophilie
Poirier
Pollution
Polyandrie
Polygamie
Polyitérophilie
Pommade
Poppers
Pornographie
Positions
Poupées gonflables
Pouvoir personnel
Préservatif
Priapisme
Prisha ou ischolagnie
Privation sensorielle
Prostitution
Proxénétisme
Psychrocisme
Punition
Purdah
Pygmalionisme
Pygophilie
Pyromanie
Pyrophilie
Quadoushka
Queening

PADDLE
VOIR FLAGELLATION.

PARAPHILIES
VOIR PERVERSIONS.

PARTHÉNOPHAGIE
VOIR ANTHROPOPHAGIE.

PARTHÉNOPHILIE
VOIR NYMPHOPHILIE.

PECATTIPHILIE
(du latin *peccatum* : faute, et du grec *philia* : amour de)
Excitation par le péché. Plaisir de pécher parfois joint à celui de se sentir coupable. Les adolescents ayant été élevés dans une famille religieuse et stricte souffrent fréquemment d'un dilemme quand ils se masturbent : on leur a dit que Dieu les punirait, voire les ferait périr pour cette "per version". Quelques-uns grandissent en associant l'idée de plaisir à celle de péché. Parfois, ils s'adonnent à des jeux sexuels ayant pour thème la mort, pour retrouver l'intensité émotionnelle de leurs pratiques solitaires. Un autre type de "pécheur" rendra plus intense son sentiment de culpabilité en séduisant une vierge ou un membre du clergé. Ou encore, il portera des costumes religieux durant l'acte sexuel ou chantera des hymnes. À moins qu'il n'entre dans une église en compagnie d'une femme pour faire l'amour sur l'autel.
Ceux qui sont atteints d'une pecattiphilie profonde peuvent ressentir une surabondance de culpabilité. Ils voudront parfois punir leur partenaire pour les orgasmes éprouvés. D'autres vivent avec une peur obsessionnelle des maladies vénériennes, considérées comme une punition du Ciel. Les cas extrêmes peuvent devenir des criminels et tuer pour permettre l'expiation des crimes. C'est le cas de Jack l'Éventreur et de beaucoup d'assassins de prostituées.
Le sentiment de culpabilité peut avoir des effets bénéfiques. Il peut nous rendre plus compréhensifs envers les fautes des autres. En revanche, une personne qui impose un sentiment de culpabilité aux autres est une sorte de sadique.

PÉCHÉ
VOIR PECATTIPHILIE.

PÉDÉRASTIE
(du grec *paiderasteia*, de *erân* : aimer, et *paidos* : enfant)
Ce mot désigne particulièrement le goût pour les jeunes gens, particulièrement d'un homme pour les jeunes garçons. On appelle "nymphophilie" ou "coréphallisme", l'attirance pour les très jeunes filles. La pédérastie était la règle en Grèce antique. Ce genre d'idylles a permis la naissance d'une poésie comparable à l'amour courtois médiéval. La pédérastie était un idéal pur et

lointain. La pratique, évidemment, différait de cet idéal.

La pédérastie physique est représentée sur des vases, des coupes : les grecs s'y adonnaient principalement sous la forme du coït intercrural. Les pédérastes étaient alors connus pour leur bravoure à la guerre. Le bataillon sacré de Thèbes ne comprenait que des couples d'amants. Il se couvrit de gloire durant trente trois ans avant d'être vaincu à Chéronée.

Cette pédérastie était non seulement tolérée, mais encouragée. Elle pouvait même prendre la forme d'une politesse et, faute de s'y être plié, faire courir le risque de reproches amers :

Tu rencontres mon fils au sortir du gymnase, encore frais de son bain, et tu ne l'embrasses pas, tu ne lui dis pas un mot, tu ne l'étreins pas, tu ne pelotes pas ses couilles ? Et tu te prétends mon ami ? (Aristophane, *Les Oiseaux*).

Fort éloignée du monde grec, la société française du XVIIe siècle réprimait sévèrement la pédérastie. Voici un rapport de police de cette époque :

Aujourd'hui, lundi 3 février 1677, a été amené et conduit en présence de nous Antoine Tiercelet, écuyer, sieur de Vauroy, lieutenant-criminel de la ville et du baillage de Troyes, un quidam vêtu de toile grise à carreaux, conduit par les nommés Horace Torchebras dit l'Espagnol, exempt de la brigade et maréchaussée de cette ville, assisté et accompagné de Grégoire Pignet dit Sans-Pareil, Abraham Trottinet, Jean Antoine dit l'Enrhumé et Anastase Joseph de la Serre, archers et cavaliers de la brigade, lesquels ont déclaré qu'ils venaient de surprendre le quidam accouplé en habitation charnelle avec un jeune garçon, lequel aurait pris la fuite (...) Interrogé quel nom il avait, a répondu être appelé Salomon Peresson.(...)

Interrogé s'il avait commis plusieurs fois le crime de sodomie, il a répondu qu'il ne l'avait jamais commis qu'avec Julien Pessinelle, lequel lui avait inspiré ce goût et cette passion détestables. Salomon Peresson fut jugé, en compagnie de son complice retrouvé. Ils ont été déclarés bien et dûment convaincus du crime de sodomie et péché contre nature ; pour réparation de ces crimes et cas énormes, ils ont été condamnés à être attachés à un poteau qui sera dressé au marché à blé de la ville de Troyes et brûlés vifs au bûcher dressé auprès du poteau. Ceci fait, les cendres seront jetées et semées au vent.

La sentence ajoutait à ce supplice la confiscation des biens des coupables. Peresson fit appel mais la sentence fut confirmée et exécutée.

Le sens du mot pédérastie a évolué jusqu'à devenir un synonyme d'homosexuel, sans précision de l'âge du partenaire. Il a gardé le même sens sous la forme de l'apocope "pédé".

PÉDIOPHILIE

(du latin *pedis* : pieds, et du grec *philia* : amour de)

Attirance pour les poupées, les ours en peluche, les jouets zoomorphes ou anthropomorphes.

Un Californien était fort amateur de poupées Barbie. Il leur rasait les cheveux et avalait leurs têtes, ce qui l'excitait sexuellement. Un examen radiologique permit de découvrir six têtes de poupées dans ses intestins. Lorsqu'il les rejetait dans les toilettes, il les récupérait, les nettoyait soigneusement, les faisait bouillir afin de pouvoir les avaler de nouveau.

Un cas fort connu est celui d'une femme qui fut molestée dans son enfance par plusieurs personnes. Toutes la traitaient comme une poupée. Elle oublia l'aventure et devint pédiophile. Elle collectionna donc les poupées.

Un jour, son mari, la découvrit en train de jouer avec ses poupées. Furieux, il jeta toute la collection. La femme sombra dans la dépression, devint frigide et kleptomane : elle se mit à voler des poupées pour remplacer celles qu'elle n'avait plus. (W. Stekel, *Sexual Aberrations*, New York, 1963.)

PÉDOPHILIE

(du grec *paidos* : enfant, et *philia* : amour de)

Excitation sexuelle d'un adulte envers les enfants. Les pédophiles sont parfois excités par tous les enfants, tandis que d'autres ne s'intéressent qu'à leurs propres enfants.

Certaines sociétés admettent la pédophilie. Les anciens Japonais appréciaient les fillettes, parfois âgées de quatre ans, qui pratiquaient la fellation sous la table d'un repas. Ces enfants étaient souvent achetées à leurs parents incapables de les nourrir. D'autres jeunes filles étaient tout simplement enlevées pour être confiées à des directrices de lupanars :

Dans le district de Mien'ch (...), plus d'un millier de villages a été brûlé, ravagé. La population jeune et de sexe féminin a été emmenée au loin (...) la plupart furent conduites aux marchés d'esclaves et vendues aux tenanciers de maisons closes envoyés par le groupe de capitalistes qui contrôle les bordels des grandes villes (...) Bien sûr, une grande partie de ces enfants n'arriva jamais au marché d'esclaves. Même lorsqu'il y arrivaient, tremblants de peur, pleu rant, les kidnappeurs venaient les examiner, attrapaient les plus faibles et les brutalisaient. Cette brutalité durait toute la nuit. Les cris des enfants, à demi-fous d'avoir vu l'horreur des massacres, et d'avoir été violés par les coupables, résonnaient dans la nuit (...) Le matin révéla la vraie terreur de la nuit et la signification de ces cris. Comme le marché pour ces corps violés n'était pas bon, tandis qu'un enfant fou rapporte peu d'argent, ceux qui avaient été choisis pour satisfaire la brutalité de leurs bourreaux n'étaient pas emmenés jusqu'au prochain camp. On les tuait au couteau. Puis, tandis qu'après avoir avalé un plat de riz froid, les enfants restants devaient marcher sous la menace des fouets, des corps nus étaient brûlés sur un feu de charbon allumé par les soldats. C'étaient des corps de fillettes. On peut être sûr qu'elles furent contentes de mourir, tant leurs tourments avaient été cruels. Leurs petits visages froids étaient couverts de sang, de bleus et déformés par les coups. (Hendrik de Leeuw, *Cities of Sin*, New York, 1943.)

En 1440, Gilles de Rais, compagnon de Jeanne d'Arc qui inspira le personnage de *Barbe-Bleue* à Charles Perrault, fut étranglé et brûlé après avoir été convaincu de pédophilie et de meurtre sur de jeunes enfants des deux sexes.

Les lois réprimant la pédophilie ont certainement restreint le nombre de ces atrocités.

Les estimations varient quant à savoir le nombre des enfants molestés ou victimes d'abus sexuels. Des statistiques concernant l'Amérique déclarent qu'une femme sur quatre et qu'un homme sur six ont été victimes de tels traitements durant leur enfance. En 1987, il y eut 32 643 plaintes concernant la pédophilie dans l'État du Kentucky. Ces plaintes concernaient des actes commis par les pères, les mères, les frères, les grands-parents. Les cas étaient divers, allant d'un grand-père sodomisant son petit-fils à une grand-mère se livrant à la fellation sur son petit-fils âgé d'un an. Les enquêtes ont révélé que l'inceste mère-fils est moins fréquent qu'on ne le pensait, mais fort traumatisant. (T. W. Miller et L. J. Veltkamp, "Child Sexual Abuse : The Abusing Family in Rural America", *International Journal of Family Psychology*, vol. 9, 1988, n° 3.)

Les hommes qui ont été victimes d'abus sexuels ou qui vécurent dans une famille dans laquelle la chose paraissait acceptable, ne développent pas toujours l'aversion normale et sociale pour la pédophilie. Beaucoup d'adolescents emprisonnés ont connu ces abus avant leur incarcération et beaucoup d'adultes pédophiles ont commencé durant leur adolescence. 58 % des brutalités pédophiles sont exercées par des adolescentes :

Il existe une population d'adolescentes (amies de parents plus vieux ou baby-sitters) qui s'attaquent aux garçons prépubères. (Brannon, Larson, Doggett, "The Extend and Origins of Sexual Molestations and Abuses Among Incarcerated Adolescent Males", *International Journal of Offender Therapy and Comparative Criminology,* Vol. 33, n° 2, septembre 1989.)

De plus, il arrive que certaines personnes soient forcés par leur partenaire à la pédophilie. Un cas concerne un jeune homme dont la petite amie l'incita à consommer des stupéfiants et à avoir des relations sexuelles avec des garçons du voisinage. Ces garçons étaient âgés de six à treize ans. La jeune fille avait pu les contraindre à pratiquer la fellation et la sodomie avec son amant en leur promettant de faire l'amour avec eux ensuite. Ces cas sont heureusement rares.

La répression de la pédophile est difficile : le témoignage des victimes n'est pas toujours vérifiable. D'autre part, alors que des enfants de trois ans ont reconnu leur agresseur formellement et ont décrit les détails de l'événement, d'autres sont tombés sous l'influence de l'un de leurs parents pour accuser fallacieusement l'autre.

Le juge doit essayer de savoir si l'enfant peut distinguer le vrai du faux, estimer son appréciation de la nécessité de dire la vérité, et connaître sa capacité cognitive. (A. Yates, "Should Young Children Testify in Case of Sexual Abuse", *American Journal of Psychiatry* 144 : 4, Avril 1987.)

Le professeur Mazet, chef du service de psychiatrie des enfants à l'hôpital Avicenne, est d'un tout autre avis puisqu'il affirme qu'en matières de pédophilie : *99 % des enfants ne mentent pas sur ces questions.* (*France Soir*, mars 1993.)

Certains enfants sont traumatisés à l'idée de témoigner. D'autres sont réconfortés de pouvoir partager leur terrible secret.

Les thérapies pour les pédophiles consistent en un éclaircissement de leur responsabilité, de leur culpabilité. Il faut, de plus, leur faire comprendre le mal qu'ils ont fait à leur victime (beaucoup de pédophiles pensent être, eux-mêmes, des victimes). On étudie leurs dysfonctionnements sexuels et l'on tâche de développer leurs aptitudes sociales afin de leur faire établir des relations avec d'autres adultes. Des cures modifiant le comportement servent aussi à diminuer leurs tendances pédophiles et, parfois, on leur administre des traitements pharmacologiques.

La prostitution des enfants existe encore un peu partout dans le monde. En France, au début du siècle, il y avait des bordels d'enfants fort connus.

L'affaire Marc Dutroux en Belgique et l'opération "Saône 71" en France ont montré que la pédophilie n'est pas en régression. Il y a une décennie, quelques écrivains et artistes français se vantaient de leur pédophilie et la justifiaient à la télévision, encourageant les spectateurs au "tourisme sexuel".

Certains défendent l'idée d'un "droit à la sexualité" pour les enfants dans un but de libération :

En matière de sexualité des mineurs, tous les pays d'exploitation, capitalistes ou communistes, socialistes ou fascistes, ont la même idéologie qui implique le sacrifice familial de l'enfant à l'assouvissement des exploités. Et partout le corps a ce même statut, subit les mêmes proscriptions, le même endoctrinement douceâtre ou policier, mielleux à l'occidentale ou militaire à la chinoise ; d'où l'importance essentielle de tout combat qui, dégageant l'enfance et l'adolescence d'entre les mains du pouvoir adulte, désinvestissant le désir de toute recherche de propriété, de captation et de profit, peut miner la domination des structures exploitantes – parce que l'obéissance, la privatisation, l'accession au pouvoir ne seront plus la seule chance d'exister imposée au désir. (Tony Duvert, *Le Bon sexe illustré*, Paris, 1973.)

Reste posé le délicat problème de la majorité sexuelle puisque celle-ci demeure très variable quant à l'âge, mais aussi quant à la pratique sexuelle (homosexuelle ou hétérosexuelle). Ainsi, elle est fixée à douze ans en Caroline du Nord, quatorze en France et en Allemagne (dix-huit ans pour l'homosexualité), seize ans en Belgique (dix-huit ans pour l'homosexualité) et en Grande-Bretagne (vingt-et-un an pour l'homosexualité).

VOIR ANACLITISME, CATAMITES, COÏT INTERCRURAL, DIPPOLDISME, INCESTE, INFANTILISME, NÉPIOPHILIE, NYMPHOPHILIE, PÉDÉRASTIE, PORNOGRAPHIE, PROSTITUTION, SEXUALITÉ ILLÉGALE, VIOL.

PEEP SHOW

Mot anglais qui signifie :"regarder à la dérobée, furtivement". Un "*peeping Tom*" désigne un voyeur en anglais. Spectacle de strip-tease où une professionnelle se dénude sur une piste de danse, devant des spectateurs isolés dans des cabines individuelles munies de glace sans tain. La stripteaseuse ne peut donc voir à l'intérieur des cabines, ce qui permet aux spectateurs de se masturber à l'abri des regards. Certains *peep show* font évoluer des couples qui font l'amour sur la piste. Les cabines peuvent alors être occupées par un couple voyeuriste.

PERVERSIONS

Aussi appelées "paraphilies", "déviances", "aberrations", "anomalies sexuelles", "sexualité déviante", "sexualité marginale" voire "crimes", les perversions sont finalement les actes sexuels qu'un pouvoir réprouve ou que *l'on juge dangereux pour la personne qui s'y adonne ou pour la société* (Allgeier, *Sexualité humaine*, De Boeck-Wesmael, 1988.)

La pédérastie est, en France sévèrement condamnée, alors que c'était l'usage "normal" en Grèce, dans l'ancien Japon, etc. Peut-être pouvons-nous aussi déclarer que, si "la pornographie est l'érotisme des autres", selon André Breton, la perversion serait la "sexualité des autres" plus qu'une autre sexualité réprouvée, bannie, voire persécutée. La haine de l'autre et de ses pratiques sexuelles réelles ou supposées a amené certains chercheurs à tenter de découvrir des raisons génétiques conduisant aux perversions. On a présenté ce genre de travaux d'une façon acceptable, mais le fonds restait le même : chercher des chromosomes de l'homosexualité, du masochisme, etc., afin de pouvoir établir des catégories et déplacer un problème éthique sur une pseudo-réalité scientifique. Autant revenir aux bons vieux tabous religieux : Michel Meignant nous les résume, tandis que leur accumulation en devient comiques :

Comment doit-on faire l'amour pour être certain de ne pas être pervers ? Tout simplement en ne le faisant qu'après sa majorité (...), en étant marié, et évidemment avec son conjoint, qui sera de même race et de même niveau social, sans contraception, en courant le risque d'avoir des enfants et jamais pour le plaisir, en restant dans son rôle – masculin ou féminin – dans le lit conjugal, à tâtons dans le noir, en silence, après le travail, pas plus de deux fois par semaine, dans la position du missionnaire, sous la couverture, jamais après la cinquantaine (après la ménopause ça ne servirait plus à faire des enfants), en s'abstenant de tout jeu sexuel, en n'utilisant jamais aucun excitant pornographique (films, photos ou livres), ni vibromasseur ni autre gadget, en ayant exclu de son comportement sexuel toute masturbation avant et surtout après le mariage, sans fantasme, en ne pensant à rien, surtout pas à quelqu'un d'autre que son partenaire, et bien entendu que si l'on aime l'autre. (Michel Meignant, *Nous sommes tous des pervers sexuels persécutés*, Paris, 1980.)

Ces tabous sont, pour la plupart, d'origine religieuse. Ils ont fait leur preuves et sont contredits par ceux-là mêmes qui les promulguent. Saint Thomas d'Aquin se pencha sur la question : ancien "débauché" il savait de quoi il parlait. Pour savoir quels sont les actes sexuels "normaux", il suffit de regarder les animaux : ils n'ont pas été soumis au péché originel, de ce fait leur comportement est "naturel", donc légitime, car déjà, à l'époque, la nature excusait tout, y compris les "abominations".

Or, que font les animaux ? Ils se livrent à toutes sortes de coïts, homosexuels ou non, tentent de s'accoupler avec des animaux d'une autre espèce, commencent systématiquement leur approche sexuelle par l'oragénitalisme, l'urophilie, la coprophagie, etc. Bref, la nature nous montre l'exemple de toutes les "perversions" !

L'ordre public nous impose des règles pour notre comportement sexuel, comme pour d'autres comportements. Au secret du domaine privé, dans lequel sont seulement interdites toutes les pratiques mettant en péril les biens et les personnes, répond une représentation sociale permettant à la société de poursuivre son chemin.

L'exhibitionnisme risque de troubler l'ordre public, l'homosexualité n'est pas fécond alors que la natalité baisse etc. Il reste à savoir quels sont les interdits supportables et quels sont les autres.

Innombrables sont les "perversions". On doit même pouvoir en inventer de nouvelles chaque jour. Innombrables et pourtant restreintes : elles s'articulent toutes autour d'un petit nombre de thèmes, ce qui permet de les classer. Par chance, des nuances, des degrés, de subtiles différences peuvent être établis. Les "pervers du classement" peuvent s'en donner à cœur joie et utiliser leur connaissance du grec ancien avant de disserter longuement sur ce qui sépare la pédophilie de la népiophilie, lesquelles ne sont pas tout à fait la même chose que la pédérastie, ni que l'homosexualité, que l'on devrait d'ailleurs appeler homophilie, homoérotisme, inversion, voire *zwichenstufe* ou gayisme.

Le plus simple de ces classements consiste à distinguer les pratiques directement sexuelles des pratiques secondairement sexuelles. Il existe, en effet, des *stimuli* qui n'ont, *a priori*, rien à voir avec la sexualité, mais qui peuvent exciter telle ou telle personne. Un travail psychanalytique ou une simple association d'idées montrera, sans doute, que, dans la mémoire du sujet, ce *stimulus* est lié à la sexualité.

Les fétichismes peuvent donc se poser sur des objets "neutres" sexuellement. En même temps, des affects ne concernant pas le sexe peuvent exciter, provoquer des orgasmes chez certaines personnes : la colère, la peur, la honte, etc. Le seul point commun dans tous ces cas est la production accrue d'adrénaline. Ce qui accélère le rythme cardiaque, précipite la respiration, modifie sensiblement le métabolisme. Ces états d'excitation sont parfois difficilement supportables : certains ont besoin de courir, de se battre ou de faire l'amour pour qu'ils cessent. Ces réactions expliquent en partie le succès des pratiques sadomasochistes.

Les conduites sexuelles représentent et rejouent maints aspects de la vie courante. Elles peuvent servir de compensation : on connaît le thème de l'homme humilié dans son travail, obéissant craintivement à son patron et qui, chez lui, devient un tyran domestique et domine son épouse avec brutalité. D'autres jeux, au contraire, prolongent la réalité, pour lui donner une complétude fantasmatique : le roi joue au roi, l'esclave joue à l'esclave. En fait, tout est possible, cependant, les thèmes principaux des paraphilies sont :

Holocauste, sacrificateur, martyr : un “péché” doit être expié, tout se purifie par une cérémonie. Les pratiques sadomasochistes en sont l’exemple.

L’invasion des barbares : tous actes prédateurs, viols et violences bouleversent l’ordre ancien. Peut être que la civilisation va – enfin ? – disparaître. Les bondages de “prisonnier des pirates”, les interrogatoires et autres jeux de paniques font partie de cette catégorie, mais peuvent aussi relever de la première : le barbare vient aussi punir une civilisation décadente !

Le marché aux esclaves : tout ce qui concerne l’argent, les rapports mercantiles ; la faute ou le péché seront rachetés au sens propre du terme et le plaisir se paie en monnaie sonnante et trébuchante, ou symboliquement. C’est évidemment l’attitude des amateurs de prostituées, et des femmes vénales.

Idolâtres et fétichistes : l’adoration d’une idole permet de purifier l’être et d’affirmer la soumission au Dieu ou à la Déesse.

L’hérétique : il transgresse. L’une des catégories précédentes saura le punir ! Il expiera son péché.

Mendiant et orgueilleux : il regarde, il est passif. Il ne demande pas grand-chose, juste qu’on fasse parfois attention à lui. Il est voyeur, parfois exhibitionniste.

Un autre système de classement pourrait prendre pour base les contes universellement connus : le narcissisme de la marâtre de *Blanche-Neige*, l’inceste de *Peau d’Âne*, la frigidité passive de *La Belle au bois dormant*, la sexualité polymorphe des *sept nains* seraient autant de catégories efficaces, puisque tous les mythes sont présents dans les contes, dans nos inconscients, et se rejouent affectivement et sexuellement.

Le problème de la “perversion” est son acceptation sociale. Une persécution risque d’obséder le “pervers”, de le rendre encore plus compulsif du fait de l’interdit. Ce qui peut le conduire à des actes antisociaux, voire meurtriers. La réprobation simple peut aussi l’entraver, l’empêcher de s’équilibrer. La pratique de son jeu sexuel favori peut le rassurer, le calmer, l’aider à s’épanouir. Il reste à savoir si la fixation n’est pas un problème, s’il n’en souffre pas. Dans ce cas, une thérapie est souhaitable et efficace.

Car la position de Sigmund Freud semble la seule tenable en ce domaine, c’est-à-dire la seule qui ne puisse pas être récupérée par une morale ou une politique : est pervers ce qui fait souffrir. Est pervers ce qui entrave les possibilités d’être heureux. Est pervers ce qui nuit à l’équilibre de l’individu. Ce n’est donc pas l’acte “paraphilique” lui-même qui crée la perversion, mais la manière dont il est vécu, comme les raisons qui font qu'on l'a posé.

PETITES ANNONCES

Depuis longtemps les petites annonces permettent d'acheter, de vendre des biens matériels, d'obtenir des renseignements, de se rencontrer. La solitude des villes, l'isolement des gens ont fait que ce désir de rencontres, de tous types, augmente. Il n'y a pas si longtemps, la solitude était rurale. Les villages se vidaient et l'agriculture changeait.

Au lieu de continuer de compter sur les alliances traditionnelles entre familles de la région pour organiser des mariages, il a fallu s'en remettre à la presse. Les partis traditionnels n'étant plus disponibles, on a cherché à se renseigner pour trouver un partenaire de condition analogue à la sienne. En France, un journal remplit ces fonctions : *Le Chasseur français*. Il traite de tous les aspects de la vie rurale : chasse et pêche, bien sûr, mais aussi élevage, semis, voire réparation de puisards, installation de systèmes d'électrification des clôtures. C'était le guide de la vie campagnarde et c'est naturellement vers ce journal, parfois leur seul lien avec le monde extérieur au village, que des hommes et des femmes se tournèrent pour trouver un conjoint. Les annonces matrimoniales du *Chasseur français* devinrent célèbres et la rédaction peut se targuer d'être à l'origine de nombreuses unions durables. D'autres périodiques, dans d'autres pays, eurent le même rôle. La confiance de ceux qui répondirent aux annonces fut parfois dramatiquement abusée. C'est ainsi que des femmes découvrirent un Monsieur "bien sous tous rapports" et correspondirent avec lui. Lorsqu'il les rencontrait, ils les emmenait chez lui, à Gambais, mais il ne prenait qu'un seul billet de retour. Il se nommait Landru et tua ces femmes avant de brûler leurs corps dans sa chaudière. Évidemment, les petites annonces n'y sont pour rien. Néanmoins ces crimes firent réfléchir quant à leur contrôle et leur vérification.

Malgré ces événements, le système fonctionne toujours depuis un siècle. Les annonces du *Chasseur français*, cependant, sont convenables. Il fallut attendre les retombées de Mai 68 pour que les petites annonces deviennent un peu plus émoustillantes. Ce furent d'abord les annonces – gratuites – du mensuel *Actuel* qui allaient de la recherche d'un bassiste pour un groupe de musique à la vente de gravures indiennes en passant par des offres encore timidement sexuelles. Le relais fut pris par les annonces "Chéri(s)" du quotidien *Libération*. Gratuites, elles aussi, elles devinrent beaucoup plus explicites et indignèrent les censeurs au point que la jus-

tice s'en mêla parfois. Aujourd'hui, les annonces gratuites semblent avoir vécu.
La presse pornographique publie toutes sortes d'annonces à caractère sexuel qui, photos explicites à l'appui, permettent différentes rencontres sexuelles, vénales ou non. Mais on en trouve aussi, en termes moins crus, dans les journaux gratuits et les revues plus "convenables". À ces supports traditionnels se sont ajoutés le Minitel et Internet. Encore une fois, il y eut des abus : l'un et l'autre furent soupçonnés d'aider à la mise en place de réseaux de prostitution, de pédophilie. Mais ce n'est pas le médium qui est en jeu : sans Internet, sans le Minitel et même sans les petites annonces, la prostitution et la pédophilie existaient. Les moyens de communication répondent à leur mission : ils permettent de communiquer et peuvent, de ce fait, faciliter la constitution de réseaux et d'organisation de rencontres.

PETTICOAT DISCIPLINE

Ou "punition du jupon". Autrefois, en France, les petits garçons étaient fort souvent habillés comme des filles. Ils ne portaient point de pantalons ni de shorts, mais des vêtements "non fendus", ce qui accentuait leur statut d'êtres n'ayant pas de sexualité officielle.
La "punition du jupon" n'est souvent pratiquée qu'au moment de l'adolescence, période durant laquelle son impact émotionnel est le plus fort.
La punition consiste à habiller un jeune garçon en fille. On peut lui faire porter un kilt, mais sans le *sporran*, cette bourse qui en fait un vêtement viril. On peut l'obliger à se vêtir d'une robe de sa sœur ou acheter spécialement des vêtements féminins à cet effet.
Dans certains cas, cette punition s'accompagne d'une féminisation plus appuyée : sous-vêtements féminins et rasage des jambes du fautif. Des garçons plus vieux ont parfois été soumis à leur mère au point d'accepter ce travestissement. Il s'agissait souvent d'affaires d'héritage, la mère, veuve, contrôlant la fortune. Voici un témoignage, une lettre du XIXe siècle envoyée au journal *The London Times* :
J'ai trouvé un bon moyen de corriger mon fils de vingt ans, qui flirtait avec des jeunes filles. Depuis que je lui fais porter un corset et une jupe courte, il ne peut plus regarder une fille droit dans les yeux ni la lorgner. Je recommande hautement ce genre de punition…
Habiller un garçon en fille c'est admettre implicitement l'infériorité des femmes. Et c'est une femme qui impose cette "marque d'infamie". À une époque où le féminisme naissait, les femmes en étaient parfois les plus farouches ennemies. De nos jours, il existe encore des femmes

plus “machistes” que les hommes. Cependant, cette punition serait réprouvée au nom de la connaissance répandue que nous avons de la “psychologie des profondeurs”. Une femme habillant ainsi son fils serait considérée comme perverse, tandis que l’on s’inquiéterait de l’importance du traumatisme sur l’enfant.

Il va de soi que la *petticoat discipline* est la manifestation d’un abus de type érotique. La mère exprime ainsi quelque tendance incestueuse, mêlée de sadisme. Or le sadisme est bien souvent le résultat du non-assouvissement pour cause de tabou, de défense, de prohibition.

La discipline du jupon diffère du travestisme en ce sens qu’il ne s’agit pas de “changer de sexe”, de “devenir femme”, même d’une façon illusoire. Au contraire : il est nécessaire que le mâle soit mâle, mais qu’il soit ridiculisé en tant que tel par un vêtement considéré comme grotesque par rapport à son sexe, donc à son statut de dominant.

Cette punition fait partie du rituel des dominatrices professionnelles, et des mises en scènes sadomasochistes.

PHALLOPHILIE

(du latin *phallus* : verge, et du grec *philia* : amour de)

La phallophilie est l’attirance pour les pénis et plus particulièrement ceux de taille impressionnante. Les Grecs et les Romains adoraient Priape, doté d’un membre extraordinaire. Dans la mythologie, il était le fils d’Aphrodite et de Dionysos.

Ce serait la fascination des femmes pour les gros pénis qui aurait affecté la physiologie des hommes.

Mais cette attirance n’a pas seulement fait évoluer les femmes. À travers ce choix des femmes, les hommes évoluent aussi. Parmi tous les primates, le mâle humain à de loin, le plus gros pénis, plus imposant que celui du gorille. La largeur du pénis normal procure un extrême plaisir à la femme.(…) Il semble que la grosseur de cette partie de l’anatomie masculine n’a d’autre raison pratique que la sexualité. Indubitablement, elle a évolué en taille il y a fort longtemps parce que les femmes aiment les hommes ayant un pénis de taille importante. (H. Fisher, *The Sex Contract*, New York, 1983.)

Les Romains portaient des amulettes, des bijoux représentant les parties génitales masculines de la même façon que les chrétiens portent une croix d’or ou d’argent. C’était un talisman, un porte-bonheur. Les premiers chrétiens ne se débarrassèrent que lentement de cet usage : ils continuèrent à porter ces colifichets et à cuire des pains en forme de phallus.

La religion catholique a fini par admettre au nombre des saints certains anciens dieux de la fertilité, parfois assimilés à d’autres personnages :

saint Foutin, saint Guerlichon, dont les statues sont dotée d'un énorme pénis. Un rituel veut que, certains jours, des femmes y versent du vin.

Le prépuce du Christ a, depuis vingt siècles, fasciné les croyants. Le Christ devait être constitué d'une façon curieuse puisqu'au moins douze églises conservent cette relique.

Le *Kama-sutra* consacre de longues pages à la correspondance entre la longueur du pénis et la profondeur du vagin. Les meilleurs arrangements y sont détaillés comme les moyens de corriger la nature lorsque la disparité est par trop gênante.

Si le pénis est plus long que le vagin, il butera sur le col de l'utérus et causera une vive douleur, avec de possibles ulcérations.

En matière de taille de pénis en érection, la moyenne occidentale est de treize centimètres. Certaines anatomies en érection, notamment parmi les acteurs de films pornographiques, sont impressionnantes. Ainsi, l'acteur américain "Long Dong Silver" pouvait se vanter d'un pénis de 45 centimètres, John Holmes, lui, se contentait de... 33 centimètres. Le docteur Jacobus, en 1935, désigne comme de "terrifiantes machines" le sexe des Soudanais, alors qu'il évoque une moyenne de 8,08 centimètres pour les Hindous, peuple le moins pourvu qu'il ait étudié.

VOIR AMALGATOPHILIE, CASTRATION, *DOCKING*, RITUELS DE FERTILITÉ, FÊTES VOTIVES, MODIFICATIONS PÉNIENNES, SPERMOPHILIE.

PHÉROMONES

Les phéromones sont des acides aliphatiques à chaîne courte que l'on trouve dans les sécrétions animales, particulièrement chez les primates, et qui sont captées par l'odorat. Elles peuvent exciter un partenaire, ou, au contraire, lorsqu'elles sont trop fortes, le repousser. Les phéromones excitent lorsqu'elles sont perçues par le nez. Toutefois, elles n'ont pas d'odeur notable et vont directement à l'hypothalamus. Le fonctionnement des phéromones dans l'excitation sexuelle n'est pas encore complètement élucidé.

Une sensibilité aiguë aux phéromones est plus importante, pour trouver le partenaire "idéal", que la vision ou l'audition. Si la beauté physique peut charmer, si la voix peut envoûter, les phéromones sont, de loin, plus excitantes et aphrodisiaques.

VOIR MYSOPHILIE.

PHILTRES D'AMOUR

Les philtres d'amour diffèrent des aphrodisiaques parce qu'un rituel magique accompagne leur élaboration. Ils étaient répandus dans les sociétés où les femmes n'étaient pas monogames. Juvénal désapprouvait les femmes qui faisaient ingurgiter de telles potions à leur mari parce qu'elles ne faisaient que hâter leur vieillissement, causant des pertes de mémoire et des tremblements.

Pour séduire une femme, le philtre le plus facile à se procurer semble bien être le sperme : il suffit, pour les Siwan d'Afrique de Nord, de le mêler à l'alimentation d'une femme pour se l'attacher.

L'homme de gingembre (*gingerman*) était un gâteau, une sorte de pain d'épices pétri sur le sexe de la femme amoureuse et façonné en forme d'homme pour représenter celui qu'on veut séduire. La sorcière prononçait des incantations avant de le faire cuire tandis que la femme se masturbait jusqu'à l'orgasme.

Divers produits furent utilisés pour s'assurer l'amour d'un être aimé. D'anciennes recettes sont devenues des liqueurs commercialisées : ce serait le cas de l'*advokaat*, de la *chartreuse*, du *Noyaux de Poissy*, du *Parfait Amour* aux reflets mauves, du *Drambuie*, mais aussi de la *liqueur de Dantzig* dans laquelle flottent, pour peu qu'on secoue le flacon, des paillettes d'or.

La macération d'une vipère noyée vive dans l'eau-de-vie est réputée aphrodisiaque. Sa fabrication doit être accompagnée d'invocations pour qu'elle devienne un philtre. On trouve ainsi diverses préparations mêlant un alcool avec un animal, ou une partie d'animal réputé pour ses prouesses sexuelles ou évoquant symboliquement la sexualité.

VOIR APHRODISIAQUES,
RELIQUES,
RITUELS DE FERTILITÉ,
SORTILÈGES.

PHLÉBOTOMIE

(du grec *phlebos* : veine, et *temnein* : couper)

La phlébotomie est une saignée, une prise de sang. C'était autrefois le moyen thérapeutique le plus utilisé avec le lavement. Ce fut aussi une forme atténuée du sacrifice humain.

Les sorciers, les magiciens pratiquaient des saignées pour chasser les mauvais esprits.

Une saignée calme le patient, fait baisser son agressivité, lui donne une impression de plénitude, le relaxe. Autrefois, les arracheurs de dents avaient l'habitude de saigner leurs clients afin d'amoindrir leurs craintes.

Les saignées furent pratiquées par les moines chrétiens. D'anciens traités médicaux prétendaient que le célibat risquait d'empoisonner le sang d'un homme. De ce fait, il devint d'usage de saigner régulièrement les moines pour purifier leur sang.

La relation entre la sexualité et le sang persiste encore aujourd'hui. Beaucoup aiment soit voir le sang d'un autre couler, soit saigner eux-mêmes. D'autres aiment se blesser légèrement et se masturber en regar-

dant leur sang s'écouler. Les mises en scènes de fantasmes érotiques à thème médical comprennent des prises de sang. Le vampirisme léger consiste à infliger une blessure bénigne à un partenaire avant de sucer le sang s'écoulant de cette plaie.
VOIR CICATRISATION,
JEUX SANGLANTS, MASOCHISME,
MÉNOPHAGIE, VAMPIRISME.

PHOBIES
(du grec *phobos* : crainte)
Aversion irraisonnée pour quelque chose ou quelqu'un. Peur panique injustifiée ou exagérée. Les phobies sexuelles sont nombreuses. Voici les plus courantes :
Automysophobie : horreur d'être sale.
Coïtophobie : rapports sexuels.
Érotophobie : l'amour et le sexe.
Gamophobie : le mariage.
Gymnophobie : la nudité.
Hypengyophobie : responsabilité.
Maïeusophobie : femmes enceintes.
Naphéphobie : toucher.
Pathophobie : maladies.
Scoptophobie : horreur d'être vu.
Spermatophobie : sperme.
Pénétrophobie : horreur de la pénétration.

Une phobie d'ordre sexuel peut provenir d'un sentiment de culpabilité, d'une expérience désastreuse, d'un manque d'assurance, d'une dépression, de tabous religieux, etc. Les réactions phobiques vont d'une simple gêne au contact de l'objet de la répulsion jusqu'à une peur panique, insurmontable.
Les phobies peuvent empêcher une existence normale. Leur traitement est parfois long. Il faut d'abord trouver la cause du trouble. Une patiente de Sigmund Freud surnommée Anna O. éprouvait une phobie de l'eau. C'est en la traitant que Freud précisa la pensée psychanalytique et découvrit, dans l'histoire de cette femme, la raison de cette phobie apparemment irraisonnée.

PHOBOPHILIE
(du grec *phobos* : crainte, et *philia* : amour de)
Excitation sexuelle produite par la peur, la répulsion. La mode des films d'horreur nous a familiarisés avec le goût de la peur. La littérature, comme le cinéma, utilisent ce moteur émotionnel : qu'il est doux d'être terrifié lorsqu'on se trouve en sécurité dans un fauteuil.
Notre cerveau répond aux *stimuli* de ce type en produisant de l'adrénaline. La terreur est souvent produite par les scènes sadomasochistes. Les dominants, les dominateurs, savent utiliser les phobies de leurs soumis. Par exemple, un esclave sujet au vertige sera forcé à grimper sur une échelle, un claustrophobe sera enfermé dans un placard, un arachnophobe aura le corps recouvert

d'araignées, etc. Ces jeux peuvent avoir pour effet de débarrasser une personne de sa phobie. À tel point qu'il s'agit souvent d'un "traitement de choc" pouvant se révéler très dangereux car il joue sur le paradoxe : cela excite, mais cela terrifie.

Jouer avec une phobie peut être fort éprouvant émotionnellement. Le dominant doit savoir jusqu'où il peut "aller trop loin". Les réactions peuvent aller de la crise de larmes à l'extrême violence.

VOIR ACROPHILIE, CLAUSTROPHILIE, HODOPHILIE, JALOUSIE, PHYGÉPHILIE.

PHOTOGRAPHIE

Beaucoup de gens photographient leur partenaire ou se photographient en sa compagnie durant l'acte sexuel. Les appareils à développement instantané ont favorisé cette pratique.

Les photographies d'hommes et de femmes nus peuvent être excitantes sans qu'il y ait représentation de l'acte sexuel. Quelques hommes sont excités lorsque leur femme pose nue pour un photographe, un autre homme.

Il existe des studios, dans les quartiers "chauds" de la plupart des villes, dans lesquels on peut photographier un modèle professionnel dans des poses érotiques, ou être photographié avec lui. De nombreuses revues érotiques proposent des annonces de modèles amateurs ou semi-professionnels pour des séances de photos pornographiques souvent prétexte à une nouvelle forme de prostitution. (Jean-Baptiste Drouet, *Les Nouveaux visages de la prostitution*, Filippachi, 1997.)

VOIR PETITES ANNONCES, PORNOGRAPHIE, *SNUFF MOVIES*.

PHYGÉPHILIE

Excitation sexuelle éprouvée dans la fuite. "Bandits tragiques", proscrits divers : le public connaît les films fondés sur la fuite, l'évasion, la cavale appelés *road movies* en américain. Que serait l'amour de Bonnie et de Clyde sans leur périple mortel ? Le phygéphile a besoin d'être poursuivi, pourchassé pour être excité.

Neil Cream, un criminel anglais, empoisonnait ses victimes et regardait leur agonie. Lorsqu'il fut arrêté, il déclara qu'il ressentait un plaisir érotique en étant traqué, poursuivi par la police. Certains criminels vont jusqu'à donner des renseignements, des indices qui pourraient permettre leur arrestation. Beaucoup sont fort habiles. Le sentiment de puissance, lorsqu'on fuit, lorsqu'on échappe aux autorités mène cependant à bien des imprudences et rares sont les criminels en fuite qui s'échappent défini-

tivement. Certains enfants fugueurs sont aussi phygéphiles.
VOIR HARPAXOPHILIE, HYBRISTOPHILIE, PHOBOPHILIE, SYMPHOROPHILIE.

PICAZISME
Mot forgé par Magnus Hirschfeld et désignant *un besoin sexuel qui se manifeste sur le plan buccal et olfactif (...) il est basé sur l'attrait physiologique qu'exercent les exhalaisons sui generis et sécrétions du partenaire d'une part, et sur l'impulsion d'embrasser, de se fondre dans l'être aimé, d'autre part.* (Magnus Hirschfeld, *Anomalies et Perversions*, op. cit.)
L'effet aphrodisiaque des odeurs corporelles est bien connue. Le cas de Henri III montre que le contact avec la transpiration d'une personne désirée peut fortement exciter les sens. Lors des festivités du mariage du roi de Navarre et de Marguerite de Valois, il s'essuya le visage avec un linge ayant servi au même usage pour Marie de Clèves. Bien qu'elle fût la femme du Prince de Condé, Henri devint subitement fou d'amour pour elle et, comme le montre l'histoire, fort malheureux. La même aventure arriva à Henri IV, dont la passion pour la belle Gabrielle serait née au moment où, durant un bal, il s'essuya le front avec le mouchoir de sa cavalière.(Krafft-Ebing, *Psychopathia Sexualis*, op. cit.)
Krafft-Ebing cite aussi l'exemple d'un paysan qui séduisit beaucoup de femmes vertueuses au cours de bals en plaçant un mouchoir sous son aisselle et l'utilisant ensuite pour essuyer le visage des danseuses lorsqu'elles commençaient à avoir trop chaud.
L'Empereur Napoléon connaissait bien l'attrait aphrodisiaque des odeurs corporelles. Il écrivait souvent à Joséphine : "Ne te lave pas, j'arrive."
VOIR OLFACTION, PHÉROMONES.

PIEDS LIÉS
VOIR LIENS, PODOPHILIE.

PIERCING
Il existe deux sortes de *piercing* : le *piercing* permanent, qui est traité à l'article *Anneaux péniens*, et les jeux de perçage temporaires dont nous traitons ici.
Ces pratiques font souvent partie des initiations, des rites de passage de maintes civilisations. C'étaient autrefois des blessures plus effrayantes que le *piercing* moderne. Des dessins mayas représentent souvent un homme passant une corde munie d'épines au travers de sa langue. Chez ces mêmes Mayas, le *Codex Mendoza* montre que, pour punir les enfants dissipés, on les piquait jusqu'au sang avec des épines d'agaves en leur faisant parfois respirer la fumée d'un feu de piments séchés. Les Indiens des plaines nord-américaines percent leurs poitrines au

moyen de crochets durant la danse du soleil. Ces crochets, munis d'une corde, leur servent à se suspendre à un arbre jusqu'à s'en déchirer les muscles pectoraux. En Inde, les perçages rituels sont fréquents : on s'y pend aussi par des crochets, ou l'on se coud des fruits, des ornements sur la peau. La danse *Kavandi* se pratique à l'aide d'un faisceau de lances placées sur le haut du corps et qui s'y enfoncent progressivement durant les évolutions du danseur.

L'acupuncture, pratique médicale chinoise destinée à guérir, à calmer les douleurs, est une forme de *piercing*. Certains drogués laissent l'aiguille dont ils se servent dans leurs veines pour ne pas avoir à se repiquer entre deux prises. D'autres décrivent la pénétration de cette aiguille et le flux de sang subséquent comme un plaisir du même ordre que la masturbation.

Au cours de ses nombreuses observations, Magnus Hirschfeld a connu un homme qui se faisait passer pour un médecin. Il visitait les écoles et le domicile de certains élèves. Il faisait déshabiller les jeunes filles, leur plantait des aiguilles dans le derme, s'arrêtant de temps en temps pour prendre des notes. On découvrit ensuite qu'il s'agissait d'un travailleur agricole ; il fut emprisonné.

Le *piercing* sadomasochiste se pratique avec des aiguilles hypodermiques, mais aussi avec des hameçons, des agrafes, des aiguilles à coudre. Le perçage d'un téton ne se fait jamais vers l'intérieur du corps, mais parallèlement à celui-ci. Ainsi le perce-t-on de part en part. Les grandes lèvres du sexe sont percées de la même manière.

Le perçage du pénis demande plus de précautions. Planter une aiguille dans le gland est fréquent. Cette partie du corps, néanmoins, saigne beaucoup. Le perçage de la hampe est dangereux pour les nerfs et les corps caverneux. Les sadomasochistes préfèrent souvent percer le scrotum. Les aiguilles sont alors maintenues à l'aide de sparadrap pour éviter qu'elles ne bougent.

Un jeu sadomasochiste fréquent consiste à pratiquer un trou dans une feuille de carton ou un contreplaqué mince. Cette ouverture permet de passer le pénis et les bourses qui se trouvent alors au milieu de la feuille ou de la planchette. Ensuite, on plante les aiguilles à travers le scrotum, dans le support pour que les testicules soient présentés comme une pièce de dissection ou un papillon exposé.

Le perçage des ongles est fort douloureux. Certains, cependant, percent ceux des orteils.

Les amateurs de *piercing* expliquent que l'excitation provient de la sensation unique ressentie durant l'introduction d'un corps étranger dans la peau. La vue du sang ajoute à ce

plaisir, pour certains, tandis que d'autres n'y attachent pas d'importance particulière. Cette expérience n'est pas considérée comme douloureuse outre mesure. Les endorphines semblent atténuer rapidement les sensations pénibles.
VOIR ANNEAUX,
JEUX SANGLANTS, *SAFE SEX*.

PINCES
Pinces à linge, pinces "crocodiles" d'électricien, pinces à rideaux ou autres, ou encore spécialement fabriquées pour cet usage, ces ustensiles sont fort prisés dans le cadre des jeux érotiques. Alternative plus douce du *piercing*, elles peuvent être décoratives tout en produisant, selon la force de leurs mâchoires, toutes sortes de sensations, du chatouillement à la douleur. Elles permettent d'éprouver le pincement tout en laissant les mains du partenaire libres pour les caresses. Elles renforcent la sensibilité aux attouchements.
On les place sur les seins, les parties génitales, le nombril. Certaines sont munies d'une vis de réglage permettant d'ajuster leur tension à la sensation voulue.
Souvent, une sensation douloureuse apparaît lorsqu'on les ôte après les avoir longuement laissées en place. Il suffit de pincer avec les doigts la zone concernée avant de les enlever pour réduire cette douleur. Cette manœuvre permet une irrigation progressive des tissus cutanés. Elle est particulièrement efficace lorsqu'on a installé des pinces à linge sur les petites lèvres.
On peut accrocher des poids légers à des pinces mordant les tétons. Cette "torture des seins" peut devenir dangereuse si les poids sont trop lourds. Pour les parties génitales féminines, on préfèrera les pinces à linge en plastique : elles ne collent pas à la peau, ne présentent pas de risque d'échardes et se désinfectent facilement à l'aide d'une solution d'eau additionnée de 10 % d'eau de Javel.
Le "jeu du pantin" est une pratique de domination où l'on applique des pinces à linge aux bras, aux mains et aux pieds d'un "esclave". Après quoi, des fils sont accrochés à ces pinces. Leur autre extrémité est reliée à une croix de bois. Le dominant monte alors sur une chaise, un escabeau et manœuvre son partenaire comme s'il s'agissait d'une marionnette à fils.
VOIR
ACCROISSEMENT SENSORIEL,
ANNEAUX, AUTO-MASOCHISME,
BONDAGE, LIENS, PINÇONS.

PINÇONS
L'excitation ressentie en pinçant ou en se faisant pincer est aussi appelée "thlipose". Les pinçons se pratiquent sur tout le corps. Cependant, les tétons, la vulve, les fesses, le haut des cuisses sont les zones privilégiées pour ce jeu érotique.

PIQÛRES D'ABEILLES

L'excitation sexuelle au moyen de piqûres d'abeilles se nomme aussi "mélissophilia", tandis qu'on nomme "entomophilie" le goût des piqûres d'insectes.

Autrefois, elles étaient un remède populaire contre l'arthrite. On capturait les abeilles pour les appliquer sur la partie malade jusqu'à ce qu'elles piquent. Le venin, comme l'enflure, soulageait la douleur articulaire.

Les amateurs de piqûres d'abeilles s'en servent pour prolonger la durée de l'orgasme et son intensité. Elles renforcent la sensibilité du pénis et en augmentent la circonférence. La sensation est moins douloureuse qu'on pourrait le croire.

Les adeptes capturent deux abeilles, les enferment dans une boîte, ou un pot de confiture qu'ils secouent vivement. Ainsi, les insectes sont étourdis et ne peuvent pas s'enfuir. Après quoi, ils sont tenus par les ailes, afin qu'ils ne puissent pas encore piquer. On aura garrotté la base du pénis (voir *Ligature pénienne*), mais en ne serrant pas trop : il s'agit d'empêcher le venin de se répandre dans le corps. On les placera sur le prépuce, de part et d'autre au-dessous du gland, on les poussera pour les encourager à piquer. Il faut éviter qu'elles piquent directement le gland : l'enflure serait peu importante tandis que le dard pénétrerait trop profondément pour qu'il soit facile de l'ôter.

La sensation immédiate est une forte démangeaison, tandis que le pénis se tend et enfle. Le gonflement peut être d'un tiers en plus du volume initial. L'enflure sera encore plus volumineuse le lendemain.

VOIR ZOOPHILIE.

PIQUEURS

Les piqueurs sont des individus dont la manie est de piquer les fesses des femmes avec une épingle dans la foule, dans les transports en commun. C'est un phénomène urbain qui a sévi dans maintes capitales. À Paris, les piqueurs se rencontrèrent sous le Second Empire et au début du XXe siècle. Cet usage fut favorisée par la naissance du métro. À tel point que cela devint un "fait de société". Les journaux y consacrèrent des colonnes entières tandis que les chansonniers s'en donnèrent à coeur joie...

Cette manie se déclare comme une épidémie : soudain, de nombreux piqueurs se mettent à importuner les voyageuses, cela dure un moment, et puis tout revient dans l'ordre. Le piqueur est solitaire, mais il ne s'en trouve jamais qu'un seul à la fois, à un moment donné, dans une ville donnée. L'Empereur Napoléon III ordonna la constitution d'une brigade de police spéciale pour lutter contre ces débordements. Des corsetiers fabriquèrent une sorte d'armure pour protéger les femmes de ces agressions.

VOIR PYGOPHILIE.

PLANTES
VOIR APHRODISIAQUES, FLAGELLATION, SITOPHILIE, URTICATION.

PLUG
VOIR GODEMICHÉ.

PLUIE DORÉE
VOIR DOUCHES, LAVEMENTS.

PODOPHILIE
(du grec *podos* : pieds, et *philia* : amour de)
Fétichisme du pied. Certaines personnes sont fort excitées par les pieds, plus que par un partenaire.
Les Chinois et les Thaïlandais ont une forte attirance sexuelle pour le pied. L'érotisme particulier de ce peuple lui fit pratiquer le bandage des pieds féminins, et parfois de jeunes garçons, ou catamites. D'autres pays d'Asie, comme la Corée, le Japon, le Tibet, l'Indonésie et la Mongolie connurent cet usage, mais à un degré moindre.
Les pieds d'une fillette chinoise étaient bandés entre cinq et sept ans, et cela jusqu'à l'âge de dix-huit ans, à la fin de sa croissance. Le résultat de cette contention était que les pieds mesuraient environ cinq centimètres de large et dix ou douze centimètres de long. La plante du pied demeurait souple, douce, puisque la marche, devenant malaisée, n'était pas assez fréquente pour la durcir. On parfumait les pieds ainsi réduits, on les couvrait de pantoufles de soie. Les ouvrages érotiques chinois montrent souvent des femmes se masturbant en se frottant la vulve avec leurs pieds. Cette pratique existe partout, et pas seulement chez les femmes ayant les pieds atrophiés. D'autres dessins ou gravures montrent des lesbiennes se pénétrant l'une l'autre avec cette partie du corps. Les hommes étaient particulièrement excités en suçant les pieds réduits de leur partenaire, en les léchant, en frottant leur pénis sur la plante soyeuse. D'autres aimaient tremper ces extrémités dans un bol de thé avant de boire l'infusion. Enfin, en prenant un pénis entre ses deux pieds, on peut le masturber jusqu'à l'éjaculation.
En France, sucer les pieds d'une prostituée était appelé “faire petit-salé” dans l'argot des maisons closes. Dans ces bordels, le client pouvait pratiquer les mêmes actes que les Chinois décrits ci-dessus. Il existait aussi un “69” podophile : les deux partenaires, tête-bêche, se suçant mutuellement les pieds.
Le fétichisme du pied peut être violent :
Un suceur de pied condamné pour abus sexuel.
Saint-Louis – Un homme ayant assommé des femmes et des jeunes filles afin de leur ôter leurs chaussures avant de leur sucer les pieds vient d'être condamné pour abus sexuel

mercredi. "C'est une sorte d'humiliation – je pense qu'il les a émotionnellement dégradées", déclare le Major Ronald Henderson, commandant de police. (*San Francisco Examiner*, 19 mars 1992.)

Beaucoup de raisons sont invoquées pour tenter d'expliquer ce fétichisme. Les pieds sont souvent la première partie du corps de ses parents qu'un enfant se déplaçant à quatre pattes, peut toucher. D'autre part, les parties sexuelles sont moins accessibles que les pieds, moins faciles à mettre à nu, ce qui plaît à certains amateurs.

La préférence pour tel ou tel type de pieds varie selon les sujets. Certains apprécient les ongles laqués d'une certaine couleur, d'autres ne s'intéressent qu'au gros orteil. D'autres encore préfèrent les ongles longs, taillés en pointe. Certains s'attachent particulièrement, à l'inverse des Chinois, aux grands pieds.

VOIR ACROTOMOPHILIE, LIENS, MASSAGE.

POIRIER

Le poirier est une position de gymnastique ou de yoga que l'on nomme aussi "trépied". On se place la tête en bas, et l'on se soutient avec les mains ou les coudes au sol. Le trépied est formé par la tête et les mains. Cette posture amène le sang à la tête et peut créer un vertige agréable, favorable au plaisir sexuel. Un femme ou un homme ainsi placé peut recevoir maintes caresses : cunnilinctus, fellation, ou autres. En écartant les jambes, on peut parvenir à introduire un pénis dans le vagin ou l'anus. Il faut pour cela que la deuxième personne se place entre les jambes ainsi ouvertes, et chevauche le périnée de son ou de sa partenaire. S'il est difficile d'atteindre ainsi l'orgasme pour un homme, ceux d'une femme seront renforcés par l'afflux de sang à la tête.

VOIR POSITIONS, RÉGULATION D'OXYGÈNE.

POLLUTION

Pour l'Église, ce mot pouvait être synonyme de masturbation. Il peut aussi s'agir d'une éjaculation involontaire :

La pollution qu'on appelle aussi plaisirs voluptueux ou incontinence secrète consiste en l'effusion de la semence en dehors de toute union charnelle.(...)

La pollution est simple lorsqu'il ne vient pas s'y ajouter une malice étrangère, comme lorsque quelqu'un, dégagé de tout lien personnel, trouve son plaisir dans la masturbation.

On la dit qualifiée lorsqu'à sa propre malice vient s'en ajouter une autre, soit de la part de l'objet auquel on pense, soit de la part de celui sur lequel on pratique ou de celui qui pratique la pollution.

La pollution revêt la malice de l'adultère, de l'inceste, du stupre, du sacri-

lège, de la bestialité ou de la sodomie selon que celui qui s'y adonne pense à une femme mariée, à une parente, etc. ; ainsi commettrait un horrible sacrilège celui qui porterait ses désirs sur la bienheureuse Vierge en se livrant à la pollution devant sa statue. (*Manuel secret des Confesseurs*, op.cit.)

Aujourd'hui, le terme pollution, que l'on complète parfois en pollution nocturne, désigne l'éjaculation spontanée sans agent extérieur. On peut y être sujet sous l'influence d'un rêve érotique, ou tout simplement après une trop longue abstinence :

Par pollution nocturne on entend celle qui se produit durant le sommeil. Si le sommeil est imparfait, la pollution peut être semi-volontaire et le péché, par conséquent, véniel. La pollution n'étant nullement volontaire dans le sommeil parfait, ne peut entraîner de péché ; car, dans ce cas, elle ne peut être mauvaise que dans sa cause. (id.)

La pollution peut aussi devenir "distillation" : il s'agit d'un écoulement goutte à goutte : *et sans graves mouvements de concupiscence d'une semence imparfaite. Si elle se produit sans plaisir vénérien, comme il arrive quelquefois, à cause de la faiblesse des organes ou des chatouillements provenant d'un prurit insupportable, il ne faut pas, dit Cajétan, s'en préoccuper plus que de la sueur.* (id. ibid.)

La pollution nocturne fut expérimentée par Horace, lorsqu'il voyagea à Brindes. Voici ce qu'il en rapporte dans ses Lettres :

J'eus la folie d'attendre jusqu'à minuit une jeune enjôleuse : cependant le sommeil l'emporte sur mon attente d'amour, puis je suis le jouet d'un rêve impudique ; mon vêtement de nuit et mon abdomen en sont maculés.

Les anciens pensaient que les pollutions nocturnes pouvaient devenir dangereuses. Mais, heureusement, ils connaissaient les remèdes nécessaires :

J'ai vu il y a plusieurs années un jeune homme qui avait presque toutes les nuits une pollution nocturne, et qui avait déjà eu quelques accès de cauchemar. Un chirurgien barbier lui ordonna de boire en se couchant quelques verres d'eau chaude, qui, sans diminuer les pollutions, augmentèrent la dernière maladie et revinrent toutes les nuits ; le fantôme du cauchemar était une femme qui occasionnait en même temps la pollution. Affaibli par cette double maladie, et par la privation d'un sommeil tranquille, il marchait à grands pas vers une consomption. Je lui ordonnai de ne prendre à souper qu'un peu de pain et quelques fruits crus, de souper de bonne heure, et de prendre, en entrant au lit, un verre d'eau fraîche avec quinze gouttes de liqueur anodine minérale de Hoffman. Il ne tarda pas à reprendre un sommeil tranquille ; ses deux maladies se dissipèrent entièrement, et il recouvra bientôt ses forces. (Tissot, *De l'onanisme*, 1760.)

Pour éviter ces déboires, il existe divers moyens :
J'ai vu des jeunes gens qui, ayant essayé de se lier la verge le soir, s'en sont bien trouvés ; il y en a eu d'autres pour qui cet expédient a été inutile. L'on a l'obligation à M. Ziegler, médecin à Winterthur, d'avoir imaginé une machine dont il m'a envoyé un modèle qui m'a paru propre à remplir son but. (id.)
Enfin, il est bon à savoir que certaines catégories de la population sont plus sujettes que d'autres aux pollutions nocturnes :
Les gens de lettres les plus assidus, et les rateleux sont sujets à cet accident, et l'écoulement de la semence est souvent si considérable qu'ils tombent dans l'atrophie. (id.)

POLYANDRIE
(du grec *polus* : nombreux, et *andros* : homme)
Désigne le mariage d'une femme avec plusieurs hommes. La polyandrie n'existe à l'état d'institution qu'en de rares endroits : nord de l'Inde, Tibet, vallées du bas Himalaya.

POLYGAMIE
(du grec *polus* : nombreux, et *gamos* : mariage)
Désigne le mariage d'un homme avec plusieurs femmes. C'est le cas de l'Islam qui l'accepte, sous certaines conditions, et en la limitant à quatre femmes. Cette pratique est interdite en Occident.

POLYITÉROPHILIE
(du grec *polus* : nombreux, du latin *iteratirus* : plusieurs fois, et du grec *philia* : amour de)
Particularité de ceux qui doivent connaître plusieurs partenaires avant d'atteindre l'orgasme.
Il s'agit d'un homme, ou d'une femme qui construit sa réponse à la stimulation vers l'orgasme en recommençant la même activité sexuelle avec plusieurs partenaires successifs en un temps limité (...) par exemple, un homosexuel de sexe masculin présentant le syndrome polyitérophile pour la fellation ne pourra jouir avec son partenaire qu'après avoir fait une douzaine de "pipes" à plusieurs hommes dans une piscine ou un sauna. (John Money, *Love and Love Sickness*, New York, 1980.)
VOIR ABATTAGE, CANDAULISME, *GANG BANG*, ORGIE.

POMMADE
VOIR BONDAGE.

POPPERS
VOIR APHRODISIAQUES.

PORNOGRAPHIE
(du grec *pornê* : prostituée, et *graphein* : écrire)
Icolagnie ou pictophilie, la pornographie désignait autrefois tout écrit

concernant les prostituées. Le mot dérive du grec *pornê* signifiant prostituée. Aujourd'hui, il s'agit de tout texte, dessin, photographie, film, etc. représentant des actes sexuels. Quelques groupes féministes ont voulu modifier ce terme pour désigner le matériel érotique qui mène à la violence, au viol, à la dégradation des femmes.

L'idée même qu'il puisse y avoir une dégradation, même dans la description ou la représentation de femmes se livrant à des jeux sadomasochistes montre simplement qu'il y a confusion entre le réel et la mise en scène. Le fantasme pornographique n'a rien à voir avec la vie. Il y a déjà longtemps, des éducateurs danois l'avaient expliqué :

La pornographie, c'est amusant et inoffensif si on ne la prend pas au sérieux et si on ne croit pas que ce qu'elle montre se passe dans la vraie vie. Si vous vous mettez à le croire, vous serez vachement déçu. (Bo Dan Andersen, Seren Hansen, Jesper Jensens, *Le Petit livre rouge des écoliers et des lycéens*, Lausanne, 1969.)

L'interdiction de la pornographie, comme la plupart voire toutes les censures, est pernicieuse. Tandis qu'il est évident (...) *qu'autoriser la pornographie peut faire baisser le nombre d'abus sexuels envers les enfants. Au Danemark, par exemple, après la légalisation de la pornographie hard-core, vers 1960, le nombre d'abus sexuels envers les enfants décrût selon un pourcentage significatif et ne remonta pas. Cet effet n'était pas dû aux attitudes libérales de la société, à une sous-information ou à un moindre empressement de la police (...) Un grand nombre des rapports sexuels entre homme adulte hétérosexuel et fillette sont le fait d'hommes qui ne sont pas de vrais pédophiles. (...) Au contraire, beaucoup de ces actes sont le fait d'hétérosexuels timides ou ineptes qui préféreraient faire l'amour avec une adulte mais qui n'osent pas et sont frustrés. Ces hommes croient que les femmes jeunes ou les jeunes filles résisteront moins à leurs avances. (...) Beaucoup de violences hétérosexuelles sur les enfants sont des substituts par nature. Les coupables, apparemment, peuvent résister à abuser de jeunes filles s'ils substituent à cet acte la masturbation avec des images pornographiques représentant leur réel intérêt : les femmes adultes.* (J. D. Weinrich, *Sexual Landscape*, New York, 1987.)

Ces images, justement, sont interdites dans les pays où la femme est véritablement oppressée. Même s'il s'agit d'un marché, à tout prendre pas plus dangereux que celui de l'agro-alimentaire, la pornographie, est un signe de santé pour un régime politique lorsqu'il l'autorise.

Tant qu'on représente des femmes opprimées, tant qu'on joue avec l'une ou l'autre à un jeu sexuel de domination acceptée (consenti, réciproque, varié et non obsessionnellement répétitif), on n'aura pas envers elle la même conduite dans la vie quotidienne. Au contraire, le jeu purifie, il est cathartique, équilibrant (voir *Mise en scène de fantasmes érotiques*).

En refusant de le comprendre, les tenants de l'ordre moral sont d'accord avec le Pape qui écrivit : *... toute forme de pornographie ou de spectacle licencieux doit provoquer la franche et unanime réaction de toutes les personnes soucieuses du progrès de la civilisation et de la défense des biens suprêmes de l'esprit humain. Et c'est en vain qu'on chercherait à justifier ces dépravations par de prétendues exigences artistiques ou scientifiques, ou à tirer argument de la liberté laissée en ce domaine par les autorités publiques.* (S.S. Paul VI, *Humanae Vitae*, 1969.)

La recrudescence d'actes criminels d'ordre sexuel advient lorsque les régimes sont iniques et répriment le fantasme, au profit du passage à l'acte psychotique : Jack l'Éventreur vivait sous la Reine Victoria, tandis que le vampire de Düsseldorf sévissait durant la montée du nazisme. À ces époques, la répression policière était brutale et très souvent sadique : malheur à la prostituée qu'on raflait et qu'on menait dans certains commissariats (voir *Prostitution*).

Car le véritable problème de la pornographie est celui de la répression sexuelle jointe à son statut de marchandise. Mais sa consommation dans la société, sa "spectacularisation" dans une "société du spectacle" ne la concernent pas exclusivement. *La pornographie ne s'est pas seulement glissée dans les moindres recoins de la société. Elle s'est purgée et désinfectée. En abandonnant l'abri du manteau, elle s'est simplifiée et sans doute appauvrie. Elle s'est décolorée. Elle se limite à représenter l'acte sexuel sans l'orner du moindre commentaire, au large de la morale. C'est un discours neutre, blanc, immobile.* (M.F. Hans et G. Lapouge, *Les femmes, la pornographie, l'érotisme*, Seuil, 1978.)

En participant donc à la logique d'une société marchande où l'on consomme plus de signes que d'objets réels, où l'avoir est le signe de l'être, la pornographie s'est transformée au point de devenir "acceptable", c'est-à-dire neutre et sans danger, contrairement à ce que les censeurs veulent encore croire à tout prix. Quant à sa répression, elle participe aussi de la logique spectaculaire. En même temps, elle lui sert, involontairement, de publicité.

De tout temps, on a représenté des actes sexuels : les temples de l'Inde, les cathédrales occidentales en montrent à profusion. Ces représentations ne posaient guère de problèmes : elles faisaient rire, elles excitaient, ou elles laissaient indifférent. La pornographie n'est pas tout à fait de cet ordre. C'est un phénomène moderne, de réaction et de rejet. C'est en même temps une critique radicale contre les refoulements d'une société.

L'émergence d'une morale puritaine dans les pays anglo-saxons, catholique et contre-réformiste dans les pays catholiques, a étouffé le corps, la santé, la vie, les plaisirs sous un carcan d'interdits. Ceux-là mêmes qui torturaient et brûlaient les sorcières, mais parlaient de la dignité des femmes en tant que mères ou épouses, vitupéraient contre l'immoralité. Dès lors, les écrits licencieux, malgré les risques encourus, proliférèrent. La vie surgissait, s'élevait contre la douleur, la morosité, la mort. Au sadisme réel des tortionnaires religieux et des bourreaux médecins qui commencèrent très vite à cautériser les clitoris des jeunes filles trop ardentes, se substitua le sadisme imaginaire du marquis de Sade qui, s'il "botta quelques culs" et se montra certes violent, n'a pas eu le loisir d'égaler en cruauté ni les jésuites, ni la droite jacobine, ni même les "tricoteuses" aux hargnes fort vertueuses.

Comme toute révolution, la révolution libertine fut récupérée et la pornographie n'est plus qu'une marchandise comme une autre. On a voulu y voir un danger contre le corps et l'esprit, mais à chaque fois qu'on l'a examinée sérieusement, on s'est bien aperçu qu'il n'en était rien.

La fameuse commission américaine convoquée en 1970 par le Président Nixon dans le but avoué de combattre la pornographie s'est prononcée, avouant :

(...) n'apporter aucune preuve que l'exposition ou l'utilisation de matériaux sexuels explicites joue un rôle significatif dans l'apparition des maux sociaux ou individuels comme le crime, la délinquance, les déviances sexuelles ou non, les troubles émotionnels.

En 1986, le président Reagan eut la même idée. Il réunit la célèbre MEESE, commission qui conclut qu'il n'y a aucun lien entre le matériel pornographique explicite et le comportement sexuel agressif. La peur de la sexualité, la honte sexuelle quant à elles mènent effectivement à la violence réelle.

Le danger, on le voit, n'est pas grand : il n'y a pas plus de crimes sexuels là où la pornographie existe qu'ailleurs. Après tout, quelle est donc la fonction de la pornographie ?

La pornographie sert à beaucoup de choses. Beaucoup l'achètent par curiosité. D'autres la lisent et la regardent en se masturbant. Quelquefois, des couples mariés s'en servent pour s'exciter, surtout si l'homme n'est pas très "puissant", c'est-à-dire a quelques difficultés à bander aussi longtemps ou aussi souvent qu'il le voudrait. Quelquefois aussi, certains couples s'inspirent des descriptions ou des photos pour faire l'amour d'une façon plus originale. (Andersen, Hansen, Jensen, op. cit.)

En résumé, quoique moins belle, elle a le même rôle que les estampes chinoises des millénaires et des siècles passés, classiques taoïstes de la chambre à coucher comme les instructions secrètes concernant la chambre de jade. Il n'y a donc là rien de grave, ni de nouveau.

L'histoire de la pornographie est l'histoire du totalitarisme. En Chine, elle donna lieu à une répression qui serait risible si elle n'avait pas eu de tragiques conséquences. Ainsi, parmi tant d'autres, le malheureux Chen Xinliang fut obligé de faire cette autocritique parce qu'il avait contemplé des orgies sur papier :

Progressivement, je suis devenu complètement obnubilé par les questions sexuelles. Je ne sortais plus de chez moi le dimanche afin de pouvoir lire des livres et des revues pornographiques. Je lisais en cachette durant les cours d'éducation politique (…) et je ne m'intéressais plus à rien, hormis le sexe, jusqu'au jour où j'ai été interpellé par la police dans les toilettes publiques alors que je commettais des gestes obscènes. (Zongguo Quingian Bao, 1982.)

Chen Xinliang fut conduit dans un camp de travail.

L'interdit légal fait obligatoirement naître la transgression. La pornographie coûte cher lorsqu'elle est interdite. Elle n'en rapporte que plus d'argent. À tel point qu'on pouvait même vendre une pornographie inexistante. Il y a quelques décennies, dans les "quartiers chauds" des grandes villes, des rabatteurs proposaient aux hommes de venir voir des films pornographiques. Lorsque le client était ferré, on l'amenait dans un appartement, on le faisait payer sa place, puis on l'installait sur une chaise, devant un écran, en compagnie d'autres clients crédules. La séance allait commencer…

C'est alors qu'un complice criait : "Attention! Arrêtez tout ! Voilà la police !"

C'était faux. Mais la peur d'une forte amende, d'un emprisonnement, et que leur famille connaisse la honte de les voir arrêtés, affolait les scoptophiles présents. Il n'y avait plus qu'à les faire sortir, tremblants, par une deuxième issue. La descente de police illusoire répondait au film obscène inexistant. Les organisateurs n'avaient plus qu'à recommencer ce petit jeu.

Plus loufoques encore furent les "lunettes indiscrètes". Elles avaient prétendument la propriété de rendre les vêtements invisibles. Il suffisait de les chausser pour voir les gens nus. Du moins, selon la publicité. Il s'en vendit 100 000 paires en 1973.

La censure, même volontaire, peut elle aussi faire rire :

En 1961, le Dr Robert Van Gulik (le premier écrivain occidental traitant sérieusement de la sexualité en Chine) crut devoir traduire en latin, au lieu de l'anglais, plus de la moitié des citations

qu'il avait tirées des manuels. Avec des résultats parfois piquants. Par exemple : "L'empereur Jaune dit : Cum coitum perpetrate desiranti Caulis mihi jaspius surgere nolet utrum sollitare eum debeo an non ?"
La fille Brune répondit : "Certainement pas !" (Reay Tanahill, *Le Sexe dans l'histoire*, op. cit.)
VOIR SPECTACLES ÉROTIQUES.

POSITIONS
L'homme préhistorique pratiquait généralement le *coït a tergo*, c'est à dire en position dorso-ventrale, généralement et joliment appelée "levrette", comme chez les mammifères. Jean-Jacques Annaud, dans son film *La Guerre du feu* (Jean-Jacques Annaud, 1985), reconstitue le moment où cette situation change : un homme veut ainsi monter sur une femme, et cette dernière se dégage, se retourne pour lui faire face. C'est sans doute ainsi que naquit, il y a des dizaines de millénaires, la fameuse "position du missionnaire".
Censée d'abord représenter une sorte de progrès de la tendresse dans les rapports humains, elle est devenue la plus banale et, durant des siècles, la seule autorisée en Occident. Les stoïciens n'en voulaient pas d'autre tandis que l'Église catholique prohiba toute façon différente de coïre, sauf situation particulière :
(...) surtout si l'homme, pour augmenter ses jouissances, prend sa femme par derrière à la mode des animaux, ou s'il se place sous elle en intervertissant les rôles ; cette inversion est souvent le signe de concupiscences mortellement mauvaises chez celui qui ne sait pas se contenter des moyens ordinaires de pratiquer le coït.
Mais lorsqu'il y a nécessité d'en agir ainsi, à l'époque de la grossesse par exemple ou parce qu'on ne peut supporter d'autres positions, il n'y a nul péché à prendre ces diverses postures, pourvu qu'il n'y ait pas danger de répandre la semence hors du vase. (*Manuel secret des Confesseurs*, op.cit).
Quelle différence avec l'hédonisme latin où il était conseillé aux femmes romaines de choisir des postures les mettant en valeur :
Penche la tête en arrière si on se lasse de ton visage,
Montre ton dos, si c'est ta seule grâce,
Si tes jambes sont bien formées, pose-les sur ses épaules (...)
Celle qui est dotée de longs flancs sur le lit
S'agenouillera et redressera légèrement la tête
Alors que de jeunes cuisses et d'impeccables seins
Exigent que tu te tiennes en biais et ton amant debout.
(Ovide, *L'Art d'aimer.*)
Le choix d'une position peut être utilitaire : un homme qui éjacule trop vite adoptera la posture du missionnaire inversée, la femme au-dessus. Inversement, un sur-

croît d'excitation sera obtenu en chevauchant la femme tandis qu'elle entoure la taille de l'homme avec ses jambes. Les positions favorisant l'orgasme clitoridien sont évidemment celle qui laissent une main libre.

On comptait jadis trente-deux positions. Le maître chinois Tung-Hsüan en dénombrait trente portant chacune un joli nom : "l'union serrée", "l'attache solide", "les ouïes exposées", "le dragon contourné", "les canards mandarins", "la cigale fendue", "la gambade des chevaux", "le phénix folâtrant dans la fente cinabre", "la corne de licorne", etc.

Le *Kama-sutra* préfère des noms plus explicatifs : à la manière des chiens, du bétail, des tigres, des ânes, etc.

Le Moyen-Orient, dans un traité du XVIe siècle, nous en propose de fort originales voire improbables :

La femme étant allongée sur le dos, l'homme s'assied sur sa poitrine tournant le dos à son visage, les genoux en avant et les orteils agrippant le sol ; il lui lève les cuisses en lui cambrant les reins de manière à amener la vulve au devant de son membre (...) cette position, comme tu le vois, doit causer une grande fatigue (...) je ne la crois réalisable qu'en paroles ou en dessin. (Cheikh Nefzaoui, *Le Jardin parfumé,* l'Or du Temps, 1971.)

Le nombre de ces positions peut changer selon les auteurs. Cependant, il en est de principales : les fameuses "trente-deux positions". Les autres présentent de légères variantes des types fondamentaux. Le cadre de cet ouvrage ne nous permet pas de présenter toutes les positions. On trouvera, dans les librairies spécialisées, de nombreux manuels les concernant : ils comprennent chacun plus d'une centaine de pages.

Les positions homosexuelles masculines diffèrent peu des positions hétérosexuelles. Les lesbiennes peuvent pratiquer le tribadisme et, assises l'une devant l'autre, frotter leur vulve à celle de leur partenaire. L'emploi de godemichés attachés à un harnais permet à celles qui apprécient ces jeux d'employer les positions ordinaires des couples hétérosexuels.

POUPÉES GONFLABLES

"Dames de voyage", ces poupées sont des ballons de plastique anthropomorphes. Elles sont fabriquées dans le but d'être utilisées sexuellement. Elles comportent donc un orifice vaginal, parfois un orifice anal et une bouche dans laquelle on peut faire entrer un pénis.

Toutefois, il y eut, en 1973, un arrivage de poupées gonflables fabriquées en Italie, sans sexe et dont les soudures saillantes risquaient de blesser. (Roger Falligot et Rémi Kaufer, *Porno Business*, Fayard, 1987.)

Aujourd'hui, elles sont produites principalement en Asie, en Afrique, en Europe et aux États-Unis. Beaucoup sont plus petites que la taille normale d'une femme. Mais il en existe "grandeur nature". Elles possèdent des seins volumineux et leurs orifices vaginaux sont parfois munis d'un système vibrateur électrique à piles. Certaines sont faites de telle sorte qu'on peut leur remplir les seins d'un liquide tiède pouvant gicler grâce à une perforation des tétons munie d'une valve.

Les premières poupées étaient grossières et mal finies. Maintenant, les modèles les plus chers ont une toison pubienne, un clitoris et "parlent" ou gémissent au moyen d'un système sonore à puce. Certaines ne sont plus gonflables : ce sont des sortes de statues de résine que l'on peut utiliser à des fins sexuelles.

Les premiers modèles étaient féminins. Aujourd'hui, on trouve des poupées mâles dotées d'un pénis généralement de forte taille et muni d'un système vibrant. De même, il existe des poupées noires, asiatiques, etc. Il existent également des modèles pour les zoophiles correspondant à leur espèce animale favorite.

Ces poupées ne sont pas seulement utilisées par le solitaire : elles peuvent servir de troisième partenaire à un couple ou être une victime dans les pratiques sadomasochistes ou coprophiles. On peut aussi obliger un "esclave" à les pénétrer à des fins d'humiliation. Les nécrophiles apprécient ces poupées qu'ils placent dans des cercueils, qu'ils vêtent de suaires, etc. Dans le film *Grandeur nature* (Luis Berlanga, 1974), Michel Piccoli joue le rôle d'un homme influent amoureux de sa poupée gonflable qu'il habille et traite comme sa femme. Il l'emmène à des réceptions et à des dîners mondains.

Certaines poupées sont à l'image d'acteurs ou d'actrices célèbres de films pornographiques ou non. Parfois, les catalogues et publicités affirment que leurs organes sexuels ont été moulés sur ceux de la personne qu'elles représentent.

VOIR AMALGATOPHILIE, PÉDIOPHILIE.

POUVOIR PERSONNEL

Sympathie, charisme, autorité naturelle... Le pouvoir personnel présente divers aspects. Il est, pour un partenaire, une sorte de catalyseur. Sa nature demeure mystérieuse ; il participe souvent du pouvoir effectif, de la richesse ou d'une fonction élevée dans la société : les politiciens, les acteurs, les musiciens, les vedettes du sport en débordent souvent sans que l'on puisse toujours savoir si le succès leur a donné du charme ou si c'est leur charme qui a déterminé le succès. Ce succès leur rend parfois la vie difficile, s'ils ne savent pas y adapter leur vie personnelle, privée ou affective.

Les maîtres et les dominatrices professionnels des jeux sadomasochistes apprennent à développer leur pouvoir personnel, à en donner l'image. Toutefois, ce pouvoir, et le plaisir qu'il procure, peut conduire à une suffisance, à un ego hypertrophié qui peut amener à ne plus regarder le partenaire de jeu, le dominé avec la compassion nécessaire dès que les séances sont terminées. Il faut parfois un grand effort pour éviter cette attitude, ce mode de pensée.
VOIR BONDAGE, DOMINATION/SOUMISSION, FLAGELLATION, HUMILIATION, INTERROGATOIRE, *PETTICOAT DISCIPLINE*, PHOBOPHOBIE.

PRÉSERVATIF

Aussi appelé "condom" ou "capote anglaise", voire, tout simplement, "capote". Sorte de poche élastique et étanche dans laquelle on introduit le pénis à des fins autrefois anticonceptionnelles. Aujourd'hui, la crainte des maladies vénériennes fait qu'il sert plutôt de moyen prophylactique.

Norman Himes, dans son livre *Medical History of Contraception* (Londres, 1936) déclare que la lecture de certaines versions de la légende du Minotaure peut faire croire que les Romains, voire les anciens Grecs, utilisaient une sorte de préservatif fait avec une vessie de chèvre ou de mouton. Rien n'est moins certain, puisqu'on ne reparle pas de ce procédé avant le XVIe siècle. Encore n'était-il pas fréquemment employé.

On a voulu en attribuer l'invention à un supposé docteur Condom qui semble n'avoir existé que dans certaines imaginations. On a aussi supposé que la ville de Condom (Gers) l'aurait vu naître. Tout ce qu'on sait vraiment, c'est qu'il ne se répandit qu'au XIXe siècle. Encore n'était-il pas bon marché et peu facile à fabriquer. Il ne gainait pas précisément le pénis. Voici comment on fabriquait les préservatifs au milieu du XIXe siècle, selon l'*United States Practical Receipt Book*. Il s'agit d'un recueil de recettes diverses à réaliser soi-même :

Prenez le caecum d'un mouton, lavez-le d'abord avec de l'eau en le retournant ; puis répétez l'opération avec de l'eau additionnée d'un peu de soude. Changez cette eau toutes les quatre ou cinq heures, cela cinq à six fois de suite ; grattez alors la membrane avec l'ongle, versez-y du soufre, laissez reposer dans l'eau pure, puis dans de l'eau savonneuse. Rincez, gonflez, faites sécher. Coupez à la longueur voulue et fixez un ruban sur la partie ouverte. Utilisez contre l'infection et la fécondation.

Dans *Les Mémoires d'une chanteuse Allemande*, de Wilhelmine Schroeder-Devriendt, classique de l'érotisme publié en 1911 par les soins de Guillaume Apollinaire, le préservatif est encore présenté muni d'un ruban à son ouverture et que l'on doit serrer en comprimant ainsi la base de la verge pour éviter l'écoulement intempestif du sperme par le haut. Cet ouvrage raconte des événements fort antérieurs à la date de sa publication, puisque la vulcanisation du caoutchouc fut inventée en 1843. On put donc fabriquer des préservatifs plus efficaces qui se répandirent vraiment à partir de 1870.

Toutefois, le souvenir du ruban est aujourd'hui rappelé par une marque américaine, *Mentor*, qui munit l'entrée de ses préservatifs en latex d'un adhésif antiallergénique.

Diverses éditions du *Catalogue de la Manufacture d'Armes et Cycles de Saint-Étienne* du début du XXe siècle présentent des "machines à laver et rouler les préservatifs". Ces derniers étaient encore coûteux et l'on tâchait de les utiliser plusieurs fois, ce qui n'est absolument pas recommandé.

Le préservatif passa de mode avec les nouveaux moyens de contraception durant les années 60. Mais le sida et la crainte de sa contagion firent remonter les ventes en flèche tandis que de nouveaux fabricants ouvraient des usines. Pour éviter que le marché soit inondé par des produits défectueux, *l'Association française de normalisation* a fixé des règles strictes de production. Les préservatifs les respectant sont muni du label *AFNOR*.

Aujourd'hui, il existe de nombreuses sortes de préservatifs : certains sont colorés, ou portent des motifs imprimés. D'autres présentent des ornements curieux, portent, par exemple, une main rouge à leur bout, ou une tête de clown. On en trouve qui brillent dans la nuit ou qui présentent des reliefs et des rugosités dans le but de varier les sensations des femmes. On peut aussi trouver des préservatifs ne couvrant que le gland. D'autres, encore, sont parfumés à différents goûts : vanille, fraise ou menthe.

Les préservatifs peuvent se déchirer : on estime que 1 préservatif sur 165 se rompt lors d'une pénétration vaginale et 1 sur 105 lors d'une pénétration anale. Il est extrêmement rare qu'un tel déboire advienne lors d'une fellation. Il faut absolument utiliser un préservatif neuf à chaque rapport. Le latex peut être détérioré par les lubrifiants à base d'huile.

PRIAPISME

VOIR DYSFONCTIONNEMENTS.

PRISHA OU ISCHOLAGNIE

Prisha est le nom hébreu de la séparation des sexes. Beaucoup de religions l'ont préconisée. On la retrouve en Inde, chez les musulmans, en Amérique du Sud et chez certains juifs orthodoxes ou intégristes. Cette séparation demande une installation particulière des synagogues : soit il faut deux pièces séparées, soit on tend un rideau, appelé *machetza* entre les hommes et les femmes. Dans certaines églises catholiques, le “côté des femmes” est séparé par une travée du “côté des hommes”. On explique cette pratique par la nécessité de se consacrer aux prières, à l'adoration. Il ne faut donc pas risquer d'être troublé par la proximité d'une personne du sexe opposé, que ce soit à la messe ou lors d'un enterrement :

Enfin, le cortège s'est casé, les femmes à gauche, les hommes à droite ; et les orgues roulent leurs lamentations, les chantres gémissent sourdement, les enfants de chœur ont des sanglots aigus, tandis que dans des torchères, brûlent de hautes flammes vertes, qui ajoutent leur pâleur funèbre à la pompe de la cérémonie. (Émile Zola, *Comment on meurt*, Paris, 1882.)

VOIR HAREM, *NIDDAH*, *PURDAH*.

PRIVATION SENSORIELLE

La privation sensorielle diffère de la compensation sensorielle parce qu'il s'agit d'éliminer les perceptions de tous les sens à la fois. La privation sensorielle consiste à isoler le sujet dans une monde clos, silencieux et sans lumière. On utilise pour cela des chambres spéciales, des caissons ou des techniques de suspension.

Les caissons ou *samadhi tanks* permettent de défier la pesanteur : on s'y trouve en train de flotter dans l'eau. L'expérience peut fortement désorienter. La suspension est moins troublante. Toutefois, elle peut occasionner des vertiges, des hallucinations, et mener à la confusion mentale. Il est nécessaire de convenir d'un “mot de passe” avec son partenaire pour arrêter immédiatement le jeu lorsqu'il devient trop pénible.

Une privation sensorielle prolongée ne produit pas seulement des hallucinations : elle peut mener à des états de conscience paranormaux. Les hallucinations sont fréquentes dans tous les cas où l'on se retrouve isolé : ainsi, les marins voyant et entendant des sirènes, les gens perdus dans la jungle entendant des voix, les bergers dialoguant avec des “esprits” ou des “saints”.

En Amérique du Sud, le *Japujaneju* est un mauvais esprit. C'est une femme qui apparaît aux égarés dans la jungle amazonienne et qui les mène à leur perte. Il en est de même pour l'Ankou des landes bretonnes, que l'on voyait avant de mourir ou qui annonçait la mort.

Pour résister aux longues périodes d'isolement, il convient de subir un entraînement psychologique. Il s'effectue après des tests d'aptitude pour les astronautes ou les personnes devant passer un hiver dans l'Antarctique.

L'effet le plus spectaculaire de la privation sensorielle est, durant les jeux sexuels, la réponse rapide à la moindre stimulation. Après seulement une demi-heure d'isolement dans un caisson, un simple effleurement peut amener une personne à l'orgasme. De plus, la première vision lorsqu'on sort de l'obscurité imprègne fortement l'esprit. Les partenaires des amateurs de privation sensorielle le savent, qui se vêtent et se présentent d'une façon remarquable. Ils travaillent leur aspect pour donner l'image qu'ils veulent qu'on garde d'eux.

Si l'on choisit, au contraire, d'effrayer celui qui sort d'un caisson de privation sensorielle, il conviendra de faire très attention : le choc peut être terrible. La vision soudaine d'un vampire ou d'un fantôme peut provoquer des évanouissements, voire des arrêts cardiaques.

La privation sensorielle peut s'effectuer sur une partie du corps seulement. On se sert de lotions anesthésiques ou d'enchâssement, par exemple des seins ou des parties génitales.

VOIR
ACCROISSEMENT SENSORIEL, BONDAGE, *GLORY HOLE*, SUSPENSION.

PROSTITUTION

"Faire commerce de ses charmes", "aller aux asperges", "faire le tapin" ou, pour les Antilles "faire boutique-mon-cul" sont autant d'expressions, parmi d'autres, désignant le fait de se livrer à des activités sexuelles contre rétribution. Ce "mariage instantané" suivi d'un divorce à l'amiable serait "le plus vieux métier du monde". Une prostituée est censée travailler *pro pecunia*, *palam* et *sine delecta* : pour l'argent, pour le public et sans éprouver de plaisir.

La prostitution sacrée de l'Antiquité existait chez les Hébreux. La prostituée s'appelait *ḳ'deshah*, ce qui veut dire "saint" ou "sacré". Cette prostitution était organisée par les prêtresses et l'argent gagné servait à l'entretien du temple. Il en était de même en Grèce, pour les servantes d'Aphrodite.

Cette prostitution sacrée disparut au fil du temps, vaincue par les systèmes religieux, économiques et politiques patriarcaux :

La prévalence du matriarcat dans les temps anciens était plus favorable à la liberté sexuelle des femmes que le système patriarcal qui suivit. De ce fait, au temps des tout premiers Égyptiens, une femme pouvait accorder ses faveurs à l'homme de son choix qu'elle désignait en lui envoyant un de ses vêtements, même si elle était mariée, ce qui plus tard eût été considéré comme un crime.
(Petrie F. , *Egyptian Tales*, s. d.)

En dehors de cette prostitution religieuse, il existait, évidemment, des racoleuses et des hétaïres. Les Grecs étaient fort organisés en matière de sexe :

Les hétaïres servent à notre plaisir, les concubines à nos besoins quotidiens, les épouses à nous donner des enfants légitimes et à faire marcher la maison. (*In Naeaream*, texte latin traduit du grec, attribué à Démosthène;)

Les prostituées grecques étaient peu sentimentales et âpres au gain. L'une d'entre elles, Philomène, ne va pas par quatre chemins :

Pourquoi m'écrire de longues lettres ? Je veux cinquante pièces d'or et non des lettres. Si tu m'aimes, tu paies ; si tu aimes ton argent plus que moi, cesse de m'importuner. Au revoir. (Alciphron, *Lettres de courtisanes.*)

Les techniques de racolage des prostituées grecques étaient parfois directes. Certaines portaient des sandales aux semelles cloutées. Les clous étaient disposés de façon à former les lettres des mots: "Suis-moi." Ce message, imprimé sur la poussière du sol, était sans doute une excellente publicité. D'autres, plus classiques, se tenaient dans la rue, devant les façades des maisons, *la poitrine nue, le reste légèrement voilé (...) Elles t'entraînent à l'intérieur, que tu le veuilles ou non et t'appellent "papa" si tu es vieux, ou "petit frère". (...) Tu peux t'offrir n'importe laquelle sans débourser beaucoup et sans risques.* (*Athenaeus*, II , 468.)

À Rome, les prostituées avaient, comme partout, le souci de ne pas enfanter. Lucrèce, au Ier siècle. av. J.-C., décrit leur manière de se comporter à cet égard : *elles ondulaient des hanches pendant le coït, afin de pouvoir se dégager dès l'éjaculation, ce qui avait de plus l'avantage de donner beaucoup de plaisir au consommateur, de les exciter de telle façon que la "passe" durait peu de temps.* En fait, il semble que, comme les hétaïres grecques, les *lupae* romaines imposaient le coït anal à ceux qui ne s'y opposaient pas fermement.

Pline décrit d'autres remèdes : *appliquer des crottes de souris dans le vagin, ou encore des excréments d'escargots. Dioscoride, à la même époque, préconise d'introduire du poivre dans le col de l'utérus.* (J.-C. Bologne, *La Naissance interdite*, 1993.)

La prostitution avait son quartier réservé : Suburre. C'est là que la fameuse impératrice Messaline serait allée se prostituer incognito pour assouvir son désir ardent (voir *Polyiphilie, Phallophilie, Nymphomanie*). Plus tard, une autre impératrice, Théodora, régna sur Byzance. C'était une ancienne prostituée. Devenue prude, elle créa un monastère pour y loger cinq-cents "fleurs de pavé". Les malheureuses connurent alors le jeûne, la prière, les travaux les plus rudes, la mortification. Le régime était on ne peut plus strict. À tel point que bien des filles se jetèrent par la fenêtre, se suicidèrent par d'autres moyens ou sombrèrent dans la démence. Théodora continua tout de même et ne changea rien à cette discipline.

Le christianisme, exaltant la rédemption, se bâtit sur un grand nombre de légendes et d'hagiographies montrant des prostituées repenties, sauvées, devenant saintes : c'est dire que le combat de l'Église contre la prostitution fut souvent acharné. Mais parfois plus tolérant. Saint Augustin, ancien client repenti, vitupérait contre les bordels et les filles de rue. Toutefois, il se montrait réaliste :

Cependant, supprimez la prostituée des affaires humaines et vous souillerez toutes choses avec de la luxure. (Saint Augustin, *De ordine*, II, 4.)

Les siècles passèrent avant que saint Thomas d'Aquin précise cette pensée :

Supprimez l'égout, et vous emplirez le palais de pollution (...) Supprimez les prostituées du monde et vous l'emplirez de sodomie. (*Summa Theologica*, II-II.)

Cependant :

Beaucoup d'autres au contraire, soutiennent la doctrine opposée, affirmant, d'après l'expérience que la tolérance de la prostitution est une occasion de ruine pour beaucoup de jeunes gens en excitant les flammes de la passion, et qu'ainsi les péchés de luxure se multiplient au lieu de diminuer. (*Manuel secret des confesseurs*, op. cit.)

Puisque le mal existe, qu'il est inévitable, pourquoi ne pas essayer de lui trouver un avantage ?

L'Anglais qui habitait près de Londres allait dans les bordels de Southwark, se sachant en sécurité puisqu'ils étaient placés sous la respectable juridiction de l'archevêque de Canterbury et de l'évêque de Winchester. (Reay Tannahill, op. cit`.)

Dans ce même ouvrage, une note du traducteur nous fait savoir ceci :

Peu avant la Seconde Guerre mondiale, un journal anticlérical parisien affirma que l'archevêché d'une grande ville française de l'ouest était propriétaire des murs d'une maison de tolérance, d'ailleurs située tout près de la cathédrale. (Reay Tannahill, op. cit.)

L'église se livrait donc au proxénétisme hôtelier. Un degré supplémentaire fut même atteint :

Il y avait en Avignon un bordel clérical où les filles partageaient leur temps entre les prières et les devoirs religieux, d'une part, la satisfaction de la clientèle, de l'autre. Uniquement réservé aux chrétiens, ni les juifs ni les païens n'avaient le droit d'en franchir le seuil. (Reay Tannahill, op. cit.)

Au même moment, comme le fit Théodora, on créait des couvents de "madelonettes", c'est à dire de filles des rues repenties. Leur nom dérive de celui de Marie-Madeleine qui, malgré la tradition, ne fut probablement pas une prostituée. Dans ces couvents, le régime était sévère et ces pécheresses vécurent souvent dans les conditions ordinaires des monastères : priant, jeûnant, travaillant.

Souvent, mais pas toujours. Un de ces établissements, l'institution de la Maison des Armes à Vienne, était pourtant fort riche. Pourtant, il ne se contenta pas des dons de ses mécènes. Les filles recommencèrent à se prostituer. Ce fut le plus grand scandale, en Autriche, de l'an 1480.

Mais le discours catholique officiel n'empêcha pas que des rois, des empereurs, des chevaliers, loin de chez eux durant les croisades, les fréquentèrent. De plus, et encore de nos jours, les lieux de pèlerinage sont aussi de hauts lieux de la prostitution ou de la pornographie. Il faut dire que l'exemple vient de haut, puisque des papes eux-mêmes eurent recours à leurs services. C'est ce que raconte l'un de leur familiers, historien, mais aussi moraliste et auteur de décrets fort sévères contre le contrôle des naissances :

Un soir d'octobre 1501, le pape ordonna qu'on envoie cinquante prostituées dans ses appartements. Après le souper, elles dansèrent avec les serviteurs et d'autres hommes présents, d'abord habillées, mais rapidement nues. On alluma des cierges et l'on plaça des chandeliers sur le sol avant de jeter des noix. Les prostituées durent marcher à quatre pattes entre les chandeliers pour ramasser les noix. Finalement le pape promit des cadeaux à celui des hommes présent qui connaîtrait charnellement le plus grand nombre des dites prostituées. (Burchard, *Histoire des papes.*)

Luther trouvait la chasteté anormale. Le mariage, selon lui, n'était plus un simple moyen de procréer, c'était un remède à la débauche. Pour lui, une femme aimante suffit à un homme aimant : le mariage luthérien est fondé sur l'amour. Ainsi, il rend l'adultère et la prostitution inutiles. Dès lors, Luther s'opposa à la réouverture des bordels en Saxe. Mais pas à Halle : au contraire, il conseilla de ne pas trop se presser de fermer les lupanars de cette ville de crainte que le remède soit pire que le mal.

Le XVIIIe siècle, avec ses guerres européennes, vit naître la "fille à soldat", celle qu'on trouve derrière les régiments, celle qui hante les villes de garnisons, celle, hélas, qui transmet bon nombre de maladies. À l'époque, les censeurs vitupéraient comme d'habitude, mais savaient insister sur le point du confort :

Un habile chirurgien me parlait un jour d'un homme qui, livré par une espèce de goût singulier aux Vénus du plus bas étage, et ne les connaissant guère que dans les coins des rues et debout, tomba dans l'épuisement accompagné de maux de reins les plus cruels, et d'une atrophie ou dessèchement des cuisses et des jambes, jointe à une paralysie de ces parties qui paraissait être une suite de l'attitude dans laquelle il s'était livré à ses sales voluptés. Il mourut après avoir gardé six mois le lit, dans un état propre à

exciter la pitié et l'effroi. (Tissot, *De l'Onanisme*, 1760.)
La prostitution connut son apogée au XIXe siècle. C'est alors qu'elle envahit toutes les couches de la société : des bouges louches des barrières, aux salons impériaux. Le "pensionnat", la maison close, le bordel devinrent l'inévitable lieu d'initiation pour tout jeune mâle. Vienne comptait alors 20 000 *süßes Mädlen* peu farouches, soit une fille pour sept habitants mâles de la ville. Ces maisons pouvaient être fort luxueuses ou plus simples, mais une discipline y régnait, fort éloignée, malgré tout, de celle du couvent de Théodora. Les filles y étaient généralement bien traitées. À Paris, elles prenaient quatre repas par jour, le premier à onze heures (elles se levaient tard) ou à midi. Il se composait de trois plats, d'un dessert et d'une bouteille de vin. Vers dix-sept-heures, une collation identique leur était servie, à laquelle s'ajoutaient un potage et du café : le travail allait bientôt commencer. Ensuite, des soupers composés de viandes froides, de salades et de vins les restauraient à minuit, puis à deux heures du matin.
Contrairement à la légende, les filles n'étaient pas séquestrées. Quant à la "traite des blanches", elle relève en grande partie du fantasme : pourquoi enlever et séquestrer des filles alors qu'il est tellement simple d'engager l'une ou l'autre parmi les nombreuses volontaires ? Il n'y eut, semble-t-il, qu'un seul cas de révolte en France au XIXe siècle. En 1867, à Parthenay, les filles mirent le feu à la maison pour s'évader.
Dans les maisons de passe, le rituel était simple : lorsqu'un client se présentait, on appelait les filles en criant : "Ces dames au salon !" Et l'homme faisait son choix. Du moins dans les bordels de classe "intermédiaire", ni luxueux, ni misérables.
Dans les bordels populaires, le choix se fait à l'intérieur de l'estaminet. Chacune des filles sollicite tour à tour le client. Si l'interlocuteur accepte, elle vient boire en sa compagnie et tente de le déterminer par ses caresses à poursuivre l'entretien dans une des chambres de l'établissement. (Alain Corbin, *Les Filles de noce, misère sexuelle et prostitution au XIXe siècle*, Paris, 1982.)
En dehors des maisons, il y avait les "marcheuses", celles qui faisaient le "pied-de-grue" dans la rue. Elles ne devaient, selon la loi, faire aucun signe. Cette loi est toujours en vigueur : le racolage est interdit. Toutefois, les prostituées d'hier et d'aujourd'hui ne se privent pas d'aguicher le chaland. On distinguait les "professionnelles", les "cartées", celles qui se soumettaient aux contrôles médicaux, des occasionnelles, des clandestines. Les filles en carte étaient obligées de louer elles-mêmes une chambre et de circuler "en cheveux", c'est-à-dire sans cha-

peau, pour qu'on les distingue des "honnêtes femmes".

Les prostituées du XIXe siècle ne venaient point au trottoir comme celles des temps précédents. La prostitution n'était pas forcément, au départ, une façon de vivre. Loin des cocottes et des demi-mondaines, loin, encore plus, des "horizontales de haut vol" décidant de faire carrière et voulant s'enrichir, il y avait la jeune veuve ou fille-mère sans travail qui, sachant que les organismes caritatifs la sépareraient systématiquement de ses enfants, se décidait à la prostitution parce qu'on ne voyait pas d'autre solution. Parfois, des ouvrières complétaient leur salaire par quelques "passes". Enfin, la fille "tombée", celle qui avait "péché", s'y livrait après avoir ignominieusement "été chassée de sa profession".

Une enquête américaine montre qu'en 1888, sur 3 866 prostituées des grandes villes, 1 500 avaient exercé des professions telles que servantes ou employées dans un hôtel, couturières ou coupeuses, vendeuses ou employées de commerce. On ne compta que 94 ouvrières du textile dans ce total et 1 100 sans profession. Bref, il y avait dans ce métier 1 500 femmes qu'on pouvait séduire facilement si l'on se situait au-dessus d'elles d'un point de vue hiérarchique.

Les grandes cocottes du second Empire devenaient parfois fort riches : la Païva, dont la devise était "qui paie y va! " se fit bâtir un hôtel particulier, ou plutôt un palais aux escaliers d'onyx, avec baignoire de marbre et robinetterie rehaussée de pierres précieuses. Cora Pearl préférait les baignoires en argent, remplies de champagne.

À Londres, le fin du fin était de déflorer de jeunes vierges. Il s'agissait parfois de viols délibérément organisés moyennant un prix fort élevé. Cette mode se répandit et l'on parvenait à acheter des filles à leurs parents misérables, ou à les kidnapper. Les bordels s'adaptèrent à la demande et fournirent autant de jeunes vierges qu'on en voulait. Il suffisait de quelques trucages, par exemple au moyen d'une éponge imprégnée de sang, voire une vessie de poisson remplie du même liquide. Une infusion de glands, du vinaigre, du jus de prunelles constituaient un astringent efficace donnant l'impression d'un vagin fort étroit.

Cette mode eut pour effet de mieux faire connaître les médecins antiques ou médiévaux. On lut Avicenne, on découvrit fébrilement Albert le Grand qui précisent ce que sont les "signes de virginité". Dès lors, les garçons-barbiers à l'habile lancette taillèrent dans le vif, et suturèrent, afin de restaurer les hymens disparus.

L'église, dont on a vu les tolérances, condamne la prostitution d'une façon ferme, mais nuancée :

La prostitution est un métier ou un acte : comme métier, c'est la condition d'une femme prête à recevoir le pre-

mier venu et ordinairement pour de l'argent ; comme fait, c'est l'union charnelle d'un homme avec une telle femme ou d'une telle femme avec l'homme qui se présente.

Il est certain que la femme qui se livre à la prostitution commet un plus grave péché que celle qui se livre à la simple fornication, ou même que la concubine, à cause de la disposition d'esprit, du scandale, et du préjudice causé à la propagation de l'espèce. Aussi, les courtisanes ont-elles toujours été regardées comme la lie et l'opprobre du genre humain. Il ne suffit donc pas qu'une courtisane déclare en confession le nombre de ses fornications, elle doit déclarer son état de courtisane.

Cependant, Sylvius, Billuard, Dens et d'autres théologiens enseignent comme très probables que l'homme qui a forniqué avec une courtisane n'est pas tenu de déclarer cette circonstance, parce que, toutes choses égales, cette fornication, à leurs yeux, ne constitue pas une faute plus grave. (Manuel Secret des Confesseurs, op. cit.).

Aujourd'hui, les hommes ayant recours aux prostituées le font parfois après un rendez-vous décevant : la "petite amie" n'ayant pas voulu. Beaucoup y vont pour se livrer à des actes sexuels que leur partenaire habituelle refuse. Certains pensent que ça leur revient moins cher qu'une soirée au restaurant, puis au cinéma, etc. Bien entendu, l'éloignement, l'isolement dû au travail, au service militaire, sont aussi des raisons suffisantes pour aborder les filles des rues. Il existe aussi des cyprieunophiles, des amateurs de prostituées qui les préfèrent à toutes les autres femmes.

Les femmes qui deviennent prostituées le font généralement pour gagner de l'argent, quoiqu'apparaît depuis peu, une catégorie de femmes qui choisissent, crise économique oblige, de "joindre l'utile à l'agréable". Il n'y a pas de métier plus rentable et ne demandant aucune qualification. Certaines apprécient d'être l'objet du désir. Il en existe qui apprécient la variété des clients, qui ont un sentiment de puissance en se faisant payer. Cependant, presque toutes les prostituées du Tiers-Monde et beaucoup en Europe ou aux États-Unis se retrouvent sur le trottoir pour des raisons économiques afin de nourrir leurs familles.

Actuellement, la prostitution se porte bien. Les prostituéesqu'ils s'agissent de femmes, d'homosexuels ou de travestis adaptent leurs prix aux exigences des clients. Certaines ont des habitués, des clients qui reviennent régulièrement, parfois à date fixe.

Quoique interdite en France, la prostitution a pignon sur rue. Elle peut aussi, comme au Japon, s'accompagner de curieux simulacres :

Sortis du travail, les salarymen à col blanc n'ont que l'embarras du choix. Ils rendent visite au Lucky Hall où, pénétrant l'effigie de leurs vedettes préférées, ils se font masturber par une fille déguisée en lycéenne ou en infirmière. De l'autre côté de la cloison, elle n'aura de contact qu'avec le pénis de son client sans jamais le rencontrer. (Roger Faligot et Rémi Kaufer, *Porno Business*, Fayard, 1987.)

Depuis quelques années dans certains grands ensembles de banlieue, sur les boulevards des maréchaux à Paris ou sur les aires de repos pour routiers, la prostitution s'effectue à bord de camionnettes spécialement aménagée tandis que se développe la prostitution via le Minitel ou Internet (Jean-Baptiste Drouet, *Les Nouveaux Visages de la prostitution*, Filipacchi, 1997.)

VOIR BORDEL, GEISHAS, HÉTAÏRE.

PROXÉNÉTISME

(du latin *proxeneta* : courtier, du grec *proxenêtes* : médiateur)

Le proxénète est celui qui vit de la prostitution sans la pratiquer. Ce peut être le "maquereau" classique ou "souteneur" des romans populaires, la "maquerelle", tenancière de bordel ou l'intermédiaire qui met en contact la prostituée et son client. Le proxénétisme hôtelier désigne un propriétaire mettant ses locaux à la disposition des prostitués à titre onéreux.

Le proxénète peut exercer un pouvoir, une domination sur sa "protégée". Il arrive que des femmes soient obligées de se livrer ainsi sous la pression de menaces, d'intimidation physique. Les proxénètes semblent ne pas être excités par l'aura érotique de la femme qu'ils font travailler. Il créent ainsi une illusion de confiance en soi, de machisme. Une prostituée construit généralement son estime d'elle-même à partir de son habileté à manipuler les hommes, à leur soutirer de l'argent. Le proxénète profite de cette tendance en l'encourageant, en ayant confiance en cette habileté.

Certaines prostituées sont protégées par le proxénète, qui organise le travail, les loge, leur redonne une partie de l'argent qu'elles ont gagné, etc. D'autres usent de violence ou encouragent la prostituée à prendre des stupéfiants qu'ils fournissent. Ainsi est-elle en complète dépendance.

Le proxénétisme hôtelier peut prendre diverses formes. Durant "l'âge d'or" de la prostitution, c'était parfois une source de revenus secondaires car les propriétaires de maisons closes se recrutaient dans divers métiers. On en comptait 143 en 1870 à Paris : 97 étaient rentiers, 6 notaires, avocats, avoués, magistrats, 4 étaient agents de change ou hommes d'affaires et 4 marchands, 22 étaient les directrices-propriétaires de leur maison, six exerçaient un petit commerce de patrons-boutiquiers. On comptait aussi un entrepreneur, un commissionnaire de roulage, un filateur et un logeur. (F. Carler, *Les deux prostitutions, étude de pathologie sociale*, Paris, 1887.)

VOIR ABATTAGE, BORDEL, PROSTITUTION.

PSYCHROCISME
(du grec *psukhros* : froid)
Excitation sexuelle par le froid. On dit aussi "psychrotentiginosité", voire plus simplement "cryophilie" (voir ce mot).
Ce goût est à la fois celui d'une personne aimant avoir froid ou appréciant les partenaires ayant froid.
La pensée ou la vue de vêtement gelés, ou leur représentation pictorale me donne un plaisir érotique considérable. Ma femme n'a évidemment aucune idée de cette tendance anormale et, lorsque je dessine (...) une jeune fille aux bras et aux épaules nues, seulement vêtue de ses dessous au milieu d'une patinoire, elle prend ça à la blague, car, naturellement, elle ne prend pas au sérieux les exagérations de mon imagination. Ces fantasmes, accompagnés de masturbation, me viennent aussi fréquemment lorsque l'acte sexuel avec ma femme est impossible pour des raisons physiologiques. Ces fantasmes ne concernent qu'un seul sujet : une très jeune fille portant les vêtements les plus légers possibles en hiver. (Magnus Hirschfeld, *Sexual Anomalies et Perversions,* op. cit.)
Le froid est, généralement, l'ennemi des ardeurs masculines. Pourtant, il existe des hommes qui, après avoir nagé dans l'eau froide, éprouvent une intense érection pouvant durer plusieurs heures. Certains se masturbent avec une serviette placée auparavant au congélateur. On peut aussi introduire des glaçons dans l'anus ou le vagin d'un partenaire. Les "sacs à glaçons", poches de plastique alvéolées peuvent être enfilées dans un bas de nylon qui servira alors de ceinture, d'écharpe froide. Les bandes ainsi obtenues se placent à divers endroits du corps : poitrine, cuisses, pubis, etc.
On peut aussi mouler un pénis dans de la pâte à modeler, avant de remplir d'eau le moule ainsi obtenu. On fait ensuite geler le tout. En démoulant, on obtient un godemiché glacé fondant au fur et à mesure de son utilisation.
VOIR CRYOPHILIE, FÉTICHISME, MASTURBATION, THALPOTENTIGYNIE.

PUNITION
VOIR BONDAGE, DOMINATION/SOUMISSION, FLAGELLATION, MASOCHISME, SADO-MASOCHISME.

PURDAH
Voile utilisé dans les pays musulmans ou hindouistes pour cacher le visage des femmes.
Pour eux, une femme montrant ses cheveux et son visage est aussi provocante qu'une femme descendant une grande rue les seins à l'air (...) Ma décision de porter le voile rencontra quelques sourires ironiques ou compatissants (...) toutes voulurent me montrer la manière de porter l'elbay, une sorte de cape couvrant le corps de la tête aux cuisses, avec des ouvertures

pour les mains. Le tout était complété par un joli carré de mousseline noire brodée me recouvrant la tête. Je pouvais voir au travers des mailles de soie, mais pas très clairement. Je ne fus plus qu'une grande goutte noire (…) Quel costume pour la chaleur étouffante du mois de juillet en Arabie Saoudite !
Les femmes ne sont pas autorisées à sortir au dehors seules. Il faut qu'un homme les accompagne. J'ai tenté de me révolter ; mais on m'a dit : "Vous êtes beaucoup trop précieuse pour marcher toute seule. Nous voulons faire attention à vous, veiller à ce que vous soyez protégée. Personne n'osera vous bousculer ou vous insulter." (Rule Babs, *Everyday Life in the Harem*, Londres, 1986.)
Beaucoup de féministes s'insurgent contre cette répression sociale des femmes. Pourtant, l'un des avantages du voile est l'anonymat qu'il garantit. Ainsi, les femmes adultères et les prostituées ne craignent pas d'être reconnues, ce qui est vital pour les premières : elles risquent le fouet, la lapidation.
VOIR HAREM, *NIDDAH*, *PRISHA*.

PYGMALIONISME
VOIR AGALMATOPHILIE.

PYGOPHILIE
(du grec *pyge* : fesses, et *philia* : amour de)
Fétichisme des fesses. L'excitation atteint son maximum lorsque les pygophiles frottent, caressent, mordent ou lèchent les fesses de leur partenaire. Certains préfèrent frotter leurs propres fesses contre celles d'une autre personne.
VOIR FÉTICHISME, PIQUEURS, SODOMIE.

PYROMANIE
(du grec *puros* : feu, et *mania* : folie)
Manie incendiaire. Le pyromane ne met pas le feu par intérêt, par vengeance, par haine ou pour une raison objective quelconque. Le pyromane réitère son geste, ressent une tension émotionnelle avant l'acte, peut éprouver un orgasme en regardant les flammes et demeure excité en participant aux secours. L'exactitude, le courage des sapeurs-pompiers ne saurait être mis en doute. Cependant, il a existé un nombre important de cas de pompiers-pyromanes, allumant des feux pour participer ensuite à leur extinction. C'étaient au départ des pyromanes s'enrôlant pour satisfaire leur goût.
Le pyromane est généralement un homme, encore qu'il existe des femmes pyromanes, souvent des adolescentes :
Elles ont de nombreux problèmes sexuels : promiscuité, prostitution. (…) Toutefois il n'est pas certain qu'il y ait une connexion, à savoir si le fait d'allumer un feu est l'expression de problèmes sexuels ou en est le résultat. (G. Awad et E. Saunders, "Adolescent Female Firesetters", *Canadian Journal of Psychiatry*, Vol. 36, n° 6.)
Certains pyromanes s'éloignent du

feu qu'ils ont allumé pour se masturber à distance en contemplant les flammes. D'autres se retrouvent dans une sorte d'extase orgasmique accompagné de tremblements, de fièvre ou de perte de connaissance. En France, l'été est traditionnellement l'époque des incendies de forêt. L'idée qu'ils puissent naître spontanément à partir de débris de verre faisant loupe est absurde. Si certains sont dus à l'imprudence des promeneurs, un grand nombre est le fait de pyromanes.
VOIR PYROPHILIE.

PYROPHILIE
(du grec *puros* : feu, et *philia* : amour de)
Le feu est sans doute la première découverte fondamentale de l'homme. Ses usages sont multiples : il réchauffe, produit de l'énergie, sert en médecine, purifie, permet de cuire les aliments comme de torturer un ennemi. Le feu, de plus, est fascinant, à la fois bienfaiteur et fléau, ami et ennemi.

L'amoureux "se consume", "s'enflamme", "brûle d'amour", est "ardent" ; l'amour, le sexe s'expriment à partir du vocabulaire du feu ; telle rousse est "incendiaire", telle femme peut avoir "le feu au cul".

Les sadomasochistes apprécient le danger présenté par le feu, la chaleur, les flammes. Ils aiment à endurer des brûlures et utilisent de l'huile chaude, des braises, de la cire, des cigarettes allumées. Certains préfèrent utiliser des produits chimiques pour se brûler : acides divers et parfois dangereux. Les pommades hyperhémiantes comme le baume du tigre, le *Dolpic*, le *Nifluril* ou le *Vicks* servent aux mêmes usages : on les applique sur les seins, les parties génitales, l'anus. On peut introduire dans l'urètre un coton-tige trempé dans l'un de ces produits. Il existe des préparations élaborées à cet usage. La *Chinese Red Powder*, mélange de poivre, de moutarde, de gingembre et d'herbes diverses, est à la fois un aphrodisiaque et un hyperhémiant efficace. Certains, plus simplement, enduisent la verge ou le vagin de moutarde, voire de Tabasco, d'harissa ou de pili-pili.

Le pyrophile, au sens strict, préfère les flammes ou les braises à ces produits. On appelle "incendie de forêt" la crémation des poils pubiens au moyen d'une allumette. En général, la flamme s'éteint après quelques instants. Brûler complètement une toison demande l'emploi d'alcool à 90°.

Certains masochistes placent une braise sur leur nombril et se masturbent, excités par la sensation de brûlure. Le "chaud et froid" est la même situation à ceci près que le sujet se place sur une surface froide ou sur des glaçons, avant d'appliquer la braise sur son ventre.

Les moxas sont de petits cônes d'une matière inflammable utilisés par la médecine japonaise. On les place sur certains points du corps, correspondant à ceux de l'acupuncture. Ils ont un effet analogue à celui des traditionnelles ventouses de notre médecine ancienne. On réduit le risque de cicatrices indélébiles en plaçant une fine tranche de racine de gingembre ou d'ail entre le moxa et la peau. On peut, lors des jeux sexuels, préférer les cônes d'encens. On les maintiendra en place à l'aide d'une colle en vaporisateur. Un autre jeu consiste à allumer des bâtonnets d'encens et de s'en servir pour titiller le partenaire. On touche ainsi toutes les parties sensibles du corps sans grand risque. Les brûlures de cigarette produisent des cicatrices disgracieuses et s'infectent facilement.

La friture symbolique du pénis se pratique en trempant la verge et les testicules dans un bol rempli d'huile chaude. L'huile est censée ne pas brûler la peau. La sensation est celle d'une immersion dans un bain chaud. L'huile pourra ensuite servir de lubrifiant pour toute sorte de pénétration.

On peut aussi flamber la peau. On se sert pour cela d'alcool à 90° que l'on étale sur le corps. On essuie l'excédent avant d'approcher une flamme. On commence par une extrémité, main ou pied : la flamme chemine rapidement sur le corps, telle un feu follet, tandis que la sensation est, paraît-il, moins intense qu'on ne l'imagine. On peut se servir d'une eau de toilette ou d'un alcool digestif : cognac, genièvre, whisky, etc.

Marcher sur des braises ardentes est un ancien rituel d'initiation qui est devenu une épreuve de sélection dans certains stages réservés aux cadres (Delcourt, Yvan, *Place Vendôme*, 1988.) C'est aussi un moyen thérapeutique pour certains problèmes psychologiques. Cette pratique n'a pas, au départ, d'implication directement sexuelle ou érotique. Mais l'excitation produite, l'état de crainte, la sécrétion accrue d'adrénaline et d'endorphine mettent le sujet dans un état susceptible d'activer le désir.

VOIR
ACCROISSEMENT SENSORIEL
PSYCHROPHILIE, *SAFE SEX*.

QUADOUSHKA

Sorte de yoga des Indiens Cherokees. Il s'agit de pratiques similaires à celles du tantra : contrôle du souffle, de l'énergie et orgasmes incluant tout le corps.

Durant les cérémonies, la *quadoushka* est une exploration de sa propre sexualité par le pratiquant.

Bien qu'il n'y ait guère d'ouvrages ni de traités consacrés à la *quadoushka*, la tradition lui a permis de survivre. Des cours, des stages, des séminaires l'enseignent dans la région de San Francisco, aux États-Unis.

QUEENING

VOIR SIÈGE HUMAIN.

R-S

Rasage
Régulation d'oxygène
Reliques
Restaurants érotiques
Rétention
Rhabdophilie
Rhinocéros (corne de)
Rites de fertilité
Robotisme
Sacher-Masoch
Sacofricosis
Sacrifices
Sadisme
Sadomasochisme
Safe sex
Salirophilie
Salons de massage
Sang
Sarriette
Saturnales
Satyriasis
Scarifications
Scatologie
Scopophilie
Sculpture des poils pubiens
Seins
Sex rings
Sex shops
Sex Shows
Sexe au téléphone
Sexe rituel
Sexologie
Sexualité illégale
Sexualité orale
Sida
Sidérodromophilie
Siège humain
Simiophilie
Sitophilie
Snuff movies
Sodomie
Soixante-neuf
Somnophilie
Sonde
Souillures
Soumission
Soupeur
Sous-personnalité
Spectacles érotiques
Spectrophilie
Spéculum
Spermophilie
Spliting
Stigmatophilie
Strip-Poker
Strip-tease
Subincision
Surcharge sensorielle
Suspension
Sutee
Suture
Switch
Sybian
Symphorophilie
Syphilis

RASAGE
VOIR ÉPILATION.

RÉGULATION D'OXYGÈNE
La régulation d'oxygène sert à intensifier ou à retarder l'excitation sexuelle. Nous respirons en moyenne douze fois par minute. Si nous modifions ce rythme de quelque manière que ce soit, le corps réagit, augmentant les sécrétions d'adrénaline et de diverses autres substances.

Respirer rapidement et peu profondément oxygène le haut des poumons. Cette respiration insuffisante est énergétique, voire excitante. *A contrario*, respirer lentement et profondément a un effet calmant, voire sédatif.

La plupart du temps, la régulation d'oxygène est instinctive ou réflexe : le système nerveux parasympathique ajuste le rythme respiratoire à l'effort, à l'émotion ressentie, etc. La régulation volontaire d'oxygène permet d'éprouver de nouvelles sensations. Pour y parvenir, on utilise des techniques telles que la strangulation, on serre le tronc dans un corset, on emploie des masques à gaz, des sacs de plastique, etc., pour activer l'excitation sexuelle.

Ces jeux peuvent être mortels. La privation d'air conduit une personne à perdre connaissance au bout de trois à cinq minutes. Après, c'est trop tard. Il est donc nécessaire de jouer à ces jeux en compagnie d'un partenaire avisé. La régulation d'oxygène appliquée à quiconque âgé de plus de soixante ans ou souffrant d'arythmie, d'asthme, d'arthériosclérose ou d'hypertension est extrêmement dangereuse.

Les personnes hyperventilées, c'est-à-dire qui exhalent trop de dioxyde de carbone éprouvent souvent des vertiges, des picotements aux extrémités. La coordination de leurs mouvements devient imprécise, ils sont désorientés tout en éprouvant des spasmes musculaires. Le remède à ce genre de crise consiste à les faire respirer dans un sac de papier, jusqu'à ce qu'ils soient calmés. Cette pratique rééquilibre l'oxygénation, et ajuste le taux de dioxyde de carbone.

Un autre effet possible de la régulation d'oxygène est l'hypoxie. Elle résulte d'un manque d'oxygène dans les poumons. C'est le "mal des montagnes" ou "l'ivresse des profondeurs". On se sent euphorique, comme ivre. Les perceptions sont faussées, la coordination des mouvements se dérègle. Les ongles et les lèvres peuvent alors devenir bleus. Certaines personnes, oubliant de respirer durant les rapports sexuels, se retrouvent en hypoxie. C'est particulièrement le cas lors des rapports sadomasochistes, car les neurotransmetteurs produisant l'euphorie agissent aussi sur la respiration. On peut aider ceux qui se trouvent en hypoxie à recouvrer leur état normal en les giflant, ou en leur pinçant les tétons. Toutefois, gifler quelqu'un qui se trouve en état de choc émotionnel peut être dangereux.

Mieux comprendre comment la régulation d'oxygène agit sur nos sensations, notre excitation permet de mieux contrôler le plaisir, l'orgasme. Des techniques respiratoires peuvent guérir des éjaculateurs précoces ou intensifier diverses sensations.

Certains ne se contentent pas de la régulation d'oxygène : la terreur, la frayeur durant les jeux sadomasochistes aident à modifier les rythmes du souffle et à renforcer le plaisir ressenti.

Les corsets adaptés à ces pratiques, comme les anciens corsets pour dames, par leur effet de constriction, empêchent de respirer profondément. Les "maîtres", les dominants s'en servent pour amener "l'esclave" à une sensation de vertige, et pour renforcer son sentiment d'être dominé. On peut aussi se servir de bâillons obstruant la bouche, tandis que le partenaire, en pinçant le nez, empêche l'air de pénétrer. Il vaut mieux ne pas employer de dispositif asphyxiant à la fois le nez et la bouche : la main du partenaire est plus facile à ôter et les risques d'asphyxie sont ainsi amoindris.

Le masque à gaz, paradoxalement, est construit pour éviter l'asphyxie. Toutefois, en le modifiant, en plaçant un chiffon sur le filtre, en introduisant un tube plus étroit dans le conduit d'arrivée d'air, on obtient une privation d'oxygène que l'on peut moduler à son gré. On trouve des masques à gaz dans les magasins de surplus militaires.

La strangulation combine la régulation d'oxygène avec le blocage de la circulation sanguine. Elle produit une sensation euphorique, mais dangereuse. On sait que les pendus ont une érection, généralement suivie d'une dernière éjaculation. La légende veut que la mandragore soit produite par le sperme d'un pendu tombant au sol et fécondant la terre. On se sert de cordelettes de coton, de colliers de cuir. La strangulation est dangereuse. Bloquer la carotide peut amener rapidement la mort. Certains sujets terrorisés par le manque d'oxygène s'évanouissent. La strangulation auto-asphyxiante, c'est-à-dire pratiquée en solitaire présente de grands risques.

Suffocation : durant les jeux sexuels, on fait suffoquer un partenaire en lui couvrant la tête d'un sac en plastique. Ainsi respire-t-il ses propres émanations de gaz carbonique, ce qui produit une euphorie, un vertige, une excitation. On peut aussi utiliser un oreiller appliqué sur le visage, ou jouer au "supplice de la baignoire" en immergeant la tête du partenaire dans l'eau et en la maintenant le plus

longtemps possible. C'est ainsi que Bruno Bettelheim, psychanalyste réputé, mit fin à ses jours.
Les autres procédures d'asphyxie sont également extrêmement dangereuses. Leurs conséquences peuvent aller d'un choc nerveux à la mort en passant par des arrêts cardiaques, la cécité, des troubles mentaux, des altérations du cerveau.
VOIR
Asphyxie auto-érotique, Corset, Phopophilie, *Safe sex*, Taphéphilie.

Reliques
Une relique est un objet évoquant le passé, une personne chère ou sacrée. On a ainsi conservé des morceaux de vêtements, des fragments d'os ou des crânes de saints. Les reliques étaient supposées avoir un pouvoir bénéfique. Aussi, un vaste commerce de fausses reliques eut lieu durant le Moyen Âge et la Renaissance. On a compté que, si toutes ces reliques étaient vraies, saint Blaise aurait eu plusieurs crânes et au moins quatre tibias, tous garantis "authentiques". Deux régions se disputèrent le corps de saint Martin de Tours : il fut plusieurs fois dérobé, puis récupéré après une expédition punitive. Quant au prépuce de Jésus-Christ, il semble qu'il y en ait existé plusieurs centaines que l'on offrait à la dévotion des chrétiens dans diverses églises (voir *Rites de fertilité*).
Des souvenirs de personnes aimées sont souvent conservés par tout un chacun. Cela va de la mèche de cheveux jusqu'aux sous-vêtements. Havelock Ellis a reçu le témoignage d'un vieux soldat anglais racontant que sur les corps des Français tués durant les campagnes napoléoniennes, on trouvait souvent un ruban attaché aux parties génitales: c'était un porte-bonheur certes peu efficace, mais aussi un souvenir de leur bien-aimée. Ellis a aussi rencontré des femmes conservant les parties génitales de leur mari défunts dans du formol, ou dans une urne d'argent après dessèchement. Les meurtriers sadiques aiment à garder une partie du corps de leurs victimes dont ils se servent pour se masturber.
Il y a une dizaine d'années, en France, une femme nommée Orlane défraya la chronique. Après avoir vendu des baisers lors de salons et d'expositions diverses, elle décida de se "recréer", de renaître, et de ne plus ressembler à ses parents. Pour ce faire, elle eut recours à la chirurgie esthétique, demandant au praticien de remodeler son corps selon ses indications. Elle voulait, par exemple, avoir la poitrine de la Vénus de Botticelli, les jambes de telle autre femme peinte ou sculptée par un artiste connu. Lorsque c'était possible, elle se faisait opérer sous péridurale et lisait à haute voix des textes de Georges Bataille durant

l'intervention, pratiquée par des chirurgiens et un personnel médical vêtu de blouses dessinées par Paco Rabanne. Après ces opérations, elle gardait les morceaux de chair qu'on lui avait ôtés pour les conserver dans de petits pots et vendre ces "reliques".
VOIR PHILTRES D'AMOUR, CHARMES.

RESTAURANTS ÉROTIQUES
Il existe un certain nombre de restaurants offrant des attractions érotiques. Les plus courants sont ceux qui emploient des serveuses aux seins nus. Ce fut le cas d'un "fast-food" australien nommé *Mac-Tits* (Mac-tétons). Hélas ! la firme *Mac Donald's* le poursuivit en justice pour qu'il change d'enseigne.
Au *Hjalter Dam*, un restaurant suisse, des anneaux sont prévus pour que des dominatrices puissent attacher leurs esclaves aux chaises ou aux tables. Durant les années 70, beaucoup de restaurants américains permettaient les fellations sous la table et les jeux masturbatoires avec les orteils.
Les *No Pan Kissa* japonais ont un sol recouvert de miroirs. Ainsi peut-on regarder sous les jupes des serveuses. Ces dernières ne portent pas de sous-vêtements. Les sociétés de flagellants londoniennes se réunissent pour des dîners au cours desquels une dominatrice punit à coups de canne sur les fesses ceux qui ne finissent pas leurs assiettes.
VOIR HÔTELS DU SEXE, MUSÉES DU SEXE, SPECTACLES ÉROTIQUES.

RÉTENTION
Un des actes de soumission et d'humiliation dans les rituels sadomasochistes. L'esclave doit se retenir d'uriner ou de déféquer, parfois durant plusieurs heures, jusqu'à ce que son maître l'autorise à se soulager. La rétention est une pratique assez courante chez les jeunes enfants car elle innerve progressivement et de plus en plus violemment, les organes sexuels et l'anus.
Dans les soirées sadomasochistes, la rétention se termine souvent par des "jeux d'eaux" (voir *Urophilie*) ou des séances "caviar" (voir *Coprophagie*) sur d'autres soumis en présence des maîtres.

RHABDOPHILIE
(du grec *rhabdos* : baguette, et *philia* : amour de)
Excitation en étant flagellé ou bastonné. La flagellation est souvent accompagnée d'humiliations durant les jeux érotiques sadomasochistes. Certains pratiquent l'auto-flagellation pour produire un effet cathartique sans partenaire sexuel.
VOIR ALGOPHILIE, FLAGELLATION, LIT À CLOUS.

RHINOCÉROS (CORNE DE) VOIR APHRODISIAQUES.

RITES DE FERTILITÉ

La fertilité, le fait de porter des enfants ont toujours été essentiels dans toutes les civilisations. Les anciennes religions se fondaient sur la nécessité et le désir de fertilité de la terre, des animaux et des humains. Les deux premiers permettant l'alimentation, la survie, la dernière assurant la perpétuation de l'espèce.

Le sexe était donc sacré et maintes idoles le représentèrent. Les Égyptiens considéraient les chèvres comme sacrées et pouvant augmenter la virilité et la fertilité. Ces chèvres vivaient dans le temple et, lors des rituels, elles étaient invitées à se promener dans l'assistance. Chacun essayait de les toucher, de les caresser, de les embrasser, voir même de s'unir sexuellement avec elles.

En d'autres occasions, le rituel de fertilité consistait en la défloration d'une vierge par le prêtre. Aujourd'hui, certains ecclésiastiques sont encore appelés "révérends". Ce mot n'a rien de chrétien : il provient du nom Vénus, déesse de l'amour, mère d'Éros, qui, dans la déclinaison latine, donne *veneris* dans certains cas. De ce nom proviennent des termes comme vénérien, vénérer, etc.

Le pénis, ou du moins sa représentation que l'on nomme phallus, a été adoré dans maintes religions. On trouve, particulièrement en Corse, des statues fort anciennes le représentant. Ce sont souvent de gigantesques pierres sculptées. D'autres statues, plus petites, servent à déflorer les vierges dans les rituels de fertilité de certaines religions de l'Inde. *Il existe, toujours en Inde, un rituel consistant en l'exécution d'un cheval. On le recouvre d'un drap sous lequel se glisse une femme qui (...) se livre à un acte très obscène avec le cheval pour symboliser la transmission dans son corps du grand pouvoir de fertilité de l'animal.* (G. L. Simons, *Sex and Superstitions*, New York, 1973.)

Les Romains portaient des amulettes en forme de pénis. Certains collectionneurs en ont réuni un grand nombre. Il existait aussi, chez les Romains, des amulettes, plus rares, en forme de vulve.

Encore récemment, le Saint Prépuce, c'est-à-dire celui du Christ, était considéré comme pouvant guérir la stérilité. Une dévotion particulière envers ce prépuce avait lieu dans la cathédrale de Chartres. (Voir *Reliques*).

Les rites de fertilité furent aussi dédiés aux récoltes et au bétail dans plusieurs cultures archaïques. En Europe de l'Est, deux hommes nus devaient allumer chacun un feu. Entre ces deux feux, on faisait passer le troupeau, ou alors, un cortège portait un gigantesque phallus. D'autres cultures demandaient qu'un homme se masturbe et laisse tomber son sperme au sol pour assurer la fertilité d'un champ.

Quelques communautés européennes agricoles nouvellement installées en Amérique du nord avaient pour usage de se livrer à l'acte sexuel dans les champs fraîchement ensemencés pour les mêmes raisons.

À Niigata, au Japon, a lieu chaque année la fête du pénis où un phallus de plusieurs centaines de kilos est promené à travers la ville. Les femmes viennent le toucher car, selon la légende, il apporterait la fertilité.

VOIR CHARMES,
FÊTES VOTIVES, ORGIES,
PHALLOPHILIE,
RITES DE FERTILITÉ.

ROBOTISME

VOIR ANDROÏDISME,
MÉCANOÉROTISME.

SACHER-MASOCH (LEOPOLD VON)

Romancier autrichien (1836-1905) ayant écrit des contes érotiques relatant l'humiliation d'hommes par des femmes dominatrices. Son ouvrage le plus célèbre est *La Vénus à la Fourrure*. (Voir *Doraphilie*).

Sacher-Masoch parvenait à séduire des femmes et à leur faire accepter de jouer ses fantasmes. Sa célébrité d'écrivain attira l'attention de Richard von Krafft-Ebing, neurologue et psychologue qui donna le nom de masochisme à ces pratiques. Cette dénomination déplut à Sacher-Masoch car il n'était que l'un des auteurs décrivant ce type de fantasmes bien qu'il les vécût avec ferveur comme en atteste le contrat qu'il établit avec Mme Wanda de Dunajev :

Mon esclave,

Les conditions sous lesquelles je vous accepte comme esclave et vous souffre à mes côtés sont les suivantes :

Renonciation tout à fait absolue à votre moi. Hors de la mienne, vous n'avez pas de volonté.

Vous êtes entre mes mains un instrument aveugle, qui accomplit tous mes ordres sans les discuter. Au cas ou vous oublieriez que vous êtes mon esclave et vous ne m'obéirez pas en toutes choses absolument, j'aurai le droit de vous punir et de vous corriger selon mon bon plaisir, sans que vous puissiez oser vous plaindre.

Tout ce que je vous accorderai d'agréable et d'heureux sera une grâce de ma part, et vous ne devrez ainsi l'accueillir qu'en me remerciant. À votre égard, j'agirai toujours sans faute, et je n'aurai aucun devoir.

Vous ne serez ni un fils, ni un frère, ni un ami ; vous ne serez rien que mon esclave gisant dans la poussière.

De même que votre corps, votre âme m'appartient aussi et, même s'il vous arrivait d'en souffrir beaucoup, vous devrez soumettre à mon autorité vos sensations et vos sentiments.

La plus grande cruauté m'est permise et, si je vous mutile, il vous faudra le supporter sans plainte. Vous devrez travailler pour moi comme un esclave, et

si je nage dans le superflu en vous laissant dans les privations et en vous foulant aux pieds, il vous faudra baiser sans murmurer le pied qui vous aura foulé. Je pourrai vous congédier à toute heure, mais vous n'aurez pas le droit de me quitter contre ma volonté, et si vous veniez à vous enfuir, vous me reconnaissez le pouvoir et le droit de vous torturer jusqu'à la mort par tous les tourments imaginables.
Hors moi, vous n'avez rien ; pour vous, je suis tout : votre vie, votre avenir, votre bonheur, votre malheur, votre tourment et votre joie.
Vous devrez accomplir tout ce que je demanderai, que ce soit bien ou mal, et si j'exige un crime de vous, il faudra que vous deveniez criminel, pour obéir à ma volonté.
Votre honneur m'appartient, comme votre sang, votre esprit, votre puissance de travail. Je suis votre souveraine, maîtresse de votre vie et de votre mort. S'il vous arrivait de ne plus pouvoir supporter ma domination, et que vos chaînes vous deviennent trop lourdes, il vous faudra vous tuer : je ne vous rendrai jamais la liberté.
« Je m'oblige, sur ma parole d'honneur, à être l'esclave de Mme Wanda de Dunajev, tout à fait comme elle le demande, et à me soumettre sans résistance à tout ce qu'elle m'imposera. »
Dr Léopold, chevalier de SACHER-MASOCH
VOIR DOMINATION/SOUMISSION, HUMILIATION, MASOCHISME, PERVERSIONS.

SACOFRICOSIS OU SACOFRICOSE
(du latin *sacco* : poche, et de *fricoter)*
Pratique masculine consistant à découdre ou à couper l'intérieur d'une poche de pantalon afin de pouvoir glisser sa main dans l'ouverture ainsi produite pour se masturber en public sans être découvert. Plus rares sont les femmes qui trouent le fond des poches de poitrine d'un chemisier afin d'y faire entrer le bout des seins, voire les seins entiers.
VOIR EXHIBITIONNISME.

SACRIFICES
(des mots latins *sacer* : sacré, et *facere* : faire. Littéralement "faire sacré")
Acte magique ou religieux (incantation, rituel, etc.) rendant un objet ou une personne sacré ou encore don à une divinité d'un objet précieux, de nourriture, de la vie d'un animal ou d'un être humain. Ce mot désigne aussi celui qui, pour une cause jugée supérieure à la vie humaine, décide de mourir, voire de faire mourir d'autres personnes. Il s'agit, en tout cas, d'accepter une souffrance, un mal, une aliénation immédiate dans le but de vivre, plus tard, quelque chose de meilleur ou pour le bien d'un communauté. C'est aussi une forme particulièrement répandue de masochisme.

Au Ve siècle av. J.-C., les vierges d'une cité du Latium étaient conduites vers une caverne dans laquelle se trouvait un dragon effrayant. C'était une mécanique d'une taille gigantesque. Un glaive sortait de sa bouche. Ses yeux, faits de joyaux, brillaient intensément *Chaque année, des jeunes filles lui étaient consacrées. On les parait de fleurs, avant de les offrir en sacrifice au dragon. Et lorsqu'elles descendaient dans la caverne, chargées de cadeaux, elles déclenchaient involontairement un mécanisme. Elles étaient alors immédiatement transpercées par le glaive, et ce sang innocent était répandu.* (C.G. Jung, *Psychologie et Religion*, 1996.)

On sacrifiait aussi de jeunes garçons. *En Inde, les adoratrices de Kali, déesse de la mort, chassaient les hommes en bandes. Comme les Thugs ou les Assassins, leur but était de se jeter sur le voyageur insouciant et de le sacrifier à la Mère Noire de la Destruction. Les abus sexuels et la torture étaient ensuite les préliminaires de la mort,avec castration préalable, éventration et décapitation. Une méthode particulière de torture employée par les singhistryiennes (femmes tigres) était de masturber leur victime continuellement, jusqu'à l'insensibilité.* (R.E.L. Masters & E. Lea, *Perverses Crimes in History*, New York, 1963.)

Les prêtres aztèques dépeçaient les victimes du sacrifice humain, se vêtaient de leur peau durant la cérémonie. Ensuite, on mangeait les restes des sacrifiés au cours d'un festin rituel. Chez les Cananéens, les adoratrices de Moloch offraient leurs enfants, ce qui augmentait leur frénésie lors d'orgies homosexuelles : *Des femmes aussi servaient Moloch. Leurs prêtresses se prostituaient aux adoratrices... Lorsque ces femmes venaient offrir leurs sacrifices, elles jetaient dans le ventre dévorant de Moloch ce qu'elles portaient sur elles ou ce qu'elles tenaient dans leurs bras... Dans l'ardeur d'une frénésie augmentant continuellement, elles faisaient le plus grand sacrifice qu'une mère puisse faire. C'est ainsi que Moloch goûta la chair et le sang d'enfants que des mères, enfiévrées de désir, lui jetaient.* (B.Z. Goldberg, *The Sacred Fire*, New York, 1958.)

Le sacrifice des enfants était, dans beaucoup de sociétés soumises à la précarité, un moyen de combattre la surpopulation. Il suffit de penser aux parents du *Petit Poucet* voulant absolument perdre leur progéniture dans les bois. Donner un sens sacré, sacrificiel à ce contrôle en atténuait l'horreur. Les sacrifices humains disparurent dans tous les cas où l'abondance permit de nourrir une population accrue. Ils devinrent des simulacres, des rituels, des communions, etc.

Le renouveau des cultes sataniques a remis en vogue les sacrifices d'animaux. Les sacrifices humains sont plus rares. Encore sont-ils l'oeuvre de sadiques isolés justifiant leur sadisme par un culte religieux. Aux États-Unis, une douzaine de personnes par an meurent ainsi, tués par des "adorateurs de Satan" dont le profil psychologique est celui d'un maniaque sexuel ordinaire...

Pourtant, les groupuscules maniaques existent aussi. Un article du Dr. Joel Norris et de Jerry Allen Potter en fait état dans le n° de Janvier 1986 de la revue *Penthouse* (édition américaine) :

Murphy expliqua à la Cour comment le groupe avait frappé Masden au crâne avec des pierres, avant de lui couper les doigts pour s'emparer de ses bagues, la déshabillèrent, lui tranchèrent la gorge et donnèrent des coups de pieds dans sa tête. Drew eut alors un rapport sexuel avec le corps décapité et grava un 'X' sur la poitrine de la victime en parlant une "étrange langue". Ensuite, il se trempa le pouce dans le sang de Masden et traça un 'X' sur le front de Murphy, lui disant qu'elle était désormais initiée, qu'elle faisait partie du groupe.

VOIR RITES DE FERTILITÉ.

SADISME

(du nom du marquis de Sade)

Pratique de ceux qui éprouvent du plaisir en faisant souffrir un partenaire. Par extension, tout acte cruel et maniaque. Le "leptosadisme" est un sadisme léger, "doux". On distingue le "sapphosadisme" ou sadisme lesbien du sadisme féminin nommé "mastix".

Le terme vient du nom du Marquis de Sade. Fils d'une excellente famille d'aristocrates, il fut un "libertin" au sens du XVIIIe siècle. Son père, diplomate, était souvent absent. Il fut donc élevé par sa mère à l'hôtel de Condé, en compagnie du Prince de Bourbon, avec lequel il se battait continuellement.

À l'âge de sept ans, il est confié à un oncle, le Père Jacques François Paul Aldonne de Sade, jésuite, érudit, mais aussi amateur de chair fraîche. Des jeunes filles, bien payées, séjournaient au château et servaient au plaisir de l'oncle comme du neveu. L'oncle initiera le jeune garçon à la flagellation. Mais Donatien fut enlevé à ce tuteur un peu particulier pour être envoyé au Collège Louis-le-Grand. Il entra ensuite, à quatorze ans, à l'école de chevaux-légers de la Garde du Roi.

Il se maria avec Renée-Pélagie de Montreuil, en présence du Roi. Il aima tendrement sa femme, mais aussi sa belle-soeur, Anne-Prosper de Montreuil, à tel point que, sa belle-mère, jalouse et sans doute amoureuse de Donatien, le fit enfermer par lettre de cachet. Cet enfermement fut, comme le château de l'oncle jésuite, l'un des décors favoris de Sade, dans ses œuvres.

Car il écrivit des romans, des pièces de théâtre illustrant ce qu'on appelle aujourd'hui le "sadisme". Ces écrits furent, dès l'origine, l'objet d'une censure, laquelle ne fut levée qu'en 1958. Heureusement, les œuvres de Sade circulaient "sous le manteau" depuis fort longtemps. Selon Michel Meignant (*Nous sommes tous des pervers sexuels persécutés*, op. cit.), *il a été un petit pervers en action et un grand pervers en pensée*. Certes, il en a écrit plus qu'il n'en a fait, car ses longs séjours en prison ont évidement limité son action.

La liberté lui permettait bien des choses. Le dimanche 3 avril 1768, jour de Pâques, Donatien de Sade fut abordé par une femme pauvre, Rose Keller. Madame du Deffand, dans une de ses *Lettres*, raconte la suite :

Il la questionna à la longue, lui exprima sa sympathie et lui offrit un poste de gouvernante dans sa petite maison près de Paris (...) et finalement la conduisit dans un grenier dont il ferma la porte à clé et où il la fit se déshabiller. Elle se jeta à ses pieds, le suppliant de la laisser sortir car elle était une femme respectable. Mais il sortit son pistolet et lui ordonna d'obéir, ce qu'elle fit. Alors, il lui attacha les mains et la fouetta jusqu'au sang. Sortant une boîte de pommade de sa poche, il la lui appliqua sur ses blessures et la laissa étendue sur le sol. (...)

Il ne revint pas avant le lendemain, examina ses blessures, vit que la pommade avait bien agi, prit son couteau et la coupa sur tout le corps. Il lui passa la pommade et s'en alla de nouveau. La pauvre fille s'arrangea pour se libérer toute seule, et s'échappa par le fenêtre. On ne sait si elle se blessa dans sa chute.

Durant le procès, les déclarations de Rose Keller diffèrent un peu de ce témoignage. Elle prétendit avoir été, de plus, brûlée avec de la cire, ce que le marquis, chirurgien expert, contredit.

On s'est posé la question de savoir si, loin d'être une "honnête femme", elle n'était pas un peu "galante". Le marquis avoua l'avoir fouettée. Rose Keller fut dédommagée par la somme de 2 400 livres.

L'affaire Rose Keller fut suivie d'actes analogues, telle l'affaire des filles de Marseille (1772) durant laquelle il pratiqua la flagellation, la sodomie, la masturbation, l'exhibitionnisme, ce qui lui valut une condamnation à mort, par contumace. Il fut aussi accusé, injustement, d'avoir voulu empoisonner des prostituées. En 1774, "l'affaire des petites bonnes du château" défraya la chronique. Dans son château de Lacoste, le Marquis flagella, séduisit et se livra sans doute à différents actes "contre nature" sur des servantes, parfois mineures et/ou enlevées. Sade fut incarcéré à la Bastille de 1777 à 1790. Il mourut à l'asile d'aliénés de Charenton en 1814.

La mode de la cruauté sexuelle au XVIIIe siècle n'est pas entièrement due au marquis de Sade. Richardson, en Angleterre, avec Clarisse Harlowe, retrace complaisamment la chute de l'héroïne éponyme. Pour l'écrire, l'auteur a choisi le procédé de la correspondance : l'héroïne écrit, d'autres lui répondent. Le sadisme, comme les sentiments, ne pouvaient pas encore s'exprimer d'une façon personnelle par un autre procédé : le "discours intérieur", dans la littérature, n'existait pas, ni la "psychologie romanesque". Sans doute fallut-il que des inclinations telles que le sadisme soient mises au jour pour qu'on ait besoin, à cette époque, du roman épistolaire afin d'exprimer la profondeur, l'intimité de la pensée, la psychologie de l'expéditeur de supposées missives. Un autre roman épistolaire, *Les Liaisons dangereuses*, de Choderlos de Laclos évoque une cruauté mentale que l'on peut raisonnablement qualifier de sadisme.

La cruauté semble être inhérente aux hommes, comme aux animaux. Elle est reliée à notre réponse agressive aux dangers, à notre instinct de survie. La violence de cette réponse peut produire du plaisir. Celui de la victoire, bien sûr, mais aussi le soulagement du vaincu lorsque le danger est écarté, lorsque le conflit a cessé. Ainsi, lorsque deux chiens se battent pour un os, l'un d'entre eux cessera le combat, se mettra en posture de soumission, qu'il soit ou non blessé. Dès lors, le vainqueur, comme le vaincu, éprouveront un état d'euphorie dû à l'augmentation de leurs sécrétions d'endorphines.

La cruauté se mue en sadisme lorsqu'elle est déterminée, consciente, volontaire, voire même "intellectualisée" ou théorisée en tant qu'"art de vivre". Il faut, en tout cas, qu'elle se justifie d'une manière ou d'une autre. Le sadisme peut être inconscient : la cruauté religieuse dérive le plaisir sadique vers la gloire de Dieu, innocentant ainsi l'inquisiteur ou le bourreau de sa ferveur initiale. L'obéissance aux ordres d'un fonctionnaire nazi joue le même rôle : dans tous les cas, il existe un prétexte pour justifier un instinct, une perversion, un désir particulier inavouable autrement. Les meurtriers de prostituées, comme Jack l'Éventreur, se croyaient souvent investis d'une mission de "purification". Le "démon de la pureté" est fondamental dans la pulsion sadique.

En publiant en 1899, *Le Jardin des supplices*, "page de crime et de sang", Octave Mirbeau donne au sadisme une dimension esthétique, ce qui lui sera longtemps reproché.

Le sadisme permet à certains de guérir une sorte d'anxiété latente en transférant leurs complexes, leur instinct de fuite ou d'affrontement (*fight or flight response*) par rapport au sexe en le dirigeant vers une autre personne. Par exemple, un homme mal marié, dominé par son épouse, peut fort bien humilier, mutiler, violer une autre femme et se sentir soulagé ainsi de son humiliation. Le fait que le vrai sadique ne se préoccupe pas des réactions de sa victime rend l'action violente plus facile. Attaquer son propre partenaire est une autre affaire. Lorsqu'on s'y décide, la violence est souvent extrême, car la tension psychologique et affective devient énorme. Il y a, dans tous ces cas, une perte de contrôle de lui-même par l'individu.

Le sadisme littéraire du XVIIIe siècle participait du viol : les victimes n'étaient pas consentantes, ou, du moins, pas toujours. Le moins qu'on puisse dire est que le sadisme de Sade ne plut guère à Rose Keller, ni aux prostituées de Marseille.

Le véritable sadique ne se préoccupe pas de savoir si sa victime éprouve du plaisir. Dans le sadisme, il n'y a ni consentement, ni partage de l'émotion. Il s'agit d'une pratique à sens unique ou seul le sadique éprouve du plaisir à brutaliser, matyriser sa victime.

SADOMASOCHISME

Terme générique désignant des pratiques sexuelles algophiliques consensuelles. On précise d'ailleurs cet aspect en les nommant "sadomasochisme", ou, plus anciennement, "sado-masochisme", avec un trait d'union significatif. Le sadomasochisme participe des pratiques de domination/soumission et connaît aujourd'hui une vogue particulière, au point d'être l'objet d'associations, de clubs, d'organisations diverses.

Maîtresse Claudia, une des plus anciennes dominatrice parisienne explique cette pratique et ses enjeux tant érotiques qu'intellectuels :

Le sado-masochisme est un aboutissement ! Dans la vie de l'humain, tout est soumission, domination et le fait d'érotiser ces états n'est qu'une simple libération psychologique de l'adulte lui permettant d'exorciser ses traumatismes et de mieux vivre. Pour accepter de dominer, il est nécessaire d'avoir une grande expérience érotique car il faut maîtriser véritablement le fait de mettre l'autre en danger tout en se mettant en danger soi-même. Pour un(e) soumis(e), c'est d'accepter d'être complètement conduit(e), c'est s'en remettre à une personne étrangère corps et âme pour son plaisir sexuel… Tout devient alors très rapidement sensuel, intellectuel, car dans les vraies relations soumission/domination, les actes sexuels (pénétrations et autres) sont extrêmement limités. Le sadomasochisme est la sphère supérieure de la sexualité ! (*Spécial SM,* novembre 1995.)

Cependant, les jeux sexuels de domination/soumission ne sont pas sans danger. L'une des grandes peurs des participants est la perte du contrôle de soi, ou de la "fonction d'arrêt" par l'un ou l'autre des partenaires. Cette peur peut, parce qu'elle augmente la sécrétion d'adrénaline, augmenter le plaisir. Toutefois, aucun cas de dérive de cette sorte durant les séances sadomasochistes n'a été relevé : toutes les blessures, fussent-elles mortelles, sont accidentelles. Le rapport entre le maître et l'esclave, entre le bourreau et la victime, dans ce genre de jeux est chargé de tendresse (voir le dialogue cité par Michel Meignant à l'article *Masochisme*) tandis que la pratique est une sorte de "mise en scène" cathartique évacuant justement les instincts cruels en les jouant : c'est permettre à la relation de subsister, c'est la nourrir. En ce sens, nous sommes en présence d'un phénomène analogue au rôle de la tragédie antique, telle que la décrivit Nietzsche, dont le paroxysme joué, rituel, offert en spectacle, permet à la communauté de régler certains conflits, d'amoindrir les tensions internes. Ce que confirme Ludovic, soumis à sa femme, maîtresse Rachel :

Il faut prendre le SM comme un jeu, un fantasme et non comme un retour à l'esclavagisme que je réprouve. Il suffit de vivre sainement sa sexualité. Ma tendance esclave est une pratique cérébrale et sexuelle avant tout. Le SM est un mode de vie, un jeu et un exutoire. Ce sont les ingrédients nécessaires à notre équilibre. Je ne fais aucun mal à qui que ce soit. Au contraire, nous éprouvons, ma dominatrice et moi, du plaisir à vivre pleinement nos fantasmes les plus fous. (*Sentiment moderne,* février 1993.)

En tant qu'être humains conscients, voire intelligents, nous nous devons d'être capables de savoir comment vaincre ou dériver nos angoisses sans nuire aux autres. C'est même la nature de la liberté qui s'arrête là ou commence celle d'autrui. Si nous sentons le besoin de blesser, d'humilier, d'abaisser ou d'agresser un adversaire ou un amant non plus par adversité normale ou par jeu, mais au point de l'anéantir, de le faire souffrir d'une façon irréparable ou de le tuer, nous devenons dangereux pour nous-même autant que pour cet ennemi ou cette personne aimée. Il devient urgent de consulter une personne non-impliquée, neutre et professionnelle : un psychanalyste, un psychiatre par exemple.

SAFE SEX

Mot américain recouvrant toutes les précautions à prendre lors des activités sexuelles. Les maladies sexuellement transmissibles se répandent dangereusement. Il convient donc d'assurer une prévention en ne se livrant pas à des actes érotiques à risques. Certains sexologues américains étendent le propos. Fort méthodiquement, ils recommandent d'avoir une discussion avec le partenaire éventuel, afin de connaître son état de santé. Il s'agit alors de savoir s'il est affecté de maladies cardiaques, de diabète, de spasmophilie, d'hyperventilation, d'asthme etc. Ensuite, on établira les précautions à prendre, on se préoccupera des premiers secours en cas d'attaque cardiaque ou de crise quelconque et des personnes à prévenir. Un partenaire régulier est préférable à une personne de rencontre occasionnelle lorsqu'on veut se livrer à des pratiques sexuelles inhabituelles. Beaucoup de novices prétendent savoir comment on attache une personne à un lit. Hélas, leur expérience provient souvent de films ou de revues : ce manque de pratique peut faire courir un danger à la personne attachée, tandis que, en quelques minutes, une strangulation mal maîtrisée peut tuer.

Sodomie : la sodomie, comme toutes les pénétrations anales, peut transmettre le virus du sida. Il en est de même lorsqu'on lèche un anus, lorsqu'on pratique le *fist-fucking*, les lavements, etc. Les matières fécales contiennent toutes sortes de bactéries pathogènes. Pour la personne pénétrée, le danger est la déchirure du tissu rectal. Les symptômes en sont la fièvre, une douleur abdominale ou rectale et une fatigue extrême le jour suivant. Dans les cas ultimes, la mort peut survenir au bout de quelques jours. Il n'y a pas forcément d'hémorragie visible permettant de déceler ce type de déchirures. Il est, dans tous les cas, prudent d'utiliser un préservatif, des gants de chirurgien ou d'obstétrique vétérinaire, des doigtiers lors des jeux anaux. Les godemichés seront préférablement munis d'un renflement à leur base pour éviter qu'ils soient aspirés par l'anus et se bloquent dans le rectum.

Jeux sanglants ou *blood sports* : les jeux sanglants sont aussi dangereux. Il s'agit de toute activité rompant le *continuum* des cellules épithéliales : coupure de la peau, flagellation, bastonnade, *piercing,* utilisation d'agrafes, de sutures, etc.

Tout objet mis en contact avec une blessure doit être stérile et jeté ou désinfecté après usage. Ces jeux peuvent exposer au virus du sida.

Bondage : le bondage présente, lui aussi, maints dangers. La strangulation peut être mortelle. Le blocage de la circulation ne doit pas être maintenu trop longtemps et bien entendu, arrêté lorsque la peau prend une coloration bleue. Dix minutes de pression d'une corde sur un endroit sensible peut causer un problème circulatoire qui durera trois mois, six mois, ou à vie. Les signes de ces dangers sont des vertiges, une insensibilité locale, des picotements. Toutefois, ces sensations ne se présentent pas toujours et le trouble peut se déclarer sans signe avant-coureur. Certaines positions prédisposent à des dislocations, à des foulures voire à des fractures osseuses. Beaucoup de scènes de bondage, dans les films, les magazines, sont inspirées de véritables tortures. Elles sont truquées et ne doivent pas être reproduites lors de jeux sexuels consensuels.

Brûlures : celles-ci ne sont pas faites pour marquer la peau, mais uniquement pour la sensation. Elles doivent être infligées rapidement pour ne pas atteindre le second degré (ampoules, rougeurs). En cas d'accident, on baignera la plaie d'eau froide. On se gardera de percer les ampoules. Une brûlure au troisième degré (peau devenant noire) est grave et nécessite l'intervention immédiate d'un médecin. Les matières grasses, huiles, beurre, ne doivent pas être appliquées sur les brûlures. Les porteurs de *piercing* ne doivent jamais manipuler de l'huile chaude près de la zone concernée.

Le marquage au fer rouge demande un lavage préalable de la peau à l'eau et au savon. L'usage d'alcool ou d'antiseptique n'est pas nécessaire, puisque la chaleur tuera toutes les bactéries présentes. En revanche, après le marquage, il conviendra de désinfecter les plaies et de les soigner à l'aide des onguents habituels pour les brûlures.

Chocs électriques : l'électricité demande une précision parfaite. Beaucoup de solitaires ayant bricolé un appareillage de titillation électrique sont morts en se masturbant à la suite d'une erreur de voltage ou pour avoir fait durer trop longtemps une séance de chocs électriques. Le courant traversant le corps peut causer des brûlures, endommager les tissus. Parfois, on ne ressent rien qu'un peu de chaleur au moment du jeu sexuel. Les lésions se déclarent le lendemain. On ne peut donc, lors des séances de domination/soumission régler l'intensité du courant en prenant compte des sensations perçues par la personne dominée. Le courant électrique peut interférer avec le rythme cardiaque ou l'arrêter. Les courants à basse tension sont sûrs, à condition qu'il n'y ait pas d'erreur de manipulation et qu'on ne s'en serve pas avec des personnes en mauvaise condition physique.

Flagellation : la flagellation produit des hématomes et des saignements. La douleur peut être amoindrie en plaçant des glaçons sur la zone lésée. Il est important de désinfecter les fouets et autres bâtons avant et après usage.

Hygrophilie, coprophilie, urophilie, coprophagie, etc. : on envisagera l'utilisation de différentes barrières de latex qui peuvent isoler un partenaire des sécrétions corporelles de l'autre. C'est une protection contre le sida et diverses maladies infectieuses. Ceux qui aiment s'étaler des matières fécales sur la peau doivent s'assurer de n'avoir pas d'écorchures ou de blessures auparavant. L'ingestion de ces matières n'est pas recommandée. Elles peuvent causer de graves problèmes de l'appareil digestif.

Exhibitionnisme, voyeurisme, frottage, appels téléphoniques obscènes, piqueurs, etc. : toutes ces activités constituent des contraventions ou des délits. Elles sont passibles du tribunal correctionnel. Ce sont, dans tous les cas, les manifestations d'une angoisse, d'un trouble psychologique pouvant avoir des conséquences graves. Consulter un sexologue, un psychanalyste peut permettre la guérison de ces troubles, de ces angoisses et, de ce fait, éviter de s'exposer à des poursuites pénales, à de fortes amendes ou à l'incarcération.

Pédophilie : toute personne ressentant du désir pour un mineur et craignant de passer à l'acte doit immédiatement consulter un psychiatre, un psychanalyste ou un sexologue. Les conséquences d'un acte pédophile sont extrêmement graves pour la victime. De plus, la pédophilie est souvent, voire presque toujours, le symptôme d'un trouble, d'une angoisse psychologique de la personne désirante. Il importe de soigner ces troubles, à la fois pour son confort personnel, pour la sécurité des enfants, et pour éviter de lourdes peines judiciaires et méritées. Contrairement à ce qu'on imagine, la pédophilie se soigne avec une certaine efficacité, comme beaucoup de déviances sexuelles mal vécues et qui semblent, pour le sujet, insurmontables.

Piercing : l'emploi de gants chirurgicaux, d'aiguilles stérilisées, la désinfection de la peau sont obligatoires. Une aiguille doit toujours être enfoncée parallèlement au corps, jamais en direction de l'intérieur. Il faut éviter de percer les veines.

Sondes : l'urètre possède un sphincter empêchant qu'un objet puisse s'introduire jusqu'à la vessie. Forcer cette barrière naturelle est dangereux. On stérilisera les sondes et les cathéters. Il existe des lubrifiants stériles qui favorisent la pénétration urétrale. Les mouvements doivent être précis pour ne pas endommager les délicats tissus du canal. Cette pratique demande un minimum de connaissances médicales ou anatomiques pour se dérouler sans danger.

Zoophilie : différentes maladies peuvent être transmises par les animaux. Le cas est rare, mais on peut aussi être inculpé pour mauvais traitement envers les bêtes.

Une extension du terme *safe sex* désigne les pratiques amoureuses excluant toutes pénétrations et favorisant les caresses, les baisers, la masturbation mutuelle, la fellation ou le cunnilinctus avec préservatifs.

SALIROPHILIE
(du lain *salinus* : sel, et du grec *philia* : amour de)
Excitation produite par le sel, ou certains fluides corporels salés, comme la transpiration. On pensait autrefois que la sueur possédait des vertus magiques. On l'utilisait dans diverses potions magiques pour annihiler les sorts jetés, particulièrement pour contrarier l'effet des philtres d'amour. Un homme se croyant victime d'un sort le conduisant à aimer une femme devait porter des chaussures neuves, puis boire du vin versé dans la chaussure gauche. Ce vin se mêlait nécessairement avec la sueur du pied. Le sort, alors, était supposé s'inverser au point que l'homme éprouvait soudain de la haine envers celle qui l'avait séduit.
La salirophilie se manifeste par le désir de lécher les aisselles du partenaire ou de boire les gouttes de sueur qui perlent à son front. La transpiration est une solution analogue à l'urine. L'urophilie peut donc être considérée comme une variante de la salirophilie. Beaucoup de personnes sont excitées par le fait d'embrasser, de lécher la peau d'un partenaire sortant d'un bain de mer. Le fait de lécher ou de sucer les doigts de pied d'un amant, d'une maîtresse se nomme, en argot de bordel, "faire petit-salé" en raison du goût des orteils.
Certains étalent du sel sur les parties génitales, particulièrement les grandes lèvres, les petites lèvres, ou remplissent le vagin ou l'anus de gros sel. Le sel est corrosif et peut irriter, voire brûler les tissus sensibles.

SALONS DE MASSAGE
Les salons de massage érotiques diffèrent des cabinets de kinésithérapeutes. Les massages proposés sont sensuels et, avec un supplément, les hôtesses masseront les parties génitales de leurs clients ou les masturberont.
Il existe en général un tarif de base pour un massage d'une durée déterminée. Dans certains pays, la loi interdit le massage du pénis et des testicules. Le grand problème des masseuses est de savoir si leur client fait partie de la police ou non. Souvent, des policiers viennent les voir, se font masser, demandent les gestes interdits en payant le supplément demandé, pour arrêter la masseuse une fois le délit commis. C'est pourquoi, dans certains salons américains, le réceptionniste essaie souvent de connaître la profession de tout nouveau client.
Ailleurs, le "massage thaïlandais" comme les autres massages érotiques se terminent généralement par la masturbation ou la fellation du client. Pour un nouveau supplément, la masseuse pratiquera une fellation, après avoir gainé le pénis

d'un préservatif. Il est malvenu de toucher la masseuse sans lui en demander l'autorisation. Parfois, elle se laisse caresser les seins, plus rarement la vulve. Généralement, les masseuses demandent des gestes doux et interdisent qu'on les pince.

En Belgique, où la prostitution est interdite, comme dans quelques pays aux lois similaires, les salons de massage sont souvent des bordels ou des studios loués par des prostituées.

VOIR BORDEL, MASSAGE, PROSTITUTION.

SANG

VOIR APHRODISIAQUES.

SARRIETTE

VOIR APHRODISIAQUES.

SATURNALES

VOIR FÊTES VOTIVES.

SATYRIASIS

(de *satyre* : divinité mi-homme, mi-bouc)

Manie du coït dite aussi "coïtomilie", "gynécomanie" ou "hyperphilie". On dit aussi "tragolimie", mot venant de *tragos*, en grec, qui signifie "bouc". Cela évoque les satyres, déités grecques, mi-hommes, mi-boucs, qui entouraient Bacchus. Ils étaient renommés pour leurs goûts luxurieux et hédonistes. La satyriasis est l'équivalent masculin de la nymphomanie.

On ne connaît pas le nombre maximal d'actes sexuels qu'un homme peut accomplir en un temps donné. Ce chiffre est très variable et dépend de la période réfractaire (durée, après une éjaculation, durant laquelle l'érection est impossible) ou de la rapidité de la spermatogenèse (fabrication du sperme par l'organisme). Toutefois, la satyriasis est une envie frénétique de coïre, constante, et que l'acte ne fait pas cesser.

Il existe, certes, diverses formes d'obsessions sexuelles. Toutefois, la satyriasis devient inquiétante lorsque, compulsive, elle empêche celui qui en est atteint de penser à autre chose, d'exercer normalement son métier, d'avoir une vie sociale normale.

Les hommes atteints de satyriasis ont souvent des problèmes pour éprouver des émotions classiques : l'excitation de la recherche d'une partenaire passée, ils sont souvent incapables d'éprouver un sentiment d'intimité avec leur partenaire. Ils la "consomment" et passent le plus vite possible à la conquête suivante. Souvent, il s'agit d'individus n'ayant pas été assez aimés, caressés, bercés durant leur enfance. Peu ou pas habitués à la tendresse, ils la remplacent par le coït et la multiplicité des partenaires (Voir *Polyiérophilie*). D'autres apprécient le temps de la conquête, de la séduction, plus que l'acte sexuel lui-même.

Parfois, la satyriasis provient d'un déséquilibre hormonal. Une sécrétion trop abondante de testostérone, de dopamine, par exemple peut augmenter considérablement les désirs et les besoins sexuels d'un individu.

VOIR NYMPHOMANIE, ORGASME.

SCARIFICATIONS

Les marques dermiques ont une longue histoire : on en trouve la trace sur des momies égyptiennes vieilles de quatre mille ans. Dans une contrée voisine, la Nubie, se trouvaient des danseuses-prêtresses consacrées aux dieux de la fertilité. Elles portaient une série de lignes sur l'abdomen, que l'on tatouait selon une méthode archaïque (coloration d'incisions encore saignantes). Le ventre symbolisait la naissance et la sexualité féminine.

En Afrique, les scarifications sont renommées pour augmenter la fertilité des femmes. On explique généralement cette croyance par le fait qu'une cicatrice cause une légère douleur qui peut persister durant trois ou quatre ans. Lorsque les zones scarifiées sont caressées par le mari, le cerveau libère les neurotransmetteurs en réponse à cette légère douleur, et la femme est excitée par ce *stimulus*. La croyance veut aussi que, plus la femme est active sexuellement, plus elle est féconde, ce qui valide l'idée que les cicatrices, les scarifications augmentent la fertilité.

Les scarifications peuvent aussi être un rite de passage : on les inflige aux fillettes devenant nubiles pour qu'elles apprennent à supporter la douleur et les préparer à celles de l'accouchement. Les rituels d'initiation masculine comprennent aussi leur lot de mutilations, cicatrices et scarifications. Les cicatrices représentent les qualités personnelles de leur porteur.

Les tatouages et scarifications peuvent évidemment avoir aussi un but esthétique. Mais les cicatrices servent, dans certaines tribus, de décorations, au sens militaire du terme. Le guerrier, maintes fois blessé est d'autant plus respecté, honoré, glorifié qu'il porte sur sa peau les traces de ses exploits. Ainsi, les étudiants allemands du XIXe siècle aimaient exposer les souvenirs cuisants de leurs duels.

Inciser la peau est un acte émotionnellement fort. En plus de la douleur, il porte une forte charge symbolique, liée au sang, à la vie, à la mort. C'est aussi le moyen de "faire exister" son propre corps lorsqu'on se sent nié par un système déshumanisant. Ainsi, les mutilations volontaires sont-elles fréquentes dans les prisons, les hôpitaux psychiatriques et les communautés monosexuelles autoritaires (armée, etc.).

Les scarifications à but décoratif seraient moins pénibles à supporter que le tatouage. Aussi, certains pré-

fèrent-ils enjoliver leurs corps par ce moyen. Toutefois, l'incision de la peau demande des précautions et l'on ne saurait trop insister sur le fait qu'il convient d'avoir recours à un professionel. Lui seul saura déterminer à quelle profondeur il convient de couper, tout en respectant la spécificité individuelle d'un épiderme.
Tatouages, cicatrices et scarifications servent aussi à commémorer, ou ont un effet propiciatoire. Certaines personnes ayant été brutalisées, ou violées, se marquent ainsi. Tel fils, que son père aura considéré comme bête, laid ou méchant, réagira positivement en provoquant par la douleur une sécrétion d'adrénaline le mettant en humeur de déclarer, de se déclarer à lui-même " je suis intelligent, je suis beau" etc. Ces mutilations créent une émotion intense, une impression de pouvoir vaincre la fatalité. La cicatrice demeure donc l'affirmation constante de cette nouvelle force, capable de surmonter la peine, la honte, le malheur.
VOIR AUTO-MASOCHISME, MASOCHISME, MUTILATION, SAFE SEX, TATOUAGE.

SCATOLOGIE
VOIR COPROGRAPHIE, COPROLALIE, COPROPHAGIE, COPROPHILIE.

SCOPOPHILIE
(du grec *skopein* : observer, et *philia* : amour de)
Appelée aussi “mixoscopie”, “scoptolagnie” ou “allopélie”, la scopophilie est l’excitation produite par le sens de la vue. Le scopophile n’est pas tout à fait un voyeur, en ce sens que les personnes observées peuvent être consentantes (Voir *Candaulisme, Voyeurisme*). D’autre part, l’excitation sexuelle du scopophile peut provenir de visions n’ayant rien à voir directement avec la sexualité. Certains sont excités par la vue de fleurs, d’autres par celle du sang, d’autres encore par la mer ou certains types de paysages.
Cela dit, la forme la plus fréquente de la scopophilie est le plaisir ressenti en regardant des photos, des films érotiques. La vogue de la “presse masculine”, de la pornographie, celle des *peep show* et autres strip-teases montre que la scopophilie est extrêmement répandue. C’est une tendance normale, tant qu’elle ne devient pas obsessionnelle, compulsive et n’empêche pas le sujet de vivre en société d’une façon acceptable.
Certains scopophiles sont aussi fétichistes, ou apprécient un type particulier de spectacles. Ils vont alors voir une prostituée pour lui demander, par exemple, de porter telle ou telle sorte de chaussures, de se masturber devant eux, etc.

SCULPTURE OU TAILLE DES POILS PUBIENS

Beaucoup de femmes, avant de partir en vacances au bord de la mer, se font épiler les bords du triangle pubien, afin qu'aucun poil ne dépasse de leur maillot exigu. D'autres, au contraire, trouvent excitant de laisser entrevoir les bords de leurs toisons pubiennes afin d'attirer le regard des hommes.

Beaucoup de modèles de photos érotiques pratiquent l'épilation ou le rasage partiel afin que les poils n'empêchent pas la vue des grandes lèvres ou du vagin. D'autres femmes préfèrent tailler leurs toisons selon divers motifs. Les plus courants sont les triangles, les coeurs. Plus rares sont les motifs complexes tels que rayures ou damiers. Voici l'une des nombreuses techniques de cette décoration :

Laissez les poils du bas-ventre à l'état sauvage, sauf si vous êtes vraiment très touffue et si vous adorez porter des mini bikinis. Taillez soigneusement les poils des deux côtés de la vulve, le plus court possible. Dégagez bien la zone autour du clitoris.

Faites attention aux longs poils à la base de la vulve, ils peuvent échapper à votre perspicacité. Et, surtout, ne vous coupez pas.

Puisque nous en sommes là, descendons plus bas. Toutes les femmes ont des poils autour de l'anus et dans la raie des fesses, mais quelques-unes ont à cet endroit un beau buisson bien fourni, ce qui m'excite particulièrement. Beaucoup d'hommes, d'ailleurs, partagent entièrement mon avis.

Si vous estimez néanmoins être trop poilue de ce côté-là, vous pouvez tailler dans le vif, à condition d'avoir des yeux derrière la tête. Il existe une solution plus simple, et plus sexy : demandez à votre amant de les couper avec une paire de ciseaux à moustaches. (Xaviera Hollander, *Supersex*, Lattès, 1976.)

La décoration pubienne n'est pas appréciée par tous. Beaucoup d'hommes préfèrent une "forêt vierge", un "tablier de sapeur" exaltant la roseur d'une vulve :

Ce triangle moussu qu'envie la fille impubère est la seule marque du singe sur le corps de la femme par ailleurs tout chair de rose, satin tendre, lèvres mouillées. (Marcel Béalu, *Éros incarné*, 1971.)

Et l'on peut se glorifier de cette luxuriance :

Ma gorge se tient mieux qu'un militaire,
Mon con est boisé comme l'est Meudon,
Afin de cacher l'autel de mystère
Où l'on officie en toute saison.
(Alfred Delvau, *Fouterie de poète*, s.d.).

Les poils pubiens, sur les photographies furent longuement traqués par la censure. Aujourd'hui, certaines revues allemandes, telle la célèbre Wochenenende, montrant

des femmes nues rajoutent, au contraire, un peu de pilosité sur les toisons féminines afin de cacher les lèvres, le vagin. Cette censure par le poil permet à l'éditeur de ne pas voir sa publication classée, donc taxée, comme une revue pornographique. Ainsi, la censure peut, tour à tour, cacher, ou au contraire, rajouter du poil selon l'humeur du moment.
VOIR DÉCORATION PUBIENNE, ÉPILATION.

SEINS

Organes sécrétant le lait maternel chez les femmes, les seins sont aussi un caractère sexuel secondaire. Ce sont d'importantes zones érogènes. Les mamelons sont particulièrement sensibles. Le sein est généralement situé entre la troisième et la cinquième côte. Le sein sous claviculaire, "sein de vierge" ou sein haut est celui que représentent certains peintres de la Renaissance, tel Fouquet dans son portrait d'Agnès Sorel. Le sein bas est généralement fort convexe sur sa face intérieure et les mamelons pointent vers le haut. Les seins ne sont pas tout à fait ronds : leur partie supérieure est légèrement concave, montrant un profil "en trompette". La statuaire de l'Inde nous montre cependant le sein sphérique, "en mappemonde", qui est relativement rare. Le sein conique, dit "Fuji-Yama", particulier aux Asiatiques, est pointu et a su inspirer un poète amateur de rimes rares :

Ses seins droits ont la pointe aiguë
Ainsi que la ronce des murs
Et sont froids comme la ciguë
Pleine de poisons doux et sûrs.

(Jean Richepin, *Les Caresses*, s.d.).

Le sein "en pomme" est celui du "Verger de Vénus" et possède aussi ses chantres :

Seins qui se dressent sous la paume, comme chevaux montés à cru !
Seins, pommes fleuries dans le verger des femmes nues ! (Hubert Juin, *Les Saintes femmes*, s.d.).

Ce sein, en forme de fruit, devait être petit, bien rond, pour plaire à nos ancêtres de la Renaissance :

Dégrafe ce collet, m'amour, que je manie
De ton sein blanchissant le petit mont besson... (Rémy Belleau, *Baisers*).

Le sein "en poire" des revues masculines est bien souvent hypertrophié. C'est celui qu'exhibaient les concurrentes au titre de "Miss Fantastic", dans l'Amérique des années cinquante et soixante. Les gros seins sont toujours à la mode. Mais ils ne plaisent pas à tous, à tel point que certains s'en moquent :

Par la superbe George
L'éléphant fut vaincu !
Elle montra sa gorge...
On croyait voir son cul.

(Victor Hugo, *Elephantis*, George, s.d.).

Le sein "en galette", plat, mais au tour saillant, qui serait particulier aux vierges âgées, fait, lui aussi, partie des variétés reconnues et classées par quelques taxinomistes légèrement obsédés. Encore faut-il, pour l'amateur, que le sein soit ferme :

Quand je patine un couple de tétons
Durs, arrondis, rebelles, élastiques;
Lorsque nanti de mille appas physiques,
Mon vit en rut décharge à gros bouillons,
Des Dieux, des rois, je méprise la gloire. (...)

(Sénac de Meilhan, *La Foutromanie*, 1775.)

Car le sein mou, ptosé, distendu, parfois affligé de vergetures et dégonflé en "gant de toilette" déplaît souverainement à un peu galant poète, malgré le titre de son recueil :

Ainsi qu'une capote anglaise
Dans laquelle on a déchargé,
Comme le gland d'un vieux qui baise
Flotte ton téton ravagé.

(Théophile Gautier, *Galanteries poétiques*, s.d.)

Le mamelon et l'aréole permettent aussi un classement : une aréole boursouflée, saillante constitue la "brioche". Le sein "en brioche" s'observe souvent chez les jeunes vierges et se modifie plus tard. Le mamelon platythèle ne saille pas, sauf au moment de l'excitation. L'endothèle rentre dans l'aréole, se cache sous la peau, mais se dresse, entre en érection (ce qu'on appelle thélotisme) lorsqu'on le titille.

Les noms argotiques ou enfantins des seins sont fort expressifs : nichons (parce qu'ils se "nichent sous la chemise" d'après quelques étymologistes imaginatifs) que l'on modifie parfois en "nibards". On dit aussi "nénés". D'autres noms évoquent l'alaitement, le lait, tel "lolos", "loches" ou "roberts" (Robert fut autrefois une marque de biberons) ou tout simplement "boîtes-à-lait". La douceur est évoquée par l'appellation "doudounes", tandis que "roplots" ou "roploplos" possèdent des sonorités à la fois douces et triomphantes célébrant à l'envi la gloire des seins.

Le cinéaste Russ Meyer, idôlatre des poitrines volumineuses, a rendu des hommages appuyés et comiques aux seins dans ses films : *Supervixens*, *Megavixens*.

VOIR COÏT INTERMMAMAIRE, LACTAPHILIE, LIENS, MODIFICATION MAMMAIRE.

SEX RINGS

Nom américain désignant les relations sexuelles entre plusieurs enfants et un ou plusieurs adultes.

Un solo ring *se compose d'un adulte et de petits groupes d'enfants. Il n'y a aucune relation de ces enfants entre d'autres adultes, ni de photographies vendues ou transmises. Un "syndicat"* (syndicated ring) *comprend plusieurs adultes, c'est un groupement organisé pour le recrutement des enfants, la production de photographies, divers services sexuels et la constitution d'un fichier de "consommateurs". Il s'agit, dès lors, de prostitution enfantine telle que l'ont montrée certaines affaires récentes. Un* transitionnal ring *est aussi le groupement de plusieurs adultes pour abuser sexuellement de plusieurs enfants. Mais ce n'est pas une organisation à aspect commercial comme le "syndicat". À ceci près que des photographies peuvent parfois être vendues.* (A.W. Burges, C. Harman, M. McCaustland, P. Powers : "Response Patterns in Children and Adolescent Exploited Throught Sex Ring and Pornography", *American Journal of Psychiatry*, 145 : 1, mai 1984.)

Cette étude montre aussi que, dans la plupart des cas, les jeunes garçons sont préférés aux filles et que, sur un groupe de 66 enfants, 75 % présentent des troubles du comportement après avoir été soumis à ces réseaux. Les enfants parlent rarement de ces activités sexuelles, parce que leurs amis et parfois des enfants de leur famille sont aussi concernés. D'autre part, ils y trouvent souvent une compensation financière qui les incite au silence.

Les conséquences psychologiques sont généralement très graves pour les jeunes gens.

VOIR PÉDOPHILIE.

SEX SHOP

Magasin spécialisé dans les revues pornographiques, les films, les vidéocassettes et différents articles concernant le sexe : godemichés, poupées gonflables, lingeries affriolantes, aphrodisiaques, chaînes, menottes et tous les accessoires nécessaires aux pratiques sadomasochistes.

Beaucoup de *sex shops* sont équipés de cabines individuelles de projection de films X et organisent des *peep show* (voir ce mot).

SEX SHOWS

VOIR SPECTACLES ÉROTIQUES, *PEEP SHOW*.

SEXE AU TÉLÉPHONE

VOIR

OBSCÉNITÉS AU TÉLÉPHONE, TÉLÉPHONICOPHILIE, TÉLÉPHONE ROSE.

SEXE RITUEL

Les rituels sont des procédures, des cérémonies prescrites par une religion et qui ont lieu à un moment précis.

Le mot "rituel" dérive de *rtA*, mot sanscrit signifiant "menstrues" :

Les premiers rituels étaient reliés à l'épanchement régulier du sang des femmes. (Elinor W. Gadon, The Once and Future Goddess, New York, 1989.)

Les rituels religieux comprirent parfois des pratiques sexuelles inhabituelles. Les indiens Hopi, durant la danse du serpent, se déguisaient en femmes, pratiquaient la zoophilie et l'échange de partenaires. L'empereur Héliogabale dansait devant son dieu, déguisé en prêtresse, sacrifiait de nombreux animaux et êtres humains, et jetait dans un feu les parties sexuelles des jeunes gens qu'il castrait. Les fêtes des fous ou de mai (voir *Fêtes votives*) comprenaient parfois des orgies, des déguisements et des séances de lancers d'excréments.

Durant les véritables messes noires, le prêtre officiait sur un autel normal, avec du vin, du pain, et un Missel. Il était nu, sous une chasuble qu'on relevait de temps à autre pour l'exposer entièrement. Les enfants de chœur étaient nus, comme certaines des femmes assistant à la cérémonie. À un certain moment, une des femmes s'offrait au prêtre, puis les autres suivaient son exemple en s'offrant aux hommes présents. L'excitation créait une atmosphère dans laquelle les fidèles ressentaient une élévation due à l'assouvissement de leurs désirs. (J.A. Rogers, *Sex ans Race in the New World*, New York, 1967.)

L'un des plus curieux rituels sexuels fut pratiqué par la secte des "colombes blanches", dans la Russie du XVIIIe siècle. Les sectateurs croyaient que Jésus-Christ était descendu sur terre pour castrer les hommes, afin de leur rendre le péché impossible. Il n'y réussit pas et subit le martyre. Il fut donc remplacé par un nommé Szelivanov qui écrivit son évangile, Le Livre de la Colombe, avec de nombreuses références à la Bible. Szelivanov pratiqua une interprétation littérale des textes sacrés, particulièrement des passages disant qu'il faut amputer les parties du corps incitant au péché. Comme Szelivanov pensait que le péché originel était l'acte sexuel, il pensa donc que la castration en serait le remède. Il s'amputa lui même avec un fer rouge et convainquit d'autres hommes de se "baptiser" ainsi.

Les femmes converties, ne pouvant plus être satisfaites par leurs maris, étaient encouragées à se prostituer. Les revenus de ce commerce allaient à la caisse de l'église. Quelques hommes ne réussirent pas à se castrer. Ils devinrent des subalternes. Bientôt, des orgies et des pratiques sadomasochistes devinrent rituelles. Elles étaient encouragées par les châtrés que la vision des autres excitait autant que les activités cruelles. Une vierge devait aussi être "imprégnée par le Sauveur" :

On la déshabillait avant de l'immerger dans un bassin d'eau chaude. On lui donnait une image du Fantôme Sacré à porter tandis que les vieilles femmes lui tranchaient le sein gauche. On plaçait alors la vierge saignante sur un autel et une orgie presque inhumaine s'ensuivait. Le sein amputé était alors haché menu et les adorateurs s'empa-raient des morceaux pour les dévorer encore chauds. (B.Z.Goldberg, *The Sacred Fire*, New York, 1958.)

Les rituels séparent temporairement les individus de leur identité. Ils remplacent leur interprétation des événements et leurs réactions par un comportement prescrit. Les rituels, par ce contrôle du comportement, régulent les émotions, les pensées. Ils restreignent la lucidité du fidèle, diminuent son jugement, aliènent son intelligence des choses par une sorte de privation intellectuelle. Il s'agit d'une sorte de lavage de cerveau, voire de programmation neuro-linguistique, puisque les mots, les incantations ont une grande place dans ces pratiques. Ils n'ont d'ailleurs pas toujours le même sens que dans une situation normale.

Comme les activités sexuelles font souvent partie des rituels et des liturgies, ils purent être accomplis dans un but uniquement érotique. Lady Tanith, une dominatrice professionnelle américaine, en décrit l'importance :

Le Maître doit aussi porter un costume spécial et doit traiter la personne soumise d'une façon hautement ritualisée. Renforcer certains rituels est aussi nécessaire à ce dernier pour qu'il intériorise sa condition d'esclave. L'effet des comportements ritualisés est vieux comme le monde et renforce les émotions qui ont tendance à devenir naturellement religieuses. (...) Quand un esclave est en train d'accomplir une série de gestes et de comportements prescrits, il se trouve complètement enfermé dans le contexte de la cérémonie. Il est complètement isolé de son environnement "normal". Il se perd littéralement, submergé par son rôle. Il ne pense pas ; il agit. (...) Le rituel est une transition entre le monde "normal" et celui des maîtres et des esclaves. (Lady Tanith, *A Tangle Web : The Art of Slavery, A Training Manual for Mistresses, Masters and Slaves*, Berkeley, 1991.)

VOIR
DOMINATION/SOUMISSION,
CULTES SATANIQUES, ESCLAVES,
ORGIES, RITES DE FERTILITÉ,
SACRIFICES.

SEXOLOGIE

Le fait sexuel a été étudié de différentes façons au cours de l'histoire. Le *Kama-Sutra* est une sorte de manuel érotique et philosophique antique de l'Inde, tandis que *L'Art d'aimer* d'Ovide se préoccupe des stratégies de séduction. Il existe plusieurs manuels érotiques chinois. Au Japon, les geishas, mais aussi d'autres jeunes filles recevaient un enseignement érotique qui se transmettait de génération en génération, au même titre que les recettes de cuisine et le savoir-vivre. Cependant, dans toutes les régions du monde, la sexualité souffre d'une répression plus ou moins pesante. En Occident, elle fut tributaire des opinions, des règles morales ou religieuses. Ces dernières sont souvent trop orientées, les études en cette matière et les manuels pénitentiaires catholiques peuvent servir de manuels techniques érotiques inversés.

En même temps, et dès avant Sigmund Freud, un désir de comprendre les profondeurs de l'âme humaine se fit jour, sans systématiquement en condamner certains aspects. La naissance de l'individu, reconnu en ces termes par le droit, et émergeant, en révolte contre le monde, dans les arts et les lettres, posa différemment le problème de la norme, de la déviance, de toute légitimité. La psychanalyse, la psychologie des profondeurs se chargea d'en rendre compte, de soigner, de guérir. Une fois reconnue l'importance de la sexualité dans l'équilibre humain et social, certains praticiens décidèrent de l'étudier à part, et d'en soigner les troubles spécifiquement. Cette nouvelle discipline fut appelée "sexologie". Il convient de ne pas confondre la sexologie et l'érotologie. Cette dernière faisant plutôt partie de l'histoire de l'art et des lettres, et se préoccupant des manifestations artistiques et littéraires de la sexualité.

Le précurseur fut sans doute ***Charles Fourier*** (1772-1837.) Sociologue, philosophe, ce Franc-Comtois établit tout un système de vie communautaire, le Phalanstère. Il s'agissait d'un ordre fondé sur la "satisfaction intégrale des passions". Son projet se répandit, puis échoua. Fourier pensait qu'en redonnant aux instincts leur impulsion originelle, on établirait l'harmonie dans le monde. Précurseur du socialisme, selon Marx, Fourier n'est pas stricto sensu un sexologue. Son système, quelque peu totalitaire, ne pouvait cependant ignorer le fait sexuel, et les problèmes qu'il pose. Pour lui, l'individu est une constellation de douze passions primitives. Il discerne cinq ordres d'amour : simple ou radical, composé ou balancé, polygame ou transcendant, omnigame ou unitaire, ambigu ou mixte. Bien entendu, il s'est aussi occupé d'adultère : il en recense soixante-quatre espèces. La faconde de Fourier paraît souvent délirante. Cependant, il rejoignit, dans ses nombreuses études, les théories psychanalytiques et déclara que le mariage est un lien contre nature, à la lumière du complexe d'Œdipe (qu'il n'appelait évidemment pas ainsi). D'autre part, il encouragea une nouvelle disposition d'esprit envers les « perversions qu'ils considérait comme des transitions vers "l'amour illimité" ». Pour lui, les pratiques inhabituelles, les "goûts bizarres" seront "garant d'un lien social plus étendu puisqu'ils obligeront ceux qui les possèdent à chercher au loin leurs pareils et qu'ils relieront donc des groupes destinés à demeurer séparés". Fourier eut l'intuition de l'existence de l'inconscient qu'il nommait "régions secrètes". Son influence sur Reich, sur les mouvements de révolte des années 70 est profonde. Enfin, Fourier souhaitait la fondation d'une sexologie clinique, bien avant Krafft-Ebing, Havelock Ellis ou Magnus Hirschfeld.

Plus rigoureux, et "père fondateur", fut ***Richard von Krafft-Ebing*** (1840-1902). Petit-fils d'un avocat d'Heidelberg, il vit son grand-père défendre des prévenus ayant commis des abus sexuels. La société de l'époque, extrêmement puritaine, condamnait lourdement l'homosexualité, la mettant au même rang que certains crimes. Loin de réprouver farouchement les conduites "anormales", Richard von Krafft-Ebing se mit à étudier la question d'une façon plus bienveillante. Il voulut comprendre. Il étudia et devint un expert en "hypnose, hystérie, psychopathie criminelle, gériatrie, épilepsie, psychose menstruelle, migraine et masochisme". Son ouvrage *Psychopathia Sexualis* fait encore référence. Richard von Krafft-Ebing fut le premier à souligner l'importance de l'orgasme clitoridien et remit en question le désaveu de l'homosexualité.

Un autre livre porte le même titre que celui de Richard von Krafft-Ebing : *Psychopathia Sexualis*. Il est dû à ***Iwan Bloch*** (1872-1922). Ce médecin commença par étudier les maladies vénériennes. Son travail sur la syphilis lui fit comprendre qu'on ne pouvait envisager les problèmes sexuels aux lumières exclusives de la morale, de la théologie, du droit, de la médecine ou de l'anthropologie de l'époque. Il déclara que "les deux piliers fondamentaux de l'étude de la sexualité – observation biologique et recherche culturelle – demandent une science particulière, rigoureuse, indépendante, fédérant toutes les méthodes d'investigation, d'observation en une seule". La sexologie était née.

Havelock Ellis (1859-1939) était un médecin anglais. Son père, capitaine au long cours, l'emmena dans ses voyages et lui fit connaître l'Australie, le Pérou. Ce contact précoce avec des cultures différentes détermina une attitude compréhensive, chez ce jeune homme, envers les choix érotiques individuels. C'est en Australie qu'il étudia la médecine. Cet esprit universel écrivit dix-sept ouvrages concernant la médecine, la politique, etc. Son livre principal, *Studies on the Psychologie of Sex* comprend sept volumes et fut à l'origine d'une révolution profonde : il aida à orienter les esprits libres à devenir moins hostiles aux comportements sexuels “différents” ou peu courants.

On ne saurait parler de sexologie sans évoquer la psychanalyse et son fondateur, ***Sigmund Freud*** (1856-1939). Ce neurologue viennois soigna d’abord l’hystérie après l’avoir étudiée avec Charcot.

Son travail clinique lui fit découvrir les traumatismes sexuels subis durant l’enfance par ses patients. Il en discerna l’influence sur les conduites diverses, et non seulement érotiques, de l’âge adulte. Il fut vertement critiqué par la plupart de ses collègues.

Comme pour confirmer ses théories, une névrose collective apparut : le nazisme. Freud fut une de leurs premières cibles : on brûla ses livres parce qu’ils représentaient une “science juive”. Il se réfugia en Angleterre et mourut un an après l’invasion de l’Autriche par les troupes hitlériennes. Il fut sans doute le premier à poser des questions fondamentales à propos de la sexualité, à émettre des théories cohérentes. À l’époque, on évitait toute discussion, toute recherche spécifique sur ce sujet.

Magnus Hirschfeld (1868-1935) étudia la philosophie, puis devint médecin à Berlin, comme son père. Comme Havelock Ellis, il voyagea. C’est en Afrique qu’il découvrit une tolérance des pratiques sexuelles différentes de celles qu’il avait pu connaître. Il en déduisit que l’Angleterre victorienne, et plus largement, la morale européenne, imposait des mœurs trop rigoureuses, inutiles, voire dangereuses à la population.

En 1921 il organisa, en compagnie d’Havelock Ellis, le premier *Congrès international de réforme sexuelle*. Avec une audace inouïe pour l’époque, il présenta une pétition au Reichstag pour modifier le Code Pénal : il voulait qu’on supprime les lois réprimant l’homosexualité. Ensuite, il créa un institut de recherches pour les sciences du sexe : l’*Institut für Sexual Forschung*. Hirschfeld voulait élaborer une sociologie sexuelle discutant des problèmes éthiques, certes, mais aussi criminologiques et légaux. Il s’agissait d’étudier toute la sexualité, y compris dans ses aspects les plus réprouvés : homosexualité, prostitution, contrôle des naissances. Il établit un programme de Réforme sexuelle en douze points :

1. Égalité entre les sexes.
2. Libéralisation du mariage et légalisation du divorce.
3. Contrôle des naissances, abolition des lois réprimant la contraception.
4. Réforme des lois relatives à l’avortement.
5. Éducation sexuelle scientifique des enfants comme des adultes.
6. Amélioration de la race et enseignement de l’eugénisme. C’est le point le plus critiquable. Toutefois,

l'époque croyait encore aux possibilités de l'eugénisme humain, y voyant un progrès, croyant soulager la misère par ce moyen.

7 Protection des mères célibataires et des enfants illégitimes.

8. Attitude raisonnée, voire bienveillante, envers les déviants sexuels, particulièrement les homosexuels.

9. Prévention de la prostitution.

10. Considérer les problèmes et troubles sexuels comme plus ou moins pathologiques et non plus comme crimes, vices ou péchés.

11. Considérer comme crimes les seuls actes sexuels créant un préjudice, enfreignant les droits d'autrui, créant des victimes tandis que seront "affaire privée" toutes les actes sexuels posés entre adultes responsables et consentants.

12. Attitude plus rationnelle envers les maladies vénériennes : prévention et prophylaxie.

Hirschfeld fonda des revues qui publièrent des articles de Freud, d'Ellis, de Forel, etc. Il fut aussi le premier à vouloir étudier statistiquement l'homosexualité. Il fournit un questionnaire à 3 000 étudiants, puis à 5 721 ouvriers. Il obtint de nombreuses réponses et les résultats de son enquête firent scandale. Il fut condamné à deux cents marks d'amende ou dix jours de prison.

Malgré son eugénisme et ses considérations sur le caractère congénital de l'homosexualité, Hirschfeld, par sa rigueur (aujourd'hui dépassée, évidemment) et son humanisme, a changé l'attitude générale envers la sexualité. Il travailla aussi sur les hormones et fut un savant, un érudit exceptionnel. Il avait fondé un *Musée du sexe* comprenant une bibliothèque de vingt mille volumes. Les nazis le détruisirent en 1933.

Psychanalyste, disciple de Freud, ***Wilhelm Reich*** (1897-1957) eut le tort de mêler psychanalyse et politique ou, du moins, d'y mêler une politique inadéquate. Il fut le premier à analyser l'orgasme, inventa même une sorte d'appareil de mesure à cet effet.

Sa pratique, son travail théorique déplurent à ceux qui auraient eu le plus besoin de son aide. Menacé de mort par les nazis, il dut s'enfuir en 1930. Il gagna l'Amérique, mais y fut aussi persécuté : on brûla ses livres, on saccagea son laboratoire. Il inventa la notion d'"orgone", unité orgasmique et fut attaqué pour cela par la *Food and Drugs Administration*. On le jeta en prison où il mourut.

Reich fut l'auteur de *La Fonction de l'orgasme*, de *La Psychologie de masse du fascisme*, de *La Révolution Sexuelle*. Son œuvre est tour à tour critiquée ou remise à l'honneur par les psychanalystes et les sexologues, auxquels elle pose problème. Néanmoins, il fut le premier à montrer l'impact déplorable de la répression sexuelle d'un gouvernement sur la santé publique. Ses disciples furent souvent de grands chercheurs. L'un d'entre eux créa la *Gestalt therapy*, un autre fonda l'*Institut Esalen*.

Alfred Kinsey (1894-1956) eut, durant son enfance, une santé très fragile. Il se réfugia dans l'étude de la nature et devint entomologiste, spécialiste des cynips, après avoir étudié la mécanique et la biologie. Puis il se lança dans la botanique. En 1938, l'Université d'Indiana ouvrit un cycle de conférences sur le mariage. Kinsey, dont l'union paraissait harmonieuse, et qui tenait une sorte de "salon" littéraire et artistique, fut sollicité pour coordonner ces conférences. En préparant son intervention, il se rendit compte de la pauvreté des connaissances scientifiques de son époque en matière de sexualité. Il commença donc par interroger ses étudiants sur leur sexualité. Puis, de plus en plus passionné par le sujet, il laissa les insectes de côté pour mener une vaste enquête dont les résultats sont connus sous le titre de *Rapport Kinsey*. Remaniés, remis à jours, complétés, ces rapports scandalisèrent, passionnèrent non seulement les scientifiques, mais aussi le public. Kinsey fonda l'*Institute for Sex Research*.

Évidemment, la censure veillait : une étude d'un théologien grégorien, officier de la très réactionnaire *Congrégation Sacrée des Religieux*, exprima dans une extraordinaire *Encyclopédie du péché* propre à donner des idées à ceux qui en manquent, les idées suivantes :

Une des caractéristiques qui expriment le plus douloureusement les temps modernes – et dont se plaignent justement les moralistes et les jardiniers d'âmes – est la perte du sens du péché. (...) Plus odieux que l'hypocrisie est le cynisme : une chose est de savoir qu'on a mal fait, une autre est de penser ne pas avoir mal fait, surtout quand on enfreint la loi naturelle ; ou pire de croire avoir bien fait et de plastronner. À cette perversion du jugement et de la conscience participent efficacement des études statistiques qui, fondées sur un appareillage technique imposant, ne se bornent pas seulement à exposer au grand public faits et habitudes vicieuses que, tout au plus, on aurait dû réserver aux organismes et aux personnes qualifiées et directement intéressées par leur office ou leur mission à l'amélioration de la démarche humaine. Mais ces psychologues passent à l'excès contraire et font de leurs enquêtes la source d'une règle éthique destinée à remplacer la loi naturelle, considérée simplement comme la projection de certaines civilisations du passé qui essayeraient encore, mais avec un succès décroissant, d'influencer le monde moderne. C'est le cas de certaines recherches sexologiques, en tout premier lieu de celles connues sous le titre de Comportement Sexuel de l'Homme et de Comportement Sexuel de la Femme d'A.C. Kinsey et collaborateurs. (...) Tout en reconnaissant à l'auteur une rigueur de méthode et de structure, nous ne pouvons pas laisser de lui faire grief d'un préjugé idéologique qui conditionne et fausse toute son œuvre et d'une certaine incohérence. (...) Or l'auteur fait preuve d'une ingénuité déconcertante dès qu'il touche au terrain psychologique et d'un total manque de profondeur dans la connaissance de la morale naturelle et de la doctrine catholique. En effet, les théologiens catholiques étaient depuis longtemps en possession des constatations et des observations faites par Kinsey, tout en les ayant obtenues par des méthodes différentes et surtout dans des buts différents, ce qui est à leur honneur et au profit de la civilisation. (Aldo Léoni, *Il Peccato*, Rome, 1959.)

Plus tard, le service des Douanes américaines fit un procès à l'Institut. Ce fut à propos de documents érotiques qu'il avait commandés à l'étranger. Kinsey mourut avant d'avoir eu gain de cause : en 1957, une cour fédérale autorisa l'Institut à importer en toute liberté les documents nécessaires à ses recherches.

L'énorme travail de Kinsey et de ses collaborateurs est maintenant reconnu comme étant un "bienfait pour l'humanité".

William H. Masters (né en 1915) était, au départ, un gynécologue, un chercheur en médecine qui travailla sur les hormones. Il se spécialisa ensuite dans la thérapie sexuelle des couples. Il travailla d'abord sur les réactions féminines. Avec Virginia E. Johnson (née en 1925), il mit au point un grand programme de recherche. Des centaines de femmes acceptèrent de se prêter à leurs expériences, faisant fi de la mentalité puritaine ou catholique. Elles se livrèrent à la masturbation, au coït dans les salles d'expérience munies de glaces sans tain, sachant qu'on les filmait pour enregistrer toutes leurs réactions physiologiques. On a pu, grâce à ce travail, décrire l'orgasme d'une façon scientifique et, pour la première fois, filmer, en gros plan, le processus de lubrification vaginal. Les couples choisis étaient soumis à des tests psychologiques écartant impitoyablement ceux qui montraient des tendances exhibitionnistes trop évidentes.

Masters et Johnson devinrent mari et femme en 1971. Leurs deux noms, accolés à la couverture de leurs nombreux ouvrages sont la garantie d'une certaine rigueur. Ils ont, après Kinsey, posé les jalons nécessaires de la sexologie moderne.

John Money (né en 1921) a écrit un grand nombre d'ouvrages accessibles au grand public. Comme Masters, il commença à entreprendre des recherches sur les hormones. Son but était alors de trouver des traitements hormonaux pour soigner les délinquants sexuels. Il est aussi le rénovateur linguistique de la sexologie. Suivant l'habitude des anciens chercheurs, il qualifie de noms grecs anglicisés différents types de comportements inhabituels. On lui doit des termes utilisés et traduits en français dans cet ouvrage, tels que : acrotomophilie, adolescentilisme, androgynophilie, cathéterophilie, éphébophilie, érotophonophilie, formicophilie, gérontalisme, gynémimesis, hypophilie, juvénilisme, kleptophilie, narratophilie, népiophilie, paraphilie, raptophilie, somnophilie, etc., mots qui existaient parfois, ou qu'il a transformés pour plus de précision, puisqu'il distingue, par exemple, la kleptophilie de la kleptomanie.

Ayant suivi des stages chez Masters et Johnson, dont il traduisit *Les Mésententes sexuelles et leur traitement* (1972), ***Michel Meignant*** (né en 1936), fut d'abord médecin. Ses travaux sur la phénylcétonurie permirent de mieux dépister cette maladie et d'en organiser la prévention. Après s'être destiné au cinéma (il fut l'assistant de Maurice Pialat), il enseigna la psychopédagogie de l'éducation sexuelle à l'Université de Paris XIII et la sexologie humaniste à l'Université de Paris VIII. Avec Danièle Dézard, il s'occupa du courrier des lecteurs de la revue Union, en 1980. Ce fut la première fois qu'une revue débattait ainsi publiquement des problèmes sexuels. Ensuite, Michel Meignant anima une émission intitulée *La responsabilité sexuelle*, avec Ménie Grégoire. Ce programme quotidien soulagea maintes angoisses et dédramatisa auprès du public certaines culpabilités sexuelles.

En 1975, Guy Sitbon, journaliste généralement mieux inspiré, écrivit un article dans *Le Nouvel Observateur*, dans lequel il accusait Meignant d'encourager ses étudiants de Vincennes à se masturber durant ses cours. C'était évidemment faux et l'affaire se termina par un non-lieu du rectorat.

Thérapeute, psychanalyste, sexologue, Michel Meignant a produit un travail considérable de recherche, comme d'information du public. S'il a pris le biais de la vulgarisation médiatique, ce fut toujours avec un grand respect des auditeurs. Sa "remise en place" de la notion de "perversion" est fondamentale, claire, accessible. Elle s'exprime dans son ouvrage : *Nous sommes tous des pervers sexuels persécutés* (Paris, 1980). Il y montre que "dans chaque individu il y a un pervers sexuel qui sommeille, mais aussi un être d'amour", et rappelle que "nul n'est responsable de ses fantasmes et qu'il n'est ni répréhensible ni condamnable d'en avoir" tant que la "fonction d'arrêt" nous retient de passer à l'acte d'une façon délictueuse, cruelle ou criminelle.

Dans la lignée d'Hirschfeld, mais aussi de Fourier, il ne parle évidemment plus de vices, mais montre la souffrance des êtres condamnés ou désapprouvés à cause de leurs goûts sexuels tout en montrant la profondeur de leur recherche de l'amour, tant il est vrai, comme l'affirme Meignant, que “même pervers, il faut bien vivre”.

Il existe encore beaucoup de sexologues importants. La place nous manque pour en faire une liste exhaustive. Nous n'avons donné que ceux qui nous semblent avoir une importance historique et théorique en la matière. Aujourd'hui, ceux qui se sentent mal à l'aise ou qui souffrent de problèmes sexuels peuvent, grâce à ces précurseurs, consulter des thérapeutes, des sexologues qui sauront les aider efficacement à amoindrir ou à faire cesser leur souffrance.

SEXUALITÉ ILLÉGALE

Les religions ont, de tout temps, réglementé la conduite sexuelle de leurs adeptes. Le catholicisme faisait du contrôle des naissances le crime le plus horrible et condamnait la sodomie, la fornication, la masturbation etc. La loi civile reprit parfois les tabous religieux. Mais son souci, différent, touchait plutôt la tranquillité publique et la transmission des biens. Elles condamnèrent l'adultère comme délit, puis faute civile, en partie parce que le risque de naissance illégitime risquait de perturber la transmission des biens, comme celui du nom de famille.

En Amérique, pays d'idéologie puritaine, le gouvernement commença par réglementer les pratiques sexuelles : la loi décida de savoir quels jours pouvaient avoir lieu les rapports sexuels entre époux, dans quelle position, en s'opposant au contrôle des naissances jusqu'en 1965, date à laquelle le couple Griswold gagna un procès contre l'état du Connecticut. La fabrication et l'utilisation des préservatifs ne furent autorisées qu'en 1930. Dans certains états, l'anesthésie péridurale fut même interdite, jusqu'à une époque récente puisque la Bible veut qu'une parturiente souffre. En 1967, les parents d'une jeune fille de l'Illinois la firent arrêter, ainsi que son fiancé, pour *alleged fornication* (fornication présumée). Le père déclara : “Je préfère la voir en prison que débauchée…”. En 1963, un animateur d'émissions télévisées fut condamné à dix ans de prison pour sodomie. Sa peine fut ensuite réduite à deux ans. Dix-huit états américains continuent d'interdire la fellation, la sodomie, l'utilisation de godemichés et autres accessoires sexuels, etc. Récemment, deux femmes furent arrêtées sur plainte de leurs maris qui les accusaient d'adultère, chose illégale dans plusieurs états.

En Californie, l'âge de la majorité sexuelle est de dix-huit ans. Toucher un enfant de treize ans est qualifié de *felony,* c'est-à-dire de crime. Après quatorze ans, cela se nomme *child annoying* ce qui est beaucoup moins grave. La zoophilie est un délit. En revanche, l'homosexualité est permise, sauf dans une prison d'état.

Aujourd'hui, le FBI se sert d'une loi prévue pour lutter contre le trafic de drogue afin de violer l'intimité des citoyens. Cette loi permet de confisquer les biens des vendeurs de drogue. Elle sert maintenant à tracasser les tenanciers de sex-shop, les possesseurs de films et d'ouvrages pornographiques. La police pense que la pornographie est responsable de délits et crimes sexuels. Opinion qui fut contestée, contre toute attente, par la *President's Commission on Obscenity and Pornography* en 1970 et qui est généralement considérée comme évidemment fausse. La pornographie ne peut décider quelqu'un à passer à l'acte que s'il y est prédisposé, ce qui explique son goût pour ce genre de spectacles. La *Senate Bill 1521* autorise une victime de viol, d'abus sexuels à porter plainte contre les producteurs de films pornographiques en les rendant responsables, en partie, de son malheurs.

Cette lutte contre la pornographie peut avoir des effets pervers. Déjà, des violeurs, des pédophiles se défendent en accusant la pornographie de les avoir incités à l'action. On sait, par ailleurs, que la plupart des criminels sexuels ont une forte tendance à ne jamais se sentir responsables de leurs actes. La loi renforce donc cette opinion et peut mener un tribunal à prononcer l'équivalent d'un non-lieu envers un criminel avéré. Si l'on voulait vraiment trouver des responsabilités extérieures aux crimes sexuels, il serait alors, tout aussi logique d'inculper les chefs d'entreprise, les députés promulguant des lois iniques à propos de l'emploi : les crimes sexuels connaissant une recrudescence importante durant les crises économiques. On pourrait aussi inculper les églises, puisque ces mêmes crimes ont le plus souvent lieu durant les époques trop prudes, corsetées par un ordre moral oppressant. Ainsi, Jack l'Éventreur pourrait-il porter plainte contre la reine Victoria. La pornographie, à son époque, étant très peu répandue…

En Angleterre, la loi sur le duel a connu un regain de vigueur. Cette loi interdit toute blessure infligée à une personne, même consentante, ou consentant à la risquer. Dès lors, toute pratique sexuelle pouvant amener une effusion de sang, voire un simple bleu peut être condamnée. Les fessées, les morsures, les griffures, les pinçons et la plupart

des pratiques sadomasochistes risquent ainsi d'êtres sévèrement punies.
En France, les actes sexuels de toute sorte sont autorisés entre adultes consentants. La violence, la pédophilie, le viol sont évidemment punis. La prostitution est légale, mais le proxénétisme et le racolage sont interdits. La pornographie est soumise à des lois empêchant l'accès aux mineurs de moins de dix-huit ans.
VOIR PORNOGRAPHIE.

SEXUALITÉ ORALE
VOIR ANILINCTUS, CUNNINLINCTUS, FELLATION.

SIDA
VOIR M.S.T.

SIDÉRODROMOPHILIE
(du grec : *sidero* : fer; *dromo* : piste ou chemin, et *philia* : amour de).
Excitation sexuelle procurée par les trains. Cette forme particulière d'hodophilie est avantagée du fait que le train, avec ses compartiments, est plus intime que l'avion ou l'autocar. Des couples aiment à se livrer à des activités sexuelles devant les fenêtres lorsque le train passe devant une gare. Les trépidations du chemin de fer, certes moins importantes aujourd'hui qu'autrefois, ont souvent inspiré les amants, comme les écrivains. Leur effet, indiscutablement excitant, est à l'origine de nombreuses idylles ferroviaires. Une nouvelle de Guy de Maupassant, justement appelée *Idylle*, montre une nourrice encombrée de sa lactation importante et qu'un voyageur soulage en la tétant. La même scène se retrouve dans *Les Valseuses* (Bertrand Blier, 1974) alors qu'Alphonse Allais a écrit plusieurs textes sur ce thème. Une bande dessinée d'Alex et Daniel Varenne, *La Chambre se passe dans une histoire à coucher* ("Nostalgies Polissonnes", supplément au n° 3 de *L'Écho des Savanes*, 1983) inverse même le propos en montrant un couple, dans une chambre, s'imaginant qu'il se trouve dans un train. À la fin de l'histoire, un contrôleur, sortant de l'armoire à glace, les surprend.
VOIR
MISE EN SCÈNE DE FANTASMES ÉROTIQUES.

SIÈGE HUMAIN
Une des pratiques du sadomasochisme appelée également *Face-sitting* ou *Queening*. Elle consiste à utiliser la tête du soumis comme siège en s'asseyant sur son visage afin que les yeux, le nez et la bouche soient en contact direct avec le sexe et l'anus du dominant. Dans cette posture, le soumis doit contrôler sa respiration et supporter le poids de son partenaire. La pratique du siège humain fait intervenir simultanément l'humiliation et l'étouffement. Dans les soirées sadomasochistes, différents

soumis sont disposés pour servir de sièges aux maîtres durant toute la soirée. Ces derniers regardent les séances de domination, discutent sans se préoccuper du soumis sur lequel ils sont assis.
Une évocation du siège humain existe dans certains spectacles de strip-tease. Une fois nue, la strip-teaseuse s'approche du bord de la scène et surplombe, dans la salle, un spectateur assis tête penchée. La femme s'abaisse ensuite jusqu'à ce que son sexe soit à quelques centimètres du visage de l'homme. Elle reste dans cette position en bougeant son bassin au rythme de la musique. L'homme n'a pas le droit de la toucher ou d'embrasser son sexe durant l'exhibition.
Dans le roman de J. Galding, *Sous la croupe féminine*, on utilise des hommes comme siège et table de jeu :
Après le dîner, les deux maîtresses décidèrent de faire une partie d'échecs. Assises sur leurs sièges humains, elles se trouvaient l'une en face de l'autre. Entre elles, les soubrettes poussèrent une table basse sur laquelle était lié un esclave qui avait été choisi car il possédait un postérieur rebondi, comparable à celui d'une femme. Sur ses fesses, on avait dessiné un échiquier dont les cases étaient peintes en laque noire et blanche. Les pions étaient munis de pointes acérées, très minces, et on les enfonçait dans la peau du jeu vivant.
VOIR BONDAGE, HUMILIATION, RÉGULATION D'OXYGÈNE.

SIMIOPHILIE
VOIR ZOOPHILIE.

SITOPHILIE
(du grec *sitos* : blé, et *philia* : amour de)
Utilisation de la nourriture à des fins sexuelles. La nourriture comme l'amour est un plaisir des sens et, à ce titre, ils ont toujours été intimement liés. C'est ce qu'a fort habilement montré Marco Ferreri dans *La Grande Bouffe* (1973), film qui fit grand scandale à sa sortie. Les accessoires masturbatoires les plus courants sont les épis de maïs, les bananes, les carottes, les courgettes, etc., en guise de godemiché. Les saucisses, saucissons, andouilles ont aussi leurs adeptes, on nomme cette pratique "botulilonie".
Les poulets froids ou tièdes, les pots de confitures ou de miel, plaisent à certains pour y placer leur pénis. Le foie cru peut servir aux mêmes fins, comme l'a montré Philip Roth dans *Portnoy et son complexe*. Les tripes cuites ou crues, par leurs villosités produisent une agréable sensation de frottement : on peut s'en faire une sorte de culotte ou s'en envelopper verge et testicules. Roulé, bien serré et retenu en rouleau par un lien, le gras-double devient un olisbos apprécié, en raison de ces mêmes villosités.
Quoiqu'il ne s'agisse pas de nourriture, mais de produits à ingérer, cer-

tains comprimés effervescents procurent, placés dans le vagin, l'anus, ou dans un bol rempli d'eau dans lequel on trempera ses seins ou son pénis, selon les amateurs, un grand plaisir.

Lécher un quartier écorché de citron ou de limette renforce les sensations de la langue avant un cunnilinctus ou une fellation. Il en est de même avec un bouillon d'orties chaud que l'on ingérera avant l'acte. Les radicelles d'un poireau chatouillent voluptueusement l'intérieur d'un vagin. En plaçant dans cet orifice des bâtonnets glacés aux fruits, ou des esquimaux, les amateurs pourront les déguster durant un cunnilinctus. La crème chantilly, la confiture placée sur la vulve ou le pénis sont d'un usage plus fréquent qu'on ne le croit, et les crèmes et mousses au chocolat sont des substituts pour ceux qui n'assument pas encore leur désir coprophagique. Dans la biographie qu'il consacre à la chanteuse Madonna (*Madonna, the Lady*, Les Éditions comtemporaines, 1997), Lee Mc Laren affirme que l'un des plaisirs favoris de la star consiste à badigeonner le *joystick* (le pénis en anglais, N.d.T.) de son partenaire de beurre de cacahuète avant de le lui nettoyer d'une langue experte.

Sur le comptoir, il y a un gâteau au chocolat, je plonge un doigt dans le glaçage, je le lèche et le suce, et demande posément à David quel est son parfum préféré. Hypnotisé, il me répond : "chocolat", et cette fois j'enduis entièrement mon doigt de crème, relève ma jupe et le passe sur mon clitoris en lui proposant de venir goûter. (Nancy Friday, *L'Empire des femmes*, Albin Michel, 1993.)

La flagellation avec des anguilles, de la hampe de bœuf, voire des harengs a été pratiquée comme "spécialité" dans les bordels bruxellois de la Belle Époque. Flora Tristan raconte dans ses *Pérignінations d'une Paria* (1838) comment on aimait, à Londres, vider des verres de bière, ou d'autres boissons sur une femme couchée à terre, tandis que Clarisse Nicoïdski utilise une femme comme table de festin :

D'un geste de la main, elle fit tomber tout ce que portait la table et ordonna :

– Allonge-toi ! Tu seras mon festin... Nous y convierons Ben.

Elle fit coucher Edmée sur la table, bras le long du corps, légèrement écartés, jambes droites. Le maître d'hôtel apporta de nouveaux mets, des candélabres qu'il plaça entre les jambes puis entre les bras d'Edmée : elle retrouva la précision indiscrète de ses gestes le soir, où, dans la baignoire, sur l'ordre de leur maîtresse, il l'avait soigneusement lavée... Ben entra en cet instant, vêtu d'un smoking et d'un nœud paillon.

– Partagez mon repas avec moi sur cette table que vous m'avez inventée, dit la Reine.

Il s'attablèrent face à face : ils posèrent leurs mets sur le corps d'Edmée : certains étaient tièdes, d'autres froids.

Elle ne cessait de frissonner. Ils piquèrent des feuilles de salade avec une fourchette,, découpèrent un pâté avec un couteau sans que la lame fît plus qu'effleurer la peau ou l'érafler.

– Il n'est qu'une fontaine ! fit Ben, en servant le vin aux reflets d'un rouge sombre : le con d'Edmée.

Il versa précautionneusement un filet de vin entre ses lèvres tandis que la Reine buvait.

Puis ce fut le tour de Ben de déguster le breuvage.

La Reine prit ensuite une grappe de raisins et proposa :

– Ben, savourons ce fruit à même la vigne !

Grain après grain, elle fourra toute la grappe dans le vagin d'Edmée. Ben alla chercher le premier, de sa langue. La Reine lui succéda jusqu'à ce qu'il n'y en eût plus. (*La Ruche*, Spengler, 1995.)

En découpant une ouverture au fond d'une assiette en carton, on peut passer le pénis, l'extrémité d'un sein, ou, en pinçant bien les lèvres, une vulve. On entourera ces parties du corps d'un légume au choix : haricots, riz, pâtes, maïs, frites, on garnira d'une feuille de salade pour obtenir une présentation digne d'un restaurant. Il conviendra alors d'être prudent en maniant couteaux et fourchettes. Les spaghettis enroulés autour de la verge et aspirés par une bouche avide sont tout aussi prisés. *Shoot the cookie* (tire le cookie), est le nom d'un jeu masculin. Un biscuit est placé sur un tabouret et plusieurs hommes se masturbent tout autour. Il s'agit d'éjaculer sur le biscuit. Le dernier homme ayant éjaculé doit manger le biscuit.

Les grains de raisin, cerises ou bonbons introduits dans le sexe d'une femme doivent ensuite être recherchés par un partenaire n'utilisant que sa bouche. Le grignotage d'une crêpe ou d'une feuille de brik enveloppant une verge en érection est aussi une possibilité émoustillante. C'est dire que tous les produits alimentaires, ou presque, sont utilisables à des fins érotiques.

– Mange, dit-elle.

Il ne se fait pas prier, étale sur toute la surface la matière sombre et brillante, masse de perles noires, la mer scintille à la saignée de la femme, odeur de sel et d'iode. Il faut chercher loin dans les plis du sexe, dans le creux de la raie les derniers grains de caviar, il dévaste à grands coups de langue rageurs toute la fente. Elle aussi a faim, veut manger l'autre à même le sexe, lui barbouille le gland, les testicules et le reste du précieux aliment marin. Ils n'interrompent leur dînette que pour boire la vodka à la bouteille. Enroulés l'un sur l'autre, acharnés comme des bêtes féroces, ils se dévorent mutuellement l'entrejambe, et bien après la disparition de la nourriture se mange encore le désir qu'ils ont l'un de l'autre. (Max Genève, *La Nuit sera chienne*, Zulma, 1993.)

Il est à noter que les matières grasses alimentaires (huile, mayonnaise, crème, beurre, etc.) endommagent le latex des préservatifs.
VOIR COCKTAILS,
LACTAPHILIE.

SNUFF MOVIES
(de l'anglais *To snuff* : se moucher, et *movie* : film)
C'est aussi le nom du tabac à priser. Pour les Britanniques, ce mot fut d'abord un euphémisme correspondant au français "casser sa pipe". Le verbe *to snuff out* est très familier et signifie donc "mourir".
Les acteurs des *snuff movies* tuent réellement une personne devant la caméra. Évidemment, un tel crime ne peut être que secret ; aussi est-il difficile d'obtenir des informations à ce sujet. En 1986, deux rédacteurs de *Playboy* découvrirent un film dans lequel un enfant était démembré. Le démembrement, l'écartèlement sont les séquences les plus fréquentes de ces productions, généralement réalisées en secret dans le Sud-Est asiatique ou à Hong Kong.
Le témoignage anonyme d'un opérateur de films pornographiques anglais a révélé que la strangulation était aussi fort prisée. L'empalement est tout aussi fréquent. Toutes sortes de tortures abominables sont ainsi présentées à un public restreint, mais prêt à payer des fortunes pour visionner de tels spectacles. Un film américain montre des conducteurs s'attaquant aux auto-stoppeuses. L'une d'entre elles dut sucer le canon d'un revolver sous la contrainte. On appuya sur la gâchette et le film montre la tête de la malheureuse qui éclate. Un autre film montre un revolver introduit dans un vagin, avec la même suite. Cela dit, les spécialistes du trucage cinématographique ayant vu ce film ne se prononcent pas : il est possible de truquer n'importe quelle séquence d'une façon convaincante et de montrer n'importe quel simulacre de mutilation. Il existe donc de faux *snuff movies*, mais aussi, hélas, des vrais.
Le public de ces films est évidemment peu connu. On pense qu'il peut s'agir de curiosité ou de fantasmes que l'on n'ose mettre en pratique ou simuler (voir *Mises en scène érotiques*). Les meurtriers sexuels photographient ou filment souvent leurs victimes en train de souffrir pour se masturber en regardant ces photographies ou ces vidéo-cassettes.
Johnny Depp, dans *The Brave*, son premier film comme réalisateur, avec Marlon Brando, raconte l'histoire d'un jeune indien qui vend sa vie pour le tournage d'un *snuff movie*.
VOIR CRIMES SEXUELS,
MUTILATIONS, PÉDOPHILIE,
SEX RINGS.

SODOMIE

Ce terme servait autrefois à désigner toutes pratiques sexuelles "contre nature". Il signifie aujourd'hui pénétration anale ou homosexualité.

Le nom de cette pratique vient évidemment de celui de Sodome, ville détruite par Dieu. La Bible, cependant, ne parle pas de pénétration anale à ce propos. En fait, Dieu envoya deux anges pour trouver trente justes dans cette ville infidèle où *les gens étaient méchants et de grands pécheurs contre l'Éternel.* (*Genèse*, XIII, 13.)

C'est tout ce que dit le texte : il n'y est pas question de sexualité "contre nature".

Les péchés de Sodome semblent avoir été un (...) fourre-tout pour les péchés que les Juifs connaissaient particulièrement bien ou qui les choquaient : l'orgueil, l'adultère, l'abus de l'hospitalité et l'esprit athée. (Reay Tanahill, *Le Sexe dans l'Histoire*, Robert Laffont, 1982.)

L'esprit athée était alors considéré comme particulièrement horrible. Ce n'est qu'au IIe siècle, chez les apocryphes que l'on parle de sodomie au sens de "fornication" ou "d'impureté". C'est seulement au Ier siècle de notre ère que, pour la première fois, il est clairement question d'homosexualité à propos de Sodome. Elle y est punie d'une "maladie de femme", la stérilité :

Ils ne troublaient pas seulement les mariages de leurs concitoyens dans leurs paroxysmes d'assouvissement charnel, mais les mâles chevauchaient les mâles, sans respect pour la nature du sexe que partageait le partenaire passif avec le partenaire actif. Aussi, quand ils essayèrent de procréer, on s'aperçut que leur semence était devenue stérile : comme peu à peu ils habituèrent ceux qui par nature étaient des hommes à remplir le rôle des femmes, ils les accablèrent de la redoutable malédiction d'une maladie de femme. (Philon d'Alexandrie, *De Abrahamo*, 134-136.)

Toujours est-il que, lorsque les anges arrivèrent à Sodome, Loth les accueillit, offrit un festin, les reçut dignement. Mais... *Ils n'étaient pas encore couchés que les gens de la ville, les gens de Sodome, entourèrent la maison, depuis les enfants jusqu'aux vieillards ; toute la population était accourue. Ils appelèrent Loth et lui dirent : où sont les hommes qui sont entrés chez toi cette nuit ? Fais-les sortir vers nous pour que nous les connaissions.* (*Genèse*, IX, 4, 5.)

Dès lors se pose le problème de l'interprétation : les gens de Sodome voulaient-ils simplement rencontrer les anges ou bien les "connaître" au sens (faussement) biblique ? En d'autres termes, désiraient-ils abuser d'eux sexuellement ? Tout repose sur la signification du verbe (connaître). Ce mot est employé neuf cent quarante-trois fois dans *L'Ancien Testament* et seulement quinze fois dans un sens sexuel. Il semble donc que ce soit un abus de confondre les péchés de Sodome avec l'homosexualité ou la pénétration anale parce que Philon décrivit Sodome sous les traits de l'Alexandrie de son époque, dont il combattait les moeurs.

Avec la libéralisation des mœurs, la sodomie n'a plus l'odeur de souffre qu'elle avait encore voici un demi-siècle et elle ne passe plus pour une perversion mais pour une des pratiques de l'amour. Les femmes n'hésitent pas à la célébrer dans leurs écrits :

À quatre pattes, la femme n'est maintenant plus que fuseau, faisceau de désir tendu vers la verge, son sexe offert au regard sans concession, à l'appétit de l'ogre. Il va prendre possession d'elle plus encore, insère un doigt dans l'anneau du cul pour en sentir la résistance. La chair se révulse immédiatement, l'orifice se contracte, tentateur. La queue de l'homme y pénètre. C'est le parcours sombre du détenu des sens, sa plongée dans les rêves noirs de sa finalité, transformation du minerai, perte des substances, mort en perpétuel passé. Il s'enfonce sans mesure, longuement, presque confortablement, au plus loin, accrochant ses mains aux masses rondes des fesses. Ses doigts y impriment des pétales rouges de pressions. La femme dessine avec son bassin des infinis horizontaux, des mouvements de huit coulés et sensuels, pompe le plaisir de son partenaire avec sa caverne d'or noir. L'homme ne veut pas jouir, pas maintenant. Il résiste, s'accroche, lutte avec des images de vie, celles de l'autre trou, celles de la lumière, il y a longtemps, ailleurs, avec une autre. (Astrid Schilling in *Anthologie du coït*, La Musardine, 1997.)

VOIR HOMOSEXUALITÉ, GAYS, LESBIANISME, PÉDÉRASTIE, PÉDOPHILIE.

SOIXANTE-NEUF

Position érotique dans laquelle deux partenaires, tête-bêche, se sucent ou se lèchent mutuellement les parties sexuelles. Cette pratique demande une bonne connaissance du partenaire pour devenir une véritable communion : à chaque excitation nouvelle, il convient de s'activer pour la transmettre au corps du partenaire. Sans cette coordination, cette communion, beaucoup trouvent cette position fort excitante, mais finalement décevante en terme de plaisir, faute de savoir réellement s'y consacrer, ou faute de bien connaître son partenaire.

Dans ce cas, on préférera que l'un des partenaires ait fait jouir l'autre, en attendant qu'il lui rende la pareille. Il n'est alors plus question de communion, même si, dans le soixante-neuf, les orgasmes ne sont

pas nécessairement contemporains : *L'un des jeux favoris des homosexuelles, et que tout le monde a le droit de pratiquer, pourrait s'appeler trente-quatre et demi. Les deux amantes sont allongées tête-bêche l'une sur l'autre. Celle qui est dessus se livre à un véritable cunnilinctus, celle qui est dessous se contente de lécher l'anus de sa compagne. Ainsi, celle qui est dessus peut avoir du plaisir sans être obligée de se concentrer sur son orgasme tout en faisant jouir sa partenaire.* (Xaviera Hollander, *Supersex*, Lattès, 1976.)
VOIR CUNNILINCTUS, FELLATION, ORAGÉNITALISME.

SOMNOPHILIE
(du latin : *somnus* : sommeil, et du grec *philia* : amour de)
Appelée : "syndrome de *La Belle au bois dormant*", ce terme désigne le goût de ceux qui aiment avoir des relations sexuelles avec un partenaire endormi ou qui aiment dormir durant l'acte sexuel. Dans beaucoup de cas, les somnophiles, semi-inconscients, ont des rapports sexuels avec des gens de leur famille dormant avec eux. Certains somnophiles sont impuissants avec un partenaire éveillé. Des femmes, plus nombreuses qu'on ne le croit, aiment qu'on les prenne dans leur sommeil. Ce peut être un jeu excitant qui atténue le sentiment de culpabilité par rapport à la sexualité de celles qui ont subi une éducation trop rigoriste. Ainsi sont-elles des princesses endormies ne s'éveillant que par l'intervention du prince, qui est alors responsable de cet éveil. Les "câlins du matin", dans un demi-sommeil, sont appréciés par beaucoup. Profondeurs du sommeil et sommeil de l'esprit ou de la conscience se rejoignent en niant la mort, en célébrant la (re)naissance, confirmant l'idée que : *L'esprit des profondeurs est impérissable ; on l'appelle la "Femelle mystérieuse".* (Tao-Te-King, VI.)
Le coït durant le sommeil permet de penser qu'on a peut-être rêvé. Toutefois, il revêt maints aspects symboliques.
Les filles de Loth abusèrent de leur père plongé dans le sommeil de l'ivresse afin de lui donner une postérité mâle. (*Genèse*, XIX, 31-38.)
L'alcool, pourtant, bu au point de provoquer l'inconscience, est fortement anaphrodisiaque. Toujours est-il que cet inceste non-consenti eut lieu durant la nuit :
(...) C'est alors au sein de la nuit même que l'esprit quête sa lumière et la chute s'euphémise en descente et le gouffre se minimise en coupe, tandis que dans l'un et l'autre cas la nuit n'est que nécessaire propédeutique du jour, promesses indubitable de l'aurore. (Gilbert Durand, *Les Sructures anthropologiques de l'imaginaire*, Paris, 1969.)

En effet, l'affaire eut lieu après la destruction de Sodome et Gomorrhe. Après la mort, le désert, il fallait que la vie continue. Les filles de Loth engendrèrent Moab et Ammi. La lignée de Loth put ainsi continuer avec les Moabites et les Ammonites.

La Belle au bois dormant est une image que l'on retrouve dans plusieurs cultures. Son sommeil est peut-être la représentation d'une virginité, d'un non-être sexuel que l'arrivée du mâle fera naître et révèlera. La défloration devenant ainsi une sorte de naissance ou de renaissance. C'est dire qu'il y a ici une évocation de la mort et de la résurrection :

Dans la version scandinave des Nibelungen, c'est Brunehilde, la jeune Walkyrie, qui dort, revêtue d'une cuirasse au fond d'un solitaire château. Symboles claustromorphes, où il est facile de reconnaître une euphémisation du sépulcre. Quant au sommeil, il n'est que promesse d'éveil que viendra accomplir dans le miracle de l'intimité nuptiale Sigur ou le Prince charmant. (Gilbert Durand, op.cit.).

Plus prosaïques, quelques faits divers racontent çà et là des abussexuels par des dentistes ou des médecins sur leurs patientes en se servant de produits anesthésiques pour les endormir. Il ne s'agit pas là de somnophilie, mais de viol pur et simple.

VOIR AMAUROPHILIE, FROTTAGE, INCESTE, NÉCROPHILIE, VIOL.

SONDE

Une sonde est un ustensile médical destiné à être introduit dans l'urètre ou dans d'autres cavités à des fins de radiographie, d'analyse ou de soins. Certaines sondes servaient à ôter, non sans douleur, les tissus endommagés de l'urètre des patients atteints de gonorrhée.

Les sondes servent aussi aux pratiques sadomasochistes, elles transfèrent ainsi le pouvoir aux mains du dominateur. L'introduction d'objets divers pallie le manque de matériel adéquat dans les pratiques masturbatoires. On a ainsi retrouvé dans l'urètre de patients des épingles à cheveux, des coton-tiges, et même un petit serpent dans la vessie d'une personne.

La sonde de Van Buren n° 16 et jusqu'au n° 22 est la plus employée, car une fois placée, son extrémité presse les environs de la prostate qui est ainsi doucement stimulée.

Des plombs de chasse ou de petites billes d'acier peuvent aussi être introduits dans l'urètre masculin. Il convient de les compter auparavant. Après quoi, on se masturbe. L'éjaculation fait jaillir les billes ou les plombs.

Les sondes peuvent blesser si l'on ne sait pas bien les manipuler. Les signes de lésion de l'urètre sont une coloration orangée ou brune des urines, une émission de pus. Un médecin doit être immédiatement

consulté dès l'apparition de ces symptômes. Ces lésions peuvent causer des infections urinaires, voire des reins. Dans certains cas, le risque est mortel.
VOIR CATHÉTERS, MÉATOTOMIE, *SAFE SEX*.

SOUILLURES

Magnus Hirschfeld voit dans l'attirance pour la souillure, la saleté, une forme de masochisme. D'autres préfèrent parler de sadisme : le désir de souiller, de polluer, de violer, de salir un fétiche, un partenaire ou soi-même, ce qui se nomme "automysophilie" peut, en effet, participer des deux. Le *stimulus* est similaire à celui d'une ménagère voyant un enfant marcher avec des souliers boueux sur un tapis neuf. Seulement, l'anxiété ainsi éprouvée est dérivée vers la sphère des *stimuli* sexuels.

Hirschfeld, comme Ellis (voir *Sexologie*) citent des cas d'hommes excités au point d'éprouver un orgasme lorsqu'ils coupent, brûlent avec une cigarette, jettent de l'encre, voire de l'acide sur les robes de femmes passant dans la rue. Certains hommes aiment se faire masturber par des mains sales.

Uriner sur quelqu'un est une forme fréquente de souillure. Il arrive que des garçons en éprouvent le désir dès leur plus jeune âge et qu'ils urinent sur des animaux familiers, des insectes, ou tentent d'atteindre les mouches par le jet de leur miction. Adultes, ils peuvent continuer et parfois uriner secrètement sur leur partenaire durant un bain ou une douche. Il arrive que des individus soient arrêtés par la police pour avoir uriné sur quelqu'un dans la rue.

"Conchier" et "compisser" un adversaire est une manifestation agressive fréquente dans les fabliaux médiévaux. Trubert le sot, dans le poème éponyme, n'a de cesse que de "couvrir de merde" ceux qui lui ont fait du tort. Uriner sur un prisonnier fut un acte de prise de pouvoir chez les généraux de l'ancien Japon.

Les jeux consensuels avec l'urine sont proposés dans certains bordels. Les pratiques d'urophilie et d'ondinisme ne procèdent pas forcément du sadomasochisme, tandis que l'exhibitionnisme urophilique de la Cicciolina émettant sa "pluie dorée" se voulait "poétique" et plein d'amour pour l'humanité.

La boue fascine beaucoup de mysophiles, d'adeptes de la souillure. Les combats de catch féminin dans la boue violent trois tabous à la fois : celui de la saleté, celui de la violence (ou pseudo-violence), celui de l'homosexualité. À ceci s'ajoute l'aspect excrémentiel de la boue qui est non seulement sale, mais évoque aussi les matières fécales.

Plus complexe est l'usage de produits alimentaires pour salir ou souiller le corps d'un partenaire. L'excitation produite par une vulve couverte de crème chantilly ou une poitrine opulente noyée de mousse au chocolat est parfois un simulacre de cannibalisme. Voici ce qu'en dit la préface d'un recueil anonyme de photographies montrant des femmes enduites de crème à la vanille, de chantilly, dégoulinantes de coulures d'oeufs cassés (voir *Sitophilie*) :

Nous n'avons pas besoin de homard, de caviar ou d'ailerons de requin ! Il nous faut juste une fille ! Bien entendu, il est préférable qu'au lieu d'être à la cuisine en train de surveiller une cuisson, elle soit sur l'assiette ! Ah! oui ! C'est ce qu'il y a de meilleur ! Elle peut montrer un joli corps rondelet à la mode méditerranéenne, ou être mince comme un vermicelle... De toute façon c'est toujours un plat goûteux que l'on doit déguster lentement, car un gourmet a besoin de beaucoup de temps pour nourrir ses désirs. (*Girls in spicy sauce*, Milan, 1992.)

VOIR
APPRENTISSAGE DES TOILETTES, COCKTAILS, COPROPHAGIE, COPROPHILIE, DOUCHES, LAVEMENTS, MYSOPHILIE, UROPHILIE, SITOPHILIE.

SOUMISSION

VOIR DOMINATION/SOUMISSION.

SOUPEUR

Terme qui désigne les amateurs d'urine qui disposaient des morceaux de pain dans les vespasiennes, les toilettes publiques pour les récupérer ensuite et les consommer, s'en couvrir le corps et surtout les parties génitales. Le remplacement des vespasiennes par les "sanisettes" rend cette pratique de plus en plus difficile.

Cette forme de picazisme peut être le signe de troubles mentaux graves produisant une angoisse insupportable, une grande souffrance. Il est alors nécessaire de consulter un thérapeute.

On désignait également du terme de "soupeur", les habitués des maisons closes qui pratiquaient, moyennant finance, la "toilette des dames" après qu'elles aient reçu leurs clients. Dès qu'une passe était terminée, la "mère maquerelle "appelait un soupeur qui allait recueillir le sperme sur la peau où dans les orifices de la prostituée. On appelait également cette pratique : "faire dînette".

VOIR COCKTAILS, *FELCHING*, PICAZISME, SITOPHILIE, SPERMOPHILIE, UROPHILIE.

SOUS-PERSONNALITÉ

Changement temporaire de personnalité sans réelle confusion mentale. La réelle personnalité s'efface lorsqu'elle ne peut affronter certaines situations. Les problèmes de personnalité multiple adviennent souvent chez les sujets ayant subi des abus sexuels répétés et/ou ritualisés durant leur enfance. Les corrections trop fréquentes ou trop ritualisées peuvent avoir aussi ce même effet. La sous-personnalité peut provenir d'un seul abus comme d'un traumatisme constant ou d'une angoisse. Elle apparaît parfois durant l'acte sexuel.

Les thérapeutes peuvent se servir de la sous-personnalité lors d'une cure. Il semble qu'en se remémorant les traumatismes, et la souffrance, les patients perdent leur conscience actuelle. Le praticien peut alors "communiquer avec l'enfant" qu'était autrefois celui ou celle qu'il est en train de soigner. Toutefois le réconfort, l'aide et les soins donnés par le thérapeute ne sont pas seulement reçus par l'enfant en question : l'adulte en bénéficie.

On cite souvent le cas d'une femme ayant subi de graves agressions sexuelles durant son enfance de la part de son père. Lorsqu'un partenaire sexuel lui rappelait ces abus, elle "plongeait" dans l'une ou l'autre de ses personnalités. La première était celle d'une jeune fille frigide qui demandait de l'aide mais ne pouvait rien dire d'autre que "non", à grand-peine. L'autre personnalité était celle d'un homme adulte coléreux, violeur, qui agressait son partenaire.

Un partenaire qui régresse et "retombe en enfance" n'est pas toujours capable d'expliquer verbalement la cause de sa conduite. Si cela se produit, le partenaire doit patiemment traiter l'autre comme un enfant : le bercer, le rassurer, le prendre dans ses bras. Il convient toutefois de conseiller une visite chez un thérapeute pour faire cesser la souffrance.

VOIR FÉTICHISME, PERVERSIONS.

SPECTACLES ÉROTIQUES

Les spectacles érotiques sont soumis aux lois, à l'invention des participants, la créativité des organisateurs et le financement engagé pour les décors, les machineries, les effets spéciaux.

Parties fines, coït sur scène, déshabillage existent depuis fort longtemps, comme la danse du ventre des *Ouled-naïls*, héritière de celle de Salomé. Toutefois, ces spectacles furent longtemps clandestins et réservés à un cercle restreint d'amateurs, d'habitués des *Hellfire Clubs* anglo-saxons et des bordels de luxe parisiens, bruxellois ou viennois. Le 13 avril 1875, Guy de Maupassant donna une représentation de sa pièce pornographique, *À la feuille de rose, maison Turque*, écrite en collaboration avec quelques joyeux compagnons. Une autre représentation eut lieu le 31 mai 1887 chez le peintre Becker devant Flaubert, Tourgueniev, Zola, Edmond de Goncourt, quelques femmes de la bonne société, et quelques autres de réputation moindre. Il y eut, certes, et à la même époque, d'autres pièces de ce genre, écrites par de moins illustres auteurs, mais, comme celle de Maupassant, elles furent représentées secrètement. Au début du XXe siècle, se poursuivait la tradition des pantomimes. Depuis longtemps déjà, les tréteaux des foires montraient des spectacles sans parole. Cette tradition naquit sans doute au XVIIIe siècle à cause d'un règlement interdisant aux comédiens des rues de parler, de dialoguer, pour ne pas faire de concurrence aux salles installées. L'érotisme pouvait se trouver dans l'intrigue, mais l'un des plus fréquents spectacles était le "coucher de la demoiselle". Il pouvait se dérouler derrière un écran, en ombre, pour les spectateurs. On y assistait au déshabillage d'une jolie femme.

Suivirent les "gommeuses excentriques" : elles chantaient des chansons un peu niaises ou carrément obscènes, très décolletées, vêtues de jupons courts qu'elles relevaient au cours de leurs danses. La plus célèbre fut Valentine Valti, créatrice en français de l'ineffable *Tha-ma-reboum-di-hé* ! (1893.)

Le *French cancan*, froufroutant de jupons s'étalant en corolles, de jarretelles blanches, était une danse frénétique. Voici ce qu'en dit dans ses *Mémoires* (1860) la danseuse Marguerite Bedel, dite Marguerite la Huguenotte, avant de connaître la célébrité sous le nom de Rigolboche :

Le cancan, c'est le délire des jambes, c'est une furie qui n'a rien d'égal : mes bras ont le vertige, mes jambes sont folles.

Les reines du cancan, immortalisées par Henri de Toulouse-Lautrec, furent les célèbres Grille d'égout et La Goulue. Elle s'illustrèrent dans le fameux quadrille naturaliste de Zidler et Oller au *Moulin Rouge* en 1889. Le cancan était indiscutablement érotique et la danse de la Goulue fut décrite ainsi :

Aux provocantes saillies de son ventre succèdent les déhanchements lascifs de ses reins ; ses bouillonnés, lestement enlevés, dévoilent l'écartement des jambes à travers la mousse des plissés, soulignant, en la chute rapide des valenciennes, au-dessus de la jarretière, un petit coin de vraie peau nue. Et de ce morceau de chair vermeille jaillit, jusqu'aux spectateurs haletants, un rayonnement torride d'acier en fusion. Alors, dans une feinte de délire canaille, la bacchante du ruisseau, brusquement troussée jusqu'au ventre, offre en pâture au cercle qui s'est resserré sur elle, l'apparition de ses rondeurs, si peu voilées, par la transparence des entre-deux de dentelle qu'à certain point se révèle par une tache sombre, la plus intime efflorescence. (P. Rodriguez, *Gil Blas*, 10 mai 1891.)

Le cancan évolua, laissant place à d'autres spectacles, mêlant chants, danses et nudités. Gaby Deslys, entre autres, évoluait sur scène en *piaffant, s'ébrouant, chantant au milieu des girls et des boys, des effets d'éclairage et des décors magiques. C'est elle qui ouvrira la voie à la Mistinguett dans les parades rutilantes du music-hall.* (Jean Bazal, *Marseille sur scène*, 1978.)

Le spectacle érotique du début du XXe siècle eut un pionnier, le célèbre Frédéric de Chirac. *Chirac, un maniaque de pornographie, scientifiquement un malade.* (Jules Claretie, *La Vie à Paris*, 1906), commença au *Théâtre d'Art* de Paul Fort, rival du *Théâtre Réaliste* d'André Antoine, en faisant jouer l'une de ses pièces intitulée : *Prostituée* ! Le succès le décida à s'installer dans la galerie Vivienne. Il y créa le *Théâtre Réaliste*, où il monta sa pièce intitulée *La Morte violée*. Ce spectacle le fit renvoyer de la compagnie de chemins de fer qui l'employait encore. Il se consacra donc uniquement à la dramaturgie et produisit *Le Gueux*, histoire d'un vagabond malade d'une affection vénérienne. Un prospectus expliquait qu'on mimera "à rideau levé une scène de possession". La presse fit un tollé. *Le Gaulois* précisa même que *Quelques dames eurent le bon goût de s'évanouir aux meilleurs endroits...*

L'Avortement, autre pièce de Chirac, montrait une faiseuse d'ange "opérant" une cliente. À la fin de la dernière scène, elle se retournait face au public, essuyait ses mains rouges de sang à son tablier. Chirac fut poursuivi. Le tribunal le traita de pornographe. Il répondit :

Je fais de la littérature, on peut l'apprécier ou non. Le juge n'apprécia point et il condamna l'auteur à quinze mois de prison.

Jules Clarétie eut en main un programme présentant *La Vestale*, autre pièce de Chirac. Il y était précisé qu'au deuxième acte, un soldat romain viole en scène une jeune vestale. Chirac avait rajouté à la main : *Je serai ce Romain.*

Suivirent *Fleur de Pois*, *Les Biffins*, *Le Viol*, *Celles qui casquent*, *Peau-de-Balle*, *Marie-la-Pieuvre*, *À l'aube de la guillotine*, etc.

Ces spectacles choquèrent régulièrement les spectateurs. Le scandale mena, une fois de plus, Chirac devant les tribunaux. La police fit fermer le *Théâtre réaliste* en 1901. Chirac finit par diriger une troupe ambulante parcourant, misérablement, les routes de France. Chirac mourut comme Molière, sur la scène. C'était en 1905 à Nemours. Il jouait le rôle d'un assassin et s'écroula dans les bras de sa partenaire, terrassé par une crise cardiaque. La recette de la représentation interrompue ne permit pas de payer les frais de la troupe. L'hôtelier la pria de déguerpir et Chirac fut enterré à la hâte, dans la fosse commune, en costume de scène, avec son maquillage.

Le Petit Théâtre de la rue de la Santé eut, lui aussi son heure de gloire et ses scandales avec, notamment une pièce intitulée : *La Grisette et l'étudiant.*

Au music-hall, Mistinguett puis Joséphine Baker rivaliseront d'audace. La seconde, vêtue d'une ceinture de bananes, défraya la chronique par ses déhanchements voluptueux.

Mais Gaby Deslys fit encore mieux. En 1915, dans *Stop, Look and Listen*, opérette d'Irving Berlin, elle se livra à une "danse des sept voiles" qui se mua en effeuillage, en strip-tease, quoique le mot ne fut pas encore en vigueur. À cette pionnière succéda Colette Andris dont la carrière fut brisée par sa conscience professionnelle : *La plus "licenciée de nos danseuses", le mot est de Clément Vautel, n'exhibe plus aux* Folies-Bergères, *ou du moins pas autant qu'elle l'aurait voulu, la nudité de son jeune corps. Ainsi l'a voulu une vedette qui a déclaré que l'exhibition de Colette révélait certain détail de blondeur que le public n'avait pas à connaître.* (Anonyme, *Paris Sex-Appeal*, mars 1934.)

Colette Andris, pour éviter les poursuites, se calma et se lança dans la littérature, écrivant des romans osés aux titres évocateurs, entre autres : *L'Ange Roux*, *Une femme qui boit*. Au même moment, la Môme Moineau arriva... *Sur la scène redoutée de* l'Olympia *(la veille encore elle vendait des fleurs devant la porte) et, sans gêne aucune, sans trac, en pleine inconscience, elle s'assit sur la boîte du souffleur, releva ingénument ses jupes jusqu'aux genoux. Or, elle avait tout simplement oublié de mettre un pantalon ! Je vous laisse à penser l'explosion de joie des hommes dans la salle et la colère des femmes offusquées !* (Gabriello, Souvenirs d'un homme de poids, Paris, 1951.)

Parallèlement, la naissance de la photo, puis du cinéma, feront naître une autre sorte de spectacle érotico-pornographique et clandestin. En 1932, des danseuses de cancan, des prostituées, et peut-être la Môme Moineau elle-même se livreront au voyeurisme, puis à divers débordements incarnant des soubrettes frénétiques dans *Hôtel Excelsior*, un film devenu mythique. La même année, Heidi Lamarr, qui s'appelait encore Hedwig Keller, fut l'actrice principale de l'étonnant *Extasie* (Extase), film tchèque de Gustav Machaty. Ce film la montre mal mariée, se réfugiant à la campagne et se promenant nue en compagnie de son cheval. L'héroïne se console en galopant toujours nue, en se baignant dans une rivière, en se promenant dans la forêt, attendant on ne sait quelle révélation sensuelle. Elle rencontrera un homme, et tout se termine par un suicide.

Le cinéma pornographique se composera de films tournés spécialement ou sera constitué de films classiques avec intercalation d'images. Par exemple, l'écran montre un acteur et une actrice célèbres en train de s'embrasser. Le plan suivant, originellement étranger au film, montre une main de femme déboutonnant la braguette d'un homme et en sortant son pénis. Après quoi, nous retournons aux baisers du film originel avant de voir un gros plan sur une jupe troussée, montrant une vulve que caresse une main d'homme, etc. Après Colette Andris et ses multiples imitatrices, il nous faut aller aux États-Unis, dans les burlesques. Ces théâtres proposaient des sketches, des saynètes que l'on retrouvera dans les gags des premiers films de la *Keystone*. Des danseuses s'y produisaient, plus ou moins dévêtues. En 1920, une petite fille de six ans, Louise Hovick, "enfant de la balle", s'y produisait sous le nom de Rose Louise. Louis Minsky, "l'inventeur du strip-tease" la remarqua quelques années plus tard, et, vers 1930, la danseuse, rebaptisée Gypsy Rose Lee, devint la première vedette internationale de l'effeuillage. Elle fit aussi une carrière cinématographique et un musée lui est consacré aux États-Unis. Comme Colette Andris, puis Joséphine Baker, Gypsy Rose Lee se lança dans la littérature et écrivit plusieurs romans policiers, dont l'un, *The G-string Murders*, fut porté à l'écran. Cet ouvrage fut traduit en français par Léo Malet et Michel le Houbie sous le titre *Mort aux femmes nues !*

Entre-temps, Susy Solidor, modèle de nombreux peintres, chantait à Paris. Van Dongen, qui la peignit à maintes reprises lui déclara : *toi, tu chantes avec ton sexe*. Elle inventa le principe d'un tour de chant très érotisé, allant plus loin que Marlène Dietrich qui la précéda dans le genre. L'influence involontaire de cette dernière fit le malheur de Suzy Solidor : en 1942, elle chanta diverses chansons du répertoire de Marlène, dont *Lili Marlène* pour un public de nazis. À ce moment, le strip-tease américain arriva en Europe, à la suite des troupes alliées. Il envahit rapidement les cabarets de Pigalle et de Montparnasse. Mais aussi les fêtes foraines. On l'y trouve encore sous cette forme : on paye un droit d'entrée, on entre dans une baraque foraine. Là, dans une cage de verre ou sur une scène sommaire, une femme se déshabille lentement. Lorsqu'elle a fini, elle se vêt d'un peignoir et fait la quête dans l'assistance en attendant qu'une autre fille lui succède. La vogue des *peep-shows* à Pigalle fait qu'on trouve de moins en moins de strip-tease forain sur le proche boulevard de Rochechouart.
Une révolution du strip-tease, plus importante encore que l'abolition de l'obligation de porter la "pointe" (triangle de tissu cachant le pubis,) fut celle d'Alain Bernardin. Autour de 1960, son *Crazy Horse Saloon* montrait des spectacles nouveaux, fondés

sur la nudité féminine. Des jeux de lumières inédits, des décors parfois "psychédéliques" transfiguraient les nudités, les transformaient avec des effets de trame, les magnifiaient.
Le cinéma ne fut pas en reste. La libéralisation de la pornographie a fait naître des films célèbres, tels *Exhibition*, *Deep Throat* et le très onirique *The Devil in Miss Jones*. L'industrie du cinéma pornographique est maintenant florissante et possède ses critiques, ses revues, ses historiens (Francois Jouffa, *Entre-deux censures*, Ramsay, 1989.) Il existe même à Paris un cinéma spécialisé dans les films "X" des années 70, tandis que des cassettes proposent des *blue movies* (nom donné aux films pornographiques aux États-Unis, ndt) du début du siècle.
La Scandinavie (Danemark, Suède), les Pays-Bas et l'Allemagne ont dévellopé une tendance extrême du cinéma pornographique, le *Hard crad* qui montre différentes combinatoires de sexualité extravagantes et illicites (scatologie, urophilie, zoophilie, pédophilie, etc. Il existe actuellement une vogue de cinéma X amateurs où des couples se livrent à différents pratiques sexuels sous l'œil d'une caméra. Le fait qu'il s'agisse de personnes anonymes comme celles que l'on peut croiser n'importe où, ajoute du piment à cette scopophilie. En France, des réalisatrices comme Nanou ou Lætitia ont transformé cet exhibitionnisme en commerce florissant puisqu'il s'est produit plus de six cent vidéos amateurs en 1996 (*Vidéo X*, mars 1997.)
Depuis une vingtaine d'années, les *peep-shows* (voir ce mot) font florès et se répandent dans toutes les villes du monde occidental. Contrairement à d'autres spectacles, ils interdisent tout rapport direct entre le public et les artistes. Ce n'était pas le cas dans d'autres établissements : les clubs d'Amsterdam montraient naguère des danseuses nues qui, moyennant finances, proposaient des fellations aux hommes de l'assistance. Un club de Hambourg propose un bain de mousse en compagnie d'hôtesses à ses clients. Dans les *Burlesks* américains, les danseuses s'introduisaient une cerise ou un bonbon dans le vagin (voir *Sitophilie*). Un spectateur devait aller l'y chercher avec sa langue, sans l'aide des mains, placées, voire liées derrière son dos. Le sida mis fin à ce genre d'animations. À Paris, le restaurant *Les Deux Boules* doit sa renommée à la possibilité de contempler un couple faisant l'amour dans un filet placé au-dessus des tables des dîneurs.
Bangkok est vraisemblablement le lieu où l'on trouve le plus de spectacles érotiques. Là, des femmes fument des cigarettes et font des ronds de fumées avec leur vagin ou s'y introduisent une corde à nœud

longue de plus d'un mètre de long qu'elles retirent ensuite lentement. Certaines préfèrent en tirer des lames de rasoir à double tranchant. D'autres, en contractant leurs muscles, lancent des œufs durs, des balles de ping-pong, ou sectionnent en tranches une banane épluchée. Aux Philippines, près des bases américaines, ce sont des piles de pièces de monnaie que les filles avalent ainsi avant de les recracher une à une. On peut aussi y voir de très réalistes scènes de meurtre d'une femme par un Jack l'Éventreur du cru. Rien n'y manque, ni le sang, ni les boyaux étalés de la victime. Les trucages y sont peu décelables, et ce spectacle est fort prisé.
Le catch féminin, dans la boue ou sur un ring, avec ou sans maillot, est répandu un peu partout dans le monde, mais plus particulièrement aux États-Unis et en Allemagne. À Londres, au *Gargoyle Club*, une femme nue, liée sur une roue, tourne lentement tandis qu'un lanceur de couteau l'entoure de lames fichées dans le bois.
Enfin, il existe des endroits semi-clandestins où se déroulent des spectacles de sexualité interdite comme à San Sébastian où une boîtede nuit montrait, il y a quelques années, une femme honorée par un âne.
VOIR CATCH, EFFEUILLAGE, *PEEP-SHOW*, SCOPOPHILIE.

SPECTROPHILIE
(du latin *spectrum* : spectre, fantôme, et du grec *philia* : amour de)
Excitation à l'idée d'avoir des relations sexuelles avec des démons, des anges, des esprits, des fantômes, des dieux.
On croyait autrefois que les pollutions nocturnes étaient dues aux esprits. L'Europe médiévale appelait les démons mâles "incubes", du latin *in cubus*, couché. D'après saint Augustin (*Cité de Dieu,* XV, 23), ils donnaient des cauchemars et ils se couchaient sur les femmes, les séduisant ou les violant. Leurs méfaits supposés étaient alors fréquents dans les couvents de femmes. Les incubes étaient très tenaces et d'une fidélité exemplaire : saint Bernard de Clairvaux dut exorciser une femme qui reçut la fougue de l'un de ces démons durant plus de sept ans, dans le lit conjugal.
Les incubes auraient été, selon César d'Heisterbach, à l'origine de la nation des Huns. Cependant, les théologiens les jugeaient incapables d'engendrer. Il fallait donc prendre la semence des hommes, et les incubes se transformèrent quelquefois en démons femelles, dits "succubes", pour séduire les dormeurs de sexe masculin. Selon quelques autorités de l'église, Godefroy de Bouillon, Luther, l'enchanteur Merlin, la fée Mélusine (mi-femme, mi-serpent) seraient nés d'un coït avec ces

démons. Les fils d'incubes tarissent leurs nourrices au point qu'il faut en changer jusqu'à huit fois. Leur appétit est légendaire. Lilith, la "femme d'avant Ève", selon la religion babylonienne, non contente de les violer dans leur sommeil, castrait aussi les hommes ou les tuait.
L'impuissance et tous les problèmes sexuels furent attribués aux incubes et aux succubes à l'époque médiévale. L'hystérie fut fréquente chez les "possédés". Beaucoup d'hommes, sous l'emprise du délire, ne voyaient plus leurs parties génitales et pensaient qu'un succube les avait emportées.
Ce fantasme réapparut à l'époque contemporaine chez certains Thaïs durant la guerre du Viêt-nam. Ces hommes pensaient que leurs pénis rétrécissait sous l'action des démons et l'attachaient à une ficelle pour ne pas qu'il disparaisse à l'intérieur de l'abdomen. La même hystérie se déclara en 1991 au Nigeria. Un article du *London Observer* rapporte ainsi les faits :
L'un des premiers incidents se passa à la Banque Centrale quant un client déclara que ses testicules avaient été arrachés. Bien qu'il se déshabillât pour prouver ses dires, il y eut controverse pour savoir s'il pouvait ou non prouver sa perte. Ce qui est certain, c'est que le public s'enfuit. La police arrêta plus de 150 personnes répandant la rumeur de testicules volés. Il y eut au moins trois lynchages quand la foule s'empara de présumés coupables (...) on prétendait que les testicules étaient revendus fort cher – plus de 1 000 dollars – et que la demande était énorme.
Cette hystérie apparaît généralement en période de crises économiques ; lesquelles sont aussi des crises psychiques collectives.
L'un des cas les plus fameux de spectrophilie serait celui de la Vierge Marie :
Quelques auteurs, trouvant difficile d'admettre que Dieu pût ensemencer la Vierge Marie sans qu'elle perde sa virginité, pensèrent qu'elle fut fécondée par l'oreille des œuvres de Dieu ou de l'ange Gabriel. (...) Des peintures anciennes montrent le Saint Fantôme descendant sous la forme d'une colombe, portant le divin sperme dans son bec. D'autres tableaux représentent les "mots séminaux" passant au travers d'un lilas pour aller de la bouche de Gabriel à l'oreille de Marie. (...) Sur une ancienne gravure, on voit le sperme aller directement de la bouche de Dieu dans un tube placé sous la jupe de la Vierge. (G.L. Simons, *Sex and Superstitions*, New York, 1973.)
Les démons ne font plus peur aujourd'hui en Europe. Cependant, le cas du Nigeria, comme celui de la Thaïlande, montrent que la croyance en eux n'est pas encore disparue. Après tout, l'Occident a remplacé cette billevesée par de prétendues explications scientifiques, et particulièrement biologiques, prédisposant

telle ou telle personne au crime, à l'hystérie, la névrose, l'homosexualité ou à l'impression d'être possédé. Il n'en demeure pas moins que l'Église catholique conserve quelques exorcistes que certains, angoissés, désespérés, vont consulter. Ces prêtres exorcisent selon des rituels définis, mais ont aussi un certain sens de la psychologie et agissent souvent à la façon de thérapeutes.

SPÉCULUM

VOIR BONDAGE.

SPERMOPHILIE

(du grec *sperma* : semence, graine, et *philia* : amour de)

Excitation provoquée par la vue, le contact ou l'ingestion de sperme. Les civilisations anciennes prêtaient au sperme de nombreuses vertus telles la virilité, la fécondité, la force, etc. L'éjaculation signifiait la force et la vie. C'est pourquoi la Bible condamne Onan lorsqu'il répand sa semence au sol, défiant ainsi Dieu. Les romains attribuaient au sperme des propriétés de longévité comme l'exemple de l'impératrice Messaline qui, selon la légende, se faisait enduire du sperme provenant de jeunes adolescents qui se masturbaient sur elle. En Égypte, on lui donnait des effets curatifs et la reine Cléopâtre, disait-on, en fut une grande consommatrice (voir *Fellation*).

Les jeux sexuels avec le sperme sont nombreux et certaines femmes préfèrent recevoir la semence de leur partenaire sur le corps plutôt qu'en elle. Elles connaissent ainsi un fort sentiment de puissance et de pouvoir sur l'homme.

Diana se lève, prend une douche très froide et vient coller son corps ruisselant contre celui de Charles que ce frisson glacé réveille tout à fait. Il prend de ses mains avides le sein droit de Diana, le malaxe, puis le tète jusqu'à ce qu'une secousse de plaisir emporte Diana. Alors, il entreprend de lécher délicatement le bout rosé du sein gauche et frotte avec énergie son membre viril contre la toison fraîche et abondante de Diana. Lorsque le jus brûlant s'apprête à quitter sa verge furieuse, Charles se redresse et éjacule entre les seins de sa maîtresse. Avec les paumes de sa mains, Diana étend le liquide sirupeux sur ses mamelons. Ce contact et cette odeur la bouleversent et un nouveau spasme secoue son corps. (Frédéric Vianlatte, Diana ou l'autre langage in *Le Magasin érotique*, n° 11-12, décembre 1996).

Nancy Friday relate, dans *Women on Top* (New York, 1992), un étonnant témoignage d'une femme atteinte de spermophilie :

Plus tard, vous avez reconnu qu'il serait meilleur, au moment de jouir tous les deux, de le faire non dans notre bouche, mais sur nos œillets plissés. Sylvia et moi nous sommes retournées, présentant notre croupe, et lorsque nous avons malaxé vos membres entre nos fesses, vous avez aspergé de vos giclées de crème poisseuse le pourtour de nos deux trous. Ensuite Scott et toi vous avez enduit de tout ce foutre nos fesses et les lèvres de notre con, et vous avez essuyé sur notre visage ce qui restait encore collé à vos doigts. Sylvia s'est alors agenouillée derrière moi pour lécher le foutre sur mon œillet et mes fesses. Je lui ai fait de même, puis nous nous sommes mangées l'une l'autre, savourant le foutre que vous aviez frotté sur nos vagins. Elle appréciait le goût de ta crème tandis que je me rassasiais avec celle de Scott. Après nous être nettoyées ainsi, nous avons léché le foutre sur le visage l'une de l'autre. Nous étions comme deux animaux affamés, à la recherche de plus encore.

La fascination qu'exerce sur certaines femmes la vision de la jouissance masculine fait que le cinéma pornographique montre quasiment toujours des éjaculations externes, sur le visages ou le corps des comédiennes.

Le mot *felching* (voir *Soupeurs, Zoophilie*) désigne la consommation de sperme s'écoulant d'un orifice. L'origine du mot est le même que pour "fellation".

VOIR : DOUCHE, SOUPEUR.

SPLITING

VOIR MODIFICATION PÉNIENNE.

STIGMATOPHILIE

(du grec *stigma* : piqûre, point ; et *philia* : amour de)

Un des nombreux mots créés par John Money. La stigmatophilie est le goût des partenaires portant un tatouage, un *piercing*, une marque au fer rouge, une cicatrice sur le corps ou les parties génitales.

VOIR ANNEAUX PÉNIENS, CICATRICES, JOAILLERIE, MODIFICATIONS PÉNIENNES, *PIERCING*, PIQUEURS, TATOUAGES.

STRIP POKER

Jeu fondé sur les règles du poker. À chaque fois que l'on perd, on doit ôter une pièce de son habillement. Le perdant finit entièrement nu. Il existe une variante consistant en des activités sexuelles exigées par le vainqueur. On peut, pour pimenter le jeu, utiliser des cartes érotiques.

Le poker n'est pas le seul jeu durant lequel on peut se déshabiller ou être contraint, par gage, à un acte sexuel. On peut tout aussi bien pratiquer de telles fantaisies avec un damier, un échiquier, des dés ou une roulette.

STRIP-TEASE

VOIR EFFEUILLAGE, SPECTACLES ÉROTIQUES.

SUBINCISION

VOIR MODIFICATION PÉNIENNE.

SUFFOCATION
VOIR RÉGULATION D'OXYGÈNE.

SURCHARGE SENSORIELLE

La surcharge sensorielle est la réception d'informations ou de stimuli trop nombreux pour les capacités de réponse ou d'intégration d'une personne. Une forme légère est lorsqu'on se sent "saoulé" de paroles par un interlocuteur. Cependant, la surcharge sensorielle n'est pas seulement quantitative, mais aussi qualitative : elle apparaît lorsque des éléments peu familiers surgissent en même temps et qu'on n'a pas le temps de les comprendre, d'y réfléchir, de les juger. Le résultat est une désorientation, une aporie, une confusion mentale voire un vertige.

Les sectes et les religions se servent délibérément de la surcharge sensorielle. Certaines cérémonies, brutales ou bruyantes, entraînent le disciple vers un état second, un délire ou une transe. En alternant priva tion et surcharge sensorielle, accompagnées de jeûnes, on obtient facilement le fanatisme et la soumission absolue. Un ancien dignitaire de la secte Moon, repenti et devenu expert de la lutte contre les sectes destructrices, témoigne du danger de ces traitements :

Placez quelqu'un dans une chambre de privation sensorielle et, en quelques heures, il sera sujet à des hallucinations, tout en devenant incroyablement réceptif à la suggestion. De même, placer un individu dans une situation telle que ses sens sont surchargés d'informations incohérentes le rendra gourd, par réaction de défense pour se protéger. Il deviendra confus et son sens critique ne fonctionnera plus longtemps correctement. C'est dans cet état affaibli que les gens deviennent réceptifs à la suggestion. L'esprit a besoin de cadres, de références pour structurer la réalité. (Steven Hassan, *Combatting Cult Mind Control*, New York, 1988.)

Les religions "officielles" ou répandues peuvent encore utiliser, dans certains ordres religieux, au sein de couvents, ce genre de techniques. Pour le commun des fidèles, les liturgies, comme la messe, n'ont plus ce pouvoir désorientant et ne sont pas ressentis aussi profondément qu'aux époques de mysticisme effréné. Pourtant, la musique, l'odeur entêtante de l'encens, la scansion répétitive eurent autrefois cet effet. Il ne correspond plus à une vie sociale moderne faite de citoyenneté : c'est le fait des fidèles, des disciples ou des sujets. En même temps, beaucoup de personnes désorientées pensent que le sacré est à ce prix et, volontairement, s'enrôlent dans des sectes pour retrouver une ferveur perdue que leur nostalgie de soumission, leur peur de la responsabilité demande.

La surcharge sensorielle est aussi utilisée sciemment dans certains corps d'armée pour que les soldats obéissent aux ordres les plus dangereux ou les plus inhumains. Certains commandos organisent des simulacres avec autosuggestion durant lesquels les recrues se trouvaient persuadés d'être en train tuer leur père ou leur mère. La secte des Assassins n'agissait pas autrement : l'effet du haschich, contrairement à ce que l'on croit, ne suffisant pas ou s'opposant parfois même au but souhaité. Comme dans l'ordre des Jésuites, il s'agissait d'obéir sans poser, ni se poser de questions et de n'avoir pas plus de sens critique qu'un cadavre. Les classiques interrogatoires policiers se déroulent encore avec deux interrogateurs : le "gentil" et le "méchant". L'alternance de l'un et de l'autre, la gentillesse suivie de méchanceté conduisent à une surcharge émotionnelle et sensorielle propre à faire révéler ce qu'on veut cacher : le procédé, bien rôdé, a de nombreuses fois fait ses preuves.

La surcharge sensorielle peut constituer une expérience captivante durant les jeux sexuels. Bien entendu, elle doit être brève, et le dominateur ne doit pas en profiter pour s'aliéner définitivement la volonté du dominé : il s'agit d'un jeu, d'un état provisoire. On obtient facilement cette surcharge avec une personne peu familière des pratiques sadomasochistes. Il suffit de lui en faire subir de diverses sortes : flagellation, bondage, humiliation, etc., pour que ses sens surchargés provoquent un vertige, une confusion mentale le rendant apte à subir et à éprouver d'étranges sensations durant l'acte sexuel. Pour les dominés, la surcharge s'obtient en donnant des ordres contradictoires, par un effet de "*double bind*"(double lien). On peut aussi alterner les coups de fouet et les caresses, les insultes et les compliments.

Des exercices mentaux destinés à développer l'intelligence font aussi appel à la surcharge sensorielle. L'un d'entre eux, particulièrement éprouvant, consiste à recopier un texte quelconque tout en récitant à haute voix un autre texte appris par cœur. Les deux hémisphères du cerveau sont alors sollicités dans leurs fonctions contradictoires d'une façon contemporaine. Avec un long entraînement, on finit par surmonter le vertige, la confusion mentale et l'on a augmenté sa maîtrise de soi, sa faculté de concentration, etc.

VOIR
ACCROISSEMENT SENSORIEL,
BONDAGE,
PRIVATION SENSORIELLE,
SUSPENSION, VERTIGE.

SUSPENSION

Fait de suspendre quelqu'un au moyen de cordages, de chaînes ou d'un appareillage approprié. La semi-suspension est le fait de ne maintenir qu'une partie du poids du corps au-dessus du sol.

L'Inquisition pratiquait de fort cruelles suspensions : on suspendait les gens par leurs parties génitales. Aujourd'hui, les jeux sadomasochistes se servent de la suspension comme jeu sexuel.

On peut y adjoindre le bondage : on suspend une personne ligotée à un anneau scellé au plafond d'une pièce à l'aide de cordages passant sous les épaules. On peut atténuer le serrage à l'aide d'éponges, de coussinets placés sous les aisselles. On peut aussi suspendre en extension, par les poignets liés. Le mieux est d'avoir plusieurs ancrages : poignet et taille, par exemple, en position légèrement penchée en avant. Le corps pourra alors osciller, se balancer sous la poussée du partenaire.

Certains aiment à être suspendus la tête en bas, mais on ne peut rester dans cette position plus de quelques minutes car la pression du sang sur les globes oculaires peut occasionner un décollement rétinien.

La suspension produit une agréable impression de flottement. Le corps devient fort sensible aux caresses comme à la douleur. Elle renforce le plaisir éprouvé lors d'une fellation ou d'un cunnilinctus.

Sutee

Crémation des veuves pratiquée dans l'Est de l'Inde. Cette pratique semble vieille de plus de trois mille ans. Une veuve peut échapper à ce suicide obligatoire si un homme lui prend la main tandis qu'elle gît sur son bûcher. Elle devient alors la femme de cet homme et peut vivre. On pense que cette pratique était utile dans les villages pauvres quand on avait perdu l'homme, celui qui rapportait la nourriture. La mort de la veuve permettait qu'une autre famille adopte les enfants. La crémation des veuves fut encouragée dans les classes supérieures par les brahmanes qui héritaient souvent des biens de la famille. Ces religieux protestèrent énergiquement lorsqu'en 1829 Lord William Bentinnk prohiba cette tradition. Il fallut alors attacher des femmes pour les empêcher de se brûler vives afin de rejoindre leurs maris dans la mort.

Il arrive, dans l'Inde contemporaine, que des maris provoquent un feu "accidentel" dans la cuisine pour pouvoir se remarier après la mort de leur épouse. Parfois, ils menacent leur beau-père d'agir ainsi, à moins d'une compensation financière. Ces pratiques sont sévèrement punies lorsqu'on peut en faire la preuve. Mais le poids de la tradition ralentit souvent les enquêtes policières.

Suture

La suture des parties génitales ou des seins est un jeu sadomasochiste. Un matériel stérile doit obligatoirement être préparé pour cette pratique. On utilise des aiguilles chirurgicales n° 00 ou 000 et du fil de soie non-absorbable parce qu'il est facile à nouer. Un dé à coudre stérilisé est nécessaire car la peau est résistante. On peut coudre des boutons, afin de retenir le fil, pour qu'il ne glisse pas sous la peau ou comme décoration. On le fait généralement au bout du pénis, mais aussi sur les seins.

La peau des testicules, très souple, peut être rabattue autour du pénis et cousue en bourse de façon à enfermer la verge. Une autre pratique est de coudre les seins ensemble. Dans le cas de fortes poitrines on peut les relier presque bout à bout.

Les sutures peuvent aussi relier les parties du corps de deux personnes. Ainsi, on peut coudre la peau d'un prépuce à un sein, autour du mamelon. Deux pénis peuvent être réunis par la même opération (voir *Docking*). Les grandes lèvres sont parfois solidarisées par une suture avec les testicules du partenaire. En fait, toute latitude est laissée à la fantaisie personnelle.

SWITCH

Terme utilisé dans les jeux sadomasochistes pour désigner un échange de rôles : le dominant devenant esclave et vice-versa. C'est parfois une nécessité car il existe plus d'esclaves que de maîtres. Dans d'autres cas, le plaisir du changement suffit à cet échange. *Il arrive aussi que le dominateur ne soit pas "à la hauteur", soit qu'il n'ait pas appris les techniques sadomasochistes ou qu'il manque d'autorité naturelle, de persuasion. Ou alors qu'il n'ait pas assez d'expérience, n'ayant jamais encore été esclave avant de choisir le rôle dominant. Dès lors, l'esclave subvertira son rôle, se révoltera et deviendra le maître.*

Une dominatrice ou un dominateur doit vivre une expérience de soumission considérable pour apprendre à dominer un sujet. La trajectoire peut durer plusieurs dizaines d'années. (Maîtresse Claudia, *Spécial SM*, novembre 1995.)

VOIR
DOMINATION/SOUMISSION,
ESCLAVE, HUMILIATIONS,
MAÎTRES, MASOCHISME,
SADISME.

SYBIAN

Appareil masturbatoire inventé aux États-Unis. Il s'agit d'une sorte de cheval d'arçon hémicylindrique muni d'un godemiché. L'appareil vibre à différentes vitesses, mais effectue aussi des mouvements de rotation. On en règle le fonctionnement à l'aide de boutons de contrôles réunis dans un boîtier. Ainsi le cavalier du *sybian* peut-il régler lui-même la vitesse, l'intensité des oscillations comme des vibrations.

Certains hommes préfèrent diriger eux-mêmes ces mouvements lorsque leur femme ou leur partenaire sexuel chevauche l'engin. Les femmes peuvent ainsi éprouver des orgasmes répétés à diverses fréquences. Les hommes apprennent vite quelles vitesses et quelles intensités produisent le plaisir le plus intense à leur partenaire. Ainsi, cet appareil permet de leur donner une meilleure connaissance des réactions sexuelles féminines.

Le *sybian* peut aussi servir aux hommes pour la pénétration anale. Certains bars érotiques ont remplacé le cheval mécanique par un *sybian*.

VOIR GODEMICHÉ, MÉCANOÉROTISME.

SYMPHOROPHILIE

Mot créé par John Money désignant l'excitation sexuelle éprouvée par ceux qui créent des événements funestes comme incendier un hôpital, une maison de retraite, un orphelinat. Leur plaisir est de causer la mort, et non de contempler les flammes comme les pyromanes. Certains cherchent la renommée, comme Érostrate qui commit un tel crime pour devenir célèbre. Mais souvent, ils font parler d'eux en conservant l'anonymat, jouissant du plaisir d'être inconnu tout en commettant des actes défrayant la chronique.

L'un des symphorophiles les plus célèbres fut Peter Kurten qui sévit entre 1899 et 1930. Surnommé "le vampire de Düsseldorf", il différait d'autres criminels parce qu'il ne commettait pas toujours le même crime dans les mêmes circonstances, avec les mêmes armes. Il s'attaquait indifféremment aux hommes, aux femmes et aux animaux. Il s'expliqua en écrivant ceci :

Dans le cas d'Ohliger, j'ai aussi sucé le sang de la blessure de sa tempe, et j'ai aussi sucé le sang de la blessure au cou de Scheer. Dans le cas de la fille Schulte, j'ai seulement léché le sang de ses mains. Ce fut pareil avec le cygne de l'Hofgarten. J'ai pris l'habitude de me promener souvent la nuit dans ce jardin et, durant le printemps de 1930, j'ai remarqué un cygne qui dormait sur la rive du lac. Je l'ai égorgé. Le sang jaillit et je l'ai bu à même la blessure en éjaculant.

Kurten avoua soixante-dix-neuf crimes et éprouvait un intense plaisir en les racontant. Il finit par se confesser à sa femme, qui ne se doutait de rien. Elle toucha la prime importante allouée à celui qui dénoncerait le "Vampire de Düsseldorf".

Il semble que certains criminels de masse, comme Hitler, aient pu éprouver un plaisir symphorophilique en agissant. Hitler aimait regarder des films montrant l'extermination des prisonniers dans les camps de concentration.

VOIR CRIMES SEXUELS, HYBRISTOPHILIE.

SYPHILIS

VOIR M.S.T.

TU V

Tantrisme
Taphéphilie
Tatouage
Tauromachie
Teasing (retardement)
Télégonie
Téléphone rose
Téléphonicophilie
Testicules
Thalpotentiginie
Thé
Timophilie
Torture
Toucher
Tourniquets
Traite des blanches
Transsexuel
Travestisme
Trazondone
Trichomonas
Trichophilie
Triolisme
Urine
Urophagie
Urophilie
Urtication
Vaginite
Vaigre
Vampirisme
Vente aux enchères
Verge
Vertige
Victorianisme
Vierge, Virginité
Viol
Visualisation
Viragophilie
Vitamine
Vomi
Voyeurisme

TANTRISME

Partie de la doctrine védique de l'Inde destinée à étendre l'unité sexuelle et l'attachement. Les couples atteignent par ces techniques des plaisirs plus extatiques que la brièveté de l'orgasme. Les Hindous pratiquaient le tantrisme sous la direction technique d'un gourou ou de couples plus expérimentés pour s'assurer de la correction des procédures. Des techniques similaires au tantrisme se trouvent un peu partout dans le monde : chez les Cherokees, en Chine et dans quelques tribus africaines.

Les pratiquants du tantrisme accordent leurs sens pour que chacun fasse un tout avec l'univers et avec son partenaire. La méditation, la respiration contrôlée sont utilisées pour diriger et allonger la période d'excitation afin que le pénis reste opérationnel durant plus d'une heure. Pour cela, le couple doit connaître de nombreuses positions permettant la régulation du courant d'énergie circulant entre les partenaires. L'harmonisation des regards et la coordination des souffles font partie des exercices nécessaires. La maîtrise demande du temps et de la patience : il s'agit d'une communion entre les partenaires et le monde. Ce n'est donc pas une technique que l'on peut appliquer à des rencontres occasionnelles.

TAPHÉPHILIE

(du grec *taphô* : enterrement, et *philia* : amour de)

Excitation à l'idée d'être enterré vivant. Un homme de Los Angeles, raconte Geoffrey Mains dans son livre *Urban Aboriginals* (San Francisco 1984), se faisait momifier, envelopper dans du caoutchouc ou du latex par ses amis qui l'enterraient ainsi durant de courtes périodes.

VOIR BONDAGE, NÉCROPHILIE, RÉGULATION D'OXYGÈNE.

TATOUAGE

Injection d'encres indélébiles dans le derme pour former un motif, un dessin. La pratique du tatouage est millénaire : on en trouve des traces à l'âge de pierre, sur un homme congelé voici 5 300 ans, comme sur un prêtre Égyptien qui mourut il y a 4 200 ans.

Plusieurs techniques de tatouage furent autrefois en vigueur : on trempait des aiguilles dans un pigment avant de piquer la peau, à moins qu'on usât de cordelettes trempées dans du charbon. Parfois, on appliquait le colorant sur la peau avant de l'inciser.

Les motifs des premiers tatouages étaient simples et consistaient en de simples lignes et points. Plus tard, les Indonésiens perfectionnèrent la géométrie des dessins. Enfin, les Japonais tatouèrent d'abord les criminels. C'est pourquoi les *yakusa*, les hommes de la mafia nippone, aiment exhiber des tatouages complexes. L'art du tatouage au Japon est devenu très raffiné.

Les tatouages furent mis à la mode en Europe par les marins et les voyageurs. On payait les loups de mer et les aventuriers pour qu'ils racontent leurs voyages et montrent leurs tatouages.

Les tatouages eurent souvent une signification sexuelle : certaines femmes, chefs de tribu, portaient des vulves tatouées sur leurs seins. Les femmes de tribus haïtiennes affichaient des pénis tatoués sur leurs corps, tandis que dans les îles du Pacifique, les femmes ulithiennes portent des tatouages sur leurs petites lèvres, voire à l'entrée du vagin.

Le fétichisme du tatouage est fréquent. Voici un témoignage recueilli par l'un des fondateurs de la sexologie :

Quand je vais chez un tatoueur pour qu'il dessine un papillon sur la partie supérieure de mon pénis, avant de quitter la boutique j'ai une érection durant quelques minutes et une éjaculation accompagnées d'un sentiment d'exaltation physique tel que je me retrouve presque prostré ensuite. (Havelock Ellis, *Studies in the Psychology of Sex*, Philadelphie, 1906).

La popularité de chanteurs comme Maillol et Yvette Guilbert fut énorme à la Belle Époque. À tel point qu'un déserteur des bataillons d'Afrique arrêté à Tunis en 1905 s'était fait tatouer le portrait de l'une sur la fesse gauche et de l'autre sur la fesse droite :

Je n'oserai jamais dire où l'auteur de ce chef-d'œuvre nous avait fourré le nez à l'un comme à l'autre ! (Maillol, *Mémoires, recueillis par Charles Cluny*, Paris, 1929.)

Les appareils de tatouage modernes fonctionnent sur une batterie de 12 volts avec deux ou trois aiguilles. Ils ressemblent à un pistolet. Les aiguilles, comme celles d'une machine à coudre s'abaissent et se lèvent à très grande vitesse. La profondeur du perçage est inférieure à un millimètre. La zone à tatouer est d'abord désinfectée avec une lotion antiseptique. Après le tatouage, on la recouvre d'un pansement. Il convient ensuite d'éviter la chaleur (sauna, douches chaudes, etc.). Les tatouages sur le pénis ne sont ni difficile à réaliser, ni vraiment douloureux. En revanche, ceux dessinés sur le gland sont moins faciles à réussir à cause des saignements importants. Les dessins linéaires sont recommandés pour les petites lèvres, puisqu'il s'agit d'un tissu muqueux et que les tatouages s'y estompent facilement.

Les tatouages servent aussi à colorer les aréoles des seins : l'effet peut être saisissant lorsqu'on est confronté à un mamelon bleu-roi ou vert-pomme. C'est aussi l'un des moyens de la chirurgie plastique lors d'une reconstitution chirurgicale de la poitrine après une mastectomie.

TAUROMACHIE

Dans son ouvrage, *Sexual Anomalies and Perversions* (Londres, 1935), le sexologue Magnus Hirschfeld note l'air extatique et l'excitation des femmes lors de corridas auxquelles il assista à Madrid et à Séville. La corrida est en effet un spectacle très fort émotionnellement, mêlant la lutte de l'homme et du taureau, le danger et la mort. Le roman de Ernest Hemingway, *Mort dans l'après-midi*, est, à ce titre très éloquent. Il y eut d'ailleurs, dans les années cinquante, chez les femmes américaines, un fort engouement pour la corrida.

Beaucoup de femmes qui ont assisté à des corridas avouent avoir été excitées sexuellement par l'ambiance, la virilité brutale des *matadors* et la mise à mort. Le silence quasi religieux d'une foule qui assiste à une *faena* suivie d'une "délivrance" à la mort de l'animal, procure une violente montée d'adrénaline.

La mise en avant, via "l'habit de lumière", des virilités des *toreros* concourt à faire de la corrida un spectacle très "érotisé".

VOIR MORT,
SPECTACLES ÉROTIQUES.

TEASING (RETARDEMENT)

Terme américain qui désigne le fait d'exciter sexuellement sans intention de satisfaire les désirs qu'on éveille. En France, on parle d'"allumeuse".

C'est en ce sens que l'expression strip-tease désigne un spectacle finalement frustrant. Le *teasing* est l'une des formes du flirt et les femmes qui le pratiquent sont appelées "allumeuses" puisqu'elles n'éteignent point les ardeurs qu'elles inspirent.

Diverses formes de *teasing* permettent de conserver longuement l'excitation.

TÉLÉGONIE

Croyance antique selon laquelle le premier homme qui éjacule dans le vagin d'une femme est forcément le père de tout enfant qu'elle portera ensuite. C'était un avantage puisque les maris ne se préoccupaient pas de légitimité ni de bâtardise. Cependant la télégonie crée de terribles problèmes en cas de divorce. Les hommes refusent d'épouser ces femmes parce que leurs enfants seraient ceux de leur premier mari. C'est la raison pour laquelle Onan se retira et répandit sa semence à terre plutôt que de procréer des fils ou des filles qui porteraient le nom de son frère.

VOIR ONANISME.

TÉLÉPHONE ROSE

Service téléphonique coprolalique. L'amateur appelle un service donné et peut entendre une femme à la voix langoureuse lui raconter des scènes de sexe. Ce sont alors des bandes préenregistrées. L'usager peut choisir, par les touches de son clavier, le genre d'histoires qu'il préfère : fellation, sodomie, échangisme, sadomasochisme, etc. Ces services coûtent trois ou quatre fois plus cher qu'un appel téléphonique ordinaire. Pour un prix beaucoup plus élevé, on peut parler directement à une hôtesse qui, par une conversation bien menée, accompagnera la masturbation de l'auditeur.

Francesca Mazzucato raconte son expérience de *sex worker* au téléphone dans son roman *Hot line* (Robert Laffont, 1997) :

Il faut répondre au standard, les convaincre d'entamer une conversation érotique et de laisser leurs coordonnées, tâche d'être douce mais ferme, ne te laisse pas avoir s'ils te demandent "donne-moi un échantillon, allez, rien qu'un truc", sinon ils s'amusent un peu et ils raccrochent. Quand ils ont laissé leurs coordonnées, tu les rappelles, tu leur fais dire "je m'engage à payer le mandat" et tu enregistre avec le magnétophone : ça sert de preuve au cas où ils ne paient pas. Puis tu leur demandes de rappeler, tu les prends dans la salle de bains ou dans la cuisine. N'oublie pas que, pour ces pervers, tu es censée être nue, dans ta chambre.

VOIR COPROLALIE,
ÉCOUTEURISME,
TÉLÉPHONICOPHILIE.

TÉLÉPHONICOPHILIE

Conversation érotique au téléphone entre deux partenaires consentants. C'est une pratique fréquente pour les couples dont l'un des partenaires se trouve éloigné, par exemple pour des raisons professionnelles. D'autres couples s'appellent ainsi sans nécessité, juste pour le plaisir : au téléphone, on peut s'inventer des situations impraticables. Parfois, de tels appels renforcent les liens entre les partenaires, leur permettent de mieux se connaître. En effet, il arrive qu'on dise au téléphone ce qu'on aurait peine à déclarer en présence de la personne.

On peut lire sur cette perversion, le roman de Richard Morgièvre, *Sex Vox Dominam* (Calmann-Lévy, 1995.)

Une autre forme de la téléphonicophilie consiste à appeler une tierce personne, son conjoint par exemple, lorsque l'on fait l'amour avec un autre partenaire. Plusieurs femmes avouent téléphoner à leur mari alors qu'elle ont un rapport sexuel avec un autre homme. Certaines racontent, avec la complicité du mari, ce que l'amant est en train de leur faire ; d'autres restent anodines, parlant de tout et de rien, décuplant

ainsi leur excitation à se savoir prise alors que leur mari les imagine dans une situation normale.
VOIR CONFESSIONS, COPROLALIE, ÉCOUTEURISME, OBSCÉNITÉ AU TÉLÉPHONE, TÉLÉPHONE ROSE.

TESTICULES

Glandes masculines se trouvant dans le scrotum et produisant le sperme. Ce sont les équivalents des ovaires féminins. Certains cas de malformation, de présence de testicules en lieu et place d'ovaires ont été observés. L'un des testicules est généralement plus gros que l'autre et ils remontent au moment de l'orgasme ou lorsqu'il fait froid.
Les testicules autrefois étaient considérés comme sacrés. Un ancien rituel voulait qu'on tienne les testicules d'un homme tandis qu'il prêtait serment.
Les jeux sadomasochistes font grand cas des testicules : on distend le scrotum avec un poids, on le presse, on les entoure de liens, on les sépare avec des courroies de cuir, on agrafe le scrotum aux cuisses.
VOIR APHRODISIAQUES.

THALPOTENTIGINIE

Excitation sexuelle par la chaleur. L'usage d'un sèche-cheveux pour exciter la vulve ou le pénis est assez fréquent. Certains hommes se masturbent dans les toilettes munies d'un sèche-mains électrique : il suffit de placer son pénis sous l'arrivée de chaleur. D'autres placent leur verge entre les éléments d'un radiateur en fonte et parviennent à l'orgasme par des mouvements coïtaux. L'usage des fers à friser électriques en guise de godemichés chauffant est souvent rapporté.
Beaucoup de personnes aiment faire l'amour devant un feu de bois, mais dans ce cas, la chaleur n'est pas le seul élément excitant.
VOIR PSYCHROCISME.

THÉ

VOIR APHRODISIAQUES.

TIMOPHILIE

Excitation par l'idée de puissance, de richesse, de statut social. L'empereur Caligula aimait se vautrer dans l'or. Les timophiles aiment dormir avec des objets de valeur : certaines femmes gardent leur manteau de fourrure au lit, ou encore leur collier de perles, leurs bagues endiamantées. Cette compagnie inerte est parfois ressentie comme aussi agréable qu'un amant. On trouve, çà et là dans la littérature érotique, mention de godemichés en or, ou sertis de pierre précieuses.
Les "horizontales de haut vol" et autres grandes "cocottes" du XIXe siècle manifestaient une timophilie éclatante autant que maladive. La Païva échangea ses faveurs

contre un hôtel particulier à l'escalier d'onyx, baignoire en marbre et robinetterie incrustée de pierres précieuses bâti spécialement pour elle. Cora Pearl s'immergeait dans une baignoire remplie de champagne et ce fut pour elle que fut créée l'expression "croqueuse de diamants" : *Si les Frères provençaux* (célèbre restaurant de l'époque, N.d.T.) *servaient une omelette aux diamants, Cora irait tous les soirs*. (Duc de Grammont-Caderousse, cité par Burchell, *Imperial Massquerade, The Paris of Napoléon III*, New York, 1971.)

Marilyn Monroe dormait en ne portant sur elle que son parfum : le coûteux N° 5 de Chanel. Cependant, la timophilie qu'elle exprimait dans ses rôles dépassait largement ce détail. Tout, dans son comportement cinématographique, évoquait l'avidité, l'amour de la richesse, y compris la célèbre chanson *Diamonds Are a Girl's Best Friend* ("les diamants sont les meilleurs amis de la femme") dans le film *Les Hommes préfèrent les blondes* (Howar Hawks, 1953.) Dans la vie, ses amours avec des hommes riches, puissants ou célèbres ne furent pas très heureuses.

La cupidité des timophiles est le signe d'un profond malheur intérieur, d'une souffrance psychologique. La timophilie peut tourner à l'obsession. Il est symptomatique qu'elle se manifeste fréquemment en période de crise économique. On peut en atténuer les dégâts, voire en guérir par une thérapie adaptée.

Moins tragique, une chanson de Boris Vian, *Je suis chère*, évoque plaisamment une prostituée timophile dont le coin de trottoir est pavé d'or.

TORTURE

Douleur délibérément infligée pour obtenir les aveux d'un prisonnier, des renseignements d'un militaire ou d'un espion capturé, ou pour le plaisir. Beaucoup de gouvernements ont employé la torture depuis des millénaires faisant preuve d'une imagination épouvantable (*Le Musée des supplices*, Henri Veyrier, 1974.) Les "supplices chinois" effrayèrent tellement qu'Octave Mirbeau en fit un livre à succès : *Le Jardin des supplices* (1899), roman dans lequel une héroïne se promène, visitant tour à tour divers lieux de tourments et y prenant un intérêt de bon ton.

Les bernicles médiévales, similaires aux brodequins plus tardifs écrasaient les pieds, les suspensions et étirements sur le chevalet distendaient les muscles et les os, le supplice de l'eau gonflait démesurément l'estomac : les rituels implacables de la "question" ordinaire ou extraordinaire servaient à empêcher les bourreaux d'improviser. Réglés une fois pour toute, ils infligeaient une douleur considérée comme nécessaire, mais pas exagérée.

Dans le livre d'Octave Mirbeau, il est question d'un homme que l'on masturbe jusqu'à la mort. On raconte que certains Indiens d'Amérique pratiquaient le même tourment. En France, on trouve trace d'introduction d'un tube de verre dans l'urètre avant qu'on le brise à coups de marteau. En matière d'horreurs et d'ingéniosité du mal, rien n'a été aussi poussé que l'Inquisition durant les Guerres de religion (Mannix, *History of Torture*.)

Durant la guerre d'Algérie (1954 - 1962), une grande partie de l'armée française pratiqua, approuva ou "laissa faire" la torture. Elle s'opérait au moyen d'un générateur électrique (la "gégène") et fut la honte d'une nation prétendument civilisée, se donnant comme modèle aux "peuplades barbares".

Pour ce qui est des jeux érotiques, la torture est plus légère, voire simulée, et le partenaire peut la faire cesser à tout moment, par l'utilisation d'un mot de passe ou d'un signe de connivence. Les supplices nécessitent parfois des appareillages compliqués et font alors partie des mises en scène de fantasmes érotiques.

VOIR ALGOPHILIE, SCARIFICATION, MASOCHISME, SADISME.

TOUCHER

Toucher une personne produit une sensation de pression sur la peau. Le toucher nous permet de recevoir et de transmettre simultanément nos sensations. C'est le seul sens qui peut être partagé par deux personnes. La peau possède, sous sa surface, un grand nombre de récepteurs, de nerfs qui réagissent spécifiquement au contact. Par exemple, le disque de Merckel et le corpuscule de Maeissner détectent les effleurements, tandis que le bulbe de Krause réagit au froid. Les terminaisons de Ruffini détectent la chaleur et le corpuscule de Pacinian réagit à une forte pression et semble annihiler les autres sensations.

Ces récepteurs sont plus nombreux dans certaines zones corporelles. De ce fait, la stimulation de certains endroits est plus agréable que d'autres.

Pour déterminer quelles sont les zones érogènes d'un individu, il existe un moyen simple, le "test de l'épingle à cheveux". Les extrémités d'une épingle à cheveux sont posées sur divers endroits de la peau écartées d'une distance variant de deux millimètres à sept centimètres. Le but est de déterminer à quel endroit on éprouve la sensation d'une seule extrémité, à quels autres on sent les deux. En général, les endroits les plus sensibles, ceux qui ressentent et distinguent parfaitement les deux extrémités de l'épingle sont : le bout de la langue, avec une distance discriminante de un à deux millimètres. Pour le clitoris, elle est de trois à quatre millimètres. Le gland varie en sensibilité selon que la verge est ou non en érection. En prétumescence, on comptera cinq à neuf millimètres, en tumescence, neuf à quatorze, en post-tumescence trois à quatre. L'anus discrimine sur une aire de quatre à cinq millimètres, il en est de même pour les lèvres. Les tétons demandent huit à dix millimètres et le cou se contente de cinquante à soixante millimètres. Les récepteurs sont plus abondants sur les parties vitales, nécessaires à la survie. Le corps est programmé pour produire des endorphines qui créent la réponse du plaisir ou de la douleur à chaque fois qu'un stimulus adéquat est présent.

Le désir d'être touché est l'un des premiers besoins et se transmet génétiquement. L'une des fonctions sociales du toucher est de maintenir la cohésion des groupes et permet la structuration affective des individus : *Les enfants que l'on ne touche pas meurent. Aussi tard que dans les années vingt de ce siècle, le taux de mortalité dans les institutions pour enfants de moins d'un an était près de 100 %. Le docteur Fritz-Talbot de Boston rapporta d'Allemagne l'idée de tendresse et d'amour vers 1940 (...). L'introduction du "maternage" dans ces institutions réduisit fortement le taux de mortalité chez les enfants. Des études récentes ont montré que les enfants prématurés que l'on masse durant quinze minutes par jour progressent en poids 45 % plus vite que les autres. Ils ne mangent pourtant pas plus. Leur gain de poids semble relié aux effets du toucher sur leur métabolisme.* (Jylin Smith, *Senses and Sensibilities*, New York, 1989.)

En grandissant, les enfants cherchent à remplacer le maternage reçu des parents par des objets, des fétiches, des animaux de compagnie, et le contact d'autres personnes. Les hommes développent généralement une conception erronée du rôle social du toucher : pour beaucoup, il précède le coït. De ce fait, certains ne touchent jamais avant de se sentir assuré que des activités sexuelles vont suivre. Parfois, cela peut agacer ou contrarier un partenaire désirant, à un certain moment, une simple caresse.

Il existe de rares personnes qu'un effleurement d'une partie non directement érogène du corps peut conduire à l'orgasme dans certaines circonstances. Un numéro récent de la revue américaine *Sex Over Forty* cite l'expérience personnelle d'une femme psychologue qui éprouva un orgasme inattendu lorsque son amant caressa sa main alors qu'elle lisait un magazine.

VOIR
ACCROISSEMENT SENSORIEL,
ACUPRESSION, AXILISME,

CHATOUILLES, CORSETS, ÉCORCHURES, LIENS, MORSURES, PINÇONS.

TOURNIQUET

Garrot utilisé en médecine, en secourisme pour arrêter les hémorragies artérielles. Il existe six points de pression sur les artères, mais seuls les points braciaux et fémoraux sont concernés par les jeux érotiques.

On place le bras ou la jambe en surélévation. On place un oreiller, un coussin sous le membre en question. On l'entoure d'un bracelet élastique avant d'introduire un bâtonnet ou un crayon sous cette bande de caoutchouc. Ensuite, on tourne dans le sens des aiguilles d'une montre. La pression devra être suffisante pour arrêter le pouls.

VOIR BONDAGE, CORSET, LIENS.

TRAITE DES BLANCHES

Rapt ou engagement fallacieux d'une femme européenne pour qu'elle se prostitue dans un pays tout aussi lointain qu'exotique. Aujourd'hui, et par extension, l'expression s'applique à toute femme que l'on transporte dans un autre pays sous de faux prétextes et pour la conduire à la prostitution. En général, on les engage comme serveuses ou hôtesses, ou encore danseuses ou chanteuses de cabaret. Aujourd'hui, la mafia russe emploie ainsi des centaines de femmes venues de différents pays de l'ex-U.R.S.S. et auxquelles on a fait croire à un engagement artistique.

Après une sorte de "stage" durant lequel on leur enseigne l'art de la fellation, de la sodomie, entre autres pratiques sexuelles que les clients payent cher, on les place dans les bordels. Celles qui refusent sont intimidées, menacées de représailles sur leurs parents restés au pays, molestées ou battues à mort. L'emploi de femmes étrangères au pays où elles officient assure aux proxénètes une certaine sécurité : elles ne parlent pas la langue locale, connaissent mal les formalités. On leur confisque leurs papiers d'identité : elles n'ont donc pas d'existence légale.

La traite des Blanches est une activité sporadique : elle dépend de la situation sociale du pays d'origine des prostituées. Au XIXe siècle, la Chine vivait une terrible crise, à la suite de la "guerre de l'opium". Une vague d'immigration chinoise vers les États-Unis s'ensuivit. Les hommes fondaient les fameuses blanchisseries qu'évoquent souvent les westerns ou travaillaient à la construction du chemin de fer.

C'est alors qu'une "madame", une tenancière européenne de bordel, eut l'idée de faire venir quelques Chinoises pour les prostituer en leur promettant un travail de danseuse ou de chanteuse.

Les pays arabes font une grande consommation de domestiques philippines. Certaines femmes, engagées au départ comme cuisinières, femmes de ménage, etc., se retrouvent fréquemment esclaves sexuelles de leurs patrons. La crise économique aux Philippines est intense.

En France, depuis la fin du XVIIIe siècle et jusqu'après la Seconde Guerre mondiale, la Bretagne était une région en proie à de grandes difficultés économiques qui la faisait passer pour "arriérée". Cet état de fait provenait de la politique intérieure du pays et fut l'origine de la création du personnage de *Bécassine*, Bretonne niaise et bornée. La pauvreté amena donc maintes jeunes filles d'Armor ou d'Arvor à venir travailler à Paris. Là, de très gentils messieurs les abordaient, à leur arrivée à la gare Montparnasse, les aidaient à porter leurs bagages, leurs offraient un rafraîchissement. C'étaient d'habiles proxénètes. Profitant de l'innocence des nouvelles venues, de leur ignorance de "ces choses-là", due à leur éducation très catholique, ils "ferraient" petit à petit leurs proies.

Les fantasmes, les rumeurs, telle la "rumeur d'Orléans", plaisent aux amateurs de frissons un peu pervers, surtout lorsqu'on peut accuser une communauté particulière de crimes ou de délits. Voici la situation au XIXe siècle :

Dans une large mesure la "traite des blanches" était une fiction due à des romancières. Dans une Europe à population dense, il existait suffisamment de recrues volontaires pour la prostitution sans qu'il fût nécessaire de les enlever, et les femmes qui passaient la frontière clandestinement étaient en général des émigrées consentantes. Mais en Amérique, les Chinoises de San Francisco avaient été des esclaves dans tous les sens du terme, depuis 1850, alors que vers la fin du siècle des proxénètes commencèrent à attirer dans ce pays des Polonaises, des Irlandaises, des Cubaines, et des Portoricaines, tirant profit de leur dépendance pour les forcer à se vendre. (Reay Tannahill, *Le Sexe dans l'histoire*, Robert Laffont, 1982.)

Remarquons que ce fantasme est féminin : Reay Tanahill – une femme – parle bien de "romancières" tandis que les rumeurs sont bien souvent colportées par des femmes. Il convient de distinguer la réelle traite des blanches des ragots, mais aussi de savoir que certaines femmes "importées" feignent d'ignorer la réalité de leur engagement de "danseuses" ou "hôtesses". Elles se laissent emmener dans un pays étranger et là, à grand risque, elles tentent d'échapper à la prostitution en dénonçant leurs proxénètes ou en changeant de ville pour se cacher.

En aucun cas la traite des Blanches n'est nécessaire pour le pays d'accueil.

Généralement bien fourni en prostituées volontaires, il n'a que faire d'un surnombre : l'affaire ne profite qu'aux organisateurs, aux réseaux, aux mafias, et la rivalité entre les prostituées autochtones et les nouvelles venues peut devenir sanglante.
Plus perfide est l'apparition d'"agences matrimoniales" spécialisées dans la recherche de femmes dans des pays en proie à de graves crises économiques et dont le seul but consiste à procurer des esclaves sexuelles à leurs clients.
VOIR ESCLAVES, PROSTITUTION.

TRANSSEXUEL
Un transsexuel est une personne éprouvant un désir irrépressible de faire partie du sexe opposé au sien. Durant l'enfance, les transsexuels ont bien souvent été soumis à une confusion de genre : les parents voulaient une fille et se consolèrent mal d'avoir engendré un garçon, par exemple. Ou alors, la punition courante était un habillement féminin pour un enfant mâle (voir *Petticoat discipline*, *Travestis*). Le transsexuel, en grandissant, sera contrarié, voire déprimé par le fait que ses parties génitales ne correspondent pas à l'image qu'il a de lui-même. Il n'aura donc qu'une envie : faire correspondre son corps à son esprit.
Il convient de distinguer différentes étapes du transsexualisme. Certains se contentent de traitements aux hormones pour faire pousser les seins ou ont recours à la chirurgie pour les construire. Mais ils ne veulent pas être castrés.
La première opération changeant un homme en femme eut lieu en 1952 sur la personne de Christine Jorgensen. Et depuis, plus de 6 000 personnes, rien qu'aux États-Unis, ont suivi cet exemple.
Normalement, il convient de suivre une thérapie avant de se décider à changer de sexe. Il faut aussi savoir que l'ablation du pénis et des testicules, que le façonnage d'un vagin à l'aide des lambeaux de peau restants ne permettent ni le plaisir ni la conception. De même, les verges fabriquées à partir de vulves non désirées ne sont pas opérationnelles. Durant cette thérapie, on suivra un traitement hormonal parfois éprouvant. L'électrolyse servira à ôter les poils indésirables.
Douloureux, pénible, coûteux, le changement de sexe chirurgical est aussi une transformation mentale. Il faut donc être très fortement motivé pour affronter cette situation irréversible. L'opération ne résoudra jamais tous les problèmes d'un individu, pas plus qu'elle ne changera son histoire personnelle. La famille, les amis, peuvent se détourner d'un transsexuel, lui faisant, de surcroît, subir le traumatisme d'un abandon, d'une solitude. Dans son récit, *La*

Femme inachevée (Régine Deforges, 1987), Claudia Tavares analyse bien la difficulté qui est éprouvée quand l'état de femme est enfin atteint. Les anciens hommes perdent souvent leur statut social tandis que leurs nouveaux emplois, réservés aux femmes ou généralement exercés par des femmes, sont fréquemment moins bien payés.

TRAVESTISME

Un travesti est quelqu'un qui éprouve un plaisir à se vêtir comme les gens du sexe opposé au sien. Ceci n'est pas le cas de certaines femmes qui se déguisèrent en hommes pour obtenir un travail bien payé, voire même en soldats pour échapper à la misère en touchant une solde, en étants nourries, comme Marie-Antoinette Lix, grognard de l'armée napoléonienne. Ce n'est pas non plus celui des *drag queens* amateurs de *petticoat discipline* (voir ces mots) ou de dentelles victoriennes. Deux femmes pirates, vêtues en hommes, furent pendues à la Jamaïque en 1720. Leur but n'était pas sexuel : il s'agissait pour elles de rançonner les navires réguliers, de se livrer au banditisme maritime. En d'autres termes, il faut qu'il y ait une implication érotique pour être vraiment un travesti.

L'habillement, le déguisement en personne du sexe opposé fut pratiqué rituellement dans diverses sociétés. La signification religieuse de cet usage apparaît, par exemple chez certains Indiens nord-américains. Un usage, veut que, dans quelques tribus, un homme ayant rêvé de la déesse de la lune devait ensuite s'habiller en femme, agir en femme, exécuter les travaux réservés aux femmes, et avoir des rapports sexuels avec des hommes. D'autres tribus exigent que le sorcier soit habillé en femme.

L'histoire fourmille de travestis célèbres à commencer par le plus connu d'entre eux, le Chevalier d'Éon.

Le travestisme peut prendre la forme d'une inversion complète d'un couple. Ainsi, l'empereur romain Héliogabale aimait à se travestir et concurrençait les prostituées dans les bordels. Ensuite, il épousa un esclave de sexe masculin. Durant la cérémonie, Héliogabale était vêtu d'une robe de femme et mima une scène de défloration. Il voulait devenir "impératrice" de Rome tandis que son époux serait empereur. Des légionnaires, ayant découvert ce complot, l'assassinèrent.

Le harem de la reine Zingua, au XVIIe siècle en Angola, se composait d'hommes vêtus en femmes. À la même époque vivait à Paris le curieux abbé de Choisy (1644-1724). Fils d'une femme intrigante, voire hystérique, il fut habillé par elle en petite fille. Il déclara :

Ma mère, par une fausse tendresse, m'a élevé comme une demoiselle : le moyen de faire de cela un grand homme ? (Cité par Dirk van des Cruysse, *L'Abbé de Choisy, androgyne et mandarin*, Paris, 1995.)

Après une carrière d'abbé de cour, Choisy s'installa au faubourg Saint-Marceau à Paris et vécut avec une femme nommée Charlotte. Cette dernière se vêtait en homme, tandis que l'abbé portait des vêtements féminins. Le curé de Saint-Médard, dont dépendait la paroisse, n'y trouva rien à redire. Joueur, perdant au jeu ses importants bénéfices ecclésiastiques, Choisy se ruina. À quarante ans, fort malade, il se convertit, partit en mission au Siam et y devint un notable.

Les travestis ont généralement un but d'excitation sexuelle lorsqu'ils se vêtent ainsi. Pour cette raison, les hommes choisissent des parures associées à l'érotisme : lingerie fine, talons aiguilles, bikinis. Les travestis exagèrent généralement les caractéristiques de l'autre sexe, allant jusqu'au stéréotype. Les femmes travesties, par exemple, se virilisent à l'excès, se transformant en camionneurs, en ouvrier du bâtiment. Un travesti masculin est, pour beaucoup de femmes bisexuelles, un partenaire de choix. Toutefois, la confusion des rôles n'est pas toujours bien acceptée lors du passage à l'acte. Le tout est une question de mesure, d'écoute de l'autre, de délicatesse.

Il existe de nombreux magazines et vidéocassettes montrant des travestis. C'est un marché florissant.

VOIR ADOLESCENTILISME, ANDROÏDISME, ANDROMIMÉTOPHILIE, *DRAG QUEENS*, LINGERIE, *PETTICOAT DISCIPLINE*, TRANSSEXUELS.

TRAZONDONE

VOIR APHRODISIAQUES.

TRICHOMONAS

VOIR M.S.T.

TRICHOPHILIE

(du grec *trikhos* : poil, cheveux ; et *philia* : amour de)

Excitation sexuelle par les poils, les cheveux. Certains hommes aiment les toisons pubiennes féminines bien fournies (les “tabliers de sapeur”). Il en existe des cas extrême : *The Illustrated Book of Sexual Records* cite l'exemple d'une femme dont les poils pubiens descendent jusqu'aux genoux. D'autres fétichistes ne supportent pas une différence de coloration entre les cheveux et les poils pubiens d'une partenaire. En revanche, il en est qui recherchent ardemment cette configuration. À l'opposé, il existe aussi des hommes préférant les monts de Vénus glabres, épilés ou rasés, au point de devenir impuissants s'ils décèlent le moindre poil.

Il en est de même pour certaines femmes qui ne peuvent avoir du plaisir qu'avec des hommes aux poitrines velues, ou, au contraire, que cela dégoûte. Le mystère érotique du poil demeure entier.
Des fétichistes arrachent un ou plusieurs cheveux de femmes dans les lieux publics (autobus, métro, etc.). Plus rares, heureusement, sont ceux qui, munis de ciseaux, coupent les nattes et les queues-de-cheval. Les prostituées connaissent les clients dont la fixation est de se masturber en enroulant leurs cheveux autour de la verge, ou de l'arroser de leur sperme.
VOIR ÉPILATION, FÉTICHISME, RASAGE,
SCULPTURE DES POILS PUBIENS.

TRIOLISME
Réunion érotique de trois personnes. Il existe des trios hétérosexuels ou homosexuels. Lorsqu'un trio hétérosexuel comprend deux hommes, il est fréquent que la femme soit prise “en sandwich”, c'est-à-dire pénétrée en même temps par le vagin et l'anus. Plus rare, et plus difficile à réaliser est l'amour “à la grecque” : les deux verges pénètrent toutes deux le vagin. (Voir la citation de Jean-Claude Forest à l'article *Ligature pénienne*.) Un trio hétérosexuel composé de deux femmes et d'un homme peut pratiquer le soixante-neuf féminin tandis que la femme se trouvant au-dessus est pénétrée par l'homme. Évidemment, de nombreuses combinaisons sont possibles.
VOIR MÉNAGE À TROIS, ORGIES, POLYIÉROPHILIE,.

URINE
VOIR UROPHILIE.

UROPHAGIE
(du grec *oûron* : urine, et *phagein* : manger)
Fait de boire de l'urine, qu'il s'agisse de sa propre urine ou non.
VOIR UROPHILIE.

UROPHILIE
(du grec *oûron* : urine, et *philia* : amour de)
Excitation par l'urine, goût pour l'urine. On dit aussi urolagnie. Pour certains, c'est un plaisir que d'accomplir des actes autrefois défendus par leur mère. Les garçons qu'on voulait empêcher de se masturber n'avaient le droit de toucher leurs pénis qu'en urinant. C'était donc le seul “plaisir” licite, puisque associé à un “besoin”. Durant les jeux entre garçons et filles, les garçons découvrent parfois que leur pénis est une arme efficace : lorsqu'ils urinent dans la direction d'un autre enfant, ce dernier s'enfuit immédiatement. Cette combinaison de rebellion, de pouvoir, de sensualité, peut devenir un aphrodisiaque puissant à l'âge adulte.

Les femmes aussi peuvent ressentir un plaisir érotique en urinant :
Une jeune fille jeune et blonde était agenouillée sur le lit à côté d'elle, seulement vêtue d'une culotte de soie blanche.
– Pisse pour moi, a dit la femme. Je veux te *voir mouiller ta culotte.*
La fille s'est tortillée d'envie, mais elle s'est redressée sur ses genoux, les jambes bien ouvertes et le bassin en avant, sa motte gonflant la soie. Elle a uriné un petit peu, de quoi faire apparaître une tache. La femme a souri. L'autre a continué encore un peu, la tache s'est élargie. La femme a creusé ses reins, levé ses hanches pour tendre sa chatte vers la fille.
– Plus ! a-t-elle murmuré. Trempe ta culotte ! Je veux voir ta pisse couler le long de tes cuisses.
La fille a continué à laisser couler des gouttes dans sa culotte jusqu'à ce qu'elle soit mouillée. Elle a recommencé, plus fort cette fois, et elle a senti l'urine imprégner complètement la soie et commencer à couler le long de sa cuisse. Mais elle en avait encore beaucoup, la pression restait très forte. La femme a eu un gémissement de plaisir, a encore relevé sa motte.
– Oh, vas-y, vas-y, lâche tout ! (Nancy Friday, *L'Empire des femmes*, op. cit.)
Plus rare est le cas, rapporté par un sexologue nommé Merzbach, de cette jeune femme qui, à la fin du XIXe siècle, se masturbait en tenant une bouteille d'urine masculine ouverte sous son nez. De plus, elle se rendait dans les toilettes pour hommes et se masturbait en regardant les messieurs uriner. Parfois, l'urine devient une boisson fort prisée. C'est le cas, dans la scène suivante, d'une jeune fille prise d'un besoin pressant après avoir bu du champagne : elle cherchait le récipient car le champagne allait sortir.
– Non, non, ce n'est pas ainsi que je l'entends, lui criais-je, méchante enfant. Tu veux me priver du meilleur. Tu n'en dois pas perdre une seule goutte. Ouvre vite tes jambes. Je m'agenouillai immédiatement et je collai ma bouche à son coquillage. Bientôt, je reçus tout le champagne filtré. Il bouillonnait dans ma bouche et je bus tout. Le vin n'avait rien perdu de son arôme, au contraire, il était meilleur. (Wilhelmine Schroeder-Devriendt, *Mémoires d'une chanteuse allemande*, 1862. Traduction française de Guillaume Apollinaire et Blaise Cendrars parue en 1913.)
Chez les Indiens Zunis, l'urine était censée guérir les troubles d'estomac lorsqu'on la buvait. Les Germains croyaient aux vertus magiques de ce liquide. Le Mahatmah Gandhi buvait sa propre urine pour réabsorber des éléments nutritifs qu'il ne voulait pas perdre.
Les pratiques urophiliques et urophagiques comprennent "l'ondinisme" : il s'agit d'hommes désirant qu'une femme leur urine sur le

visage. Parfois ils consomment cette urine, parfois non. D'autres urinent ou se font uriner sur les parties génitales, sur le visage, le ventre ou dans la bouche. On peut aussi uriner dans le vagin ou dans l'anus d'un partenaire
Une autre forme de l'urophilie est la rétention volontaire de l'urine. Ce phénomène, assez fréquent chez les enfants, se retrouve à l'âge adulte où certaines femmes se retiennent d'uriner jusqu'à la limite du supportable. C'est une des pratiques de l'accroissement sensoriel à tel point que des femmes se retiennent d'uriner dans l'attente d'être pénétrée avant de se libérer durant le coït. Pierre Louÿs parle d'une prostituée argentine qui en avait fait une spécialité.
VOIR COCKTAILS, DOUCHES, LAVEMENTS, KLISMAPHILIE, PICAZISME, SOUPEURS.

URTICATION
Utilisation d'orties pour stimuler la peau. On la pratiquait autrefois sur les paralysés pour essayer de leur faire sentir leurs membres. Dans *Le Satiricon* de Pétrone, la flagellation aux orties est un remède contre l'impuissance. Roger Vailland, dans ses *Écrits Intimes* (Paris, 1969), décrit une flagellation aux orties de fesses féminines dans un style admirable et avec une délectation que partagent généralement ses lecteurs.
La peau piquée par les orties enfle, se boursoufle légèrement et rougit. De petites ampoules apparaissent. Certains aiment à les lécher. L'application d'orties sur les parties génitales les rend hypersensibles. C'est pourquoi on les applique sur le pénis, avant d'enfiler un préservatif : la sensibilisation accrue compensera ainsi la perte de sensation due au latex. Certaines femmes en tapissent le fond de leur culotte ou les bonnets de leur soutien-gorge. Elles s'habillent ensuite, se promènent ainsi ou vaquent à leurs occupations ordinaires sans que personne imagine les sensations qu'elles éprouvent constamment. Enfin, l'ingestion d'une tisane aux orties chaudes est un préliminaire fort apprécié de la fellation.
VOIR PYROPHILIE.

VAGINITE
VOIR M.S.T.

VAIGRE
VOIR APHRODISIAQUES.

VAMPIRISME
Le vampirisme est le fait de boire du sang. Autrefois, ce terme désignait la nécrophagie. Les folklores du monde entier parlent souvent de morts-vivants venant sucer le sang des gens, endormis ou non. Le sang était réputé avoir des pouvoirs magiques. Faustine, l'épouse de Marc-Antoine, buvait le sang des gladiateurs vaincus pour s'assurer d'être fertile et calmer

son épilepsie. La comtesse Bathory se baignait dans le sang de jeunes vierges pour rester jeune.

En décembre 1966, un fait divers défraya la chronique et impliquant une jeune indonésienne, Animah et son amant :

Le couple buvait le sang de ses victimes, parmi lesquelles, selon l'enquête de la police, un nouveau-né que les deux "vampires" vidèrent de son sang jusqu'à ce que mort s'ensuivît. (France Soir, 20 décembre 1966.)

Le vampirisme présente divers aspects : du cunnilinctus durant les règles, à la morsure jusqu'au sang, en passant par les petites coupures que l'on suce.

Je le sentais durcir contre ma cuisse. Ma bouche glissa sur son cou soyeux, dont je léchai la tendre chair jusqu'alors demeurée vierge, je respirai profondément le parfum de ce jeune corps. Quand mes canines aiguës percèrent sa gorge, son corps se tendit et il gémit à nouveau, un gémissement profond et rauque suivi d'un silence complet, seulement rompu par sa respiration de plus en plus calme. Et moi aussi, après avoir bu avec empressement, je me fis plus calme, plus lente. Sa vitalité passa dans mon corps, réchauffant mes membres, entraînant mes sens dans un tourbillon, jusqu'à l'extase. (Nancy Friday, *L'Empire des femmes,* Albin Michel, 1993.)

Certains préfèrent utiliser une seringue hypodermique pour recueillir le sang directement dans une veine.

Les vampires solitaires collectent ainsi leur propre sang, y mêlent un anticoagulant et le conservent dans des flacons au réfrigérateur afin de pouvoir se masturber à loisir en buvant du sang au moment le plus propice (Voir à *Symphorophilie* le témoignage de Peter Kurten, le « vampire de Düsseldorf »).

VOIR JEUX SANGLANTS, PHLÉBOTOMIE.

VENTE AUX ENCHÈRES

L'esclavage, tel qu'il a sévit, et sévit peut-être encore clandestinement dans certaines contrées, livrait l'être humain tout entier à son maître. Il n'était donc pas rare qu'on abusât de jeunes serves avenantes. Aux États-Unis, l'exemple vint de haut, puisque Jefferson lui-même fut le père des enfants de Black Sal, une servante noire. Ces enfants furent vendus après la mort de Jefferson.

Il y eut des émigrants blancs se vendant eux-mêmes à terme afin de pouvoir vivre : on devenait ainsi esclave pour cinq ans, voire plus. Les esclaves blancs furent à l'origine des "putains aux yeux bleus", métisses fort appréciées dans les bordels de la Nouvelle-Orléans.

La vente aux enchères de femmes exista aussi en Angleterre : entre le XVIe et le XIXe siècle, 387 cas furent recensés. Cette vente suppléait au divorce.

On ne vend plus guère de femmes à des fins de prostitution. Toutefois, une certaine forme d'esclavage existe. Des jeunes filles de l'ex-U.R.S.S. ou d'autres pays de l'Est se voient proposer du travail en Europe de l'Ouest : on leur fait miroiter des carrières d'hôtesses, d'artistes, etc. Une fois arrivées, des proxénètes leur confisquent leurs passeports, et les prostituent sous la menace…

La pseudo-vente aux enchères est un jeu érotique apprécié. L'"acheteur" n'a pas forcément de relations sexuelles avec son "esclave".

Durant les jeux sadomasochistes, ont pratique aussi la vente aux enchères : on "achète" une personne à dominer, et c'est une "mise en scène de fantasmes sexuels"(voir ce mot).

VERGE

VOIR FLAGELLATION.

VERTIGE

Désorientation, "tête qui tourne", tels sont les effets du vertige. Les enfants s'en amusent parfois, jouant à courir en rond pour éprouver ces sensations. Pour les adultes, ce peut être le piment d'un rapport sexuel, comme pour certains animaux. Il existe des grenouilles africaines qui, durant le coït, s'interrompent pour faire tourner la femelle sur elle-même, avant de la saillir de nouveau. Les hommes peuvent ajouter à cette pratique l'aveuglement par un bandeau sur les yeux : il s'agit alors d'une privation sensorielle qui, jointe au vertige, procure un état "paranormal" à la personne ainsi traitée, augmente ses sécrétions d'adrénaline et la rend donc plus réceptive aux sensations voluptueuses. On obtient le même effet par la suspension, en faisant osciller ou tourner la personne ainsi liée.

VOIR RÉGULATION D'OXYGÈNE, SURCHARGE SENSORIELLE, SUSPENSION.

VICTORIANISME

Nom donné à une forme particulièrement virulente de répression sexuelle durant le XIXe siècle. Cette appellation fait référence à Victoria, Reine d'Angleterre et Impératrice des Indes (1837-1901) dont le règne illustra cette répression. Toutefois, le victorianisme, comme le sadisme et le masochisme, existait bien avant la personne qui lui a donné son nom.

Contrairement aux puritains, qui régissent impitoyablement les pratiques sexuelles, le victorianisme en a peur et veut les ignorer. La grande affaire, la grande honte de l'époque victorienne fut une fixation morbide sur la masturbation. Des médecins connus, renommés, excellents par ailleurs, émirent, à la suite de Tissot, homme du XVIIIe siècle, des théories abracadabrantes sur les effets prétendument nocifs de l'onanisme. Protestants et catholiques rejoignirent ces médecins pour proposer des remèdes aberrants, et même des mutilations (voir *Masturbation*).

La clitoridectomie, en Europe, fut pratiquée sur de trop ardentes jeunes filles au goût des médecins. Il en fut de même en Amérique : vers 1850, un médicastre nommé Marion Sims inventa de nouveaux instruments pour cette intervention. Il avait besoin de femmes pour les tester. Comme il ne pratiquait pas l'anesthésie, peu de volontaires se présentaient. Il commença par expérimenter ses inventions sur des esclaves. Les propriétaires se montrant sceptiques ou réticents, il acheta des femmes (voir *Vente aux enchères*). Il finit par quitter l'Alabama pour créer le premier hôpital réservé aux femmes à New York.

Le victorianisme, dans sa haine du corps, fut aussi un fait de langage. On cachait les pieds des pianos ; on ne pouvait nommer certains objets, certains vêtements :

– Je suis sorti sans bruit de mon lit, j'ai enfilé une paire de…

– Il y a des dames ! Monsieur Gilles, murmura l'étameur.

– … de souliers. (…) (Charles Dickens, *Oliver Twist*, Londres, 1838.)

Dans ce dialogue, l'étameur craint que Gilles prononce le mot tabou par excellence : "pantalon". Le victorianisme sévissait donc avant la reine qui lui donna son nom, puisqu'à l'époque, elle n'avait qu'un an. En réaction à ce puritanisme exacerbé, il se développa durant cette période une importante production de textes pornographiques publiés clandestinement. La revue *La Perle* en fut le fer de lance. Des auteurs anonymes vinrent ainsi se défouler des carcans de cette morale rigoriste.

VIERGE, VIRGINITÉ

La virginité, le fait d'être vierge, est l'état de toute personne n'ayant pas pratiqué l'acte sexuel. Plus spécialement, être de sexe féminin dont le vagin n'a pas été pénétré. Chez la jeune fille, l'hymen est une membrane qui obstrue partiellement le vagin. Cette membrane se rompt durant le premier coït, généralement avec un écoulement de sang.

La virginité d'une femme fut extrêmement importante pour des question de finances et de droit : dès qu'il a fallu payer une dot, on vérifia "l'intégrité" des filles à marier. Cette "intégrité" devint ensuite un usage, voire une obsession. Elle devait toutefois être rompue pour que le mariage fût réel. L'Église, à cet effet, autorisa même des pratiques qu'elle réprouvait en d'autres cas :

Si l'homme, par faiblesse, ou par un excès d'ardeur ne peut réussir à briser la cloison virginale, bien qu'il soit capable de s'accoupler avec une femme ayant perdu sa virginité, sa femme doit lui permettre de vaincre cet obstacle au moyen d'un godemiché (sic) ou d'un instrument quelconque. Comme dans ce cas le défaut doit être imputé non à la femme, mais au mari, il semblerait plus juste que celui-ci fût obligé d'employer sur lui-même les moyens propres à le faire disparaître. Cependant, si cela ne lui est pas facile, il est généralement admis que la femme doit se soumettre à cette opération, attendu qu'en se mariant, elle a donné à son mari le droit de jouir de son corps et qu'elle doit lui en faciliter les moyens lorsqu'elle peut le faire sans un grave inconvénient. Or cet élargissement peut être fait sans inconvénient et même sans blesser la pudeur soit par le mari, soit par la femme elle-même : la douleur qui en résulte n'a rien d'extraordinaire, puisqu'elle n'est autre que celle éprouvée par toutes les vierges lors de leur défloration. ("Traité de Chasteté", in *Les Mystères du Confessionnal*, Paris, 1974.)

Le même ouvrage propose, si cela n'est pas suffisant, des moyens plus radicaux :

La femme dont la vulve est fermée ou trop étroite est tenue de se laisser faire une incision ou l'amputation du clitoris, s'il ne doit en résulter aucun danger pour sa vie. (id., ibid.)

Le problème, pourtant, n'était généralement pas qu'on ne puisse déflorer une vierge. Au contraire, c'était qu'elle le fusse déjà. L'absence de l'hymen pouvait amener la nullité du mariage, voire des peines judiciaires, dans certains pays. Il fallut donc trouver le moyen de restaurer l'hymen. D'autre part, certains hommes montrent une inclination passionnée pour la défloration : *Le livre de Luth* de Straloch, manuscrit musical écossais datant de 1629, présente une très jolie chanson appelée *I Long For Thy Virginie*, ce qui signifie clairement : "je suis impatient de te déflorer".

Cette inclination passionnée peut aussi devenir maniaque, compulsive, répétitive. Certains bordels, au XIXe siècle, proposaient des vierges aux amateurs, dénommés stuprators. Ces vierges le redevenaient à volonté. On trouvera à l'article prostitution les moyens de réparer la membrane rompue qui servait à la fois aux femmes qui se mariaient et aux filles de bordel pour faire croire à leur virginité.

En 1997, 47 % des Françaises de vingt ans déclarent être encore vierges (*Dépêche mode*, juillet-août 1997.)

VOIR BORDELS, GEISHAS, PÉDOPHILIE, PROSTITUTION, *SEX RING*.

VIOL

Le viol est le fait de forcer quelqu'un à avoir des rapports sexuels. Les moyens pour y parvenir peuvent être physiques, violents, mais aussi psychologiques, en profitant d'un état

d'ivresse, par exemple, ou de l'autorité que l'on exerce sur la victime.
Les autorités de toutes les sociétés ont puni le viol. Les Assyriens autorisaient le père d'une vierge violée de violer, à son tour, la femme du violeur. Les Babyloniens, d'une façon radicale, exécutaient le fautif et la victime, lorsqu'elle était mariée. En Angleterre, au Moyen Âge, le coupable pouvait échapper au châtiment s'il épousait la malheureuse dont il avait abusé. Les Perses suppliciaient tout homme surpris dans un harem : des esclaves le violaient avant qu'on le castre. Sans négliger, parfois, de lui enfoncer, à l'aide d'un marteau, un piquet de bois dans l'anus.
La définition même du viol diffère selon les civilisations. Dans quelques tribus d'Amérique du Sud, les femmes ne sont vêtues que de cordelettes ornementales disposées sur leurs pubis. Toutefois, leur pudeur défend qu'elles exposent leur sexe. Pour elles, le viol consiste à abuser d'elles en les obligeant à montrer leur vagin : un violeur est celui qui les couche par terre et leur écarte les jambes. Un homme qui les forcerait dans une autre position n'en serait pas, ou pas tout à fait un.
Quant à savoir qui est la victime, c'est le problème des Gusii du Kenya. Chez eux, le violeur est soumis à l'influence de mauvais esprits. Lui, ou quelqu'un de sa famille a offensé un ancêtre défunt, ou alors subit un sort jeté par un voisin envieux. La justice gusii veut donc qu'on punisse ce voisin, ou que le violeur répare sa faute envers l'esprit offensé. Un tel transfert de "responsabilité civile" existe aussi dans les pays "civilisés", puisque, aux États-Unis, certains délinquants sexuels tendent à rejeter leur faute sur l'influence de la pornographie. Excités par de mauvaises lectures, par des spectacles obscènes, des photographies ou des films pornographiques, ils se retournent contre les producteurs de ces textes ou de ces images qui seraient, à leurs yeux, les véritables coupables.
Toujours en Amérique, 25% des hommes hétérosexuels reconnaissent avoir parfois usé de la force pour obtenir ce qu'ils voulaient en matière de sexualité. Les violeurs "sur rendez-vous" séduisent une femme, la courtisent, mais, au lieu de continuer le jeu de la séduction, de la "drague" ou du marivaudage pour obtenir ses faveurs, en abusent soudain brutalement. Ils insistent généralement pour que les rendez-vous aient lieu dans des endroits isolés.
Contrairement aux idées reçues, les violeurs ne sont pas toujours des personnes ayant été molestées ou battues durant leur enfance. Beaucoup sont pratiquants d'une religion ou sont affiliés à une église. Il n'est pas rare qu'ils méprisent ou détestent leur père, plus souvent que leur mère ; par ailleurs ils

ont une vie sexuelle "normale" allant de deux à sept rapports par semaine. Ils sont plutôt traditionalistes et déclarent volontiers que les femmes ont besoin de protection masculine et qu'elles sont plus vertueuses que les hommes. Ils n'en éprouvent pas moins une sourde hostilité envers les femmes. Beaucoup pensent que la violence envers les femmes est un droit des hommes. Ils consomment souvent de l'alcool avant de perpétrer leur crime et violent parfois pour se venger. Ils pensent souvent que, même si la femme s'est débattue, elle a fini par prendre du plaisir. Les violeurs sont souvent en état de stress ou de dépression. Ils ont fréquemment des problèmes ou viennent de subir une rupture avec une femme et transfèrent leur colère ou leur dépit sur la victime. Ils se sentent démunis, abandonnés. Ils justifient leur acte en disant que les femmes sont inférieures, que la victime les a excités volontairement ou qu'elle est immorale. Parfois, l'attrait du viol provient de sa prohibition, de la transgression d'un interdit. Certains violeurs abusent plus particulièrement d'enfants, de retardés mentaux, d'infirmes ou d'aveugles. Les violeurs sont, en général, des hommes aux revenus modestes. 71 % des viols sont prémédités. (Peggy Reeves Sanday, *The Socio-Cultural Context of Rape*, New York, 1979.)

Aujourd'hui, le viol est un crime aux yeux de la loi. Toutefois, il semble qu'il y ait une certaine ambiguïté entre la définition légale du viol et les différentes façons d'abuser sexuellement d'autrui. Ceux qui se servent d'armes, blessent leur victime, attaquent une personne qui leur résiste, ou violent une femme chez elle subissent les plus lourdes peines. Les victimes les moins aptes à convaincre un jury sont les prostituées, les femmes mariées abusées par leurs époux, les femmes attaquées par un homme avec lequel elles avaient rendez-vous.

La violence, dans les zones défavorisées, se manifeste au sein des bandes, par une relation de type "tribal" revendiquée par chacun. Lorsque l'un des membres de ces "tribus" a une relation amoureuse avec une jeune fille, il prend soin de s'isoler avec elle à l'insu des autres. Encore est-il souvent surpris. Dès lors, il est d'usage que tous les membres de la bande violent la malheureuse qui ne saurait "appartenir" à un seul des membres de la bande. (Edward Behr, *Une Amérique qui fait peur*, Paris, 1995.)

Comment réagir devant un violeur ? Certains d'entre eux prétendent qu'ils n'auraient pas persisté si la victime s'était débattue, avait crié. D'autres déclarent le contraire : une résistance n'aurait fait qu'empirer la violence. L'Église catholique, quant à elle, se montre précise :

On demande ce que doit faire une femme prise de force afin de ne pas être coupable devant Dieu.

1. Elle doit intérieurement repousser toute participation au plaisir, quelle que soit d'ailleurs la violence extérieure qui lui est faite, sans quoi elle pécherait mortellement.

2. Elle doit se défendre de toutes ses forces, avec ses mains, ses pieds, ses ongles, ses dents et tous autres instruments, mais de manière à ne pas tuer ou gravement mutiler l'agresseur. Beaucoup de théologiens pensent que la vie et les principaux membres sont plus précieux que l'honneur qu'ils supposent ici n'être que matériellement atteint. Beaucoup d'autres, cependant, soutiennent l'opinion contraire par des raisons puisée dans notre Théologie Morale, T. 5 p. 392, 4 e. édition.

3. Si elle espère qu'il peut lui être porté secours, elle doit crier et invoquer l'assistance d'autrui ; car si elle n'oppose pas les résistances qui paraissent en son pouvoir, elle semble consentir.

Or, il vaudrait mille fois mieux mourir que de céder à un pareil danger. Aussi une jeune fille qui se trouve dans cette extrémité, craignant, avec raison, de consentir aux sensations vénériennes, est-elle tenue de crier, même au péril de sa vie, et alors, elle est martyre de la chasteté. C'est ce que décident généralement les auteurs contre un petit nombre de probabilistes. Mais le danger prochain de consentement écarté, il est généralement admis que la jeune fille n'est pas tenue de crier au péril de sa vie et de sa réputation, car la vie et la réputation sont des biens de l'ordre le plus élevé. Mais il est presque impossible, comme le dit Billuart T. 13, p. 368, *que le danger n'existe pas.* (Antonio Maria Claret, archevêque de Cuba, Confesseur de sa Majesté Isabel II, *Manuel Secret des Confesseurs*, in *Les mystères du Confessionnal*, op.cit).

La résistance au viol peut être dangereuse. Certains conseillent de ne pas se défendre, en espérant favoriser l'intégrité physique, voire la survie de la victime. Il existe cependant des associations de femmes ou des clubs d'auto-défense ou d'arts martiaux qui permettent à la résistance de devenir efficace.

La victime d'un viol est en général fortement traumatisée. Elle éprouve des cauchemars, déménage, a des difficultés à travailler ou à étudier, à se lier avec des amis. Une femme qui avait dévalé un escalier, tirée par les cheveux par son agresseur, se rasa la tête pour que la chose ne puisse plus arriver. Quelques victimes deviennent homosexuelles ou doivent suivre une thérapie. D'autres se sentent coupables. Les réponses émotionnelles à un viol homosexuel sont le choc psychologique, la peur, l'humiliation, l'angoisse. La victime peut aussi se sentir coupable et sombrer dans la dépression, avec une confusion au sujet de son identité sexuelle.

VOIR BIASTOPHILIE, CRIMES SEXUELS, DACRYPHILIE, HARCÈLEMENT SEXUEL, SADISME, SEXE ILLÉGAL.

VISUALISATION OU IMAGE MENTALE

Possibilité de se représenter, de voir une chose, une personne en esprit. La contemplation intérieure est le fondement de certaines pratiques religieuses. Les Exercices spirituels de saint Ignace de Loyola proposent une méthode raisonnée de contemplation. Les pratiques tantriques permettent, durant l'acte sexuel, de visualiser les courants énergétiques. La privation sensorielle est aussi un moyen de visualisation. Les sadomasochistes la provoquent en plaçant un bandeau sur les yeux de la personne soumise avant d'émettre d'étranges bruits, de chuchoter, afin que l'on soit obligé de mettre une image sur ces bruits, de visualiser ou d'imaginer ce qui a pu les produire. Certains, durant le coït, visualisent une autre personne que celle qu'ils ont dans les bras. C'est souvent le cas des fétichistes qui, sans ce type de substitut, ne pourraient prolonger leur érection.

VIRAGOPHILIE

(de *virago* : femme qui a le courage d'un homme)

Excitation procurée par des femmes masculines ou qui mettent en avant leurs côtés masculins. On trouve des viragos chez les femmes dominatrices ou chez certaines lesbiennes bien que ce goût pour le paraître masculin puisse exister chez des femmes hétérosexuelles.

VITAMINE

VOIR APHRODISIAQUES.

VOMI

VOIR DOUCHE, ÉMÉTOPHILIE.

VOYEURISME

Le voyeur veut contempler, à leur insu, des personnes pratiquant un acte sexuel ou se livrant à des actes intimes. Le voyeurisme se différencie donc de la scoptophilie et du candaulisme qui admettent le consentement des personnes observées. Souvent les voyeurs se postent dehors, et regardent par la fenêtre à l'intérieur d'une maison. Les adolescents, souvent frustrés de n'avoir pas encore d'activité sexuelle, pratiquent parfois le voyeurisme : regarder des gens faire l'amour tout en ayant peur d'être surpris est plus excitant que de contempler des photographies de magazines.

Le voyeurisme n'est pas exclusivement masculin. Les tabous concernant la sexualité féminine s'étant estompés, les femmes admettent de plus en plus leurs tendances sexuelles ou leurs fantasmes et le voyeurisme en fait partie :

Je suis la seule femme dans la salle de cinéma, mais les hommes ne remarquent pas mon entrée. Sur l'écran, une femme couchée sur le dos, les jambes en l'air, braque son sexe en face des spectateurs tandis qu'un homme la baise. Je sens la respiration des hommes dans la salle devenir de plus en plus rauque, certains s'agitent sur leur fauteuils, j'entends quelques grognements étouffés. L'homme qui est assis devant moi fait descendre sa main entre ses jambes et j'entends le bruit de sa braguette qui s'ouvre, je vois sa main prendre son pénis qu'il a dégagé de son pantalon en gigotant. Puis je vois sa main commencer à travailler sur son pénis, le bruit qu'elle fait en frottant de haut en bas. Je me mets debout derrière lui pour mieux l'observer, il ne veut pas venir tout de suite, il ralentit le rythme de temps en temps mais bientôt il ne tient plus, il essaie de réprimer ses grognements quand il se met à jouir dans sa main. Le spectacle m'a mise au bord de l'extase. (Nancy Friday, *L'Empire des femmes*, Albin Michel, 1993.)

Pour les catholiques, c'est évidemment un péché provoquant la "délec tation morose". Encore ne s'agit-il pas de regarder des actes sexuels, mais simplement des personnes :

C'est souvent un grave péché de regarder fixement une belle personne d'un autre sexe car une pareille attention est remplie de danger ; cependant, si tout bien examiné, il n'y a ni danger grave ni intention lubrique, le péché est seulement véniel. Il n'est pas nécessaire pour cela de marcher les yeux baissés et de ne regarder personne ; il faut, naturellement, et sans effort, savoir rester dans un juste milieu. (Antonio Maria Claret, *Manuel secret des confesseurs*, op. cit.)

Il faut qu'il y ait "intention lubrique" pour que les "regards impudiques" deviennent un péché. Le voyeurisme, déterminé, décidé, est donc coupable pour les chrétiens. Dans la Bible, dévoiler la nudité de quelqu'un est grave. Ce qui n'empêche pas certains de montrer de l'ingéniosité pour se donner l'occasion de voir des choses défendues. Ainsi, le narrateur d'un célèbre roman érotique, apprenant que la comtesse Gamiani est une tribade, une lesbienne, déclare :

Je calculai froidement ce que j'avais à faire pour surprendre la comtesse : il le fallait à tout prix.

Je me décidai à l'observer pendant la nuit, à me cacher dans sa chambre à coucher. La porte vitrée d'un cabinet de toilette faisait face au lit. Je compris tout l'avantage de cette position, et, me dérobant, à l'aide de quelques robes suspendues, je me résignai patiemment à attendre l'heure du sabbat.

J'étais à peine blotti que la comtesse parut, appelant sa camériste, jeune fille au teint brun, aux formes accusées. (Alfred de Musset, *Gamiani, ou deux nuits d'excès*, Ramsay, 1992.)

On peut organiser mécaniquement le voyeurisme d'une façon fort efficace :

Sidney ajouta bientôt à mes plaisirs celui de me faire connaître les moyens

secrets qui le mettaient à même de savoir tout ce qui se passait chez ses hôtes. (...)
Des portes déguisées cachaient de petits renfoncements où était pratiquée une machine commode sur laquelle on se plaçait. Alors, la personne et le siège se trouvant à peu près en équilibre avec un poids de cent soixante livres qui se mouvait dans l'épaisseur du mur, on montait et redescendait sans peine à la faveur d'une corde perpendiculaire et fortement tendue. Sidney n'avait que six pieds à monter pour voir ce qui se passait chez les femmes, par les trous des trumeaux dont j'ai parlé. La mécanique de tous ces suspensoirs était faite avec le plus grand soin. Les panneaux qui servaient d'issue s'ouvraient et se fermaient à coulisse et étaient de même parfaitement finis.
Rien n'eût été plus perfide que ces machines ingénieuses si elles n'eussent pas eu le plaisir pour unique but. (Andréa de Nerciat, *Félicia ou mes fredaines*, Paris, 1775.)
Un autre voyeurisme consiste à surprendre des personnes dans leur intimité : salle de bains, toilettes ou chambre à coucher. C'est ainsi que l'on trouve de nombreuses portes de toilettes publiques où des trous ont été pratiqués afin de surprendre l'accomplissement de besoins naturels. Dans les grands ensembles des villes modernes, les téléobjectifs et les jumelles sont les outils de prédilection des voyeurs. Quelques-uns aiment à photographier ou à filmer les scènes qu'ils surprennent comme dans le film *Le Voyeur* de Michaël Power (1959.) Le voyeurisme photographique est le fait des paparazzi, journalistes peu scrupuleux, et de ceux qui achètent les journaux publiant leurs photos. C'est ainsi que certains tentent de prendre par surprise un cliché de telle ou telle vedette prenant son bain, de telle actrice bronzant au soleil, si possible sans maillot. Une photographie de l'ex-princesse Diana d'Angleterre en costume de bain s'était vendue 135 000 dollars.
VOIR CANDAULISME,
EXHIBITIONNISME,
SCOPOPHILIE, SEXE ILLÉGAL.

Weight training
Xénophilie
Yohimbine
Yoni
Zélophilie
Zoophilie

W-X
Y-Z

WEIGHT TRAINING

Sorte d'haltérophilie sexuelle. Il s'agit de suspendre aux seins, aux parties génitales, des poids plus ou moins lourds. Andréa de Nerciat, dans *Les Aphrodites* (1793), parle d'un poids dépassant les soixante kilogrammes suspendu à un pénis tumescent durant trois minutes.

Certains mystiques d'Orient suspendent des poids à leur pénis pour en altérer les fonctions afin de demeurer chastes. Certains accrochent à l'aide de pinces, de petits poids aux tétons. La douleur est plus vive qu'avec les pinces seules. On accroche aussi des poids au pénis, aux lèvres, au scrotum. On peut utiliser des pinces ou des cordelettes pour maintenir ces poids. Ce peut aussi devenir une variante du *piercing*. Le poids est alors attaché à une suture, à un hameçon, une aiguille…

Le *Hellfire Club* de Chicago organisa un championnat national d'haltérophilie sexuelle. Il s'agissait de supporter le plus de poids possible accroché aux testicules Des poids de cinq livres en cinq livres (une livre équivaut à 0,45 kilo) étaient ajoutés. Trois hommes furent déclarés *ex aequo* ayant chacun supporté 85 livres.

XÉNOPHILIE

(du grec *xenos* : étranger, et *philia* : amour de)

Attirance sexuelle pour les inconnus, les étrangers. Les xénophiles peuvent éprouver une violente passion pour une personne inconnue et s'en désintéresser si la relation doit durer. Beaucoup fréquentent des bordels en demandant à chaque fois une nouvelle pensionnaire.

Jean-Loup Hubert, dans son roman *Tu*, dépeint une scène de xénophilie où il incite sa maîtresse à se donner à un inconnu :

Celui-ci
Tu peux le prendre
Emmène-le
Dans le parc
Et suce-le
Si profond
Qu'après
Il n'osera plus
Me serrer la main.
(Blanche, 1997.)

À cette xénophilie ne se préoccupant que de la nouveauté du partenaire répond la véritable xénophilie : celle concernant des personnes ne parlant pas le même langage que le xénophile, ou d'une autre couleur de peau. Les bordels d'autrefois proposaient bien souvent “la Négresse” ou “la Chinoise” à leurs habitués. C'est aussi une forme de racisme.

Dans *Villa triste*, Patrick Modiano évoque un bordel, situé passage Gatbois à Paris, qui recevait les officiers et dignitaires nazis durant l'Occupation. La légende veut qu'une prostituée juive, ou prétendue telle, ait été la préférée de ces inquiétants personnages. Cette femme

aurait joui d'une protection spéciale.
Il existe aussi de pseudo-xénophiles qui profitent simplement de leurs voyages pour expérimenter des pratiques sexuelles illégales dans leur pays d'origine, ou qui nuiraient à leur réputation.
La xénophilie se mêle souvent de colonialisme, comme par exemple au Maroc, pour beaucoup d'homosexuels pédophiles et xénophiles, ou en Inde :
Les marins anglais étaient tellement friands de jeunes garçons noirs que, lorsque la flotte venait, pour sa visite annuelle, le pharmacien local devait commander une grande quantité de lubrifiants. (J. A. Rogers, *Sex and Race*, New York, 1967.)
La xénophilie peut aussi devenir un simulacre, une mise en scène de fantasmes sexuels : avec un déguisement, un cosmétique idoine, un homme blanc peut devenir noir, ou se transformer en Indien des plaines. Une blonde peut se teindre les cheveux et se muer en odalisque.

Yohimbine
VOIR Aphrodisiaques.

Yoni
Symbole de la féminité, du sexe féminin. Le yoni semble avoir été vénéré depuis plus longtemps que le phallus. Des représentations de vagins en pierre taillée furent découvertes datant de 35 000 ans av. J.-C. D'anciennes coutumes veulent que le yoni ait un pouvoir magique, qu'il puisse soigner des maladies rien qu'en étant exposé, qu'il éloigne les orages et effraye les démons.
On gravait le yoni sur des pierres rondes. Puis il prit la forme d'un fer à cheval. Ce "porte-bonheur" actuel tiendrait son origine des anciennes religions adorant le sexe féminin.
VOIR Magie sexuelle.

Zélophilie
(du grec *zelosus* : jalousie, et *philia* : amour de)
Excitation par la jalousie. Les zélophiles peuvent soit être excités par la jalousie de leur partenaire, soit par leur propre jalousie. Dans l'un et l'autre cas ils voudront multiplier les occasions d'éprouver la peur de perdre un amant, une maîtresse, ce qui augmentera leur sécrétion d'adrénaline pour provoquer l'état de plaisir désiré. Ce peut être le cas des gens qui organisent des orgies, qui pratiquent la sexualité de groupe : soit qu'ils désirent exciter leur conjoint en se montrant en train d'avoir des rapports sexuels avec quelqu'un d'autre, ou qu'ils recherchent leur propre excitation en voyant leur partenaire dans les bras d'un ou d'une autre.
VOIR Adultère, Candaulisme, Infidélité, Jalousie, Pecattiphilie.

ZOOPHILIE

(du grec *zôo* : animaux, et *philia* : amour de)

Pratique consistant à avoir des rapports sexuels avec des animaux. Le terme est moderne et scientifique. Autrefois, on disait : "bestialité".

En Égypte, un culte divin était institué en l'honneur du bouc :

Il arriva de mon temps dans ce nôme (division administrative de l'ancienne Égypte, N.d.A.) *un fait monstrueux : un bouc couvrit publiquement une femme.* (Hérodote, II, 6.) Ce que confirment Plutarque et Stabon :

On rapporte qu'en Égypte le bouc Mendès, enfermé avec un grand nombre de femmes, toutes fort belles, refuse d'avoir commerce avec elles et leur préfère de beaucoup les chèvres. (Plutarque, "Des bêtes qui ont l'usage de la raison", *Œuvres*).

Au lieu de Pan, ils adorent Mendès, un bouc vivant ; les boucs ont en ce pays commerce avec les femmes. (Strabon, *Géographie*, XVII.)

C'est ainsi que les autorités civiles et religieuses qualifiaient ces pratiques. La tradition juive comme l'Église catholique et toutes *les sectes chrétiennes la condamnent :*

Quiconque aura opéré le coït avec une bête de somme ou de menu bétail sera puni de mort ; et vous tuerez la bête.

La femme qui se sera prostituée à n'importe quel animal, vous tuerez la femme et la bête ; elles seront mises à mort et leur sang retombera sur elles. (*Lévitique XX*, 15, 16.)

En octobre 1601, à Paris, une femme et le chien avec qui elle avait eu des rapports sexuels furent brûlés (cité par Elmenhorst). Cependant, la loi peut s'adoucir : en 1750, un nommé Jacques Ferron fut pendu pour avoir eut des rapports sexuels avec une ânesse. Plusieurs témoins respectables, dont l'abbesse du monastère proche, déclarèrent connaître l'ânesse depuis longtemps et certifièrent qu'elle avait toujours eu une conduite vertueuse. La Cour acquitta l'ânesse, concluant qu'elle avait dû être violée (I. et S. Hegeler, *An ABZ of Love*, Copenhague, 1963.)

Peu importe d'ailleurs de quel animal il s'agit :

Quelle que soit l'espèce à laquelle appartienne l'animal, le péché ne change pas de nature, et la différence des sexes ne l'aggrave pas beaucoup, parce que sa malice vient de ce qu'il est contre nature. Il n'est donc pas nécessaire de faire connaître en confession l'espèce, le sexe et les autres qualités de la bête, mais il faut dire si le péché a été accompli par l'écoulement de la semence ou s'il y a eu seulement contact. (*Manuel secret des confesseurs*, op.cit.)

Toutefois, il convient de ne pas se méprendre sur la nature de la bête :

Tous les théologiens parlent du com-

merce avec le démon sous la forme d'un homme, d'une femme ou d'une bête, ou seulement présent dans l'imagination ; ils disent qu'un tel péché doit être mis au rang de la bestialité et qu'il a une malice qu'il faut déclarer en confession, à savoir : un sacrilège consistant en le pacte avec le démon. On trouve nécessairement dans ce crime une double malice : une contre la chasteté, l'autre contre la religion. Il est certain que l'acte sodomique accompli avec le démon est une troisième forme de péché. Si le démon se présente sous l'apparence d'une parente ou d'une femme mariée, il y a inceste ou adultère et bestialité si c'est sous la forme de la bête. (id. ibid.)

Certaines religions, éloignées de la pensée judéo-chrétienne, ne prohibaient pas la bestialité. Hérodote mentionne certains rites de fertilité qui exigeaient une éducation particulière des chèvres pour qu'elles s'unissent aux hommes. Les anciens Égyptiens auraient pratiqué le coït avec des crocodiles femelles pour augmenter leur virilité. D'autres traditions voyaient dans la zoophilie un remède contre les maladies vénériennes.

On a longtemps cru que des êtres difformes, des chimères, pouvaient naître des unions zoophiles. Certains accusés du crime de "bestialité " prétendirent avoir pratiqué le coïtus interruptus pour éviter ces naissances et obtenir une circonstance atténuante. L'église voulut souvent que les pâtres et autres bergers fussent remplacés par des jeunes filles, afin d'éviter le risque de zoophilie.

Cette précaution peut être justifiée : le *Rapport Kinsey* (1953) établit que 17% des garçons américains de milieu rural ont eu au moins une relation sexuelle avec un animal. Selon le même rapport, la proportion générale de zoophile dans la population des États Unis est de 8% pour les hommes et de 5% pour les femmes. En revanche, selon Nancy Friday, le fantasme de zoophilie est assez courant et cru chez les femmes qu'elle a interrogées :

L'un de mes fantasmes préféré est d'être prise par des animaux qui me permettent d'être aussi dépourvue d'inhibition qu'ils le sont eux-mêmes. En fantasme, j'imagine que je suis dans un laboratoire de recherche scientifique et qu'on me demande de pousser un gorille mâle à me faire l'amour pour qu'un film soit tourné sur cette expérience. (Pamela, 34 ans).

À notre insu, un jeune type, très beau garçon, accompagné d'un berger allemand, est en train de nous observer tandis que nous gémissons de plaisir. Il l'amène derrière mon amie qui est au-dessus de moi. J'aperçois le bout rouge vif de la bite du chien quand le garçon le fait monter ma partenaire. (Ellen, 24 ans.)

De temps en temps, il m'arrive de fantasmer que je me fais prendre en levrette par un vrai chien. (Laurie, 36 ans.)

Quand je suis arrivée dans la clairière, je me suis agenouillée sous le cheval pour caresser son pieu gigantesque, lécher son bout énorme, masser ses bourses massives. Et quand son pieu a été dressé à fond, dur comme du fer et tout palpitant, tu m'as ordonné de me mettre à quatre pattes et tu l'as guidé droit sur mon con, encourageant cette créature à pousser en avant. (Hannah, 37 ans.)

Je rencontre un homme qui promène son chien. Nous commençons à bavarder et le chien n'arrête pas de venir me renifler. (...) Le chien n'a pas arrêté ou de se lécher ou de me donner des coups de museau entre les jambes, en gémissant. Et moi aussi je suis excitée, je regarde cette pointe rose vif palpiter, grossir... (Zoé, 22 ans.) [*L'Empire des femmes*, Albin Michel, 1993.]

L'art, s'inspirant de la mythologie, s'est intéressé à la zoophilie à l'instar de Michel-Ange, Le Tintoret, Léonard de Vinci ou le Corrège qui peignirent *Léda et le Cygne*. Agostino Carracci et son *Satyre et les nymphes* montre un satyre, mi-homme, mi-bouc ayant des relations sexuelles avec une femme. La zoophilie occupe une place fantasmatique très importante dans la littérature par la force des images qu'elle suggère. Apulée, Alfred de Musset, Andréa de Nerciat, Georges Bataille, Guillaume Apollinaire, Pierre Louÿs, André-Pieyre de Mandiargues et d'autres y ont été sensibles. Lord George Herbert, poète et essayiste anglais du XVIIe siècle (1593 -1633) dans *Une nuit dans un harem mauresque* relate l'union sexuelle d'une femme avec un étalon :

Mohammed était mon étalon favori. Il était plus rapide que le vent. Il était noble et m'obéissait au moindre mot. Sa robe brillante aux reflets fauves était magnifique. Sa tête était petite et gracieuse, son corps harmonieux et ses yeux bruns avaient de l'intelligence humaine. Ses membres étaient déliés et il marchait si fièrement qu'il semblait fouler le sol avec mépris.

Il est venu à moi, et après je l'ai fait manger dans ma main. Quelquefois je tressais sa crinière. Je l'emmenai prendre un bain dans une piscine naturelle provenant de l'eau d'une source qui alimentait l'oasis. Après le bain, je m'allongeai dans l'herbe épaisse et m'étirai paresseusement. Mohammed vint et se tint au-dessus de moi, me tenant compagnie dans ma solitude. Je m'amusai à placer ses sabots de part et d'autre de ma poitrine. Rien ne pouvait le pousser à me marcher dessus, même pas un coup de fusil, rien ne pouvait l'effrayer, nous étions absolument seuls.

Très vite, sa hampe complètement sortie se balança. Avec malice, je saisis sa hampe entre mes pieds et commençai à la frotter doucement. Progressivement, il raidit et la pointe affamée de son sexe vint presser entre mes cuisses puis atteignit mon intimité. Il baissa la tête et toucha ma poitrine de ses naseaux duveteux. Je continuai de frotter le long de son membre qui se banda soudainement hors de son fourreau dans une magnifique tension et me pénétra jusqu'aux reins. J'étais éperdue par ce violent frisson et le jaillissement du sperme de l'étalon en moi. Il ne trouva plus de place dans mon orifice distendu et il déchargea encore comme une fontaine, coulant abondamment sur mon ventre et sur mes cuisses. Par chance, la distance entre ses reins et les miens étaient suffisante pour l'empêcher de pénétrer plus avant en moi. Autrement, il aurait traversé tout mon corps et serait ressorti par ma bouche. Je rampai de dessous lui, ma concupiscence totalement épanchée. De ma taille jusqu'à mes genoux, j'étais poisseuse du sperme épais et laiteux de l'étalon. Je me dépêchai de me laver et de baigner mon orifice douloureux et enflammé. Pendant longtemps, j'ai dû garder Mohammed à distance de moi avec un fouet, mais je ne le frappais pas fort car je ne supportais pas de lui faire mal en raison de ma propre folie.

Au cinéma, le film le plus étonnant évoquant la zoophilie est assurément *La Bête* de Walérian Borowczyk (1974) qui est l'adaptation du cinquième des *Contes Immoraux* : la riche Suzy doit épouser le débile Mathurin. Elle fait un rêve où une aïeule de son futur époux s'accouple avec une bête au sexe gigantesque, qui meurt ensuite. Elle trouve Mathurin mort en le rejoignant : son sexe était celui de la bête dans son rêve.

Un film canadien de Alfred Sole, *La Bête d'amour* (1980) raconte l'histoire d'une jeune comedienne complexée rêvant d'une vie extraordinaire. Elle imagine être avec celui qu'elle aime sur une île déserte où elle y rencontre un singe qui tombe amoureux d'elle. Dans son songe l'homme et le singe se battent pour elle.

Les actes courants de la pratique zoophile sont la masturbation de l'animal, la fellation (*zoofellatio*), l'introduction de la verge de l'animal dans le vagin ou l'anus ou la pénétration de l'animal par les mêmes voies. La zoophilie comprend sans doute autant de variantes qu'il existe d'espèces animales. On distingue donc :

Les androzoones : il s'agit d'animaux mâles spécialement dressés pour avoir des relations sexuelles avec des humains. Beaucoup sont spécialisés dans l'oragénitalisme : on étale leur nourriture préférée sur les parties sexuelles de la personne devant être soumise à l'animal.

Voici deux mille ans, les arènes de Constantinople montraient des androzoones en train de violer, voire de tuer leurs victimes, généralement des condamnés. C'était alors un spectacle très apprécié. On montrait donc des gorilles, des chiens, des ours, des zèbres, voire même des taureaux en action. L'impératrice Théodora, ancienne prostituée, était la fille d'un éleveur spécialisé dans ce genre d'animaux. Elle s'était montrée, à genoux, jambes écartées, tandis qu'on lui remplissait le vagin de grains. Ses oies dressées venaient alors picorer, fouiller la chair de Théodora pour y trouver leur pitance. (*Perverse Crimes in History*, op.cit)

Les ânes ont aussi leurs amateurs : *Les Métamorphoses* d'Apulée qu'on intitule généralement *L'Âne d'Or*, est l'exemple le plus fameux du "coït avec l'âne", encore que, dans cet ouvrage, à la fois roman d'aventures et ouvrage mystique retraçant une initiation, ce coït puisse prendre un sens ésotérique. Alfred de Musset se souvenait certainement d'Apulée, en rédigeant *Gamiani* :

L'âne fut à l'instant dressé devant moi à l'aide d'une courroie. Son braquemard terrible échauffé par les mains des sœurs battait lourdement sur mon flanc. Je le pris à deux mains, le plaçai à l'orifice et, après un chatouillement de quelques secondes, je cherchai à l'introduire. Mes mouvements aidant, ainsi que mes doigts et une pommade dilatante, je fus bientôt maîtresse de cinq pouces au moins. Je voulus pousser encore, mais je manquai de force. Il me semblait que ma peau se déchirait, que j'étais fendue, écartelée ! C'était une douleur sourde, étouffante à laquelle se mêlait pourtant une irritation chaleureuse, titillante et sensuelle. (Ramsay, 1992.)

Les bordels de la frontière entre le Mexique et les États-Unis furent longtemps renommés pour leurs concours de pénétration par des ânes. Des prostituées se faisaient investir par un âne. On nouait alors un ruban autour du pénis de la bête, marquant jusqu'à quelle longueur il s'était enfoui dans le vagin. Ensuite, il pénétrait une autre femme, et la gagnante était celle qui avait pu accueillir ainsi la plus grande partie du sexe de la bête.

Avisodomie : désigne les rapports sexuels avec un oiseau, un volatile. La légende de Léda se donnant au cygne, ou plutôt de Jupiter changé en cygne pour la séduire, est l'une des plus anciennes occurrences d'avisophilie. L'avisidomie fut une pratique assez répandue dans l'antiquité et au Moyen Âge. Les manuels de confession expliquent précisément comment s'y prennent les jeunes filles un peu trop ferventes pour user d'un poulet à des fins masturbatoires.

Péché que les jeunes filles commettent habituellement en cette matière (...) En introduisant dans le vase, le bec d'un poulet ou d'une poule. Ou bien en mettant de la salive ou du pain dans la matrice et en attirant un chien pour faire lécher les parties pudiques par l'animal. ("Manuel secret des Confesseurs", *Les Mystères du confessionnal*, Filipacchi, 1974.)

Selon ces ouvrages, certaines sèment du grain sur leur vulve et se font ainsi picorer. D'autres, plus hardies, introduisent carrément la tête d'une poule ou d'un coq dans leur vagin.

Lorsqu'un homme qui pénètre un volatile sent arriver l'orgasme, il étrangle, égorge ou rompt le cou de l'oiseau. Le sphincter de l'animal se contracte alors, renforçant le plaisir de l'homme. Les Chinois se servaient d'oies pour cette pratique, tandis que les anciens bordels parisiens proposaient des dindons aux amateurs.

Cynophilie : une prostituée de San Francisco défraya naguère la chronique en se faisant pénétrer publiquement par son chien Terre-Neuve.

Au-delà de ce spectacle, elle proclamait que toute femme ayant fait l'amour avec un chien ne pourrait plus jamais se contenter d'un homme. La cynophilie peut se mêler d'une touche de nécrophilie : une femme fréquentait jadis le cimetière du Père-Lachaise à Paris, poussant un landau. Dans ce landau se trouvait un chien. Une fois entrée dans le cimetière, cette femme s'accouplait avec l'animal au milieu des tombes. (Michel Dansel, *Au Père-Lachaise*, Paris, 1973.)

La cynophilie est un thème classique de la littérature érotique :

Médor ! Médor ! Prends-moi ! Prends ! À ce cri un chien énorme sort d'une cache, s'élance sur la comtesse et se met en train de lécher ardemment un clitoris dont la pointe sortait rouge et enflammée. (...) Médor (...) se jette sur la mâle Julie dont les cuisses entrouvertes en mouvement laissaient à découvert le plus délicieux régal. Médor fit tant et si bien que Julie s'arrêta subitement et se pâma, abîmée de plaisir. (Alfred de Musset, *Gamiani ou deux nuits d'excès*, Ramsay, 1992.)

Plus simple, évidemment, mais aussi plus fréquent et moins difficile à mettre en œuvre, est l'oragénitalisme cynophile : les chiots, encore édentés, tètent tout ce qu'on leur présente... Les chiens refusent rarement de lécher une vulve ou une verge. Certains zoophiles, cependant, préfèrent les chats, certes moins dociles, mais dont la langue râpeuse procurerait des sensations plus âpres.

– L. m'a dit qu'elle aimait les bêtes. Elle va bientôt être servie.

Il l'a fait s'allonger sur le dos au milieu du salon. S. lui retire sa culotte, puis lui replie les jambes en rabattant la jupe jusque sur ses seins. Il appelle ses deux chiens, des gros dogues. Les chiens, bien dressés pour ce genre d'exercice, se dirigent vers les cuisses ouvertes. Ils lui lèchent la vulve de leur longue langue baveuse. Tour à tour ils enfoncent leur truffe froide entre les lèvres. Fouillé par le mufle des chiens, le sexe s'ouvre, mouillant de plus en plus. L. sent la jouissance envahir son ventre. (Gilles de Saint-Avit, *L'Amie*, Spengler, 1994.)

La cynophilie est la forme de zoophilie la plus exploitée par le cinéma pornographique.

Dans les grandes métropoles américaines, on voit beaucoup de femmes vivant seules posséder un chien comme animal de compagnie et pour être protégées en cas d'agression. Il est à noter que dans 90 % des cas, il s'agit d'animaux de sexe mâle.

Felching : introduction d'un petit animal vivant ou d'une partie d'animal dans le vagin ou l'anus. La pratique la plus courante est d'envelopper l'animal dans un préservatif ou un sac en plastique pour l'empêcher de mordre. Les hommes de la tribu Ponape, des îles Caroline, se servent d'un poisson qu'il placent dans le sexe de leur partenaire. Ensuite, ils la lèchent lentement : c'est un préliminaire courant dans cette région. (C. Ford et F. Beach, *Patterns of Sexual Behavior*, New York, 1951.)

Le fantasme de l'animal introduit dans le vagin fut hélas ! celui des tortionnaires de certains pays d'Amérique latine. Un rat ainsi enclos peut ronger l'intérieur du corps pour trouver une sortie.

Formicophilie ou **Insectophilie** : excitation liée aux insectes dans les rapports sexuels. Fourmi, mouche, moustique, abeille ou toutes formes d'insectes sont utilisés pour parcourir le corps et plus particulièrement les organes génitaux. Les insectophiles recherchent des sensations tels les chatouillements, la peur, la douleur ou l'accroissement de la sensibilité.

– Oui, vous bandochez déjà... Mais ce n'est pas suffisant. Telle qu'elle est, votre verge ne pourrait certainement pas fonctionner, et elle ne tarderait guère à retomber inerte... Cependant, elle est assez grosse pour que je passe vite au quatrième exercice... Attention... Entretenez-vous quelques secondes, pendant que je vais prendre ma petite bête...

– Ta petite bête ?

– Oui... Tenez, la voici.

Et ayant ouvert une petite boîte en carton, Jonas montra au monarque étonné un superbe hanneton...

– Ah ! le vilain insecte ! fit l'empereur... Et que veux-tu faire de lui ?

– Le plus habile branleur qui existe, le plus sublime gamahucheur de la terre, le plus irrésistible chatouilleurs des chatouilleurs présents, passés et à venir... À ses attouchements sensationnels, aucune queue ne résiste... (...)

John prit le membre de son empereur de la main gauche, de façon à ce que la tête seule, bien décalottée, sortît de l'eau, et de la main droite, posa délicatement dessus le hanneton, qu'une longue captivité avait énervé... (Baron de C... (auteur inconnu), *Les Folies amoureuses d'une impératrice*, 1865.)

Dans certains salons de massage thaïlandais, les prostituées proposent la "caresse de la mouche" : il s'agit d'une mouche dont on a arraché les ailes et que l'on pose sur le gland. Les sensations mélangent plaisir et énervement. Plus curieux, plus surprenant, est le cas de cette religieuse qui avoua être excitée lorsqu'elle voyait deux mouches l'une sur l'autre. Cette nonne se trouvait dans un tel état lorsqu'elle assistait à ce spectacle, qu'elle ne pouvait pas s'empêcher de se masturber, ce qui arriva, déclara-t-elle, quatre cents fois. (Havelock Ellis, *Studies in the Psychology of Sex*, Philadelphie, 1906.)

Plus inquiétant est le "bain de mouches". Il s'agit d'une torture : on pose un bandeau sur les yeux du prisonnier pour l'aveugler. On lui lie les mains au-dessus de la tête, on lui entrave les pieds. Ensuite, on l'enduit de miel ou d'une autre substance sucrée en insistant sur les aisselles, les parties génitales, l'anus, les lèvres, les narines. Les mouches attirées arrivent à tire d'aile et ce tourment rend fou en moins de deux heures. (Le manuel de torture de R.W. Kousher, *Physical Interrogation Techniques*, 1985.)

Les insectes ailés ne sont pas les seuls insectes concernés par les fantasmes humains. Les fourmis, par exemple, procurent paraît-il des sensations rares lorsqu'on les laisse cheminer sur les parties génitales. La formicophilie peut se perfectionner en enduisant ces parties du corps, ou d'autres, de miel ou d'un aliment sucré. Les fourmis sont appréciées à la fois pour le picotement et leurs morsures ressentis lorsqu'elles se déplacent sur la peau. Les parties génitales sont évidemment concernées, mais aussi les aisselles. Il s'agit pourtant d'un supplice : on livrait des captifs aux fourmis rouges dans de nombreuses civilisations.

Les moustiques ont aussi leurs adeptes. Les abeilles, les guêpes, placées dans un vase que l'on applique sur les testicules, le pénis ou la vulve piquent à peu près immédiatement : c'était un supplice, et c'est aussi un jeu érotique que certains recherchent ardement. Une légende veut que Cléopâtre aimait placer des abeilles dans une petite boîte qu'elle posait ensuite sur son clitoris. Le bourdonnement, l'agitation des insectes reclus produisait un effet de vibration agréable.

Nécrobestialisme : utilisation d'animaux morts à des fins érotiques. On ne saurait pourtant y inclure la masturbation à l'aide d'un poulet mort : le poulet, vidé, plumé, sortant d'un réfrigérateur n'est plus ressenti comme un animal. Les pêcheurs du golfe arabique pénètrent souvent les veaux marins inanimés qu'ils ramènent dans leurs filets : une croyance veut que, s'ils ne le font pas, le frère de l'animal les attirera vers le fond de la mer. La coutume est tellement ancrée que lorsqu'ils vendent leur pêche sur le marché local, les chalands leur font souvent jurer, sur le Coran, qu'ils n'ont pas eu de relations sexuelles avec les veaux marins.

La mer offre d'autres plaisirs : Nicole Bley, dans *La Panthère bleue* (Pauvert, 1970), montre son héroïne s'introduisant des crevettes dans le vagin. On peut aussi utiliser les astéries, ou étoiles de mer, à cet effet. Les anguilles nous ramènent à l'ophidiscisme : bien que d'espèces différentes, elles ressemblent aux serpents.

– On les retrouve nues dans leur chambre. L'une tient l'anguille bien droite entre ses seins, puis, la tête penchée, elle enfonce sa langue dans la gueule de l'anguille. Ensuite, on retrouve cette femme allongée sur son lit, les cuisses écartées, comme vous l'êtes en ce moment, elle s'enfonce l'anguille vivante, par la tête dans le vagin. Puis, quand un bon morceau de l'anguille est rentré, l'amie, qui se tient à côté du lit, prend l'autre bout de l'anguille, la queue, et à force de la tortiller, finit par la lui enfoncer dans l'anus. (Pierre Bourgeade, *Cybersex et autres nouvelles*, Blanche, 1997.)

Une rumeur tenace veut que Sarah Bernhardt s'accouplait avec un crocodile. Il semblerait que la chose soit physiologiquement impossible.

Ophidicisme : pratiques sexuelles incluant des serpents, des reptiles et certains poissons. Symbole phallique, animalité à la fois froide et sensuelle, le serpent, depuis la Bible, a un rapport particulier avec les femmes. Le symbolisme sexuel du serpent se manifeste dans toutes les cultures. Dans la civilisation ancienne d'Égypte, le serpent se mordant la queue, formant un cercle était une représentation des rapports sexuels : le serpent étant le signe du mâle et l'intérieur du cercle, celui de la femelle. Les mosaïques romaines nous montrent des femmes introduisant ainsi des serpents la tête la première.

Aujourd'hui des films pornographiques nous montrent souvent des femmes introduisant un serpent dans leur vagin. La plus célèbre, la plus belle, peut-être, se trouve dans l'étonnant *The Devil in Miss Jones*, de Richard Damiano, grâce à la conviction de Georgina Spelvin et de son serpent. On préfère généralement les serpents lents et qui ne mordent pas.

Pseudozoophilie : jeux sexuels où le partenaire joue le rôle d'un animal. C'est le thème du film de Marco Ferreri, *Liza* (1971), où Catherine Deneuve prend peu à peu la place du chien de Marcello Mastroianni et devient sa "chienne".

Émile Zola, dans *Nana*, évoque une forme de pseudozoophilie où il décrit ainsi le comte Muffat :

Elle lui jetait son mouchoir parfumé au bout de la pièce, et il devait courir le ramasser avec les dents, en se traînant sur les mains et les genoux.

L'empereur Néron se vêtait de peaux d'animaux sauvages et sautait sur les parties génitales de suppliciés attachés à des poteaux. Tibère, lui, avait de jeunes garçons qu'il nommait ses "vairons" entraînés à nager et à lui grignoter les testicules sous l'eau. En Égypte, Ali Goher, joue à un jeu où ses partenaires masculins sont accroupis, caquettent et couvent des œufs et après qui il hurle : "Alors les poules, où sont vos queues ?" C'est le signal d'une orgie de sexe anal. (R.E.L. Masters et E. Lea, *Perverse Crimes in History*, New York, 1963.)

Certains se prennent pour un cheval et promène leur partenaire sur leur dos : c'est également une des formes des rapports de domination/soumission. D'autres soumis jouent le rôle du "gentil toutou" et se comportent comme tel, boivent mangent dans une gamelle pour chien, rapportent une balle, léchent leur maître ou urinent comme le font les chiens.

On peut également imiter le cri d'un animal durant le coït, porter un masque représentant la tête d'un animal. On utilise également des animaux en peluche avec lesquels les amateurs se frottent et se caressent.

Sadisme bestial : ce sadisme est de deux sortes : d'abord, il y a ceux qui font souffrir les animaux. C'est le cas de beaucoup de meurtriers sadiques qui commencèrent par torturer, mutiler ou tuer des animaux, avant de s'attaquer aux humains.

Ensuite, il y a ceux qui ne font pas souffrir les bêtes, mais qui sont excités lorsqu'ils voient un cuisinier couper le cou à un poulet, un fermier saigner un cochon ou un torero mettre à mort un taureau lors d'une corrida.

Simiophilie : le gigantesque *King Kong* ne doit pas nous faire oublier que les singes, de taille plus modeste, ont eux aussi nourri les fantasmes. Nous en trouvons encore l'exemple dans *Gamiani*. Mais là, loin de concerner les prostituées de bordels, nous sommes en présence d'une jeune fille vierge, nommée Sainte, que le singe déflore :

Poussée par la folie, elle force un des barreaux de la cage et pratique un espace facile que la lubrique bête met de suite à profit. Huit pouces francs, bien prononcés, saillaient à ravir. Tant de richesse épouvanta d'abord notre pucelle.

Elle s'enhardit aussitôt, relève ses jupes d'un air décidé et marche bravement à reculons, le dos penché vers la pointe redoutable. La lutte s'engage, les coups se portent, la bête devient l'égale de l'homme. Sainte est embestialisée, dévirginisée, ensingée ! Sa joie, ses transports éclatent en une gamme de oh ! et de ah ! mais sur un ton si élevé que la mère entend, accourt, et vous surprend sa fille bien enchevillée, se tortillant, se débattant et déjectant son âme. (op. cit.)

Le **voyeurisme animalier** est assez fréquent et certains reconnaissent ressentir une certaine excitation à voir deux bêtes s'accoupler. Les spectaculaires saillies taurines ou chevalines ont leurs fervents amateurs de ce spectacle, à tel point que le cirque Zingaro faisait saillir une jument par un étalon au milieu de la piste.

ADLER (Laure) : *La vie quotidienne dans les maisons closes*, Hachette, 1990.

ALLGEIER (A. R. et E. R.) : *Sexualité humaine*, De Boeck-Wesmael, 1988.

ANDERSON, BOLO et Cie : *Le Petit Livre rouge des lycéens*, Copenhague, 1968.

ANONYME : *Suzon en vacances*, Paris, 1935.

ANONYME : *Mémoires d'une fille facile*, Média 1000, 1994.

ANONYME : *Ma vie secrète* (5 volumes), traduction de Mathias Pauvert, Stock, 1996.

ANONYME : *Les Tableaux vivants*, Blanche, 1997.

ANONYME : *La Perle*, Blanche, 1999.

ANONYME : *Fanny Hill, ou Les Mémoires d'une fille de joie*, L'Or du temps, 1969.

ANONYME : *Félicia, ou mes Fredaines*, L'Or du temps, 1970.

APOLLINAIRE (Guillaume : *Les Onze mille verges*, L'Or du Temps, 1969.

APOLLINAIRE (Guillaume) : *Les Mémoires d'un jeune don Juan*, L'Or du Temps, 1970.

ARSAN (Emmanuelle), *Emmanuelle*, Losfeld, 1967.

ATKINS : *Le Sexe dans la littérature*, Londres, 1974.

ARVIND et SHANTA : *Tantra, The Secret Power of Sex*, New York, 1990.

AULAGNIER (P.), CLAVREUL (J.), PERRIER (F.) : *Le Désir et la perversion*, Seuil, 1967.

ASSOUN (Paul-Laurent) : *Le pervers et la femme*, Economica, 1995.

BATAILLE (Georges) : *Le Procès de Gilles de Rais*, Pauvert, 1960.

BATAILLE (Georges) : *Le Mort*, Pauvert, 1967.

BATAILLE (Georges) : *Le Bleu du ciel*, Pauvert, 1957.

BÉALU (Marcel) : *Éros incarné*, Paris, 1971.

BERG (Jean de) : *L'Image*, Minuit, 1956.

BERNARD (Michel) : *La Négresse muette*, Bourgois, 1968.

BLEY (Nicole) : *La Panthère bleue*, Pauvert, 1970.

BLOCH (I.) : *Strange Sexual Practices*, New York, 1933.

BOLOGNE (Jean-Claude) : *Histoire de la Pudeur*, Hachette, 1987.

BOLOGNE (Jean-Claude) : *La Naissance interdite*, Hachette, 1993.

BONNET (Gérard) : *Les Perversions sexuelles*, PUF, 1993.

BOTEACH (Shmuley) : *Guide de l'amour casher*, Blache/Losfeld, 1999.

BOUDARD (Alphonse) : *L'Âge d'or des maisons closes*, Albin Michel, 1990.

BOUDARD (Alphonse) : *La Fermeture*, Robert Laffont, 1986.

BOURGEADE (Pierre) : *Éros mécanique*, Gallimard, 1995.

BOURGEADE (Pierre) : *Cybersex et autres nouvelles*, Blanche, 1997.

BOURKE (John) : *Scatologic Rites of All Nations*, Washington, 1891.

BOUVIER (Mgr) et CLARET (Mgr) : *Manuel des confesseurs*, 1845.

BRAUER (A.) et BRAUER (D.) : *Extendes Sexual Orgasm*, New York, 1983.

BRÉCOURT-VILLARS (Claudine) : *Écrire d'amour*, Ramsay, 1984.

BRYK (F.) : *Voodoo Eros*, New York, 1935.

CALAFERTE (Louis) : *La Mécanique des femmes*, Gallimard.

CAMPION (Léon) : *Le Cul à travers les âges*, Paris, 1981.

CAMUS (Renaud) : *Tricks*, P.O.L, 1988.

CARRIÈRE (Jean-Claude) : *Les Mots et la chose*, Le Pré aux Clercs, 1981.

CATTON (C.) et GRAY (J.) : *Sex in Nature*, London, 1985.

CELLURA (Dominique) : *Les Cultes de l'enfer*, Spengler, 1994.

CENDRARS (Blaise) : *Le Plan de l'aiguille*, 1927.

CHEIKH NEFZAOUI : *Le Jardin Parfumé*, L'Or du temps, 1972.

CHESSER (E.) : *Strange loves, The Human Aspects of Sexual Deviation*, New York, 1971.

CHORIER (Nicolas) : *L'Académie des Dames*, 1680.

CLINTON (T.D.) et HIRSHBERG (A.) : *Le Sexe et le crime*, Buchet-Chastel, 1965.

CORBIN (Alain) : *Les filles de noce, misère sexuelle et prostitution au XIXe siècle*, Flammarion, 1982.

DELVEAU (Alfred) : *Dictionnaire érotique moderne* (1864), 10/18, 1993.

DEFORGES (Régine) : *Contes pervers*, Fayard, 1978.

DEFORGES (Régine) : *Lola et quelques autres*, Jean Goujon, 1979.

DEFORGES (Régine) : *Les Cent plus beaux cris de femmes*, Le Cherche-Midi, 1990.

DEFORGES (Régine) : *L'Orage*, Blanche, 1996.

Dictionnaire de Sexologie, Verviers, 1972.

DESPENTES (Virginie) : *Baise-moi*, Florent Massot, 1995.

DOMPIERRE (Sophie) : *Je dresse mon mari*, Paris, 1988.

DROUET (Jean-Baptiste) : *Les Nouveaux visages de la prostitution*, Filippachi, 1997.

DUBOIS-JOLY (Aymé) : *Mémoires d'une culotte*, Lattès, 1978.

DUGAS (Florence) : *Dolorosa soror*, Blanche, 1996.

DUGAS (Florence) : *L'Évangile d'Éros*, Blanche, 1997.

DUGAS (Florence) : *Post-scriptum*, Blanche, 1999.

DURIÈS (Vanessa) : *Le Lien*, Spengler, 1993.

DURKHEIM (E.) : *Incest, the Nature and Origine of the Taboo*, New York, 1963.

DUVERT (Tony) : *Le Bon sexe illustré*, Minuit, 1974.

EDWARDES (A.) et MASTERS (R.E.L.) : *The Craddle of Erotica*, New York, 1963.

ELLIS (Havellock) : *Étude de psychologie sexuelle*, Mercure de France, 1925.

EMME (Marc) : *De la masturbation*, Ramsay, 1990.

EYNON (Dr) : *Fouetteurs et fouettés*, Paris, 1989.

FABERT (Guillaume) : *Autoportrait en érection*, Régine Deforges, 1989. Blanche, 1997.

FALLIGOT (Roger) et KAUFFER (Rémi) : *Porno Business*, Fayard, 1987.

FAST (J.) et BERNSTEIN (M.) : *Sexual Chemistry*, New york, 1983.

FATY : *Mémoires d'une fouetteuse*, Ramsay, 1991.

FEHLINGER (H.) et HERBERT (S.) : *Sexual Life of Primitive People*, New York, 1945.

FISHER (H.) : *The Sex Contract*, New York, 1983.

FORD (C.S.) et BEACH (F.A) : *Patterns of Sexual Behavior*, New York, 1951.

FOUCHARDIÈRE (Georges de la) : *La Chienne*, Paris, 1930.

FOURIER (Charles) : *Le Nouveau Monde amoureux*, Anthropos, 1967.

FRIDAY (Nancy) : *L'Empire des femmes*, Albin Michel, 1993.

FREUD (Sigmund) : *Trois essais sur la théorie de la sexualité*, Gallimard, 1987.

FREUD (Sigmund) : *La Vie sexuelle*, PUF, 1969.

GAËTANE : *Histoire d'I*, Filipacchi, 1974.

GAUTHIER (Xavière) : *Dire nos sexualités*, Galilée, 1976.

GAUTIER (Théophile) : *Galanteries poétiques*, s.d.

GENET (Jean) : *Querelle de Brest*, Gallimard, 1995.

GENÈVE (Max) : *La Nuit sera chienne*, Zulma, 1993.

GIRAUD (Pierre) : *Dictionnaire érotique*, Payot, 1978.

GOLDBERG (B.Z.) : *The Sacred Fire, the Story of Sex in Religion*, New York, 1958.

GOMBROWICZ (Witold) : *La Pornographie*, Denoël, 1962.

GOTTLIEB (A.) : *Sex Drugs and Aphrodisiacs*, Manhattan Beach, 1974.

GREGOR (T.) : *Anxious Pleasures, the Sexual Life of an Amazonian People*, Chicago, 1985.

GRUYER (Frédérique) : *Ce paradis trop violent*, Robert Laffont, 1984.

GUÉRIN (Véronique) : *100 ans de lingerie*, Paris, 1996.

HARDELLET (André) : *Lourdes, lentes...*, L'Or du temps, 1969.

HEGELER (I. et S.) : *An ABZ of Love*, Copenhague, 1963.

HERBERT (George) : *Une nuit dans un harem mauresque*, New York, 1902.

HESNARD (Dr) : *Traité de sexologie normale et pathologique*, Paris, 1933.

HESPEY Joël : *SM*, Spengler, 1994.

HICKMAN (Tom) : *Un siècle d'amour charnel*, Blanche, 1999.

HIMES (Norman) : *Medical History of Contraception*, Londres, 1936.

HIRSCHFELD (Magnus) : *Anomalies et perversions sexuelles*, Londres, 1935.

HITE (S.) : *The Hite Report on Male Sexuality*, New York, 1981.

HOLLANDER (Xaviera) : *Madam*, Lattès, 1973.

HOLLANDER (Xaviera) : *Supersex*, Lattès, 1975.

HUBERT (Jean-Loup) : *Tu*, Blanche, 1997.

JACOBUS (X.) : *Untrodden Fields of Anthropology*, 1898.

JAKUBOWSKI (Maxim) : *Ma vie chez les femmes*, Blanche, 1999.

JOUFFA (François) : *Entre deux censures*, Ramsay, 1990.

JUNG (C.G) : *Psychologie et religion*, 1996.

KAMA-SUTRA de Vatsyayana.

KIEFER (O.) : *Sexual Life in Ancient Rome*, Londres, 1934.

KINSEY (Alfred) : *Le Comportement sexuel de l'homme*, 1948.

KINSEY (Alfred) : *Le Comportement sexuel de la femme*, 1953.

KLOSSOWSKI (Pierre) : *Roberte ce soir*, Minuit, 1954.

KLOSTER (Doris) : *Doris Kloster photographs*, Cologne, 1995.

KOSINSKI (Jerzy) : *L'Oiseau bariolé*, Flammarion, 1965.

KRAFFT-EBING (Richard von) : *Psychopathia sexualis*, Paris,1892.

La Grande Encyclopédie de la Sexualité, Paris, 1979.

LANTÉRI-LAURA : *Lecture des perversions*, Masson, 1979.

LAPORTE (Dominique) : *Histoire de la merde*, Bourgois, 1978.

LAPOUGE (Gilles) et HANS (Marie-France) : *Les Femmes, la pornographie, l'érotisme*, Seuil, 1978.

LAURENS (abbé de) : *Histoire merveilleuse et édifiante de godemiché*, Paris, 1763.

LAWRENCE (D.H.) : *L'Amant de Lady Chatterley*, Gallimard, 1932.

LEGMAN (G.) : *Origenitalism*, New York, 1960.

LEGUAY (Thierry) : *Histoire raisonnée de la fellation*, Le Cercle, 1999.

LELEU (Gérard) : *Le Traité des caresses*, Flammarion, 1998.

LOUŸS (Pierre Louÿs) : "Les Filles du Rhin", *Trophée des vulves légendaires*, 1948.

LOUŸS (Pierre Louÿs) : *Trois filles de leur mère*, l'Or du temps, 1971.

LOUŸS (Pierre Louÿs) : *Pybrac*, Climat, 1994.

LO DUCA (Jean-Marie) : *Le Nouveau dictionnaire de sexologie*, Pauvert, 1967.

LOWEN (A.) : *Love and Orgasm*, New York, 1965.

MANDIARGUES (André-Pyere de), *L'Anglais décrit dans le château fermé*, l'Or du temps, 1969.

Manuel secret des Confesseurs, *Les Mystères du confessionnal*, Filipacchi, 1974.

MARA : *Journal d'une femme soumise*, Flammarion, 1979.

MARIE (Isabel) : *Les Gestes*, Blanche, 1997.

MASOCH (Leopold von Sacher) : *La Vénus à la fourrure,* Vienne, 1870.

MASOCH (Leopold von Sacher) : *Fouets et fourrures*, Castor Astral, 1995.

MASOCH (Wanda von Sacher) : *Confession de ma vie*, Gallimard, 1989.

MASTERS (R.E.L.) et LEA (E.) : *Perverse Crimes in History*, New York, 1963.

MILLER (Henry) : *Sexus*, Buchet-Chastel, 1949.

MIRBEAU (Octave) : *Le Jardin des supplices*, Paris, 1899.

MEIGNANT (Michel) : *Nous sommes tous des pervers sexuels persécutés*, Paris, 1980.

MEIGNANT (Michel), DÉZART (Danièle) : *Le Rapport* Union *sur la sexualité*, Filippachi, 1977.

MÉRIMÉE (Prosper) : *Lettres libres à Stendhal*, Paris, 1992.

MONEY (J.) : *Love and Love Sickness, The Science of Sex*, Londres, 1980.

MONEY (J.) : *Venuses Penuses*, New York, 1986.

MONTORGUEIL (Bernard) : *Les Quatre jeudis*, Paris, 1930.

MONTORGUEIL (Bernard) : *Dressage*, Paris, 1932.

MORAGLIA : *Archivio di Psichiatria*, vol. XII.

MORAVIA (Alberto) : *La Vie intérieure*, Flammarion, 1979.

MORGIÈVE (Richard) : *Sex Vox Dominam*, Calmann-Lévy, 1995.

MORRIS (Desmond) : *Le Singe nu*, 1968.

MUSSET (Alfred de) : *Gamiani, ou deux nuits d'excès*, Ramsay, 1992.

NABOKOV (Vladimir) : *Lolita*, Olympia Press, 1958.

NIN (Anaïs) : *Venus erotica*, Stock, 1978.

NOËL (Bernard) : *Le Château de Cène*, Pauvert, 1971.

OGER (Armelle) : *Enquête sur la vie très privée des Français*, Robert Laffont, 1991.

O'HARA (Connie) : *Clayton's College*, L'Or du temps, 1970.

OVIDE : *L'Art d'aimer*, Slatkine, 1995.

PARTRIDGE (B.) : *A History of Orgies*, New York, 1960.

PAULLINI : *Flagellum salutis*, 1698.

PAUVERT (Jean-Jacques) : *Sade vivant*, Robert Laffont, 1987.

PAUVERT (Jean-Jacques) : *Anthologie historique des lectures érotiques*, Stock/Spengler, 1995.

PAUVERT (Jean-Jacques) : *L'Amour à la française*, Le Rocher, 1997.

PAUVERT (Mathias) : *Amour, sexe, le bouquin*, Les Belles Lettres, 1993.

PAUVERT (Mathias et Jean-Jacques) : *Anthologie du coït*, La Musardine, 1997.

PERREAU (Nathalie) : *L'Amour en soi*, Ramsay, 1990.

PETERS (E.) : *Torture*, New York, 1985.

PIA (Pascal) : *Les Livres de l'Enfer*, Fayard, 1998.

RAPPAPORT (R.) : "The Serial Masss Murderer, Patterns, Differenciation, Pathology", *American Journal of Forensic Psychiatry* ; vol. IX, n°1)

RATTRAY-TAYLOR (G.) : *Sex in History*, New York, 1954.

RAVALEC (Vincent) : *Portraits des hommes qui se branlent*, Maspéro, 1997.

RÉAGE (Pauline) : *Histoire d'O*, Pauvert, 1954.

REIK (T.) : *Le Masochisme*, Payot, 1953.

REY (Françoise) : *La Femme de papier*, Spengler, 1993.

REY (Françoise) : *Nuits d'encre*, Spengler, 1994.

REY (Françoise) : *La Rencontre*, Spengler, 1993.

REYES (Alina) : *Le Boucher*, Seuil, 1987.

REYES (Alina) : *Derrière la porte*, Robert Laffont, 1991.

RIBETTE (Jean-Michel) : *Fétiches et fétichismes*, Blanche, 1999.

ROBINSON (V.) : *Encyclopaedia Sexualis*, New York, 1936.

ROMI et FEIXAS (Jean) : *Histoire anecdotique du pet*, Ramsay, 1991.

ROSEN (M.A.) : *Sexual Portraits, Photographs of Radical Sexuality*, San Francisco, 1990.

ROTH (Philip) : *Portnoy et son complexe*, Gallimard, 1970.

ROSSI (W.A.) : *The Sex Life of the Foot and Shoe*, New York, 1976.

ROSSOLATO (G.) : *Le Désir et la perversion*, Seuil, 1967.

SADE (Donatien-Alphonse François, marquis de) : *Les Cent vingt journées de Sodome*, Pauvert, 1957.

SADE (Donatien-Alphonse François, marquis de) : *La Philosophie dans le boudoir*, Pauvert, 1957.

SADE (Donatien-Alphonse François, marquis de) : *La Nouvelle Justine, ou les malheurs de la vertu,* Pauvert, 1956.

SAINT-LAURENT (Cecil) : *Histoire imprévue des dessous féminins*, Paris, 1988.

SALTEN (Félix), *Joséphine Mutzenbacher, Mémoires d'une jeune fille de Vienne*, 1906.

SERGUINE (Jacques) :*Mano l'archange*, Gallimard, 1971.

SERGUINE (Jacques) : *Éloge de la fessée*, Gallimard, 1973.

SERGUINE (Jacques) : *La Culotte de feuille*, Mercure de France, 1982.

SERGUINE (Jacques) : *Délit du corps*, Blanche, 1998.

SILVER (B.) et BENNETT (J.) : *The Rediscovered Art of Erotic Hand Manipulation*, New York, 1989.

SIMMONS (G.L.) : *Sex and Superstition*, New York, 1973.

SMITH (J.) : *Senses and Sensibilities,* New York, 1989.

SOLÉ (Jacques) : *L'Âge d'or de la prostitution*, Hachette, 1994.

SORAL (Alain) : *Sociologie du dragueur*, Blanche, 1996.

SPENGLER (Franck) : *La Vie amoureuse des fées*, Filippachi, 1998.

STEKEL (William) : *Sadism and Masochism*, Londres, 1929.

STEKEL (William) : *Sexual Aberrations*, New York, 1964.

STREFF (Jean) : *Le Masochisme au cinéma,* Henri Veyrier, 1978.

SUÉTONE : *Vie des douze césars*, Les Belles lettres, 1996.

TANITH (Lady) : *A Tangle Web : The Art of Slavery*, Berkeley, 1991.

TANITH (Lady) : *Slave Training*, Berkeley, 1991.

TANNAHILL (Reay) : *Le Sexe dans l'histoire*, Robert Laffont, 1982.

TISSOT (Dr) : *L'Onanisme, dissertation sur les maladies produites par la masturbation*, Paris, 1760.

TRALINS (Robert) : *The Sexual Fetiches*, New York, 1969.

TRIPP (C.A.) : *The Homosexual Matrix*, New York, 1975.

VALENSIN (Georges) : *Dictionnaire de la sexualité*, La Table ronde, 1967.

VALENTINI (Norberto) et DI MEGLIO (Clara) : *Le Sexe au confessionnal*, Flammarion, 1973.

VERGEREAU (André) : *L'Infernale fouetteuse*, 1931.

VERLAINE (Paul) : *Œuvres libres*, Gallimard, 1938.

VERLAINE (Paul) : *Album zutique*, Slatkine, 1961.

VILLENEUVE (Roland) : *L'Érotisme diabolique*, Paris, 1971.

VILLENEUVE (Roland) : *Le Musée des supplices*, Henri Veyrier, 1974.

WARD (J.) : *Male Piercing*, San Francisco, 1989.

WAYNBERG J. et JARROUSSE N. : *La Sexualité*, Hachette, 1993.

WEBB (Wanda) : *Du bon usage des masochistes*, Paris, 1989.

WEINRICH (J. D.) : *Sexual Landscape*, New York, 1987.

WITTKOP (Gabrielle) : *Le Nécrophile*, Régine Deforges, 1972.

ZWANG (Gérard) : *Le Sexe de la femme*, Pauvert, 1969.

Titres parus aux Éditions Blanche

ANONYME
LA PERLE

The Pearl est le titre d'un magazine érotique clandestin, publié à Londres dans l'Angleterre victorienne. On en connaît 18 fascicules échelonnés de juillet 1879 à décembre 1880. Dans une Angleterre ultra puritaine, *The Pearl* apparaît comme une revue d'une rare pornographie insoutenable, démesurée, en opposition aux carcans de la morale victorienne. La fine fleur de la littérature anglaise y publiait, sous pseudonyme, des textes jugés subversifs par les autorités. 320 pages – 119 F.

DOMINIQUE ANTIN
JE EST EN JEU

"Je", le narrateur, raconte en détail son dressage rigoureux destiné à faire de lui un homme-objet. Parqué, marqué, il abandonne son âme et son corps à la plus complète soumission. Son calvaire est balisé d'impitoyables mutations en différents rôles : chien de chasse, cheval de course, paillasson, tabouret... jusqu'à ce que sa propriétaire le vende comme une simple marchandise.
Un lent parcours de dressage qui mène l'homme à aimer puis à réclamer la soumission à la femme. 216 pages – 99 F.

ROLAND AGRET
L'AMOUR ENCHRISTÉ

Dans le langage des voyous, "être enchristé" désigne le fait d'être jeté en prison. De coups de surin en sodomies sauvages, de défonces sordides en suicides horribles, *L'Amour enchristé* décrit la réalité de ce que l'on n'a jamais écrit à propos de la prison. 196 pages – 99 F.

GEORGES BATAILLE / GILLES DE STAAL
LE MORT

Publié en 1967 par Jean-Jacques Pauvert, *Le Mort* suscita une vive polémique qui enflamma la critique littéraire. Marie et le comte, personnages principaux, choquaient la morale et ébranlaient les consciences. Texte culte du patrimoine littéraire érotique, *Le Mort* est un vibrant hommage à Éros et Thanatos. Dans un roman court à la violence toujours domptée par le verbe, Georges Bataille a tracé les contours d'une écriture érotique qui, après lui, ne sera plus jamais la même. 64 pages – 129 F. – 18 X 24 illustré et relié

MARIE BOMAN
IMPULSIONS

Une femme crie son amour des hommes, de tous les hommes qui la désirent, la regardent et l'honorent. La narratrice, au travers des portraits d'amants, raconte sa joie d'être le centre du désir masculin. Elle aime et recherche ces moments magiques où les corps luttent pour se donner du plaisir et se prouver qu'ils existent. Les tableaux où elle se donne à deux hommes sont parmi les plus intenses de la littérature érotique contemporaine. La femme devient là l'héroïne d'un combat amoureux où la jouissance est son trophée le plus précieux. 168 pages – 95 F.

ANDRÉA LAFARGUE / LOÏC DUBIGEON
DE L'AUBE À LA NUIT

Dans une écriture, mélange de tendresse et de fureur, Andréa LAFARGUE sublime l'amour et l'honore comme le plus sacré des actes de l'humanité. D'étreintes furieuses et passionnées en périodes de grande tendresse, Andréa LAFARGUE donne à l'amour de très belles pages.
Excellent dessinateur, Loïc DUBIGEON s'intéresse aux gros plans des corps dans la tourmente de l'amour et du plaisir. Ses albums de dessins érotiques figurent parmi les classiques du genre. 64 pages – 129 F. – 18 X 24 illustré et relié

PIERRE BOURGEADE
CYBERSEX ET AUTRES NOUVELLES

L'ange du bizarre plane sur l'écriture de Pierre Bourgeade. Dans *Cybersex et autres nouvelles*, recueil d'une quarantaine de nouvelles, allant d'une dizaine de pages au simple aphorisme, Pierre Bourgeade nous entraîne dans le monde de l'étrange, un monde de rêves, de visions fulgurantes, de sexe triste ou joyeux, peuplé de nains, de prostituées et autres créatures. Baroque, varié, allégorique et déroutant, écrit dans une langue riche et très personnelle, *Cybersex* s'inscrit à la suite de l'œuvre déjà très fournie de Pierre Bourgeade. 164 pages – 90 F.

LAURE CLERGERIE
LA PHAÉTONNE

Femme de feu et de sang, misanthrope et exclusive, l'angoisse du monde chevillée au corps, la narratrice relate avec fureur ses amours délictueuses et sa quête de plaisirs où s'exprime une cruauté sans égale. Sa haine de l'humanité la poussera à tout détruire.
Un texte absolu et sans concession sur le dégoût du genre humain et ses contorsions dans les affres d'une sexualité post-sida. Une écriture rapide et tranchante où les mots coupent plus sûrement qu'un rasoir. 168 pages – 95 F.

COLLECTIF
PASSIONS DE FEMMES

Treize femmes écrivains confient leurs passions, leurs désirs, leurs fantasmes les plus fous et les plus secrets.
Aux confins du Congo au siècle dernier, une jeune femme devient la déesse d'une tribu; un soyeux lyonnais tisse le corps de la femme de ses rêves; un handicapé retrouve le désir ; un jeune prostitué entretient sa famille; l'érection d'un homme sert de détonnateur ; une séance de domination édifiante par trois femmes… 194 pages – 95 F.

COLLECTIF
PLAISIRS DE FEMMES

Dix-neuf femmes écrivains, chevronnées ou néophytes, ont confié leur idée du plaisir, de tous les plaisirs avec talent et sans retenue.
Chaque nouvelle est inédite et nous entraîne dans des univers surprenants, tendres ou troubles, sur le thème du plaisir. Chaque femme rivalise d'audace et d'imagination dans des styles très différents pour notre plus grand… plaisir. 260 pages – 99 F.

COLLECTIF
DÉSIRS DE FEMMES

Dix-sept femmes écrivent leur idée du désir, dans un mélange de visions tendres, coquines ou sulfureuses. De toutes les émotions et de tous les styles qui composent cet hymne au désir, le lecteur sort grisé et porte un regard nouveau sur les fantasmes féminins. 240 pages – 99 F.

RÉGINE DEFORGES
L'ORAGE

Au début des années soixante, un homme revient, après une longue absence, prendre possession de l'héritage de sa jeune tante décédée cinq ans auparavant. Dans le tiroir à double fond d'un secrétaire, il trouve un cahier noir. Sur la première page, d'une écriture enfantine, est calligraphié *L'Orage*. Il le lit. Quand il le referme, incrédule, troublé, il se demande : que vais-je en faire ? Le détruire, le garder, le publier ?...
Un texte d'une grande force où l'on retrouve l'univers érotique de *Contes pervers* et de *Lola et quelques autres*.104 pages – 85F.

FELLACIA DESSERT
LA PREMIÈRE GORGÉE DE SPERME
C'EST QUAND MÊME AUTRE CHOSE

Mais quel écrivain célèbre se cache derrière le délicieux pseudonyme de Fellacia Dessert ? Est-ce un homme ? Une femme ? A-t-il trente ans ou plutôt soixante ? C'est en tout cas une plume avérée qui s'est livrée à ce jeu littéraire. Mais derrière toutes ces questions, il y a ce livre “étrange et pénétrant” qui rend un hommage facétieux à un livre tout aussi étrange mais nettement moins pénétrant. 96 pages – 69 F.

FLORENCE DUGAS
DOLOROSA SOROR

À dix-neuf ans, que sait-on de l'amour ? Florence rencontre J.-P qui lui fait découvrir son attirance pour la punition. Dans la douleur et l'humiliation, dit-elle, il y a l'extase. Et de coups de fouets en blessures physiques, Florence cherchera à se comprendre, à s'admettre, à s'analyser.
Une histoire violente, désespérée, pour aller à la rencontre de sa vérité, quelques mois d'une vie où tout bascule et qui laissent des marques indélébiles dans le cœur. Un style direct pour décrire les situations de la manière la plus authentique qui soit. Un récit poignant et dérangeant car autobiographique. 144 pages – 95 F.

FLORENCE DUGAS
L'ÉVANGILE D'ÉROS

Récit de faits réels, autobiographie ou fiction pure ? Ce roman est étrange à plus d'un titre. Si ce qu'il raconte est vrai, c'est l'histoire élégante d'un crime. Laurence vient de perdre son frère, son initiateur aux jeux cruels de l'amour. Pour le retrouver et le perpétuer, elle va séduire sa maîtresse androgyne, Marie-Agnès, et la conduire au supplice.
Dans ce roman gigogne aux forts accents sadiens, aux confins de la folie et de l'excès, Florence Dugas, après son récit autobiographique *Dolorosa Soror*, continue son exploration des zones troubles de l'âme. 240 pages – 99 F.

GUILLAUME FABERT
AUTOPORTRAIT EN ÉRECTION

Compagne infatigable d'une vie sexuelle bien remplie, elle a ses pudeurs, ses préférences et son langage. Héroïne de mille et une aventures, elle fait ici l'objet d'un portrait véridique. Elle, c'est ? Mais laissons parler l'auteur : « L'essentiel dans l'esprit de cet ouvrage, c'est ma verge. »
Un petit chef-d'œuvre d'humour, une confession impudique qui analyse admirablement le comportement érotique masculin. 168 pages – 95 F.

MARJORIE FAUST
LA SALLE DE RÉVEIL

Je riais de plus en plus fort, ivre de pouvoir et amusée par l'inertie contrainte de mon amant. « Je suis laide et je vais te voir jouir, je suis repoussante et je te possède ».
Féoda est une femme qui repousse les hommes tant elle est disgracieuse. Pourtant, son corps souffre de l'absence d'étreintes. Elle trouvera l'épanouissement de ses sens grâce à son métier. Féoda est infirmière dans une salle de réveil et découvrira le pouvoir qu'elle détient face à ces hommes inconscients. Un roman étonnant, prenant volontairement tous les contrepieds de la littérature érotique conventionnelle. 96 pages – 85 F.

SELIM FOUED
DÉSIR

L'éveil des sens, la découverte de la sensualité et de l'amour par un jeune Tunisien dans les années cinquante. Le jeune Selim se retrouve homme sans comprendre cette étrange mutation. Avec beaucoup d'amour et de tendresse, La belle et pulpeuse Houria va lui faire découvrir à quoi sert cette « chandelle allumée qui se consume sans trêve au sommet de son ventre ».
Écrit dans la pure tradition de l'érotisme oriental, Selim FOUED signe un roman contemporain, itinéraire initiatique amoureux d'un jeune Arabe.
168 pages – 95 F.

HISTOIRES DE Q, CLASSÉES X

L'histoire de cul est une tradition bien gauloise, un trait de notre humour, mélange d'absurde et de dérision profondément inscrit dans notre culture populaire. Pas un repas d'amis, une réunion familiale qui ne se termine par une cascade d'histoires drôles, les unes appelant les autres. C'est que l'histoire de cul a une fonction libératoire et permet un laisser-aller qui ne serait pas toléré dans un autre contexte. Cette tradition nous permet de tourner en dérision, donc de dédramatiser, nos peurs et tabous les plus enfouis. 80 pages – 59 F.

HISTOIRES COCHONNES

Après *Histoires de Q, classées X*, nous avons réuni les nouvelles histoires cochonnes, salaces, de cul : celles qui nous ont été adressées par les lecteurs et celles qui circulent actuellement et qu'il est de bon ton de placer dans les dîners en ville !
Les thèmes font référence à des sexualités extrêmes où stupre, humeurs et fornication sont à l'honneur. Car c'est dans la sexualité que l'histoire crade puise le meilleur... comme le pire et révèle, mieux que de longues études, nos désirs interdits et nos pulsions secrètes. 80 pages – 69 F.

JEAN-LOUP HUBERT
TU

Lorsqu'un homme de quarante-cinq ans tombe éperdument amoureux d'une jeune femme de dix-neuf ans, son univers bascule et il redécouvre, étonné, des émotions qu'il croyait perdues. Ce sont ces émotions que Jean-Loup HUBERT cherche à expliquer, à comprendre.
Ce récit, écrit comme un film, est un hymne à l'amour. S'affranchissant des règles du roman classique, Jean-Loup HUBERT a conçu un "ciné-texte" où seules les impressions et les sensations sont mises en avant. 200 pages – 80 F.

GEORGES HUGNET
LE PANTALON DE LA FAUVETTE

Né au début du siècle, Georges Hugnet devient à 14 ans l'ami de Max Jacob qui lui fera connaître Cocteau, Picasso, Desnos, Picabia, Man Ray, Max Ernst, Miro, Tzara… Il fonde en 1929 les Éditions de la Montagne où il édite Tristan Tzara et Gertrude Stein. Historien du mouvement Dada il rencontre André Breton et entre dans le groupe surréaliste en 1932.
Dix textes composent cet ouvrage et nous font découvrir la plume superbe d'un amoureux de l'écriture. 240 pages – 109 F.

MAXIM JAKUBOWSKI
MA VIE CHEZ LES FEMMES

Maxim J., le narrateur de ces brûlantes histoires, nous entraîne de Londres à Miami en passant par New York ou Las Vegas dans un périple effréné de sexe et de violence. Un cauchemar digne d'un thriller, une lente dérive dans la pornographie américaine, un hymne à la chair et à la femme.
Ma vie chez les femmes est un livre autobiographique entre fantasme et réalité crue, l'histoire d'un homme qui aime les femmes à l'extrême jusque dans les situations les plus torrides, les plus périlleuses, jusqu'au point de non retour. 288 pages – 119 F.

VÉRONIQUE JULLIEN / XAVIER DELEU
ÉLOGE DE LA SÉDUCTION

Éloge de la séduction n'est pas un essai de plus sur le célibat en France. Il ne ressemble en rien à ce qui a déjà été écrit sur le thème de la séduction. Les auteurs ont recueilli les confidences d'une centaine d'hommes et de femmes sur leurs histoires d'amour et leurs techniques de séduction.
Loin des sempiternels discours "psy" et de l'hypocrisie Éloge de la séduction est un livre réaliste. En traitant des territoires de la séduction et des trajectoires amoureuses, il touche au plus profond et au plus intime : l'esprit, le cœur, le sexe. 216 pages – 99 F.

MARIE L.
PETITE MORT

Lorsque Marie L. publie, en 1996, *Confessée*, récit autobiographique de sa plongée dans les profondeurs d'un masochisme ultime, elle posait la question : pourquoi cette mise en danger perpétuelle ? Pourquoi cette quête d'un absolu érotique qui conduit à la mort ? Lasse de réponses qui ne la satisfont pas, Marie L. se plonge dans une introspection douloureuse et sans concession.
Voyages dans l'univers extrême de la douleur, *Petite mort* est également le

récit d'une vie quotidienne où il est difficile de faire côtoyer deux mondes aussi dissemblables. 196 pages – 99 F.

BRENDA B. LOVE
DICTIONNAIRE DES FANTASMES ET PERVERSIONS

Si les comportements humains sont multiples et complexes, les pratiques érotiques comme les perversions sexuelles le sont tout autant. Devant une telle profusion de pratiques sexuelles, cette étude constitue un travail capital explorant tous les aspects de la nature humaine dans ses zones les plus secrètes. Ce dictionnaire recense, commente et explique tout ce qui peut exister en matière de perversions et de pratiques amoureuses dans un langage clair, précis et jamais vulgaire.
Plus de 700 entrées font de ce dictionnaire l'ouvrage le plus exhaustif jamais publié sur le sujet. Plus de 300 exemples littéraires tirés du meilleur de la littérature érotique. 400 pages – 249 F. – relié et illustré

ISABEL MARIE
LES GESTES

Élisabeth, jeune femme banale de vingt-huit ans, épouse d'un dentiste et mère de deux enfants, ne supporte plus la vie qu'elle mène. Défiant ses principes, elle se lance violemment dans une aventure avec Georges, rencontré à la terrasse d'un café.
À son retour, elle annonce à son mari son intention de le quitter. Il s'y oppose et échaffaude un plan machiavélique destiné à faire passer Élisabeth pour folle. Thriller psychologique d'une rare perversité, roman d'une précision sans méandres à l'écriture dépouillée, froide et nerveuse, *Les Gestes* est un exeptionnel roman de mœurs. 168 pages – 95 F.

TONY MARK
L'AUTRE DRACULA

Et si Dracula n'était pas le monstre sanguinaire que l'on croit ? Que connaissons-nous vraiment de son histoire, sinon la version de Bram Stoker ? Il en existerait une autre, écrite un an avant la publication du mythique Dracula : c'est cette version étonnante que nous livre Tony Mark.
Une nouvelle approche très érotique d'un mythe universel écrite dans le style de son époque. Un détournement littéraire passionnant où, entre trouble et émotion, le lecteur découvre un autre Dracula. 216 pages – 95F.

NADINE MONFILS
CONTES POUR PETITES FILLES CRIMINELLES

Treize portraits corrosifs de petites filles pas comme les autres. Loin des jeux de poupées et autres marelles, ces petites filles-là tuent comme d'autres s'amusent et rivalisent d'ingéniosité, de vice et de candeur pour accomplir leurs noirs desseins.
Des textes forts, troublants et drôles à la fois. Nadine Monfils aime les univers étranges, les ambiances lourdes de folie et de mort qu'elle explore depuis plusieurs romans (*Contes pour petites filles perverses*, *Une douce folie meurtrière*, *Rouge fou*). 144 pages – 85F.

GWENDAELINE PAUVERT
LES VESTIAIRES DE LONGCHAMP

La jolie Guylaine, jeune fille d'une bonne famille bourgeoise de province, a des airs de bonne sœur qui attirent les uns et repoussent les autres. Georges, son professeur de tennis, est intrigué par cette fille très bien faite mais dont le maintien inspire plus à la méditation qu'aux rêves érotiques les plus fous. Mais lorsque le pas sera enfin franchi, c'est à une explosion vertigineuse des sens à laquelle va devoir faire face Georges qui devra souvent appeler à l'aide. Gwendaëline PAUVERT plonge alors ses personnages, et le lecteur avec lui, dans un tourbillon fantasmatique où rien n'échappe à sa plume incisive. 216 pages – 95 F.

ALICE WILBURSTONE-PAYNE
LES SECRETS DE FLORENCE NIGHTINGALE

Biographie fantasmée de Florence Nightingale, jeune infirmière anglaise née en 1820, fondatrice d'hôpitaux, qui créa un corps d'infirmière et dirigea un hôpital militaire près d'Istanbul. Alice Wilburstone-Payne a repris les principaux épisodes de la vie de cette femme, généralement représentée comme une sainte laïque pour faire ressortir tout ce que cette situation – des jeunes femmes au milieu d'une soldatesque en guerre – pouvait avoir de fantasmagorique, d'ambigu et de violent. Des scènes orgiaques écrites sur le mode baroque et cruel.Un texte foisonnant, destiné à devenir un classique de la littérature érotique. 216 pages – 95 F.

SERGE QUADRUPPANI
JE TE DIRAI TOUT

Dans la douceur parfumée d'un matin sicilien, un homme écrit à la femme qui dort à ses côtés, la sublime Blanche : éleveuse de loups, voleuse, putain et adepte de la liberté absolue en amour. Avec elle il a vécu vingt-cinq années d'une liaison totalement hors normes, fondée sur cet engagement : « Je te dirai tout ».
Dans une langue qui ne refuse pas l'humour et poursuit jusqu'au raffinement extrême la quête de l'obscène, le narrateur dépeint les étreintes polymorphes, les organes fouaillés et les femmes de rêve, jusqu'à l'aveu final, jusqu'au bouleversant secret qu'il n'avait jamais dit. 168 pages – 95 F.

FRANÇOISE REY
LE GOURGANDIN

« Ma chère Christine, voici le portrait de ton mari comme tu ne l'as jamais vu. » Ainsi commence le sixième roman de Françoise Rey. Une femme à hommes écrit à l'épouse d'un homme à femmes : le gourgandin, son amant. À travers une description détaillée de l'homme qu'elle aime mais ne possède pas, la narratrice dépeint l'amant que l'épouse ne connaît pas et ne connaîtra jamais. Elle livre ainsi leurs secrets d'alcôve, les gestes et les positions qu'il apprécie le plus .. 256 pages –99 F.

FRANÇOISE REY / PATRICK RAYNAL
BLUE MOVIE

Lorsque Thomas Capitan arrive à New York, il rencontre la séduisante Mary qui l'invite à prendre un verre. Hélas, le loft qui lui sert d'appartement n'est

qu'un décor de pacotille... Mary disparaît brusquement, emportant la valise de Thomas qui renfermait une toile de maître. Que faire ?
Perpétuel indécis, Thomas hésite toujours entre plusieurs solutions, si bien que le lecteur doit finalement décider à sa place. Polar érotique interactif au suspense haletant, *Blue Movie* nous entraîne dans les bas-fonds troubles d'un New-York de série noire... 216 pages – 99 F.

FRANÇOISE REY / HERVÉ AMIARD
EXTASES ANONYMES

Hervé Amiard, photographe spécialisé dans le portrait, a rencontré des hommes et des femmes de tous âges, de tous milieux à qui il a demandé d'exprimer leurs fantasmes avec leur corps. Chacun a donc choisi de dévoiler la partie la plus secrète de lui-même en organisant ou non une mise en scène photographique. Hervé Amiard, quant à lui, a regardé et photographié en exprimant ses propres fantasmes par le prisme de son regard.
Il a ensuite confié ses photos à Françoise Rey qui a enrichi de ses rêves érotiques ces inédites et troublantes extases. 128 pages – 149 F. – 18 X 24 illustré et relié

JEAN-MICHEL RIBETTE
FÉTICHES & FÉTICHISMES

Le musée Le Passage de Retz a organisé la plus grande exposition jamais réalisée en France consacrée aux fétiches et aux fétichismes.
Autour des trois axes essentiels du fétichisme : fétichisme religieux et cultuel, fétichisme marchand et fétichisme sexuel, Le Passage de Retz a réuni plus de 400 œuvres d'artistes parmi lesquels : César, Warhol, Bellmer, Araki, Christo, Combas, Arman, Molinier, Bettina Rheims, Mapplethorpe, Klossowski, Man Ray, Pierre Louÿs,Marcel Duchamp… 240 pages – 105 F.

GILLES DE SAINT-AVIT
DEUX FILLES ET LEUR MÈRE

Thérèse, femme généreuse et charnelle, a deux filles, Rose et Violette, et tient un café aux mœurs étranges dans le Paris du début du siècle. Consciente du pouvoir des sens, elle décide de guider ses filles sur le chemin de la volupté et dirigera l'éducation amoureuse et perverse de ses filles.
Hommage à Pierre Louÿs et à *Trois filles de leur mère*, le roman de Gilles de Saint-Avit est un hymne au plaisir, à la gaieté de la chair et à la démesure des sens en nous conviant à une débauche sensuelle et drolatique. 168 pages – 90 F.

JACQUES SERGUINE
DÉLIT DU CORPS

La Nature, comme on dit, a gratifié, ou peut-être accablé un petit garçon des attributs virils d'un adulte. D'une nourrice trop câline à une psychologue troublée, le jeune garçon en tirera-t-il des joies immenses ? Ou ce cadeau équivoque aura-t-il pour résultat de faire de lui un pur objet de manipulation, une proie ou une victime ?
Un roman d'une grande force, dérangeant, souvent féroce, servi par une écriture sans concession, Jacques Serguine a exploré des zones interdites dont il a fait un roman qui fera date. 268 pages – 99 F.

ALAIN SORAL
SOCIOLOGIE DU DRAGUEUR

Il paraît difficile d'écrire un livre sérieux sur une pratique jugée immorale, dégradante et très éloignée de la pensée : la drague. Pourtant, un auteur a osé analyser ce sujet à risques : étudier l'amour et la femme à travers les yeux du dragueur.
Pourquoi, quand, où et comment drague-t-on ? Tous ces aspects de la drague sont abordés dans ce livre qui mêle pensée et concret, désir et technique pour pénétrer le mystère de la femme réelle; cette inconnue que le "serial lover" traque sans relâche dans la rue. Dans un style clair et concis maniant intelligence, subversion et humour, il porte un regard lucide sur une pratique sociale qui, à travers la femme, embrasse la société tout entière. 264 pages – 99 F.

ALAIN SORAL
VERS LA FÉMINISATION ?

"La femme est l'avenir de l'homme..." Cette citation devenue célèbre résume à elle seule le credo de l'époque, son idéologie. Que le poète qui a écrit ça ait vécu en stalinien et fini pédé devrait pourtant inciter à la prudence, voire à la réflexion. À moins que le but de ce slogan soit justement de couper court à toute réflexion sérieuse et d'exiger que nous nous en remettions à la fameuse intuition et autre sensibilité féminine quant à notre avenir... 264 pages – 99 F.

PAUL VERGUIN
UN ÉTÉ INDÉCENT

Vick a dix-huit ans, une grâce un peu gauche et honteuse; Boris en a trente, et découvre le bien-être muet de se tenir à côté d'elle. Attirés comme deux aimants, Vick et Boris se donnent l'un à l'autre, immodérément, en toute impudeur. Amour physique transformé en émotion pure, don de soi absolu et magnifique, émerveillement des sens.
Paul Verguin, dans *Un été indécent,* son huitième roman, analyse les mécanismes complexes du désir, et fouille les émotions du corps et du cœur. Un très beau texte érotique, émouvant et sincère. 168 pages – 90 F.

PAUL VERGUIN
HIVER CHAMPAGNE

Un homme tombe sous le charme brûlant d'une femme directe et discrète, qui a vingt ans de plus que lui.
À vrai dire, si le narrateur apparaît comme un pur et dur obsédé sexuel, c'est sûrement aussi un cœur tendre qui a déjà beaucoup souffert de l'amour. La naïveté n'est plus son fort. Difficile de lui en promettre. Facile, aussi, de le faire fondre. Quant à la femme, mûre, succulente, elle ne compte pas ses amours mais elle sait ce qu'elle veut : coïncider aux désirs secrets de cet homme-enfant qui a su l'émouvoir. 168 pages –90 F.

CLAIRE YÉNIDEN
LETTRES DU DÉSIR

Au XVIIIe siècle, dans le Paris de Louis XV, le marquis de Puycarné écrit à la duchesse de Laurencin pour la rencontrer et l'informer que son mari est l'amant de sa femme. Humilié, il lui propose de venger leur double affront en devenant, à leur tour, amant et maîtresse. Née d'un besoin de vengeance, leur relation devient passionnelle, chacun voulant explorer toujours plus loin les domaines du plaisir. Mais aux jeux de la passion et de la folie amoureuse, qui l'emportera de la raison ou de l'amour ? 144 pages – 90 F.

YO et GAËL
ENJEUX D'AMOUR

Un couple raconte, chacun avec sa voix, sa découverte et son itinéraire dans l'univers sadomasochiste. Mélange de désirs et de reniement de soi, Yo exprime peu à peu ses pulsions les plus enfouies tandis que Gaël découvre la puissance de son désir pour la femme qui accepte librement le don de sa personne par amour de l'autre.
Dans ce journal impudique à deux voix, chacun exprime ce qu'il a ressenti, vécu, avec ses craintes, ses fantasmes, ses émotions. On perçoit avec netteté la différence du désir, cette différence du verbe entre un homme et une femme lorsqu'ils parlent de leur sexualité. 144 pages – 95 F.

Impression réalisée sur CAMERON
par BRODARD & TAUPIN
La Flèche
en janvier 2006

Édition exclusivement réservée aux adhérents du Club
Le Grand Livre du Mois
15, rue des Sablons
75116 Paris
réalisée avec l'aimable autorisation des Éditions Blanche

Imprimé en France
N° d'impression : 33869
Dépôt légal : janvier 2006

Édition exclusivement réservée aux adhérents du Club
Le Grand Livre du Mois
15, rue des Sablons
75116 Paris
réalisée avec l'aimable autorisation des Éditions Blanche

Imprimé en France
N° d'impression : 33869
Dépôt légal : janvier 2006